中国农垦农场志丛

广　东

丰收糖业发展有限公司（农场）志

中国农垦农场志丛编纂委员会 组编

广东省丰收糖业发展有限公司志编纂委员会 主编

中国农业出版社

北　京

图书在版编目（CIP）数据

广东丰收糖业发展有限公司（农场）志/中国农垦
农场志丛编纂委员会组编；广东省丰收糖业发展有限公
司志编纂委员会主编．—北京：中国农业出版社，
2022.12

（中国农垦农场志丛）

ISBN 978-7-109-30644-8

Ⅰ.①广… Ⅱ.①中… ②广… Ⅲ.①制糖工业－工
业企业－概况－雷州 Ⅳ.①F426.82

中国国家版本馆 CIP 数据核字（2023）第 070763 号

出 版 人：刘天金
出版策划：苑　荣　刘爱芳
丛书统筹：王庆宁　赵世元
审 稿 组：柯文武　干锦春　薛　波
编 辑 组：杨金妹　王庆宁　周　珊　刘昊阳　黄　曦　李　梅　吕　睿　赵世元　刘佳玫　王玉水
　　　　　李兴旺　蔡雪青　刘金华　陈思羽　张潇逸　喻瀚章　赵星华　耿韶磊　徐志平
工 艺 组：毛志强　王　宏　吴丽婷
设 计 组：姜　欣　关晓迪　王　晨　杨　婧
发行宣传：王贺春　蔡　鸣　李　晶　雷云钊　曹建丽
技术支持：王芳芳　赵晓红　张　瑶

广东丰收糖业发展有限公司（农场）志
Guangdong Fengshou Tangye Fazhan Youxian Gongsi（Nongchang）Zhi

中国农业出版社出版
地址：北京市朝阳区麦子店街 18 号楼
邮编：100125
责任编辑：赵世元
版式设计：王　晨　　责任校对：吴丽婷
印刷：北京通州皇家印刷厂
版次：2022 年 12 月第 1 版
印次：2022 年 12 月北京第 1 次印刷
发行：新华书店北京发行所
开本：889mm×1194mm　1/16
印张：30.75　　插页：10
字数：750 千字
定价：198.00 元

大众分社投稿邮箱：zgnywwsz@163.com

1997年7月，广东省副省长欧广源（前排右）到丰收公司调研 ▮

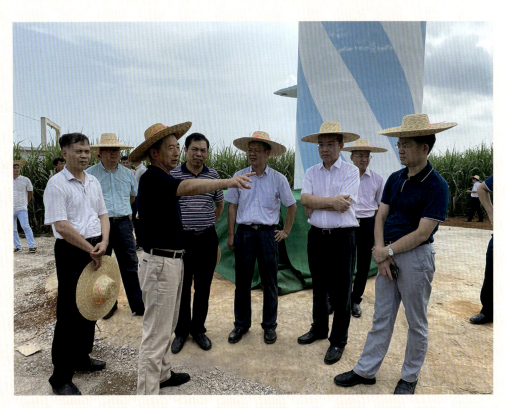

2020年9月3日，农业农村部计划财务司副司长郭红宇（前排左二）到丰收公司视察 ▮

农垦部副部长孟宪德（左二）、湛江市副市长植林志（左三）
参观收获罐头厂

广东省农垦总局局长陈文高（左三）视察收获菠萝罐头厂

粤西农垦局书记刘忠斌（前排左）参观罐头厂

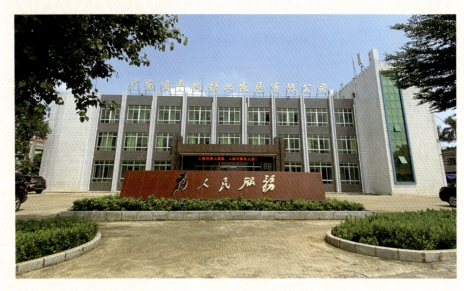

广东省丰收糖业发展有限公司本部新办公楼　▶

调丰糖厂大门　▶

广东收获罐头食品有限公司大门　▶

广东省丰收糖业发展有限公司复肥厂办公楼 ■

收获农业分公司办公楼 ■

南光农业分公司办公楼 ■

广东省丰收糖业发展有限公司袋厂车间

丰收医院办公楼

丰收小区内景

丰收小区一角鸟瞰图

收获学校

南光农场拖拉机群 ◣

南光农场机械化橡胶施肥 ◣

1985 年，南光农场新胶工培训

南光农场胶厂收胶员收胶

胶工割胶

甘蔗机械化喷施甘蔗叶面肥 ◣

甘蔗机械化收割 ◣

外宾参观丰收公司机械化收获甘蔗 ■

南亚热带菠萝示范基地 ■

调丰糖厂制炼车间 ■

调丰糖厂动力车间 ■

丰收复肥厂生产现场 ■

丰收复肥厂国内先进肥料打色机 ◼

收获农场菠萝大丰收 ◼

收获菠萝罐头厂生产车间 ◼

白俄罗斯农贸考察团到收获农场考察菠萝生产状况 ◼

丰收公司生产的罐头产品 ◼

四、文化生活

南光农场文化室 ◨

1981 年，南光农场建成的旱冰场 ◨

南光农场拔河比赛 ▮

南光农场七队职工合唱《礼貌歌》 ▮

南光农场中学教师合唱《跟着共产党走》　■

2005 年 9 月 23 日，丰收公司举行首届职工运动会　■

丰收公司庆国庆 60 周年长跑比赛 ◢

2018 年，丰收公司职工乒乓球比赛 ◢

丰收公司老年健身表演队 ◢

丰收公司收获幼儿园六一文艺演出 ■

丰收公司职工合唱团 ■

广东省丰收糖业发展有限公司志愿者服务队到贫困地区学校开展帮扶活动 ■

中国农垦农场志丛编纂委员会

主 任

张兴旺

副主任

左常升　李尚兰　刘天金　彭剑良　程景民　王润雷

成 员（按垦区排序）

肖辉利　毕国生　苗冰松　茹栋梅　赵永华　杜　鑫

陈　亮　王守聪　许如庆　姜建友　唐冬寿　王良贵

郭宋玉　兰永清　马常春　张金龙　李胜强　马艳青

黄文沐　张安明　王明魁　徐　斌　田李文　张元鑫

余　繁　林　木　王　韬　张懿笃　杨毅青　段志强

武洪斌　熊　斌　冯天华　朱云生　常　芳

中国农垦农场志丛编纂委员会办公室

主 任

王润雷

副主任

王　生　刘爱芳　武新宇　明　星

成 员

胡从九　刘琢琬　干锦春　王庆宁

中国农垦农场志

广东省丰收糖业发展有限公司志编纂工作领导小组

组　长

杨　荣

副组长

全由章　邓朝琳　郑杏梅　麦永强

组　员

韦福林　何韦粦　陈　凯　李振华

广东省丰收糖业发展有限公司志编纂委员会

主　任

韦福林

副主任

何伟粦

成　员

陈　凯　李振华　赖荣华

提供资料人员（以姓氏笔画为序）

王菊芬　韦　宝　韦福林　冯连珠　刘广华　刘显湘　孙丽雄

苏永强　李　武　李尚鸿　李国新　李　娜　李惠生　杨华英

杨嫦梅　吴洪光　张　昊　陈　凯　陈建龙　陈胡双　陈桥明

陈恩成　陈智贤　陈新祥　林文敏　庞丽梅　郑乃华　郑惠萍

钟　琼　施祥飞　黄小成　黄伟杰　黄秀明　黄国涛　黄金旺

梁永源　梁妙玲　覃代明　程宏彪　谢永仪　谢翠霞　谢燕华

蔡志杰　蔡志忠　蔡海萍

提供图片人员（以姓氏笔画为序）

王英倩　韦福林　邓德伟　孙丽雄　李尚鸿　李振华　庄　光

杨华英　何伟粦　张　昊　陈　凯　容家灿　黄小成　彭达皓

— 3 —

总　序

中国农垦农场志丛自 2017 年开始酝酿，历经几度春秋寒暑，终于在建党 100 周年之际，陆续面世。在此，谨向所有为修此志作出贡献、付出心血的同志表示诚挚的敬意和由衷的感谢！

中国共产党领导开创的农垦事业，为中华人民共和国的诞生和发展立下汗马功劳。八十余年来，农垦事业的发展与共和国的命运紧密相连，在使命履行中，农场成长为国有农业经济的骨干和代表，成为国家在关键时刻抓得住、用得上的重要力量。

如果将农垦比作大厦，那么农场就是砖瓦，是基本单位。在全国 31 个省（自治区、直辖市，港澳台除外），分布着 1800 多个农垦农场。这些星罗棋布的农场如一颗颗玉珠，明暗随农垦的历史进程而起伏；当其融汇在一起，则又映射出农垦事业波澜壮阔的历史画卷，绽放着"艰苦奋斗、勇于开拓"的精神光芒。

（一）

"农垦"概念源于历史悠久的"屯田"。早在秦汉时期就有了移民垦荒，至汉武帝时创立军屯，用于保障军粮供应。之后，历代沿袭屯田这一做法，充实国库，供养军队。

中国共产党借鉴历代屯田经验，发动群众垦荒造田。1933年2月，中华苏维埃共和国临时中央政府颁布《开垦荒地荒田办法》，规定"县区土地部、乡政府要马上调查统计本地所有荒田荒地，切实计划、发动群众去开荒"。到抗日战争时期，中国共产党大规模地发动军人进行农垦实践，肩负起支援抗战的特殊使命，农垦事业正式登上了历史舞台。

20世纪30年代末至40年代初，抗日战争进入相持阶段，在日军扫荡和国民党军事包围、经济封锁等多重压力下，陕甘宁边区生活日益困难。"我们曾经弄到几乎没有衣穿，没有油吃，没有纸、没有菜，战士没有鞋袜，工作人员在冬天没有被盖。"毛泽东同志曾这样讲道。

面对艰难处境，中共中央决定开展"自己动手，丰衣足食"的生产自救。1939年2月2日，毛泽东同志在延安生产动员大会上发出"自己动手"的号召。1940年2月10日，中共中央、中央军委发出《关于开展生产运动的指示》，要求各部队"一面战斗、一面生产、一面学习"。于是，陕甘宁边区掀起了一场轰轰烈烈的大生产运动。

这个时期，抗日根据地的第一个农场——光华农场诞生了。1939年冬，根据中共中央的决定，光华农场在延安筹办，生产牛奶、蔬菜等食物。同时，进行农业科学实验、技术推广，示范带动周边群众。这不同于古代屯田，开创了农垦示范带动的历史先河。

在大生产运动中，还有一面"旗帜"高高飘扬，让人肃然起敬，它就是举世闻名的南泥湾大生产运动。

1940年6—7月，为了解陕甘宁边区自然状况、促进边区建设事业发展，在中共中央财政经济部的支持下，边区政府建设厅的农林科学家乐天宇等一行6人，历时47天，全面考察了边区的森林自然状况，并完成了《陕甘宁边区森林考察团报告书》，报告建议垦殖南泥洼（即南泥湾）。之后，朱德总司令亲自前往南泥洼考察，谋划南泥洼的开发建设。

1941年春天，受中共中央的委托，王震将军率领三五九旅进驻南泥湾。那时，南泥湾俗称"烂泥湾"，"方圆百里山连山"，战士们"只见梢林不见天"，身边做伴的是满山窜的狼豹黄羊。在这种艰苦处境中，战士们攻坚克难，一手拿枪，一手拿镐，练兵开荒两不误，把"烂泥湾"变成了陕北的"好江南"。从1941年到1944年，仅仅几年时间，三五九旅的粮食产量由0.12万石猛增到3.7万石，上缴公粮1万石，达到了耕一余一。与此同时，工业、商业、运输业、畜牧业和建筑业也得到了迅速发展。

南泥湾大生产运动，作为中国共产党第一次大规模的军垦，被视为农垦事业的开端，南泥湾也成为农垦事业和农垦精神的发祥地。

进入解放战争时期，建立巩固的东北根据地成为中共中央全方位战略的重要组成部分。毛泽东同志在1945年12月28日为中共中央起草的《建立巩固的东北根据地》中，明确指出"我党现时在东北的任务，是建立根据地，是在东满、北满、西满建立巩固的军事政治的根据地"，要求"除集中行动负有重大作战任务的野战兵团外，一切部队和机关，必须在战斗和工作之暇从事生产"。

紧接着，1947年，公营农场兴起的大幕拉开了。

这一年春天，中共中央东北局财经委员会召开会议，主持财经工作的陈云、李富春同志在分析时势后指出：东北行政委员会和各省都要"试办公营农场，进行机械化农业实验，以迎接解放后的农村建设"。

这一年夏天，在松江省政府的指导下，松江省省营第一农场（今宁安农场）创建。省政府主任秘书李在人为场长，他带领着一支18人的队伍，在今尚志市一面坡太平沟开犁生产，一身泥、一身汗地拉开了"北大荒第一犁"。

这一年冬天，原辽北军区司令部作训科科长周亚光带领人马，冒着严寒风雪，到通北县赵光区实地踏查，以日伪开拓团训练学校旧址为基础，建成了我国第一个公营机械化农场——通北机械农场。

之后，花园、永安、平阳等一批公营农场纷纷在战火的硝烟中诞生。与此同时，一部分身残志坚的荣誉军人和被解放的国民党军人，向东北荒原宣战，艰苦拓荒、艰辛创业，创建了一批荣军农场和解放团农场。

再将视线转向华北。这一时期，在河北省衡水湖的前身"千顷洼"所在地，华北人民政府农业部利用一批来自联合国善后救济总署的农业机械，建成了华北解放区第一个机械化公营农场——冀衡农场。

除了机械化农场，在那个主要靠人力耕种的年代，一些拖拉机站和机务人员培训班诞生在东北、华北大地上，推广农业机械化技术，成为新中国农机事业人才培养的"摇篮"。新中国的第一位女拖拉机手梁军正是优秀代表之一。

（二）

中华人民共和国成立后农垦事业步入了发展的"快车道"。

1949年10月1日，新中国成立了，百废待兴。新的历史阶段提出了新课题、新任务：恢复和发展生产，医治战争创伤，安置转业官兵，巩固国防，稳定新生的人民政权。

这没有硝烟的"新战场"，更需要垦荒生产的支持。

1949年12月5日，中央人民政府人民革命军事委员会发布《关于1950年军队参加生产建设工作的指示》，号召全军"除继续作战和服勤务者而外，应当负担一部分生产任务，使我人民解放军不仅是一支国防军，而且是一支生产军"。

1952年2月1日，毛泽东主席发布《人民革命军事委员会命令》："你们现在可以把战斗的武器保存起来，拿起生产建设的武器。"批准中国人民解放军31个师转为建设师，其中有15个师参加农业生产建设。

垦荒战鼓已擂响，刚跨进和平年代的解放军官兵们，又背起行囊，扑向荒原，将"作战地图变成生产地图"，把"炮兵的瞄准仪变成建设者的水平仪"，让"战马变成耕马"，在戈壁荒漠、三江平原、南国边疆安营扎寨，攻坚克难，辛苦耕耘，创造了农垦事业的一个又一个奇迹。

1. 将戈壁荒漠变成绿洲

1950年1月，王震将军向驻疆部队发布开展大生产运动的命令，动员11万余名官兵就地屯垦，创建军垦农场。

垦荒之战有多难，这些有着南泥湾精神的农垦战士就有多拼。

没有房子住，就搭草棚子、住地窝子；粮食不够吃，就用盐水煮麦粒；没有拖拉机和畜力，就多人拉犁开荒种地……

然而，戈壁滩缺水，缺"农业的命根子"，这是痛中之痛！

没有水，战士们就自己修渠，自伐木料，自制筐担，自搓绳索，自开块石。修渠中涌现了很多动人故事，据原新疆兵团农二师师长王德昌回忆，1951年冬天，一名来自湖南的女战士，面对磨断的绳子，情急之下，割下心爱的辫子，接上绳子背起了石头。

在战士们全力以赴的努力下，十八团渠、红星渠、和平渠、八一胜利渠等一条条大地的"新动脉"，奔涌在戈壁滩上。

1954年10月，经中共中央批准，新疆生产建设兵团成立，陶峙岳被任命为司令员，新疆维吾尔自治区党委书记王恩茂兼任第一政委，张仲瀚任第二政委。努力开荒生产的驻疆屯垦官兵终于有了正式的新身份，工作中心由武装斗争转为经济建设，新疆地区的屯垦进入了新的阶段。

之后，新疆生产建设兵团重点开发了北疆的准噶尔盆地、南疆的塔里木河流域及伊犁、博乐、塔城等边远地区。战士们鼓足干劲，兴修水利、垦荒造田、种粮种棉、修路架桥，一座座城市拔地而起，荒漠变绿洲。

2. 将荒原沼泽变成粮仓

在新疆屯垦热火朝天之时，北大荒也进入了波澜壮阔的开发阶段，三江平原成为"主战场"。

1954年8月，中共中央农村工作部同意并批转了农业部党组《关于开发东北荒地的农建二师移垦东北问题的报告》，同时上报中央军委批准。9月，第一批集体转业的"移民大军"——农建二师由山东开赴北大荒。这支8000多人的齐鲁官兵队伍以荒原为家，创建了二九〇、二九一和十一农场。

同年，王震将军视察黑龙江汤原后，萌发了开发北大荒的设想。领命的是第五师副师长余友清，他打头阵，率一支先遣队到密山、虎林一带踏查荒原，于1955年元旦，在虎林县（今虎林市）西岗创建了铁道兵第一个农场，以部队番号命名为"八五〇部农场"。

1955年，经中共中央同意，铁道兵9个师近两万人挺进北大荒，在密山、虎林、饶河一带开荒建场，拉开了向三江平原发起总攻的序幕，在八五〇部农场周围建起了一批八字头的农场。

1958年1月，中央军委发出《关于动员十万干部转业复员参加生产建设的指示》，要求全军复员转业官兵去开发北大荒。命令一下，十万转业官兵及家属，浩浩荡荡进军三江平原，支边青年、知识青年也前赴后继地进攻这片古老的荒原。

垦荒大军不惧苦、不畏难，鏖战多年，荒原变良田。1964年盛夏，国家副主席董必武来到北大荒视察，面对麦香千里即兴赋诗："斩棘披荆忆老兵，大荒已变大粮屯。"

3. 将荒郊野岭变成胶园

如果说农垦大军在戈壁滩、北大荒打赢了漂亮的要粮要棉战役，那么，在南国边疆，则打赢了一场在世界看来不可能胜利的翻身仗。

1950年，朝鲜战争爆发后，帝国主义对我国实行经济封锁，重要战略物资天然橡胶被禁运，我国国防和经济建设面临严重威胁。

当时世界公认天然橡胶的种植地域不能超过北纬17°，我国被国际上许多专家划为"植胶禁区"。

但命运应该掌握在自己手中，中共中央作出"一定要建立自己的橡胶基地"的战略决策。1951年8月，政务院通过《关于扩大培植橡胶树的决定》，由副总理兼财政经济委员会主任陈云亲自主持这项工作。同年11月，华南垦殖局成立，中共中央华南分局第一书记叶剑英兼任局长，开始探索橡胶种植。

1952年3月，两万名中国人民解放军临危受命，组建成林业工程第一师、第二师和一个独立团，开赴海南、湛江、合浦等地，住茅棚、战台风、斗猛兽，白手起家垦殖橡胶。

大规模垦殖橡胶，急需胶籽。"一粒胶籽，一两黄金"成为战斗口号，战士们不惜一切代价收集胶籽。有一位叫陈金照的小战士，运送胶籽时遇到山洪，被战友们找到时已没有了呼吸，而背上箩筐里的胶籽却一粒没丢……

正是有了千千万万个把橡胶看得重于生命的陈金照们，1957 年春天，华南垦殖局种植的第一批橡胶树，流出了第一滴胶乳。

1960 年以后，大批转业官兵加入海南岛植胶队伍，建成第一个橡胶生产基地，还大面积种植了剑麻、香茅、咖啡等多种热带作物。同时，又有数万名转业官兵和湖南移民汇聚云南边疆，用血汗浇灌出了我国第二个橡胶生产基地。

在新疆、东北和华南三大军垦战役打响之时，其他省份也开始试办农场。1952 年，在政务院关于"各县在可能范围内尽量地办起和办好一两个国营农场"的要求下，全国各地农场如雨后春笋般发展起来。1956 年，农垦部成立，王震将军被任命为部长，统一管理全国的军垦农场和地方农场。

随着农垦管理走向规范化，农垦事业也蓬勃发展起来。江西建成多个综合垦殖场，发展茶、果、桑、林等多种生产；北京市郊、天津市郊、上海崇明岛等地建起了主要为城市提供副食品的国营农场；陕西、安徽、河南、西藏等省区建立发展了农牧场群……

到 1966 年，全国建成国营农场 1958 个，拥有职工 292.77 万人，拥有耕地面积 345457 公顷，农垦成为我国农业战线一支引人瞩目的生力军。

（三）

前进的道路并不总是平坦的。"文化大革命"持续十年，使党、国家和各族人民遭到新中国成立以来时间最长、范围最广、损失最大的挫折，农垦系统也不能幸免。农场平均主义盛行，从 1967 年至 1978 年，农垦系统连续亏损 12 年。

"没有一个冬天不可逾越，没有一个春天不会来临。"1978 年，党的十一届三中全会召开，如同一声春雷，唤醒了沉睡的中华大地。手握改革开放这一法宝，全党全社会朝着社会主义现代化建设方向大步前进。

在这种大形势下，农垦人深知，国营农场作为社会主义全民所有制企业，应当而且有条件走在农业现代化的前列，继续发挥带头和示范作用。

于是，农垦人自觉承担起推进实现农业现代化的重大使命，乘着改革开放的春风，开始进行一系列的上下求索。

1978年9月，国务院召开了人民公社、国营农场试办农工商联合企业座谈会，决定在我国试办农工商联合企业，农垦系统积极响应。作为现代化大农业的尝试，机械化水平较高且具有一定工商业经验的农垦企业，在农工商综合经营改革中如鱼得水，打破了单一种粮的局面，开启了农垦一二三产业全面发展的大门。

农工商综合经营只是农垦改革的一部分，农垦改革的关键在于打破平均主义，调动生产积极性。

为调动企业积极性，1979年2月，国务院批转了财政部、国家农垦总局《关于农垦企业实行财务包干的暂行规定》。自此，农垦开始实行财务大包干，突破了"千家花钱，一家（中央）平衡"的统收统支方式，解决了农垦企业吃国家"大锅饭"的问题。

为调动企业职工的积极性，从1979年根据财务包干的要求恢复"包、定、奖"生产责任制，到1980年后一些农场实行以"大包干"到户为主要形式的家庭联产承包责任制，再到1983年借鉴农村改革经验，全面兴办家庭农场，逐渐建立大农场套小农场的双层经营体制，形成"家家有场长，户户搞核算"的蓬勃发展气象。

为调动企业经营者的积极性，1984年下半年，农垦系统在全国选择100多个企业试点推行场（厂）长、经理负责制，1988年全国农垦有60%以上的企业实行了这项改革，继而又借鉴城市国有企业改革经验，全面推行多种形式承包经营责任制，进一步明确主管部门与企业的权责利关系。

以上这些改革主要是在企业层面，以单项改革为主，虽然触及了国家、企业和职工的最直接、最根本的利益关系，但还没有完全解决传统体制下影响农垦经济发展的深层次矛盾和困难。

"历史总是在不断解决问题中前进的。"1992年，继邓小平南方谈话之后，党的十四大明确提出，要建立社会主义市场经济体制。市场经济为农垦改革进一步指明了方向，但农垦如何改革才能步入这个轨道，真正成为现代化农业的引领者？

关于国营大中型企业如何走向市场，早在1991年9月中共中央就召开工作会议，强调要转换企业经营机制。1992年7月，国务院发布《全民所有制工业企业转换经营机制条例》，明确提出企业转换经营机制的目标是："使企业适应市场的要求，成为依法自主经营、自负盈亏、自我发展、自我约束的商品生产和经营单位，成为独立享有民事权利和承担民事义务的企业法人。"

为转换农垦企业的经营机制，针对在干部制度上的"铁交椅"、用工制度上的"铁饭碗"和分配制度上的"大锅饭"问题，农垦实施了干部聘任制、全员劳动合同制以及劳动报酬与工效挂钩的三项制度改革，为农垦企业建立在用人、用工和收入分配上的竞争机制起到了重要促进作用。

1993年，十四届三中全会再次擂响战鼓，指出要进一步转换国有企业经营机制，建立适应市场经济要求，产权清晰、权责明确、政企分开、管理科学的现代企业制度。

农业部积极响应，1994年决定实施"三百工程"，即在全国农垦选择百家国有农场进行现代企业制度试点、组建发展百家企业集团、建设和做强百家良种企业，标志着农垦企业的改革开始深入到企业制度本身。

同年，针对有些农场仍为职工家庭农场，承包户垫付生产、生活费用这一问题，根据当年1月召开的全国农业工作会议要求，全国农垦系统开始实行"四到户"和"两自理"，即土地、核算、盈亏、风险到户，生产费、生活费由职工自理。这一举措彻底打破了"大锅饭"，开启了国有农场农业双层经营体制改革的新发展阶段。

然而，在推进市场经济进程中，以行政管理手段为主的垦区传统管理体制，逐渐成为束缚企业改革的桎梏。

垦区管理体制改革迫在眉睫。1995年，农业部在湖北省武汉市召开全国农垦经济体制改革工作会议，在总结各垦区实践的基础上，确立了农垦管理体制的改革思路：逐步弱化行政职能，加快实体化进程，积极向集团化、公司化过渡。以此会议为标志，垦区管理体制改革全面启动。北京、天津、黑龙江等 17 个垦区按照集团化方向推进。此时，出于实际需要，大部分垦区在推进集团化改革中仍保留了农垦管理部门牌子和部分行政管理职能。

"前途是光明的，道路是曲折的。"由于农垦自身存在的政企不分、产权不清、社会负担过重等深层次矛盾逐渐暴露，加之农产品价格低迷、激烈的市场竞争等外部因素叠加，从 1997 年开始，农垦企业开始步入长达 5 年的亏损徘徊期。

然而，农垦人不放弃、不妥协，终于在 2002 年"守得云开见月明"。这一年，中共十六大召开，农垦也在不断调整和改革中，告别"五连亏"，盈利 13 亿。

2002 年后，集团化垦区按照"产业化、集团化、股份化"的要求，加快了对集团母公司、产业化专业公司的公司制改造和资源整合，逐步将国有优质资产集中到主导产业，进一步建立健全现代企业制度，形成了一批大公司、大集团，提升了农垦企业的核心竞争力。

与此同时，国有农场也在企业化、公司化改造方面进行了积极探索，综合考虑是否具备企业经营条件、能否剥离办社会职能等因素，因地制宜、分类指导。一是办社会职能可以移交的农场，按公司制等企业组织形式进行改革；办社会职能剥离需要过渡期的农场，逐步向公司制企业过渡。如广东、云南、上海、宁夏等集团化垦区，结合农场体制改革，打破传统农场界限，组建产业化专业公司，并以此为纽带，进一步将垦区内产业关联农场由子公司改为产业公司的生产基地（或基地分公司），建立了集团与加工企业、农场生产基地间新的运行体制。二是不具备企业经营条件的农场，改为乡、镇或行政区，向政权组织过渡。如 2003 年前后，一些垦区的部分农场连年严重亏损，有的甚至濒临破产。湖南、湖北、河北等垦区经省委、省政府批准，对农场管理体制进行革新，把农场管理权下放到市县，实行属地管理，一些农场建立农场管理区，赋予必要的政府职能，给予财税优惠政策。

这些改革离不开农垦职工的默默支持，农垦的改革也不会忽视职工的生活保障。1986 年，根据《中共中央、国务院批转农牧渔业部〈关于农垦经济体制改革问题的报告〉的通知》要求，农垦系统突破职工住房由国家分配的制度，实行住房商品化，调动职工自己动手、改善住房的积极性。1992 年，农垦系统根据国务院关于企业职工养老保险制度改革的精神，开始改变职工养老保险金由企业独自承担的局面，此后逐步建立并完善国家、企业、职工三方共同承担的社会保障制度，减轻农场养老负担的同时，也减少了农场职工的后顾之忧，保障了农场改革的顺利推进。

从 1986 年至十八大前夕，从努力打破传统高度集中封闭管理的计划经济体制，到坚定社会主义市场经济体制方向；从在企业层面改革，以单项改革和放权让利为主，到深入管理体制，以制度建设为核心、多项改革综合配套协调推进为主：农垦企业一步一个脚印，走上符合自身实际的改革道路，管理体制更加适应市场经济，企业经营机制更加灵活高效。

这一阶段，农垦系统一手抓改革，一手抓开放，积极跳出"封闭"死胡同，走向开放的康庄大道。从利用外资在经营等领域涉足并深入合作，大力发展"三资"企业和"三来一补"项目；到注重"引进来"，引进资金、技术设备和管理理念等；再到积极实施"走出去"战略，与中东、东盟、日本等地区和国家进行经贸合作出口商品，甚至扎根境外建基地、办企业、搞加工、拓市场：农垦改革开放风生水起逐浪高，逐步形成"两个市场、两种资源"的对外开放格局。

（四）

党的十八大以来，以习近平同志为核心的党中央迎难而上，作出全面深化改革的决定，农垦改革也进入全面深化和进一步完善阶段。

2015 年 11 月，中共中央、国务院印发《关于进一步推进农垦改革发展的意见》（简称《意见》），吹响了新一轮农垦改革发展的号角。《意见》明确要求，新时期农垦改革发展要以推进垦区集团化、农场企业化改革为主线，努力把农垦建设成为保障国家粮食安全和重要农产品有效供给的国家队、中国特色新型农业现代化的示范区、农业对外合作的排头兵、安边固疆的稳定器。

2016 年 5 月 25 日，习近平总书记在黑龙江省考察时指出，要深化国有农垦体制改革，以垦区集团化、农场企业化为主线，推动资源资产整合、产业优化升级，建设现代农业大基地、大企业、大产业，努力形成农业领域的航母。

2018年9月25日，习近平总书记再次来到黑龙江省进行考察，他强调，要深化农垦体制改革，全面增强农垦内生动力、发展活力、整体实力，更好发挥农垦在现代农业建设中的骨干作用。

农垦从来没有像今天这样更接近中华民族伟大复兴的梦想！农垦人更加振奋了，以壮士断腕的勇气、背水一战的决心继续农垦改革发展攻坚战。

1. 取得了累累硕果

——坚持集团化改革主导方向，形成和壮大了一批具有较强竞争力的现代农业企业集团。黑龙江北大荒去行政化改革、江苏农垦农业板块上市、北京首农食品资源整合……农垦深化体制机制改革多点开花、逐步深入。以资本为纽带的母子公司管理体制不断完善，现代公司治理体系进一步健全。市县管理农场的省份区域集团化改革稳步推进，已组建区域集团和产业公司超过300家，一大批农场注册成为公司制企业，成为真正的市场主体。

——创新和完善农垦农业双层经营体制，强化大农场的统一经营服务能力，提高适度规模经营水平。截至2020年，据不完全统计，全国农垦规模化经营土地面积5500多万亩，约占农垦耕地面积的70.5%，现代农业之路越走越宽。

——改革国有农场办社会职能，让农垦企业政企分开、社企分开，彻底甩掉历史包袱。截至2020年，全国农垦有改革任务的1500多个农场完成办社会职能改革，松绑后的步伐更加矫健有力。

——推动农垦国有土地使用权确权登记发证，唤醒沉睡已久的农垦土地资源。截至2020年，土地确权登记发证率达到96.3%，使土地也能变成金子注入农垦企业，为推进农垦土地资源资产化、资本化打下坚实基础。

——积极推进对外开放，农垦农业对外合作先行者和排头兵的地位更加突出。合作领域从粮食、天然橡胶行业扩展到油料、糖业、果菜等多种产业，从单个环节向全产业链延伸，对外合作范围不断拓展。截至 2020 年，全国共有 15 个垦区在 45 个国家和地区投资设立了 84 家农业企业，累计投资超过 370 亿元。

2. 在发展中改革，在改革中发展

农垦企业不仅有改革的硕果，更以改革创新为动力，在扶贫开发、产业发展、打造农业领域航母方面交出了漂亮的成绩单。

——聚力农垦扶贫开发，打赢农垦脱贫攻坚战。从 20 世纪 90 年代起，农垦系统开始扶贫开发。"十三五"时期，农垦系统针对 304 个重点贫困农场，绘制扶贫作战图，逐个建立扶贫档案，坚持"一场一卡一评价"。坚持产业扶贫，组织开展技术培训、现场观摩、产销对接，增强贫困农场自我"造血"能力。甘肃农垦永昌农场建成高原夏菜示范园区，江西宜丰黄冈山垦殖场大力发展旅游产业，广东农垦新华农场打造绿色生态茶园……贫困农场产业发展蒸蒸日上，全部如期脱贫摘帽，相对落后农场、边境农场和生态脆弱区农场等农垦"三场"踏上全面振兴之路。

——推动产业高质量发展，现代农业产业体系、生产体系、经营体系不断完善。初步建成一批稳定可靠的大型生产基地，保障粮食、天然橡胶、牛奶、肉类等重要农产品的供给；推广一批环境友好型种养新技术、种养循环新模式，提升产品质量的同时促进节本增效；制定发布一系列生鲜乳、稻米等农产品的团体标准，守护"舌尖上的安全"；相继成立种业、乳业、节水农业等产业技术联盟，形成共商共建共享的合力；逐渐形成"以中国农垦公共品牌为核心、农垦系统品牌联合舰队为依托"的品牌矩阵，品牌美誉度、影响力进一步扩大。

——打造形成农业领域航母，向培育具有国际竞争力的现代农业企业集团迈出坚实步伐。黑龙江北大荒、北京首农、上海光明三个集团资产和营收双超千亿元，在发展中乘风破浪：黑龙江北大荒农垦集团实现机械化全覆盖，连续多年粮食产量稳定在 400 亿斤以上，推动产业高端化、智能化、绿色化，全力打造"北大荒绿色智慧厨房"；北京首农集团坚持科技和品牌双轮驱动，不断提升完善"从田间到餐桌"的全产业链条；上海光明食品集团坚持品牌化经营、国际化发展道路，加快农业

"走出去"步伐，进行国际化供应链、产业链建设，海外营收占集团总营收20%左右，极大地增强了对全世界优质资源的获取能力和配置能力。

千淘万漉虽辛苦，吹尽狂沙始到金。迈入"十四五"，农垦改革目标基本完成，正式开启了高质量发展的新篇章，正在加快建设现代农业的大基地、大企业、大产业，全力打造农业领域航母。

（五）

八十多年来，从人畜拉犁到无人机械作业，从一产独大到三产融合，从单项经营到全产业链，从垦区"小社会"到农业"集团军"，农垦发生了翻天覆地的变化。然而，无论农垦怎样变，变中都有不变。

——不变的是一路始终听党话、跟党走的绝对忠诚。从抗战和解放战争时期垦荒供应军粮，到新中国成立初期发展生产、巩固国防，再到改革开放后逐步成为现代农业建设的"排头兵"，农垦始终坚持全面贯彻党的领导。而农垦从孕育诞生到发展壮大，更离不开党的坚强领导。毫不动摇地坚持贯彻党对农垦的领导，是农垦人奋力前行的坚强保障。

——不变的是服务国家核心利益的初心和使命。肩负历史赋予的保障供给、屯垦戍边、示范引领的使命，农垦系统始终站在讲政治的高度，把完成国家战略任务放在首位。在三年困难时期、"非典"肆虐、汶川大地震、新冠疫情突发等关键时刻，农垦系统都能"调得动、顶得上、应得急"，为国家大局稳定作出突出贡献。

——不变的是"艰苦奋斗、勇于开拓"的农垦精神。从抗日战争时一手拿枪、一手拿镐的南泥湾大生产，到新中国成立后新疆、东北和华南的三大军垦战役，再到改革开放后艰难但从未退缩的改革创新、坚定且铿锵有力的发展步伐，"艰苦奋斗、勇于开拓"始终是农垦人不变的本色，始终是农垦人攻坚克难的"传家宝"。

农垦精神和文化生于农垦沃土，在红色文化、军旅文化、知青文化等文化中孕育，也在一代代人的传承下，不断被注入新的时代内涵，成为农垦事业发展的不竭动力。

"大力弘扬'艰苦奋斗、勇于开拓'的农垦精神，推进农垦文化建设，汇聚起推动农垦改革发展的强大精神力量。"中央农垦改革发展文件这样要求。在新时代、新征程中，记录、传承农垦精神，弘扬农垦文化是农垦人的职责所在。

（六）

随着垦区集团化、农场企业化改革的深入，农垦的企业属性越来越突出，加之有些农场的历史资料、文献文物不同程度遗失和损坏，不少老一辈农垦人也已年至期颐，农垦历史、人文、社会、文化等方面的保护传承需求也越来越迫切。

传承农垦历史文化，志书是十分重要的载体。然而，目前只有少数农场编写出版过农场史志类书籍。因此，为弘扬农垦精神和文化，完整记录展示农场发展改革历程，保存农垦系统重要历史资料，在农业农村部党组的坚强领导下，农垦局主动作为，牵头组织开展中国农垦农场志丛编纂工作。

工欲善其事，必先利其器。2019年，借全国第二轮修志工作结束、第三轮修志工作启动的契机，农业农村部启动中国农垦农场志丛编纂工作，广泛收集地方志相关文献资料，实地走访调研、拜访专家、咨询座谈、征求意见等。在充足的前期准备工作基础上，制定了中国农垦农场志丛编纂工作方案，拟按照前期探索、总结经验、逐步推进的整体安排，统筹推进中国农垦农场志丛编纂工作，这一方案得到了农业农村部领导的高度认可和充分肯定。

编纂工作启动后，层层落实责任。农业农村部专门成立了中国农垦农场志丛编纂委员会，研究解决农场志编纂、出版工作中的重大事项；编纂委员会下设办公室，负责志书编纂的具体组织协调工作；各省级农垦管理部门成立农场志编纂工作机构，负责协调本区域农场志的组织编纂、质量审查等工作；参与编纂的农场成立了农场志编纂工作小组，明确专职人员，落实工作经费，建立配套机制，保证了编纂工作的顺利进行。

质量是志书的生命和价值所在。为保证志书质量，我们组织专家编写了《农场志编纂技术手册》，举办农场志编纂工作培训班，召开农场志编纂工作推进会和研讨会，到农场实地调研督导，尽全力把好志书编纂的史实关、政治关、体例关、文字关和出版关。我们本着"时间服从质量"的原则，将精品意识贯穿编纂工作始终。坚持分步实施、稳步推进，成熟一本出版一本，成熟一批出版一批。

中国农垦农场志丛是我国第一次较为系统地记录展示农场形成发展脉络、改革发展历程的志书。它是一扇窗口，让读者了解农场，理解农垦；它是一条纽带，让农垦人牢记历史，让农垦精神代代传承；它是一本教科书，为今后农垦继续深化改革开放、引领现代农业建设、服务乡村振兴战略指引道路。

修志为用。希望此志能够"尽其用"，对读者有所裨益。希望广大农垦人能够从此志汲取营养，不忘初心、牢记使命，一茬接着一茬干、一棒接着一棒跑，在新时代继续发挥农垦精神，续写农垦改革发展新辉煌，为实现中华民族伟大复兴的中国梦不懈努力！

中国农垦农场志丛编纂委员会

2021 年 7 月

广东丰收糖业发展
有限公司(农场)志
GUANGDONG FENGSHOU TANGYE FAZHAN
YOUXIAN GONGSI(NONGCHANG) ZHI

序言

按照《农业农村部办公厅关于组织开展第一批中国农垦农场志编纂工作的通知》（农办垦〔2020〕1号）要求，经广东省丰收糖业发展有限公司（以下简称丰收公司）申请、广东省农垦集团公司研究室择优推荐、中国农垦农场志编纂委员办公室审核并报部领导审定，农业农村部农垦局于2020年7月24日下发了《关于公布第一批中国农垦农场志编纂农场名单的通知》（农垦综〔2020〕1号）文件，确定丰收公司为第一批中国农垦农场志编纂农场之一。编纂《广东丰收糖业发展有限公司（农场）志》，是时代的需要，是广大职工的共同愿望，也是政治生活中的一件大事，更是我们义不容辞的责任。

本志书时限68年。合并成立丰收公司前，广东省国营收获农场建场时间为1952年5月，广东省国营南光农场建场时间为1952年5月，广东省国营调丰糖厂建厂时间为1984年2月。1995年11月23日，广东省国营收获农场和广东省调丰糖厂合并成立广东省丰收糖业发展有限公司，后于1996年10月，广东省国营南光农场并入丰收糖业发展有限公司。

本志书内容涉及面广泛，能使丰收公司全体职工群众了解丰收公司这块红土地的历史、地理、人文、政治、经济等，为世代延续的丰收公司（农场）志册开创了新的一页。

本志书再现了农场老一辈拓荒者和新时期农垦建设者及改革者们的艰苦奋斗精神，再现了合并成立丰收公司之前收获农场、南光农场、调丰糖厂和合并成立丰收公司后各届党委率领广大职工群众进行伟大斗争和企业建设的壮丽情景。

本志书真实、全面地反映了合并成立丰收公司前后的发展历史，为公司今后深化改革、再稳步向前健康发展、提升企业活力提供了参考借鉴的史料依据。

本志书实事求是地记录了公司成就和艰辛历程，为丰收公司的后来人留下极其珍贵的历史资料，将起到推动丰收公司开创农垦事业新局面的积极作用，把丰收公司建设得更加美好。

在中国农垦农场志丛编纂委员会、广东农垦和广垦糖业两级集团公司指导下，在丰收公司党委直接领导下，在《广东丰收糖业发展有限公司（农场）志》编纂工作办公室全体人员齐心协力下，编写人员经过走访、座谈、翻阅大量的档案、报刊资料，取得了120余万字的口述、档案资料。再经筛选、编撰、核对，最后经中国农垦农场志丛编纂委员会审查定稿，本志书终于和读者见面了。

借本志书付梓之际，我怀着无比崇敬的心情，感激那些把自己的青春甚至生命奉献给农垦事业的开拓者，致敬那些为合并成立丰收公司之前的农场创造历史的奋进者，致敬那些为合并成立丰收公司之后的建设发展作出奉献的建设者们！他们辉煌的业绩和勇于为农垦事业献身的精神，将永存于丰收公司全体职工的心中，激励着丰收人继续开拓奋进！借此机会，谨向编纂《广东丰收糖业发展有限公司（农场）志》的全体工作人员和提供资料的单位及个人表示衷心的感谢！

历史在前进，丰收公司在变化。热爱丰收公司这片红土地的丰收人一定会继承前人的意志，发扬农垦精神，继续努力奋斗下去，用自己的实际行动为丰收公司再创辉煌贡献力量，谱写丰收公司明天更美好的篇章。

我们一定要以习近平新时代中国特色社会主义思想为指导，坚持党的实事求是思想路线，持续深化改革，为丰收公司健康可持续发展添砖加瓦，为实现中华民族伟大复兴的中国梦作出新的贡献。

广东省丰收糖业发展有限公司党委书记、董事长　杨荣

2021 年 12 月 31 日

凡例

广东丰收糖业发展
有限公司(农场)志

GUANGDONG FENGSHOU TANGYE FAZHAN
YOUXIAN GONGSI(NONGCHANG) ZHI

一、本志以马克思列宁主义、毛泽东思想、邓小平理论、"三个代表"重要思想、科学发展观、习近平新时代中国特色社会主义思想为指导，坚持辩证唯物主义和历史唯物主义的立场、观点和方法，存真求实，全面、客观、系统地记述广东省丰收糖业发展有限公司（简称丰收公司）改革发展的进程和取得的成果，传承弘扬农场历史文化，激发爱国爱垦爱场情怀，为探索中国农垦农场改革发展道路、引领现代农业建设、服务乡村振兴战略提供历史智慧和现实借鉴。

二、为全面反映入志事物的沿革脉络，本志的时间上限为 1952 年，即追溯至事物发端，下限为 2020 年。详今明古，着重反映时代特色和农场特点。

三、记述地域范围以下限年份的辖区为主。为体现丰收公司（农场）在更大区域内的意义，本书有时从更开阔的区域视野记述与丰收公司（农场）相关的内容。

四、全书结构采用编章节目体，横排门类，纵述史实。共设置十编，第一编至第十编简述丰收公司（农场）开荒垦殖及以后的自然社会经济状况、农业、工业、第三产业、小城镇建设、科技教育医疗、管理体制、党团组织与民政政法、企业文化、社会主义精神文明建设、人物单位名录。介绍丰收公司（农场）的综合发展情况，力求系统记载丰收公司（农场）建场以来的历史和现状，反映兴衰起伏过程。附录简述丰收公司组建前国营收获农场、国营南光农场、国营调丰糖厂概况。篇目设置主线清晰，层次分明，要事突出，大事咸录。

五、本志体例，用述、记、志、传、图、表、录等各种体裁，以志体为主。创新体裁运用，记述简略取宜。

六、全书统一使用规范的现代语体文记述，行文朴实、严谨、简洁、流畅，具有较强可读性。

七、人物录主要收录志书上下限内丰收公司（农场）历届领导名录、省人大代表名录、全国劳动模范、全国五一劳动奖章获得者、全国先进生产（工作）者、省部委劳动模范和先进生产（工作）者、市劳动模范、享受国务院特殊津贴人员、离休干部、林二师人员，排序以获得时间先后为序。此外，还收录了志书上下限内全国、部、省先进单位名录，排列以获奖时间先后为序。

八、本志数据，以历年上报湛江农垦局计划处（企管处）数据为主，兼用丰收公司（农场）数据。当某项数据缺乏时，适当采用了主管部门或主办单位档案的数据，以使读者窥见全貌。

九、数字用法、标点符号、计量单位均执行相关的国家标准，如《出版物上数字用法》（GB/T 15835—2011）、《标点符号用法》（GB/T 15834—2011）、《有关量、单位和符号的一般原则》（GB/T 3101—1993）。历史上习用的计量单位，如斗、石、里、尺、磅、华氏度等，出现在引文时照录仍其旧。尊重多数读者的阅读习惯，全书对"亩"不作统一换算。

十、封建朝代的纪年，使用朝代年号纪年加注公元年份；中华民国成立后的纪年，一律使用公元纪年。志中所称"新中国成立前（后）"，均指中华人民共和国成立日1949年10月1日前（后）；"改革开放前（后）"，均指1978年12月中共十一届三中全会召开前（后）。本志"××年代"前未加世纪者，均指20世纪。

十一、对旧志、古籍中的繁体字、生僻字使用简化字或通用字替换，易引起误解的则保留。

十二、记述各个历史时期的党派、机构、职务、地名等，均以当时的名称为准。对频繁使用的名称，首次用全称并括注简称，其后用简称。

中国农垦农场志

目 录

第三编　工　　业

第四编　第三产业

第八编　党团组织与民政政法

第九编　企业文化

第十编　社会主义精神文明建设

中国农垦农场志

概　　述

　　广东省丰收糖业发展有限公司（简称丰收公司）成立于 1995 年 11 月，由广东省国营调丰糖厂、广东省国营收获农场、广东省国营南光农场合并组建而成，隶属于广东农垦湛江农垦局（湛江农垦集团公司）。丰收公司地处祖国大陆最南端的雷州半岛中南部偏东处，属热带和亚热带季风气候，土壤肥沃、资源丰富，土地总面积 21.3 万亩①（组建丰收公司前的国营收获农场土地总面积为 11 万亩，国营南光农场土地面积为 10.3 万亩）。丰收公司成立后，不断优化和调整公司的产业发展结构，确立了"主攻糖业，稳步发展菠萝加工业，积极拓展第三产业，建立优质高效的甘蔗、菠萝生产基地"的生产经营构架，经过前十年发展，逐步发展为一家贸工农一体化、产供销一条龙的大型企业，获得广东省农业龙头企业和农业产业化国家重点龙头企业称号，是当时全国唯一的甘蔗机械化基地、农业部无公害农产品生产示范基地以及第一批全国农产品加工示范企业。2018 年 7 月，丰收公司成建制划拨给广东广垦糖业集团有限公司，按广东广垦糖业集团有限公司一级单位进行管理，定位为蔗糖加工厂原料蔗种植基地，全力保障糖厂的原料供给。

　　丰收公司的前身收获农场、南光农场由林业工程第二师开荒垦殖，并吸收了军转业人员、大批翻身农民、归国华侨、水库移民、知识青年及大中专院校毕业生，从事橡胶生产事业。在辖区范围内已建立了收获、南光、糖厂、罐头厂等 4 个场（厂）部生活区及 43 个生产队居民点，作为农场，它们既承担上级下达的生产经营任务又承担乡（镇）、行政村两级的行政管理职责及大量的社会职能，具有政企合一的显著特点。

一

　　20 世纪 90 年代以前，国营收获农场、国营南光农场的农业以生产经营天然橡胶为主，辅以种植甘蔗、香茅、稻谷、花生、木薯、茶叶等多种作物和林木，其他多是为橡胶产业配套或为解决职工生活所需物资和服务而设。20 世纪 80 年代，随着调丰糖厂的重建

---

　　①　亩为非法定计量单位，1 亩≈667 平方米。——编者注

和收获罐头厂的建成，甘蔗种植成为农场主要生产经营项目之一，菠萝种植的占比也在增加。进入 20 世纪 90 年代后，实行产业调整，国营收获农场完全淘汰了橡胶，改种甘蔗和菠萝；国营南光农场的橡胶种植也大幅缩减，1991—1996 年共计淘汰了约 10000 亩橡胶，仅剩约 1.77 万亩。组建丰收公司以后，甘蔗种植成为主要农业生产项目，形成了"发展甘蔗，巩固橡胶，优化菠萝"的农业经济发展格局。

天然橡胶是农场创建后最早的第一大产业。国营收获农场和国营南光农场是为打破帝国主义对我国的经济封锁，根据中央人民政府政务院作出的《关于扩大培植橡胶树的决定》精神，以生产天然橡胶，满足国防建设需求所部署创办起来的。发展橡胶走过了艰难的创业历程，面对台风多发、干旱、极寒天气，老一辈农垦人用青春和汗水甚至生命，创造了一个又一个奇迹，几经周折，终于建成收获、南光农场，发展顶峰时有 6.8 万亩以上的橡胶园。从 20 世纪 60 年代初橡胶开割以来，共生产干胶 36122.89 吨，为提供国家急需的战略物资——天然橡胶做出了重大贡献，也探索出了独具特色的高纬度植胶技术。由于种植橡胶条件相对恶劣，且经济效益低下，国营收获农场在 1992 年全部淘汰了天然橡胶，改种糖蔗、菠萝等经济作物，国营南光农场的天然橡胶面积也急剧减少，橡胶产业在农垦经济中的地位有所下降。2014 年遭遇超强台风和强台风正面袭击后，橡胶生产遭受了毁灭性打击，经请示集团公司批复后，丰收公司正式退出橡胶生产行列。

糖蔗是丰收公司第一大支柱产业。从 1955 年起，国营收获农场、国营南光农场开始种植甘蔗。甘蔗种植从开始的不到 100 亩发展到 1958 年两个农场都突破了 10000 亩的规模，曾成为农场的主要生产项目之一。但由于缺乏种植技术及管理粗放等，平均亩产仅 1 吨左右，偶有超过 2 吨的。后因农场经营方针调整，20 世纪 60—70 年代，甘蔗种植面积急速缩减，只保留很小的规模，收获农场甚至停产甘蔗多年。1979 年以后，两个农场按照管理局提出的"南糖北果中间胶"政策要求，才重新将甘蔗种植作为农场的重要生产项目之一，种植规模也从几百亩逐步扩大至上万亩，特别是 1984 年调丰糖厂建成投产后，收获农场的甘蔗种植面积从 1984 年的 4816 亩增加至 1985 年的 10347 亩，种植规模翻了一番多，南光农场的甘蔗种植面积也从 1984 年的 2921 亩增加至 1985 年的 6817 亩，种植规模也翻了一番多，甘蔗成了农场的主要经济支柱之一。甘蔗新品种的引进及一系列甘蔗栽培新技术的推广，如增施钾肥、地膜覆盖、少耕法等，使甘蔗亩产不断提高，平均亩产从 4 吨左右提高至 1990 年的 6 吨以上，国营收获农场的甘蔗亩产甚至达到了 6.87 吨。1995 年，国营收获农场甘蔗种植面积首次突破了 30000 亩，国营南光农场也达到了 20654 亩。丰收公司成立后，依托糖厂蔗糖加工优势，提出"发展甘蔗，巩固橡胶，优化菠萝"的产业发展方针，正式确立了蔗糖作为丰收公司第一大产业的发展定位。作为蔗糖加工原料蔗供应基地，丰收公司的甘蔗种植规模从 1996 年的 36724 亩发展到 2013 年的历史最高纪录 89037.21 亩，2006 年以后，绝大多数年份种植规模保持在 71000 亩以上，种植规模在雷州片区五个农场中一直位列第一。2018 年工农业分离改革后，丰收公司作为广垦糖业集团工业的原料蔗生产基地，更专注于甘蔗种植与全程机械化示范基地建设，带动示范，争做甘蔗产业发展排头兵，探索现代农业发展之路。

菠萝产业是丰收公司最具特色的农业产业。将菠萝作为商品性种植作物始于 1980 年，这一年国营收获农场种植了 391 亩菠萝，于 1981 年收获菠萝鲜果 54.6 吨。1983 年后，随着收获农场的菠萝罐头厂建成，农场菠萝生产有了长足发展。1984—1990 年，菠萝新植面积从最初的 639 亩快速增至 1990 年的 7000 亩，面积增长了近 10 倍。年末菠萝总面积也从 2224 亩增至 1990 年的 10988 亩，首次突破万亩大关，七年间共生产菠萝鲜果 43978 吨。推行大包干责任制和菠萝高产技术后，菠萝产量屡创新高，1993 年菠萝面积增至 22000 亩，平均亩产也达到了 3.23 吨。国营南光农场从建场到 1990 年，并无资料文件或数据显示菠萝种植记录。1995—2017 年，丰收公司菠萝面积维持在 10000～34000 亩，收获鲜果总计 732446.07 吨，产值 73637.89 万元。1996 年，丰收公司建设全国无公害标准化农产品综合示范区，并于当年 6 月被农业部授予"南亚热带作物名优基地"称号。丰收公司菠萝科技攻关小组通过长期的菠萝生产实践，以分期分批催熟菠萝果技术，确保菠萝稳产高产。

营林造林曾是国营收获农场和国营南光农场除橡胶之外种植面积最大的项目，其发展速度与橡胶不相上下。国营收获农场防护林（带）的营造始于 1953 年。按当时高雷垦殖分局的规程，在规划植胶地营造林带，营林造林树种主要为大叶桉、小叶桉、台湾相思、油茶以及木麻黄，根据华南垦殖局于 1954 年提出的"依山靠林"方针，国营收获农场大规模营造防护林。1955—1957 年，林地面积每年都保持在 2 万亩左右，其中 1956 年达到了 29653 亩。1958—1962 年，林地面积每年保持在 1.6 万亩左右。1963—1990 年，收获农场开始对原有林段逐年进行改造，林地面积再次快速增长，这段时期也是收获农场林业发展的"黄金阶段"。特别是 1970 年，林地面积达到了 36170 亩，其面积规模是建场以来的最高纪录。1952 年，国营南光农场在大量种植橡胶树失败后，开始大力营造防护林，营林造林树种主要为大叶桉、小叶桉、台湾相思、油茶以及木麻黄，1956 年林地面积首次达到万亩以上，为 16038 亩。1956—1962 年，国营南光农场林业的发展受台风和当时经济农作物种植方针的影响，林地面积逐年减少。1963 年，南光农场"一业为主，多种经营"的生产方针得到进一步落实，农场的生产发展较快，营林造林面积也逐年增长。1963—1987 年，是南光农场林业发展较快时期。特别是 1974 年，林地面积达到了 38889

亩，为南光农场建场以来最高纪录。1996 年，丰收公司的林地面积为 32178 亩。此后，林业受产业调整影响，许多原来营林造林的土地大都改为种植甘蔗、菠萝，仅保持少量的公路林、生态林。1998—2013 年，林地面积保持在 1.4 万～1.6 万亩。2014 年，受两场台风的影响，丰收公司林地面积大为减少，仅存 7740 亩。到了 2020 年，林地面积仅剩 2391 亩。

农业机械发展方面，1997—2001 年，丰收公司累计投入 331.3 万元购买农业机械设备 23 台。2003—2008 年，丰收公司累计投入 2900 万元（其中：农业部机械化专项拨款 2023.5 万元、企业自筹 876.5 万元），从美国、巴西、德国、澳大利亚和国内相关厂家引进了世界上最先进的大型轮式拖拉机、JD4710 喷药机、7000 切断式糖蔗联合收割机、整杆甘蔗播种机、深松犁、液压重耙、田间运输机和甘蔗预处理机等农业机械及配套生产设备 108 台。丰收公司按照农业部和两级管局的部署，于 2003 年正式实施甘蔗全程机械化试验示范项目。2007 年 6 月，被农业部审核确定为首批全国农业机械化示范区之一。

2013—2020 年，职工家庭农场自行购置小型拖拉机、风送式喷雾机、动力喷雾机、旋耕机、翻转犁、施肥机、追肥机、甘蔗种植机、秸秆粉碎还田机等农机具 243 台，累计享受农机购置补贴 345.379 万元（财政资金）。

二

丰收公司工业发展走的是一条工农互补、资源循环利用、绿色环保的循环经济发展之路，旗下工厂有调丰糖厂、南光鞋厂，并通过收购和合股经营等方式拥有控股糖厂 3 家、控股罐头厂 1 家、控股复肥厂 1 家、控股酒精厂 1 家，形成年产白砂糖近 20 万吨、菠萝罐头 2 万吨、菠萝浓缩汁 1 万吨、酒精 5 万吨的生产能力。丰收公司总资产从 1996 年的 42287 万元快速增长至 2006 年的 115195 万元，工业总产值也从 1996 年的 26601 万元快速增长至 2006 年的 86863 万元，工业总产值增长了 2 倍多。生产的产品主要有白砂糖、菠萝罐头、菠萝浓缩汁、有机肥、酒精等，其中"蜂泉"牌一级白砂糖和"三叶"牌菠萝罐头获"中国名牌产品"和"广东省名牌产品"称号。丰收公司自 2002 年起曾连续 8 次荣获"农业产业化国家重点龙头企业"荣誉称号。

丰收公司对甘蔗榨糖后的副产品蔗渣、滤泥、桔水和菠萝加工后的菠萝皮渣等进行充分利用，循环经济发展模式如下：蔗渣代替燃煤发电或用作生产碎粒板；桔水用作生产酒精；酒精生产产生的废液通过 TLP 快速高效厌氧发酵技术产生沼气供锅炉燃烧，利用沼气废液进行农业灌溉，建设高产高糖蔗田；以滤泥为原料，通过生物发酵生产复合微生物肥；菠萝加工后的菠萝皮渣主要作为肥料的原料，也可作奶牛青饲料等。发展循环经济既可综合利用资源，又延长了产业链，提高了产品附加值。

丰收公司制糖主要以自营的调丰糖厂为主，该厂于 20 世纪 80 年代中期建成并投入使用，由属下收获、南光两个农业分公司及金星农场、东方红农场、火炬农场、幸福农场等 4 个农场提供糖料蔗，压榨加工成食糖，日榨蔗量可达 6500 吨，年榨蔗量约 70 万吨，产食糖 7 万～8 万吨。从投产至分立，共经历了 33 个榨季，累计榨蔗 1958.74 万吨，产食糖 193.6903 万吨，创造工业总产值 1263500.2 万元，累计上缴利税近 50000 万元。

从 2003 年起，丰收公司抓住地方糖业产权改革机遇，经上级批准，与民营企业一起在湛江地区联合收购了徐闻下桥、遂溪城月、遂溪洋青 3 家糖厂，收购资金总计 3.67 亿元，其中：丰收公司投入资金 1.84 亿元（固定资产投入 1.71 亿元，流动资金投入 0.13 亿元）、民营企业投入资金 1.83 亿元。注册成立新公司，分别为徐闻县恒丰糖业有限公司、湛江市金丰糖业发展有限公司、广东半岛糖业有限公司。3 家合股糖厂日榨蔗能力合计 1.4 万吨以上。在生产经营上，除湛江市金丰糖业发展有限公司由丰收公司委派人员主导生产经营外，其余两家公司均采取租赁经营方式，由其他股东经营。2011 年 3 月，丰收公司将持有的湛江市金丰糖业发展有限公司 70% 的股权转让给广东广垦糖业集团有限公司。湛江市金丰糖业发展有限公司退还丰收公司原投入的注册金 2660 万元。2014 年 2 月，丰收公司将持有广东半岛糖业有限公司 72.06% 的股权转让给广东广垦糖业集团有限公司，转让股权价款为 9944.28 万元。

广东省国营收获罐头厂（以下简称收获罐头厂）始建于 20 世纪 80 年代，经过多次扩建和技改，已从最初的家庭作坊式工厂变为具备年产糖水菠萝罐头 20000 吨、菠萝浓缩汁 10000 吨的能力，广东垦区规模最大、设备较为先进的水果加工厂，也是全国最大的菠萝罐头生产和出口基地，产品远销欧美、日韩、中东、澳大利亚等 40 多个国家和地区。该厂主要设备从德国、意大利、瑞士等地引进，工艺先进，生产加工能力强，所有产品的理化和卫生指标均符合国家或行业标准，处于同行业领先水平。1984—2017 年，收获罐头厂已累计生产菠萝罐头 230310.8 吨，创造工业总产值 100751.67 万元，累计出口创汇 3168.67 万美元，上缴利税 6570.6 万元。收获罐头厂生产的"三叶"牌菠萝罐头荣获了"广东省名牌产品""中国名牌产品"称号。2018 年 6 月，丰收公司将持有广东收获罐头食品有限公司 51% 的股份及东风队、南茂队、华健队土地面积合计 14724.82 亩无偿划归湛江农垦现代农业发展有限公司下属单位雷州湛垦农业发展有限公司管理。

为实现糖厂滤泥、糖蜜酒精废水综合利用，调丰糖厂于 1995 年配套建设了复肥厂，主要生产销售有机无机复混肥料，年生产复合肥 10000 吨以上。2004 年，经广东省农垦总局和湛江农垦局批复同意，与民营企业合资组建丰收公司复肥厂（搬迁新址），先后投资 4740 万元，引进加拿大新远东公司先进发酵技术和德国 BACKHUS 公司的发酵设备，建成年产 30000 吨以上的粉剂和颗粒两条生产线，主要以糖厂散蔗渣、炉灰、滤泥及菠萝皮、果渣等作为原料。复肥厂建有三级质量化验室，检验水准达到了专业水平。后经扩建和技改，复肥厂年产能力达到 50000 吨以上，生产的"肥农"牌生物有机肥于 2011 年获得"广东省名牌产品"称号，产品主要在广东地区销售。复肥厂将工厂的废物转化为有机资源，达到了变废为宝的目的，促进了企业内部循环经济的发展。

为实现综合利用，调丰糖厂建厂初期配套建设了一间酒精车间，利用废蜜生产酒精，日生产能力起初仅为 12000 升/日，到 1993 年已提高到了 50000 升/日。

2004 年，根据省农垦总局及湛江农垦局的批复，丰收公司与民营企业合资组建广东徐闻三和发展有限公司，建设年产 30000 吨酒精的生产线，以生产食用、医用酒精为主。2006 年底投入生产，生产原料来自垦区内部的调丰糖厂、华丰糖厂、广丰糖厂、金丰糖厂等 4 家糖厂。经多次扩建和技改，年产酒精能力达到了 60000 吨以上。股权转让前（2011 年 6 月前），广东徐闻三和发展有限公司累计生产酒精 91468 吨，创造工业总产值 46389.39 万元。划归广垦糖业集团公司管理后，五年累计生产酒精 120645 吨。后因环保问题等原因该厂停产。

南光鞋厂位于雷州市南兴镇国营南光农场场部，由国营南光农场于 1988 年兴办，占地面积 110 亩，厂房面积 2469.56 平方米，有职工 150 人，主要生产出口布面胶鞋。

兴办南光鞋厂的初衷主要是解决职工子弟就业问题，1988 年筹划建设，于年内建成并投入生产。工厂建成后就招收了 150 名职工，第一年生产了 2276 双鞋，亏损了 152606.71 元，1989 年生产了 16029 双，1990 年生产了 252592 双。1991 年全年生产鞋的数量达到了当时的最高纪录 764205 双，盈利 283063.25 元。1992 年全厂职工达到 300 人，产量又创下了新高，达到 772789 双，但由于经营不善，当年亏损 89600 元。1993—1996 年每年生产鞋的数量在 40 万～60 万双，但连年亏损。1997 年起实行承包经营。实行承包经营后，鞋子的花色品种从原来的 3～4 种增加到最多时 36 种，但由于产品滞销亏损。2000 年，鞋厂改为来料加工服装，最终由于生产效益未好转，于 2000 年 12 月关闭鞋厂。

三

第三产业主要集中在商贸、运输、畜牧、建筑、生活服务、饮食、电信、住宿等领域。根据企业发展的需要，丰收公司先后成立商贸公司、运输公司、畜牧公司、建安公司、邮电代办所、物业公司、南园旅店等二级单位。同时，利用丰收公司非农业用地，经营租赁业务。1996 年 6 月 20 日，商贸公司、畜牧公司、运输公司、建安公司、生活服务公司、湛江丰业公司等单位的经理和供电所所长、邮电代办所所长签订《广东省丰收糖业发展有限公司二级（子）公司经营责任合同书》。2002 年，丰收公司按照"自我发展，自我约束，自主经营，自负盈亏"的指导思想，抓好各子公司的经营、改革和转制，并重点抓扭亏工作。首先对碎粒板厂、水电站实行转制，采取公司出资和职工参股的方式，组建丰收碎粒板股份有限公司、丰收水电站股份有限公司。南园旅社、生活服务部、邮电所、复合肥厂等生产经营较正常，大部分子公司有盈利。畜牧公司则因猪肉价格下跌、生产成本过高等原因出现亏损，丰收公司曾派出由企管、财务、审计等有关部门组成的专项工作组到该子公司，分析查找亏损原因，提出整改措施。供电所则按上级指示移交给地方，供电所职工得到了妥善分流和安置。

四

丰收公司初成立时总人口为 11070 人，最高峰为 2007 年的 13066 人，2017 年总人口 7502 人。丰收公司依托特色产业，不断加大力度，推进小城镇建设，各分公司总部生活区面貌不断改变，小城镇功能逐渐提升，小城镇建设稳步推进。

丰收公司地形起伏，高低错落，一般海拔高程为 53.9～151.4 米。公司规划控制面积 5608.05 亩，其中建成区面积 1453.65 亩；林地、荒地、园地面积约 4454.4 亩。

丰收公司小城镇形成了"一心、一轴、一河两湖、一公园、四片区"的城镇空间结构。

"一心"即丰收行政中心和功能综合区，位于丰收总部规划区的东南部，现为社区综合服务中心、老年人活动中心、舞厅、招待所、廉政文化广场、篮球场健身器材点及收获市场，在分公司生活区中部有公寓式住宅、宿舍、私人住宅，除了少量建筑质量较高以外，大部分质量都较低。现状居住用地面积为 613.35 亩，占规划总用地的 10.94%。随着公司总部的逐步开发，公司总部的公共配套设施相应建设，公共设施用地面积为 279.45 亩，占规划总用地的 4.98%。

"一轴"即龙云路（现称丰收大道），作为交通、绿化轴贯穿公司总部各区，沿着云龙公路两边有商店、饭店、银行、邮政及旧菜市场。云龙公路北边为丰收公司医院和收获学校，主要承担公司员工及家属的医疗服务及职工子女的九年义务教育工作。

"一河两湖"即站堰河和东西两湖，三者共同组成了丰收的重要水系，河水主要用作糖厂生产用水及部分农业用地灌溉。在东风水库建有东风水电站，该水电站具有发电和防洪功能。

"一公园"即人工造的一个湿地公园，位于收获农业分公司原旧农科所（老人居住区）东面。公司将收获生活区职工楼至旧农科所（老人居住区）主道左边菜地改造为小人工湖，右边水塘改造为大人工湖，在各个人工湖沿湖边建立石栏杆和2米宽的人行道。同时，新建污水处理站，安装太阳能路灯，种植桃花心木，使职工有个舒适休闲的活动场所。

"四片区"即位于龙云路以北的东部工业区和西部工业区，以及生态农业旅游观光区和近期改造片区。现工业用地主要是调丰制糖工业分公司和罐头食品工业分公司，调丰制糖工业分公司建在东部工业区，包括厂区和生活区；罐头食品工业分公司建在西部工业区，包括厂区和生活区，还有些分散的体育运动球场供职工进行体育活动。公司区域现工业用地面积为355.80亩，占规划总用地的6.34％。公司区域现大部分用地为园地、荒地，面积为4154.40亩，占规划总用地的74.08％。

五

1996年1月25日，丰收公司成立之后将广东省国营收获农场农科所改称为广东省丰收糖业发展有限公司收获农科所。1997年1月，将广东省国营南光农场农科所改称为广东省丰收糖业发展有限公司南光农科所。2004年10月8日，撤销南光农科所，将南光农科所与南光农业分公司8队合并。2006年1月，撤销收获农科所。

2008年10月14日，为适应农业产业化国家重点龙头企业和现代农业规范要求，根据上级有关精神，成立了广东省丰收糖业发展有限公司农科所。丰收公司农科所主要工作职能为管理农业生产科技，促进农业发展，为农业增产增收和职工增收服务。丰收公司农科所成立后，2001年建立的丰收公司蜂站列入农科所。管理蜂站是农科所的重点工作。

丰收公司主产业为甘蔗。每年甘蔗种植面积在7万亩上下，影响甘蔗高产稳产的主要因素是虫害。因此，丰收公司投资建立蜂站，利用赤眼蜂防治甘蔗虫害。通过19年的实践，繁殖和人工释放赤眼蜂，既提高赤眼蜂在甘蔗田间的寄生率，又能减少甘蔗的虫蛀率和枯心率，使甘蔗稳产高产，不污染环境，不破坏生态平衡，可以保护自然界多种虫害天敌，节省农药，避免害虫产生抗药性。从成本、环境、生态平衡及绿色食品等角度而言，繁殖和人工释放赤眼蜂对防治甘蔗螟虫效果明显，前景广阔，更加符合现代农业的发展要求。

据农科所统计，2011年全年甘蔗田间人工放蜂5次，共97800亩；2012年放蜂2次，共28600亩；2013年放蜂5次，共20461亩；2014年放蜂5次，共96800亩；2015年放蜂4次，共86945亩；2016年放蜂4次，共97620亩；2017年放蜂4次，共80000亩；2018年放蜂4次，共40120亩；2019年放蜂4次，共41165亩；2020年放蜂4次，共40637亩。

农科所蜂站繁殖和人工释放赤眼蜂防治甘蔗虫害目的是降低甘蔗虫节率。2017年12月7日农科所调查显示，南光农业分公司16队放蜂区放置带蜂甘蔗桂柳05-136共10株，收获农业分公司新桥队放蜂区放置带蜂甘蔗桂柳05-136共10株及东湖队放蜂区放置带蜂甘蔗新台糖79-29共10株。调查总株数30株，调查总节数839节，虫蛀节数152节，虫节率18.1％；对照区（无放蜂），调查株数共30株，调查总节数768节，虫蛀节数182节，虫节率23.7％。放蜂区虫节率比对照区虫节率低5.6个百分点。放蜂区与对照区甘蔗品种桂柳05-136、新台糖79-29对比，虫节率分别低6.1个百分点和2.8个百分点。由此可见，释放赤眼蜂防治甘蔗螟虫有良好效果。

丰收公司农科所推行繁殖和释放赤眼蜂防治甘蔗虫害，是成功可行的科技项目。先后有农业部农机化司、广东省农业厅、广东省农垦总局、新疆生产建设兵团、黑龙江省农垦总局、广西壮族自治区农垦局等领导来丰收公司农科所蜂站调研，对释放赤眼蜂防治甘蔗虫害成果给予了肯定和好评。2002年8月1日，湛江农垦局表彰丰收公司"释放赤眼蜂防治甘蔗螟虫"项目为"优秀科技项目奖"。2006年7月16日，由中国糖业协会主办，广东省糖业协会、湛江农垦局、广州甘蔗糖业研究所承办的全国糖料工作会议暨湛江农垦糖料生产现场经验交流会在湛江海滨宾馆召开。会上，丰收公司做"甘蔗螟虫赤眼蜂生物防治"专题发言。会议期间，与会全体代表到丰收公司农科所蜂站参观考察。2006年8月2日，湛江农垦科技成果认定小组对丰收公司"螟虫赤眼蜂的繁殖和技术应用"项目评审，认定该项目达到国内先进水平的科技成果。2008年9月18日，广东省湛江农垦局表彰丰收公司"螟虫赤眼蜂繁殖与防治甘蔗螟虫技术的应用推广"项目并为其颁发优秀科技成果二等奖。2010年3月19日，《中国经济周刊》广州站记者到丰收公司农科所蜂站现场采访。2010年12月，丰收公司"通过性诱剂干扰螟虫交配，实现虫害有效防控"项目获农业部颁发的"全国农牧渔业丰收奖"三等奖。

收获农场、南光农场的办学体制均为公办学校（企业办社会职能）。1966—1977年，中小学领导体制均为革命委员会管制。1978—1985年，为党支部领导下的校长分工负责制。1986—1995年，为校长负责制。丰收公司成立后的1996—2017年，中小学实行校长负责制。中小学教育机构设置教导处、总务处、各科教研组。丰收公司中学设语文、数学、英语、理化生、图音体、政历地教研组。丰收公司第一小学、第三小学各设语文、数学、英语教研组。

国营收获农场场办中小学沿革。1959年9月，收获农场第一所职工子弟小学正式开学，校址在西湖队，有教师2人，入学学生34名，茅草房教室。1960年9月1日，国营收获农场小学正式成立，校址在华侨队（现中学），将西湖小学4个班并入，教师8人，全校学生180人，茅草房教室。1961年12月，收获小学搬迁到三八养猪场（现滨河队）。1965年3月，小学从三八养猪场搬迁到堰河队（华侨队），有教职工23人，在校学生550人。1965年7月，分别在华建、丰收、海滨、东江、英央、园林、西湖、农田等8个队开办小学分校，教室全部为茅草房，各设1—4年级复式班。场部小学改为中心小学。1968年9月，原秩序良好的场小学教育受到"停课闹革命""读书无用论""知识越多越反动"等思潮冲击，导致教学无法正常进行。一支由10人组成的以老工人为主体的工人阶级宣传队分别进驻各校，代表工人阶级管理学校。1968年10月4日，收获农场中学正式创办开学，校址在东江队，首届初中生82人，学制两年，教材由湛江市统编，学生宿舍和教室均为茅草房。1969年2月8日，收获中学从东江队搬迁到南田队对面的原调丰糖厂旧厂（曾是湛江农垦半工半读技校、兵团时期七师培训中心，收获二中校址，最后是丰收公司二小校址），教师3人。1969年9月（兵团时期），收获中学从2个教学班增加到5个教学班，学生从82人增加到216人，教师从3人增加到7人。1970年2月18日，收获中学从南田队对面调丰糖厂旧址搬迁到华侨新村（现中学校址）。1970—1971年学年度，收获中学有5个初中教学班，1个高中教学班，任课教师13人。1971年9月（兵团时期），在三营营部（15连、现新村队）办起中学分校，学生46人，教师2人。1973年7月，撤销三营营部中学分校并回主校。当年初中学制由两年制改为三年制，采用广东省统编教材，恢复考试留升级制度。1975年2月（兵团74年撤销）农场在南田队对面调丰糖厂旧址建立收获二中，这年，两所中学教学班共18个，教师51人，在校学生820人。1982年2月撤销收获二中，并入一中。校址为收获第二小学。1992年9月，湛江垦区徐海片各农场中学高中合并到东方红农场中学实行联办，收获中学职业高中停办，学校改名为广东省湛江农垦收获农场初级中学。据统计，1968年9月—1995年7月，收获中学培养初中班毕业生共25届3137人，考上重点高中的有93人，考上普通高中的有1880人，考上中专或中师的有83人，考上技校的有30人。

国营南光农场并入丰收公司前场办中小学沿革。1959年5月，南光农场第一所小学正式开学（校址在旧场部办公楼对面），入学学生25人。1960年8月，场部小学搬迁到文化宫前面。1963年7月搬迁至原淀粉厂（现旧地磅）。1968年7月，建立南光农场第一所中学，校址在文化宫前面（茅草房教室）。1969年7月（兵团时期），团部小学搬迁到8连养猪场，同年8月，团中学（七师四团）从文化宫对面搬迁到现第三小学校址。1970年7月，团部小学从8连养猪场搬迁到现第三小学校址。1973年7月，团部小学搬迁到武装连（现13队）。1981年末，全场有中学1所，小学6所。1984年7月，场部小学从武装连搬迁到场部旧招待所（现13队职工居住楼）。1988年12月，南光农场接受联合国难民署援助金6万元美金（折合当时人民币22.27万元），加上海康县（现雷州市）教育局拨款和农场自筹资金，新建一幢四层1578平方米的中小学教学楼。1995年年末，南光农场有中小学各1所，在校学生751人、毕业生144人、教师38人。

丰收公司成立后的1997年8月26日，撤销南光中学，并入收获中学，原校址改为"南光小学"。1997年9月28日，收获中学校名更改为广东省丰收糖业发展有限公司中学，收获第一小学校名更改为广东省丰收糖业发展有限公司第一小学，收获第二小学校名更改为广东省丰收糖业发展有限公司第二小学，南光小学校名更改为广东省丰收糖业发展有限公司第三小学。丰收中学占地面积45000平方米，校舍建筑面积15357平方米（内含第一小学）。1996年9月，公司投资126万元新建中学一幢四层砖混结构、建筑面积2000平方米的学生宿舍大楼。1998年，丰收公司投资100万元为中学建造400米的符合国家建造标准的环形跑道体育运动场。1998年，丰收公司中学被雷州市教育局评定为一级学校。1999年，丰收公司投资236.58万元建造一幢2620.58平方米的中学教师宿舍楼。2000年，丰收公司投资28万元建造中学电脑室，并购置了27台电脑供教学使用。2007年撤销丰收公司第二小学，并入第一小学。2012年末，丰收公司社区管理委员会统计，本区有学校3所（中学、第一小学、第三小学）。2014年，公司投资233万元新建丰收公司中学科学楼，投入130万元新建中学食堂；同年开展示范性学校建设，投资76.85万元新建250米六道跑道运动场，总面积9000平方米；投入34.29万元新建2个标准篮球场；投入50万元新建中学大门及周边绿化。

据统计，1996年，中学有教职工45人，在校学生533人；2001年，中学有教职工40人，在校学生513人；2006年，中学有教职工31人，在校学生522人；2011年，中学有教职工35人，在校学生387人；2016年，中学有教职工34人，学生309人；2018年，中学有教职工27人，在校学生288人。丰收公司从1995年至2018年，累计培养学生10548人。

2018年8月31日，为贯彻落实《湛江农垦51所基础教育中小学校整体移交属地政府统一管理实施方案》精神，丰收公司与雷州市人民政府签订"垦区基础教育学校移交协议"。10月12日，根据中共中央、国务院和广东省委、广东省人民政府文件精神，湛江农垦局、雷州市教育局派员到丰收公司进行基础教育工作人员档案移交工作。共移交中小学在职人员档案 73 份、离退休人员档案 108 份。2019 年 2 月 19 日，公司向湛江农垦局递交《关于广东省丰收糖业发展有限公司基础教育学校资产无偿移交属地政府等事项的报告》。明确 2018 年前完成整体移交工作和教育学校资产无偿移交属地政府等事项，共处置资产总额 2358.05 万元。丰收公司从 2019 年起结束办中小学校这一社会职能工作。

2016—2020 年，丰收公司办社会职能基础教育改革资金情况：2016 年利用中央财政拨款 1101.58 万元；2017 年利用中央财政拨款 1216 万元；2018 年利用中央财政拨款 987.1 万元，自筹资金 96 万元；2019 年利用中央财政拨款 995.6 万元，自筹资金 109 万元。

丰收公司医院由收获农场医院沿革而来。1954 年 4 月，西湖（收获）垦殖场卫生中心在西湖村建立。1956 年 6 月，成立国营收获垦殖场卫生所。1965 年 3 月，收获卫生所（现收获派出所前面）搬迁到原收获农场小学（现滨河队）。1967 年 11 月，收获卫生所从滨河队搬迁到原中学食堂地址。1969 年 4 月，收获卫生所扩编为"七团卫生队"（兵团时期），设连队卫生室 20 间。1970 年 12 月，收获卫生所搬迁到团部（场部）旧招待所（站堰河桥旁右侧）。1975 年 8 月，改为"国营收获农场医院"。1977 年 7 月，搬迁到现在丰收公司医院地址。

1995 年 12 月（丰收公司成立），收获医院改为丰收公司职工医院。同年年末，湛江农垦基本公共卫生服务项目绩效考核评估小组到丰收公司职工医院检查，职工医院的最终评定成绩名列垦区前茅。1998 年 2 月，"广东省丰收糖业发展有限公司职工医院"更名为"广东省丰收糖业发展有限公司医院"（简称丰收公司医院）。同月，中华人民共和国卫生部认定广东省丰收糖业发展有限公司医院为"一级甲等医院"。2014 年被广东省卫生厅评为"广东省文明守法优秀单位"。2015 年年末，丰收公司医院医务人员 67 人，其中高级职称 1 人，中级职称 9 人，初级职称 44 人；包括执业医师 4 人，执业助理 11 人，注册护士 24 人。设病房床位 103 张，拥有 DR 放射、彩色 B 超、血液综合检验、全自动生物分析等先进医疗仪器设备 30 台（件）。丰收公司医院从 1995 年至 2015 年门诊初诊人数 343078 人次，住院人数 26482 人次，出院人数 29046 人次。实现总业务收入 523 万元，利润 180 万元。2015 年 12 月 9 日，中国 CDC 疾病预防控制中心严良斌主任、广东省疾病防控中心皮肤科主任黎明到丰收公司医院调研，高度评价丰收公司医院在疾病预、防、控方面均达标。2017 年年末，丰收公司医院占地面积 22 亩，建筑面积 8572 平方米，病床 99 张，床位利用率 74.45%，门诊量 23007 人次，全年总收入 800 万元，人均收入 5.5 万元。

2018 年 1 月 30 日，根据上级文件精神，丰收公司与湛垦医疗健康有限公司签订《丰收公司综合组固定资产移交湛垦医疗健康有限公司明细表》，将丰收公司医院病房 2939 平方米、各种医疗仪器 58 项固定资产无偿移交给湛垦医疗健康有限公司。2018 年 2 月 27 日，丰收公司将丰收医院和南光医院清查出来的账面价值 376.93 万元的资产，按国有资产管理规定无偿移交给湛垦医疗健康有限公司。

南光医院早期为国营南光农场医院。1956 年成立国营南光垦殖场卫生所。1969 年（兵团时期），南光卫生所编制为七师四团卫生队。同年，卫生队从场文化宫左侧后方地址搬迁到现南光医院地址。兵团撤销后的 1975 年，改为国营南光农场医院。1996 年年末，南光农场医院有医务人员 31 人，其中卫生员 11 人，设病床 25 张。1996 年 10 月 8 日，国营南光农场并入丰收公司。1998 年 2 月，将原南光农场医院更名为"广东省丰收糖业发展有限公司职工医院南光分院"。2014 年 9 月，更名为"广东省丰收糖业发展有限公司南光医院"。2014 年年末，南光医院有医务人员 41 人，其中中级职称 2 人、初级职称 31 人，设病房床位 80 张。南光医院自并入丰收公司后至 2015 年，门诊初诊人数 242400 人次，住院人数 19738 人次，出院人数 19919 人次。2015 年实现总营业收入 396 万元，支出 365 万元。2017 年年末，南光医院在职医务人员 34 人，其中主治医师 1 人、其他 33 人。医院占地面积 13.83 亩，建筑面积 4672 平方米，设病房床位 80 张，全年门诊量 11855 人次，总收入 653.19 万元，人均收入 7.71 万元。

2018 年 1 月 30 日，根据上级文件精神，丰收公司将南光医院病房 286.62 平方米和各种医疗仪器等 13 项固定资产按国有资产管理规定无偿移交给湛垦医疗健康有限公司。

从一片荒原上垦殖出一片肥沃的土地，农场几代人用辛勤的汗水和心血在雷州半岛这片土地上开创出一片繁荣的事业，从生产橡胶起步，发展到种植林木、蔗糖、菠萝、香茅、水稻、茶叶等作物，产业链进一步延伸，建起胶厂、糖厂、罐头厂、肥厂、酒精厂、碎粒板厂、鞋厂、水电站等，为生活服务而配套建设的还有学校、医院、物业服务、商店、菜市场、电影院、活动广场、篮球场等。农场的生产气息和生活气息日渐浓厚，抚育了一代又一代农场人。同时，丰收公司（农场）的繁荣发展也是和从中央到地方各级领导的关怀和支持分不开的，上级领导多次莅临丰收公司（农场）视察和指导工作，地方政府也对丰收公司各项事业的发展给予了大力的支持。

大 事 记

● **1952 年** 5月 经勘测确定，在海康县（今雷州市）第十区（今调风镇）的西湖、安罗、官昌、站堰等4个自然村落设点，垦荒植胶。

5月 中国人民解放军林业工程第二师第四团的部分军官、战士，从广西长途行军来到0201（塘北）垦殖场、0202（后塘）垦殖场、0204（东坶）垦殖场。

8月15日 中国人民解放军林业工程第二师第四团第一营的营部及其属下第一、二两个连全体指战员（以下简称林二师人员）200余人，经七天徒步行走来到各垦荒点，住茅棚，边开荒边建场。

8月20日 0211、0219、0220、0221、0222垦殖场的场部是林工部队的连部式营部，5个垦殖场只有一部电话与海康垦殖所接通通话，当时的电话机是部队带来的挎包式军用电话。

8月27日 0201（塘北）垦殖场、0202（后塘）垦殖场、0204（东坶）垦殖场学习、传达海康垦殖所《关于当前开垦中开展民工政治工作的五项具体指示》文件精神。

9月10日 各地林业院校毕业生、地方干部、土改人员、马来西亚归侨等人员陆续到达各垦殖场。

9月 林二师四团一营选派俞正林等7名战士参加林二师宣传队在海康垦区第一中心场所在地将军市（原国营红卫农场，现国营金星农场场部）举办为期20天的文娱骨干训练班。

9月 农场有60名马来西亚归侨曾在海外从事过橡胶生产，有较丰富的实践经验，来场后是农场发展橡胶的技术骨干，首批橡胶苗圃、胶园的岗位责任人多由他们担任。

9月 0211、0219、0220、0221、0222垦殖场分别更名为"西湖中心场""那插""英央""站堰""九江"垦殖场。

10月 各垦殖场转发《华南垦殖局关于垦殖场场长、政治副场长、技术副场长、分场场长工作职责的规定》文件。

11 月 5 日　0201、0202、0204 垦殖场分别传达《关于垦荒地区动用农民土地处理颁发的指示》文件。

12 月 20 日　据年末统计，0201、0202、0204 垦殖场合计总人口 2890 人，职工 2890 人，其中干部 240 人，开垦利用地 18044 亩，种植橡胶 45.1 万株，交通工具只有马车 1 辆。

1952 年　西湖、那插、站堰 3 个垦殖场职工总数达 3168 人（含临时民工 1368 人），其中西湖垦殖场 1019 人，那插垦殖场 1061 人，站堰垦殖场 1088 人.共开荒 12000 亩，育成橡胶树苗 250 万株，大田定植橡胶 30 万株。

1952 年　华南垦殖局和高雷垦殖分局印发《开荒、播种、育苗、栽培等各项技术规程》小册子。

● 1953 年　1 月　0201（塘北）、0202（后塘）、0204（东埚）垦殖场大规模的开荒植胶战斗正式开始。

1 月　站堰垦殖场场部卫生员钟敏心（女）、军工贾青山、场工容少英（女）、蔡梅珍（女）、吴妃昌、陈文秀、陈玉平、黄妃德以及马来西亚归侨符宝贵等 9 人，赴湛江出席高雷垦殖分局首届庆功大会。钟敏心、蔡梅珍、陈玉平、符宝贵等 4 位同志当选为华南垦殖局首届劳模会代表。

1 月　海康垦殖所主持站堰公路的兴建，从广海公路龙门镇以北 7 公路处分支，延伸到原站堰垦殖场场部，全长 26 公里。

2 月 2 日　站堰垦殖场钟敏心（女）、蔡梅珍（女）、陈玉平、符宝贵等四位同志出席华南垦殖局在湛江召开的华南垦殖局首届劳模大会。

2 月　宋海保、温定清荣获广东省人民政府授予的"华南垦殖局一等功臣模范"称号和林业部授予的"林业劳模"奖章。

4 月 16 日　粤西垦殖分局海康垦殖所下达 0201（塘北）垦殖场 1953 年度特种林业生产计划（当时为绝密文件）。

9 月　各垦殖场各生产队各生产组配备不脱产记录员，统一使用场部制定的《生产组人力作业记录》表册，每天记录登记作业数量、用工和工人出勤情况。

9 月　抗美援朝战事好转，国务院决定收缩橡胶事业，垦殖场开荒植胶育苗告一段落。垦区实行大转弯，从 7 月至 9 月末各垦殖场进行为时 3 个月的资遣工人工作，部队部分战士复员，部分干部北调。

10 月　林二师人员奉命集体转业，具体转业时间统一从 1953 年 4 月 1 日算起。

11 月　开展评级改薪，各垦殖场所有干部均予评定级别，改供给制为薪金制待遇；工人按工矿企业八级工资制评定一、二、三级。改按月计资为月薪日计。

1953 年　站堰垦殖场从干部当中发展新党员（建场初期的 1952 年仅有林二师的 10 名党员），年末，党员数达 63 人，设立党支部 3 个。0201（塘北）垦殖场全场总人数 405 人（其中部队官兵 33 人、职工 69 人、长工 303 人）。党员 15 人（部队 12 人、场方 3 人），党支委 4 人（总场 3 人、分场 1 人），党小组 3 个。

● **1954 年**　1 月 27 日　经上级决定，0201、0202 垦殖场合编成为一个场，命名为后塘垦殖场，全场共 701 人（其中干部 54 人、军工 72 人、工人 575 人）。

3 月　由中央组织的"全国人民慰问解放军慰问团"到海康县南兴区慰问驻军。林二师四团一营奉命选派 32 名指战员，随同全团代表前往迎接及接受慰问。

3 月　各垦殖场建立了工会组织，工会工作重点之一为组织和发动职工开展文娱活动，丰富职工业余文化生活。

3 月 9 日　海康垦殖所下达后塘垦殖场 1954 年度特种经济林建设费垦殖事业费预算计划（当时为绝密文件）。

4 月　西湖垦殖场"卫生中心站"在西湖村建立。

6 月　0204（东塬）垦殖场并入后塘垦殖场，场部设在现在的西安村处。

8 月 29 日　台风达十二级以上，这是雷州半岛百年罕见的一次强台风，职工们住的茅棚被刮掉，刚刚定植上山的橡胶幼苗被吹倒，胶叶被刮落。

1954 年　随着站堰公路的兴建，站堰垦殖场新建了站堰河拱桥（站堰河原没有桥，职工过河只有一条小路从河滩的乱石中能走过，牛车通不过）。

● **1955 年**　1 月　海康垦殖所分配给那插垦殖场残旧军用胶轮马车 2 辆、骡马 5 匹，用于场与作业区之间的辅助性运输。

1 月 12 日　那插、站堰等垦殖场场区气温降至 −0.8℃。已种成活的 36 万株橡胶幼苗受冻，主干干枯至地面，后经截干扒土追肥，重新发芽成苗 12.7 万株。

2 月 14 日　海康垦殖所在那插场（安罗村）召开"合并垦殖场"会议，

宣布撤销西湖、站堰垦殖场，并入那插垦殖场；并场时共有干部192名、工人1735名。

2月 场部设10门电话总机1台，架设杆线10公里，13个生产队安装磁石式电话机。

3月 经华南垦殖局、高雷垦殖分局、海康垦殖所决定：那插垦殖场命名为"国营收获垦殖场"（下设那插、站堰、西湖、九江、英央5个作业区），隶属华南垦殖局高雷垦殖分局。

3月25日 为贯彻"全党全民办档案，以利用为纲"的方针和按照上级"各级学习苏联档案工作经验，做好文书处理工作"的指示精神，垦殖场印发《苏联档案工作理论与实践学习提纲》。向粤西垦殖分局、海康垦殖所调委会上送《关于文书处理学习与立卷归档工作计划》。

3月 国营收获垦殖场开始种植甘蔗。同时，试种了甘蔗、花生、红薯等作物，改变了单一橡胶的生产布局。

4月5日 在安罗村召开共青团国营收获垦殖场委员会第一次代表大会。

7月1日 经华南垦殖局决定和粤西垦殖分局公布，将"海康垦殖所后塘垦殖场"改为"国营南光垦殖场"。

7月6日 《粤西垦殖分局国营南光垦殖场第一个五年生产计划》出炉。

10月1日 共青团国营南光垦殖场委员会统计：全场团总支1个、分支4个、小组14个、团员68人、青年720人。

10月11日 转向企业化运动正式开始。整个运动分为准备工作、民主检查、清估查定、编制计划贯彻管理制度四个阶段。从此由事业管理步入企业化管理轨道。

11月4—6日 召开广东省国营南光垦殖场首届职工代表大会。

12月 本月起至1956年1月，在湛江专员公署和海康人民委员会统一领导和组织下，进行了场间土地规划和地权处理，划定国营收获垦殖场涉及徐、海两县3个区9个乡共39个村的土地临界线，签订了26份协议书，从原土地中共划出28333亩给农村，权属本场管理使用的土地减少到118773亩。

1956年 2月 南光垦殖场庄玉明在挖穴造林中，创造了"三锄""五锄"挖表土法，庞观发、胡志明、邓金泉等改良"四铧犁起畦耙""切干锯""十齿除草耙""割草刀"等多种农具，提高了生产效率，有力地推动了生产发展，受到了粤西垦殖分局的嘉奖。

2月15日 南光垦殖场工会成立职工业余文化教育委员会。设立13个学校，每校分3个班，学员共902人，其中青年学员566人，各校编出初级、中级、高级31个班，每班兼职教员2人。各校均利用晚上时间上课，学员点上自带煤油灯上课学习。

4月 收获垦殖场第三作业区保育员李金莲，代表华南垦殖局赴京参加全国农垦系统女子篮球选拔赛，并得到了周恩来总理的亲切接见。

7月 国家农垦部对华南垦区统一改"垦殖场"为"农场"。国营收获垦殖场改成"国营收获农场"（简称收获农场）。国营后塘垦殖场改成"国营南光农场"（简称南光农场）。

7月10日 收获农场部电话总机更换为30门，线路25公里，13个生产队安装磁石式电话机。

7月15日 农场响应中国科学院院长郭沫若同志向全国发出"向文化科学进军"的号召，办起了"国营收获农场职工业余文化夜校"，全场设立初中、高小、扫盲等50个班级共1400名职工分别参加各班文化学习。南光农场成立职工业余文化教育委员会，设夜校13个点，共39个班，学员902人。各夜校均利用晚上时间上课，学员点上自带煤油灯上课学习。

8月 收获农场建成小型码头1个，面积1120平方米，命名"东海码头"，后更名"站堰码头"；可供40吨级以下船只停靠，接通了收获至湛江、海南等地的水上航道。

1956年 收获农场在开展爱国卫生运动中，进行争夺"卫生流动红旗"竞赛，重点消灭"四害"（苍蝇、蚊子、老鼠、麻雀）。收获农场荣获海康垦区"除四害"第二名。

● **1957年** 1月 收获农场投资60万元，日榨量200吨的场办"庆丰糖厂"建成投产，主产红糖粉，副产糖泡酒、甘蔗酒等。同时，场部机关得益于糖厂的发电设备，首开用电照明的历史。

1月12日 根据上级指示精神，收获农场调出3个生产队（干部6名、工人288名）支援海南岛开辟新农场。

2月8日 日榨甘蔗量150吨的南光农场场办糖厂正式投产。该厂于1956年筹建，是广东农垦较早建立的场办小型糖厂。

4月3—25日　由华南农垦总局、合浦农垦局和粤西农垦局联合组成的14人"水利普查小组"测出收获农场站堰河河段长15.5公里，河宽5至20米，旱季河水位深2米。

5月2—6日　召开中共广东省国营收获农场第一次代表大会。出席大会正式代表24人，大会主要议题为"精兵简政、增产节约、进一步贯彻一业为主多种经营的方针"。

● **1958年**　1月13—16日　召开中共广东省国营南光农场首次代表大会第二次会议。讨论《南光农场第二个五年计划规划》。

1月28日　收获农场投资1.6万元，办起日加工薯类24吨的淀粉厂。

1月28日　广东省人民委员会对原林业工程第二师所属人员授奖审查工作结束，授予各种勋章和奖章。

2月　收获农场建成小型壳灰厂1座，生产农用贝壳灰供应本场自用，从业工人30名。

4月　收获农场第一间幼儿园在场部诞生，配幼师3人，入园幼儿30名。

8月21日　为使生产有所提高，实现甘蔗亩产2万斤①，南光农场提出"苦战十昼夜，白天把烟火遮住天，晚上烧过满天红"的口号，每人每天积火烧土或烟熏土1万斤。

● **1959年**　1月　召开广东省国营收获农场第一届第一次职工代表大会。

5月　南光农场办起第一所小学（校址在场部旧办公楼对面），入学学生25人。

9月　收获农场办起第一所职工子弟小学，校址设在西湖队，教室为茅草房，任教老师2人，入学学生34名。

11月　调风区邮电所办起了收获邮政代办所。

12月　收获农场农业科技试验站诞生，站址在九江队，配技术干部1人、熟练工12名，划地50亩，开展良种培育、推广等科技试验工作。

● **1960年**　5月　湛江农垦局无偿调给收获农场45吨旧木帆渔船1艘，经改装后专事近海运输，经营亏本。后来，把船廉价转让给海康县渔业公司，从而结束了收获农场仅有过的5个月的水运史。

---

① 斤为非法定计量单位，1斤＝500克。——编者注

5月29日 各场"三反"（反贪污、反浪费、反官僚主义）运动正式开始。

7月 收获农场接待和安置印度尼西亚归国华侨两批（第一批已于4月抵场），共511人，其中劳动力211人。

9月1日 国营收获农场小学正式成立。校址于华侨队（现中学），教室为茅草屋，将原西湖小学4个班并入，教师8人，全校学生180人。

10月 位于收获农场南田队对面的国营调丰糖厂，由湛江农垦局划归收获农场管辖。

12月 与农田、华建两队接壤的原属徐闻县的信宜县（今信宜市）移民村田头屯并入收获农场。

12月 收获农场甘蔗面积15901亩，为建场史上甘蔗种植面积最大的一年，年产甘蔗14014吨，平均亩产0.9吨，成为本场的主要生产项目之一。

1960年 采取"低标准、瓜菜代"的办法，收获农场首次实现粮、油自给，每人每月定量供应原粮（含杂粮）17.5公斤，花生油0.1公斤，同时划给各单位职工集体食堂菜地67亩，改善职工生活。

● **1961年** 2月 根据上级侨务工作文件精神，按照"热情接待、妥当安置"的原则，收获农场根据各个人的特点，将有劳动能力的211名印度尼西亚归侨分别分配到农业、工业、教育、卫生、服务等各条战线参加社会主义建设。对农业劳动者享受七折劳动定额（即完成作业定额的70%可领100%工资）优待；家庭收入的生活费保护线为成年人每人每月14元，未成年人为每人每月7元；一律安排住瓦房并免交房租。发给每户粮、油、肉、蛋、糖优惠供应优惠卡。

3月 "国营收获农场首期橡胶芽接技工培训班"正式开班。邀请徐闻育种站马来西亚老归侨工人官木授课，有13人取得《芽接技术操作证书》，从此收获农场有了自己的芽接技工，并于4月从海南西培农场，引进优良橡胶芽接苗桩。

10月25—26日 召开中共广东省国营南光农场第三次代表大会。

10月29—31日 召开广东省国营南光农场第三届职工代表大会。

11月 收获农场花生大丰收。春秋两茬播种面积3921亩，总产带壳花生258吨，亩均产量65.75公斤。

12月　南光农场定植橡胶面积回升到 3269 亩，橡胶树达到 80200 株，这是建场以来发展橡胶生产的第二个高峰期。

1962 年　1月　召开广东省国营收获农场第二届第一次职工代表大会。

1月1日　各场推行"三包一奖"生产责任制。各农业生产队向场承包总产量、直接生产费用和工资总额，超产受奖，超支不补，节约归队；生产组向队包任务包产量、包用工，超产有奖。

4月15日　收获农场自上而下全面开展清产核资。清核结果显示，自 1956 年转为企业化管理 6 年以来，共损失浪费固定资产 229991 元，流动资金 104757 元，两项合计达 334738 元。

7月26日　南光农场规定办公费：场部干部每人每月 3 元，生产队干部每人每月 1 元，因公出差一天补助 1.2 元，出差偏远地区补助 1.5 元/天。

12月　南光农场兴建第一间简易的橡胶制品厂。当年收鲜胶乳总量 2.09 吨，总产干胶 0.68 吨。

12月　召开广东省国营收获农场第三届第二次职工代表大会。贯彻中央提出的"调整、巩固、充实、提高"方针，会议讨论和通过了《加强苗圃管理，巩固提高大田橡胶、大力造林、改造环境》等提案。

1962 年　南光农场共有拖拉机 46 台、汽车 8 辆、牛车 109 套。

1963 年　1月　中共广东省国营收获农场第二次代表大会在场部召开。

1月　收获、南光农场开展学习人民解放军、学雷锋、学习南京路上好八连，创造"五好"（政治思想好、完成任务好、增产节约好、团结互助好、遵守纪律好）的群众运动。

3月　收获农场响应英明领袖毛主席"向雷锋同志学习"的伟大号召，全场开展"向雷锋同志学习"活动。学雷锋、做好事蔚然成风。

4月　各场开展以反投机倒把为中心的社会主义教育。

12月　广东省国营收获农场第四届第一次职工代表大会在场部召开。

1963 年　南光农场监察委员会举办一期 25 个支部的监察委员培训班，提高监察能力。

1964 年　2月　收获、南光农场开展学习毛主席著作的群众运动。

6月1日　收获农场橡胶开割正式开始（本场橡胶从 1952 年开始种植）。全场有 91 亩橡胶共 3000 株橡胶实生树开割投产，全年总产干胶 0.61

吨，开始了收获农场割胶生产的历史。

1965 年　　1月　"收获农场毛泽东思想文艺宣传队"成立。

4月2日　各场"五好运动"正式开展。在企业中开展政治思想好、贯彻政策"三八"作风好、生产建设好、经营管理好、生活管理好。在职工中开展政治思想、完成任务、爱护公物、团结互助、努力学习等"五好运动"。

6月15日　收获农场农田队因实现粮食、肉、菜、食油、资金五大自给有余荣获广东省人民政府颁发的"在农垦方面取得显著成绩"奖状。省长陈郁在奖状当中亲笔题词："在农垦方面取得显著成绩，特发此奖状，并望继续高举毛泽东思想伟大旗帜，再进一步发展农业生产，建设社会主义新农村而奋斗。"

6月　收获农场场长李常胜赴越南民主共和国调研，任中国农业专家组组长。

6月　各场开展"五好"（政治思想工作好，领导生产建设好、执行党的政策好、党员模范作用好、党的组织建设好）党支部运动。

12月　全面开展以清查设备、材料、资金，反对浪费为中心的增产节约运动。

1966 年　　4月12日　召开中共广东省国营南光农场委员会第四次代表大会。大会主题为"高举毛泽东思想伟大红旗，继续突出政治，为把我场建设成为一个中国式的革命化农场而奋斗"。

4月14—17日　召开广东省国营南光农场第六届第一次职工代表大会。大会主题：突出政治，站稳无产阶级立场，做彻底革命化的革命人。

8月　在场部召开中共广东省国营收获农场第三次代表大会。

12月26日　从本日起低温阴雨持续至1967年1月13日，气温极低值0.3℃，地表温度极低值－1.2℃，造成收获农场冻死橡胶苗37万株、橡胶幼树4.4万株、香茅1072亩、玉米145亩、胡椒25亩、红薯234亩。

1967 年　　5月　位于那插河流域的收获农场东江、东海两队之交的大片荒地的开荒造田工程推土动工，历时半年，建立人造梯田500亩。

9月　收获农场东江队队部的那插河下游拦河大坝工程动工兴建，成立收获农场水利办公室，规划建设大坝长70米，高4米，面宽4米，为混凝土石砖结构。

● 1968 年　8 月　收获农场革命委员会、南光农场革命委员会宣告成立。属下各单位分别成立革命领导小组。

10 月 4 日　收获农场中学正式创办，校址在东江队。教室、宿舍均是利用东江队水利工程完工后留下的民工住的工棚。

11 月　首批广州市上山下乡知识青年 410 人，来到收获农场接受"贫下中农再教育"，投身农垦建设。南光农场安置广州市上山下乡知识青年 353 人。

● 1969 年　2 月　广州军区派现役军官刘金德等 11 人驻场，筹备开展中国人民解放军广州军区生产建设兵团改制工作。

2 月　组建一支以广州知青为主体共有 20 人的"收获农场毛泽东思想文艺宣传队"。

4 月 1 日　国营收获农场编为"中国人民解放军广州军区生产建设兵团第七师第七团"。属下各生产队、厂均为连、排、班编制。

4 月　各生产队改编为连队。滨河队改为 1 连，北河队改为 2 连，丰收队改为 3 连，海滨队改为 4 连，东海队改为 5 连，东江队改为 6 连，九江队改为 7 连，调风队改为 8 连，南田队改为 9 连，东山队改为 10 连，英央队改为 11 连，英岭队改为 12 连，园林队改为 13 连，南峰队改为 14 连，新村队改为 15 连，西湖队改为 16 连，东湖队改为 17 连，红忠队改为 18 连，农田队改为 19 连，华建队改为 20 连，武装连为 21 连，南茂队改为 22 连，东风队改为 23 连。新桥、新湖队为兵团撤销后新建队。

4 月　卫生所扩编为"七团卫生队"，设连队卫生室 20 间，各配卫生员 1 人。

4 月　国营南光农场编为"中国人民解放军广州军区生产建设兵团第七师第四团"。

5 月 12 日　国营南光农场革命委员会政工组通报表扬接受再教育有较大进步的"上山下乡"知识青年谭志雄等 54 人。

5 月　南光农场各生产队改编为连队：1 至 15 队改编为 1 至 15 连，16 队改编为武装连；17 队改编为 17 连，18 队改编为 18 连。

5 月　七团司令部印发《关于在全团家庭户当中开展"全家红"活动的通知》。

11 月　兵团七师临时党委表彰七团政委刘殿喜、8 连指导员黄新葵、5

连广州知识青年袁杰钊等 3 人，被授予"活学活用毛泽东思想积极分子"称号。

11 月 3—7 日　召开七师四团首届活学活用毛泽东思想积极分子代表大会。

12 月　湛江市知识青年 69 人分配到收获农场。

1969 年　农场改制为"生产建设兵团"，四团、七团司令部领导用部队带兵作战的方法指挥生产，经常搞人海战术"大会战"、抓闪电式"突击"，只追求生产进度，忽视作业质量，工人劳动没有定额，个人没有责任，出工不出力照领工资。

● 1970 年　1 月 10 日　中国人民解放军广州军区建设兵团命令，正式任命王清温为七师四团团长，桑奎清为七师四团政治委员（政委）。任命刘金德为七师七团团长，刘殿喜为七师七团政治委员（政委）。

5 月　七团（收获农场）召开"全家红"表彰大会。会上团司令部通报表彰樊保玉、赖东喜、何运财等 18 户家庭为"全家红"。

6 月 26 日　四团（通令）表扬罗英等 44 名接受再教育先进知识青年，陈锦奎等 28 名知识青年再教育工作先进个人。

10 月 17 日　团政委刘殿喜率领 19 个连共 1100 名干部战士，调集 6 台拖拉机，与 1000 多名社员连续作战两天两夜。战胜了阵风 10 级、350 毫米暴雨带来的每小时上涨 1 米的洪水。保住了水库大坝和下游人民生命财产及万亩良田的安全。

1970 年　年末统计，七团共定植了 14200 亩 42.6 万株，大田芽接树 PR107 改接国内品系 16 万株，为转企业化以来植胶最多的一年。

● 1971 年　2 月 7 日　经报请七师临时党委同意，七师四团团长王清温、政委桑奎清等 17 人为出席中国人民解放军广州军区生产建设兵团第七师第一次党员代表大会代表。

2 月 16 日　七团报请七师师部批复同意，东风水库工程正式动工，施工期为 7 个月，共搬运土石 20 万立方米，筑起了长 675 米、高 28 米、基宽 140 米，面宽 20 米的拦河大坝，储水量可达 750 万立方米，此为第一期工程，工程造价 65.64 万元。

2 月 24 日　召开中共广州军区生产建设兵团七师四团第一次代表大会。

2 月　中共七师七团第一次代表大会在团部召开。

5月　召开共青团广州军区生产建设兵团七师七团首次代表大会。

5月　七团组建3个营部及机耕队。第一营营部设在2连（北河队）连部，建立第一机耕队；第二营营部设在9连（南田队）连部，建立第二机耕队；第三营营部设在15连（新村队）连部，建立第三机耕队。

9月2日　召开共青团广州军区生产建设兵团七师四团第一次代表大会。

11月　广州上山下乡知识青年分批共130人来到七团，随之安置到各连队。

12月　七团房屋建设统计：从1969年至1971年生产建设兵团发动职工学大赛，"白天治坡、晚上治窝"，专业队伍与群众相结合，大搞房屋建筑。三年间，本团共建砖木结构坡瓦屋31257平方米，为15年同类房屋建筑面积总和的97.6%，人均居住（瓦房）面积由1968年的3.99平方米上升到6.4平方米。全团职工结束了住茅房和"三代同堂""两户一室隔房"的历史。

1971年　七师四团（南光农场）成立电影放映队。潘桂岭任队长。

● **1972年**　5月3日　建立七师七团电影放映队。李惠生任队长，放映员2名，设16毫米放映机1台。

7月15日　七团中学（收获中学）首届高中生42人毕业。

8月15日　召开七师四团农业学大寨经验交流会。会议主题以路线为纲，掀起农业学大寨新高潮。

9月9—11日　召开共青团广州军区生产建设兵团七师四团第二次代表大会。

● **1973年**　4月26—28日　召开共青团广州军区生产建设兵团七师四团第三次代表大会。

7月　七团中学生向小青、向小春两姐妹被选入兵团第七师游泳集训队，参加兵团在海口市举行的选拔赛。在女子100米蛙泳比赛中名列第三、第四名。

9月3日　四团业余文化教育启动，参加学习人员共1280人。

9月6日　第13号强台风在徐闻县登陆，最大风力12级以上。七团各连队事先对橡胶做修枝整形，使受害程度大为减轻，风吹断了2.1万株，比1971年第9号台风减少81.9%。

● **1974年**　1月10日　召开七师四团1973年度农业学大寨先进集体和先进个人代表大会。

10月　生产建设兵团撤销，恢复广东省国营收获农场和广东省国营南光农场。

10月　收获农场下设四个分场（直属分场、第一分场、第二分场、第三分场），其中第一分场场部设在北河队，第二分场场部设在南田队，第三分场场部设在新村队。

1974年　全国四省农垦系统橡胶林管机械化现场会议在国营南光农场召开。该场革新的一批挖穴机、苗头除草机、自动施水肥机、自动装肥机等农机具受大会嘉奖，场长崔玉才在会上做专题经验介绍。

● **1975年**　5月　收获农场拖拉机手朱捷谨首次出国赴非洲马里援助糖业建设，为期2年。

1975年　农场创办的《收获简报》复刊，后改名《收获》（1978年中断）。1983年11月18日再次复刊，改名《收获报》，1985年7月停办。

1975年　根据广东省革命委员会规定，全民所有制单位可以从上山下乡知青中招工。此外，符合被推荐上大中专学校、参军、提拔为干部、当老师、患病、伤残、父母身体不好需人照顾、父母退休子女顶替等情况的上山下乡知青都可以获得批准回城。从本年度起，收获、南光两个场上山下乡知识青年开始陆续获得批准回城（知青回城人数最多是从1977年至1980年）。

● **1976年**　1月25日　根据上级指示，南光农场开展党的基本路线教育。运动的目的：抓领导班子整顿，对职工进行社会主义教育，抓好教育革命大辩论、坚持抓革命促生产。

6月6—10日　召开共青团广东省国营南光农场第四次代表大会。

8月　唐山大地震（7月28日）后，根据上级指示精神，各场开始防地震，家家户户在建筑物50米以外搭起临时窝棚，历时近半年。

8月28—30日　召开中国共产党广东省国营南光农场第六次代表大会。

10月12—16日　召开中共广东省国营收获农场第六次代表大会。

1976年　宋贵洲光荣出席全国农业学大寨会议。16队队长王绍元出席在广州召开的全省民兵工作先进代表大会。

1976年　收获农场场部机关建起一座高12米4层顶端水池容水90立方米圆筒式水塔，造价9628元。这是收获农场第一座混凝结构的自来水塔。

● **1977 年**　3 月　收获农场购置 1 台中文打字机及其油印设备。从此，结束人工刻蜡版油印。

5 月 10 日　橡胶开割采用"针刺采胶法"。

5 月　收获农场新建浓缩胶乳厂竣工投产，厂房占地面积 33 亩，建筑面积 1710 平方米，月产浓乳 6 吨。

8 月 12—18 日　南光农场上山下乡广州知青梁自荣光荣出席中国共产党第十一次全国代表大会。

● **1978 年**　5 月 30 日　广东省革命委员会办公厅分配省农垦总局所属农场接待安置越南难侨，收获农场分配计划为 800 人，南光农场分配计划为 700 人。

5 月　收获农场场部购置了 1 部日立牌彩色电视机，成为收获农场历史第一部彩色电视机。每晚有五百人观看，最多达上千人，丰富了职工业余文化生活。

7 月　收获农场接待安置越南归侨 305 人，其中劳动力 118 人。

7 月　为解决农场粮食自给问题，经湛江农垦局和海康县委、县政府研究决定，原属调风公社的官昌、后隆两个大队（人口超万人）并入收获农场。

11 月　收获、南光农场工会开始恢复。

12 月　召开广东省国营收获农场第一次工会会员代表大会。

12 月 9—10 日　召开中共广东省国营南光农场第七次代表大会。

12 月 14—15 日　召开共青团国营南光农场第五次代表大会。

● **1979 年**　1 月 10 日　收获农场拖拉机手肖国兴同志由上级委派援助几内亚，援期为 4 年半。

2 月 26 日　中共广东省国营收获农场委员会在场部召开第七次党员代表大会。

4 月 13 日　各场橡胶恢复刀割，不再推广"针刺采胶法"。

8 月 30 日　召开广东省国营南光农场第六届第二次职工代表大会。

● **1980 年**　4 月　收获农场副场长樊保玉、分场书记陈强、女工郑丽珠，分别以 6148 票、5662 票、4906 票当选为海康县第七届人民代表大会代表。

7 月　收获农场自筹资金 58000 元，利用原兵团时期武装连（21 连）旧饭堂，购入锅炉、封罐机各 1 台，其余设备自制，创办的收获罐头厂正式投产，当年生产糖水菠萝罐头 2.2 吨。

9月　召开广东省国营收获农场第二次工会会员代表大会。

1980年　南光农场自行研制的33-06自动避壤转土除草机获国家农垦部一等奖。

● **1981年**　1月1日　各场农业管理试行"'三定'到户、综合承包、联产计酬"的生产责任制，首次打破"大锅饭"和"铁饭碗"。

1月29日　召开广东省国营南光农场工会第六次代表大会。

3月11日　召开国营南光农场第八届职工代表大会。

5月　广东省国营南光农场职工文化宫落成，面积为1638平方米，内有影剧院、图书室、康乐球、乒乓球室、哈哈镜、电动游戏室及640平方米的溜冰场等文化娱乐场所，成为职工文体活动中心。

8月21日　农垦部副部长孟宪德来场视察并召开徐、海垦区各单位党政主要领导座谈会。指示农场要进一步建立健全责任制，大面积种植菠萝，扬长避短，走农工商道路，使农场尽快富起来。

11月25日　雷州市公安局收获派出所、南光派出所建立。

1981年　官昌、后降两个大队退出收获农场。从此，收获农场所辖区域土地范围总面积稳定为127903亩。

● **1982年**　1月1日　于1979年1月并入南光农场的调风公社六七大队东堝生产队、雷高公社迈生大队、龙郁生产队和1980年1月并入南光农场的雷高公社西安大队所属的后塘1队、后塘2队、北云1队、北云2队、三湖4队、西安直属队等正式退出南光农场。

1月15—16日　召开共青团广东省国营南光农场第六次代表大会。

3月6日　收获农场拖拉机手谢子坤由上级委派援助多哥，援期为5年。

4月　收获农场女篮球队主力队员向小春被选入粤西农垦女篮队，继而选入广东省农垦总局女篮队，赴上海参加全国五垦区职工篮球比赛。

7月　省农垦工会在南光农场召开广东农垦群众文化工作现场会。南光农场工会做积极开展群众文化工作经验介绍。

12月14日　召开广东省国营南光农场第九届第一次职工代表大会。

12月28日　南光农场年末统计，全员劳动生产率为2308元，直接生产工人平均产值为2729元。全场职工银行存款共计150万元。全场34个基层单位都有电灯照明和自来水供应，全场已建水塔20座，职工住房面积已达到5万平方米，平均每人10平方米。

12月30日　据收获电影放映队统计：从1972年5月3日建立电影放映队至1982年底，10年中为职工放电影8455场，同时加映自编自制场内新闻、好人好事电影幻灯片2316场，观众44.3万人次，职工在本单位每月可观看3～4场电影，丰富了职工业余文化生活。

12月30日　南光农场年末统计，全场职工2800人，行政单位34个，已开垦利用的土地面积88795亩，其中植橡胶面积30812亩（共有胶树649600株，其中已开割的439000株），甘蔗1971亩，粮油1000多亩，香茅1700亩，造林37151亩，橡胶苗圃地357亩，胡椒125亩，牛存栏数1962头，猪存栏数1732头，有大小汽车21辆、大中型拖拉机28台、手扶拖拉机57台。

12月　召开广东省国营收获农场第六届第二次职工代表大会。审议通过《收获农场家庭农场1983年承包方案》。

● **1983年**　3月4日　联合国难民署捐赠20万美元，用于兴建广东省收获罐头厂，厂房土建工程在完成"三通一平"后破土动工（1984年6月建成投产，当年生产糖水菠萝罐头731.41吨，还有汽水等饮料进入市场）。

5月1日　南光农场工会荣获中华人民共和国全国总工会授予的"先进基层工会"称号。刘新被评为"全国优秀工会积极分子"。

6月8日　南光农场开展割胶生产"三全二优"（全勤、全割、全收，抚养优、割技优）红旗树位劳动竞赛活动。

10月　南光农场工会荣获中华全国总工会授予的"职工之家"称号。

12月　召开广东省国营收获农场第三次工会会员代表大会。

12月　农牧渔业部、省农垦总局和粤西农垦局三级联合工作组在收获农场开展全面兴办职工家庭农场的试点。

● **1984年**　1月　召开国营收获农场第七届第一次职工代表大会，审议通过《收获农场家庭农场1984年承包方案》。

2月21日　中华人民共和国农牧渔业部〔1984〕农垦字第31号文《关于调丰糖厂计划任务书的批复》，同意在湛江地区海康县收获农场境内建调丰糖厂。规模为日榨甘蔗1000吨，建厂总投资控制在3200万元以内，糖厂生产以蔗渣作燃料。

2月　收获农场机运科副科长符开熙被上级选派援助几内亚，时间10个月。

3月　收获农场、南光农场职工集体舞表演队在湛江市文化局、海康县总工会联合举行的集体舞比赛中并列荣获第一名。

4月1日　收获农场兴办家庭农场1109个，参加职工2143人，占农业工人总数的90％。其中单产式596个，职工1335人；联产式的1个，职工5人；劳动入股式的19个，职工168人；专业户5个；其他专业职工140人。

4月15日　收获农场工会主席覃代明、工人梁秀蓉（女）分别以2948票、2769票当选为海康县第八届人大代表。

4月24—26日　召开广东省国营南光农场第九届第二次职工代表大会，审议通过《南光农场1984年经营管理方案》。

12月28日　广东省国营调丰糖厂与广东省国营收获农场签订《土地使用权转让协议书》。占用收获农场北河队北面土地424.22亩，土地内有橡胶树80.4亩，香茅240亩，防风林102.82亩，橡胶小苗3亩等，调丰糖厂补偿收获农场12.7万元。

1984年　南光农场家庭农场只有4个。

● **1985年**　1月　召开国营收获农场第七届第二次职工代表大会，出席大会正式代表216人。

1月24—25日　召开共青团广东省国营南光农场第七次代表大会，出席大会代表82人。大会选举产生新一届团委委员。

3月25日　著名电影演员方化等7名艺人组成的文艺轻骑队到收获农场慰问演出，剧场"爆棚"。

3月26日　召开广东省国营南光农场第七次工会会员代表大会。

7月4日　广东省粤西农垦局批复，同意调丰糖厂建12000升/日酒精车间，总投资120万元。

8月27日　收获农场回城上山下乡广州知青钟立功等45人，应邀回场（第二故乡）"探亲"。

11月23—24日　召开广东省国营调丰糖厂第一届第一次职工代表大会暨第一次工会会员代表大会。出席大会正式代表62人。

12月27日　成立"广东省国营收获农场归国华侨联合委员会"。

12月30日　据统计，收获农场归国华侨183户共562人，其中职工240人（中共党员11名、共青团员38名、干部19人、教师18人、卫生员5人）。

1985 年　收获农场、南光农场共有职工家庭农场 1800 个，其中收获农场有 1045 个，南光农场有 755 个。

1986 年　1 月　召开国营收获农场第八届第一次职工代表大会。出席大会正式代表 220 人，审议通过《收获农场 1986 年经营管理方案》。

2 月 8 日　调丰糖厂日产 12000 升酒精车间建成。在 1985/1986 年榨季成功生产酒精 560 吨，产值 60 万元，盈利 10 万元。

3 月 15 日　收获农场拨款 7000 元，将全场有线广播系统进行更新改造后开始运转，改变了以往电话通信与广播相互干扰的情况。

3 月 28—29 日　召开广东省国营南光农场第十届第二次职工代表大会。出席大会代表 222 人，审议通过《南光农场 1986 年经营管理方案》。

3 月 31 日　广东省农垦总局批复，同意粤西农垦局调丰糖厂通过技术改造、配套补齐，生产能力由日榨甘蔗 1000 吨增加到 2000 吨，所需投资为 747 万元，其中粤西农垦局和糖厂自筹 224 万元，向农业银行贷款 523 万元。

8 月 7—8 日　召开中国共产党广东省南光农场委员会第九次代表大会，出席大会正式代表 76 人。

8 月　职工子弟郑康生在汉城（今首尔）第十届亚运会上作为我国划艇队员获得金牌一枚。

9 月 18 日　中共广东省国营收获农场第九次代表大会在场部召开，出席会议正式代表 119 人。

12 月 28 日　召开广东省国营收获农场第八届第二次职工代表大会，出席大会正式代表 206 人。

1987 年　3 月 20—22 日　召开广东省南光农场第十一届第一次职工代表大会暨第九次工会会员代表大会，出席大会代表 235 人。

4 月 21 日　召开广东省国营调丰糖厂首次先进集体、个人代表大会。大会表彰黎达辉等 143 人为 1986/1987 年榨季先进个人。

9 月 15 日　收获农场团委委员、优秀少先队辅导员伍玉婷（女）出席共青团广东省第八次代表大会。

1987 年　原南光农场上山下乡广州知青 100 人组团重访南光农场。

1988 年　1 月 27 日　召开广东省国营收获农场第九届第一次职工代表大会，审议通过《收获农场 1988 年经营管理方案》。

5月　南光农场工会荣获中华人民共和国全国总工会授予的"模范职工之家"称号。

5月27日　召开共青团广东省国营南光农场委员会第八次代表大会，大会选举产生新一届团委委员。

7月20日　广东农垦总局印发粤垦生字〔1988〕12号文《关于表彰李景芳等43名全国优秀胶工与全国优秀胶工有关待遇的通知》，决定被农业部授予全国优秀胶工称号的胶工，当年发给一次性奖金每人100元（由所在农场发给），从农业部公布（1988年5月）授予全国优秀胶工计起，实行优秀胶工技术津贴，每人每月15元，由农场按出勤计发三年。收获农场北河队胶工陈少清同志为全国优秀胶工之一。

9月　广东省人民政府批准，南光农场和收获农场享受重点工业卫星城镇优惠待遇。

10月　南光农场工会主席张天民出席全国总工会第十二次代表大会。全国总工会授予南光农场工会为"模范职工之家"。

12月　南光农场中学楼建设项目获联合国难民署援助金6万美金，时折人民币22.27万元。

12月1日　中华人民共和国国家副主席王震接见粤西垦区各单位党政主要领导，南光农场场长汪恒和收获农场场长李源和受到接见。

12月25日　据收获农场组织部门统计，全场有党总支5个，党支部46个，共产党员600名。

12月26日　据收获农场工会统计，工会会员2915人，其中女会员1253人，少数民族会员5人，工会小组241个。全场建有篮球场22个，各类球队19个，组织体育竞赛118次，参加活动3281人次，为全民健身打下良好基础。

1988年　收获农场、南光农场有职工家庭农场2036个，其中收获农场有1044个，南光农场有992个。

● **1989年**　1月12日　召开广东省国营收获农场第九届第二次职工代表大会，审议通过《收获农场1989年经营管理方案》。

2月　中华人民共和国农业部农垦局对调丰糖厂1988年度创利税598.8万元，为国家建设作出了贡献，特发奖状。

8月30日　收获农场工会主席覃代明出席中国农林工会在北京召开的工

会工作经验交流会。

11月23日　召开中国共产党广东省国营收获农场第十次代表大会，大会选举产生新一届党委委员。

12月19—20日　召开中共广东省国营南光农场委员会第十次代表大会，出席大会正式代表102人，大会选举产生新一届党委委员。

12月26日　召开广东省国营收获农场第九届第四次职工代表大会，出席大会代表236人。

12月28—30日　召开广东省国营南光农场第十二届第三次职工代表大会暨第十二次工会会员代表大会。

1989年　收获农场、南光农场共有职工家庭农场2203个，其中收获农场有1225个，南光农场有978个。

●**1990年**　3月　南光农场团委被评为"广东省学雷锋先进单位"。

3月30日　收获农场建立无线调频立体声广播电台，24个生产队安装调频接收器。

4月14日　广东省邮电管理局批准海康邮电局开办收获农场邮电代办所。

5月10日　调丰糖厂一级白砂糖在海康县首次质量检查评比中，以总分110.09分获得第一名。

6月18日　中共南光农场纪律检查委员会被评为"广东省先进纪检组织"；黄光彬同志被评为"广东省先进纪检工作者"。

8月11日　中华人民共和国农业部批复，同意广东农垦总局下属粤西农垦局管辖的广东省国营调丰糖厂进一步改造扩建，日榨甘蔗规模提高到4000吨/日，改扩建工程总投资暂按2890万元控制。

10月15日　收获农场安装共用天线电视系统（闭路电视转播中心），解决场部周围职工接收电视节目困难不清晰等问题。

11月　农业部农垦司副司长曾毓庄到收获农场考察甘蔗、菠萝等产业。

12月3—6日　召开广东省国营南光农场第十三届职代会暨第十三次工会会员代表大会。出席大会代表263人。

12月15日　收获中学洪秀花老师荣获广东省归侨联合会授予的"归侨优秀教师"称号。

1990年　收获农场、南光农场有职工家庭农场2000个（其中收获农场有 1038 个，南光农场有 962 个）。

● **1991 年**　1 月 30—31 日　召开广东省国营收获农场第十届第一次职工代表大会，出席大会代表 157 人，审议通过《收获农场 1991 年经营管理方案》。

4 月 9 日　原农垦部副部长赵凡一行 4 人到收获农场考察。

5 月 1 日　农业部农垦司司长孙泮棋等一行 6 人到收获农场调研。

6 月 22 日　由南光农场陈能智负责的专题《重风中寒区橡胶优良品种生产性开发试验》正式启动（此为广东省农垦重点科技项目计划）。

9 月　中国共产主义青年团中央委员会授予滨河队青工杨海同志"全国垦区青年经营管理能手"称号。

1991 年　收获农场自主研制的"FB-100 型粉碎机对菠萝茎叶粉碎回田应用"项目获农业部技术推广三等奖。

● **1992 年**　1 月 20—22 日　召开广东省国营南光农场第十三届第二次职工代表大会暨第十四次工会会员代表大会。

2 月 27 日　海南省农垦局 400 名处级干部到收获农场参观交流。

3 月 19—20 日　省农垦总局局长关富胤来收获农场指导综合改革试点工作。

4 月 3—4 日　召开广东省国营收获农场第十届第二次职工代表大会，本届正式代表 212 人。

5 月 26 日　召开共青团广东省国营南光农场第九次代表大会。陈永光做工作报告，大会选举产生新一届团委委员。

9 月　由粤西农垦局主持，收获农场、南光农场等 14 个单位完成的"旱地糖蔗综合增产技术"项目获全国农牧渔业丰收奖二等奖。

11 月 25—26 日　召开广东省国营收获农场第十届第三次职工代表大会，出席大会正式代表 204 人。

● **1993 年**　1 月　召开广东省国营收获农场第十届第四次职工代表大会。

3 月 19—20 日　召开广东省国营南光农场第十三届第三次职代会，出席大会正式代表 220 人。

4 月 28 日　收获农场滨河队职工杨海同志荣获中华全国总工会授予的"全国优秀生产能手"称号和"五一劳动奖章"。

5 月 27 日　召开中共广东省国营收获农场第十一次代表大会，出席大会正式代表 135 人，大会选举中共收获第十一届委员会和十一届纪委会。

● **1994 年**　1 月 25—26 日　召开广东省国营南光农场第十三届第四次职工代表大会。

1 月 28—29 日　召开广东省国营收获农场第十届第五次职工代表大会。出席大会正式代表 172 人。

9 月 28 日　举行庆祝广东省国营调丰糖厂建厂 10 周年大会。

11 月 25—26 日　召开广东省国营收获农场第十届第六次职工代表大会。出席大会正式代表 162 人。

● **1995 年**　1 月 6 日　召开广东省国营收获农场第十届职工代表小组长联席会议。

1 月 19—20 日　召开广东省国营南光农场第十三届第五次职代会暨第十五次工会会员代表大会。

9 月 10 日　成立广东省丰收糖业发展有限公司组建工作领导小组。

11 月 15 日　召开广东省国营收获农场第十届第七次职工代表大会，出席大会正式代表 150 人。

11 月 20 日　黄国涛首任广东省丰收糖业发展有限公司董事长。

12 月 28 日　广东省丰收糖业发展有限公司正式挂牌。

● **1996 年**　1 月 10 日　中共湛江农垦局委员会研究决定：同意成立中共广东省丰收糖业发展有限公司委员会。

1 月 20 日　印发《广东省丰收糖业发展有限公司"见义勇为基金"奖励实施办法》。

3 月 15 日　成立丰收糖业发展有限公司初级卫生保健领导小组。

6 月 9 日　成立丰收糖业发展有限公司计划生育委员会。

6 月 20—21 日　召开广东省丰收糖业发展有限公司首届职工代表大会暨工会会员代表大会，出席大会正式代表 234 人，大会审议通过《1996 年经营管理实施方案》等。

6 月 30 日　成立广东省丰收糖业发展有限公司民主管理工作委员会、生活福利委员会、工会经营审查委员会、劳动争议调解委员会、劳动保护委员会。

7 月 8 日　成立广东省丰收糖业发展有限公司教育委员会。

8 月 12 日　成立丰收糖业发展有限公司内部结算中心。

8 月 26 日　成立丰收糖业发展有限公司建设工程项目执法监察领导小组。

9月10日　兴建一幢2000平方米，总造价126万元中学学生宿舍大楼。

10月8日　广东省国营南光农场正式并入广东省丰收糖业发展有限公司。

11月20日　成立丰收糖业发展有限公司精神文明建设领导小组。

11月21日　召开广东省丰收糖业发展有限公司第一届第二次职工代表大会，出席大会正式代表226人。

● **1997年**　1月11日　成立丰收糖业发展有限公司现代企业制度试点工作领导小组。

4月　丰收公司工会荣获广东省总工会颁发的"五一劳动奖状"。

5月　广东省税务局授予广东省丰收糖业发展有限公司为"1994年至1996年度模范纳税户"称号。

8月10日　召开广东省丰收糖业发展有限公司首届归侨侨眷代表大会。

9月22日　成立丰收糖业发展有限公司学习和推广邯钢管理经验领导小组和各专业小组。

9月26日　召开广东省丰收糖业发展有限公司首次（1995—1996年）先进集体、个人代表大会暨"十佳主人"表彰大会。大会表彰压榨车间等11个先进集体、农务乙班等23个先进班组、杨海等89个先进家庭农场、林善寿等344名先进生产（工作）者、杨海等10名"十佳主人"。

10月　收获罐头厂"三叶牌"糖水菠萝罐头荣获中国农业博览会颁发的"第三届中国农业博览会名牌产品"证书。

11月　"蜂泉牌"一级白砂糖荣获中国农业博览会、广东省筹备委员会颁发的"第三届中国农业博览会广东省馆参展名优产品"证书。

11月17日　召开广东省丰收糖业发展有限公司第一届第三次职工代表大会，大会审议和通过《农业分公司1998年经营实施方案》等。

12月　丰收公司荣获中共广东省委、广东省人民政府授予的"广东省文明单位"称号。

● **1998年**　1月5日　收获农业分公司滨河队职工杨海同志光荣当选为广东省第九届人民代表大会代表，并出席广东省第九届人民代表大会。

2月4日　成立丰收糖业发展有限公司房屋和职工住房清查小组。

2月7日　"广东省丰收糖业发展有限公司职工医院"名称更改为"广东省丰收糖业发展有限公司医院"，"南光农场医院"更改为"广东省丰收糖业发展有限公司医院南光分院"。

6月18日 广东省丰收糖业发展有限公司中学经雷州市教育局严格考核，荣获雷州市一级学校称号。

7月8日 成立丰收糖业发展有限公司防灾抗灾救灾领导小组。

8月5日 成立丰收糖业发展有限公司房管及环境卫生管理委员会。

9月1日 据统计，全公司有2779人积极向长江流域、松花江流域地区洪涝灾区人民捐款共47864.30元。

11月5日 丰收公司被国家经济贸易委员会列为"1998年512户重点国有企业直联报送数据情况单位"。

12月31日 雷州市邮政局委托丰收公司在收获、南光分公司设立邮政代办所。

1999年

5月4日 国家经济贸易委员会批复，同意广东省丰收糖业发展有限公司甘蔗贸工农一体化项目为国家经贸委第二批贸工农一体化重点联系项目单位。

6月17日 成立丰收公司推行厂务公开制度领导小组。

7月13日 召开广东省丰收糖业发展有限公司首届职代会第三次代表小组长联席会议，大会审议和通过《推行厂务公开制度实施意见》等。

8月8日 公司有农科教卫生专业技术人员205人，中级职称24人，初级职称175人。引进吸收各类专业技术人员43人，选送培训188人。职工技术教育与培训7个班次，受培人员751人，举办科技讲座、现场会14次。从各大专院校招聘人才共136人。

9月9日 召开广东省丰收糖业发展有限公司首次科技表彰大会暨第二次先进集体、个人代表大会。大会表彰制炼车间等8个先进科技集体，谭云佳等40个先进科技工作者，优秀科技项目59个，实罐车间等12个1997/1998年度先进集体，杨海等79户先进家庭农场，韦家娟等350名先进生产（工作）者。

11月4日 召开丰收糖业发展有限公司第一届第四次职工代表大会，大会审议和通过《农业分公司2000年经营实施方案》等。

1999年 公司投资新建收获、南光分公司住宅区职工楼房各1幢，中学、一小学生宿舍楼各1幢，新建和改建南光胶厂职工住房各1幢，新建南田队、8队等14个生产队职工平顶房共14幢，改建红忠队、

17 队平顶房共 3 幢。建筑总面积 8742.04 平方米，工程总造价为 3569449.16 元。

1999 年　由湛江农垦局主持，丰收公司等单位完成的"大面积推广甘蔗良种及综合栽培技术"项目获广东省农业技术推广三等奖。

● **2000 年**　2 月 29 日　公司团委开展志愿服务活动正式启动。

4 月　丰收公司荣获湛江市人民政府授予的"无偿献血先进单位"称号。

10 月 25—26 日　召开丰收公司第二届第一次职工代表大会暨第二次工会会员大会，出席大会正式代表 369 人。

12 月 1 日　经中华全国总工会复查验收，同意丰收公司南光分公司继续保持"全国模范职工之家"荣誉称号。

12 月 6 日　成立丰收糖业发展有限公司专业技术人员和政工人员考核领导小组。

● **2001 年**　1 月　丰收公司荣获中华人民共和国农业部授予的"全国农垦系统扭亏增盈先进单位"称号。

1 月 20 日　成立"三高"（高投入、高产出、高收益）农业示范基地建设领导小组。

3 月 29 日　成立丰收公司科学技术中心。

4 月 17 日　成立丰收公司清理借用公款办公室。

5 月　丰收公司被湛江市人民政府评为"湛江市环保双达标工作"先进集体。

6 月 15 日　成立丰收公司清理追收各项应收款领导小组。

7 月 1 日　丰收公司荣获中共广东省委、广东省人民政府授予的"文明单位"称号；中共广东省湛江农垦局委员会表彰丰收公司为"湛江农垦党建工作目标管理一级单位"。

7 月 8 日　成立创建广东省生态示范场领导小组。

7 月 28 日　公司创建广东省生态示范场领导小组总结。

8 月 3 日　召开广东省丰收糖业发展有限公司第三次先进集体、个人代表大会暨第二次科技表彰大会。大会表彰制炼车间等 6 个 1999/2000 年度先进集体，陈则等 98 户先进家庭农场，丁月盛等 264 名先进生产（工作）者，13 队等 13 个计划生育先进单位，蔡金花等 56 名计划生育先进工作者。大会表彰刘广青等 42 人为科技先进工作者。表彰南光分公司

《四天一刀新割制显成效》等6项科技项目获一等奖；糖业《动力车间4台20吨锅炉加大出力的改造》等10个项目获二等奖；收获分公司《科技兴果先进栽培技术措施与应用》等10个项目获三等奖。

11月19日 丰收糖业发展有限公司获省第四批挂牌农业龙头企业称号。

12月18日 广东省环境保护局评审丰收公司为"广东省生态示范场"。

2002年 2月10日 广东省财政厅对第四批省级农业龙头企业予以奖励，丰收公司被审定为三等奖，获6万元奖励。

2月19日 上报《广东省享受政府特殊津贴专家情况登记表》，公司已退休的高级农艺师陈能智同志于1998年被评为广东省享受政府特殊津贴专家。

3月 广东省厂务公开协调小组评定丰收公司为"广东省厂务公开工作先进单位"。

7月8日 广东省雷州市委书记孙亚帝来丰收公司现场办公并调研。

7月9日 召开中共广东省丰收糖业发展有限公司第二次代表大会，出席大会正式代表173人，大会选举产生第二届党委委员、纪委委员。

8月2日 召开广东省丰收糖业发展有限公司第二次归侨侨眷代表大会。

8月22日 《中国农垦》编辑部评定广东省丰收糖业发展有限公司为"《中国农垦》杂志发行先进单位"。

9月18日 中共湛江农垦局委员会特授予许凤志、阳瑞峰、向益荣等17位同志"从事思想政治工作三十年"荣誉证书。

10月25日 召开广东省丰收糖业发展有限公司第二届第三次职工代表大会。

11月11日 丰收公司菠萝罐头厂被确定为100个全国农垦无公害农产品示范基地农场创建单位。

11月15日 成立菠萝标准化生产综合示范区建设项目领导小组。

11月26日 农业部确定广东省丰收糖业发展有限公司为第三批"两大战略示范点"，示范内容为菠萝、甘蔗轮作配套种植技术示范。

12月 丰收公司荣获农业部、国家发展和改革委员会、财政部、商务部、国家税务总局、中国人民银行、中国证券监督管理委员会、中华全国供销合作总社联合会授予的"农业产业化国家重点龙头企业"称号。

2003年 2月 丰收公司荣获广东省质量协会授予的"广东省质量效益型先进企

业"称号。

3月1日　农业部农垦局局长魏克佳到丰收公司视察。

同月　广东省总工会、广东省安全生产监督管理局审评丰收公司为"全国安康杯竞赛广东省赛区优胜企业"。

4月21日　召开预防非典型病原体肺炎紧急会议，成立非典型病原体肺炎预防控制工作领导小组。

4月25日　广东省财政厅下发第二批农业产业化国家重点龙头企业奖励资金，奖励各企业9万元，丰收公司为其中之一。

5月1日　南光分公司17队林善寿同志荣获中共广东省委员会、广东省人民政府授予的"广东省劳动模范"称号（一次性荣誉津贴10000元）。

7月22日　全国农林水工会副主席丁哲元主席到丰收公司考察。

8月1日　董事长何时盛同志当选为中华全国总工会第十四次代表大会代表。

8月15日　召开第二届第三次职工代表大会。出席大会正式代表214人。

8月25日　23年来罕见的第12号强台风"科罗旺"正面袭击公司，造成甘蔗倒伏率100%，折断率30%；林木大面积倒伏、折断；橡胶折断率9%以上，属全部主枝折断或2米以上主杆折断、倒伏的共94990株，主干折断率40%；直接经济损失3000万元。

9月3日　成立固本强基工程领导小组。

9月4日　海南省农垦局副局长符孟彪等一行8人到丰收公司考察。

9月22日　董事长何时盛出席中华全国总工会于首都北京召开的中华全国总工会第十四次代表大会。

11月4日　召开丰收公司第二届第四次职工代表大会。

● **2004 年**　1月　丰收公司荣获农业部颁发的"示范产品菠萝15000公顷证书"。

3月1日　丰收公司为全国最大的菠萝生产基地，菠萝罐头厂生产产品90%免检出口40个国家和地区，被宣传部列为"改革创新、服务三农"的先进典型进行了采访和宣传。

3月　丰收公司工会女工委员会荣获中国农林水利工会全国委员会授予的"全国农林水利系统工会先进集体"称号。

4月6日　广东省总工会、广东省安全生产监督管理局评审丰收公司为"全国安康杯竞赛广东省优胜企业"。

4月20日　经农业部农产品质量安全中心认证，丰收公司菠萝30000吨产品符合无公害农产品标准要求，准予在产品或产品包装上使用无公害农产品标志，特颁"无公害农产品认证"证书。

5月28日　成立丰收公司跨世纪青年农民科技培训领导小组。

6月18日　工会副主席、侨联主席何伟舜当选为广东省第八次归侨侨眷代表大会代表（广东农垦唯一代表）。

6月21日　广东省归国华侨联合委员会颁发"侨联事业贡献奖"给予丰收公司归国华侨联合委员会主席（工会副主席）何伟舜。

6月22—23日　何伟舜出席广东省第八次归侨侨眷代表大会，并当选为广东省侨联第八届委员会委员（任期为2004年6月至2009年6月）；大会通过何伟舜当选为出席第七次全国归侨侨眷代表大会代表。

7月20—23日　何伟舜赴首都北京出席第七次全国归侨侨眷代表大会。大会开幕式之前，胡锦涛、吴邦国、温家宝、黄菊、吴官正、李长春、罗干等党和国家领导人亲切会见全体与会代表并合影。大会通过何伟舜当选为中国侨联第七届委员会委员（任期为2004年7月至2009年7月）。

8月16日　召开丰收公司2002/2003年度先进集体、个人代表大会暨科技表彰大会。大会表彰6个先进集体、16名行业标兵、25项科技先进项目、58名科技工作先进个人、14个"两个文明"建设先进单位。

10月　丰收公司职工女子乒乓球代表队在广东省农垦工会举行的广东省农垦职工第三届乒乓球锦标赛中获得农业组女子团体亚军。

10月27日　广东电视台经济中心摇钱树节目主持人柳敬东一行到丰收公司罐头食品有限公司采访。

11月10日　召开丰收公司第二届第五次职工代表大会。

11月21日　"丰收农场中低产田改造"项目获得国家农业综合开发办公室审批。该项目建设范围共9个农业生产队，规模2.2万亩，打井36口，平整及改良土壤2.2万亩，总投资1223.8万元，其中中央财政资金600万元，项目建设单位623.8万元（两级局、丰收公司三方）。

12月30日　丰收公司评为"广东省环境保护促进会会员单位"。

2005年　1月10日　丰收公司党委与公司500名党员干部签订《广东省丰收糖业发展有限公司干部远离赌博、私彩责任状》。

1月30日　雷州市农、林、盐场2005年迎春座谈会在丰收公司召开。

2月24日　14队党员职工林善寿和农田队队长彭达良被选为湛江垦区优秀共产党员先进事迹报告团成员，并在全垦区巡回演讲。

3月22日　成立丰收糖业发展有限公司污染源全面达标工作领导小组。

7月15日　丰收公司保持共产党员先进性教育活动正式启动。

9月8日　广东省委常委、省委副书记欧广源在湛江市委书记徐少华、副市长陈亚德、雷州市委书记李昌梧、雷州市市长罗滇南等陪同下到丰收公司调研，先后视察罐头厂、节水工程等。

9月11日　湛江市代市长陈耀光到丰收公司调研。

9月13日　丰收公司举办管理干部现代农业知识培训班，邀请中国微生物之父葛诚、中国农科院农艺师余振桐、国家甘蔗首席专家博士后张华授课。

9月23日　丰收公司首届职工运动会在收获中学运动场隆重开幕，本届运动会设男、女6个团体赛项目和20个个人赛项目。

10月17日　广东省农垦总局副局长陈少平到丰收公司调研。

10月28日　省农垦局总局副局长雷勇健到丰收公司调研。

11月17日　经广东省农业厅审核，丰收公司收获分公司24个农业生产队和南光分公司19个农业生产队，1300公顷菠萝产地符合无公害农产品产地相关标准和要求。

11月23日　召开广东省丰收糖业发展有限公司第三届第一次职工代表大会。

12月15日　农业部公布第一批全国农产品加工业示范企业名单，丰收公司名列其中（为制糖加工企业）。

12月16日　丰收公司被认定为农业部农产品加工企业技术创新机构。

12月20日　广东省农垦总局局长赖诗仁到丰收公司调研。

12月28日　召开广东省丰收糖业发展有限公司成立十周年庆典大会。

● **2006年**　1月19日　农业部发展计划司司长杨坚、农业部农垦局发展计划处处长秦福增到丰收公司调研现代农业。

1月　丰收公司被确定为"全国首批农业机械化示范区"。

1月　由湛江农垦局主持，丰收公司等单位完成的"甘蔗优良品种新台糖22号引进与推广技术研究"项目获广东农垦"十五"优秀科技成果三等奖。

2月23日　中国科学院院士、华南农业大学原校长卢永根到丰收公司调研。

3月3日　农业部农业机械管理司副司长张天佐与参加全国甘蔗生产机械化（试点）工作研讨会领导和专家到丰收公司参观甘蔗全程机械化演示。

3月26日　农业部财务司正处级调研员古艳华、农业部农垦局副局长龚菊芳到丰收公司调研。

4月13日　召开共青团丰收糖业发展有限公司第二次代表大会。

4月19日　国务院办公厅调研组到丰收公司考察甘蔗机械化管理、菠萝加工厂、生物有机肥厂。

5月6日　丰收公司在广东省委党校举行原收获农场广州上山下乡知识青年（含原收获部分工友）联谊会，共400人到会。

5月16日　农业部农垦局热作处副处长彭艳到丰收公司调研。

5月25日　中国糖业协会理事长贾志忍率领广州甘蔗糖业研究所主任杨俊贤、湛江市糖业协会理事长麦茂良一行到丰收公司考察调研。

5月29日　印度尼西亚首创圣地公司董事长谢浩安和圣多斯公司总裁吴德辉一行9人到丰收公司参观。

6月16日　中国罐头协会梁仲康、徐曦秘书长、浙江丰岛集团徐孝方总经理等到丰收公司参观考察菠萝罐头厂。

6月25—30日　中央电视台第七频道记者和《湛江日报》记者到丰收公司采访。

7月1日　农业部财务司调研员毕建英、农业部中国农垦经济发展中心处长王生等到丰收公司调研。

8月14日　开展向灾区（4号台风给韶关等地造成特大洪涝灾害）献爱心捐款活动，共1964人捐款61777.5元。

9月3日　马来西亚沙捞越州政府第一副首相兼农业现代化部和工业发展部部长陈康南率领沙捞越州政府官员一行16人在农业部农垦局副局长吴恩熙陪同下到丰收公司考察。

9月11日　北京人民大会堂举行中国名牌产品暨中国世界名牌产品表彰大会，大会表彰广东省丰收糖业发展有限公司"蜂泉牌"一级白砂糖为"中国名牌产品"。

10月9日　广东省人民政府表彰丰收公司为"省农业产业化工作先进集体"。

10月16日　巴西 Embrapa 公司木薯和热带水果专家 Aris-totes Pires de Matos 博士、中国热带农业科学院热带作物品种资源研究室梁李宏研究员以及中国热带农业科学院南亚热带作物研究室孙光明所长到丰收公司参观复肥厂、罐头厂、菠萝示范基地等。

10月25日　中央电视台七频道记者到丰收公司进行电视拍摄，主要宣传推广丰收公司在建设和谐社会的经验与做法。

11月1日　农业部农机化司司长王智才和广东省农业厅副厅长潘雪芳一行到丰收公司参观复肥厂、罐头厂、蜂站等。

11月3日　农业部农垦局副局长李伟国率领农业部农垦局发展计划处、广东农垦、黑龙江农垦和海南农垦等有关领导一行35人来丰收公司参观生物防治站、甘蔗机械化设备、生物有机肥厂和农业综合开发基地等。

11月5日　农业部副部长高鸿宾、农业部农垦局局长杨绍品参观考察丰收公司甘蔗机械化全程作业等。

11月14日　召开广东省丰收糖业发展有限公司第三届第二次职工代表大会。

11月30日　农业部农垦局调研员孙克俭、中国农垦经济发展中心副处长李玲率领新疆生产建设兵团、黑龙江农垦、江苏农垦、安徽农垦等一行12人到丰收公司考察。

12月14日　由法国驻华大使馆广州商务处商务专员、法国企业国际发展局食品部部长白芬意、法国诺华赛分离技术上海有限公司、法国倍利肯热工技术有限公司、CERG 甘蔗试验研究培训中心等10个单位和企业组成的参观团到丰收公司参观糖业生产主要流程。

12月18日　广东政协副主席王兆林等一行10人到丰收公司考察。

12月23日　中国农林水利工会主席王萍在广东农垦总局工会主席陆基民的陪同下到丰收公司调研。

● **2007年**　1月3日　召开广东省丰收糖业发展有限公司第三届第三次职工代表大会主席团联席会议。

3月22日　《广东省丰收糖业发展有限公司收获、南光农场深化税费改革实施办法》出台。

6月 "三叶牌"糖水菠萝罐头在青岛获得SKS犹太洁食认证。

9月13日 举行丰收公司"树廉洁新风，建和谐丰收"演讲比赛，参赛选手共12人，制糖工业分公司吴雪冰演讲的《清正廉洁时代的呼唤》获得第一名。

9月 广东省丰收糖业发展有限公司生产的"蜂泉牌"一级白砂糖被中国名牌战略推进委员会评审为"中国名牌产品"。

11月23日 召开广东省丰收糖业发展有限公司第三届第三次职工代表大会，出席大会正式代表239人，审议通过《丰收公司2008年经营管理方案》等。

2008年

1月 丰收公司荣获广东省总工会颁发的"广东省五一劳动奖状"。

1月 中华全国总工会、国家安全生产监督管理总局评审丰收公司为"2007年度全国'安康杯'竞赛活动优胜单位"；制糖工业分公司制炼车间被评为"优胜班组"。

2月28日 广西糖业集团、广西农垦等领导到丰收公司考察。

3月7日 广东省农业机械学会副理事长高级工程师许珊等来丰收公司参观考察甘蔗生产全程机械化。

5月21日 湛江农垦雷州片"思想大解放、和谐大发展"演讲比赛在火炬农场举行。丰收公司参赛选手高玉凤同志以91.83分获得第一名。

7月2日 中国工程院院士、原北京农业工程大学副校长、中国农业大学教授江懋华率领华南农业大学原副校长罗锡文、广东省农机所和湛江市农机办专家学者一行16人到丰收公司参观甘蔗机械化、糖厂和东江队菠萝生产基地等。

7月11日 广东省科技厅农村处处长刘家平、副处长黄汇康到丰收公司调研农产品质量追溯系统建设项目。

7月23日 国家开发银行广东省分行行长吴德礼一行到丰收公司考察。

8月7日 丰收公司荣获中国农林水利工会全国委员会授予的"全国农林水利产（行）业劳动奖状"。

9月8日 召开丰收糖业发展有限公司第三次归侨侨眷代表大会。

11月20日 召开中国共产党广东省丰收糖业发展有限公司第三次代表大会，出席大会代表249名，大会选举产生新一届"两委"委员。

11月27日 召开广东省丰收糖业发展有限公司第三届第四次职工代表

大会，出席大会正式代表 238 人，审议通过《丰收公司 2009 年经营管理方案》等。

12 月 15 日　广东省丰收糖业发展有限公司被农业部授予"全国农垦现代化农业示范区"。

● **2009 年**　2 月 22 日　中国科学院院士、中国工程院院士、第三世界科学院院士石元春，中国农业大学生物质工程中心主任程序到丰收公司出席丰收公司控股的广东徐闻三和发展有限公司庆祝 TLP 快速高效厌氧发酵系统工程启动仪式。

5 月　法国玻璃专家阿兰索（Alain soler）博士和南亚热带作物研究所所长孙光明及博士吴春松一行到丰收公司参观菠萝基地、复合微生物肥厂。

8 月 20 日　广西壮族自治区政协副主席、广西科学院院长黄日波率领广西科技项目专家组一行 22 人到丰收公司考察参观三和酒精厂 TLP 快速高效厌氧发酵系统和技术流程。

10 月 24 日　湛江农垦局成立湛江农垦驻雷州市雷高镇卜枞村扶贫工作组。副局长何时盛为组长，丰收公司选派林春松、龙超文、叶勇同志为驻村第一批扶贫工作组成员。

11 月 18 日　召开广东省丰收糖业发展有限公司第三届第五次职工代表大会，出席大会正式代表 226 人，审议通过《丰收公司 2010 年经营管理方案》等。

● **2010 年**　3 月 11 日　中国农垦经济发展中心副主任周彬彬、技术推广处处长钟思现及金石投资有限公司投资副总裁马天娇到丰收公司重点调研低碳农业与循环经济发展情况。

3 月　南光分公司 8 队胶工卢厚春、卢厚海代表广东农垦参加在云南省西双版纳举行的"全国第二届割胶工技能大赛"，卢厚春获得第六名。

4 月 21 日　农业部农垦局局长李伟国到丰收公司考察。

4 月 23 日　全公司党员、干部向青海玉树地震灾区捐款共 48774.5 元。

4 月 25 日　经广东省经济和信息化委员会审批，丰收公司成为首批"广东省直通车服务重点企业"殊荣企业（为广东农垦唯一一家获此待遇的企业）。

4 月 28 日　新疆生产建设兵团农一师副师长孔军率领参观团来丰收公司参观复肥厂、罐头厂、果汁厂等。

6月30日 开展"扶贫济困日"捐款活动。公司党员、干部1000人共捐款13168元，公司名誉捐款246832元，合计为26万元，上交雷州市民政局。

8月13日 1976年高中毕业于南光农场中学的钟国康（我国著名篆刻大师、书法艺术家）出差途中专程返回母校，向母校捐赠了个人著作12本。

9月8日 成立丰收糖业发展有限公司创先争优活动领导小组。

11月25日 召开广东省丰收糖业发展有限公司第三届第六次职工代表大会，出席大会正式代表213人，审议通过《丰收公司2011年经营管理方案》等。

11月28日 农业部评定丰收公司为"农业部热作标准化生产示范园"。

11月28日 参加中央农口财务监管工作会议的农业部、水利部、国家林业局、国务院南水北调委员会办公室、国务院三峡工程建设委员会办公室、国务院扶贫办、省农垦总局有关领导一行14人到丰收公司考察。

● 2011年 1月11日 美国约翰迪尔公司甘蔗收割机总设计师一行4人到丰收公司考察。

3月2日 农业部农垦局巡视员何子阳到丰收公司调研。

3月19日《农民日报》记者、农业部农垦宣传文化中心主任贡蓄民等到丰收公司就甘蔗全程机械化和循环经济发展等进行专题采访。

3月 收获农业分公司南茂队女工黄利芬荣获全国总工会授予的"全国五一巾帼标兵"称号。

5月25日 参加全国农垦扶贫开发工作会议的领导和代表共100人到丰收公司参观三和酒精厂、罐头厂。

7月17日 清华大学教授李十中、北京化工学院教授李秀金和中山大学教授杨中艺等到丰收公司就循环经济和低碳经济发展进行调研。

8月18日 中央电视台第七套节目《科技苑》栏目播出丰收公司菠萝高效生产栽培技术专题报道《给菠萝计划生育》，播时30分钟，首次在全国电视观众面前展示丰收公司建设菠萝绿色生态产业链成果。

12月 农业部评定丰收公司菠萝产品为"全国农业标准化示范县（农场）示范产品"。

12月 在纪念湛江农垦建垦60周年之际，廖敬忠、潘灿荣、李立喜等

75 人获得广东省湛江农垦局颁发的"赠给 1952 年创建湛江农垦的老同志及农垦功臣惠存"纪念章。

● **2012 年**　8 月 22 日　举行"广东省丰收糖业发展有限公司社区管理委员会"挂牌仪式。广东省丰收糖业发展有限公司社区管理委员会正式成立。从此，公司政企分开、公司化改革开始走上规范管理轨道。同时，4 个分公司机关成立社区管理办公室，在分公司和生产队设立 13 个社区居民管理委员会。

11 月 12 日　召开广东省丰收糖业发展有限公司第四届第一次职工代表大会，出席大会正式代表 231 人，审议通过《丰收公司 2013 年经营管理方案》等。

12 月 20 日　2012 年人畜饮水工程项目建设经上级部门验收合格。项目总投资 578.06 万元，其中中央财政资金 573.25 万元，公司自筹 4.81 万元。该项目建成可供水人口 1.5 万人。

12 月　由广州甘蔗糖业研究所、丰收公司等单位完成的"能源甘蔗品种改良及产业化关键技术研究与示范"项目获广东省农业技术推广二等奖。

● **2013 年**　5 月 24 日　召开广东省丰收糖业发展有限公司第四次归侨侨眷代表大会。

5 月 29 日　丰收公司创建"五好"（"精神状态好、能力素质好、发展业绩好、团结协作好、廉洁从业好"）领导班子活动正式启动。

6 月　广东省健康教育协会、广东省生态学会、湛江市医学养生科普中心、湛江市社会经济文化发展研究中心评选收获医院为"广东省健康养生优秀医疗单位"。

7 月 2 日　公司 1000 名党员干部及职工积极参与"扶贫济困，奉献爱心"活动，共捐款 16725.5 元。

7 月 12 日　湛江农垦 2013 年专业技术人员专业课培训班在丰收公司开班。垦区雷州、徐闻片共 170 名学员参加培训。

7 月 24 日　丰收公司深入开展党的群众路线教育实践活动开始。

9 月 5—6 日　湛江农垦割胶工技能比赛暨广东农垦第三届割胶工技能大赛选拔赛在南华农场举行。丰收公司南光分公司 6 队卢厚春获得辅导员组一等奖，5 队黄树源、13 队李坚新获得胶工组二等奖，13 队黄永广获胶工组三等奖，17 队钟国初获辅导员组三等奖。

11月11日　湛江农垦职业技能鉴定站在丰收公司举办"农艺工技能鉴定培训班"。参培学员有丰收、幸福、火炬、金星、东方红等单位共115人。

11月18日　召开广东省丰收糖业发展有限公司第四届第二次职工代表大会。出席大会代表226人。大会审议和通过《丰收公司2014年经营管理方案》等。

12月3日　全国农垦农机标准化示范农场创建活动专家组到丰收公司就创建全国农垦农机标准化示范农场工作进行验收考核，并认定各项工作标准均达标。

2014年　1月13日　成立丰收公司追债办（隶属公司机关、正科级）。

3月13日　黑龙江农垦人畜饮水工程项目绩效评价考察组到丰收公司考察公司人畜饮水工程项目。

3月17日　全国第四届割胶工技能大赛总决赛在海南省举行。丰收公司南光农业分公司13队胶工黄永广同志代表广东农垦获得三等奖。

8月14日　召开中共广东省丰收糖业发展有限公司第四次代表大会，出席大会代表193人，大会选举产生新一届党委会和纪律检查委员会委员。

12月8日　召开广东省丰收糖业发展有限公司第四届第三次职工代表大会，出席大会正式代表217人，大会审议和通过《丰收公司2015年经营管理方案》等。

2015年　4月7日　成立《广东省丰收糖业发展有限公司大事记》编写领导小组。

4月10日　成立丰收糖业发展有限公司土地管理信息化和耕种收益"四表合一"工作领导小组、工作组、监督小组。

5月26日　成立丰收糖业发展有限公司自营地、对外发包地核实、复核领导机构。

10月28日　公司决定利用示范性农场建设项目资金40万元及美丽乡村建设项目资金100万元共计140万元投入改造和建设北河队为湛江垦区美丽生产队。

11月15日　经省财政厅批复，公司本年度获得省农业龙头企业贴息72万元，国家储备糖贴息201万元。

12月7日　召开广东省丰收糖业发展有限公司第四届第四次职工代表大会。与会正式代表216人。大会审议和通过《丰收公司2016年经营管理方案》。

12月9日　中国CDC疾病预防控制中心严良斌主任一行9人在广东省疾病预防控制中心皮肤科主任黎明和湛江市慢性病防治所领导陪同下到丰收公司收获医院调研。

2015年　由广州甘蔗糖业研究所、丰收公司等单位完成的"甘蔗螟虫绿色防控技术集成与推广"项目获2014/2015年中华农业科技三等奖。

● **2016年**　1月4日　开展"学习型党支部"创建活动启动。

1月7日　印发《丰收公司2016年劳动竞赛方案》。

1月7日　公司董事会决定终止十八队模拟股份制模式经营，恢复原有职工家庭农场模式进行生产经营等相关事宜。

2月20日　印发《丰收公司2016年经营管理方案》。

5月4日　湛江农垦集团公司人事处选派郭小林、叶勇、张昊等三人到广东省雷州市调风镇东平村扶贫挂职，挂职时间为三年。

5月18日　开展"学党章党规，学系列讲话，做合格党员"学习教育开始。

7月28日　制定《丰收公司党政联席会议制度》。

8月10日　制定《丰收公司厂务公开民主管理工作责任制度》。

11月7日　重新修定《广东省丰收糖业发展有限公司章程（草案）》。

2016年　由广州甘蔗糖业研究所、丰收公司等单位完成的"性诱剂对甘蔗螟虫持续防控技术的应用示范"项目获广东省农业技术推广二等奖。

● **2017年**　3月16日　成立《湛江农垦志》资料收集及编写工作领导小组，下设资料收集及编写工作办公室。

4月7日　制定《丰收公司党委"三重一大"议事规则和决策程序》，包括重大决策、重要人事任免、重大项目安排、大额度资金使用等内容。

4月19日　成立丰收公司职工补充医疗领导小组和医保管理办公室。

4月25日　制定《丰收公司2017年党建工作意见》。

4月26日　《丰收公司党组织星级管理实施考核评定办法》定稿。

4月28日　制定《丰收公司机关作风建设强化年实施方案》。

8月25日　将原调丰糖业分公司56名干部花名册、179名党员花名册、18名离退休人员花名册、31名辞职人员花名册、21名广垦各单位人员花名册、16名死亡人员花名册和在职干部51份、广垦各单位人员15

份、辞职人员 28 份、离退休人员 17 份、死亡人员 16 份人事档案如数移交给广垦调丰糖业有限公司。

8 月 25 日　将原调丰糖业分公司文书档案（长期）1984 年至 1995 年共 169 本，文书档案（短期）1984 年至 1995 年共 123 本、账簿 1984 年至 2005 年共 118 本、凭证 1236 本、工资表 255 表、各类证书和 25 枚公章如数移交广垦调丰糖业有限公司。

2018 年　1 月 26 日　丰收公司党委与湛江农垦集团公司党组签订《2018 年度湛江农垦党委党建工作目标责任书》。

1 月 30 日　丰收公司与湛垦医疗健康有限公司签订《丰收公司综合组固定资产移交湛垦医疗健康有限公司明细表》。该表明确将收获医院病房 2939 平方米，各种医疗仪器等 58 项和南光医院病房 286.62 平方米及各种医疗仪器等 13 项固定资产无偿移交湛垦医疗健康有限公司。

2 月 27 日　根据省农垦集团公司《关于组建湛垦医疗健康有限公司的批复》精神和湛江农垦集团公司《农场（公司）医院资产划拨方案》规定，丰收公司将收获医院和南光医院清查出来的账面价值 376.93 万元的资产，按国有资产管理规定办理无偿移交手续和按现行会计制度处理好财务工作。

2 月 28 日　成立丰收农场 2018—2019 年农业综合开发高标准农田建设项目领导小组。

3 月 30 日　制定《丰收公司 2018 年党建工作意见》。

4 月 8 日　《丰收公司党务公开实施方案》定稿。

4 月 18 日　广东省侨办侨政处调研员郑晓红等到丰收公司开展联合国难民署 20 世纪 80 年代在粤无偿援助项目资产移交情况调研。丰收公司有两个项目：1983 年难民署无偿援助收获农场 20 万美元，折合人民币 39.27 万元建造收获罐头厂；1988 年难民署无偿援助 6 万美元，折合人民币 22.33 万元建造南光中学教学楼。

5 月 10 日　制定《丰收公司不规范管理土地及历史被占地纳入合同管理办法（试行）》。

5 月 16 日　召开中共广东省丰收糖业发展有限公司委员会第四次党代会第三次会议，会议主要内容补选党委委员，杨荣、全由章当选。

5 月 30 日　制定《丰收公司农业用地对外合作经营及管理办法》。

5月31日　《丰收公司公务接待管理规定》定稿。

6月20日　丰收公司将南茂队职工宿舍4幢共777.57平方米（另3幢职工宿舍、1幢办公用房、1幢民工房、1幢危房属有物无账）及办公用具等37项固定资产净值110.48万元无偿移交给雷州湛垦农业发展有限公司。

6月20日　丰收公司将华建队职工宿舍6幢共965.1平方米、有物无账的一幢职工宿舍、一幢378.72平方米民工房、一幢办公用房及办公用具等34项净值98.37万元固定资产和东风队职工宿舍3幢共492.39平方米，还有属有物无账的2幢职工宿舍426.78平方米、3幢民工房570.66平方米、1幢办公用房及办公用具等33项净值73.06万元固定资产无偿移交给雷州湛垦农业发展有限公司。

6月30日　丰收公司组织"6·30"扶贫济困日捐款活动，共捐款80000元，其中单位捐款58942元，职工捐款21058元。

7月2日　《丰收公司项目招标管理办法》定稿。

7月10日　经各党支部民主推荐和公司党委审核，决定授予韦福林等32人2018年"党员示范岗"光荣称号。

7月10日　公司土地确权登记发证工作领导小组确定公司现有红线范围土地面积211065.3亩，其中已确权登记发证土地面积190099.16亩（其中土地证面积172171.50亩，换发林权证土地面积17927.66亩），未办证的面积24887.68亩。

7月25日　举行丰收公司"不忘初心、牢记使命"党建知识竞赛。七个代表队参赛，公司机关第一代表队荣获第一名。

8月31日　丰收公司与雷州市人民政府签订《垦区基础教育学校移交协议》。

9月28日　将收获罐头食品有限公司20名干部、95名工人和华建队、南茂队、东风队共7名干部及36名工人人事档案移交给湛江农垦现代农业发展有限公司。

10月12日　在收获农业分公司灯光球场举行"梦萦收获五十年、鬓白未改故乡情"知识青年上山下乡50周年纪念活动。

10月27日　在广州市越秀区五月花广场8楼富临皇宫酒家举行收获农场（七师七团）知识青年上山下乡50周年纪念活动。

10月31日　丰收公司制定《移交丰收中小学固定资产移交明细表》，明确中学科学楼等26项和第一小学教学楼及第三小学教学仪器，两项等净值合计为975.2万元无偿移交给属地政府。

11月2日　在广州市荔湾区芳村花地东海湾酒家举行纪念南光农场（七师四团）知识青年上山下乡五十周年活动。

2019年　2月19日　公司向湛江农垦局递交《关于广东省丰收糖业发展有限公司基础教育学校资产无偿移交属地政府等事项的报告》，明确2018年前完成整体移交工作，教育学校资产无偿移交属地政府等事项，共处置资产总额2358.05万元。

2月26日　召开丰收公司第二届第二次职工代表大会，出席大会正式代表143人，审议通过《丰收公司2019年经营管理方案》。

2月28日　湛江农垦局下达丰收公司2018年度大中型水库移民后期扶持总投资34.38万元，直补受益移民共218户573人。

3月7日　广东省农业有害生物预警防控中心主任江腾辉、广东省生物工程研究所（广州甘蔗糖业研究所）龚恒亮等专家到丰收公司农科所调研甘蔗病虫害生物防治技术。

4月10日　省农垦集团公司党委副书记、总经理支光南至丰收公司进行产业发展调研指导工作。

4月11日　中共广东省湛江农垦集团公司党组批复，同意《广东省丰收糖业发展有限公司收获农业分公司撤并及人员分流工作方案》并同意撤并收获农业分公司。

4月22日　制定《2019年广东省丰收糖业发展有限公司党建工作意见》。

4月30日　丰收公司、东方红农场、火炬农场、金星农场、晨光农场等五个农垦单位联合（共80名青年）到遂溪孔子文化城开展"传承百年五四精神，尽展青春时代风采"五四青年户外体验式活动。

5月16日　广垦糖业在丰收公司召开2018年度基地工作总结暨2019年甘蔗田管现场会议。

5月17日　召开丰收公司社区第三届居委会选举大会。

5月24日　广垦糖业在丰收公司举办党务培训班。

5月31日　根据收获农业分公司撤销情况及《中国共产党章程》规定，公司党委会决定撤销中共广东省丰收糖业发展有限公司收获农业分公司总支部委员会和收获机关党支部。

5月31日　广垦糖业集团公司党委书记、董事长郑平到丰收公司调研指导党建工作。

5月31日　成立丰收公司财务结算中心，收获、南光分公司财务办及财务电算中心并入公司财务结算中心。

6月13日　召开丰收公司"不忘初心、牢记使命"主题教育教育工作动员会。

6月19日　农业农村部安全专家检查组到丰收公司检查东风水库大坝、排洪闸及操作室安全运行情况。

6月25日　公司党委书记杨荣带领党务工作者及党支部书记共50人到湛江市乡村振兴样板村遂溪县官湖村开展"不忘初心、牢记使命"主题教育党日活动。

6月25日　成立丰收公司党委"不忘初心、牢记使命"主题教育领导小组。

6月28日　丰收公司组织"6·30"扶贫济困日捐款，共捐款50000元。其中单位捐款34187元，职工捐款15813元（公司机关职工捐款8829元，南光农业分公司职工捐款4050元，收获片职工捐款2588元，物业公司职工捐款346元）。

7月24日　广东省统战部侨务综合处调研员郑晓红等到丰收公司检查2018年度扶助专项资金发放情况。

7月31日　举办丰收公司"不忘初心跟党走、牢记使命勇担当"主题演讲比赛，来自各党支部10名党员选手参加比赛，陈宝获得第一名。

8月2日　成立广东农垦丰收农场小城镇综合基础设施建设项目领导协调小组。

9月5日　制定《广东省丰收糖业发展有限公司公务车辆使用管理办法》。

9月18日　广垦糖业集团公司在丰收公司举办"不忘初心、牢记使命"主题演讲比赛。来自丰收公司、华海公司、华丰糖厂、调丰糖厂、复肥厂等五个单位10名党员选手参加比赛，丰收公司刘明获得第一名。

9月25日　丰收公司主办、调丰糖厂协办举行"我和我的祖国"庆祝中华人民共和国成立70周年文艺晚会。

9月25—28日　丰收公司将国务院颁发的"庆祝中华人民共和国成立七

十周年纪念章"发给新中国成立前参加革命工作的老同志韩代光等11人。

2020年　1月15日　丰收公司组织2020年春节送温暖慰问活动,共慰问困难职工、孤寡老人、老党员、老职工、老归侨和劳模等128人,共送出慰问金和慰问品价值4万元。

1月18日　召开丰收公司第五届第三次职工代表大会,出席大会正式代表111人,大会审议和通过《丰收公司2020年经营管理方案》。

1月29日　成立丰收公司新型冠状病毒疫情防控工作领导小组。

3月8日　280名女职工支持武汉新冠疫情防控工作捐款共7728元。

3月10日　22个党支部共301名党员支持新冠肺炎防控工作捐款共12424元。

3月24日　丰收公司与调风镇联合召开社区管理工作交流会。

3月24日　制定《丰收公司2020年度党的建设工作要点》。

4月21日　召开中国共产党广东省丰收糖业发展有限公司第五次代表大会,出席大会正式代表共91名,缺席7名。大会审议通过党委工作报告和纪委工作报告,选举产生新一届党委会和纪委成员。

5月14日　召开丰收公司新型冠状病毒疫情防控和复工复产先进个人表彰大会,表彰了20名先进个人。

7月6日　国家糖料产业技术体系应用示范暨甘蔗螟虫性诱剂飞防示范现场会在丰收公司十六队甘蔗种植田召开。国家糖料产业技术体系首席科学家白晨、广东省生物工程研究所(广州甘蔗糖业研究所)副所长安玉兴到会并指导工作。

7月10日　丰收公司将"6·30"扶贫济困日捐款40000元(其中单位捐款29715元,职工捐款10285元)汇给雷州市慈善会。

7月21日　广东省雷州市妇女联合会举办的在雷州市常态化寻找"最美家庭"评选活动中,丰收公司社区林文敏家庭、南光农业分公司2队李妃尼家庭分别荣获雷州市2020年第一批"最美家庭"称号证书。

8月11日　成立《广东丰收糖业发展有限公司(农场)志》编纂工作领导小组,印发《广东丰收糖业发展有限公司(农场)志编纂工作方案》。

9月1日　省农垦集团公司党委书记、董事长支光南,广垦糖业集团公司党委书记、董事长郑平等到丰收公司、华海公司调研甘蔗基地及省农工商职业技术学院共建甘蔗基地，并在丰收公司召开有丰收、华海、广垦农机公司等主要领导参加的座谈会。

9月3日　农业农村部计划财务司副司长郭红宇带领检查组一行7人到丰收公司对丰收农场产业强镇项目、2018－2019年农业综合开发高标准农田建设项目、小城镇综合基础设施建设项目绩效评价检查。

9月3日　召开有70人参加的丰收公司工会委员会第五届第三次会员代表大会暨职工代表小组长联席会议。

9月14日　丰收公司农场志编纂工作办公室成员韦福林和李振华参加中国农垦农场志丛编纂委员会在黑龙江省哈尔滨市举办的培训班。

9月15日　召开丰收公司2020年侨务工作会议，会议总结了今年侨务工作和审议通过2020年困难归侨临时补贴。

9月19日　丰收公司小城镇建设整体工程（站堰河整治、湿地公园、南光生活住宅区道路等建设）完工验收。此工程从2019年1月起至验收之日前在收获地段建立二个人工湖（其中一个大人工湖长300米宽40米，另一小人工湖长90米宽50米）从站堰河桥至收获旧科研所站堰河两岸整治等，建站堰河河边石栏杆和2米宽人行道各3120米、4米宽混凝土道路1340米、污水处理站252座、太阳能路灯320盏、种植桃花心木600株。总投资1286万元（其中中央小城镇建设资金1029万元，自筹资金257万元）。

9月27日　人民日报（海外版）文艺部副主任张雅丹、编辑张鹏禹到丰收公司对归侨的工作、生活情况进行采访。

10月24日　丰收公司工会主席彭达皓将"中国人民志愿军抗美援朝出国作战七十周年纪念章"发给抗美援朝出国作战志愿军老战士冯道英（原收获农场北河队老职工）。

10月　中共广东省委宣传部、广东省精神文明建设委员会办公室、广东省妇女联合会举办的在寻找广东"最美家庭"评选活动中，丰收公司南光农业分公司后勤王全芳家庭荣获2020年广东百户"最美家庭"荣誉证书。

11月9日　丰收公司侨办和社区综合办将广东省侨心慈善基金会捐赠的爱心过冬棉衣挨家挨户发给52名困难归侨和28名非侨困难职工。

11月13日　广东省民政厅社会工作智库专家、广东省社会工作与志愿服务专家委员会、华南农业大学教授李锦顺到丰收公司社区调研。

11月21日　农业农村部中国农垦经济发展中心副主任陈忠毅一行四人到丰收公司调研《广东丰收糖业发展有限公司（农场）志》编纂工作。

12月8日　广垦糖业2020/2021年榨季工作会议在丰收公司召开。

12月17日　丰收公司《甘蔗功能性地膜轻简高效覆盖栽培技术应用与推广》项目荣获"广东省农业技术推广奖三等奖"。

12月24日　丰收公司社区召开第七届社区换届选举工作业务培训会议。

12月28日　岭南师范学院150名食品加工专业学生到丰收公司参观学习。

中国农垦农场志

第一编

自然、社会、经济状况

中国农垦农场志

第一章 自然状况

第一节 地理位置

广东省丰收糖业发展有限公司（以下简称丰收公司）位于雷州半岛的中南部偏东处，东经 110°07′42″—110°18′30″，北纬 20°11′19″—20°47′34″，东、西、南、北分别与雷州市调风镇官昌村、广东省国营金星农场、广东省华海糖业发展有限公司 20 队、雷州市雷高镇接壤。总部设在雷州市调风镇调丰糖厂，距 207 国道 27 公里，离湛江机场和湛江港 120 公里，距徐闻县海安港 40 公里。

第二节 建制沿革

一、广东省国营收获农场

1952 年 5 月，由中国人民解放军江西驻军、广东珠江军分区、湖南益阳军分区抽调所属部队组编的林业工程第二师在雷州半岛开荒垦殖，创建了 0211 垦殖场、0219 垦殖场、0220 垦殖场、0221 垦殖场、0222 垦殖场，隶属高雷垦殖分局。1955 年 2 月 14 日，5 个垦殖场合并调整为那插、西湖、站堰 3 个垦殖场。1955 年 3 月，西湖、站堰垦殖场并入那插垦殖场，当年 7 月，经农林部批准，那插垦殖场易名为国营收获垦殖场。1956 年 7 月，农垦部将国营收获垦殖场更名为国营收获农场，隶属粤西农垦局。场址位于雷州半岛中南部偏东处，地处东经 110°10′19″—110°18′30″，北纬 20°11′19″—20°41′20″，东与调风镇官昌大队、南与勇士农场 20 队、西与金星农场 8 队、北与调风镇企树仔乡接壤，东西两极点相距 14 公里，南北两极点相距 16 公里。1969 年 2 月，广州军区派现役军官刘金德等 11 人驻场，筹备组建中国人民解放军广州军区生产建设兵团。4 月 1 日，国营收获农场改编为中国人民解放军广州军区生产建设兵团第七师第七团。各生产队改编为连队。滨河队改编为 1 连，北河队改编为 2 连，丰收队改编为 3 连，海滨队改编为 4 连，东海队改编为 5 连，东江队改编为 6 连，九江队改编为 7 连，调风队改编为 8 连，南田队改编为 9 连，东山队改编为 10 连，英央队改编为 11 连，英岭队改编为 12 连，园林队改编为 13 连，南峰队改编为 14 连，新村队改编为15连，西湖队改编为16连，东湖队改编为17连，红忠队改编为18连，农田队改编为19连，华建队改编为20连，武装连改编为21连，南茂队改编为22连，东风队改编为23连。新桥队、新湖队为兵团撤销后新建队。1971年2月，组建3个营部及机耕队。第一营营部设在2连（北河队）连部，建立第一机耕队；第二营营部设在9连（南田队）连部，建立第二机耕队；第三营营部设在15连（新村队）连部，建立第三机耕队。1974年10月，撤销生产建设兵团，恢复国营收获农场建制。

1974年10月下旬，广东省国营收获农场下设四个分场即直属分场、一分场、二分场、三分场，共管理24个生产队。直属分场管理范围为服务队、运输队、基建队、罐头厂、砖厂、粮油加工厂、木工厂、医院、第一中学、第二中学、第一小学、第二小学；第一分场管理范围为滨河队（1966年建队，距场部0.67公里）、北河队（1954年建队，距场部1.9公里）、丰收队（1954年建队，距场部4.3公里）、海滨队（1953年建队，距场部4.2公里）、红忠队（1969年建队，距场部3.3公里）、华建队（1954年建队，距场部5.1公里）、南茂队（1971年建队，距场部8.1公里）、九江队（1955年建队，距场部2.6公里），分场场部设在北河队；第二分场管理范围为南田队（1953年建队，距场部5.7公里）、英央队（1953年建队，距场部13公里）、东海队（1954年建队，距场部7.4公里）、调风队（1954年建队，距场部4.2公里）、英岭队（1957年建队，距场部12.3公里）、东山队（1961年建队，距场部7.9公里）、东江队（1967年建队，距场部4.8公里）、新桥队（1978年建队，距场部7.9公里），分场场部设在南田队；第三分场管理范围为东湖队（1959年建队，距场部4公里）、西湖队（1953年建队，距场部6.9公里）、新湖队（1975年建队，距场部8.2公里）、新村队（1961年建队，距场部5.7公里）、园林队（1954年建队，距场部11公里）、南峰队（1966年建队，距场部10.1公里）、农田队（1956年建队，距场部6.6公里）、东风队（1971年建队，距场部8.4公里），分场场部设在新村队。

1995年11月，组建丰收公司后，收获农场改称为收获农业分公司。2019年6月，撤销收获农业分公司，原分公司职能由丰收公司管理。

二、广东省国营南光农场

1952年5月，由中国人民解放军江西驻军、广东珠江军分区、湖南益阳军分区抽调所属部队组编的林业工程第二师在雷州半岛开荒垦殖，创建了0201（塘北）垦殖场、0202（后塘）垦殖场、0204（东坞）垦殖场，隶属高雷垦殖分局。1954年6月，塘北、后塘、东坞3个垦殖场合并为后塘垦殖场（场部设在现在西安村处）。1955年7月1日，经华南垦殖局批准，粤西垦殖分局将"海康垦殖所后塘垦殖场"改为"国营南光垦殖场"。

1957 年 5 月 14 日，中共湛江地委办公室印发《关于各县委垦殖部改名为"国营农场"的通知》，"国营南光垦殖场"更名为"国营南光农场"。1958 年 10 月，根据省体制改编要求，南光农场加入人民公社并属海康县东风人民公社南光大队。1959 年，南光农场退出人民公社，恢复国营南光农场，隶属粤西农垦局。场址位于雷州半岛中南部偏东处，地处东经 110°14′23″—111°07′42″，北纬 20°37′31″—20°47′34″，东至仕礼岭，东南与收获农场接壤，西南连金星农场，北接雷高糖厂，纵约 20 公里，横约 10 公里。1969 年 4 月，国营南光农场改编为中国人民解放军广州军区生产建设兵团第七师第四团。1974 年 10 月，撤销生产建设兵团，恢复国营南光农场建制。20 世纪 80 年代，农场将 19 个生产队分为 3 个片区（南片区、中片区、北片区）。南片区有 5 队（1953 年建队，距场部 2.9 公里）、6 队（1953 年建队，距场部 3.6 公里）、7 队（1953 年建队，距场部 4.7 公里）、10 队（1953 年建队，距场部 6.7 公里）、11 队（1953 年建队，距场部 7.6 公里）、18 队（1974 年建队，距场部 5.6 公里）。中片区有 2 队（1953 年建队，距场部 6.3 公里）、4 队（1953 年建队，距场部 3.2 公里）、8 队（1953 年建队，距场部 1.2 公里）、12 队（1953 年建队，距场部 2.9 公里）、13 队（1963 年建队，距场部 0.5 公里）、14 队（1966 年建队，距场部 4.4 公里）。北片区有 1 队（1953 年建队，距场部 8.1 公里）、3 队（1953 年建队，距场部 2.7 公里）、9 队（1953 年建队，距场部 7.1 公里）、15 队（1966 年建队，距场部 4.9 公里）、16 队（1974 年建队，距场部 9.1 公里）、17 队（1974 年建队，距场部 7.1 公里）、19 队（1978 年建队，距场部 9.3 公里）。1996 年 10 月 8 日，南光农场并入丰收公司后，改称南光农业分公司。

三、广东省国营调丰糖厂

最早建于 1959 年 3 月，旧址在广东国营收获农场南田队对面，原为湛江农垦技工学校，兵团时期为七师师部干部培训总部、收获中学、收获第二中学、收获第二小学旧址。1960 年 10 月划归国营收获农场管理，1962 年关闭。经农牧渔业部、广东省计划委员会、省农垦总局批复，湛江农垦局于 1984 年 8 月起重建国营调丰糖厂，厂址经纬度为东经 110°27′06″，北纬 20°06′21″，位于海康县调丰公社后降大队附近，距东风水库 8.9 公里，距海康县城 46 公里，距收获农场场部 1 公里。厂区占地 99 亩，建筑面积 20925 平方米（不含酒精车间），其中：生产系统 13856 平方米、生活区建筑 7069 平方米。厂区建立动力、压榨、制炼、机修、酒精、碎粒板等车间。1995 年 11 月，组建丰收公司后，改称为调丰制糖工业分公司。2017 年 9 月 18 日，国营调丰糖厂从丰收公司分立，注册成立广东广垦调丰糖业有限公司，划归广东广垦糖业集团有限公司管理。

四、广东省丰收糖业发展有限公司

丰收公司成立于 1995 年 11 月，最初由广东省国营调丰糖厂和广东省国营收获农场按照"龙头企业＋基地"经营模式合并组建而成，各取调丰糖厂中的"丰"字和收获农场中的"收"字，取名为"丰收公司"。1996 年 10 月，广东省国营南光农场并入丰收公司。1995—2018 年，公司隶属于湛江农垦局（湛江农垦集团公司），主要下属企业有：调丰制糖工业分公司、收获农业分公司、南光农业分公司。主要控股企业有：广东收获罐头食品有限公司、丰收公司复肥厂、广东徐闻三和发展有限公司、湛江市金丰糖业发展有限公司、湛江市半岛糖业有限公司、徐闻县恒丰糖业有限公司。2018 年 7 月后，公司因改制划归广东广垦集团有限公司管理，改制后下辖收获农业分公司、南光农业分公司，按集团公司一级单位管理。

第三节　土地资源

一、面积

1997 年，丰收公司土地总面积为 21.3 万亩（组建丰收公司前的国营收获农场土地总面积为 11 万亩；国营南光农场并入丰收公司前，土地面积 10.3 万亩）。2018 年 6 月前，丰收公司土地总面积 214377.97 亩，其中：收获农业分公司土地面积 118051.15 亩、南光农业分公司土地面积 96326.84 亩。2018 年 6 月，将南茂队、华建队、东风队三个生产队土地总面积 14117.76 亩移交给现代农业公司使用后，丰收公司实际土地总面积 200260.23 亩。收获农业分公司和南光农业分公司各生产队土地面积情况见表 1-1-1 和表 1-1-2。

表 1-1-1　收获农业分公司各生产队土地面积情况

生产队	土地面积（亩）	生产队	土地面积（亩）	生产队	土地面积（亩）
滨河队	5067.44	东江队	3441.48	东湖队	6379.87
北河队	4983.53	东海队	3879.49	西湖队	4974.56
丰收队	4267.07	南田队	4456.07	新湖队	4259.97
海滨队	5565.76	调风队	5344.58	新村队	6965.94
红忠队	3971.75	东山队	5531.04	园林队	6936.10
华建队	4933.28	新桥队	3201.81	南峰队	3871.44
九江队	4946.22	英央队	4895.83	农田队	7273.41
南茂队	2977.85	英岭队	3720.03	东风队	6206.63

表 1-1-2 南光农业分公司各生产队土地面积情况

南片区		中片区		北片区	
生产队	土地面积（亩）	生产队	土地面积（亩）	生产队	土地面积（亩）
5 队	5494.19	2 队	6568.73	1 队	3828.75
6 队	6642.15	4 队	6390.66	3 队	5735.36
7 队	3764.41	8 队	4407.86	9 队	8517.48
10 队	5472.49	12 队	5395.41	15 队	4025.09
11 队	6522.03	13 队	4209.62	17 队	5852.58
16 队	4858.20	14 队	4120.07	19 队	2375.35
18 队	2146.41	—	—	—	—

二、地貌

丰收公司地形属缓坡平台地，属玄武岩发育而成的台地，地形波状起伏，无明显峰谷，坡面长而平缓，间有水田、小溪或冲刷沟切割，地势南高北低，最高处海拔 198 米，最低处海拔 40 米，海拔多在 50 米上下，坡度平均 5 度左右。

三、土壤

丰收公司 80％土壤系玄武岩砖红壤，局部为同种赤泥壤。玄武岩砖红壤土层深厚，土质黏重，透水性差，保水力弱，土壤 pH 最低为 3.9，最高为 5.6，平均为 4.65，含有机质 2.5％～3.6％、全氮 0.12％～0.14％、碱解氮 116～130 毫克/千克、有效磷 27～36 毫克/千克、速效钾 116～130 毫克/千克。赤泥壤一般土层较浅，质地较粗，沙砾含量较高，土壤养分含量相对砖红壤较低，偏酸偏瘦。

长期以来，由于连年种植甘蔗，不实行或很少进行轮作，且普遍存在多施化肥、少施或不施有机肥现象，逐渐造成土壤养分被大量消耗或聚集而失衡，土壤中钾离子、钙离子、镁离子的大量淋溶源流失而酸化，土壤地力下降。

四、土地利用

1996—2020 年，丰收公司土地利用的主要变化：一是土地总面积由于风电、道路建设等征地减少 2534.03 亩，2018 年 6 月划拨给现代农业公司使用的 14117.76 亩土地的权属仍属丰收公司；二是由于进行农业结构调整，橡胶地、苗圃地、林地、茶园地、果园地大幅减少，而耕地、其他热带作物地、生产性水面相应增加；三是由于土地性质调整、土地整合等原因，居民点和道路、其他已利用地、其他土地大幅减少；四是与农村交界的土地纠纷多、未与承包户签订承包合同或合同到期失管等原因，导致被占土地大幅增长。

表 1-1-3　1996 年和 2020 年丰收公司土地利用情况对比表

单位：亩

项　　目	1996 年	2020 年	2020 年比 1996 年
土地总面积	216912.0	214377.97	−2534.03
一、已开垦利用地	200067.0	173947.82	−26119.18
其中：橡胶地	17695.5	7880.20	−9815.30
其他热带作物地	—	25707.91	＋25707.91
苗圃地	5250.0	—	−5250.00
林地	32178.0	11618.77	−20559.23
耕地	62520.0	112424.62	＋49904.62
茶园	49.5	—	−49.50
果园	10030.5	—	−10030.50
生产性水面	495.0	2468.41	＋1973.41
居民点和道路	30789.0	13847.91	−16941.09
其他已利用地	11721.0	—	−11721.0
二、已开垦未利用地			
三、可垦荒地	—	—	—
四、其他土地	16845.0	3441.11	−13403.89
五、外单位占用地	14640.0	36989.04	＋22349.04

第四节　水资源

一、河流

丰收公司拥有站堰、那插两条小河，分别发源于徐闻、雷州两县市交界的石卯岭、石板岭。站堰河经徐闻县的青桐洋人工引水渠从收获南峰队流入，蜿蜒北上后东拐从收获砖厂入海，流经公司河段全长 15.5 公里，平均流量为 1.9 立方米/秒。那插河从收获南茂队流入，流经收获南田队、东江队向东注入海湾，流经公司河段全长 14.5 公里，平均流量为 0.54 立方米/秒。

丰收公司拥有三条小溪，分布于南光农业分公司东部、中部及西部，其中东部和西部小溪已干涸多年。中部小溪从金星农场 8 队小溪流入，流经南光农场场部东边，最后流入迈生水库，流经南光农业分公司河段全长 13.5 公里。

丰收公司拥有地上喷泉一眼，即位于收获英央队的英央泉。1953 年，英央队建立后，队集体食堂用水和职工生活用水都是取自队东边距队约 300 米远的泉水沟。在建队前，附近农村村民称这一泉水为沟头泉。沟头泉水源地属于调风人民公社后降大队西公寮、木森寮和大岭脚三个自然村 3000 多亩水田灌溉共用水源。建立英央队后，不少工人认为沟头泉不好听，故改为英央泉。英央泉不论是干旱雨涝，还是酷暑严寒，始终保持一样的流量（2006 年，广东省地质局有关人员测定水的流量为 1 立方米/秒）、一样的温度（长年保持水温为 20 摄氏度，同是广东省地质局有关人员于 2006 年测定），夏天水凉，冬天水暖。英央泉有三处泉眼，分出三条泉水沟，其中一条泉水沟是生活用水专用的，一条泉水沟是女士洗澡和洗衣专用的，一条泉水沟是男士洗澡和洗衣专用的。英央泉三条泉水沟的水流至下游水田后汇集流到那插河（南田队南边），最后流入大海。英央队职工饮用英央泉泉水，因此曾经同附近农村村民发生过多次纠纷。早在 1968 年间，英央队将取水泵放在英央泉泉眼，用抽水机将水抽入队水塔。附近农村村民知道后前来拆水泵并砍断引水管。为此，差点引发刚来队里的上山下乡广州知青等同农村青年打群架。同年，经队与农村协商，同意英央队在英央泉旁边砌起一个储水池用于取水。从此，英央队集体食堂用水和全队职工生活用水都取自英央泉。英央泉是雷州半岛目前流量最大的泉眼，该泉水的水被当地称为"神仙水"。每天都有不少人来英央泉游玩、泡泉水或取泉水回家饮用。英央队职工长期饮用英央泉泉水，从建队至今，未有人员患癌症。人们吃过英央泉泉水浇灌的天然西洋菜后都对其赞不绝口。曾有北京来的水质专家对英央泉泉水取样分析，认为该泉水的水质较好，适合开发天然浴场和制成饮用矿泉水。英央泉泉眼上无高山，近无河流，而泉水源源不息。传说英央泉泉眼是由上游木森寮村的 100 多亩树龄有一二百年的古树林（樟树、榕树、朴树、蟾蜍树）保水形成的。

二、浅水层

丰收公司拥有小型水库两座，分别为东风水库和农田水库。东风水库始建于 1971 年 5 月，坝高 24.5 米，坝长 750 米，水库总库容 1512 万立方米，正常水位库容 1026 万立方米，具有防洪、灌溉、发电功能。农田水库修建于 2004 年，坝高 7 米，坝长 105 米，坝址以上河流长 1.35 公里，平均坡降 0.0052，控制集雨面积 0.97 平方公里，水库库容 20 万立方米，具有灌溉、防洪功能，担负农田队、东风队 6000 多亩耕地的灌溉用水任务。

丰收公司拥有鱼塘 8 个，其中收获农业分公司 5 个、南光农业分公司 3 个，水面面积合计 125 亩左右。

三、地下水

丰收公司拥有生活饮用水井 51 口，其中有 5 口井均深 200 米，出水量 30 立方米/小时，配套 15 米高水塔，储水量 30 立方米。每年居民用水量 570000 立方米以上。公司另拥有农业灌溉水井 78 口，每口井深 100 米，出水量 28.8 立方米/小时，配套 15 米高水塔，储水量 30 立方米，每年农业灌溉用水 327000 立方米以上。生活饮用水井一般每五年检测一次，标准参照《生活饮用水卫生标准》（GB 5749－2006），符合标准的有 1 口，不符合标准的有 50 口。不符合标准的原因大致是：肉眼可见物、菌落总数、总大肠菌群、耐热大肠菌群超标，少数水井 pH 及矿物质含量超标。

第五节　气候与气象灾害

一、气候

（一）气温

丰收公司所处区域地处北回归线以南的低纬度地区，属北热带季风气候，终年受海洋气候调节，冬少严寒，夏少酷暑，雾多、雷多、潮湿，冬短夏长。昼夜温差只有 7～9℃，高温时期温差仅有 3～5℃，年平均气温 22.8℃。

（二）降雨

丰收公司雨量充沛但不够均匀，年平均降水量 1659.3 毫米，每年 6—10 月总雨量占全年的 80％以上，11 月至次年 3 月雨量只占全年的 11.99％，常有春旱。每年 12 月至次年 1 月有 10～20 天低温阴雨过程，且偶有凝霜大寒潮相间其中。

（三）蒸发

丰收公司年平均蒸发量 1393.2 毫米，小于降水量，年平均相对湿度 86.2％，故室内较潮湿。

（四）风

丰收公司夏秋常吹东南风，冬春多东北风，平均风速 2.1 米/秒；平均每年有 0.8 次 10 级以上台风过境和 7.8 个有霜日。

二、气象灾害

雷州半岛地处气象灾害多发区，主要灾害有台风、干旱、寒害、龙卷风等，其中尤以台风、干旱为害最大。

（一）台风

据统计，丰收公司在 1954—2020 年遭受 10 级以上台风袭击 20 次，其中 12 级以上台风袭击 12 次。台风多发生在 6—10 月间，7 月以后台风逐渐增多，以 8 月、9 月发生的概率较高，11 月偶有台风发生。登陆或有影响的台风常伴有暴雨或大暴雨，破坏力极强，常造成甘蔗、橡胶、林木倒伏和风折，房屋、道路、电网电讯线路及生活设施均会遭到损坏，损失巨大。1962 年第 18 号台风、1971 年第 9 号台风、1980 年第 7 号强台风、1982 年第 17 号台风、1984 年第 10 号台风、1996 年第 18 号台风、2001 年第 3 号台风、2003 年第 12 号台风、2014 年第 9 号超强台风和第 15 号强台风、2015 年第 22 号台风，均给丰收公司造成了巨大损失。尤其是 1980 年第 7 号强台风，造成收获农场和南光农场橡胶、防护林大面积断倒、房屋、高压线路、通信线路、避雷针大多被损坏，经济作物、橡胶大幅减产，造成南光农场直接经济损失 711 万元；2001 年第 3 号台风，造成直接经济损失合计 1400 万元；2003 年第 12 号台风，造成直接经济损失 3000 万元；2014 年第 9 号超强台风和第 15 号强台风，造成经济损失 2.78 亿元；2015 年第 22 号台风，造成经济损失 3997 万元。1954—2017 年丰收公司（收获农场、南光农场）台风和强热带风暴灾害情况统计见表 1-1-4。

表 1-1-4　1954—2017 年丰收公司（收获农场、南光农场）台风和强热带风暴灾害情况表

年份	台风或强热带风暴编号	台风或强热带风暴情况	受灾情况
1954	195413	8 月 29 日晚，台风正面袭击后塘垦殖场（南光农场），中心附近风力 12 级以上	职工茅棚被刮掉，橡胶幼苗被吹倒，苗头摇成洞，胶叶被刮落
1962	196218	8 月 10 日 21 时 30 分至翌日晨 5 时，收获、南光全场遭受阵风 11 级以上台风袭击	收获全场作物受灾面积 9700 亩，其中橡胶树断倒 5000 株，刮倒茅草房 96 幢 1 万平方米，造成直接经济损失达 32 万元。南光全场 4473 亩甘蔗大部分被刮断，甘蔗减产 64%、木薯 3500 亩减产 28%、花生 2500 亩减产 41.7%、旱稻 6550 亩减产 25%、芝麻 625 亩绝收 559 亩
1963		8 月 16 日，中心附近风力 11 级的台风袭击收获农场 9 月 7 日，中心附近风力 12 级的台风袭击收获农场	收获农场先后两次受到台风袭击，全场橡胶苗圃 89211 株被刮断，码头 185 吨煤炭和 8.46 吨磷肥被淹没，造成直接经济损失共 61851 元
1971	9 号	6 月 27 日，中心附近风力 11 级、阵风 12 级以上台风袭击七师七团（收获农场）	橡胶树被刮断，刮倒 14 万株，瓦房损坏 193 幢，作物减产
1973	13 号	9 月强台风在徐闻县登陆，最大风力 12 级以上	各连队事先对橡胶做修枝整形，使受害程度大为减轻，但仍有 2.1 万株橡胶树被刮断
1980	7 号	7 月 22 日，强台风夜间正面袭击收获、南光农场，最大风力 12 级以上	收获农场橡胶断倒 60%；防护林断倒 30%；宿舍瓦面被掀起 3500 平方米，占总数的 41.6%；高压线路倒杆 22 公里；通信线路中断 60 公里；高大避雷针断倒 86 支；损失磷肥 350 吨，煤炭 275 吨，稻谷 55 吨；干胶减产 528 吨。南光农场橡胶受灾一至三级 44.9 万株，占总苗的 58.1%；受灾四、五、六级的和倒伏的 30.32 万株，断倒率达 39.3%；开割树受灾一至三级 21.53 万株，占开割树的 47.9%；受灾四、五、六级的和倒伏的 22.01 万株，断倒率达 48.9%；刮倒房屋 170 平方米，揭开瓦面 5083 平方米；防风林 15% 的主杆被刮断；压死耕牛 22 头，受伤 3 头；农经作物不同程度减产失收。造成直接经济损失 711 万元
1982	17 号	9 月 15 日，强台风袭击收获、南光农场，风力 12 级以上，降水量为 151.2 毫米	南光农场橡胶 72 万株受灾，干胶减产 250 吨；甘蔗 100% 倒伏，断株率达 30%，减产 40%；香茅减产 50%；防护林断杆 15%；房屋被揭瓦 5200 平方米；经济损失合计 460 万元。收获农场由于调整了作物布局，风前准备得好，作物受损不重

（续）

年份	台风或强热带风暴编号	台风或强热带风暴情况	受灾情况
1984	10号	10月强台风袭击南光农场，风力12级以上	南光农场橡胶受灾62.5万株，受灾率100%；防护林断倒率8%；甘蔗2666亩全部倒伏，刮断17%；房屋揭瓦3700平方米。造成损失总计211.35万元
1996	18号	9月20日7时，强热带风暴正面袭击丰收公司，阵风11～12级持续到17时	丰收公司经济损失达1576万元（含南光农场438万元），其中：收获甘蔗折断率5%～7%，减产2万吨；南光甘蔗折断率3%～4%，减产1万吨；南光橡胶中小苗折断6000株，损失干胶60吨，林木损失6000立方米（价值800万元）；收获菠萝损失1000吨，自然经济损失100万元，房屋等损失100万元
2001	3号，榴莲	7月2日6时左右，台风在湛江市附近登陆，最大风力12级	丰收公司甘蔗受灾面积共6.5万亩，损失产量预计4.5万吨，直接经济损失900万元；林木受灾面积1.4万亩，损失500万元。两项受灾直接经济损失合计为1400万元
2003	12号，科罗旺	8月24—25日出现7～10级大风，阵风12级，并伴有暴雨	丰收公司甘蔗倒伏率达100%，折断率达30%；林木大面积倒伏、折断；橡胶折断率达9%以上，全部主枝折断或2米以上主杆折断、倒伏的共94990株，主干折断率达40%；直接经济损失3000万元
2005	18号，达维	9月26日在海南万宁登陆，中心风力12级，阵风达11级并伴有暴雨	丰收公司橡胶开割树主干断折1942株，枝干断折4949株，占开割树的4%；橡胶中小苗断主干155株；甘蔗基本上倒伏
2011	1117，纳沙	强台风"纳沙"于9月29日登陆海南文昌，最大风力14级，阵风11级，总降水量141.9毫米	丰收公司甘蔗倒伏、橡胶和林木被刮断严重
2013	11号，尤特	8月14日在海南登陆	丰收公司橡胶树断倒较多
2014	9号，威马逊	超强台风"威马逊"于7月18日15时在海南文昌登陆，最大风力17级，阵风15级，19时再次在徐闻县龙塘镇登陆，然后经下桥镇到西连镇、流沙镇和乌石镇之间，中心附近风力52米/秒，总降水量286.5毫米，横扫雷州半岛长达4小时，为广东有记录以来最强台风	丰收公司7万多亩甘蔗全部倒伏，断杆严重，13万株开割橡胶树和12万株橡胶中小苗严重受损，损断率90%以上，职工自营经济香蕉全部摧毁，24496平方米房屋损坏等，造成直接经济损失2.78亿元
	15号，海鸥	9月16日在海南省文昌市翁田镇沿海登陆，最大风力13级，12时45分再次在徐闻县南山镇五里村登陆，平均风力13级（40米/秒），最大阵风15级（51.7米/秒），出现暴雨到大暴雨强降水灾害，风雨持续约10个小时	
2015	22号，彩虹	强台风"彩虹"于10月4日登陆湛江坡头，最大风力15级，阵风8～10级，降水量84.8毫米，受其影响，丰收公司受到8～10级风害，降水量61.5毫米	丰收公司6.6万亩甘蔗受灾，其中3.3万亩甘蔗折断，菠萝、香蕉受灾面积达2500亩，造成经济损失达3997万元
2016	21号，莎莉嘉	强台风"莎莉嘉"于10月17日登陆海南，最大风力14级，阵风10级，总降水量153.6毫米，受其影响，丰收公司受到8～10级风害，降水量58毫米	丰收公司6.5万亩甘蔗受灾

（续）

年份	台风或强热带风暴编号	台风或强热带风暴情况	受灾情况
2017	1720，卡努	台风"卡努"于10月16日3时25分在徐闻新寮镇沿海登陆，路径经过丰收公司，登陆时中心附近风力达10级（强热带风暴级，28米/秒），阵风风力达到11级，经历暴雨到大暴雨过程	丰收公司甘蔗、橡胶等均遭受损失

（二）寒害

1952—2020年，丰收公司（收获农场、南光农场）共发生了7次严重的寒害，多发生在12月份至次年1月份间（表1-1-5），对橡胶影响较大，一般会造成橡胶树苗冻死冻伤，造成橡胶白粉病、炭疽病蔓延，落叶严重，推迟橡胶开割时间。2000年以后，气候变暖，极少发生寒害。

表1-1-5 1955—2008年丰收公司（收获农场、南光农场）低温寒害情况表

年份	低温寒害情况	受灾情况
1955	1月12日，收获农场气温降至－0.8℃	36万株橡胶幼苗受冻，主干干枯至地面
1963	1月15日，收获农场气温骤降至1.5℃并持续3天	橡胶幼苗冻死，损失金额9.3万元
1966	1966年12月26日—1967年1月13日持续19天低温阴雨天气，气温极值0.3℃，地表温度极值－1.2℃	造成收获农场冻死橡胶苗37万株，橡胶幼树4.4万株，香茅1072亩，玉米145亩，胡椒25亩，红薯234亩
1975	12月29日，气温极值－0.2℃，地表温度极值－1℃	收获农场冻死橡胶幼树4万株，橡胶幼苗9万株，胡椒514亩，老牛6头。橡胶开割比上年推迟一个月（1974年5月15日开割）
1989	阴雨低温	南光农场因春季阴雨低温导致橡胶白粉病、炭疽病蔓延，落叶严重，推迟开割期
1993	12月25日，地面出现最低地温1.0℃，气温最低2.0℃	南光农场有96个树位共2.8万株开割树不能正常开割，干胶比去年减产200吨，损失160万元，林木收入比上年减少200万元，甘蔗降价减收190万元，三项少收540万元
2008	1月24日—2月17日连续25天气温低于15℃，平均气温为8.0℃，其中1月份最低气温为4.0℃，2月份最低气温为4.8℃	橡胶冻伤，不能正常开割

（三）干旱

雷州半岛冬春干旱少雨，1952—2020年发生了4次严重的干旱，一般从冬春持续到7月份，主要成因是连月无雨、持续高温、多次刮西南旱风（焚风），直到台风形成带来雨水，旱情才解除。旱情发生时，丰收公司一般给予部分补贴支持抗旱工作，但抗旱仅在有水井和山塘的地方进行。

表 1-1-6 1960—2020 年丰收公司干旱情况表

年份	干旱情况	受灾情况
1960	雷州半岛发生严重干旱	作物大面积减产，遭受严重经济损失
1999	雷州半岛发生继 1960 年以来第二次严重干旱	1.8 万亩甘蔗和 2000 万株菠萝严重受旱，其中 500 亩甘蔗枯萎、7000 亩甘蔗受旱特别严重，造成经济损失 200 万元
2010	遭遇几十年来特大干旱	经济作物减产 9.15% 以上
2020	上半年持续干旱	11.6 万亩农作物受旱特别严重，甘蔗减产 30% 以上

（四）龙卷风和暴雨

据记录，丰收公司曾发生过两次十级以上的龙卷风和一次百年一遇的特大暴雨，都造成了较大损失。龙卷风偶有发生，影响范围较小，往往会使厂房、房屋受损，造成橡胶、林木、甘蔗小范围风折。6—9 月常有暴雨，但发生特大险情的仅有一次。

表 1-1-7 1992—2013 年丰收公司龙卷风和暴雨情况表

年份	龙卷风、暴雨情况	受灾情况
1992	凌晨 4 时 40 分，一场 10 级以上龙卷风袭击调丰糖厂厂区	压榨车间蔗场 3 号桥式吊车吹落地面，0 号吊车前轮胎脱离路轨 70 厘米，三分之一悬空。停榨 2.5 小时。3 号桥式吊车损失 84667 元，修复 0 号吊车付大吊车费用 2636 元
2007	8 月 9 日至 11 日，丰收公司遭遇百年一遇特大暴雨袭击。南光分公司降雨量 583.6 毫米，打破建场以来最高纪录	直接经济损失 1600 万元，无人员伤亡和被洪水围困
2013	5 月 7 日 16 时，南光农业分公司一队、三队、十三队、十六队、十七队、十九队遭遇超强龙卷风和暴雨袭击	1157 株即将开割橡胶树被拦腰吹断，95 亩甘蔗倒伏，多处香蕉被摧毁，个别队职工住房、围墙受到不同程度损坏等，直接经济损失 62.72 万元

第六节　生物灾害

螟虫是甘蔗的主要害虫，甘蔗受螟虫为害后，不但会使苗期枯心，影响正常生长，而且会造成产量和蔗糖分损失。丰收蔗区甘蔗平均螟害株率 88% 左右，螟害节率 20% 以上，导致产量损失 10% 以上，蔗糖分损失 1.35% 以上。

鼠害是影响甘蔗产量的原因之一。一般靠近河边、小渠边、水塘边、旱塘边的田间甘蔗地鼠害较为严重。减少损失措施为每年春夏之交时期，每亩投放敌鼠钠盐 100 克。

第二章　社会状况

第一节　人　　口

一、人口与职工

（一）人口

丰收公司人口来源有解放军转业官兵、土改干部、农民、大中专毕业生、知识青年、归侨难侨、水库移民、外来从业人员等，1989年末有人口13079人，2020年末减至5882人（图1-2-1）。

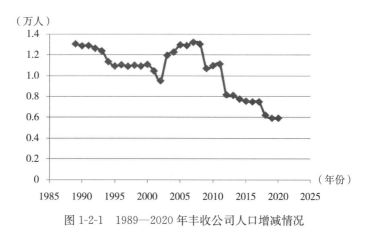

图1-2-1　1989—2020年丰收公司人口增减情况

具体可分为三个时期：第一个时期为1989—2002年，丰收公司人口从13079人逐渐减至9521人，平均每年递减2.41%，平均年出生率为6.48‰，平均年死亡率为3.33‰。1989年、1990年的年人口出生率均10‰以上，年自然增长率达7‰以上，是人口自然增长的高峰期。农场推行职工家庭农场后，吸引了大批外来承包户，有些转为正式职工。但此后人口呈现负增长趋势，主要原因是农场调整经济结构，一些工厂如南光鞋厂关停，第三产业萎缩，再则是改革开放后，部分职工和承包户转移至更发达地区务工，人口流失。第二个时期为2003—2008年，丰收公司人口增加了3545人，达到13066人，平均年递增6.54%，年平均人口出生率为3.13‰，年平均人口死亡率为5.6‰，但仍属丰收公司人口增长的高峰期。其主要原因是该阶段丰收公司经济形势好转，连续收购了多家企业，也吸引了大批外来务工人员。第三个时期为2009——2020年，十一年内丰收公司人口出现三次断崖式负增长，人口从最多时的 13066 人锐减至 2020 年的 5882 人，平均每年递减 6.44％，年平均人口出生率为 3.49‰，年平均人口死亡率为 4.98‰，属于高负增长期。这与产业结构调整、自然灾害、市场、农业科技发展等因素有关。究其主要原因，一是根据集团公司部署安排，丰收公司原多家企业相继划拨出去，推行农场内部社会职能分离改革，学校、医院也分离出去；二是 2009 年糖价低迷，蔗糖产业遭遇经济寒冬，此后每几年遭遇一次经济寒冬；三是 2010 年蔗区遭遇严重干旱，2014 年连续遭遇两场超强台风、强台风袭击，损失惨重，多数职工和承包户弃岗离开；四是生产方式转变，农业科技进步，特别是推行甘蔗全程机械化后，所需劳力大幅减少，公司也严控人员的招收。

（二）职工

1989—2020 年，丰收公司职工人数总的变化趋势是逐年减少，由 1989 年的 7760 人减为 2020 年的 863 人，减少了 6897 人，减幅达 88.88％，但呈现非均衡性减少（图 1-2-2）。

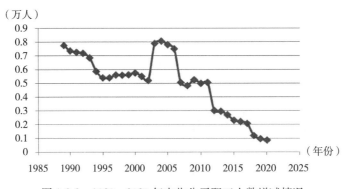

图 1-2-2　1989—2020 年丰收公司职工人数增减情况

1989—1993 年，丰收公司每年的职工人数在 6865～7760 人，处于基本稳定状态。1994 年锐减近 1000 人，但此后至 2002 年，基本在 5210～5862 人，相对稳定。公司发展规模扩大后，根据产业发展需要，招收大量员工，2003 年职工人数从 5210 人激增至 7905 人，仅一年时间增加了 2695 人，2004 年达到 8069 人，为职工人数最高峰。2005 年后职工人数逐年下降，波动较大的为：2007 年职工人数为 5066 人，较上年减少 2447 人；2012 年职工人数为 3029 人，较上年减少 2033 人；2018 年职工人数为 1202 人，较上年减少 892 人。职工人数减少大致主要原因有以下几种：一是退休职工增多，但招收的职工较少；二是企业改革，如股权划拨、糖厂分立、承担社会职能单位分离等；三是企业定岗定编，精减人员；四是因政策调整、自然灾害等因素，职工离职或弃岗；五是农业科技进步带来生产率提高，职工人数大幅减少。

职工大多来自广东，也有来自广西、湖南、贵州、河南、海南、福建、重庆等省份的，以汉族人数居多，壮族次之，也有部分苗族、瑶族、布依族等少数民族职工。有少部分职工信仰基督教，基督教在收获、南光分公司各设有一处基督教福音堂。

（三） 离退休职工

丰收公司的前身创建于 20 世纪 50 年代，80 年代以后离退休职工迅速增加。1989 年末，离退休职工人数为 1556 人，占合并成立公司前三个单位总人口的 11.9％，与职工人数之比为 1∶5。离退休职工人数平均每年增加 50 多人，1994 年末突破 2000 人，占公司人口的 17.77％，与职工人数之比为 1∶2.9。2013 年末，离退休职工人数突破 3000 人，占公司人口的 37.29％，与职工人数之比为 1∶0.98。2016 年末，离退休职工人数 3217 人，占公司人口的 42.88％，与职工人数之比为 1∶0.69，已进入深度老龄化结构。2017 年以后离退休职工人数有所下降，至 2020 年人数为 2839 人，但仍占公司人口的 47.93％，与职工人数之比为 1∶0.3（图 1-2-3）。

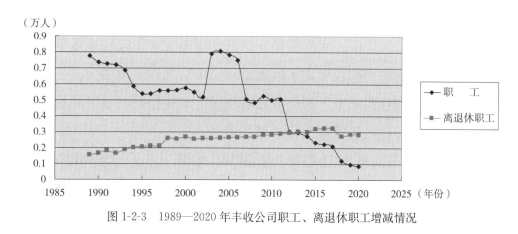

图 1-2-3　1989—2020 年丰收公司职工、离退休职工增减情况

二、收入

（一）职工人均收入

1989—2020 年，丰收公司职工人均年收入从 2100 元增加至 47780 元，增长了 21.8 倍，平均每年递增 10.61％。在此期间，职工人均年收入经历了一个徘徊期和两个快速增长期。1989—1995 年为快速增长期，职工人均年收入从 2100 元增加至 8196 元，增长了 2.9 倍，1995 年丰收公司的职工人均年收入高于同期广东农垦职工人均年收入 6044 元。1996—2000 年为徘徊期，略有下滑，由于公司经济效益滑坡，五年间职工人均收入减少了 1555 元，年均递减 5.22％。2001—2020 年为快速增长期，职工人均年收入从 8600 元增加至 47780 元，增长了 4.6 倍，平均每年递增 9.45％，其间 2003 年因台风袭击损失严重，职工人均收入从 2002 年的 10199 元减至 2003 年的 8887 元，减少了 1312 元，减幅 12.86％，但总体上呈现快速增长态势，特别是 2010 年以后增长速度较快。

（二）人均收入

1989—2020 年，丰收公司人均年收入从 1220 元增加至 33674 元，增长 26.6 倍，年均递增 11.36%。其增长过程和原因与职工收入增长相似，也可分为三个时期：第一个时期从 1989—1995 年，属于增长期，从 1220 元逐渐增至 4213 元，年均递增 23.28%。第二个时期从 1996—2000 年，属于徘徊期，从 4542 元下滑至 4193 元，年均递减 1.98%。第三个时期从 2001—2020 年，属于快速增长期，从 4921 元快速增长至 33674 元，年均递增 10.65%。

第二节　公司（农场）特点

丰收公司是农垦系统中的一家国有企业，初期由林业工程第二师开荒垦殖，并吸收军转业人员、大批农民、归国华侨、水库移民、知识青年及大中专院校毕业生，从事橡胶生产，为国家提供急需战略物资橡胶做出了巨大贡献，中后期逐步发展为"发展蔗糖、巩固橡胶、优化菠萝、提升产业化水平"的产业发展格局。丰收公司与垦区其他农场一样，具有农垦特有的政企合一、社区自管和文化兼容特点。

一是政企合一。广东农垦实行总局—农垦局—农场（工厂、公司）—分场（作业区）—生产队的垂直管理体制，农场主要承担农垦局下达的生产经营任务，并承担乡（镇）、行政村两级的行政管理职责，还承担大量的社会职能，如教育、医疗、交通、电讯、水电等。随着农垦改革的推进，丰收公司已剥离了治安、医院、学校等社会职能，但一些基础设施建设和公共服务仍由丰收公司自身承担。

二是社区自管。丰收公司建立了收获、南光、糖厂、罐头厂等 4 个场（厂）部生活区及 43 个生产队居民点，由于远离乡镇，社区管理的全部职能由公司的各级组织担负，具有统一管理、和谐共处、相对独立的农垦特色，既办企业又办社会。作为企业，丰收公司照章纳税，并承担对贫困村的扶贫任务，1989—2020 年累计纳税 67285.32 万元（1995—2020 年则为 60743.52 万元），执行上级下达的对雷高镇卜枞村、调风镇东平村、调风村等村的扶贫任务。作为行政和社区管理的组织，丰收公司自行管理内部环境卫生、公共基础设施建设、计划生育、"五险一金"办理、信访维稳等社会职能。除了中央财政资金补贴外，承担社会职能大部分费用主要由企业负担。2013 年以前，丰收公司职工基本养老保险主要依靠"自收自支，系统统筹"，虽然省社保调剂金给予适当补贴，但企业的负担仍然较重。2013 年以后，职工基本养老保险移交属地管理。

三是文化兼容。农垦的文化是包容的，创建农场时来自全国各地的建设者且海外华侨把不同地方的文化、风俗和语言带进了农场和工厂，在长期的碰撞、磨合交融与创新中形成了独具特色的农垦企业文化，丰收公司也不例外。丰收公司的职工及家属、承包户、民工虽然来自不同的地方，但他们相互尊重、和谐共处、团结奋进，语言以普通话、粤语为主，与地方打交道时多使用雷州话。丰收公司每年都举办形式多样的文体活动，开展理论和业务学习培训，举办割胶、砍蔗、种蔗、削菠萝等技能比武活动，弘扬"艰苦奋斗，勇于开拓"的农垦精神，凝聚共识，振奋人心，塑造了"开拓进取，求实创新，工农携手，共建丰收"的企业精神。

第三节　知识青年

知识青年，简称知青，是在特定的历史背景下产生的一个特殊群体。知青响应伟大领袖毛主席"知识青年到农村去，接受贫下中农的再教育很有必要"的号召上山下乡。知青思想活跃，工作勤奋，学习刻苦，敢想敢干，思维敏捷，善于吸收知识营养，接受新生事物快，充满了青春活力，在上山下乡过程中与农场职工建立了深厚的情谊。

一、到场初期

丰收公司成立前的国营收获农场有广州、台山、揭西、湛江、海康等地上山下乡的知识青年，国营南光农场有广州、江门、顺德、大埔、兴宁、高鹤、海康等地上山下乡的知识青年。

1968 年 11 月，国营收获农场安置了首批广州上山下乡知青 410 人，分别安排知青到 21 个生产队（当时东风队、新湖队、新桥队还未组建）；国营南光农场安置广州上山下乡知青 353 人，分别安排知青到 15 个生产队（当时 16 队、17 队、18 队、19 队还未组建）。广州知青住在集体宿舍，吃在集体食堂。那年冬天，各队把知青安排到老职工家庭住，主要是解决他们（特别是女知青）洗澡用热水问题，后期建立集体冲凉房，用大锅煮热水或集体食堂提供热水。

1969 年春节，是广州知青来农场工作的头年春节。各生产队除搞好集体食堂改善他们伙食之外，也让知青们分别到老职工家里过了一个快乐、有意义而又难忘的第一个春节，让知青们感到农场职工对来自大城市知青的关心和关爱。

1968—1971 年，国营收获农场（后改为七师七团）安置台山、揭西、湛江、海康知青 124 人，国营南光农场（后改为七师四团）安置广州（七一届）、顺德、江门、新会、高鹤、大埔、兴宁、湛江等县市知青 410 人。

1971 年 11 月，七师七团（原收获农场）安置七一届广州知青 130 人。

二、参加农场建设

知青来场参加农场建设后，根据所在单位又称为"收获知青""南光知青"。不论是"收获知青"，还是"南光知青"，他们都经历了种种难以忘怀的艰苦磨炼，承受了许许多多的艰辛，成为农场劳力主力军。他们来到农场后传播了城市的文明和文化，为促进农垦文化的提升起着重要作用。

七师四团（原南光农场）、七师七团（原收获农场）从 1972 年起，从各连（生产队）抽调知青（广州知青为多数）分别安排到场部机关、中小学、运输队、卫生队、机务队、基建小分队、电影队、砖厂、胶厂、值班连（武装连）等场直属单位工作。

在各级领导和老职工指导和帮助下，"收获知青""南光知青"在各行各业虚心请教，大显身手。犁田插秧、种菜养猪、赶车放牛、割胶施肥、挖渠打井、烧砖建房、上课教书、执勤放哨，各条战线上都有他们的身影。他们当中有的做农工、胶工、钳工、卫生员、保育员、炊事员、饲养员、收胶员、驾驶员、技术员、放映员、中小学教师，有的光荣加入中国共青团、中国共产党。1969 年 5 月 12 日，南光农场革命委员会政工组通报表扬有较大进步的"上山下乡"知识青年谭志雄等 54 人。1969 年 11 月，广州军区生产建设兵团第七师临时党委授予七团 5 连（东海队）广州知青袁杰钊等 3 人"活学活用毛泽东思想积极分子"称号。1975 年 11 月 13 日，时任七团（收获农场）团工委的 8 连（调风队）广州知青李汉星到海南岛屯昌县参加全省共青团工作经验交流会。1977 年 8 月 12 日至 18 日，七师四团（原南光农场）七一届广州上山下乡知青梁自荣光荣出席了中国共产党第十一次全国代表大会。

兵团时期（1969 年 4 月至 1974 年 10 月），七师四团（原南光农场）、七师七团（原收获农场）均成立了"毛泽东思想文化宣传队"和男女篮球队，都是以知青为主体和主力。知青们参加各年度上级举办的文艺汇演和篮球赛，多次获得表彰和奖励。

从 1970 年起至 1980 年中期，农场抽调载重汽车组成临时客运组，运送来场工作的广州、佛山、江门等知青回城过春节（探亲）。

三、知识青年回城

1975 年，根据广东省革命委员会规定，全民所有制单位可以从知识青年中招工。此外，符合被推荐上大中专学校、参军、提拔为干部、当教师、患病、伤残、父母身体不好需子女照顾、父母退休需要子女顶职等情况的上山下乡知识青年可以获得批准回城。

1977 年至 1980 年中期，"南光知青""收获知青"符合回城条件的都陆续通过申请，得到回城机会。除了个别已在农场结婚不符合回城条件的（有 6 位广州上山下乡女知青在收获农场结婚），其余的都在不同时期回城。

经过在农场艰苦磨炼，有一定社会实践经验的回城知青，在踏上新的征程和在改革开放中，不少人成为公司经理、党委书记、高等院校教授、科级干部、处级干部、厅级干部等。

"收获知青""南光知青"虽然已回城，但他们与收获、南光结下的情结是剪不断抹不掉的，他们眷恋着收获农场、南光农场那片曾经流下汗水和足迹的红土地，思念着在农场工作、生活。知青们在不同时期组团或自发回场（第二故乡）"探亲"、观光。

1985 年 8 月 27 日至 31 日，收获农场回城广州知青 45 人，应邀回场（第二故乡）"探亲"、观光。他们得到全场职工热烈欢迎和热情接待。返回广州那天，车装满了老职工送的 4 吨物品，真是回场"探亲"，满载而归，体现了知青与农场老职工情谊如此深厚。

1987 年 8 月，南光农场组织接待了原南光上山下乡广州知青 100 人回场"探亲"。

1988 年 8 月 11 日至 15 日，收获农场接待了原收获上山下乡广州知青 74 人回场观光。

2006 年 5 月 6 日，在广州市中共广东省党校举行广州上山下乡知青和收获农场联谊会，共 400 人参加。

2008 年 11 月 9 日，丰收公司在广州市江燕路东江万豪国际大酒店举行纪念南光农场知识青年上山下乡 40 周年茶话会（含南光农场），到会 400 人。同年 11 月 15 日，丰收公司在广州市粤垦路青蓬酒家举行纪念收获农场知识青年上山下乡 40 周年茶话会（含收获农场），到会 700 人。

南光农场并入丰收公司之前，先后组织接待了原南光上山下乡江门新会知青、湛江知青、梅县大埔知青等回场观光。

2011 年 1 月 15 日，丰收公司组织接待收获农场上山下乡广州知青 26 人回场观光。

2012 年 10 月 4—5 日，广东省巡视组梁自荣厅长（原南光农场广州知青）在湛江农垦局（集团公司）副局长（副总经理）陈永光（原南光农场团委书记、丰收公司副总经理）的陪同到丰收公司考察调研。

2018 年 10 月 12 日，在丰收公司收获农业分公司灯光球场举办"梦萦收获 50 周年、鬓白未改故乡情"知识青年上山下乡 50 周年纪念活动。10 月 27 日，在广州市越秀区五月花广场 8 楼富临皇宫酒家举行收获农场（七师七团）知识青年上山下乡 50 周年纪念活动。11 月 2 日，在广州市荔湾区芳村花地东海湾酒家举办纪念南光农场（七师四团）知识青年上山下乡 50 周年活动。

第三章 经济状况

第一节 经济总量

一、社会总产值

1989 年收获农场、南光农场、调丰糖厂的社会总产值为 11774 万元，1995 年丰收公司社会总产值 38472.1 万元，比 1989 年增长了 2 倍多。1995—2020 年，丰收公司经济增长呈波状式上升，低速增长与快速增长特征交替出现，社会总产值由 38472.1 万元上升至最高峰时 2013 年的 194026 万元，增长了 4 倍，年均递增 9.41％。2014 年是丰收公司经济发展的转折点，受自然灾害影响，经济快速回落，社会总产值跌至 129402 万元，比 2013 年跌幅达 33.3％。2015 年、2016 年虽有起色，但 2017 年以后推进农垦改革，将调丰糖厂、罐头厂及东风队、华建队、南茂队、医院、中小学校相继划拨或分离出去，经济总量大幅缩减，社会总产值回落至 2020 年的 88373 万元，但相比 1995 年成立时还增长了 1.3 倍。

1989—1992 年，该时期，农场的主产品橡胶、蔗糖等价格大幅度下跌，经济发展速度减缓，社会总产值 1992 年为 18575 万元，较 1989 年增长 57.8％，年均递增 16.41％。

1993—1995 年，农场第二产业和第三产业增速明显，1995 年社会总产值 38472.1 万元，较 1993 年增长 72.4％，年均递增 31.32％。

1996—2000 年，丰收公司组建后，利用集团优势调配资源，推进工农业协调发展，在台风、干旱等自然灾害及主产品市场价格大幅下跌等不利因素影响下，仍实现经济连续三年缓慢增长，1998 年社会总产值 45679 万元，比 1996 年增长 20.8％，2000 年 37971 万元。

2001—2005 年，经济发展呈上升趋势，特别是 2003 年之后经济快速增长，2005 年社会总产值升至 78523 万元，比 2003 年增长 89.7％。在此期间，丰收公司通过扩大产能、收购兼并和股份合作方式合资收购了多家地方糖厂，投资筹建肥厂、酒精厂，经济总量提升。

2006—2010 年，经济形势呈现冲高回落的特点。经过多年的发展，丰收公司已逐渐发展成专业化、产业化、集团化的国有大型企业，经济增长的势头一直持续到 2007 年，社会总产值冲高至 121684 万元。2008 年主产品市场低迷，经济出现滑坡，直到 2010 年才开始扭转经济下滑颓势。

2011—2015 年，经济发展实现持续三年快速发展，三年的社会总产值增长了 61926 万元，2013 年达到 194026 万元，是丰收公司成立以来的最高纪录。2014 年遭遇严重自然灾害，社会总产值跌落至 129402 万元，跌幅达 33.3%。

2016—2020 年，丰收公司以《中共中央 国务院关于进一步推进农垦改革发展的意见》和《中共广东省人民政府关于进一步推进广东农垦深化改革加快发展的实施意见》文件精神为指导，在集团公司的统一安排下，进行大刀阔斧的改革，从工农一体化单位转变为以甘蔗种植为主的农业单位，丰收公司经济总量缩减，社会总产值也从 2016 年的 156638 万元缩减至 2020 年的 88373 万元。

二、国内生产总值

1989—2020 年，丰收公司国内生产总值由 4813.3 万元上升最高峰时 2013 年的 73769 万元，增长了 14.3 倍，年均递增 12.05%，之后逐渐缩减至 2020 年的 39743 万元，比 1989 年时增长了 7.3 倍，年均递增 4.05%，也出现低速增长期与快速增长期交替的现象，呈波状式上升。

1989—1992 年，丰收公司国内生产总值总体表现下滑，由 4813.3 万元下降至 4681.6 万元，下降了近 3%。

1993—1995 年，丰收公司国内生产总值增长速度较快，1993 年快速增至 8963.6 万元，比 1992 年增长了 91.46%，1995 年时达到 13185 万元，三年年均递增 44.37%，创丰收公司历史上增速之冠。

1996—2000 年，前三年国内生产总值略有增长，从 11680 万元增至 14186 万元，年均递增 10.21%。相比 1998 年，1999 年国内生产总值锐减至 8176 万元，降幅达 42.37%，2000 年虽有所回升，达到 9999 万元，但仍低于 1994 年、1995 年的水平。这五年经济徘徊的主要原因，客观上，1998 年亚洲金融危机，主产品橡胶、甘蔗、糖等市场价格大幅下跌，且农作物受到自然灾害影响，企业办社会的负担日益加重；主观上，企业重组，资金、技术、人才和管理跟不上，前期积累的矛盾和问题集中爆发。

2001—2008 年，这一时期丰收公司的国内生产总值快速增长，至 2008 年达到 42071 万元，较 2001 年增长 273.17%，年均递增 20.7%，主要得益于公司蔗糖产业不断扩大和产业链不断延伸，形成蔗糖、酒精、肥料等循环利用的产业链，提升产品附加值。

2009—2013 年，2009 年受蔗糖市场不景气影响，国内生产总值一度下滑至 37713 万元，较 2008 年下降 10.36%。但随着农垦改革不断深化，公司内部管理不断规范和强化，同时抓住市场利好因素，从 2010 年起，步入年均两位数增长的发展期，至 2013 年，国内生产总值达到 73769 万元，为历史最高纪录，较 2009 年增长 95.61%，年均增长 18.26%。

2014—2020 年，这一时期经历了严重的自然灾害，经济发展举步维艰，国内生产总值从最高峰跌至 2014 年的 52230 万元，较 2013 年下降了 29.20%。此外，随着农垦改革的不断推进，集团公司对丰收公司进行了重组改革，经济总量锐减，公司的国内生产总值有较大幅度下降，2020 年仅为 39743 万元，低于 2007 年水平。

表 1-3-1　1989—2020 年丰收公司社会总产值与国内生产总值表

单位：万元

年份	社会总产值				国内生产总值			
	合计	第一产业	第二产业	第三产业	合计	第一产业	第二产业	第三产业
1989	11774	4903.3	6362.5	508.2	4813.3	2840.3	1729.1	243.9
1990	15460.4	5286.3	9850.1	324	5084.3	2908.3	1730.5	445.5
1991	15933.1	5375.5	10102.6	455	4721	2559.3	1840	321.7
1992	18575	5932.7	12088.8	553.5	4681.6	3133.6	1271.1	276.9
1993	22310.4	5498.4	15382.5	1429.5	8963.6	3710	4946	307.6
1994	34124.7	10251.4	22722.7	1150.6	10705.1	2933.1	7105.1	666.9
1995	38472.1	12232.3	24504.1	1735.7	13185	3437.1	8752.1	995.8
1996	37818.2	10098.2	26601	1119	11680	2549	8272	859
1997	42165	14644	25751	1770	14013	4459	8401	1155
1998	45679	13465	30238	1976	14186	5531	6824	1831
1999	36268	9376	25347	1545	8176	4621	2988	567
2000	37971	10751	26491	729	9999	4035	5499	465
2001	40482	11228	28519	735	11274	3129	7734	411
2002	41172	11467	29015	690	14209	5646	8127	436
2003	41396	9844	30815	710	14227	5186	8494	547
2004	58853	13343	44885	625	20034	8719	10819	496
2005	78523	13814	63677	1032	23636	8903	14173	560
2006	105049	16585	86863	1601	30380	11806	16504	2070
2007	121684	16728	102846	2110	39756	11827	25651	2278
2008	118312	16576	99327	2409	42071	11719	27632	2720
2009	100939	19291	79636	2002	37713	13417	21743	2553

（续）

年份	社会总产值				国内生产总值			
	合计	第一产业	第二产业	第三产业	合计	第一产业	第二产业	第三产业
2010	123355	27833	92944	2578	46137	19230	24130	2777
2011	132100	29900	98668	3532	50429	19432	27215	3782
2012	153966	32871	114887	6208	57990	20157	34755	3078
2013	194026	38897	141046	14083	73769	27897	40010	5862
2014	129402	25418	92851	11133	52230	15286	27517	9247
2015	142754	57846	62514	22394	55467	26776	19016	9675
2016	156638	65580	64092	26966	63982	32311	19721	11950
2017	127700	63876	35261	28563	56700	31056	12662	12982
2018	126695	74948	19652	32095	55625	34200	6728	14697
2019	101489	60457	11676	29356	45765	27084	4086	14595
2020	88373	49716	11894	26763	39743	22275	4162	13306

第二节　经济结构

一、社会总产值结构

1989—2020 年，丰收公司以第一、第二产业为主，其社会总产值中第一、第三产业的总体发展趋势是向上的，第二产业的发展速度高于第一、第三产业，但自 2013 年以后快速下滑，2016 年所占比例首次低于第一产业。第一、第二、第三产业不同时期增长速度不同，三者的比例关系也在不断发生变化。

1989 年，丰收公司第一、第二、第三产业的社会总产值分别为 4903.3 万元、6362.5 万元、508.2 万元，各占社会总产值的比例分别为 41.7%、54%、4.3%。

1995 年，三者的社会总产值分别为 12232.3 万元、24504.1 万元、1735.7 万元，各占社会总产值的比例为 31.8%、63.7%、4.5%。与 1989 年比，第一产业产值下降了 9.9 个百分点，第二产业产值则上升了 9.7 个百分点，第三产业产值上升 0.2 个百分点。第二产业加快了发展步伐，权重达到第一产业的两倍多。

2000 年，三者各占社会总产值比例为 28.3%、69.8%、1.9%，与 1995 年比，第一、第三产业产值分别下降了 3.5 个百分点、2.6 个百分点，第二产业产值上升了 5.9 个百分点。随着第二产业快速发展，第一、第三产业权重越来越低。

2005 年，三者各占社会总产值比例为 17.6%、81.1%、1.3%，与 2000 年比，第二产业发展迅速，产值上升了 11.3 个百分点。

2010 年，三者各占社会总产值比例变为 22.6%、75.3%、2.1%，第二产业产值权重较 2005 年有所下降，但仍是发展速度最快、产值最大的产业，2007 年第二产业产值权重比例达到 84.5％，为历史最大权重比。

2015 年，三者各占社会总产值比例变为 40.5％、43.8％、15.7％。第一产业经历了 2014 年的低谷后，2015 年恢复了上升趋势，第二产业产值则直线下滑，从 2013 年的最高产值 141046 万元下跌 2015 年的 62514 万元，第三产业产值上升明显。与 2010 年比，第一、第三产业产值分别上升了 17.9 个百分点、13.6 个百分点，第二产业产值则下降了 31.5 个百分点，这五年是历史上产值权重比例变化最大的时期。

2020 年，第一、第二、第三产业占社会总产值比例变为 56.2％、13.5％、30.3％，第一产业跃升为第一大产业，第三产业也稳步上升，与 2015 比，产值分别上升了 15.7 个百分点、14.6 个百分点，第二产业产值则下降了 30.3 个百分点。2016 年是丰收公司与广垦糖业集团公司双重管理调丰糖厂的过渡期，第一产业产值首次超过第二产业产值，产值权重比例分别为 41.9％、40.9％，第一产业产值仅比第二产业产值高 1 个百分点。

二、国内生产总值结构

1989—2020 年，丰收公司国内生产总值内部结构变化的总趋势与社会总产值类似，第一、第三产业所占比例逐渐下降，第二产业所占比例则迅速上升。从 2009 年起，第一、第三产业所占比例逐渐上升，第二产业所占比例则逐渐下降，2015 年前第二产业是第一大产业，2015 年后第一产业产值反超第二产业产值，跃升为第一大产业。

1989 年，丰收公司第一、第二、第三产业国内生产总值增加值分别增加 2840.3 万元、1729.1 万元、243.9 万元，各占国内生产总值的比例为 59％、35.9％、5.1％。1993 年，三者各占国内生产总值的比例变为 41.4％、55.2％、3.4％，与 1989 年比，第一、第三产业分别下降了 17.6 个百分点和 1.7 个百分点，第二产业上升了 19.3 个百分点，跃升为第一大产业。

1995 年，丰收公司成立时三者各占国内生产总值的比例为 26.1％、66.4％、7.5％。2000 年时变为 40.4％、55％、4.6％，第一产业上升了 14.3 个百分点，第二、第三产业则分别下降了 11.4 个百分点和 2.9 个百分点，但第二产业仍是第一大产业。

2005 年，三者各占国内生产总值的比例为 37.7％、60％、2.3％，与 2000 年比，第一、第三产业所占比例略降，第二产业上升 5 个百分点。2010 年所占比例变为 41.7％、52.3％、6％，第一、第三产业分别上升了 4 个百分点和 3.7 个百分点，第二产业下降 7.7 个百分点。

2015 年，三者各占国内生产总值的比例为 48.3％、34.3％、17.4％，第一产业增加值自 1994 年以来首次超过第二产业增加值，变成第一大产业，第一、第三产业所占比例分别上升了 6.6 个百分点和 11.4 个百分点，第二产业所占比例则下降了 18 个百分点。2020 年三者所占比例变为 56％、10.5％、33.5％，与 2015 年比，第一、第三产业发展较为迅速，尤其是第三产业大幅增长，所占比例分别上升 7.7 个百分点和 16.1 个百分点。

三、经济成分

丰收公司的经济成分为国有经济，经济成分多元化的发展相对滞后，非国有经济仅限于农业领域中的职工自营经济（由于量少并无具体统计数据）、农业用地合作经营。1989 年，丰收公司社会总产值 11774 万元、国内生产总值 4813.3 万元，国有经济比例为 100％；2017 年，社会总产值 127700 万元、国内生产总值 56700 万元，国有经济比例为 100％；2020 年社会总产值 88373 万元、国内生产总值 39743 万元，国有经济比例为 100％。

表 1-3-2 1989 年、2017 年、2018 年和 2020 年丰收公司各种经济成分产值表

经济成分	1989		2017		2018		2020	
	社会总产值（万元）	国内生产总值（万元）	社会总产值（万元）	国内生产总值（万元）	社会总产值（万元）	国内生产总值（万元）	社会总产值（万元）	国内生产总值（万元）
合 计	11774	4813.3	127700	56700	126695	55625	88373	39743
国有经济	11774	4813.3	127700	56700	126695	55625	88373	39743
其中：国有民营	—	—	—	—	—	—	—	—
集体经济	—	—	—	—	—	—	—	—
私营经济	—	—	—	—	—	—	—	—
个体经济	—	—	—	—	—	—	—	—
联营经济	—	—	—	—	—	—	—	—
外商投资经济	—	—	—	—	—	—	—	—
港澳台投资经济	—	—	—	—	—	—	—	—
股份制经济	—	—	—	—	—	—	—	—
其他经济	—	—	—	—	—	—	—	—

第三节 经济效益与质量

一、利润与纳税

（一）利润

1989—2020 年，32 年间有 29 年盈利、3 年亏损，累计盈利 46638.85 万元，盈利最多

的年份是 2012 年，为 5311.1 万元，亏损的年份为 1992 年、2016 年、2019 年，其中 2019 年亏损最大，亏损额达 914.35 万元。

表 1-3-3　1989—2020 年丰收公司利润总额和上缴国家利税表

年份	营业收入（万元）	利润总额（万元）	税金总额（万元）	所得税（万元）	上缴财政利润（万元）	支持地方建设（万元）	"两金"（万元）
1989	21545.6	638.8	843.7	—	—	—	—
1990	20182.3	427.9	1017.7	—	—	—	—
1991	22674.5	563.0	974.5	—	—	—	—
1992	19241.8	−568.3	780.2	—	—	—	—
1993	28923.7	1615.6	1387.3	—	—	—	—
1994	31374.1	1934.7	1538.4	—	—	—	—
1995	35017.2	2156.2	1981.8	—	—	—	—
1996	38956.6	2397.7	2389.5	62.1	—	—	—
1997	39350.2	2120.6	1747.7	—	—	—	—
1998	35582.3	1700.3	2076.2	—	—	—	—
1999	33816.5	1700.3	2524.9	—	—	—	—
2000	37843.9	1003.1	3343.2	—	—	—	—
2001	39173.0	1882.3	2979.3	575.4	—	—	—
2002	42326.2	2529.9	3444.8	481.2	—	—	—
2003	38483.7	2541.2	2803.9	459.6	—	—	—
2004	46143.9	2900.1	2861.7	730.4	—	—	—
2005	51740.7	3067.5	3086.2	608.9	—	—	—
2006	64211.4	3470.7	4455.6	817.2	—	—	—
2007	66289.3	1675.4	3471.0	121.6	—	—	—
2008	73703.3	1005.1	3761.1	42	—	—	—
2009	55002.1	645.4	3003.8	26.1	—	—	—
2010	48596.4	1238.1	3334.1	258.1	—	—	—
2011	34767.1	1026.9	2180.0	65.1	—	—	—
2012	43014.4	5311.1	2973.4	455.5	—	—	—
2013	42196.0	1607.6	1765.2	48.0	—	—	—
2014	40691.9	139.6	1740.7	—	—	—	—
2015	36567	47.5	1269	—	—	—	—
2016	48238.6	−371.9	1217.2	—	—	—	—
2017	37716.4	1441.3	1889.9	—	—	—	—
2018	32533.9	907.9	162.3	—	—	—	—
2019	33593.9	−914.4	121.4	—	—	—	—
2020	31600.4	659.9	159.7	—	—	—	—

注："两金"为能源交通基金和国家预算调节基金。

1989—1995 年，丰收公司成立前，经济先是经历了低谷期后转向上升期。1989 年以后经济下滑，利润也随之减少，至 1992 年时达到最低点，当年亏损 568.3 万元。1993 年改革开放利好时期，主产品橡胶、蔗糖大幅上涨，当年实现利润 1615.6 万元，突破 1000 万元大关，之后利润增长稳步上升，至 1995 年时首次突破 2000 万元大关，六年间利润总额年均递增 22.48%。

1996—2000 年，丰收公司成立后的前五年，工农经济处于磨合期，经济有点波动，但总体形势向好，利润从 1996 年的 2397.7 万元逐年减至 2000 年的 1003.1 万元，年利润保持在 1000 万元以上，其间利润总额年均递减 19.58%。

2001—2005 年，这五年是丰收公司经济发展最好的五年，2001 年被农业部授予"全国农垦系统扭亏增盈先进单位"，五年累计盈利 12921 万元，年均盈利 2584.2 万元，至 2005 年利润突破 3000 万元大关，其间利润总额年均递增 12.99%。

2006—2010 年，丰收公司已完成多家地方糖厂的收购，并采取股份合作方式投资建成酒精厂、复肥厂，走上绿色循环的经济发展之路，2006 年利润上升到 3470.7 万元，之后由于蔗糖市场陷入低迷，利润也随之减少，2009 年利润跌破 1000 万元，但五年间年均利润 1600 万元以上，这期间利润总额年均递减 22.72%。

2011—2015 年，蔗糖市场回暖，且从 2011 年起推行"两费自理"后，不再为职工垫支生产和生活费用，减轻了公司资金负担，同时加大追收历史挂账，降低挂账风险，该时期的前三年企业效益稳定，累计盈利达 7945.6 万元，其中 2012 年实现利润 5311.1 万元，为历史盈利最高的一年。2014 年因遭遇超强台风和强台风连续袭击，损失惨重，当年度利润为 139.6 万元。2015 年遭遇台风"彩虹"袭击，甘蔗、橡胶等大面积受损，经济损失 3997 万元。当年利润跌至 47.5 万元，这期间利润总额年均递减达 53.62%。

2016—2020 年是农垦深化改革期。该时期集团公司完成了对调丰糖厂、收获罐头厂、学校、医院资源优化整合，丰收公司则转变成广垦糖业集团甘蔗种植基地，推行甘蔗生产全程机械化。由于经济总量变小，利润则相对减少，五年累计盈利 1860.55 万元，其中 2016 年、2019 年两年累计亏损 1286.25 万元，主要原因在于 2016 年 10 月遭遇台风"莎莉嘉"袭击，6.5 万亩甘蔗受灾，当年亏损 371.9 万元；2019 年大农场经营甘蔗面积突破 4 万亩，但由于产量低，当年亏损 914.35 万元。2020 年从甘蔗产业、土地轮作上下功夫，当年盈利 659.9 万元，实现扭亏增盈目标，这期间利润总额年均递增 66.57%。

（二）纳税

1989—2020 年，丰收公司累计上缴国家利税 67285.32 万元（1995—2020 年为 60743.52 万元），相当同期实现利润总额的 1.45 倍。1989 年上缴国家利税 843.7 万元。

1990 年纳税首次突破 1000 万元。1996 年纳税首次突破 2000 万元，为 2389.5 万元。2000 年纳税首次突破 3000 万元，为 3343.2 万元。2006 年纳税首次突破 4000 万元，为 4455.6 万元。1998—2012 年经济总量迅速壮大，纳税也快速增长，15 年累计纳税 50436.4 万元，年均纳税 2966.85 万元，是丰收公司上缴国家利税最多的时期。

二、劳动生产率与土地产出率

（一）劳动生产率

丰收公司所生产的产品主要有甘蔗、干胶、白砂糖、菠萝罐头、工业酒精、有机肥、蔗渣、电力等，营业收入包括产品销售收入、土地收益、物业出租收益等，1989—2020 年累计营业收入 1270539.77 万元，全员劳动生产率从 1989 年的 2.78 万元/人上升到 2020 年的 35.85 万元/人，生产效率提高了近 12 倍。

1989—1995 年，前四年每年全员劳动生产率在 2.7 万元/人左右，1993 年上升至 4.21 万元，相较 1992 年提高了 60%，1995 年达到 6.48 万元。

1996—2006 年，每年全员劳动生产率维持在 4.87 万元～8.55 万元/人，大多在 6.74 万元/人。

2007—2015 年，每年年均全员劳动生产率为 12.72 万元/人，九年中有五年全员劳动生产率达 14 万元/人以上，较前期翻了一番，主要得益于生产科技有了进一步提高，甘蔗农业机械得到进一步推广，生产率提高。

2016—2020 年，每年全员劳动生产率从 21.73 万元/人快速提高到 35.85 万元/人，特别是后三年年均达 32.51 万元/人。从 2018 年起以大农场经营为主要经营方式后，甘蔗全程机械化得到大力推进，人均管理甘蔗 1300 亩以上，全员劳动生产率大幅提高，较 2007—2015 年时期的 14 万元/人翻了一番多。

（二）土地产出率

1. **甘蔗亩产** 1990 年甘蔗平均亩产 6.54 吨；1995 年甘蔗平均亩产 6.64 吨；2000 年甘蔗平均亩产 5.9 吨；2005 年甘蔗平均亩产 3.95 吨；2010 年甘蔗平均亩产 3.65 吨；2015 年甘蔗平均亩产 4.28 吨；2020 年甘蔗平均亩产 4.13 吨。甘蔗一般平均亩产在 4.2～5.6 吨，南光片种植区比收获片种植区亩产普遍高出 1 吨左右。丰收公司成立以来，甘蔗亩产较高的年份为 2002 年的 7.54 吨，2003 年、2004 年的亩产也达 6 吨以上，但自 2005 年以后亩产明显减少，既有自然灾害的原因，也有土地长期种植甘蔗得不到轮作，地力下降等原因，之后亩产一般维持在 4.2 吨左右。历史上亩产最低的为 2014 年的 2.95 吨，是因为当年遭遇两场超强台风，甘蔗几乎被拦腰刮断。2020 年遭遇严重干旱，亩产普遍较低，特别是收获片种植区，平均亩产仅为3.34吨。

2. 干胶亩产　1989—1995年干胶平均亩产在36.15~48.26千克；1996—2000年干胶平均亩产在44.5~70.7千克；2001—2005年干胶平均亩产在47.6~75.5千克；2006—2010年干胶平均亩产在1.8~52.3千克；2011—2014年干胶平均亩产在9.4~37.8千克。历史上干胶单产最高的为2002年的75.5千克，当年橡胶开割面积12590亩，收获干胶951.1吨；其次是1999年的亩产70.7千克，当年橡胶开割面积13270亩，收获干胶938.48吨。干胶亩产最低的为2008年1.8千克，当年橡胶开割面积12118.4亩，收获仅为21.26吨，主要原因是当年遭遇严重寒害，橡胶大面积冻伤，不能正常开割；干胶亩产次低的为2014年的9.4千克，当年橡胶开割面积10479亩，收获98.4吨，主要原因是当年7月遭遇超强台风袭击后，橡胶大面积被拦腰刮断，以后橡胶处于休割状态。

3. 菠萝亩产　1989—1995年菠萝平均亩产在2.6~3.3吨；1996—2000年菠萝平均亩产在1.9~3.5吨；2001—2005年菠萝平均亩产在3.4~4.8吨；2006—2010年菠萝平均亩产在3.1~6.3吨；2011—2015年菠萝平均亩产在2.1~3.7吨；2016—2020年菠萝平均亩产在3~4吨。1989—2012年期间菠萝种植列入丰收公司农业岗位管理，实行岗位定额承包，在此期间菠萝平均亩产最高的为2006年的6.3吨，当年度收获菠萝面积5219亩，总产32906.7吨；菠萝平均亩产最低的为1996年的1.9吨，当年度收获菠萝面积4825亩，总产9023吨；随着菠萝种植与管理技术不断成熟，亩产也在不断提高，特别是2001—2008年间每年的菠萝平均亩产在4.6吨以上。2012年以后菠萝种植不再列入农业岗位承包，纳入轮作地承包管理，承包种植最多时为2016年3.35万亩，亩产3.2吨。

4. 土地承包亩均收益　土地承包主要包括农业用地对外合作经营、项目临时用地出租、建筑用地对外出租等。2015年以后丰收公司加大了土地承包力度，注重土地轮作，规划部分土地外包，同时粤电风力项目、光伏电力项目、猪场建设项目等项目建设不断推进，用地需求增加，给丰收公司带来较为可观的土地收益。据统计，2015—2020年土地承包累计面积68169亩，土地收益12609.86万元，土地承包亩均收益1849.79元。

三、固定资产

（一）投资水平

丰收公司的固定资产投资在1996年前没有具体统计数据，直到1996年才开始统计。1996—2020年，固定资产投资累计95036.2万元，其中：国家投资34714.8万元，占36.53%；企业自筹59328.4万元，占62.43%；银行贷款及其他993万元，占1.04%。不同时期固定资产投资差异大，从最初的只有115万元，到2002年的18765.7万元，投资额达到 1996 年的 163 倍，为历史上投资规模最大的一年，到 2020 年回落至 2467 万元。

1996—2000 年，是丰收公司固定资产投资规模的脉冲期。1998 年固定资产投资 2788.2 万元，2000 年回落到 1443 万元。

2001—2005 年，是丰收公司固定资产投资规模大幅攀升期。5 年的固定资产投资额 29340.4 万元，其间成功以控股或相对控股的方式收购地方 3 家糖厂，分别为徐闻县下桥糖厂、遂溪县城月糖厂、遂溪县洋青糖厂，投资额 1.78 亿元。投入巨资购进一批大型农业机械。

2006—2010 年，是延续丰收公司固定资产投资规模大幅攀升期。5 年的固定资产投资额 28933.6 万元，年均投资额 5786.72 万元，主要投资建成丰收公司复肥厂、三和酒精厂。

2011—2015 年，是丰收公司固定资产投资规模震荡期。投资规模从 2010 年的 7680 万元跌至 2011 年的 1943.9 万元，之后震荡上升至 2013 年的 6571.8 万元，至 2015 年回落至 1451.7 万元。

2016—2020 年，是丰收公司固定资产投资规模的小幅攀升期，五年的固定资产投资额 14822 万元，年均投资额 2964.4 万元。

表 1-3-4 1989—2020 年丰收公司固定资产投资表

年份	固定资产投资			资 金 来 源					投 资 用 途		
	合计（万元）	基本建设（万元）	更新改造（万元）	国家投资（万元）	外资（万元）	国内银行贷款（万元）	企业自筹（万元）	其他（万元）	第一产业（万元）	第二产业（万元）	第三产业（万元）
1989	—	—	—	—	—	—	—	—	—	—	—
1990	—	—	—	—	—	—	—	—	—	—	—
1991	—	—	—	—	—	—	—	—	—	—	—
1992	—	—	—	—	—	—	—	—	—	—	—
1993	—	—	—	—	—	—	—	—	—	—	—
1994	—	—	—	—	—	—	—	—	—	—	—
1995	—	—	—	—	—	—	—	—	—	—	—
1996	115.0	115.0					115.0	—	—	—	—
1997	127.6	—	—				127.6	—	33.0	94.6	—
1998	2788.2						1807.8		2358.0	430.2	—
1999	993.2						993.2		800.4	192.8	
2000	1443.0	545.0					1351.0	92	198.0	850.0	395.0
2001	1291.9						1291.9		106.5	1185.4	
2002	18765.7			17256.2	—		1509.5	—	16099.4	2666.3	
2003	2955.6	—					2955.6	—	1273.4	1682.2	
2004	4592.3	32.1					4592.3	—	4253.3	339.0	

（续）

年份	固定资产投资			资 金 来 源					投 资 用 途		
	合计（万元）	基本建设（万元）	更新改造（万元）	国家投资（万元）	外资（万元）	国内银行贷款（万元）	企业自筹（万元）	其他（万元）	第一产业（万元）	第二产业（万元）	第三产业（万元）
2005	1734.9	252.2	—	—	—	—	1734.9	—	75.1	1659.8	—
2006	5129.9	81.8	—	—	—	—	5129.9	—	2328.2	2801.7	—
2007	4028.0	4786.0	—	1243.4	—	—	4028.0	—	1983.8	2044.2	—
2008	5322.5	1099.9	—	527.2	—	—	4795.3	—	3688.6	1633.9	—
2009	6773.2	1749.8	—	0.0	—	—	6454.8	—	6265.5	507.7	—
2010	7680.0	2282.0	—	579.9	—	—	7050.4	—	7122.0	557.4	—
2011	1943.9	—	—	1093.4	—	—	850.5	—	1238.0	705.9	—
2012	2232.9	1606.3	—	936.4	—	—	1296.5	—	1884.4	348.5	—
2013	6571.8	5699.5	—	835.7	—	—	5736.1	—	5596.0	975.8	—
2014	4273.4	3330.0	—	811.0	—	—	3462.4	—	4251.8	21.6	—
2015	1451.7	279.4	—	652.0	—	—	799.7	—	655.1	796.6	—
2016	1616.6	1391.3	—	881.8	—	—	734.8	—	1511.7	104.9	—
2017	3298.9	1798.9	—	2729.0	—	—	569.0	—	1700.0	—	—
2018	4329.0	—	—	1742.0	—	576.0	1686.0	325	1653.0	498.0	2178.0
2019	3110.0	—	—	2535.0	—	—	575.0	—	2468.0	80.0	562.0
2020	2467.0	2360.0	107.0	1593.0	—	—	874.0	—	2467.0	—	—

注：本表部分数据缺失。

（二）投资来源

丰收公司固定资产投资来源主要有国家投资、外资、企业自筹、国内银行贷款及其他。1996—2000年，固定资产投资累计5467万元，其中国家投资980.4万元，占17.9%；企业自筹4486.6万元，占82.1%。2001—2005年，固定资产投资累计29340.4万元，其中国家投资17256.2万元，占58.8%；企业自筹12084.2万元，占41.2%。2006—2010年，固定资产投资累计28933.6万元，其中国家投资2668.9万元，占9.2%；企业自筹26264.7万元，占90.8%。2011—2015年，固定资产投资累计16473.7万元，其中国家投资4328.5万元，占26.3%；企业自筹12145.2万元，占73.7%。2016—2020年，固定资产投资累计14821.5万元，其中国家投资9480.8万元，占64%；企业自筹4439.7万元，占30%；国内银行贷款576万元，占4%；其他325万元，占2%。

（三）投资结构

固定资产投资分为基本建设和更新改造两部分。在丰收公司1996—2020年的

95036.2万元投资总额中，基本建设投资27409.2万元，占28.8%；更新改造投资67627万元，占71.2%，两者之比为1：2.5。

按固定资产的投资方向和用途分，丰收公司1996—2020年的投资总额中，第一产业投资70010.2万元，占73.7%；第二产业投资21858万元，占23%；第三产业投资3135万元，占3.3%。

（四）投资项目

1996—2020年，丰收公司固定资产投资主要有（投资额100万元以上）以下工程和项目。

1. 菠萝扩种一万亩及配套加工项目　经农垦总局粤垦函字〔1997〕234号文立项批复，农业部作为1999年度发展南亚热作专项贷款推荐项目，项目总投资2060万元，在收获农业分公司菠萝扩种1万亩及收获罐头厂进行配套加工项目建设。

2. 易地开发项目　2001年10月28日，为确保广东省耕地占补平衡，广东省国土资源厅确定位于雷州市的广东省丰收糖业发展有限公司作为补充耕地易地开发点，承担易地开发开垦新增耕地面积2000亩。11月15日，成立丰收公司农田坡地补充耕地易地开发项目领导小组。农田坡地2000亩补充耕地易地开发项目由省国土资源厅资助1600万元。此后再向省国土资源厅申请3700亩补充耕地的土地整理示范建设。2002年2月28日，丰收公司与广东省土地整理中心签订《广东省补充耕地易地开发合同》（农田坡地补充耕地易地开发项目总面积4690.10亩，建设期为180天（2002年2月28日至2002年8月31日），总投资1635.42万元）。农田坡地补充耕地易地开发项目建设工期为10个月（2002年5月10日开始至2003年3月5日结束）。最终实际开发面积为3468.25亩，净增耕地面积2487.98亩。农田坡地补充耕地开发项目已经达到"道路硬底化、地块方格化、灌溉自动化、环境园林化"的开发标准。

3. 甘蔗机械化示范基地建设　2003年6月，立项建设甘蔗生产机械化试验示范项目，项目固定资产投资2820万元，用于引进及配套生产设备共80台（套）。

4. 菠萝浓缩汁厂筹建　收获罐头食品工业分公司菠萝浓缩果汁厂始建于2003年11月，总投资约3000万元。2005年1月底建成投产。

5. 有机生物肥厂筹建　有机生物肥厂项目总投资3000万元，厂区占地100亩，年设计生产有机生物肥5万吨。生物有机肥厂于2004年11月建成投产。

6. 三和酒精厂筹建　三和酒精厂始建于2005年4月，由丰收公司与原徐闻三和酒精有限公司合作建设，投资4000多万元建设年产3万吨"蜂泉牌"食用（医用）酒精和处理酒精废液年产沼气400万立方米的三和酒精厂，丰收公司占股51%。

7. **广东农垦甘蔗良种扩繁基地建设** 广东农垦甘蔗良种扩繁基地项目区总面积 2000 亩，由中央预算内提供资金 120 万元，于 2005 年获农业部审批，由丰收公司承建，项目总投资 187 万元，其中：田间道路 8 万元，水利工程 173 万元，其他费用 6 万元。

8. **地埋式滴灌项目** 2005 年 1 月，丰收公司引进了当时世界上最先进的以色列地埋式滴灌技术，建设甘蔗精准滴灌基地。项目首期投入 400 多万元，建成面积 2700 亩，6 月初建成投入使用。2006 年新上 5300 亩。

9. **生物防治站筹建** 生物防治站建于 2005 年 9 月，由丰收公司与广东省农科院植保所合作建设。

10. **广东徐闻三和酒精厂废水处理沼气回收利用工程** 本工程于 2008 年投资建设，项目总投资 3671.57 万元，全部由企业自筹。三和酒精厂的日排污量 2600 立方米/天，根据每天排污水量建设处理能力 2600 立方米的废水处理沼气工程项目。

11. **东风水库除险加固（一期、二期）工程及除险加固（六期）溢洪道改造工程** 本工程于 2010 年投资建设，总投资 435.6 万元。

12. **菠萝良种繁育项目**（农田灌溉设备及电力设施工程） 菠萝良种繁育项目总投资 298.74 万元，于 2010 年建设，建设地点在收获红忠队。

13. **丰收公司招待所 A、B 幢别墅建设项目** 本项目位于收获小招内，于 2012 年建成，总投资 130.6 万元。

14. **2012 年人畜饮水输配水管网工程** 本项工程于 2012 年 10 月建设，于 2012 年 12 月 31 日完工。项目总投资 350.66 万元，主要完成工程有：铺设饮水管道 19000 多米，新建 15 米高 50 立方米水塔 5 座，新打机井 11 口，新建 50 立方米水塔 5 座，涉及 27 个生产队，受益人口 7868 人。

15. **公司职工饭堂扩建工程** 公司职工饭堂扩建工程经湛江农垦局 2012 年 12 月 18 日批复同意建设（湛垦函字〔2012〕540 号），由企业自筹资金建设，总投资 287.8 万元，建筑面积 1788 平方米，于 2013 年 8 月 25 日开工建设，2014 年 1 月 25 日竣工，2015 年 5 月投入使用。

16. **丰收医院医疗设备购置** 丰收医院于 2012 年 12 月购置一套 X 射线直接数字化摄像系统（DR）及配套医疗设备等，资金为 165.21 万元。

17. **2017 年小型农田水利重点场建设工程** 本项程总投资 825.65 万元，其中：中央财政资金 800 万元、企业自筹资金 25.65 万元。

18. **2018 年农田水利设施工程建设项目** 本项目总投资金额 882.15 万元，其中：财政资金 850 万元、自筹资金 32.15 万元。

19. **丰收农场 2018—2019 年农业综合开发高标准农田建设项目** 本项目总投资金额为 2413.84 万元，其中：财政资金 1870 万元、自筹资金 543.84 万元。

20. **2019 年高标准农田建设项目** 本项目总投资金额 823.51 万元，其中：财政资金 790 万元、自筹资金 33.51 万元。

21. **2020 年高标准农田暨小型农田水利建设项目** 本项目总投资金额为 826.6 万元，其中：高标财政 412 万元、小水财政 200 万元、自筹资金 144.6 万元。

22. **丰收农场农业产业示范建设项目** 本项目建设从 2019 年 9 月起，建设期一年，项目总投资 1400 万元，其中：中央奖补资金 1000 万元、自筹资金 400 万元。

23. **丰收农场小城镇综合基础设施建设项目** 本项目于 2019 年投资建设，于 2020 年 10 月建成，项目总投资 1254.65 万元，其中：中央财政资金 1029 万元、企业自筹资金 225.65 万元。

四、财政资金

2002—2019 年丰收公司专款专用财政资金情况表如下。

表 1-3-5 丰收公司各年度专款专用财政资金情况表

年份	财政资金总额（万元）	资金来源	专款专用支出项目
2002	278	中央	购买甘蔗优良品种 7909 共 826 吨，支出 110 万元；支付南光农业分公司农科所甘蔗、菠萝、橡胶等科研费 168 万元
	6	省	省级龙头企业奖励金（列入财务收入）
2003	2638	中央	全国甘蔗生产机械化试验示范基地项目，引进及配套生产机械设备、农业综合化项目—标准化基地生产、加工服务设备建设等
	80	地方	
	30	省	省级龙头企业扶持金（列入财务收入）
	9	省	农业产业化国家重点龙头企业奖励金（列入财务收入）
2004	600	中央	农业综合开发项目（中低产田改造），9 个农业生产队农作物工地打水井 36 口，平整及改良土壤 2.2 万亩
2005	760	中央	农业综合开发项目土地治理改造中低产田 2.2 万亩；2000 亩菠萝优良品种繁育，标准化甘蔗、菠萝生产基地建设
2006	165	中央、省	修建东风至南峰队、农田队至南茂队、3 队至 9 队的公路 11 公里（15 万元/公里）
	600	中央	收获、南光农业分公司共 11 个生产队农业综合开发土地治理项目，共 2200 亩
	4	省	省级农业产业化重点龙头企业奖励资金（列入财务收入）
2007	860	中央	收获、南光农业分公司共 8 个生产队农业综合开发土地治理项目，共 1.84 万亩；农田队 2000 亩农业综合开发项目菠萝优良品种繁育和标准化生产示范基地建设等

（续）

年份	财政资金总额（万元）	资金来源	专款专用支出项目
2008	25	中央	修建调风路口至丰收公司调丰糖厂路段，长2.5公里、宽4米（4米宽水泥公路造价65万元/公里）
	125	省	
2009	700	中央	修建农田队至东风队长4.25公里、宽6米的水泥公路；修建4队至17队长4.7公里、宽4米的水泥公路（4米宽路造价65万元/公里，6米宽路造价96万元/公里）
2010	690	中央	修建南光分公司总部至7队路口报警点的公路，长7.3公里、宽6米
	18.48	省	水库移民后期扶持资金118户，共308人受益
2011	290	中央	修建南茂队至南茂队路口的公路，长1公里、宽4米；修建罐头厂至东江队的公路，长3.5公里、宽4米
2012	580	中央	修建8队至2队的公路，长5.5公里、4米；修建北河队至丰收队公路，长3.5公里、宽4米
2013	1840	中央	人畜饮水工程项目建设573万元；中小学费用支出661万元；收获医院、南光医院费用支出116万元；收获公公司南田队职工自营经济（养牛）试点工程20.8万元；一事一议项目建设：公益事业项目109个包括道路、水塔、水井等共467.25万元
2014	784	中央	修建运蔗路口至万寿堂的公路，长1.5公里、宽4米水泥；修建16队路口至16队队部的公路，长0.8公里、宽4米；修建11队路口至11队队部的公路，长1.2公里、宽4米；修建滨河队至农田队的公路，长6.2公里、宽4米；修建公共环卫设施、公共绿化、公共文体设施；困难职工帮扶资金补贴12人等
2015	2544.76	中央	事业单位离退休、中小学、医院经费；农业高产创建、土地确权、安全生产、新型农机具购置补贴；中小学危房改造补贴；基层农业技术推广系统改革与建设试点补助；社区建设及管理补贴；小型农田水利建设；一事一议项目
	649.56	省	修建肥厂至东山队1.4公里的公路；修建新村队路口至东风队1公里的公路；修建九江路口至九江队1公里的公路；修建南光分公司总部至13队1.4公里的公路；修建12队至13队1.6公里的公路；归难侨生活补助；基本公共卫生服务专项经费；水库移民后期扶持资金；基本农田经济补贴、养老保险及合作医疗补贴
	72	省	2012年、2013年省级农业产业化龙头企业奖励金（贴息）
	201	省	国家储备糖补贴
2016	3345.89	中央	农业综合治理创造高产项目资金；土地确权专项工作经费；安全生产专项工作经费；购置新型农机具补贴；学校教职员工危房改造补助；国有企业税收改革补助；农业科技成果转化与技术推广服务补助；社区建设与管理补助；农田水利建设；一事一议项目；防洪工程（含应急度汛）；湛江农垦局列入的医院医疗设备购置项目；丰收农场医院住院楼建设项目
	361.17	省	修建调风队至九江队2.2公里的公路；修建新湖队路口至新湖队队部1.2公里的公路；修建6队路口至6队队部0.8公里的公路；修建华建队路口至华建队部0.8公里的公路；修建收获分公司总部至罐头厂0.5公里的公路
2017	2855.92	中央	医院、中小学在职人员、离退休人员经费；学校公用经费；住房公积金及购房补贴；义务教育经费保障增加经费；农业创建高产资金（甘蔗、菠萝、橡胶）；安全生产、土地确权、购置新型农机具补贴；中小学危房改造补助；税改补贴；工农业技术推广服务补助；社区建设与管理补贴；农田水利补贴；一事一议项目；防洪防灾救灾
	275.38	省	公路维修专项；归难侨生活补贴；环境卫生专项经费；水库移民后期扶持资金；现代农业科技资金；基本农田经济补贴；养老保险、合作医疗等

（续）

年份	财政资金总额（万元）	资金来源	专款专用支出项目
2018	4517.11	中央	事业单位离退休经费；学校人员经费；两间医院人员经费；中小学公用经费；住房公积金及账户补贴；农业综合治理项目；科技推广项目；安全生产项目；防灾救灾；小型水利防洪设施；社区建设及管理补贴；国有土地确权项目；税改补贴；农业生产机械化设备
	584	省	小城镇建设项目；基层道路维修；归难侨生活补助；公共卫生服务专项经费；水库移民后期扶持资金；农业产业化现代农业科技专项；基本农田经济补贴
2019	4977.97	中央	事业单位人员经费；中学、一小、三小公用经费；事业单位离退休人员经费；义务教育经费保障增加经费；税改补助；美丽乡村建设资金；社区建设及管理补助；土地确权项目；一事一议项目；农业统合开发土地治理项目；农业产业强镇示范建设
	1029	省	丰收农场小城镇综合基础设施建设项目，包括：站堰河整治；新建南光医院桥梁1座；站堰河段卫生间1间；湿地公园人工湖地段卫生间1间；站堰河河边石栏杆和2米宽人行道各3120米；污水处理站252座；太阳能路灯320盏；绿化种植桃花心木600株；湿地公园大人工湖长300米、宽40米，面积12000平方米；小人工湖长90米、宽50米，面积4500平方米

第二编

农　业

中国农垦农场志丛

第一章 产业发展

丰收公司土地总面积 21.44 万亩（2020 年），其中农用地面积 17.39 万亩（含可耕地面积 11.24 万亩）。农场创办的初衷就是保障国家战略资源橡胶的供应。20 世纪 90 年代以前，国营收获农场、国营南光农场的农业以生产经营天然橡胶为主，辅以种植甘蔗、香茅、稻谷、花生、木薯、茶叶等多种作物和林木等，多是为橡胶产业配套或为解决职工生活所需物资和服务而设。20 世纪 80 年代，随着调丰糖厂的重建和收获罐头厂的建成，甘蔗种植成为农场主要生产经营项目之一，菠萝种植的占比也在加大。进入 20 世纪 90 年代后，实行产业调整，国营收获农场全部淘汰了橡胶，改种甘蔗和菠萝；国营南光农场的橡胶种植也大幅缩减，1991—1996 年共计淘汰了约 10000 亩橡胶，仅剩约 1.77 万亩。组建丰收公司以后，甘蔗种植成为主要生产项目，形成了"发展甘蔗，巩固橡胶，优化菠萝"的作物布局方针。2012 年以后，菠萝管理实行订单农业和走市场相结合的办法，菠萝罐头厂加工所需菠萝鲜果主要面向市场收购，公司不再设定农业岗位种植菠萝。受自然灾害和市场低迷等因素影响，2017 年正式停止橡胶生产。丰收公司作物结构由多种逐渐转向甘蔗单一种作物，但更注重推广甘蔗全程机械化技术。

第一节 发展速度

1989—2020 年，丰收公司农业快速发展，农业总产值从 2370.3 万元上升至 49715.59 万元，增长了约 20 倍，平均每年递增 15.60%，但期间有两次大的调整，走势是先快速爬升至 2018 年，达到历史最高值 69945 万元，之后连续两年下调。1989—2000 年，农业总产值由 2370.3 万元上升至 13814 万元，增长了 4.8 倍，平均每年递增 17.38%。2005 年上升至 17681.92 万元，相较 2000 年增长了 28%。2005—2010 年，是农业快速增长的五年，达到了 27833 万元。2010—2017 年，农业总产值持续快速上升，增长了 1.36 倍。2018 年的农业总产值达到了历史最高峰值 69945 万元，之后连续 2 年下降，主要是将南茂队、华建队、东风队三个生产队的土地移交给现代农业公司使用及甘蔗基地扩大甘蔗种植面积且产量较低所致。2020 年农业总产值回落至 49715.59 万元，相较 2018 年下降了约 29%。

第二节　结构变化

20世纪90年代以前，农场一直以生产经营天然橡胶为主。20世纪80年代以后，农场农业结构发生了巨大变化：以橡胶为主的林业虽然占主导位置，但比例一直在下降；以甘蔗、菠萝为主的种植业的发展速度则迅速上升，其产值占农业总产值的比例大幅上升；以生猪养殖为主的畜牧业也占一定的比例，所占农业总产值的比例小幅上升；20世纪80年代末还有一小部分副业、渔业，但很快就消失了。

1989—2020年，林业的产值由1989年的1318.1万元下降至2020年的0.81万元；种植业的产值则由1989年的820万元快速上升至2020年的47240.36万元，增幅达57.6倍，其占农业总产值的比例也从34.59％上升至95.02％；畜牧业在1989年的产值为207.1万元，至2000年上升为1067万元，增长了约4倍，其所占农业总产值的比例由8.74％小幅上升至9.92％，之后由于产业调整，所占比例迅速下降，2020年畜牧业的产值为1434万元，产值虽有所增加，但所占农业总产值的比例已下降至2.88％；副业、渔业所占的比例极少，可以忽略不计，直到2020年，副业才有起色，这一年的产值达812.42万元，占农业总产值的比例为1.63％，渔业主要是鱼塘承包收入，所占比例很小，2020年的产值为228万元，占农业总产值的0.46％。

表 2-1-1　1989—2020年丰收公司主要年份种、林、牧、副、渔业产值比例状况表

	项目	合计	种植业	林业	畜牧业	副业	渔业
1989	产值（万元）	2370.30	820.00	1318.10	207.10	23.20	1.90
	比例		34.59％	55.61％	8.74％	0.98％	0.08％
2000	产值（万元）	10751.00	8741.00	871.00	1067.00	0	72.00
	比例		81.30％	8.10％	9.92％	0	0.67％
2005	产值（万元）	13814.00	12777.00	867.00	116.00	0	54.00
	比例		92.49％	6.28％	0.84％	0	0.39％
2010	产值（万元）	27833.00	24352.00	3179.00	293.00	0	9.00
	比例		87.49％	11.42％	1.05％	0	0.03％
2017	产值（万元）	65580.00	63732.00	273.00	1410.00	0	165.00
	比例		97.18％	0.42％	2.15％	0	0.25％
2018	产值（万元）	69945.00	67718.00	237.00	1807.00	0	183.00
	比例		96.82％	0.34％	2.58％	0	0.26％
2019	产值（万元）	59641.00	58054.00	272.00	955.00	0	360.00
	比例		97.34％	0.46％	1.60％	0	0.60％
2020	产值（万元）	49715.59	47240.36	0.81	1434.00	812.42	228.00
	比例		95.02％	0	2.88％	1.63％	0.46％

第二章　天然橡胶种植

广东省国营收获农场和广东省国营南光农场是为打破帝国主义对我国的经济封锁，根据中央人民政府政务院作出的《关于扩大培植橡胶树的决定》精神，以生产天然橡胶满足国防建设而部署创办起来的。发展橡胶走过艰难的创业历程，面对极端天气，老一辈农垦人用青春和汗水甚至生命创造一个又一个奇迹，收获、南光农场高峰时有6.8万亩以上规模的橡胶园，从20世纪60年代初橡胶开割以来共生产干胶36122.89吨，为提供国家急需的战略物资——天然橡胶做出了重大贡献，也探索出独具特色的高纬度植胶技术。

由于种植橡胶条件相对恶劣，且经济效益低下，20世纪90年代后，农场根据上级政策调整及本场实际，及时调整产业结构，适当压减橡胶面积甚至全部淘汰（收获农场已于1992年全部淘汰），改种糖蔗、菠萝等经济作物，随着橡胶面积规模不断缩减，橡胶产业在农垦经济中的地位有所下降。2017年后不再产胶，退出橡胶生产行业。

第一节　橡胶种植

一、面积与分布

广东省国营收获农场从1952年开始开荒种植橡胶，经历了七个发展阶段。①1952—1954年为大发展阶段，定植橡胶42121亩共114.8万株。②1960—1961年为巩固发展阶段，定植橡胶6292亩共19.5万株。③1964—1967年为稳步发展阶段，定植19796亩共71.43万株。1964年建场初期新植的部分橡胶开割，首次开割91亩共0.3万株，产胶0.61吨。④1969—1972年为大力发展阶段，定植19441亩共58.55万株。⑤1980—1987年为调整、更新阶段，定植2146亩共9.09万株。截至1984年底，已累计定植橡胶88776亩共303.98万株。历次低温、台风等危害共损失橡胶56111亩共240.58万株，保留橡胶32665亩共63.4万株。经过产业结构调整，到1987年底，实有保胶面积27048亩共48.08万株，是粤西垦区中等规模的橡胶场之一。⑥1988—1990年为快速下降阶段，受自然灾害及国内外形势影响，橡胶种植处于明显劣势，不得不压缩橡胶面积，改种蔗糖、菠萝等经济作物。在此期间共淘汰橡胶10930亩共17.71万株，截至1990年底，实有保胶面积 16118 亩共 30.37 万株。⑦1991—1992 年为淘汰阶段。实行产业调整，两年间橡胶已全部淘汰。

广东省国营南光农场从 1952 年开始开荒种植橡胶，经历了 10 个发展阶段。①1952—1954 年为大发展阶段，定植橡胶 36431 亩共 93.76 万株。②1955—1956 年为抗灾害保苗阶段，受台风、干旱及特大寒流影响，两年间损失橡胶 30098 亩共 81.59 万株，截至 1956 年底仅剩橡胶面积 6333 亩共 12.17 万株。③1957—1959 年为产业调整阶段，1957 年、1958 年共淘汰受灾橡胶 6060 亩共 11.27 万株，仅保留橡胶 273 亩共 0.9 万株，改种糖蔗、香茅。④1960—1962 年为艰难经营阶段，连续三年遭受特大自然灾害，生产上做了一些调整，重新定植了大量胶苗，恢复了以胶为主多种经营的方针，到 1961 年底，全场定植橡胶面积回升到 3269 亩，橡胶树达到 8.02 万株。1962 年，建场初期几经周折保留下来的部分橡胶实生树开割，第一次开割面积 300 亩共 0.49 万株，收获鲜乳胶 0.68 吨。⑤1963—1966 年为产业调整和优化阶段，坚持"一业为主，多种经营"的生产方针，大力营造防风林，实现胶园林网化、覆盖化、良种化。至 1966 年，橡胶面积达 5774 亩共20.36 万株。⑥1967—1976 年为扩种大发展阶段，1969 年 4 月农场体制转为建设兵团，大力发展橡胶，砍掉多种经营，割掉家庭副业。1973 年，橡胶种植又恢复到 30000 亩以上，为 30039 亩共 91.18 万株。这一年开始推行橡胶林管机械化。1974 年 10 月恢复农场体制，实行胶园整顿，搞好基本建设，恢复多种经营。1975 年，在 8 队北面新建了一座中型橡胶制品加工厂，1976 年总产干胶 251 吨，上缴利润 89057 元。⑦1977—1990 年为稳定发展阶段，坚持"一业为主，多种经营，因地制宜"的经营方针，这期间橡胶面积基本维持在 30000 亩左右，共生产干胶 10485 吨，1990 年单株平均产量 2.9 公斤，为 1962 年开割以来的最高单产，当年也实现年产干胶 1156.5 吨，也是历年来的最高产量。⑧1991—1995 年为缓慢缩小阶段，实行作物结构调整，淘汰老残低产胶园，改种糖蔗、菠萝等经济作物，橡胶面积逐年缩减，从 1991 年的 26113 亩减至 1995 年的 20993 亩，平均每年减少 1280 亩。⑨1996—2014 年巩固阶段，国营南光农场并入丰收公司后，略做产业结构调整，1996 年、1997 年两年间共淘汰橡胶 6433.7 亩。按照丰收公司"发展蔗糖，巩固橡胶，优化菠萝"的经营方针，1997—2014 年期间橡胶面积基本维持在 14000 亩左右。⑨2015—2020 年为快速下降阶段。受 2014 年两场强台风和超强台风影响，橡胶损失严重，开始大面积淘汰被损毁的橡胶树共 6485.51 亩，改种糖蔗等其他经济作物。2016 年仅保留橡胶面积 7591.16 亩。休割两年后，2017 年尝试开割，亩产干胶仅 6.9 千克，全年产干胶 31.28 吨。由于效益低下、割胶工人缺乏等，此后停止割胶，退出橡胶生产行业。2018 年，丰收公司划定 4000 亩橡胶园为农垦天然橡胶生产保护区。

表 2-2-1　1952—2020 年收获农场、南光农场天然橡胶面积

年份	收获农场（亩）	南光农场（亩）	年份	收获农场（亩）	南光农场（亩）
1952	12000	18044	1987	27048	29429
1953	18000	33070	1988	26384	29770
1954	12121	36431	1989	24310	29796
1955	4763	8683	1990	16118	29743
1956	6174	6333	1991	0	26113
1957	1210	273	1992	0	26168
1958	1212	273	1993	0	23367
1959	1212	515	1994	0	21048
1960	4837	1746	1995	0	20993
1961	7000	3267	1996	0	17694.6
1962	5747	2260	1997	0	14559.3
1963	3752	2260	1998	0	14432.2
1964	4375	2260	1999	0	13986
1965	5636	2118	2000	0	13957.9
1966	11975	5774	2001	0	13685.9
1967	21219	12651	2002	0	13691.1
1968	21220	14918	2003	0	14087.9
1969	21533	16694	2004	0	14536
1970	36033	25347	2005	0	14143.7
1971	41777	33608	2006	0	15234.68
1972	38479	29797	2007	0	15377.1
1973	38479	30039	2008	0	14392.27
1974	36865	29974	2009	0	14397.06
1975	36865	29900	2010	0	14062.17
1976	36777	29900	2011	0	14573.03
1977	36252	29900	2012	0	14185.06
1978	35989	29900	2013	0	14076.67
1979	36004	29083	2014	0	14076.67
1980	36137	29727	2015	0	11519.19
1981	36091	30328	2016	0	7591.16
1982	33166	30812	2017	0	7591.16
1983	33071	30966	2018	0	7591.16
1984	32665	30600	2019	0	7591.16
1985	28467	29217	2020	0	6969.25
1986	27193	29220			

二、生产经营模式

农场天然橡胶产业实行"基地＋农户"的生产经营模式，农场是这一模式中的"基地"，属于核心层次，全面负责制定落实本场橡胶的发展规划和供、产、加、销等生产经营。农场均设有橡胶初加工和供销公司，前者负责将本场生产的胶水加工成干胶或浓缩胶乳，后者负责将加工后的橡胶进行销售，并供应橡胶生产所需的物资。生产队是农场属下

的基层管理组织，是联结农场和职工家庭农场的纽带，负责将农场的橡胶发展规划和生产计划落实到每个家庭农场或职工个人；负责胶水的收集并转交加工厂；负责将农场分配或供应的物资分发到职工。职工和职工家庭农场是这一模式中的"农户"，是直接的橡胶生产者。

第二节　橡胶生产

一、总产量

广东省国营收获农场橡胶胶水生产从 1964 年 6 月开始，当年橡胶开割面积 91 亩，总产干胶 0.61 吨。1964—1990 年，共生产天然橡胶干胶 9466.04 吨，平均每年 350.59 吨。1976 年以后，年产干胶量开始直线上升，由 1976 年的 224.3 吨快速增长至 1979 年 692.96 吨，1981 年首次突破年产 700 吨水平，1987 年达到历史最高水平，为 792 吨。橡胶开割面积从 1979 年 20513 亩，至 1984 年 27290 亩，增幅达 33％以上。由于出现低温寒害，1984—1986 年年产干胶产量维持在 600 吨左右。1987 年橡胶产量开始恢复性上升，1988 年又遭遇强冷空气侵袭，推迟开割 45～60 天，致当年的干胶总量减为 610 吨。1989 年后，大力推行乙烯利刺激低频高效新割胶制度，橡胶单位面积产量快速提高，干胶总产量也随之快速上升，1990 年仅开割 13170 亩，干胶产量 735 吨。后因产业结构调整，1991 年开始大面积淘汰橡胶，不再产胶。

广东省国营南光农场橡胶于 1962 年正式开割，当年橡胶开割面积 300 亩共 0.49 万株，产干胶 0.68 吨。1962—1995 年，产干胶 15669.47 吨，平均年产干胶 460.87 吨。并入丰收公司后，1996—2017 年（期间停割两年），产干胶 10987.38 吨，平均年产干胶 549.37 吨。1962—1974 年，年产干胶在 0.68～57.65 吨。1974 年实行胶园整顿。从 1975 年起干胶产量稳步上升，1977 年干胶产量突破 400 吨，1978 年突破 500 吨，1979 年突破 700 吨，1987 年突破 900 吨，1989 年突破 1000 吨大关，1990 年达到 1156.5 吨，为建场以来年产最高，主要是 1977—1990 年坚持"一业为主，多种经营，因地制宜"的经营方针，年开割面积基本维持在 26000 亩以上，割胶技术也在不断改进，确保了产量稳定。1991 年干胶产量 1218.97 吨，为南光农场历史上年产干胶最高产量，之后逐年下降，主要原因是 20 世纪 90 年代后进行产业结构调整，淘汰老残低产橡胶树，改种糖蔗等经济作物。1992—2007 年年产干胶在 590.96～951.1 吨。2008 年 1—2 月遭遇连续 25 天的低温天气，最低气温为 4℃，橡胶大面积冻伤，不能正常开割，当年仅产干胶 21.26 吨。2009 年以后部分橡胶开割树正常开割，2009—2013 年年产干胶在

299.96~419.04吨。2014年产干胶98.37吨，遭遇2场强台风和超强台风，橡胶损失严重。休割2年后，2017年再次开割，干胶产量仅为31.28吨，严重亏损。

二、单产

1964—1990年，得益于结构优化、科技进步和管理水平提高，广东省国营收获农场的橡胶单位面积和单株产量呈上升趋势。1964年首次开割，由于技术不成熟，每亩干胶产量仅为6.7千克，每株干胶产量仅为0.2千克，1965年、1966年每亩干胶产量分别为23.08千克、24.4千克，较1964年分别增长了244.5%、264.18%；每株干胶产量平均为0.8千克，较1964年增长了300%。每亩开割胶园的干胶产量从1965年的23.08千克提高至最高值的72.7千克，涨幅215%；每株干胶产量也由0.8千克提高至最高值的3.2千克，升幅300%。1967—1973年，由于1967年1月持续低温阴雨天气，橡胶大部分冻伤冻死，每亩干胶产量和单株产量也连续两年走低，1968年亩产干胶仅5.17千克、单株产量0.2千克，创历史最低。之后开始恢复性增长，亩产和单株产量从1969年的30千克、1千克增长至1973年的51.3千克、1.5千克，涨幅分别为71%、50%。其间因1971年台风袭击，亩产和单株产量减至23.74千克、0.8千克，但总体是上升趋势。1974—1983年，由于受1973年、1980年、1982年强台风袭击及1975年0℃以下低温天气影响，亩产干胶从1974年的44.5千克降至1983年的28.23千克，降幅达37%，虽然1977年亩产达到62.76千克历史第二，但总的趋势是逐年略有下降。单株产量大部分在1.6~2.0千克。1984—1989年，1984年创下亩产72.7千克的最高纪录，但当年10月遭受强台风袭击，亩产干胶断崖式下跌后，基本维持在26.81~37.09千克。但由于割胶技术进步及胶园管理水平提高，单株产量稳步提升，从1.5千克提升至2.4千克，升幅60%。1990年橡胶亩产大幅提高，达到55.81千克，较上年上升73%；单株产量也创下历史最高水平，为3.2千克，较上年上升60%。

1962—2017年，广东省国营南光农场（并入丰收公司后称为南光农业分公司）的橡胶单位面积和单株产量，在多次上升与回落交替中震荡上升，亩产干胶产量2002年达到75.54千克，为历史最高，之后波动下降，2013年为37.83千克回落至1989年的水平。1962—1966年，干胶亩产和单株产量缓慢上升，从1962年2.27千克、0.1千克上升至1966年18.94千克、1千克，分别提升了734.36%、900%。由于1966年12月底至1967年1月出现连续低温阴雨天气，导致橡胶大面积冻死冻伤，干胶亩产连续下跌，1968年跌至10.78千克，单株产量跌至0.8千克。1969—1979年，干胶亩产和单株产量震荡上升，从1969年23.3千克、0.9千克上升至1979年35.01千克、1.8千克，升幅分别为 50.26％、100％。受 1971 年、1973 年台风及 1975 年寒潮影响，其间出现三次波动回落。1980—1985 年，受 1980 年、1982 年、1984 年强台风袭击，干胶亩产在 21.31～28.34 千克，单株单产在 1.5～2.1 千克。1986—2002 年，1986 年开始，亩产量开始恢复上升，从 28.35 千克上升至 2002 年的 75.54 千克，升幅 166.46％。其间因台风、干旱、寒潮影响，经历五次震荡回落。2003—2017 年，亩产量震荡下跌，从 49.61 千克下跌至 17.43 千克，跌幅达 64.87％。其间因 2003 年 8 月强台风、2008 年 1—2 月寒潮、2014 年 7 月超强台风"威马逊"及 9 月强台风"海鸥"袭击，亩产量出现断崖式下跌，2003 年跌幅达 34.33％、2008 年跌幅达 96.66％、2014 年跌幅达 75.13％。2015—2016 年休割。

第三节　橡胶品种与栽培

一、主要品种及其特点

（一）品种

广东省国营收获农场 20 世纪 50 年代种下成龄的全为实生树。1961—1970 年，先后从海南西联农场、徐闻育种站等单位共引进 RR107、PB86、RRIM600、GT、RRIM513 等 13 个品系，其中高产品系 5 个。1966—1967 年连续两年低温，橡胶受害较重。1969 年上级提出对口使用品系，该场首先淘汰了虽高产但抗性差的 RRIM600、RRIM513 和 CL 三个品系。兵团时期曾被批判"崇洋媚外"，国外高产品系受到限制，种植了一些国内低产品系。同时将一批 PR107、PB86 等即将开割的幼树也改接国内低产品系，1970 年改接 16 万株，1971 年改接 3 万株。因砧木树皮厚、芽片薄，大多不成活。1972 年始，不再使用国内低产品系，大比例保留和发展 GT1、PR107、海垦 1、南华 1、南强 1-97 等 6 个品系（如表 2-2-2）。

表 2-2-2　1987 年末收获农场保存橡胶分品系统计

品系 项目	合计	PR107	CT1	南华 1	南强 1-97	深井 1	海垦 1	PB86	白南 28-32	东方 93-114	红星 1	其他 品系	实生树
保存数 （万株）	48.08	10.42	8.43	6.66	6.39	5.45	5.32	2.51	1.14	2.26	0.01	0.81	0.68
占（%）	100	21.7	17.5	13.9	13.3	11.3	11.1	5.2	2.4	0.5	0.02	1.7	1.4

20 世纪 50 年代，广东省国营南光农场普遍采用未经选择的篮播或地播实生小苗定植。

1957 年起，农场推广优良无性系芽接苗种植。1957—1968 年推广优良无性系海垦 1、PB86、PR107、南华 1、PRIM600 等品系。

20 世纪 70 年代侧重采用国内品种，但成活率不高。20 世纪 60—80 年代，大规模推广的品系有 CT1、海垦 1、PR107、东方 93-114、南华 1。20 世纪 80 年代后期至 90 年代初，推广品系有三合树 GT1/PR107、东方 93-114/GT1、红星 1。

2008 年，开始大面积种植热研 7-33-97、热研 7-20-59、云研 772 云研 774、湛试 327-13、热垦 525 等。

2010 年，天然橡胶品种占胶园的比例为：PR107 占 30.8%，热研 7-33-97 占 29.8%，CT1 占 13.5%，热研 7-20-59 占 8%，海垦 1 占 7.4%，南华 1 占 3.3%，云研 772、云研 774、湛试 327-13、热垦 525 及其他品种占 7.2%。

表 2-2-3　2010 年末南光农场保存橡胶分品系统计

品系 项目	合计	PR107	CT1	南华 1	热研 7-33-97	热研 7-20-59	海垦	云研 772、 云研 774	湛试 327-13	热垦 525	其他品系
保存数 （万株）	26.08	8.04	3.51	0.87	7.76	2.1	1.92	0.34	0.46	0.31	0.77
占（%）	100	30.8	13.5	3.3	29.8	8	7.4	1.3	1.8	1.2	2.9

（二）品种特点

1. GT1　GT1 是 1960 年引进种植的印度尼西亚品种，耐寒力中上，尤其对辐射低温的耐寒力强，但抗风能力差；耐刺激割胶；胶乳机械稳定度高达 925 秒，适宜制浓缩胶乳；在粤西北部垦区每亩产量在 60 千克以上，为当家品种。

2. PR107　PR107 是 1955 年引进种植的印度尼西亚品种，抗风力较强，有一定耐寒力，适应性较强，早期生长慢，保存率高；干胶含量高，产量较稳定，刺激割胶可发挥高产潜力；适宜中风中寒和重风地区种植，为当家品种。

3. 东方 93-114　东方 93-114 是华南热带作物研究院南亚热带作物研究所选育出的橡胶良种，1964 年开始进行生产性推广，耐寒力强，特别是对强平流低温的忍耐力强；生长快，生势壮，但产量较低；适宜重寒地区种植。

4. 热研 7-33-97　华研 7-33-97 是中国热带农业科学院橡胶研究所于 1966 年从 RRIM600×PR107 杂交苗中选出繁衍成的三生代无性系，1993 年评为中规模推广级，1995 年评为大规模推广级；抗风能力较强，有一定抗寒能力，生长较快，林相整齐，开割率较高。

5. 湛试 327-13　湛试 327-13 是由中国热带农业科学院南亚热带作物研究所选育，亲本为东方 93-114×PR107，生长较快，产量高，耐寒力强。虽为试种级品种，但在化州新时代农场等单位试种表现速生、丰产、抗寒和较抗风特性，在粤西各场种植优良特性稳定。

6. **热垦 525**　热垦 525 是以国外引进的胶木兼优无性系为试材，通过多点区域试种，系统鉴定选育出的我国首个速生、高产且具有广适性的胶木兼优品种，于 2010 年经中国天然橡胶协会审定为推广级品种。在湛江垦区试种表现速生特性，但抗风性较差，不适宜中、重风区种植。

7. **南华 1**　南华 1 是由湛江农垦南华农场选育成功的橡胶品种，已被审定为大规模推广品种。抗风、抗寒性表现突出，产量中等，但耐刺激性一般，不适宜高浓度乙烯刺激割胶。

8. BP86　BP86 是 1954 年引进种植的马来西亚品种，生长较快，产量较高，但抗风能力弱，耐寒性差，1986 年以后不再列为推广品种。

二、栽培技术

（一）良种化

采取引进与苗圃芽接培育相结合的方法，通过建立适应性试验点和品种比较鉴定，筛选出 GT1、PR107、海垦 1 号、海垦 1、南华 1、南强 1-97、热研 7-33-97 等高产、抗寒或抗风的品种，作为农场大规模推广品种。

苗圃芽接即实生苗为砧木，起初引用 PR107、PB86 两个国外较优品系芽条，切其芽片进行芽接，以后又引进 PRIM600、RR513、GT1、CL、PB5/51、锦兴 10 号（今名海垦 1 号）等国内外几个高产抗逆品系。橡胶苗经苗圃芽接后才能定植，根据各植胶林段的不同环境，有计划地选育优化苗木，全苗或苗桩乃至低切杆、高切杆。

（二）防灾减灾

1. **种植形式和密度**　收获、南光农场是中寒重风植胶区。植胶形式和密度直接关系到风害程度和单位面积产量。20 世纪 50 年代是照搬国外的经验，认为"橡胶树是乔木，每亩只能种 25 株"。所以这个时期均按 5 米×5 米的株行距呈正方形每亩种 25 株。后发现其群体抗风力差，风害重，每亩保存正常树 16.7 株。1960 年改为 4.5 米×5 米呈长方形种植，每亩 30 株。1964 年进而复以正方形按 4.5 米×4.5 米株行距，加大密度，每亩种 33 株，同时据不同品系个体特征，有 6 米×3.5 米或 5 米×4 米等多种形式并用。20 世纪 80 年代以后，除顾及群体抗风作用外，还考虑植胶行间的充分利用。普遍采用宽行窄株的形式，亩植 40 株以上。定植时间在每年 3—8 月。

2. **定植**　选在雨后土壤湿润时种植。当第一蓬叶老化稳定或第一蓬叶老化第二蓬叶小古铜时，营养袋干湿适宜，以破袋土墩不散为准。定植深度以穴土沉实后，根茎交界处与穴口水平为宜。定植时多次回土分层压实以利苗木吸水。回穴第一层土应踩紧，使土壤与主根末端紧靠。回土完毕后，在穴面盖一层松土，并平整成锅底形，然后盖草，草料应离橡胶树基部10厘米。定植时淋透定根水，以后每隔3～5天淋水一次，直至成活。定植后及时查苗、补苗。

3. **施肥**　中小幼树以液肥加氮（化肥）为主，每年4～6次，于除草后开环沟施入。从1954年起，每个植胶林段都建了肥池，胶园封闭后的中小幼树及开割树以施堆厩肥混合氮磷钾化肥为主，结合深翻改土、压青进行，每年1～2次，肥料开沟或挖穴施入，根据不同苗龄而改变施用量和施用方法，平均每年每株约30公斤，化肥每株年施0.5～1.25公斤，依肥源和苗龄而定。

4. **水土保持**　推广建筑梯田和环山行的保水措施同时发展覆盖植物。覆盖植物种类有葛藤、无刺含羞草、热带苜蓿等多种，尤以葛藤最受职工欢迎，它不仅生长快，覆盖厚密，且可提供大量压青材料。20世纪60年代后期，随着胶园陆续封闭，新植胶间种农作物逐年减少，80年代初期不再有覆盖植物，一般采用干草、蔗叶覆盖，连年复加，既保水又增加有机养料。

5. **防风**　按1∶1比例建设防护林网，形成10～25亩一个的小方格胶园，取代50年代的300亩大方格的旧模式，增强抗风环境外，职工群众创新采用风前打桩捆扎树干，风后快正植株等办法对幼树的防护。1960年推行"矮化栽培"措施，从幼树长到1.8～2米时即摘除顶芽，使之矮化，形成制度，减轻风害。1970年大面积推广对胶树进行"修枝整型"以减轻风害，即把茂密的、偏重的树枝切除，减少阻力。

6. **防寒**　主要对幼树，20世纪60年代曾试验过用烟熏、放炮来提高胶园气温，但这不易掌握时机，成本高效果差。后来每年冬天对幼树进行苗头培土高50厘米呈馒头状，开春再扒开。对矮小的如芽接桩苗三蓬叶以下幼树，搭设干草"蒙古包"。对橡胶苗圃幼苗，搭干草或薄膜防霜蓬，寒冷期间夜盖日揭，这些措施行之有效，职工群众乐于接受易于掌握，沿袭采用。

7. **防病**　橡胶幼苗期以日烧病、环枯病常见。20世纪50年代初，在定植的同时于胶苗株周播种木豆，60年代以后改播花生等作物，与胶苗同时生长，兼插些树枝遮挡，减少幼芽被日光直接照射。淋足定根水和及时抗旱也是一项重要措施，历来受到重视。两年以上中小幼树乃至开割树，常有白粉病、炭疽病危害。多发生在春季抽芽转古铜和淡绿阶段的连续阴雨天气时节，此时稍有疏忽病害即蔓延流行。20世纪60年代，每年冬春之交气温回升时喷以石硫合剂预防。20世纪70年代建立了专门机构，培训植保人员，每个生产队至少配备1人，严密注视此病的发生。每年备硫黄粉20吨以上，检修好所有大小各型植保机（器）械，一旦发现病状苗头即予消灭，防患于未然。喷药防治白粉病、炭疽病，喷药时间要根据橡胶物候期来决定，当南华1、海垦1的地块小古铜占20％，GT1、PR107、杂品系小古铜占30％时可喷施第一次药，如果因雨天或者个别树位发现有病株的情况，复喷第二次或者第三次药，选好雾水天气喷药，要求用药配量6：2：1，即石灰6公斤、硫黄2公斤、代森锌1公斤，经晒干后使用。

8. **胶园整顿**　对因台风、寒潮等灾害造成橡胶树残缺，实行大田补缺株、换弱株。对橡胶每亩株数保存量下降严重的胶园，实行搬、并、补、换，保优汰劣，把当风坡的残留正常树搬并到背风坡胶园，将背风坡胶园中缺株补齐，劣株换优，压缩保胶面积。

第四节　割胶技术

（一）**割前准备**

1. **胶工配备**　每年开割前必须配足胶工，包括30％的预备胶工。

2. **割胶定额**　常规割胶每个树位250～300株；新割制改革，如搞割胶和收胶分开，每个割胶树位的割胶株数可增到400株以上。

3. **树位安排**　胶工固定树位，一定多年，每个胶工配树位3～5个。

4. **割胶工具**　新胶工配备胶刀2把、钢石2块、红石1块、粉石1块、胶灯1盏、胶桶1担、收胶刮1个；老胶工配备胶刀1把、钢石1块、红石1块、粉石1块。以上工具均由农场供销公司统一发放。

5. **胶工培训**　农场每年开割前需用10～20天时间培训胶工，一般对割胶辅导员培训3天、对老胶工培训5天、对新胶工培训20天，主要教学磨刀技术、树桩割胶操作、田间割胶操作、橡胶割胶新技术展示等。1973年前由农垦局统一组织，各农场派胶工到南华等农场培训。1974年以后，农场自行培训，对老胶工要求精益求精，并以此作为技术晋级依据之一，对新胶工则经考核及格后方可上岗。一般各农场生产部门配备1～2名总辅导员，各生产队配备1名辅导员，负责割胶技术指导和监督检查。

（二）**割胶标准**

开割标准按农垦部下达的规程，实生树离地50厘米处树围达50厘米，芽接树离地100厘米处树围50厘米，方可开割。20世纪80年代后期芽接树树围除海垦1以外，一律改为树围45厘米即可开割。割面规划为芽接树第一割面新割线下端离地面高度为100厘米，第二割面为 100 厘米。

开割标准与时间为当胶林抽叶完全稳定老化达 95％以上时才能动刀开割，第一蓬叶老化植株达 80％以上时动刀割胶，树位的开割率达到 50％定时为开割时间。停割标准与时间为单株有黄叶 50％以上时单株停割，有 50％植株停割的整个树位停割。在冬季连续 3 天出现连续低温（15℃以下）、阴雨气候 7 天以上或胶林出现较普遍黄化现象即全面停割。

（三）割胶时间

正常年份每年 4 月中下旬开始割胶，多数年份为 5 月，每年 11 月底停割。从 2000 年起，根据气候变化，多数年份延迟至 12 月中旬停割。在割胶期间，胶工一般每天凌晨 3 点至 6 点半割胶，9 点左右收胶，采用乙烯利刺激割胶的，于中午 12 点左右再收一次长流胶。全年割胶 105～120 天，实行新割制后，全年割胶 50～70 天。

（四）割胶制度

橡胶开割以后，为把割胶生产搞好，农场每年都组织胶工培训，制定了割胶辅导员制度和胶工技术检查、评级制度，每年开展优秀胶工、红旗树位和割胶技术比武等活动。

正式割胶以来，一直将 S/2.d/2（即割线为树围 1/2，半螺旋形，隔日割）作为常规割胶制度，年割 100～110 刀。

20 世纪 70 年代初（生产建设兵团时期），因盲目追求产量，漠视割胶技术规程，出现短时强割。恢复农垦体制后的 20 世纪 70 年代末，又曾提出"一百公斤产量树位"，为凑够产量，不少胶工对一些植株一天割两次胶，导致开割树死皮率剧增，产量则急速下降。

1976—1978 年，曾在芽接树上试行针刺采胶（也叫微型采胶），只在部分胶园应用，方法是涂擦乙烯利刺激开割树皮，埋放电石于树根部地下使之产生乙炔以刺激根部，用针刺入树皮使之排胶，树身贴油毡纸作为胶乳流道，刺三天闲一天。1977 年，收获农场全场推行针刺采胶。这种针刺采胶方法起初产量高于过去的常规割制，但会对树皮的输导系统造成严重损伤，导致死皮增多。1979 年又恢复了刀割，沿用 s/2.d/2 法，使用刺激割制。

1987 年，小面积试验将稀土元素作刺激剂，把 0.5％～1％稀土钼混入乙烯利中使用，可使产量增加 10％～20％，并可减轻胶树死皮现象。

20 世纪 80 年代末期至 21 世纪初，主要采用三天一刀割制，推广使用雷达探测预报天气，指导割胶，最大限度避免雨冲胶，提高有效刀数，从而增产增收。

2003 年后，全面推广四天一刀割制，试验五天一刀割制。后期主要采用 1/4 割线阴阳刀实行四天一刀割制，采用乙烯利刺激。南光农场发明创造橡胶阴刀割法，反向由低到高割 1 米以上树皮，充分利用橡胶树皮割面，提高了橡胶产量。

（五）割胶技术

1. **割胶深度**（离木质部）　实生树为 0.16～0.2 厘米、芽接树 0.12～0.18 厘米。干胶含量低于 25％时短期休割，发现二级以上死皮树时单株停止涂药，并实行浅割，低温长流胶浅割。

2. **树皮消耗**　月消耗量不得超过 2 厘米。

3. **割线斜度**　由左向右倾斜，阳线 30～35 度，阴线 40～45 度（新开阴刀割线接阳刀割线斜度 30～35 度）。

4. **割面方向**　一般第一割面东北向，第二割面西南向，反之亦可。

5. **死皮率**　实生树不得超过 0.5％，芽接树不得超过 0.3％。

（六）割胶检查

每年从开割第一个月起，坚持每个月组织割胶技术检查，分一、二、三等和等外胶工四个级别评定割胶技术等级。

第五节　劳动竞赛

一、组织形式

丰收公司成立前的国营收获农场、国营南光农场，在 20 世纪 50 年代中期开展垦殖场与垦殖场、作业区与作业区、队与队、班与班、个人与个人等多种形式的大田橡胶种植、橡胶苗圃抚育、橡胶树嫁接等橡胶生产劳动竞赛。

丰收公司成立后，成立丰收公司劳动竞赛委员会，下设劳动竞赛执行领导小组、劳动竞赛监督小组、劳动竞赛考核验收小组。根据公司领导班子调整情况，及时调整劳动竞赛委员会成员，建立健全劳动竞赛机构。年度橡胶生产劳动竞赛方案由劳动竞赛委员会起草，由职工代表大会审议通过，每年开展大田橡胶管理、开割树位管理、橡胶产量超产奖励、割胶技术比武等多种形式劳动竞赛。

二、竞赛内容

（一）国营收获农场

1954 年，农场制订《橡胶种植作业定额劳动竞赛》。1956 年，开展大田橡胶防风林木种植挖穴劳动竞赛。1964 年 5 月，制订《收获农场包产奖生产责任制方案》，定出大田橡胶管理奖励劳动竞赛达标内容。1974 年 10 月（兵团撤销，恢复农垦体制），制订《收获农场橡胶生产"定、包、奖"责任制》。1987 年，开展以橡胶生产为主项目的场机关与生产队联系挂钩劳动竞赛。

（二）国营南光农场

1956 年，农场开展橡胶树苗抗旱和大田橡胶防风林挖穴劳动竞赛。1961 年，开展大田橡胶抚管劳动竞赛。1979 年 8 月，开展"五比五赛"的橡胶生产劳动竞赛，即赛指标，比幅度；赛干劲，比贡献；赛团结，比风格；赛管理，比水平；赛学习，比觉悟。同月，南光农场六届二次职代会审议通过《关于加强思想工作，开展增产节约为中心的社会主义劳动竞赛》，开展橡胶生产劳动竞赛，定割胶超产奖、定树位、定株数（250 株/树位）、定产量、定消耗，每超一公斤胶乳，一等割技奖 0.15 元，二等割技奖 0.09 元，每月结算一次，按季发奖。1983 年，开展"三全两优"橡胶生产劳动竞赛，即全勤、全割、全收、抚管优、割树优。1984 年 4 月 26 日，为实现年度"干胶 1000 吨，总收入 800 万元，利润 300 万元"的奋斗目标，开展大战"红五月"劳动竞赛。同年 8 月，制订《大战九月创优岗位劳动竞赛方案》。1988 年 4 月 20 日至 6 月 10 日，开展橡胶开割树高产优质岗位劳动竞赛第一战役。1989 年 5 月 15 日至 6 月 30 日，开展为期 45 天的橡胶开割树田管增肥劳动竞赛。1992 年 5 月，开展橡胶"二培二改"争先创优劳动竞赛。南光农场劳动竞赛委员会从 1981 年起至 1996 年，每年至少组织开展一次（有些年度两次）全场性的割胶技术比武。

（三）丰收公司

从 1996 年起至 2014 年，丰收公司每年制订橡胶生产劳动竞赛方案，并由年度职工代表大会审议通过。

2004—2005 年，制订《丰收公司橡胶生产最佳生产队、高产高效标兵劳动竞赛评选条件》竞赛方案。设定橡胶生产最佳生产队条件为全队年度干胶总产在 50 吨（含 50 吨）以上；单株产量在 3.5 公斤（含 3.5 公斤）以上；全队一、二类胶工 28％以上；其中一类胶工不低于 30％；冬管施肥严格按湛江农垦局施肥标准操作并施两次以上水肥。设定橡胶生产高产高效标兵条件为：个人承包树位干胶总产在全公司前 5 名，树位无荒芜现象；干胶含量高于所在队平均数；连续两年被评为一级胶工。

2009 年，开展橡胶"吨胶树位"劳动竞赛。

2010 年，橡胶高产劳动竞赛：以队为单位，全年干胶总产（含杂胶 6％以内），平均达到吨干胶树位，胶工割技达 1.8 级，奖队管理人员 800 元；胶工年终干胶树位达吨（含杂胶 6％以内）；割技在一级，每个树位奖胶工 100 元，奖队管理人员 10 元，奖分公司管理人员 10 元；完成指标以上的，每超 1 吨奖励分公司、生产队管理人员 1000 元。

2012—2014 年，开展橡胶田管、干胶吨胶树位奖，橡胶中小苗管理劳动竞赛。

三、竞赛效果

（一）收获农场竞赛效果

1954 年，实现橡胶定植总面积达 12121 亩，总株数 36 万株。

1956 年，全场农业劳动效率平均比上一年提高 50％以上，其中大田橡胶防风林木种植人工挖穴由每工 120 个提高到 250～400 个，第九生产队（作业区）职工张日善，创新"开沟挖穴法"，创日挖 700 个造林种植穴的全场最高纪录，受华南垦殖局的表彰和奖励（自行车 1 辆）。

1964 年，全场开割树 91 亩，3000 株橡胶实生树开始投产，全年总产干胶 0.16 吨，开始了收获农场割胶生产的历史。

1974 年，橡胶总面积 36865 亩，开割树 1072 亩，年产干胶 47.7 吨，单株年产干胶 1.6 公斤，亩产干胶 44 公斤，为海康垦区最高纪录。

1979 年，试行"定、包、奖"生产责任制，实行定额管理，超产奖励。全年橡胶生产全面超产超收，全场 4080 人平均每人得到综合奖金 54.5 元，最高个人奖 237.37 元。1980 年，全场人均年终综合奖金上升到 90 元。

1982 年，在农业生产队全面推行"三定到户、综合承包、联产计酬"生产责任制。年终结算，全场 24 个生产队共 1377 户 2156 人承包的干胶、橡胶中小苗抚育、橡胶苗圃抚管等 27 项产品全面超产，减除工资和费用后，共得超额劳动报酬 68 万元，户均 494 元，人均 315 元。

1986 年，开展"项目承包，定额上交，定价收购"的劳动竞赛，全年全场农工 2469 人，人均收入 1380 元，人均收入 2000 元以上的有 343 人，出现了 6 个万元户。

1987 年，在以橡胶生产为主项目的场机关与生产队联系挂钩劳动竞赛中，全场 830 个承包户 1345 人，基本消灭了亏损户，劳动纯收入 1790 元，万元户增到 16 户。南峰队管理人员的年终综合奖金为 4000 元。

（二）南光农场竞赛效果

1956 年，在开展大田橡胶树苗抗旱劳动竞赛中，全场突击打大小水井数百个，职工全力挑水抗旱，有的员工一天挑上百担水，在全场员工的奋战之下，保住了橡胶树苗 6333 亩，橡胶树 121700 株。当年，在抗旱的同时，开展大田橡胶防风林带种植林木挖穴劳动竞赛，员工们苦干加巧干，职工庄玉明在大田橡胶防风林种植挖穴劳动竞赛中创造了

"三锄""五锄"挖表土法，推广至各生产队（作业区），大大提高了工作效率。这两种挖表土法得到了华南垦殖局海康垦殖分局的嘉奖。

1961年，全场开展大田橡胶抚管劳动竞赛，为场橡胶树开割打下了良好的基础。

1962年，全场橡胶实生树开割面积300亩，开割株数4900株，总产鲜胶乳2.09吨，总产干胶0.68吨。

1979年，开展"五比五赛"劳动竞赛，促使全场橡胶总面积29083亩，比1978年增加83亩。

1980年，开展"四化"立功劳动竞赛。当年，全场在受七号强台风的影响下，仍生产干胶488.64吨，完成计划的128.6%。10月14日，南光农场劳动竞赛委员会在《关于表彰抗灾生产立功人员的通报》中，分别表彰荣立一、二、三等功人员共307人。

1983年，在开展"三全两优"橡胶生产劳动竞赛中，全场生产干胶792.45吨，比1982年增加64.75吨，增加幅度为8.9%。10月20日，南光农场表彰了"三全两优"橡胶开割树位共32个，受表彰树位各发奖金10元。

1984年，在开展"红五月""大战九月"橡胶生产劳动竞赛中，因受9月5日十号强台风袭击的影响（全场橡胶受害62.5万株，受害率100%），全场完成生产干胶768.71吨，同上年相比减产34.74吨。

1988年，开展为期50天的橡胶开割树高产优质岗位劳动竞赛，当年生产干胶904吨，为湛江农垦局下达计划685吨的131.97%，实现全员劳动生产率6834元，劳动均纯收入2350元。

1989年，开展为期46天的大田橡胶开割树田管增肥劳动竞赛。当年末，全场完成干胶1008.7吨，同比增加247.01吨，完成计划的123.1%，南光农场年度干胶生产首次突破千吨大关。

1992年，"二培二改"争先创优橡胶生产劳动竞赛，全场实现培养橡胶高产树4000亩共8万株，改造橡胶低产树4000亩共8万株。

南光农场劳动竞赛委员会从1981年起至1996年，每年至少组织开展一次（有些年度两次）全场性的割胶技术比武，割技比武促进了胶工割技不断提高，实现多产胶增效益。

（三）丰收公司竞赛效果

1997年，在南光农业分公司开展橡胶生产劳动竞赛，全年生产干胶944.66吨，同比增加210.22吨；平均亩产干胶65.8公斤，同比增加21.3公斤；平均株产3.7公斤，同比增加1.2公斤；树位平均产量946.6公斤，同比增加206.6公斤。

1998—1999 年度，在南光农业分公司开展橡胶开割树田管（压青、追施水肥）劳动竞赛。1999 年末，完成干胶总产量 938.48 吨，同比增加 193.3 吨；平均亩产干胶 70.7 公斤，同比增加 16 公斤；平均株产干胶 4 公斤，同比增加 0.9 公斤；平均干胶含量 27.61％，同比增加 0.24％；树位平均产量 1140.3 公斤，同比增加 262.6 公斤。

2004—2005 年度，开展橡胶生产超产奖劳动竞赛。2005 年末，橡胶开割面积 12590 亩，开割树 15.15 万株，树位 625 个，全年完成干胶产量 631.76 吨，同比增加 7.2 吨；平均亩产 50.2 公斤，同比增加 0.6 公斤；平均株产 4.2 公斤，同比增加 0.9 公斤；树位平均产量 1010.8 公斤，同比增加 193.3 公斤。丰收公司在湛江农垦劳动竞赛委员会举办的"湛江农垦 2004—2005 年度劳动竞赛"中获得一等奖。

2009 年，橡胶"吨胶树位"劳动竞赛最高树位奖金额 4.15 万元。

2010 年，开展干胶超产奖劳动竞赛，橡胶"吨胶树位"劳动竞赛最高树位奖金额 4.37 万元，全年生产干胶 429.56 吨，同比增加 56.89 吨；平均亩产 39.2 公斤，同比增加 6.7 公斤，平均株产 3.1 公斤，同比增加 0.6 公斤；树位平均产量 1006 公斤，同比增加 207.9 公斤。

2012 年，橡胶生产"吨胶树位"劳动竞赛达树树位共 113 个，占总树位的 30.1％，最高树位全年完成干胶产量 2168.7 公斤，全年收入最高树位 2.3 万元。

2013 年，橡胶生产劳动竞赛达标奖，奖励胶工 100 人，奖金 10988.9 元。全年完成干胶总产量 395.79 吨，同比增加 71.13 吨；平均亩产 37.8 公斤，同比增加 7.2 公斤；平均株产 3 公斤，同比增加 0.6 公斤；平均干含 28.33％，同比增加 0.68％；树位平均产量 1134.1 公斤，同比增加 268.4 公斤。

第六节　橡胶产品初加工

一、产品种类

20 世纪 60 年代，新建的南光农场橡胶制品厂以生产浓缩乳胶为主，配有加工生产绉片、胶清片等设备。

20 世纪 70 年代中期，收获、南光农场均建有橡胶制品厂，均以生产浓缩乳胶为主。收获农场橡胶制品厂还配有加工生产标准胶、烟胶片、白绉片、褐绉片、胶清片等设备。均制定了一套比较完善的管理制度，设备齐全、技术雄厚，在加工过程中严格贯彻执行农垦部颁布的橡胶加工生产技术规程和产品质量要求。

天然橡胶初加工产品有浓缩胶乳、标准胶、烟胶片、白绉片、褐绉片、胶清片等，最主要是浓缩胶乳和标准胶，两者历年产量占农场干胶总量的 90% 以上。1982 年，收获农场停止生产浓缩乳胶，以生产标准胶为主，占总产的 90% 以上。20 世纪 90 年代后，南光农场以生产浓缩乳胶为主，同时加工胶清胶、胶园胶。

二、技术与工艺

生产浓缩胶乳采用离心法工艺，是最主要的橡胶加工手段。

烟胶片是按上级引进的烟胶片生产技术生产的，为半机械化生产，规模小，烘干用的燃料，最初是木柴，后来改用煤，成本较高。

标准胶也称颗粒胶，生产标准胶不用木柴或煤，机械化程度高，劳动效率高。

三、工厂规模

（一）南光农场橡胶制品厂

1962 年，国营南光农场建成第一间简易的橡胶制品厂，厂址位于 14 队部。当年收获鲜胶乳 2.09 吨，总产干胶 0.68 吨。

1975 年，建成一座中型橡胶制品加工厂，位于八队北面，一幢二层厂房建筑面积 299.86 平方米，伙房 141.57 平方米，建有四幢砖混或砖瓦结构职工住房共 796 平方米、厨房 423.12 平方米。拥有 5 吨车用运输铝罐 2 个。当年总产干胶 251 吨，向国家上缴利润 89057 元。

（二）收获农场浓缩胶乳厂

1977 年，国营收获农场建成浓缩胶乳厂，占地面积 33 亩，厂房建筑面积 1710 平方米，分凝固、浓缩、绉片等车间，拥有进口、国产离心机各 1 台，容量为 60 吨的浓乳积聚罐 8 个，压片机 2 台，剪切造粒机 1 台，100 吨液压打包机 2 台，绉片机 3 台，洗涤机 1 台等设备。拥有技术人员 2 名、管理人员 3 名、操作工人 22 名。日生产能力为浓乳 6 吨、绉片 0.5 吨。1977 年产浓缩胶乳 537.94 吨、白绉片 7.15 吨、褐绉片 17.7 吨、胶清片 83.5 吨、烟胶片 3.85 吨，总折合干胶 434.96 吨，加工总成本 130 万元，盈利 129.8 万元。

1978 年，在浓缩胶乳厂扩建颗粒胶（亦称标准胶）生产线 1 条，厂房建筑投资 16333 元，动力设备购置 9937 元，均为自筹资金。同时撤销了原设在滨河队的烟胶房，生产颗粒胶打包用之烟胶片从徐闻兄弟农场购入。当年生产浓缩胶乳 687 吨、标准胶 8.44 吨、绉片 16.65 吨、胶清片 80.55 吨、杂胶颗粒 33.54 吨，折合干胶总产量 551.36 吨，总成本 137 万元，盈利 196 万元。

1979年，扩建颗粒胶厂房100平方米，投资1.6万元，生产颗粒胶287吨，为上年的6.8倍，而浓缩胶乳生产量为579吨，比上年仅少108吨，减少19.7%。但产品成本比上年增加：浓缩胶乳增加45.5%、标准胶增加51.7%、绉片增加11.9%、胶清片增加46.4%；各项综合总成本为2245112元，比上年（按单位成本计算的总成本）综合总成本1527806元增加了47%。

延续到1982年，中断了浓缩胶乳生产，全部制造颗粒（标准）胶，总产746吨，单位成本3943元，比1981年降低9%。

1985年复以浓乳生产为主，相对减少标准胶制作量。

至1987年末，收获场胶厂保有厂房面积2356平方米，动力机械总能力222千瓦，拥有管理人员2名、工人24名，具有日产标准胶5吨或浓乳8吨、烟胶片0.5吨的生产能力。

第七节　橡胶生产荣誉成果

卢厚春，南光农业分公司6队割胶工，获2008年广东省胶工割技比武二等奖、2009年广东省胶工割技比武二等奖、2010年全国胶工割技比武三等奖。

卢厚海，南光农业分公司8队割胶工，获2009年广东省胶工割技比武一等奖、2011年广东省胶工割技比武二等奖。

黄树源，南光农业分公司5队割胶工，获2009年广东省胶工割技比武三等奖、2013年广东省胶工割技比武三等奖。

黄永广，南光农业分公司13队割胶工，获2013年广东省胶工割技比武单项一等奖、综合项二等奖，及2014年全国胶工割技比武三等奖。

钟国初，南光农业分公司17队割胶工，获2013年广东省胶工割技比武三等奖。

第三章　甘蔗种植

从 1955 年起，国营收获农场、国营南光农场开始种植甘蔗。农场橡胶在遭受大面积寒害后，开始实行多种经营方针，扬长避短，以短养长，种植的经济作物有甘蔗、香茅、稻谷、花生、木薯等。甘蔗种植从开始的不到 100 亩发展到 1958 年两个农场都突破了 10000 亩规模，曾成为农场的主要生产项目之一。但由于缺乏种植技术及管理粗放等，平均亩产量仅 1 吨左右，偶有超过 2 吨的。后因农场经营方针调整，20 世纪 60—70 年代，甘蔗种植面积急速缩减，保持在很小的规模，收获农场甚至停产多年。1979 年以后，两个农场按照管理局提出的"南糖北果中间胶"政策要求，将甘蔗种植重新作为农场的重要生产项目之一，种植规模也从几百亩逐步扩大至上万亩，特别是 1984 年调丰糖厂建成投产后，收获农场从 1984 年的 4816 亩扩大至 1985 年的 10347 亩，种植规模翻了一番多，南光农场也从 1984 年的 2921 亩扩大至 1985 年的 6817 亩，种植规模也翻了一番多，甘蔗由此成为农场的主要经济支柱之一。由于甘蔗新品种的引进及一系列甘蔗栽培新技术的推广如增施钾肥、地膜覆盖、少耕法等，使甘蔗亩产不断提高，平均单产从 4 吨左右提高至 1990 年的 6 吨以上，收获农场单产甚至达到了 6.87 吨。

20 世纪 90 年代，收获农场全部淘汰了橡胶，改种甘蔗，甘蔗种植面积进一步扩大，1995 年已突破 30000 亩。至 1995 年南光农场橡胶种植面积达到了 20654 亩。

丰收公司成立后，依托糖厂蔗糖加工优势，提出"发展甘蔗，巩固橡胶，优化菠萝"的产业发展方针，正式确立了蔗糖作为丰收公司第一大产业的发展定位。作为蔗糖加工原料蔗供应基地，丰收公司甘蔗种植规模从 1996 年的 36724 亩发展到 2013 年时达到了历史最高纪录 89037.21 亩，2006 年以后年种植规模绝大多数年份保持在 71000 亩以上，种植规模在雷州片 5 个农场中一直位列第一位。2018 年工农业分离改革后，丰收公司作为广垦糖业集团工业的原料蔗供生产基地，更专注于甘蔗种植与全程机械化示范基地建设，以带头示范和争做甘蔗产业发展排头兵，探索现代农业发展之路。

第一节　甘蔗生产经营

一、面积与分布

1955 年 3 月，国营收获农场从徐闻县城和海康县英利两地购入台糖 134 爪哇 2878 两个甘蔗品种种苗，开始了种植甘蔗的历史。种植面积从 1955 年的 60.3 亩迅速扩种至 1960 年的 15901 亩，为建场史上种植甘蔗面积最大的一年，成为农场的主要生产项目之一，但由于当时蔗价低、品种欠佳、耕作方法及管理粗放等原因，以致产量很低，平均亩产从起初的 0.49 吨提升至 2.27 吨后又逐步跌至 0.88 吨。1962 年经营方针改为以橡胶为主，甘蔗种植面积迅速缩减进而停止种植多年。1979 年以后，管理局提出"南糖北果中间胶"的作物调整方向，决定在南部农场发展糖蔗。国营收获农场 1979 年种下 323 亩甘蔗以作繁育种苗，种植面积逐年扩大，1985 年已突破 10000 亩，甘蔗品种也在台糖 134 和爪哇 2878 的基础上，先后引进了印度 997、桂糖 11、粤糖 63-237 和粤侨引 1 号等早、中熟优良品种，平均亩产量也迅速提高。1981—1990 年，甘蔗平均亩产 4.71 吨，特别是 1990 年种植了 12596 亩，平均亩产达 6.87 吨，为建场史以来最高亩产。1995 年，甘蔗种植面积突破 30000 亩，总产甘蔗 192720 吨，平均亩产 6.42 吨。甘蔗已成为国营收获农场"四大经济支柱"（橡胶、林木、菠萝、甘蔗）之一。

1955 年初，国营南光农场开始种下台糖 134、海 4 等甘蔗品种 33 亩，总产仅 6.7 吨，平均亩产 0.2 吨。次年迅速扩种至 2455 亩，平均亩产达到 1.54 吨，平均亩产为上年的 7.7 倍。1957 年，国营南光农场根据叶剑英、王震领导同志到湖光农场作调研时提出的"以胶为主，发展多种经营"指示精神，结合前几年农场胶苗遭受自然灾害较为严重的实际，决定淘汰绝大部分橡胶，改为种植甘蔗、香茅。种植甘蔗、香茅投资少、成本低、见效快，当年即种下甘蔗 7412 亩、香茅 5800 亩。1958 年，国营南光农场受"左"的路线干扰，甘蔗扩种至 10870 亩，但产量极低，平均亩产仅为 1.26 吨。还兴建了一个日加工量 150 吨的糖厂，及淀粉厂、香茅厂、酒厂、粮油加工厂、饲料厂、修配厂。后因经营管理不善，农场经济困难，甘蔗种植面积逐年减少。1961 年，农场总结"大跃进"经验教训，在生产上做了一些调整，恢复了"以胶为主，发展多种经营"的方针。橡胶种植面积扩大后，甘蔗种植面积相应逐年减少，1967 年已缩减至 61 亩，之后至 1980 年，甘蔗种植一直保持在 160～545 亩的小规模，多为 200 亩上下。1981 年，国营南光农场根据管理局的作物调整规划，加快恢复甘蔗生产，从 1981 年的 2100 亩逐步上升至 1990 年的 11000 亩，这十年的平均亩产达到了 3.86 吨，特别是 1990 年的平均亩产达到了 6.18 吨，为建场以来最高单产。1995 年种植面积突破 20000 亩，为 20654 亩，平均亩产 6.64 吨。甘蔗已成为国营南光农场最主要的经济支柱。

丰收公司成立后，蔗糖作为第一大产业，甘蔗种植面积从起初的 36724 亩至 2005 年已突破 60000 亩，这十年间的平均亩产量在 6 吨上下。2007 年甘蔗种植面积持续取得新突破，首次达到 70000 亩以上。此后的四年间，每年甘蔗种植面积保持在 71766.1～75539.23 亩，但随着种植面积的不断扩大，因土地长期得不到轮作及管理相对粗放等原因，平均亩产量从 6 吨上下降至 4 吨上下，特别是 2010 年连续几个月的干旱致甘蔗减产严重，平均亩产量仅为 4.01 吨。因蔗糖市场好转，2012 年甘蔗种植面积进一步扩大，达到 84271.46 亩。2013 年达到 89037.21 亩，创下丰收公司成立以来最大甘蔗种植规模。因市场及自然灾害影响，2014 年甘蔗种植较上年减少了 14815.25 亩，亩产仅为 2.95 吨。在遭受重大损失后，职工生产积极性极度低落，但在公司优惠政策的扶持下，2015 年仍保持了 61060.14 亩的种植规模，培育出一批甘蔗生产经营大户（种植规模在 300 亩以上）。此后种植规模呈向上趋势，2018 年、2019 年达到了 80000 亩以上，平均亩产也达到了 5.22 吨以上。2018 年建设甘蔗基地，部分甘蔗种植任务由家庭农场转由大农场经营，甘蔗基地从 2018 年的 20000 多亩增至 2019 年的 40000 多亩，人均管理面积达 1300 亩以上，但平均亩产量较低，2018/2019 年榨季甘蔗基地平均亩产量为 4.32 吨，2019/2020 年榨季上升了 0.33 吨，为 4.65 吨，但收获管理站产量普遍较低，亏损严重。2020 年上半年遭遇连续几个月干旱，严重影响甘蔗种植，当年仅种下甘蔗 72195.99 亩，平均亩产量 3.98 吨。

二、生产经营

丰收公司蔗糖产业按照产加销"一条龙"的模式进行生产经营，各糖蔗生产基地围绕公司自建的调丰糖厂进行布局，由农场组织职工种植甘蔗，收获后运送至糖厂加工，糖厂将糖交由湛江农垦集团糖业销售有限责任公司（广东广垦糖业集团贸易有限公司）销售或部分自行销售。

两个农场的内部组织形式，在改革开放初期，沿用"场—分场（片区）—队—职工"的形式，撤销分场（片区）后，沿用"场—队—职工"的形式，其中场、队是两级核算组织。1984 年兴办职工家庭农场后，职工家庭农场成为农场最基层的生产经营组织，生产队不再是一级核算组织，职能简化为组织生产和管理社区。

第二节　甘蔗生产

一、总产量

（一）收获农场

1955—1995 年，国营收获农场甘蔗总产量由 29.5 吨增至 192720 吨，增长了 6531.9 倍，年均递增 24.56％。1955—1962 年，国营收获农场甘蔗总产量呈抛物线发展趋势，在快速增长后又急速锐减。第一年试验种植收获 29.5 吨后，次年增至 2018 吨，之后便进入快速增长期，仅四年便达到了 29084 吨，之后又逐渐锐减至 1962 年的 6500 吨。1963—1978 年，其间除 1964 年、1975 年有少量种植外，没有其他甘蔗种植记录。1979—1990 年，恢复甘蔗种植后，最初产量缓慢上升，中期及中后期产量快速上升。1979 年总产量 445.6 吨，至 1990 年增至 86490 吨，增长了 193.1 倍，年均递增长 61.44％。至 1995 年增至 192720 吨，相较 1990 年的产量，增长了 122.82％，总产量呈向上趋势。

（二）南光农场

1955—1996 年，国营南光农场甘蔗总产量由 6.7 吨增至 130934 吨，增长了 19541.4 倍，年均递增 27.25％。1955—1964 年，首次试验种植甘蔗收获 6.7 吨，之后便快速增长，至 1958 年达到 13689.1 吨。1958 年后，甘蔗产量逐年减少，主要是甘蔗种植面积大幅减少及平均亩产极低。1964 年总产量仅为 1000 吨。1965—1978 年，甘蔗不作为主要生产项目进行生产，只是小面积种植，每年总产量也只有几百吨，大多保持在 200 吨上下。1979—1990 年，前两年每年只有 500～700 吨的产量用作繁育种苗，从 1981 年起甘蔗种植逐渐步入正轨，产量快速增长，1981 年总产量 5236.5 吨，至 1990 年达到了 60439 吨，年均递增 31.23％。1991—1996 年，甘蔗总产量逐步上升，由 73886 吨增至 132949 吨，年均递增 12.47％。

（三）丰收公司

1995—2020 年，丰收公司甘蔗总产量在 218785.3～448907.39 吨，发展趋势呈波浪状，每 3～4 年就出现一次波峰或波谷。甘蔗总产量的最高峰为 2019 年的 448907.39 吨，最低谷为 2014 年的 218785.3 吨。1995—2005 年，1995 年甘蔗总产量为 329325 吨，2005 年为 322104 吨，这十年间甘蔗总产量比较稳定，没有较大起伏。2006—2013 年，其间有四年的甘蔗总产量突破 400000 吨，2010 年因天气干旱产量降至低谷，为 287668 吨。2014—2019 年，产量由 218785 吨逐年增至历史最高产量 448907 吨，产量翻了一番多，年均递增 15.46％。2014 年遭遇罕见双台风，甘蔗生产损失严重，之后在政策优惠扶持和甘蔗价格上升的刺激下，甘蔗种植面积恢复，产量也随之提高。2020年因干旱甘蔗减产25％以上，且种植面积也相对减少，总产量降至287548吨。

二、单产

1955—1980年，国营收获农场、国营南光农场曾将糖蔗作物作为主要生产项目之一，但亩产量只有2吨上下，多数为1～2吨，部分地块和年份甚至只有几百千克。1981年以后，糖蔗种植重新作为农场的主要生产项目之一，种植面积迅速增加，推广使用了一系列甘蔗栽培新技术，亩产量也随之大幅提高至4吨以上，1989年两个农场的亩产量都达到了5.3吨以上，1990年都突破了6吨，国营收获农场亩产达到6.9吨。20世纪80—90年代，国营收获农场糖蔗亩产量比国营南光农场的略微高一些。

1995—2020年，丰收公司糖蔗亩产量总体趋势是呈波浪状下滑。糖蔗亩产量从1995年的6.61吨逐渐下滑至2020年的3.98吨。1995—2006年，糖蔗亩产量除2005年因台风影响减至5.13吨外，基本保持在5.85～7.2吨，多数在6.2吨以上。2007—2020年，糖蔗亩产量基本保持在4.7吨上下，其间亩产量有六年超过5吨，2010年、2014年、2020年因台风或干旱亩产量减至4吨或4吨以下，最低的为2014年的2.95吨。

第三节　品种与栽培

一、品种

国营收获农场种植甘蔗初期的品种只有台糖134、爪哇2878。1965—1978年，种植的甘蔗品种有台糖134、印度997、粤糖63-237、桂糖11等品种。20世纪80年代，重新确立甘蔗为农场的主产业后，甘蔗品种在原品种台糖134和爪哇2878的基础上，引进和扩种了印度997、桂糖11、粤糖63-237和粤侨引1号等早、中熟优良品种。20世纪90年代初期，以新台糖1、新台糖2为当家品种，每年种植面积占总面积的50％以上，最高年份超过70％。到1995年，主要推广品种有新台糖1、新台糖2、新台糖10、新台糖16、新台糖22、粤糖79-177等品种。

国营南光农场种植甘蔗初期的品种为台糖134、海蔗4等。20世纪90年代初期以新台糖1为当家品种，每年种植面积占总面积的60％以上，到1995年，主要推广种植品种有新台糖2、新台糖10、新台糖16、新台糖22、粤糖79-177等品种。

1995—2009年，丰收公司先后引进推广的品种有新台糖1、新台糖16、新台糖22、新台糖25、台糖95-8899、台糖89-1626、粤糖93-159、粤糖00-236、粤糖53、粤糖55、粤糖60、台湾90-7909、良糖2、美国CP等品种，初期重点推广种植新台糖22。1999年，大力推广高糖高产早熟的新品种新台糖22，巩固新台糖16种植面积，保留一定量的新台糖1，繁育种植美国CP品种，逐步减少新台糖10，早、中熟品种面积比例为7∶3。2001年，大力推广高产、高糖、早熟的新品种粤糖93-159，夏植繁育种苗3500亩以上。2006年9月开始实施"健康种苗"计划，建立一级中心苗圃基地，一级苗圃的建设及引进繁育第一代健康种苗以农科所健康种苗基地为主体，培育出的优质的第一代茎苗供二级苗圃种植，在各生产队具体规划建设二级、三级苗圃。从2006年9月至2009年9月累计引进甘蔗健康组培苗140.34万株，引进甘蔗健康组培苗品种主要有粤糖00-236（2006年、2007年引进）、新台糖22（2007年、2008年引进）、新台糖25（2007年、2008年引进）、台糖89-1626（2008年引进）、粤糖93-159（2009年引进）繁育面积由最初的25亩扩大到2009年的大田推广应用面积10843.7亩。

2011年大面积种植台糖89-1626、粤糖93-159、良糖2等优良品种。

2012年完成健康种苗繁育600亩。继续引进新品种粤糖93-159、柳城05-136，引进试验粤糖60、赣蔗02-70。全年种植甘蔗特早熟品种25150亩，占甘蔗总面积82231亩的30.58%，种植高产高糖品种56865亩（台糖89-1626、粤糖93-158、粤糖93-159、台糖92-2668、良糖2、侨2、侨1、粤糖83-271等），占甘蔗总面积的69.15%，往年当家品种新台糖22降至16.78%。

2013年，种植特早熟品种（粤糖93-159、粤糖00-236、新台糖16、侨1等）9018亩，占总面积的10.4%；中熟品种（新台糖22、新台糖89-1626、粤糖93-158、良糖2号等）67494亩，占总面积的77.84%；晚熟品种（粤糖83-271、粤糖89-113等）10196亩，占总面积的11.76%。

2014年，推广种植高产高糖品种台糖79-29、粤糖93-159、柳城05-136。

2015年，向广东省湛江农垦科学研究所订购甘蔗健康种苗柳城05-136共23万株、台糖79-29共20万株、粤糖93-159共17万株。

2016年，推广种植早熟品种粤糖93-159、粤糖00-236、中熟品种台糖79-29、桂柳05-136、台糖89-1626、粤糖93-158等高产优质品种。

2017年，推广种植甘蔗优良品种粤糖00-236、桂柳05-136、桂糖42、桂糖08-120，扩繁桂糖08-1180、柳糖6，引进桂糖07-108、粤糖61、海蔗22、中糖2、粤选2等。

2018年，引进优良新品种桂糖49、台糖61号，引进和扩繁桂糖08-120、桂糖08-1180、中糖2、粤选2。

2019年，种植的甘蔗品种达15个以上，其中大规模种植的品种有桂柳05-136，中等规模种植的有台糖 7929、桂糖 42、桂糖 120、桂糖 49，小面积种植的有桂糖 1180、新台糖 25、新台糖 1、台糖 1626、台糖 69、粤糖 236、粤糖 159、福引 21、福农 11、海蔗 22 等，其中当家品种桂柳 05-136 占 50％以上，台糖 7929、桂糖 42、桂糖 120、桂糖 49 各占 14％、占 11％、7％、6％。台糖 7929 在 2019/2020 年榨季被列为淘汰品种。

2020 年，种植早熟品种粤糖 93-159、粤糖 00-236、新台糖 16、新台糖 1 共 776.52 亩，占甘蔗总面积 75038.15 亩的 1.03％；中熟品种桂柳 05-136、桂糖 42、新台糖 22、桂糖 49、桂糖 08-120 共 74217.36 亩，占甘蔗总面积的 98.91％；晚熟品种粤糖 83-27 共 144.27 亩，占甘蔗总面积的 0.06％。

二、栽培技术

农场种植甘蔗在 20 世纪 50—70 年代的耕作方法起初相当粗放，之后改进粗放耕作方法，贯彻浸种催芽、增大播种密度，改起畦为深沟深种加施基肥浅覆土，中耕施追肥 1～2 次，剥叶疏气，改良砍蔗工具低斩收蔗等一系列措施。20 世纪 80—90 年代的栽培措施着重抓"早"（三月份以前种完）、"密"（亩植 3060～3300 株）、"肥"〔每亩施基肥、追肥、有机肥 3.5 吨。化肥 0.15 吨、呋喃丹现已禁用 4 公斤〕。20 世纪 80 年代末期以后，主要落实执行由湛江农垦局制订的《湛江农垦甘蔗生产栽培技术措施》。

1999 年，针对丰收蔗区甘蔗糖分逐年下降的趋势情况，制定了《丰收蔗区甘蔗栽培技术措施》。2001 年，制定了《2002 年丰收公司甘蔗生产栽培技术措施补充意见及有关规定》。此后，在以良种良法为主的综合栽培技术基础上，从 2006 年开始，由传统的栽培技术向现代栽培技术发展，逐步形成甘蔗良种健康种苗、测土配方施肥、生物防治虫害、水肥一体化滴灌节水、全程机械化五大核心现代技术体系。2008 年，制定和完善了《广东省丰收糖业发展有限公司甘蔗栽培（管理）技术措施》。此后每年根据生产实际需要，有针对性地补充相关技术措施。

（一）配套技术

甘蔗地备耕分为三种耕作程序。①前作是橡胶、林木地：清地、犁地、重耙、再犁、旋耕或清地后深松、犁地、旋耕；②前作是菠萝地：有恶草的地块先用药把恶草喷死，再粉碎菠萝茎叶回田，犁地、重耙、再犁地、旋耕，并要求在种植前半个月把地备耕好；③重种甘蔗地（犁地后翻晒一周后再进行整地种植）：蔗叶粉碎、重耙、横直深松各一次、犁地、旋耕。种植地要求耕作层深、碎、松、平、肥，开沟深度为 30～35 厘米，深松和耕地深度为 40～45 厘米。

1. 种植时间 种植时间分为四个阶段，即冬种从 10 月底至 12 月底、第二年 1 月至立春，春种从立春到 3 月中下旬，夏植从 6 月至 7 月 15 日前。种植比例为新植甘蔗占总面积 50％以上，冬种占新植面积的 60％、春种占 40％。

2. 种植规格　根据地块情况和品种特性设定行距为 0.8～0.9 米，每米下双芽蔗种 5 条以上，即每亩 2700～3300 条，每亩蔗芽 5000 个以上。实行"五统一"：同一地块内，实行品种、品类统一（早、中、迟熟种要分开种植）；耕地统一；种植统一；管理统一；收获统一。

3. 种植技术　土壤湿度要求达到 70％左右、深沟 30 厘米左右，以机械开沟施肥为主。排种时芽向两侧，蔗种要与土壤紧密接触，不架空；排好蔗种后，亩用 4～5 公斤农药均匀撒于排好的甘蔗种上面再盖土，并覆盖光解膜；若土壤湿度达不到要求，根据土壤湿度进行淋水、灌水抗旱种植。抗旱种植要在土壤湿度 70％～80％时种植，保证淋透水，以用犁冲沟土壤不粘犁为准，防止因土壤湿度过大，导致土壤板结，影响土壤通透性和种苗发芽率。

（二）甘蔗与菠萝轮作

国营收获农场于 1986 年在农业生产技术上开展甘蔗与菠萝轮作试点。1987 年 5 月 20 日，场修配厂将研制出的 3 台 SXJ-50 型滚筒碎叶机交付给 3 个分场使用。此革新科技项目获得湛江市科技进步三等奖。1989 年，场全面推行"甘蔗、菠萝短周期、优质、高产、高效益"的轮作制度。1989 年 11 月 10 日，场总结旱作甘蔗轮作技术高产示范田经验，在南茂队等 7 个农业生产队进行甘蔗、菠萝轮作面积 313.6 亩，轮作菠萝地的甘蔗平均亩产达 6.767 吨，比连作甘蔗 334.1 亩平均亩产 5.61 吨多 1.157 吨，提高了 20.6％。1992 年 3 月，场修配厂在 1987 年研制的滚筒型碎叶机的基础上又研制成功新型菠萝茎叶粉碎还田机，该机与中型轮式拖拉机配套，整机由机架、传动、粉碎机构、调节器及地轮组成，每小时工效为 3～4 亩，为甘蔗、菠萝轮作大面积铺开起到了推动作用。

通过多年实践，甘蔗与菠萝轮作试点取得良好效果。一是有利于生态良性循环。据测定每吨菠萝茎叶含氮 8 公斤，钙和钾各 2.5 公斤，每亩茎叶可达 6～11 吨，将茎叶粉碎回田，保肥保水，是一个天然的"小化肥厂"和"小水库"。同时，能明显改善土壤的通气性，加速速度性养分的释放，提高土壤有机质含量，增加土壤微生物总量，增强土壤微生物整体活性，降低生产成本，提高作物产量和产值，有较好的经济效益。1988 年，全场菠萝地种甘蔗 3300 亩，亩产量比其他土地的高出 1.5～2 吨。1988/1989 年榨季，全场甘蔗面积 19512 亩，总产 118141 吨，平均亩产 6.07 吨。职工家庭农场人均收入 2200 元，比 1987 的 1790 元增长 110 元，增长了 23％，全场超万元收入的职工家庭农场有 36 个。二是菠萝只收一造果，果大产量高。实行菠萝短周期种植，每亩产量 2～4.5 吨，90％以上为一级果，为场办的菠萝罐头厂加工高档次产品提供优质低耗的原料，既提高了工业经济效益，又增加了职工家庭农场的收入。1989年，菠萝罐头厂生产菠萝罐头4542吨，产值1271万元，利润102万元。职工家庭农场人均收入4500元。三是实行短周期轮作，为作物的生长提供肥源，有利于机械化、化学化的普及，节省劳动力，扩大土地承包规模，促进生产持续良好发展，农场经济不断增效，职工家庭农场逐年增收。农场在推广甘蔗与菠萝轮作的同时，实行优惠政策，鼓励职工家庭农场多承包土地，推行适度规模经营，在原有管理定额上，凡多承包1亩土地者，免交土地费，多包2亩以上的部分，土地费减半，离退休职工承包土地一律减半征收土地费。这样有效调动了广大职工在推行甘蔗与菠萝轮作的基础上多承包土地的积极性。例如：1988年，农业岗位平均承包14亩，到1989年平均20亩，有个别队超过22亩。仅计算优惠让利每个职工可多得600多元。以甘蔗为例，每工承包20亩，平均应交1.44吨，而实际交1.4吨，每亩减收让利0.32吨，11000亩共让利3476吨，按每亩102元计算，总让利35.45万元，平均每个职工得让利208元。1991年，全场实现工农业总产值2764.5万元，比1990年增加200万元；产品销售收入3708万元，同比增加346.4万元；上缴国家利税410.8万元；全员人均生产率7973元，比1990年的7014元增长14%；人均收入3088元，比1990年的2814元增长10%。人均收入超4000元的生产队有15个，净收入超1万元的有185户，其中杨海等5个家庭农场净收入超2万元，全场没有挂账户。1993年，北河队在岗职工62人，56人承包土地，人均承包34亩，全年实现总产值120万元，人均产值2.14万元，人均收入1.05万元，收入万元以上31户，2万元以上5户。滨河队杨海家庭农场承包土地150亩，其中甘蔗98亩、产蔗642吨、菠萝52亩、产果69吨，净收入超3万元。1994年，场人均收入6550万，同1993年相比增长11.8%，24个农业生产队，净收入超3万元的职工家庭农场有35个，人均收入万元以上的有13个队。1995年，全场完成自营经济总产值8521万元（按现行价计），比计划的8200万元增加了321万元，完成计划的104%，其中，农业单位全面实行自费经营，完成农业总产值6919万元，比计划的6656万元增加了263万元，完成计划的103%，农业单位职工自营经济人均净收入12230元，全场24个农业单位有9个达到人均收入1.5万元以上，占全场农业单位的37.5%，收入最高的单位是滨河队，人均收入达到18532元。

（三）测土配方施肥

丰收公司从2005年开始推行测土配方施肥技术，根据甘蔗作物需肥特点和肥料释放规律，确定施肥的种类、配比和用量，按方配肥，科学施用。湛江农垦局根据农业部关于开展测土配方施肥工作的部署和要求，于2005年指定湛江农垦科学研究所负责测土分析和制定施肥配方，丰收复肥厂负责配肥供肥。经测土分析，收获农业分公司需肥量为每年每亩施纯氮 14.18 公斤、磷肥 6.19 公斤、钾肥 11.24 公斤，施肥量为每年每亩生物有机肥 150 公斤（基肥 120 公斤、追肥 30 公斤）、尿素 15 公斤、钙镁磷肥 7 公斤、氯化钾 12 公斤；南光农业分公司需肥量为每年每亩施纯氮 17.29 公斤、磷肥 5.28 公斤、钾肥 24.95 公斤，施肥量为每年亩生物有机肥 150 公斤（基肥 120 公斤、追肥 30 公斤）、尿素 19 公斤、钙镁磷肥 5 公斤、氯化钾 35 公斤。2005—2008 年，丰收公司按照每亩甘蔗施复合微生物肥 200 公斤和严格按测土配方技术施肥，亩产量可提高 1 吨以上，蔗糖含量达 11% 以上。

（四）生物防治

赤眼蜂生物防治是利用螟黄赤眼蜂通过把蜂卵寄生在害虫卵之中并吸收其中物质，使害虫卵不能孵化幼虫，以达到消灭害虫的目的，在甘蔗田中螟黄赤眼蜂只对螟虫有防治作用。蜂源繁育流程是"工养殖米蛾—收集米蛾—收集米蛾卵—用米蛾卵繁殖赤眼蜂—室内发育赤眼蜂—制作蜂卡"六大流程。放蜂前均需做好甘蔗螟虫预测预报，使释放赤眼蜂的时间与甘蔗螟虫的产卵盛期相吻合。

2005 年 9 月，丰收公司建成具备年繁殖 30 万亩甘蔗所需赤眼蜂规模的生物防治站，占地面积 1144 平方米。从 2006 年起，以繁殖螟黄赤眼蜂为主并开始放蜂，全年成功繁殖螟黄赤眼蜂 30 亿头，放蜂面积 22.1 万亩次，每亩每次有效蜂达 1 万头以上，共放蜂 6 次。2006—2009 年生物防治站累计繁殖螟黄赤眼蜂 188.9 亿头。2010—2013 年年均放蜂 5 批次，防治面积 7 万多亩。2014—2020 年年均放蜂 5 批次，防治面积 8 万亩次以上。从 2014 年开始，按照区域来繁育赤眼蜂，丰收公司生物防治站负责丰收公司、东方红、幸福、火炬、金星农场赤眼蜂蜂源和技术指导。每年田间释放赤眼蜂 4～5 批次，每亩甘蔗园每次放蜂 8000～10000 只，年累计放蜂面积达 8 万～9 万亩次。调查结果显示，利用螟黄赤眼蜂防治甘蔗螟虫可减少甘蔗枯心苗和虫节率，放蜂区虫节率可比对照区降低 6%（绝对值）、蔗糖含量比对照区提高 0.5 个百分点以上。

（五）节水滴灌

甘蔗生长需水量大，生产 1 吨甘蔗需水 100～130 立方米，因此，灌溉和肥力是甘蔗高产高糖的关键性措施。

1996 年，建立 10000 亩蔗渣废水灌溉甘蔗基地，利用糖厂蔗渣废水进行灌溉施肥。

1999 年，在收获农业分公司建猪粪水利用灌溉工程，新建 500 立方米水池，灌溉面积 4100 亩，投资 73 万元；在南光农业分公司建设制胶废水、猪粪水利用灌溉工程，可灌溉面积 5200 亩，投资 94 万元。投资资金均由企业自筹，建成的工程统称为"节水工程"。

从 2001 年开始，丰收公司陆续利用收获、南光农业分公司的养猪场所排出的猪粪、猪尿等开发规模不等的节水工程，累计近千亩。

2003 年，在省国土资源厅的指导下，丰收公司完成了 2000 亩农田坡补充耕地易地开发，按"道路硬底化、地块方格化、灌溉自动化、环境园林化"开发标准，实现喷灌面积 130 亩，滴灌面积 120 亩，淋灌面积 1760 亩，单灌溉系统建设投资 220 多万元。

2004 年，丰收公司与广西瑞剑全盛农业节水灌溉设备有限公司合作，投入 270 多万元在甘蔗生产中的应用示范基地建立 2700 亩以色列地埋式节水灌溉技术，2005 年 6 月建成投入使用。以色列地埋式滴灌技术是通过电脑、输送管路、感应器等设备和控制技术，能自动供给甘蔗生长的各个时期所需的水分、肥料、防虫用药等养分，促进甘蔗高质量生长。2006 年新上 5300 亩甘蔗精准滴灌基地。截至 2007 年底，投入资金 3356.6 万元，建成地埋滴灌基地 12857 亩。截至 2008 年底，建成海滨（2005 年始建）、红忠（2007 年始建）和南光 8 队（2007 年始建）3 个滴灌基地共 7200 亩。经过几年的实践发现，地埋式节水灌溉技术可比喷罐节约用水量 30%～50%，但投入成本大（亩成本近 1000 元）、设备不易维护、毛管容易堵塞、效果不明显。后来逐步将地埋式节水滴灌改为地面微喷灌，实施挖井抽水微灌技术种植。

2011 年，完成 830 亩甘蔗地埋式滴灌节水改造项目。

2012 年，建成滴灌甘蔗节水高效生产示范基地约 1 万亩，滴灌设施每年每亩投入成本约 270 元（含电费），亩产量可达 6 吨以上。

第四节 综合机械化

2003 年 4 月 20 日，为探索出一套适合湛江地区旱坡地的甘蔗生产全程机械化经验，为雷州半岛、广东省乃至全国甘蔗生产机械化做出典型示范，在反复征求有关专家和人员的意见后，丰收公司制定了《广东省丰收糖业发展有限公司甘蔗生产机械化试验示范项目实施方案》。6 月 19 日，经湛江市发展计划局审批和省农垦总局批复，同意丰收公司甘蔗生产机械化试验示范项目立项，项目固定资产投资 2820 万元，用于引进及配套生产设备共 80 台（套）。项目用汇额 190 万美元，申请中央财政专项投资 2538 万元，企业自筹 282 万元。项目建设期为三年。丰收公司从 2003 年 6 月开始着手建立 20000 亩甘蔗生产全程机械化示范基地，至 2005 年 7 月累计投入 1369 万元，从美国、德国、澳大利亚和国内相关厂家引进了世界上最先进的大型轮式拖拉机、JD 4710 喷药机、翻堆机、深耕机、切断式糖蔗联合收割机等各类机械和农具 80 多台（套）。实施甘蔗生产机械试验示范项目以后，总投资 2800 多万元，引进及配套生产设备 90 台（套），拥有甘蔗生产机械化全过程所需的机器设备。实施甘蔗生产机械化后，人均承包管理面积，由原来的人均管理 30 亩提高到 200 亩。甘蔗单产由 5.5 吨/亩提高到 6.5 吨/亩，甘蔗糖分由平均 11.5％ 提高到 12％，增加 0.5 个百分点。丰收公司已被农业部列为全国甘蔗机械化生产示范基地，是全国最大的甘蔗机械化基地。

第五节　劳动竞赛

一、组织形式

丰收公司劳动竞赛委员会自 1996 年 6 月 30 日成立以来，各年度制定的劳动竞赛方案中，甘蔗生产劳动竞赛为主要项目之一，劳动竞赛委员会下设农业甘蔗生产竞赛验收小组共 6 个，各验收小组在各阶段竞赛项目结束时，按农业分公司分片后进行抽签验收。整体工作由工会负责。各农业分公司相应成立甘蔗生产劳动竞赛工作领导小组，在各阶段竞赛当中，配合公司生产部门检查督促农业生产队开展甘蔗生产劳动竞赛。

二、竞赛内容

公司劳动竞赛委员会负责起草年度甘蔗生产劳动方案，递交职工代表大会审议通过。甘蔗生产劳动竞赛内容主要有：冬种甘蔗、春种甘蔗、全程机械化种植甘蔗、亩产吨糖、甘蔗新植比例达标、甘蔗优一品种推广、跨年度榨季甘蔗目标产量、甘蔗入厂新鲜度、入厂甘蔗优质、砍甘蔗、护蔗、甘蔗最高产量生产队、甘蔗高产标兵、甘蔗田管等。

甘蔗生产劳动竞赛的具体目标包括按时保质完成或超额完成湛江农垦局下达的跨年度冬、春种甘蔗计划指标任务（2018 年 7 月后由广东广垦糖业集团有限公司下达），新植面积占总面积的 70％，冬种甘蔗面积占新植面积的 80％，各农业分公司要按公司计划指标分解到各农业生产队，由生产队按实际情况落实到各承包岗位。

甘蔗生产劳动竞赛的具体要求包括以下几项。①品种结构要求。品种选择以早熟、高糖优良品种为主，做到甘蔗特早熟、早中熟及其他品种搭配合理。即新台糖 16、新台糖 25、新台糖 90-7909 占新植总面积的 60％，新台糖 22、新台糖 26 占新植总面积的 35％，其他品种占新植总面积的 5％。②肥料施用要求。每亩甘蔗施用生物有机肥 150 公斤、尿素 10 公斤、磷肥 50 公斤、钾肥 15 公斤、进口复合肥 20 公斤、农药 3 公斤。其中种植时每亩施生物有机肥 150 公斤、尿素 5 公斤、磷肥 50 公斤、进口复合肥 20 公斤、农药 3 公斤，余下的用于培土或追肥。③种植要求。继续推行 1.2 米单行距和 1.8 米双行距规格。

元旦前种植新台糖 16、新台糖 25、新台糖 90-7909、粤糖 93-159 等早熟品种，元旦后新植新台糖 22 和其他品种。放种要求每米沟下双芽苗 5 条蔗种（每亩 2200 至 2300 条双芽苗），保证每亩 4000 个有效蔗苗芽以上，确保每亩有效株数 4500 株以上。种植质量要施足肥、淋足水、盖好膜，确保种一亩成活一亩。

冬种、春种、夏植甘蔗劳动竞赛时段。冬种蔗分为两个阶段，第一阶段 11 月至 12 月底，第二阶段为年初一至立春前。春种蔗时段为立春后至 4 月。夏植蔗于 5 月至 6 月 25 日前。甘蔗种植按时段设完成计划任务奖和超额指标奖。

大田甘蔗管理劳动竞赛。每年榨季结束后的 25 天内开展宿根蔗管理劳动竞赛；每年的 6 月前进行甘蔗培土劳动竞赛；每年的 8 月中旬前进行施甘蔗壮尾肥竞赛；甘蔗施用微生物有机肥竞赛（此项竞赛在 2003—2011 年开展，全面实行"两费自理"后于 2012 年取消）。

三、竞赛效果

开展形式多样的甘蔗生产劳动竞赛，促使丰收公司主产业甘蔗健康稳步发展，甘蔗总产、亩产、单产得到提升。

2002 年 10 月至 2003 年 2 月 4 日，丰收公司保质保量完成冬种蔗 34190 亩，同比多种 5392.8 亩。丰收公司被湛江农垦局评定为"2002—2003 年度冬种甘蔗劳动竞赛一等奖"。2003 年，全公司甘蔗总面积 62985.5 亩，甘蔗总产量 47.49 万吨，平均亩产 7.54 吨，亩产吨糖的地块有 8389 亩，同比增加 2269 亩，亩产吨糖劳动竞赛奖励承包户共 40 万元。

2004 年，丰收公司在 2 月 4 日前实际完成冬种蔗 35217.1 亩，完成湛江农垦局下达冬种计划 17000 亩的 207.16%。每阶段按公司劳动竞赛方案验收和兑现奖励。

2004 年，丰收公司在天气干旱情况下，实现甘蔗总面积 65579.3 亩，比计划指标增 2195.3 亩，同上年相比增加 2430.8 亩；甘蔗总产量 43.5 万吨，比计划指标增 3.5 万吨；甘蔗亩产 6.87 吨，同比增加 0.67 吨；亩含糖 0.95 吨，同比提高 0.19 吨，比湛江农垦劳动竞赛指标高出 0.35 吨；糖分 13.86%，同比提高 1.66%，比湛江农垦劳动竞赛指标高出 2.06%。

2005 年 5 月，丰收公司被湛江农垦局（集团公司）劳动竞赛委员会评定为"湛江农垦 2004 年度甘蔗劳动竞赛一等奖"。2005 年 6 月，广东省农垦总局（集团公司）劳动竞赛委员会评定丰收公司为"2004 年度甘蔗生产劳动竞赛优胜单位"。

2006 年 5 月，湛江农垦局劳动竞赛委员会表彰丰收公司为"2005/2006 年度冬种甘蔗劳动竞赛先进单位"（一等奖）。

2007—2008 年，丰收公司在 2007 年 11 月 5 日至 2008 年 2 月 4 日，全公司种植甘蔗 28696 亩，完成湛江农垦局下达的冬种甘蔗计划 23000 亩的 124.7％，其中收获农业分公司完成冬种蔗面积 16492 亩，南光农业分公司完成冬种蔗面积 12204 亩。2008 年 5 月，湛江农垦局劳动竞赛委员会评定丰收公司为"2007/2008 年度冬种甘蔗劳动竞赛一等奖"。

2009—2011 年，公司兑现甘蔗生产各项劳动竞赛奖（冬种、春种、夏植、宿根蔗管理、入厂蔗新鲜度、高产、超产、单产）金额 244.99 万元，其中收获农业分公司 129.42 万元、南光农业分公司 115.57 万元。

2013 年，丰收公司完成冬种甘蔗（2012 年 11 月 1 日至 2013 年 2 月 4 日）总面积 39516 亩，完成计划指标 35000 亩的 129％，兑现劳动竞赛资金 43.6 万元。新植甘蔗 72000 亩（含冬种蔗），有 26 个生产队达到 85％竞赛指标，兑现新植甘蔗劳动竞赛奖 20.7 万元。

2016 年，丰收公司全年甘蔗总面积 66413.2 亩，完成考核指标的 103.77％，其中新植面积（含冬、春种）37881.6 亩（含机械化新植面积 11356.46 亩），宿根面积 28531.6 亩。在岗职工全员人均生产 3.23 万元，人均收入 2.02 万元。

2017 年，完成甘蔗种植面积 75290.94 亩，完成考核计划指标的 103.14％，其中新植 41558 亩，宿根蔗 33732.94 亩（全程机械化新植 20473 亩，完成计划指标的 146.24％），在岗职工全员人均生产 3.83 万元，人均收入 2.5 万元。

2018 年，完成甘蔗总面积 77786.64 亩，其中新植面积 40263.23 亩，宿根蔗面积 37523.41 亩，在岗职工全员劳动生产 4.1 万元，人均收入 3 万元。

2019 年，全年甘蔗到达总面积 88200 亩，同比增加 413.76 亩，在岗职工全员劳动生产 4.49 万元，人均收入 3.2 万元。

2020 年，丰收公司甘蔗总面积 75447.02 亩，完成广垦糖业集团公司下达考核指标的 100.6％，其中新植面积 29822.72 亩（含全程机械化新植 24443.58 亩），完成广垦糖业集团有限公司下达考核指标的 132.55％，宿根蔗面积 45624.3 亩。

第六节　甘蔗生产荣誉成果

1990 年，收获农场参与的《雷州半岛旱坡地甘蔗高产高糖综合栽培技术推广》项目，获广东省农业技术推广一等奖。

1992 年，收获、南光农场参与的《旱坡地糖蔗综合增产技术》项目，获全国农牧渔业丰收二等奖。

1995 年，南光农场的《甘蔗"新台糖 2 号"旱坡地 4 年制宿根蔗栽培技术研究》项目获湛江农垦科技进步三等奖。

1996 年，丰收公司参与的《大面积推广甘蔗良种及综合栽培技术》项目获湛江市农业技术推广二等奖，1997 年获广东农垦科技进步一等奖，1998 年获广东省农业技术推广三等奖。

2000 年，丰收公司参与的《甘蔗优良品种新台糖 16 号引进与推广技术研究》项目获湛江市科技进步二等奖。

2005 年，丰收公司参与的《甘蔗优良品种新台糖 22 号引进与推广技术研究》项目获湛江市科技进步二等奖，2006 年获广东农垦"十五"优秀科技成果一等奖。

2007 年，丰收公司参与的《生物有机肥在农业中的应用》项目获湛江农垦优秀科技成果一等奖。

2008 年，丰收公司参与的《环保型可控光解地膜的推广应用》项目获广东省农业技术推广二等奖。

2008 年，丰收公司参与的《甘蔗机械化和种质设备关键技术研究与应用》项目获湛江市科技进步一等奖。

2010 年，丰收公司参与的《甘蔗健康种苗体系研究及其产业化应用》项目获广东省农业技术推广三等奖，2013 年获广东省科技进步三等奖。

2010 年，丰收公司参与的《测土配方施肥在旱坡地甘蔗上应用》项目获全国农牧渔业丰收三等奖，2011 年获湛江农垦优秀成果一等奖。

2012 年，丰收公司参与的《能源甘蔗品种改良剂产业化关键技术研究与示范》项目获广东省农业技术推广二等奖。

2013 年，丰收公司参与的《甘蔗健康种苗体系研究及其产业化应用》项目获广东省科学技术奖励三等奖；参与的《甘蔗高毒农药替代产品研发及推广应用》项目获农业部、神农中华农业科技奖奖励委员会颁发的中华农业科技奖三等奖（第四完成单位）。

2015 年，丰收公司参与的《甘蔗螟虫绿色防控技术集成与推广》项目获农业部、神农中华农业科技奖奖励委员会颁发的中华农业科技奖三等奖（第二完成单位）。

2016，丰收公司参与的《低成本和低功耗的大棚综合信息系统研究与推广应用》项目获农业部颁发的全国农渔业丰收奖三等奖。

2020 年，丰收公司参与的《高产高糖高效益甘蔗系列新品种引进示范与推广应用》项目获广东省农业技术推广奖二等奖。

第四章　菠萝种植

菠萝种植是丰收公司最具特色的农业产业。菠萝作为商品性种植始于1980年，它是依托收获农场菠萝罐头厂的发展而形成具有一定种植规模的热带水果，曾作为农场指令性的作物进行种植和管理。收获农场及之后的丰收公司对菠萝的管理，推行大包干责任制，列入农业职工的岗位管理。经过多年的栽培技术探索，菠萝种植水平有了质的提高，平均亩产达3吨以上，种植规模可达2万亩以上。1996年，丰收公司菠萝基地被冠予"南亚热带作物名优基地"称号。2008年，收获罐头厂建成菠萝罐头产品质量追溯系统，实现了菠萝产品从田间地头到车间每一个环节均可实施产品质量追溯。

第一节　菠萝生产

一、面积与分布

收获农场于1961年试种菠萝，规模较小。菠萝作为商品性种植始于1980年，这一年收获农场种植了391亩菠萝，于1981年收获菠萝鲜果54.6吨。1983年后，随着收获农场的菠萝罐头厂建成，农场菠萝生产有了长足发展。1984—1990年，每年菠萝新植面积从最初的639亩，快速增至1990年的7000亩，面积增长了近11倍。年末总面积也从2224亩增至1990年的10988亩，首次突破万亩大关。由于技术不成熟，起初平均亩产比较低，但随着栽培技术和管理的不断改进，亩产从不到1吨提高至2.7吨左右。七年间共生产菠萝鲜果43978吨。推行大包干责任制和菠萝高产技术后，菠萝生产屡创新高，1993年菠萝种植面积增至22000亩，平均亩产达到了3.23吨。

南光农场于1959年就试种50亩卡因菠萝，规模很小，零星分布。但从建场到1990年，并无资料文件或数据显示菠萝种植记录。

1995—2017年，丰收公司菠萝种植面积维持在10000～34000亩，收获鲜果总计732446.07吨，产值73637.89万元。其中，1995年丰收公司成立时菠萝种植面积为15177亩、收获面积6133.5亩、产鲜果16710吨、产值1344.3万元。菠萝种植面积最大的是2016年的33543亩，全年收果面积25035亩，收获鲜果114879吨，产值13785万元。菠萝种植面积最小的是 1996 年的 10000.5 亩，全年收果面积 4825.2 亩，收获鲜果 9023 吨，产值 730 万元。

1996 年，丰收公司建设全国无公害标准化农产品综合示范区，并于当年 6 月被农业部授予"南亚热带作物名优基地"称号。丰收公司菠萝科技攻关小组通过长期的菠萝生产实践，以分期分批催熟菠萝果技术，确保菠萝稳产高产。1997 年，丰收菠萝收获面积 4785 亩，总产 13681 吨，平均亩产达 2.86 吨，最高亩产达 5 吨多。1998 年菠萝收获面积 5160 亩，总产 17007 吨，平均亩产达 3.30 吨，亩产相比 1997 年提高了 0.44 吨。

二、生产模式

（一）大包干责任制

1983 年，试行大包干责任制，对承包菠萝种植的农业工人，核定产量指标和直接生产费用，下达利润指标，完成上缴利润后，其余收入全部归己，规定菠萝每人管 14 亩，每亩年交 171.2 元。试行大包干责任制后，农业工人生产积极性提高，亩均产量提高很快。2006 年，丰收公司菠萝种植总面积 13113.8 亩，收果总量 32907.21 吨，平均亩产 5.12 吨，平均亩产创下丰收公司种植菠萝以来的最高产纪录。

（二）订单农业

从 2012 年起，丰收公司菠萝管理实行订单农业和走市场相结合的办法，这一年菠萝种植面积 13199.3 亩，2014 年丰收公司菠萝种植面积就突破 30000 亩。大量菠萝鲜果为罐头厂加工提供充足的原料，推动了菠萝产业的进一步发展。

第二节　菠萝示范基地建设

一、"988 科技兴湛计划项目"

2000 年，丰收公司开始实施"988 科技兴湛计划项目"，落实推进万亩菠萝高产优质综合栽培技术研究与推广。成立以董事长为组长，总经理为副组长，副总经理为成员的项目领导小组。项目分 2 年完成，2000 年已种植菠萝面积 8500 亩，比计划多种 500 亩，完成占计划数 106%。菠萝品种结构方面，巴厘菠萝 6300 亩，卡因菠萝 2200 亩，从 2000 年 4 月开始至当年 9 月前全部种完。

种植菠萝全部采用大苗、壮苗，分级连片种植，种植密度为巴厘品种 4000～4500 株/亩、卡因菠萝 2800～3300 株/亩，植后施肥、除草等各项管理措施都严格按照优质、高产、综合栽培技术措施，通过冬管开沟施肥、开春后喷糖泡水等各项管理措施，到 5 月即可以按计划进行催花。

资金投入，2000 年投入 460 万元：①投资 100 多万元，用于机械化作业的基础费用，购买了 100 马力①的大型拖拉机 11 台；②技术培训，技术培训及研究费开支 10 万元；③种苗选育和引种投入 15 万元，从广西云南引种卡因菠萝和选红顶苗组培苗共 50 万株；④投入 20 万元建设利用废水灌溉的节水工程育苗基地 200 亩；⑤其余 315 万元用于种苗、机耕、化肥、农药等费用，平均每亩投入 400 元。

项目实施以后，从大田选育巴厘种红顶苗和引进云南卡因苗、澳大利亚卡因苗，进行加速繁殖。通过品种更新，使菠萝亩产量突破 4 吨，一级果率达 90% 以上。

二、无公害生产

2005 年，丰收公司申报的《菠萝无公害生产技术与产业化示范基地项目》，被列为广东省健康农业科技示范基地之一。项目建设主要内容有以下三项。

1. 良种菠萝繁育基地 从泰国、澳大利亚等地引进卡因菠萝优良品种，推广菠萝与甘蔗轮作技术和菠萝无公害生产栽培技术，建立优良菠萝品种繁育基地。2005 年，丰收公司在收获农业分公司农田队建设 2000 亩菠萝良种繁育和标准化生产示范基地。2007 年 4 月 10 日，该项目资金共计 401.98 万元到位，其中财政补贴资金 160 万元、丰收公司自筹资金 241.98 万元，大大推动了菠萝种苗基地的建设。

2. 现代菠萝园 根据《无公害食品 菠萝生产技术规程》（NY/T 5178—2002）的技术措施要求，建设高标准现代菠萝园，每年实施 5000 亩，年使用生物有机肥 10000 吨。

3. 农业科技培训 2006—2008 年，组织公司职工尤其是各生产队种植大户、队干部及周边农民进行不同层次的农业科学技术培训，三年共培训 2000 多人次。

第三节　品种与栽培

一、品种

当家品种为无刺卡因类的千里花和皇后类的巴利种。无刺卡因菠萝植株健壮高大，叶缘无刺，果大、果肉黄白，柔软多汁，甜酸适度，是加工罐头的优良品种。巴利种叶缘有刺，早熟，果型中等，果肉质细而软，金黄色，汁多而清甜，含酸量少，纤维少，较耐储运，是鲜食的佳品。

---

① 马力为非法定计量单位，1 马力＝0.735 千瓦。——编者注

二、栽培技术

1. **大苗壮苗定植**　选取大而壮的标准是吸芽长度 40 厘米以上，裔芽 30 厘米以上，在 4—9 月种植完成。培育大苗壮苗有两种办法。①老株就地分叶法：收获后，在晴天用刀削三分之一的老叶，除草，接着靠近老株开沟施肥结合培土，亩施复合肥 50 公斤，下透雨后撒施尿素每月 2～3 次，每亩每次 8～10 公斤。②苗圃假植法：将收果切下的冠芽或淘汰园地采下弱小的吸芽放进苗床假植育大育壮。具体是亩施磷肥 200 公斤，起畦 120～150 厘米宽，株行距 10 厘米×15 厘米，每月喷施水或透雨后撒施尿素 2～3 次，待高度近 40 厘米和头茎粗 5 厘米以上出圃定植。

2. **合理密植**　经过多年的试验和实践，总结出巴厘品种亩植 3500～4000 株，卡因品种 3000～3500 株较理想同时，按不同品种、同一品种不同的芽类、同芽类大小的不同三种指标分类进行分级分地块种植。

3. **田间管理**

（1）补植。植后 40 天内，要查苗补缺，发现倒株及时扶正，缺株即补，劣株即时换。及时除草灭荒，植后 15～20 天，推广每亩用阿特津 0.5 公斤，钾肥 2～3 公斤，兑水 50～60 公斤，最好在土壤湿润且有阳光时均匀喷洒，发现有恶性杂草及时铲锄，保证园地不荒芜。

（2）施肥。水肥叶面喷施，坚持每月 2～3 次，以浓度 2%～3% 的尿素、钾肥水为主，中间配一些奥普尔、喷施宝、稀土、磷酸二氢钾等植物生长调节剂或其他微施，增施有机肥和后期三次肥料；第二次壮蕾肥在小果谢花后每亩施氮肥 2 公斤，钾肥 4～5 公斤。

（3）防虫。菠萝主要是粉蚧虫为害。防虫办法：①不在病区采苗，不在病区种植；②采用甘蔗菠萝轮作；③推广生物防虫技术，实施以虫制虫。

（4）催花。菠萝植株要求达到标准，结合本地区的气候条件，栽培管理水平，本地催花的菠萝植株标准为巴厘 25 片以上 30 厘米长的叶片。催花浓度因菠萝的品种、催花时间、气候不同而存在差异，6—8 月温度高催花时浓度应降低些，而 4 月、5 月，10 月、11 月应适当增加些浓度。催花时间在 16 时，天气晴朗的时候，达到催花标准的菠萝植株，便可催花，催花以每株灌心 25 毫升为准。

（5）壮果。菠萝壮果，一般使用九二〇（赤霉酸）。在本地菠萝产区，要求分两次壮果，第一次为盛花期，浓度为九二〇 0.007%＋尿素 0.3 斤，第二次为末花期，相隔约 20 天，浓度为九二〇 0.015%＋尿素 0.5 斤，喷果时选择晴天，药液要喷得均匀，使药液既布满全果，全果湿润又不滴液，药液不均匀，会引起畸形果，降低果实的加工利用率，只要使用激素壮果方法掌握好，经激素喷洒后菠萝果实就会变得发育充实，小果大而平，果顶平整，果色深绿。

（6）催熟。实行周年收果，菠萝果是否要催熟，要看菠萝成熟度及进厂要求而定，使用乙烯利催熟菠萝应掌握好用药的时间，果实达七成时喷果效果好，一般来讲，巴厘品种果催熟，乙烯利浓度范围为1～1.2克/升，卡因品种催熟为1.2～1.8克/升即可，高温季节可适当降低药物浓度，如果要求快熟进厂，浓度可适当增加，应在晴天时用乙烯利喷果，喷出的药雾要布满果实表面，湿度要均匀。

4. **收获**　坚持按品种分类和先熟先收的原则，做到一年四季均可收果。收获期从原来只有3个月，延长到10个月。保证质量，边收获边进行加工。

第四节　菠萝生产荣誉成果

1996年6月，获"南亚热带作物名优基地"荣誉称号。

2002年8月，获"湛江农垦科技工作先进单位"荣誉称号，其中万亩菠萝高产优质综合栽培技术研究项目获得"优秀科技成果奖"。

2002年11月，被农业部选为第三批"两大战略示范点"，重点示范内容为菠萝、甘蔗轮作配套种植技术。

2004年1月，获农业部颁发"示范产品菠萝22500亩证书"。

2004年4月，经农业部农产品质量安全中心认证，丰收公司菠萝30000吨产品符合无公害农产品标准要求，准予在产品或产品包装上使用无公害农产品标志，特颁"无公害农产品认证"证书。

2005年11月，经广东省农业厅审核，丰收公司19500亩菠萝产地符合无公害农产品产地相关标准和要求，被评定为广东省无公害农产品产地，特颁"无公害农产品产地认定证书"。

2006年3月，丰收公司菠萝生产基地被认定为"农业部南亚热带作物名优基地"。

2006年9月，全国热区农业科技示范基地（甘蔗、菠萝）的建设项目荣获湛江农垦优秀标准化建设奖。

2006年10月，农业部批准丰收公司为国家农业（菠萝）标准化示范农场。

2006年12月，获"热区农业科技示范基地（甘蔗、菠萝）"称号。

2010年12月，广东农垦丰收菠萝标准化生产示范园被认定为"农业部第一批热作标准化生产示范园"。

2012 年 2 月 3 日，农业部办公厅通报 2011 年农垦系统种植业高产创建和畜牧业高产攻关完成情况，丰收公司万亩菠萝示范片高产创建完成 1.09 万亩，总产量 7285.56 万公斤，亩产 6684 公斤，示范项目目标为 6500 公斤/亩，增产 184 公斤/亩。

2012 年 6 月，收获菠萝生产基地被农业部授予"南亚热带作物名优基地"荣誉称号。

第五章 林 业

　　林业曾是农场的主要生产项目之一，主要种植大叶桉、小叶桉、台湾相思、油茶以及木麻黄。农场营林造林主要用作橡胶防护林（带）之用。1954年，华南垦殖局提出"依山靠林"的方针，垦区农场掀起了大规模营造防护林的热潮，收获农场林地面积最高峰时达到3.62万亩（1970年），南光农场林地面积最高峰时达到3.89万亩（1974年）。1954—1990年是农场林业发展的黄金期，林业发展从最初的防护林转向经济林、薪炭林、用材林3种。经济林中有竹子、油茶、海棠和柠檬桉等树种，单一分块种植；薪炭林仅台湾相思一种；用材林有樟树、杉树、苦楝树和柠檬桉树等。农场在营林造林的同时，也有计划地进行原木采伐，并成了农场的主要经济来源之一。根据1985年10月省委、省政府作出关于"五年消灭荒山、十年绿化广东"决定和粤西农垦局提出"五年绿化垦区"的目标，收获农场、南光农场把林业生产列为农场的支柱产业之一，在林业用地、防护林带、公路、场部营区、生产队营区开展绿化建设，每年的更新造林合计近4000亩。截至1990年，收获农场造林绿化面积达4.82万亩，全场森林覆盖率达41.5%；南光农场造林绿化面积达6.86万亩，全场森林覆盖率达71.65%。1990年10月，收获农场、南光农场分别被冠以"广东省绿化达标单位"荣誉称号。

　　20世纪90年代中后期，实施产业调整，许多原来营林造林的土地大都改为种植甘蔗、菠萝，仅保持少量的公路林、生态林。

第一节　林地面积

　　营林曾是收获农场和南光农场除橡胶之外种植面积最大的项目，其发展速度与橡胶并驾齐驱。收获农场防护林（带）的营造始于1953年。按当时高雷垦殖分局的规程，在规划植胶地营造林带。营林造林树种主要为大叶桉、小叶桉、台湾相思、油茶以及木麻黄。1953年，林地面积为2689亩。1954年，一次历史少见的强台风侵袭农场，橡胶受到严重损失，华南垦殖局提出"依山靠林"的方针，全垦区1955—1956年连续两年大规模营造防护林，此时收获农场的林地面积快速增长，均能保持在2万亩左右，其中1956年达到了 29653 亩。此后以甘蔗生产为主，造林发展缓慢，林地面积在 1958—1962 年保持在 1.6 万亩左右。1963—1990 年，收获农场开始对原有林段逐年进行改造，林地面积再次快速增长，这段时期也是收获农场林业发展的"黄金阶段"。特别是 1970 年，林地面积达到了 36170 亩，是建场以来的最高纪录。

南光农场 1952 年大量种植橡胶树失败后，便大力营造防护林，1953 年林地面积 2152 亩，营林造林树种主要为大叶桉、小叶桉、台湾相思、油茶以及木麻黄。1955 年根据华南垦殖局提出"依山靠林"的方针，开始大面积营林造林，林地面积逐年增长，1956 年首次达到万亩以上，为 16038 亩。1956—1962 年，南光农场林业的发展受台风和当时经济农作物种植方针的影响，林地面积逐年减少。1963 年，南光农场"一业为主，多种经营"的生产方针得到进一步落实，营林造林面积也逐年增长。1963—1987 年是南光农场林业发展较快时期，特别是 1974 年，林地面积达到了 38889 亩，为南光农场建场以来最高纪录。

表 2-5-1　收获农场、南光农场 1952—1990 年林地面积表

时间	林地面积（亩）	
	收获农场	南光农场
1952	—	—
1953	2689	2152
1954	19880	4516
1955	29653	8971
1956	18045	16038
1957	22158	18360
1958	15043	17943
1959	15679	17951
1960	16045	17909
1961	16045	11594
1962	16117	11194
1963	19285	15056
1964	20258	21056
1965	26421	22789
1966	30828	26209
1967	32855	28807
1968	33865	30278
1969	35669	38223
1970	36170	37816
1971	33000	31209

（续）

时间	林地面积（亩）	
	收获农场	南光农场
1972	34300	37927
1973	33884	38443
1974	33884	38889
1975	33864	38760
1976	33827	38687
1977	32459	38624
1978	32206	37987
1979	31411	37328
1980	31125	37200
1981	31369	37133
1982	30197	37151
1983	29253	36501
1984	27587	36093
1985	26491	36004
1986	24556	35920
1987	24577	34551
1988	24688	26350
1989	24794	26096
1990	24512	24083

　　丰收公司成立后，林业的发展由公司统一指导。丰收公司的种植业以甘蔗、菠萝为主，合并后的收获农场、南光农场受农业结构调整的影响，便大力发展甘蔗种植业，许多原来营林造林的土地大都改种甘蔗、菠萝，仅保持少量的公路林、生态林。丰收公司合并成立后的 1996 年，公司的林地面积为 32178 亩，此后便逐渐缩减。1998—2013 年，林地面积每年保持在 1.4 万～1.6 万亩。2014 年，9 号超强台风"威马逊"于 7 月 18 日 15 时在海南文昌登陆，19 时又在徐闻县登陆，中心附近风力 52 米/秒，总降水量 286.5 毫米，横扫雷州半岛长达 4 小时，为广东有记录以来最强台风。因丰收公司离台风登陆地点较近，致使林木受到严重影响。大面积的林木被强风吹断，甚至连根吹起。同年的 9 月 16 日，15 号台风"海鸥"在海南省沿海登陆后，又在徐闻县登陆，平均风力 13 级（40 米/秒），最大阵风 15 级（51.7 米/秒），出现暴雨到大暴雨强降水灾害，强风暴雨持续约 10 个小时。丰收公司的林木再次遭受台风，损失严重。2014 年丰收公司的林地面积仅存 7740 亩。到了 2020 年，林地面积仅剩 2391 亩。丰收公司合并成立后历年林地面积如表 2-5-2。

表 2-5-2　丰收公司 1996—2020 年林地面积表

年度	面积（亩）
1996	32178
1997	31677
1998	14010
1999	14010
2000	14145
2001	14010
2002	14010
2003	14010
2004	14010
2005	14010
2006	14010
2007	16470
2008	16470
2009	16470
2010	16470
2011	16470
2012	15393
2013	11906
2014	7740
2015	4728
2016	4728
2017	4201
2018	2365
2019	2391
2020	2391

第二节　林业结构

1953—1962 年，收获农场、南光农场大田橡胶防护林树种主要为大叶桉、小叶桉。林带横断面呈流线型。经多年观察木麻黄树的生长和抗风情况，得出结论：木麻黄树成林后，易受钻心虫危害，一遇大风则断倒。因此，从 20 世纪 70 年代起木麻黄树只作为路边护路林，不再用于橡胶防护林带。随后，陆续淘汰大叶桉树。保持小叶桉为主木，台湾相思为副木，少数油茶为灌木。20 世纪 80 年代后期至 90 年代初期以小叶桉为主。此外，收获、南光农场还于 1956 年种植块状林，分为经济林、薪炭林、用材林 3 种。经济林中有竹子、油茶、海棠和柠檬桉等树种，单一分块种植；薪炭林仅台湾相思一种；用材林有樟树、杉树、苦楝树和柠檬桉树等。60 年代仅有少量种植，70 年代后取消块状林。60 年代末，始有油茶子收获，由于其分布遍野，工作量大，成本高。1983 年起，放弃油茶收获，油茶树逐年淘汰。

成立丰收公司之后，以速生林为主。1996 年起至 2010 年，各生产队年度造林均由职工家庭农场承包。2011 年起至 2014 年造林工作转为外包。2001 年 1 月，丰收公司与农田队造林专业户杨椹才（外包人员）签订《林业生产承包经营合同》，公司将农田队等 9 个队共 226.91 亩林发包，前五年每年上交 50 元/亩，上缴小计 13007.5 元，后四年每年上交 55 元/亩，上缴小计 14308.25 元。2003 年 4 月 18 日，湛江农垦局国土处批复同意：丰收公司可将场群关系紧张的边远地、公路两边林地 750 亩对外出租造林，租期 9 年，租金 80 元/亩。4 月 29 日，湛江农垦局批复同意：丰收公司南光分公司 1 队因受农村干扰而从 1995 年荒芜至今 200 亩土地对外发包造林，租期不超 9 年，每年租金 30～50 元/亩。11 月 30 日，丰收公司与承租人郭桂英（外包人员）签订《南光造林土地租赁合同书》。租地 637.73 亩，租期为 9 年，每亩每年租金 80 元。12 月 30 日，公司与承租人蔡光智签订《收获造林土地租赁合同书》。租地总面积 385.35 亩，租期 9 年，每亩每年租金 100 元。2004 年 6 月 30 日，公司与承租人郭桂英签订《收获、南光造林土地租赁合同书》。租地总面积 1500.65 亩（收获 748.03 亩，南光 752.62 亩），租期为 9 年，租金每收获土地 100 元/年亩，南光 80 元/年亩。2005 年后，造林工作不再外包。每年植树节前后总公司机关、分公司机关工作人员和党员及团员开展义务造林。

第三节　造林技术

一、造林技术

1. **营造林带规格**　1953 年，收获农场、南光农场大田橡胶防护林（带）按高雷垦殖分局的规程，在规划植胶地营造林带，以东西走向为主林带，宽 15 米，每间隔 1000 米设带，林段呈长方形，面积 300 亩。1962 年，总结认为原来的 300 亩大方格林对橡胶和农作物的防护作用不大。从 1963 年起，对原有的林带进行改造，加密主、副林带以缩小带间：平缓地按 80 米×80 米，迎风坡 80 米×60 米，背风坡 80 米×100 米。林段面积在 7.2～12 亩。在农作物地新造林，平缓地按 100 米×100 米，坡地 80 米×80 米。林带株行距规格最初从 1 米×1 米的距离，每亩 666 株。1956 年起改为 1 米×1.5 米，每亩 444 株，1965 年起改为 1.5 米×1.5 米，亩植 296 株，用于保胶林带的定植密度，沿用至 80 年代。护路林带从 20 世纪 60 年代起改 1 米×1.5 米的株行距至今不变。

2. **造林育苗**　收获农场、南光农场 1952 年至 1953 年，采取林带定植穴人工直接播种台湾相思、油茶树。1954 年起至 1963 年选择低洼静风近水之平缓坡地起畦播种育苗。1964 年起定重点队搞"营养砖"育苗。在苗圃内用沃土拌以肥料配制营养土，加水拌和堆成畦，按 6 厘米×6 厘米×6 厘米规格切（划）成砖，在每一块（格）砖上播 2～3 粒树种，发芽后淋水培育。当苗长高 25 厘米左右，则可连砖带苗移植到林带植穴。此育苗法定植后常规管理 10 个月，木麻黄树平均高 190 厘米、粗 3.3 厘米；台湾相思高 118 厘米、粗 2.2 厘米。1965 年后，"营养砖"育苗规格增大到 10 厘米×10 厘米×10 厘米～15 厘米×15 厘米×15 厘米。20 世纪 80 年代后造林的苗木均是外购。

二、树种引进

国营收获农场、国营南光农场从 20 世纪 50—70 年代营造林木的各种树种均是职工自育的。20 世纪 80 年代起，引进雷林一号、湿地松、栓皮桉、谷桉、刚果 12 号桉、大叶相思、白木香等树种。后期，均以外购速生林（桉树）为主。

20 世纪 90 年代后，造林地均为条带形状，由拖拉机犁地开沟，于春季或四月前后，到湛江、徐闻、调风等育苗场购买广（1）速生林（桉树），种植行距 1.5 米，株距 1.2 米。

第四节　绿　　化

1985 年 10 月，省委、省政府作出关于"五年消灭荒山、十年绿化广东"的决定且粤西农垦局提出"五年绿化垦区"的目标后，收获、南光农场均成立绿化委员会，把林业生产列为农场的支柱产业之一，在林业用地、防护林带、公路、场部营区、生产队营区开展绿化建设，每年的更新造林合计近 4000 亩。

至 1990 年，收获农场宜林面积 54180 亩，全场森林覆盖率达 41.5%，已绿化栽植面积 52740 亩，绿化栽植率为 97.3%，已绿化面积 48240 亩，绿化率为 89%；防护林带绿化用地面积 21720 亩，已绿化栽植面积 20280 亩，栽植率 93.4%，已绿化面积 18840 亩，绿化率 86.7%；全场公路总长度 58.5 公里，可绿化长度 44.4 公里，已绿化长度 39.9 公里，道路绿化率 87.6%，其中县管养路长度 26 公里，可绿化长度为 18.7 公里，已绿化长度为 16.6 公里，公路绿化率为 88.5%；场部营区建设用地总面积 541 亩，其中绿地面积 340.7 亩，已绿化面积 300.5 亩，绿化率为 88.2%，绿化覆盖面积 170.4 亩，绿化覆盖率达 31.5%；生产队 24 个居民点平均绿化覆盖率为 34%。

至 1990 年，南光农场总面积为 9.57 万亩，其中适宜绿化面积为 7.09 万亩，已绿化面积为 6.86 万亩，全场覆盖面积为 6.86 万亩，覆盖率为 71.65%。其中：林业用地面积 7.09 万亩，已绿化栽植面积 7.08 万亩，绿化栽植率为 99.8%，已绿化面积 6.88 万亩，绿化率为 97.06%；防护林带用地面积为 2.86 万亩，已绿化栽植面积为 2.85 万亩。绿化栽植率为 99.7%，已绿化面积 2.69 万亩，绿化率为 94.06%；全场公路总长度为 40 公里，可绿化长度为 33.95 公里，已绿化长度为 32.55 公里，公路绿化率为 95.5%；场部总面积 220.4 亩，其中适宜绿化面积为 106.35 亩，已绿化面积为 103 亩，绿化率为 96.85%，绿化覆盖面积 90.64 亩，绿化盖率为 40.11%；全场 19 个生产队的营区总面积为 1004.13 亩，宜绿化面积 628.38 亩，已绿化面积 572.32 亩，绿化率为 91.1%，绿化覆盖率为 40.6%。

1990 年 10 月，省绿化委员会委托，省农垦总局组织由湛江市绿化委员会、粤西农垦局、海康县绿化委员会、海康县委农场部等组成的广东农垦绿化达标验收组对收获、南光农场的绿化达标工作进行验收，一致同意 2 个农场为广东省绿化达标单位。

第五节　林木采伐

收获农场从 1953 年至 1969 年采伐原木共 1485 立方米。1970 年至 1978 年采伐原木共 687 立方米，采伐小规格林 3331 立方米。1979 年至 1988 年采伐原木总面积 10958 亩，采伐原木共 29686 立方米，采伐小规格林 81179 立方米。

南光农场 1985 年采伐原木共 7539.4 立方米；1986 年采伐原木共 5271 立方米；1987 年采伐原木共 7200 立方米；1988 年采伐原木共 6842 立方米。

收获农场、南光农场从 1989 年至 1994 年，各年度采伐原木总量合计数目为：1989 年 16735 立方米（其中原木 12711 立方米、小规格林 2469 立方米、薪材 1555 立方米）；1990 年 27080 立方米（其中原木 9455 立方米、薪材 17625 立方米）；1991 年 17190 立方米（其中原木 10985 立方米、小规格林 3412 立方米、薪材 2793 立方米）；1992 年 23215 立方米（其中原木 13222 立方米、小规格林 2534 立方米、薪材 7459 立方米）；1993 年 12047 立方米（其中原木 6513 立方米、小规格林 965 立方米、薪材 4569 立方米）；1994 年 9797 立方米（其中原木 5059 立方米、小规格林 863 立方米、薪材 3875 立方米）。两个农场从 1989 年至 1994 年还采伐竹子共 282.1 万条。国营南光农场采伐原木收入从 1990 年至 1994 年除 1994 年总收入达不到 200 万元外，其他年份均超过 200 万元，1990 年采伐原木总收入超 300 万元。

1995—2019 年，丰收公司采伐原木总量为 107480 立方米（其中原木 102711 立方米、小规格林 3463 立方米、薪材 1306 立方米）。采伐原木总量最多的年份是 2010 年，共采伐 22535 立方米。采伐原木总量最少的年份是 2004 年，只采伐了 351 立方米。此外，采伐竹子共 69.3 万条。

第六节　林业荣誉成果

1953 年，南光农场职工温定清、宋海保被林业部授予林业劳模奖章。

1983 年，南光农场被授予广东农垦"造林绿化先进单位"称号。

1990 年，收获、南光农场荣获广东省绿化达标单位称号。

1998 年，参与的《防护林优良树种刚果 12 号桉的推广》项目，获湛江农垦科技进步二等奖，1999 年获湛江市农业技术推广二等奖，2000 年获广东省农业技术推广三等奖。

第六章 其他作物

农场生产经营的其他项目主要有水稻、花生、木薯、香茅、茶叶等，规模均较小，主要是为了生活所需而生产。

第一节 水 稻

水稻是收获农场、南光农场为实项粮食自给而经营的生产项目。1955年，收获农场尝试播种水稻26亩，总产1.9吨，平均亩产仅73公斤。同年，南光农场播种252亩，总产43.3吨，平均亩产172公斤。1961年，收获农场利用田头屯村并入本场划入的240亩水田，加上有偿租用场区农村的丢荒田播种水稻。

1955—1990年，收获农场播种水稻共18662亩，总产4456.1吨，平均亩产238.78公斤；南光农场播种水稻共18713亩，总产3894.9吨，平均亩产208.14公斤。收获场播种水稻最多的年份是1969年（兵团七师七团时期），总面积达1500亩；水稻年产量最高年份是1979年和1980年，均为296.1吨；水稻平均亩产最高年份是1989年，达288公斤。南光农场播种水稻最多的年份是1980年，总面积达3396亩；水稻年产量最高年份是1980年，达734.6吨；水稻平均亩产最高年份是1975年，达274公斤。

因水稻单产低，亏损大，两个农场从1983年起播种面积逐年减少，至1990年，收获农场全年播种面积仅有50亩，南光农场全年播种面积只有142亩。各场逐步停止经营此生产项目，原水田改种甘蔗、菠萝。

第二节 花 生

花生是为满足职工食用油需求而经营的生产项目。1955年，收获农场开始种植花生，初用当地品种，按照当地农村村民耕作习惯，一年二茬，分春、秋季播种。1960年，引进"狮头企"良种，在场试验站培育繁殖后供给全场推广。20世纪70年代（初期为兵团七师七团时期）利用水浇地与水稻轮作。

南光农场从 1955 年起种植花生，1956 年播种花生 458 亩，全年总产 2.29 万斤。1962 年播种花生 2500 亩。1963 年播种花生 2066 亩。1974 年播种花生 1000 亩，全年总产 10 万斤。

各场从 1983 年起不再将种植花生作为农场的正式生产项目，农场以差价补贴的办法解决职工的食用油问题。

第三节 木 薯

木薯是农场多种经营生产项目之一。20 世纪 50 年代末至 60 年代初期是国家经济困难时期，也是农场粮食紧张时期，为使全场职工及家属顺利度过困难年份和消除水肿病，农场种植了多种薯类，其中木薯种植面积最大。

1956—1968 年，国营收获农场种植木薯面积共 21299 亩，总产鲜薯 6406600 公斤，平均亩产鲜薯 296 公斤。1969—1974 年（兵团七师七团时期）种植木薯面积共 2460 亩，总产鲜薯 803820 公斤，平均亩产鲜薯 327 公斤。1975—1979 年种植总面积达 5764 亩，总产鲜薯 2414400 公斤，平均亩产鲜薯 419 公斤。1980—1984 年种植总面积 1745 亩，总产鲜薯 1703400 公斤，平均亩产鲜薯 976 公斤。国营收获农场从 1956—1984 年的 28 年间，种植木薯面积共 31268 亩，总产鲜薯 11328200 公斤，亩产鲜薯 362 公斤。经济困难时期，种植木薯面积高达 2 万亩以上，随着经济好转，种植面积逐渐减少至 1000 多亩，但平均亩产从初期的 296 公斤到 70 年代后期的 419 公斤再到 20 世纪 80 年代初期的 976 公斤，亩产量大为提高。

国营南光农场从 1956 年开始种植木薯，种植面积 421 亩，总产鲜薯 84500 公斤，平均亩产鲜薯 201 公斤。各年度种植规模如下：1959 年种植面积 115 亩，1962 年种植面积 3500 亩，1963 年种植面积 2948 亩，1974 年（兵团七师四团后期）种植面积 270 亩（总产鲜薯 108270 公斤，亩产鲜薯 401 公斤）。

国营收获农场、国营南光农场种植木薯的目的一是解决职工口粮不足问题，二是供应自办薯类加工厂加工原料。1957 年国营南光农场建立日加工量 20 吨的淀粉厂，1959 年收获农场建立日加工量 24 吨的淀粉厂。由于种植木薯管理粗放，除了犁、耙田外，其余全靠人力、畜力操作，成本高产量低，年年亏损。到 20 世纪 80 年代后期各场基本上不再开展此生产项目。

第四节 香 茅

1957 年，国营南光农场开始种植香茅，当年总面积 5800 亩。1959—1963 年的经济困难时期，香茅种植面积从 6600 亩锐减至 1084 亩。1974 年（兵团七师四团后期）总面积 2000 亩，总产香茅油 7.6 吨。"文化大革命"时期，香茅种植面积维持在 2000 亩左右。1982 年底，香茅面积仅剩 1700 亩。

国营收获农场种植香茅相对较晚，1959 年 3 月，国营收获农场开始种植香茅，从徐闻县勇士农场购入种苗，当春即种下 4072 亩，当年总产香茅油 8.98 吨。1959—1987 年的 29 年间，国营收获农场新植香茅总面积 38303 亩，收获面积 90964 亩，总产香茅油 759.88 吨，平均亩产香茅油 8.35 公斤。新植香茅最多的年份是 1983 年，新植面积达 4505 亩；香茅总产最多的年份是 1985 年，总产 20.3 吨。1969—1972 年（兵团七师七团时期），农场要大力发展橡胶，于 1971 年把 1970 年结存下来的 250 亩香茅全部铲掉。1974 年又开始种植，当年年底结存 6300 亩。

为大力发展香茅种植业、多产香茅油，国营南光农场从 1957 年起建立日加工香茅叶 9 吨、2 吨、1.5 吨的香茅加工厂共 15 座；国营收获农场从 1959 年 11 月起建立日加工香茅叶 9 吨香茅厂 2 座、2 吨香茅厂 14 座、1.5 吨香茅厂 5 座。

1984 年起，由于市场价格波动，农场需大上甘蔗和菠萝，香茅不再列为发展项目，1985 年开始逐步淘汰，直至停止经营。

第五节　茶　　叶

国营收获农场最早在 1962 年发展茶叶生产，当年试种 50 亩茶叶，由于管理不当，种植失败，便停止此项目。1975 年（兵团撤销，恢复农场体制的第一年）初春，农场在红忠队南面（调风红心楼水库）右侧地段，开始试种茶叶 50 亩（后称红忠茶），到 1982 年底，茶叶种植总面积达 140 亩。1982 年 2 月，农场利用东风水电站引水渠优势（红忠茶场靠近引水渠）建设红忠队茶园喷灌工程。1983 年，农场在红忠队建成一间茶叶加工小作坊（职工称茶厂）。当年底，种植茶叶总面积 121 亩，收获面积 27 亩，年产干茶 0.2 吨，干茶亩产 7 公斤。1983—1990 年，国营收获农场茶叶种植总面积 762 亩，收获总面积 634 亩，干茶总产 33.21 吨，干茶亩产 53 公斤，所产的红忠茶除满足供应场机关和各单位办公饮用之外，还销往广东信宜市等地。由于附近垦区农场和地方茶场茶叶生产发展快，红忠茶手工炒茶技术欠佳且受市场冲击较大，红忠茶从 1991 年起停止生产。

国营南光农场从 1983 年开始发展茶叶生产，当年种植茶叶 184 亩。1984 年，农场建成一间茶叶加工小作坊（职工称茶厂）。1986 年 7 月，农场制定《茶厂承包方案》，茶厂核定全员 5 人（其中干部 1 人），年制干茶 110 担（2.75 吨），计给茶厂加工费每市斤干茶

0.35 元，全年加工费收入 1925 元。1986 年年底，干茶总产实际 5.3 吨，加工干茶超计划 3.55 吨，茶厂全年加工费收入 4410 元，超加工费收入 2485 元。1983—1990 年，国营南光农场茶叶种植总面积 1539 亩，收获面积 1375 亩，干茶总产 55.9 吨，干茶亩产 35 公斤。1991 年干茶总产 15 吨。1992 年停止生产茶叶。

第六节　其他作物

根据省农垦集团公司《关于发展多种形式的农业适度规模经营的指导意见》（粤垦函〔2019〕110 号）精神，为在发展多种形式农业适度规模经营上起示范引领作用，2020 年，丰收公司规划在滨河队、海滨队、北河队规划建立"三高"基地。到年底已种植粉蕉 198 亩、巴西香蕉 693 亩、木瓜 212 亩、玉米 122 亩，种植面积合计 1225 亩。

第七章　农业机械

收获农场和南光农场的机务管理经历了集体承包，见利分成—集体承包，定额上交，超利分成—集体承包，独立核算，自负盈亏三种不同形式的场、科、队三级管理阶段。丰收公司成立后，取消三级管理承包的旧管理体制，实行机队（资产风险抵押）租赁经营。1997—2001年，丰收公司累计投入331.3万元购买农业机械设备23台。2003—2008年，累计投入2900万元引进各类农业机械及配套生产设备108台。丰收公司改扩建原收获农场修配厂作为农机设备存放、研制、维护和保养的专用场所。2006年3月，丰收公司成立机械化办公室。2008年12月，丰收公司将全部农业机械转交新成立的广东广垦农机服务有限公司丰收分公司管理和使用，按全部农业机械投资结账450万元的价格参股30%，丰收公司甘蔗基地及职工家庭农场通过购买农业服务的方式满足农业生产的需要。

第一节　农用动力与农机具

按照农业部和两级局的部署，丰收公司2003年正式实施甘蔗全程机械化试验示范项目，2003年5月被农业部列为甘蔗机械化试验示范项目基地，在国家政策的支持下，丰收公司开展了甘蔗生产全程机械化一系列的试验示范工作，加大农机资金投入，加强农机队伍建设，积极稳妥地推进甘蔗生产全程机械化的步伐，农机作业从之前只限于土地备耕、培土到从备耕、种植、除草灭虫施肥管理、收割和甘蔗压榨预处理实现全程机械化。2007年6月被农业部审核确定为首批全国农业机械化示范区之一。

1997—2001年，丰收公司累计投入331.3万元购买农业机械设备23台，其中：1997年10月投入136万元购进东方红1002大功率链轨拖拉机8台、天津654轮式机2台；2000年10月投入94.2万元购进东方红1004大功率链轮式拖拉机6台；2001年2月投入101.1万元购进东方红1004大功率轮式拖拉机3台、东方红中型轮式拖拉机4台。此外，丰收公司投入23万元为机队购置农机39台，其中：深松犁16台、甘蔗破垄和培土施肥机15台、破垄和培土犁8台；机手投入15万元自购农机具24台，其中：菠萝粉碎机6台、旋耕耙10台、悬植二铧犁8台。据统计，截至2001年，丰收公司农业机械有：大型拖拉机（100 马力）21 台，中型拖拉机（50 马力以上）46 台，总动力 3374.8 千瓦。

2003—2008 年，丰收公司累计投入 2900 万元（其中：农业部机械化专项拨款 2023.5 万元、企业自筹 876.5 万元），从美国、巴西、德国、澳大利亚和国内相关厂家引进了世界上最先进的大型轮式拖拉机、JD4710 喷药机、7000 切断式糖蔗联合收割机、整杆甘蔗播种机、深松犁、液压重耙、田间运输机和甘蔗预处理等各类农业机械及配套生产设备 108 台，其中：引进国外关键技术及设备共 51 台，购买国内农具 32 台，自主研制适应的配套农具 20 台，消化吸收再创新研制的设备共 5 台。主要的先进农机机械有：英国大功率拖拉机凯斯 MXM190，配备法国库恩公司的液压翻转犁 MMT1515T；大功率拖拉机凯斯 MXM190，配备法国库恩公司的液压圆盘重耙 XM40H；美国大功率拖拉机约翰迪尔 8220，配备约翰迪尔深松犁 915V-RIPPER-5X-（5STDS）；纽荷兰 110-90 型拖拉机；巴西 DMB 整杆甘蔗播种机配备纽荷兰 TM140 轮式拖拉机牵引；美国约翰迪尔 4710 型自走式喷药机；澳大利亚凯斯 7000 切断式甘蔗联合收割机；巴西 E900T 田间运输拖车；法国 8141TR 型牵引型撒肥车，配备凯斯 MXM190 轮式拖拉机牵引；自行研制的 WG-2.85 型多功能中耕施肥机、FS25 肥料搅拌输送机等。

2013—2020 年，职工家庭农场自行购置小型拖拉机、风送式喷雾机、动力喷雾机、旋耕机、翻转犁、施肥机、追肥机、甘蔗种植机、秸秆粉碎还田机等各类农机具 243 台，累计享受农机购置补贴 345.38 万元（财政资金）。

第二节　农业机械管理

收获农场和南光农场的机务管理体制大致相同，都经历了"集体承包，见利分成—集体承包，定额上交，超利分成—集体承包，独立核算，自负盈亏"三种不同形式的场、科、队三级管理阶段。在当时特定条件下，这种管理体制对农业生产和农业机械化的发展发挥了积极的作用。然而随着改革的深化，场、科、队三级管理模式已不能很好地适应以家庭联产承包为主、统分结合双层经营体制的要求，管理服务工作跟不上，农业土地备耕工作被动，机车亏损面大，经济效益差。丰收公司成立后，对农机资产组织、资产利用、资产运行形式提出了改革的新思路，取消三级管理承包的旧管理体制，实行机队（资产风险抵押）租赁经营。1996 年 1 月，丰收公司以收获农业分公司作为机务体制改革的先行试点单位，对机务进行了十个方面的改革：①机队由原来的三级管理承包改为二级租赁经营：即公司直接出租机械设备给机队长，然后由机队长再租给机手；②把原报废再用且技术性能较差的拖拉机折价转让给机手或本公司职工；③适当调整机械作业收费标准；④财务结算由原来的年终转账结算改为每月现金结算；⑤租赁的机队、机手实行风险抵押，机队租赁责任人（机队长）所交风险抵押金占机队年终租赁金额的40%，机手每人交风险抵押金4000元；⑥所有租赁人都必须签订租赁经济合同书，以法律手段确保租赁合同的履行；⑦机队对机车、机手实行自由优化组合，精简多余机手和管理人员；⑧撤销机运公司，精简科室管理人员，分公司只保留2名机务管理人员，划归分公司生产办公室，全面负责分公司的土地备耕质量，进度的检查监督，负责机手的技术操作培训和机车技术维护保养的技术性指导；⑨取消三机配件和燃油供给记账制度，零配件及燃油料一律按市场价格放开，实行现金交易；⑩机队、机手经济收入由原来超利分成改为实行下不保底，上不封顶的分配政策，机队长及机手的经济效益除按合同约定上缴的租金外，其余部分均属个人收入。1997年7月，丰收公司加大了机务改革的力度，把收获农业分公司的机务改革的经验和做法在南光农业分公司全面推开。1996—1997年，丰收公司推行机务体制改革的同时，报废处理残旧大中型拖拉机36台。

丰收公司推行机务二级租赁经营的管理模式，通过五年的实践，在当时的经济环境条件下是可行的，但随着国有企业的不断深化改革，社会主义市场经济不断完善，该管理模式显然不适应社会的发展和公司的管理要求。因此，2002年7月以后，丰收公司取消机务二级租赁经营的管理体制，撤销了机务科和机耕队的管理机构，将残旧的53台机械设备和一批农机具一律折价拍卖给机手，同时公司贷款200多万元给机手个人购买新机28台，实行产权私有化，机车由集中统一管理改为分散到各生产队停放，机耕作业任务实行机手与生产队或农户双向自由选择，即采取"土地承包户＋个体农机服务"经营模式，市场化作业收费标准由公司统一核定。机手个人每年上缴公司社保福利费1500元，保留员工身份。收获、南光农业分公司各设一名机队长，负责管理机手（约60名），负责机手与生产队服务方面的协调和平时机手的机耕作业验收及结算工作，经济收入状况是以机手操作技能和服务态度相联系。农机作业只局限于土地备耕及培土方面，收获、南光两个农业分公司每年有土地耕作面积约8万亩，机耕收入总额为300万元左右。

2003年、2004年、2005年连续投入巨额资金引进先进机械设施，为做好甘蔗生产机械推广使用、维护和保养工作，2003年6月起，丰收公司聘请了北京农业机械化专家、华南农大、湛江科研所等农业机械专家对公司的机务、机修以及相关人员进行了系统培训农机设备原理和操作规程等内容。丰收公司改扩建原收获农场修配厂作为农机设备存放、研制、维护和保养的专用场所。在研制方面，主要研制实用型的甘蔗生产设备，如甘蔗叶粉碎机、甘蔗头破碎机、甘蔗开沟犁等，其中，"ZP-2型甘蔗破碎灭虫机研制与应用"列为2003年省农垦重点科技计划项目。对于丰收公司引进的部分国外先进设备中配套不足的零部件则由开发小组负责科技攻关，对其进行实用性的改进或自行研制可以替代的零部件，确保进口设备的正常运转。

2006年3月，丰收公司成立机械化办公室，对设备和机具进行试验测试，完善改进进口设备，研制配套设备，并负责车库的管理和设备的维修、保养，组织管理甘蔗生产全程机械化及机械化演示活动。

2008年10月，湛江农垦局组建一家以垦区国有农机资源为主体、农场农机以专业合作社形式参与，集农机经营、甘蔗机械化作业、农业生产资料运输、农机管理服务于一体的专业化企业——广东广垦农机服务有限公司。是年12月，丰收公司将全部农业机械转交新成立的广东广垦农机服务有限公司丰收分公司管理和使用，按全部农业机械投资结账450万元的价格参股30％。广垦农机公司于2010年在原有农业机械的基础上，再购置拖拉机等农机具设备74台套，特别是为满足甘蔗种植和收割要求，添置了CASE8000收割机、甘蔗运输车和种植水车，合理配套甘蔗生产全程机械化设备，可实现对甘蔗的土地备耕、种植、田管、收砍甘蔗及甘蔗运输一条龙机械化作业。丰收公司甘蔗基地及职工家庭农场通过购买农业服务的方式满足农业生产的需要。

第三节　农业机械化水平

丰收公司甘蔗面积保持在8万亩左右，农业机械耕地和开沟环节技术成熟，这两个环节的机械化水平可以达到100％。另外机械封闭除草和破垄、培土施肥环节的技术也日益成熟。甘蔗机械化生产面临最重要的问题是种植和收获问题。经过十多年的发展，甘蔗种植和收获的机械化水平从零到曲折向前发展，逐步积累了一些经验，这为实现全程机械化做出了有益的探索。2007—2013年种植和收获环节的平均机械化水平只有3.80％和2.31％，机械种植行距一般在1.2米以上，出苗数较人工种植少0.6～1.2株/米，普遍存在局部种植密集和局部断垄现象，机械种植单产较人工种植低13.13％～59.38％。机械收割亩均生产成本占比仅为14.19％，而人工收割亩均生产成本占比达21.69％。

2011年，丰收公司加大对甘蔗机械化生产扶持力度，全程机械化地租仅为1.1吨/亩，糖厂统一扣杂率为7％。2012年以后，机械化种植实物地租提高到1.25吨/亩。2014—2015年，因受台风灾害损失惨重，对全程机械化资金缺乏的经营者，公司给予垫支蔗种和机耕费150元/亩。2016—2017年，对机械化种植分级补贴，每亩补贴100～150元。2018年以后统一按地类收费。经过多年的扶持，培育了大批适度规模经营种植大户，种植大户种植规模普遍为300～1000亩，机械种植100％。2018—2020年，丰收公司甘蔗全程机械化示范基地种植和喷药、培土施肥全部实现机械化，但由于糖厂机械化工艺设备配套不成熟，实行机械收割仅为22.29％～42.86％。收割环节机械工艺处理不成熟致机械收割率低，成为推广甘蔗全程机械化的最大障碍。

第三编

工　业

中国农垦农场志

第一章　发展状况

　　丰收公司工业发展走的是一条工农互补、资源循环利用、绿色环保的循环经济发展之路，拥有自营糖厂调丰糖厂、南光鞋厂，及通过收购和合股经营等方式拥有控股糖厂三家、控股罐头厂一家、控股复肥厂一家、控股酒精厂一家，形成年产白砂糖近 20 万吨、菠萝罐头 2 万吨、菠萝浓缩汁 1 万吨、酒精 5 万吨的生产能力。丰收公司总资产从 1996 年的 42287 万元快速增长至 2006 年的 115195 万元，工业总产值也从 1996 年的 26601 万元快速增长至 2006 年的 86863 万元，增长了 2 倍多。生产的产品主要有白砂糖、菠萝罐头、菠萝浓缩汁、有机肥、酒精等，其中"蜂泉"牌一级白砂糖和"三叶"牌菠萝罐头被誉为"中国名牌产品"和"广东省名牌产品"。丰收公司自 2002 年起曾连续八次荣获"农业产业化国家重点龙头企业"荣誉称号。

　　丰收公司对甘蔗榨糖后的副产品蔗渣、滤泥、桔水和菠萝加工后的菠萝皮渣等进行充分利用，循环经济发展模式如下：蔗渣代替燃煤发电和用作生产碎粒板；桔水用作生产酒精；酒精生产产生的废液通过 TLP 快速高效厌氧发酵技术产生沼气供锅炉燃烧，利用沼气废液规划进行农业灌溉，建设高产高糖蔗田；利用滤泥为原料，通过生物发酵生产复合微生物肥；菠萝加工后的菠萝皮渣主要用来作为肥料的原料，也可作奶牛青饲料等。发展循环经济既可综合利用资源，又延长了产业链，提高产品附加值。

第二章　制糖工业

　　丰收公司制糖主要以自营糖厂调丰糖厂为主，调丰糖厂在 20 世纪 80 年代中期建成并投入使用，由属下收获、南光两个农业分公司及金星农场、东方红农场、火炬农场、幸福农场等四个农场提供糖料蔗，压榨加工成食糖，日榨量 6500 吨以上，年榨蔗量约 70 万吨，产食糖 7 万～8 万吨。从投产至分立共经历了 33 个榨季，累计榨蔗 1958.74 万吨，产食糖 193.69 万吨，创造工业总产值 126.35 亿元，累计上缴利税近 5 亿元。

　　从 2003 年起，丰收公司抓住地方糖业产权改革机遇，并经上级批准，与民营企业在湛江地区联合收购了徐闻下桥、遂溪城月、遂溪洋青三家糖厂，收购资金总计 3.67 亿元，其中：丰收公司投入资金 1.84 亿元（固定资产投入 1.71 亿元，流动资金投入 0.13 亿元）、民企投入资金 1.83 亿元。注册成立新公司分别为徐闻县恒丰糖业有限公司、湛江市金丰糖业发展有限公司、广东半岛糖业有限公司，三家合股糖厂日榨蔗能力合计 1.4 万吨以上。在生产经营上，除湛江市金丰糖业发展有限公司由丰收公司委派人员主导生产经营外，其余两家公司均采取租赁经营方式由其他股东经营。

第一节　调丰糖厂

一、筹建

（一）早期建设

　　广东省国营调丰糖厂（合并后改称为调丰制糖工业分公司）建于 1959 年 3 月，旧址在广东省国营收获农场南田队对面（原是湛江农垦技工学校，兵团时期为七师师部干部培训总部，收获中学、收获第二中学、收获第二小学旧址，现广东省丰收糖业发展有限公司复肥厂），生产规模为日榨甘蔗量 350 吨。1960 年 10 月，湛江农垦局研究决定，将广东省国营调丰糖厂划归广东省国营收获农场管理。因农场经营方针改变，及缺乏加工原料，调丰糖厂于 1962 年关闭。

（二）迁址重建

1. **重建申报**　1983 年 6 月，广东省湛江农垦局计划重建国营调丰糖厂并向省农垦总局上报《重建调丰糖厂（日榨甘蔗1000吨）计划任务书》；1983年10月，广东省计划委员会批复《关于新建调丰糖厂的复函》同意广东省农垦总局向农牧渔业部上报新建调丰糖厂日榨甘蔗1000吨计划任务书，糖厂建设所属的贷款及自筹指标，由农牧渔业部安排解决，并按中央项目纳入国家计划；1984年2月21日，中华人民共和国农牧渔业部《关于调丰糖厂计划任务书的批复》文件批准重建日榨甘蔗1000吨的广东省国营调丰糖厂；1984年4月26日，广东省农垦总局《关于新建国营调丰糖厂初步设计的批复》文件批复同意湛江农垦局新建日榨1000吨甘蔗调丰糖厂，主要生产白砂糖，先上制糖部分，后上附设8000升的酒精车间。

2. **成立筹建领导小组**　1983年11月28日，湛江农垦局成立广东省国营调丰糖厂筹建领导小组，由陈介之、刘忠斌、李源和、张德宣、彭汉云、马兴勇、汤继荣、彭乐琛、吴长进等9人组成。组长陈介之，副组长刘忠斌、李源和。筹建领导小组下设办公室，在局机关办公，由彭汉云主持筹建领导小组办公室日常工作。设立调丰糖厂筹建处（设在国营收获农场），彭乐琛、王传富为临时负责人，具体主持调丰糖厂筹建工作。

3. **人员培训**　学员技术培训由广丰糖厂负责。1984年3月，调丰糖厂从徐闻、海康各农场选出150人，经招工考试后抽调142人到广丰糖厂实习，其中吊车学员5人、落蔗学员3人、电工6人、化验室学员10人、压榨11人、酒精12人、动力42人、制炼53人。

4. **工厂选址**　距国营收获农场东风水库约10公里，距海康县城约45公里，距收获农场场部约1公里。地理坐标为北纬20°35′47″，东经110°13′23″（在海康县调风公社后降大队附近）。厂区占地6.6公顷，建筑面积20925平方米（不含酒精车间），其中生产系统13856平方米，生活区建筑7069平方米。

5. **资金筹措**　农牧渔业部《关于调丰糖厂计划任务书的批复》批复建设调丰糖厂总投资控制在3200万元以内。建厂初期总投资为2339万元，其中国家拨款1500万元，其余839万元通过贷款和拨改贷解决。

6. **生产规模**　由广东省轻工设计院设计，年产白砂糖13196.25吨、赤砂糖2328.75吨、酒精810000公斤，日榨量为1000吨。

7. **生产工艺**　采用亚硫酸法制糖工艺生产。

8. **土建和设备安装**　由广东省轻工业设计院设计，土建工程由湛江农垦建筑工程队承包，经湛江农垦局调丰糖厂筹建领导小组同意，组织11个工程队共1200人施工。1984年6月4日，调丰糖厂生活区破土动工，当年11月完成生活区建筑工程。1984年8月5日，厂区建设正式动工。压榨和制炼车间设备安装由广东省国营广丰糖厂副厂长彭乐琛带队负责，动力车间设备安装由茂名农垦第四机械厂负责。1984 年 11 月 16 日，开始安装锅炉。1984 年 12 月 30 日，全面铺开设备安装工作。当时资金紧缺，无厂房，无设备，无技术，无产品。人员都是从徐闻县、海康县各农场抽调出来的 20 岁左右的年轻人，他们一边建设，一边学习，特别是在 12 月各车间安装设备期间，为按时保质完成整体设备安装任务，全厂干部、员工和局选派全体技术人员协调合作，发扬了一不怕苦二不怕累的革命精神，上午 7 时出工，中晚餐在工地吃，晚上加班到凌晨 2 点。经过 8 个多月的日夜奋战，于 1985 年 3 月底建成 1 个日榨量 1000 吨的亚硫酸法甘蔗糖厂，4 月初一次试产成功，主体工程仅用 248 天时间便完成厂房全部设备安装和试机试榨各项工作。

9. **投入使用**　新建的调丰糖厂正式投入 1985/1986 年榨季生产（从 1985 年 12 月 3 日至 1986 年 4 月 3 日结束，历时 122 天），共压榨甘蔗 14.72 万吨（局下达总榨甘蔗计划任务为 15.6 万吨，完成计划的 96％），平均日榨量 1349 吨，产糖 15963.25 吨（其中白砂糖 14078.25 吨、赤砂糖 1885 吨），产糖率 10.12％，甘蔗糖成品合格率 88.7％，总回收率 83.13％，安全生产率 93.68％，糖分 11.97％，每百吨甘蔗耗标准煤 6.9 吨，每百吨甘蔗耗电量 3144 千瓦时，产 96 度以上酒精 560 吨，全厂实现工业总产值 1360.2 万元，上缴税金 350 万元，利润 84 万元。建厂后第一个榨季便实现了良好开端。1985 年和 1986 年每年向国家上缴税金均超过 300 万元。从 1986 年起厂享受省、市以税还贷优惠政策。

10. **部门设置及定员**　1984 年 6 月，根据广东省轻工业设计院的《广东省国营调丰糖厂（1000 吨／日亚硫酸法）初步设计说明书》的定员数，设定管理人员（含车间）技术员 30 人，固定工 296 人。1984 年 12 月，全厂职工 264 人（全为固定职工），其中：女职工 69 人、工程技术人员 6 人、管理人员 33 人、医务人员 2 人。干部当中，高等院校毕业者 3 人、中等专业学校毕业者 2 人、高中毕业 4 人、初中毕业 21 人、中共党员 18 人、团员 1 人。1985 年 4 月 26 日，全厂设六科二室五个车间和一个汽车队，定员 568 人（不含酒精车间），其中：技术人员 30 人、职员 55 人、服务人员 27 人、固定工 257 人、季节工 199 人。1993 年对组织机构进行改革，机关职能部门由 12 个科室压缩为 8 个；在经营机制上，划小独立核算单位，创立二级公司，实行多层次、多形式的承包制。1995 年 10 月 18 日，调丰糖厂工程技术开发有限公司成立，法人代表张安华。在分配机制上，实行岗位技能工资制，在劳动用工上，采取干部职工全员聘任制，在全厂实行风险抵押承包制，每年每位职工实行 3000～10000 元的风险抵押金，把企业效益与职工切身利益紧密联系在一起。

二、技改

1986 年，投入 783 万元进行扩建，新增 20 吨锅炉 1 台、30 立方米煮糖罐 2 台、1000

平方米蒸发罐 1 台、35 平方米吸滤机 1 台、10 吨吊车 2 台。扩建后，日榨量从 1000 吨提高到 2000 多吨。

1988 年，投入 50 万元在制炼车间增加一个 30 立方米的煮糖罐以及相应的配套设备，日榨 2500 吨。1987/1988 年榨季榨蔗 20.4 万吨，总产糖量 2 万吨，生产酒精 1711 吨，生产安全率 97.32%，总收回率 82.77%，每吨原料蔗成本 66.97 元。实现工业总产值 2787 万元，利税 598.8 万元，利润 120 万元。

1990 年，技改项目包括：①应用汽送物料新技术，既提高了安全生产率，又减少了跑、冒、滴、漏，收到较好效果；②将动力车间 2 号、3 号锅炉改为全烧蔗渣，将原使用的磨煤机迁出，安装了一条蔗渣回送胶带，为厂节电 237600 千瓦时，节约开支 7.6 万元，节约煤 500 多吨；③采用糖浆磷酸上浮法新工艺，在糖浆中加入 G409 脱色剂，确保了产品质量。

1991 年 1 月 28 日，农业部批准调丰糖厂投资 2986.52 万元，增加一列压榨生产线，新增 3 个蒸发罐，添置一台 65 吨锅炉和一台 6000 千瓦背压式汽轮发电机组，日榨量从 2500 吨提高到 4000 吨。当年创造工业总产值 8151 万元，上缴税金 953 万元，实现利润 369 万元。

1992/1993 年榨季，研制出新型实用捕汁器。

1994 年，对制炼车间蒸发煮糖系统进行节能技改，节能技改总投资 462.5 万元，其中：申请银行贷款 400 万元、厂自有资金 62.5 万元。技改后，1994/1995 年榨季煮炼收回率 88%，同比提高 11.48 个百分点；总收回率 83.46%，同比提高 1.84 个百分点，全厂完成年度工业总产值 2 亿元，利税突破 3000 万元。

1994/1995 年榨季，对 Ⅰ、Ⅱ、Ⅴ 效蒸发罐捕汁器改造，首次采用新型捕汁器，在全国率先达到入炉水水质标准，并申报国家专利。

1995 年，又研制出煮糖罐实用型捕汁器，有效地降低耗煤，一个榨季节约标煤 1812 吨，节约资金 78 万元，节约水处理费用 15 万元，一个榨季可多产糖 254 吨，增值 115 万元。

1998 年，引进美国近红外线糖分检测仪，与甘蔗糖分取样机相配套，实行甘蔗"按质论价"试点，目的是提高榨蔗糖分，引导职工种植早熟高糖甘蔗品种。经过两个榨季的收集采样，误差在 0.2% 以内，基本与实际糖分相符。实行以质论价，打破过去收蔗由政府定价为以糖分定价，为全国首创。

2000 年，扩建一条年产 1.5 万吨绵糖的生产线，项目总投资 280 万元，其中：安装、设备费 220 万元，土建费 60 万元，资金自筹解决。2000/2001 年榨季投入使用，绵糖生产工艺较稳定，绵糖价格比白砂糖高200~300元，年实现利润150万元以上。

2001年，新建一座700立方米的沉降池。2001/2002年榨季榨蔗量80.22万吨，比上榨季多榨将近20万吨；平均日榨量6300吨，比上榨季日榨量增加400吨。

2004年，投资800万元引进3台瑞典赫格隆公司生产的自动调节液压马达，改造现有压榨系统。在2003/2004年榨季，使用自动调节液压马达试验，提高压榨车间一个百分点的抽出率，蔗渣水分由原来的49.9%降至47.79%，有效提高锅炉燃烧率，增加发电量，提高产气量。日榨蔗能力提高到8200~8600吨/天。同年，在锅炉烟囱安装除尘器水循环系统，以减少大气污染物的排放量。投入200万元建造2个6400立方米的沉灰池，冲灰水100%循环利用，减排200吨/小时；投资170万新建6座水冷却塔，增强了水的循环利用率。

2005年7月，投资1600多万元新上高效中压75吨锅炉及6000千瓦汽轮机组技改项目，锅炉占地600多平方米。锅炉替代4台20吨旧炉，热效力提高、能源消耗量降低，每榨季可节约甘蔗渣2万多吨，自动化水平提高，安全系数接近100%，另可减少操作人员30人，供汽量充足稳定，不但满足生产用汽，而且满足汽轮机发电，每榨季可多发送外电250万千瓦时，同时还具有维修费低、生产用水少、环境污染小等特点，成为湛江糖业系统内大型、环保、节能、自动化水平一流的蔗渣锅炉。同年，投入124万元在动力车间电房新装一台6300/10.5/101：110千伏有载调压非标变压器和一台2500/10.5/101：110千伏有载调压非标变压器。投入100多万，对糖厂的老旧电机进行能效提升，大幅度降低糖厂的能耗，每年创造效益不低于80万元。

2006年，技改项目主要有安装快速沉降器，引进6台节能型喷雾抽风冷却塔和压榨机全自动控制系统。快速沉降器提高了出糖率。冷却塔具有降温效果好、温降效果稳定、可调节水量等特点，是节能增效措施之一。压榨机全自动控制系统对实现均衡输蔗具有重要作用，既可提高压榨抽出率又可使碎蔗渣充分燃烧。

2007年，投入111万元引进3台托马斯·博鲁班特制糖离心机（全自动分蜜机）、在蒸发罐Ⅰ效安装新型捕汁器、增加一套蒸发末效自动测量糖浆锤度计、更换一套中和喷射器、将蔗场10吨吊车更换为20吨、将1号和2号小型打包机更换为大型打包机等，大大提高了糖品回收率和节能增效，满足日榨量6000吨以上的生产需要。挖潜"高手"刘广青针对锅炉与汽轮发电机组不配套问题，将原1号1000千瓦汽轮机组更换为3000千瓦机组，每年多产生发电效益在100万元以上。

2008年，投资600万元引进4台国外先进的昆明克林C46T/K-0全自动离心机，淘汰落后的13台B1200半自动离心机，大量节约检修人工成本和检修费用，榨季节约30人，煮糖收回率提高，产糖率 11% 以上。

2009 年，投入 539.2 万元增加 1 台 55 平方米的无滤布真空吸滤机，拆建、完善石灰乳消和系统，更换蒸发系统 1~4 号汁汽管及汁汽三通阀，沉淀池改造散气箱及顶层，新增 1 台 C46MT/K 全自动间歇式分物机，增加 2 台 12 吨高效真空喷射器，更换 1~8 号加热器上、下盖共 16 个，更换 65T 炉全部对流管，更换 65T 炉进水管、降温水管，更换 2 台 3 号撕裂机转鼓新机，加装 5 台中输机电机变频器新机等。2009/2010 年榨季，吨蔗耗电 29.03 千瓦时，比上榨季同期的 29.58 千瓦时降低了 0.55 千瓦时；耗汽率 36.22%，比上榨季同期的 40.81% 降低了 4.59%；标煤耗为 4.71%，比上榨季同期的 4.86% 降低了 0.15%，蔗渣打包率为 4.61%，比上榨季同期的 4.22% 高了 0.39%；送外电为 818.47 万千瓦时，比上榨季同期的 768.32 万千瓦时多了 50.14 万千瓦时。其中打包率及送外电量、标煤耗都创历史最好水平。

2012 年，购买山东蓬莱生产的两台 PLL-1400 连续离心分蜜机和一台 PLL-1550 连续离心分蜜机，淘汰 9 台广东分蜜机厂生产的 1000 毫米直径连续离心分蜜机，解决了煮糖物料胶体大、难处理的问题，生产能力得到提高。

2015 年，对 75T 锅炉进行维修及技术改造，项目总投资为 434.11 万元。同年 8 月安装甘蔗预处理系统，项目总投资为 283 万元。

三、规模与产量

调丰糖厂建厂后第一个榨季压榨甘蔗 14.72 万吨，产糖率 10.84%。从第二个榨季开始，榨蔗量呈稳步上升的增长趋势，1986/1987 年榨季榨蔗量便突破了 20 万吨，1989/1990 年榨季榨蔗量突破 30 万吨，1990/1991 年榨季榨蔗量突破 40 万吨，1991/1992 年榨季榨蔗量突破 50 万吨，1997/1998 年榨季榨蔗量突破 60 万吨，1998/1999 年榨季榨蔗量突破 70 万吨，2001/2002 年榨季榨蔗量突破 80 万吨，2002/2003 年榨季榨蔗量突破 90 万吨，为 92.81 万吨，是历史最高榨蔗量。经历最高峰值后，榨蔗量有所下降，2005/2006 年榨季跌至 50.59 万吨，之后基本保持在 70 万吨上下，2012/2013 年榨季、2013/2014 年榨季连续两个榨季榨蔗量升至 85 万吨以上。2014 年遭遇超强台风，原料蔗大幅减产，2014/2015 年榨季榨蔗量减至 42.57 万吨，低于 1990/1991 年榨季水平。之后逐年稳步上升，至 2017/2018 年榨季榨蔗量又升至 80 万吨以上，三年间连续年均增长超过 12 万吨。

产糖量与榨蔗量和产糖率紧密关联，调丰糖厂第一个榨季仅产糖 1.6 万吨，之后产糖量增减形势基本与榨蔗量一致，1990/1991 年榨季产糖量突破 4 万吨，为 4.14 万吨。1997/1998 年榨季突破 6 万吨，为 6.19 万吨；1998/1999 年榨季近 8 万吨，为 7.79 万吨；

2001/2002 年榨季突破 9 万吨，为 9.06 万吨。2004/2005 年榨季为 9.69 万吨，为历史最高产糖量，为第一榨季投产产出的 6 倍。历史最高榨蔗量的 2002/2003 年榨季产糖量为 9.39 万吨。略低于 2004/2005 年榨季，主要因为产糖率低于 2004/2005 年榨季 2.54 个百分点。2004/2005 年榨季以后，产糖量经历了两次大幅回落，一次是 2005/2006 年榨季，产糖量从上榨季的 9.38 万吨跌至 5.7 万吨，跌幅 39％以上；另一次是 2014/2015 年榨季，产糖量从上榨季的 7.65 万吨跌至 3.28 万吨，跌幅 57％以上。2004/2005 年榨季以后，产糖量虽有起伏，但总体基本在 6 万～8 万吨。

产糖率方面，1985/1986 年榨季至 2002/2003 年榨季，这 18 个榨季的年产糖率相对稳定，基本维持在 9.8％左右。1989/1990 年榨季、1997/1998 年榨季曾跌至 8.73％和 8.88％，但从 1998/1999 年榨季开始，产糖率有了明显提升，基本维持在 10.4％上下。2004 年、2005 年加大了技改力度，引进先进设备，产糖率有了大幅提升，2003/2004 年榨季的产糖率突破了 11％，2004/2005 年榨季产糖率突破了 12％，为 12.65％，为历史最高产糖率，之后连续三个榨季产糖率都在 11.11％以上。从 2008/2009 年榨季开始，产糖率开始下滑，从 10.88％逐步下滑至 2014/2015 年榨季的 7.7％，为历史最低点。之后逐步上升，至 2017/2018 年榨季为 8.68％，但仅相当于 1989/1990 年榨季水平。

1985—2018 年，调丰糖厂共经历了 33 个榨季，累计榨蔗 1958.74 万吨，总产量 193.69 万吨，平均产糖率为 9.85％，创造产值 1263500 万元，安全生产率保持在 99.6％以上。

表 3-2-1　1985/1986—2017/2018 年榨季榨蔗量、产糖量、产糖率、安全生产率、产值情况表

年榨季	榨蔗量（万吨）	产糖量（万吨）	产糖率（％）	安全生产率（％）	产值（万元）
1985/1986	14.72	1.596	10.84	98.59	1640
1986/1987	25.58	2.54	9.93	98.66	2787
1987/1988	24.82	2.38	9.59	99.12	2577
1988/1989	23.66	2.354	9.95	98.98	2516.1
1989/1990	34.54	3.017	8.73	98.99	6585
1990/1991	44.49	4.135	9.29	99.36	8151
1991/1992	55.04	5.453	9.91	99.54	13498
1992/1993	54.64	5.366	9.82	99.87	14969.7
1993/1994	54.76	5.3661	9.80	99.95	17000
1994/1995	49.4	4.752	9.62	99.68	20000
1995/1996	52.92	5.1227	9.68	99.49	23662.6
1996/1997	55.92	5.327	9.52	99.86	19597.7
1997/1998	69.72	6.1945	8.88	99.78	23851
1998/1999	74.74	7.7936	10.43	99.78	20144.1

（续）

年榨季	榨蔗量（万吨）	产糖量（万吨）	产糖率（％）	安全生产率（％）	产值（万元）
1999/2000	66.36	6.5478	9.86	99.95	22779
2000/2001	66.89	6.9622	10.41	99.91	23734
2001/2002	86.22	9.0648	10.51	99.96	241884.8
2002/2003	92.81	9.3874	10.11	99.96	23935
2003/2004	69.06	7.6208	11.03	99.96	18710
2004/2005	76.59	9.6962	12.65	99.94	56166
2005/2006	50.59	5.705	11.28	99.98	75047
2006/2007	72.54	8.0577	11.11	99.98	85489
2007/2008	70.34	7.837	11.14	99.93	78832
2008/2009	71.03	7.7297	10.88	99.92	28476.1
2009/2010	65.78	6.234	9.48	99.97	68896
2010/2011	55.77	5.5032	9.87	99.97	85871
2011/2012	63.91	6.1728	9.66	99.94	103803
2012/2013	85.78	7.6362	8.9	99.96	21340.1
2013/2014	85.67	7.6516	8.93	99.89	30111.5
2014/2015	42.57	3.2801	7.7	99.89	17544.5
2015/2016	52.75	4.1653	7.92	99.5	25947.7
2016/2017	68.88	6.0733	8.82	99.96	38977.3
2017/2018	80.25	6.9683	8.68	97.42	38977

四、副产品与产量

（一）废蜜利用

1985 年，建成日产 20 吨的实用酒精车间，1993 年酒精车间扩建，产能达到日产 50 吨。1985—1995 年累计生产酒精 21745.4 吨。1996—2004 年累计加工桔水（废蜜）234988.7 吨，生产酒精 31229 吨。2005—2011 年，累计出售桔水 154325.1 吨，控股公司广东徐闻三和发展有限公司累计生产酒精 90113 吨。2012—2016 年，累计出售桔水 127556.5 吨，广东徐闻三和发展有限公司（股份已转给广垦糖业）累计产出酒精 120645 吨。1995—2018 年隶属丰收公司期间累计生产桔水 562269.26 吨。

（二）蔗渣利用

用途为两方面，一是用于生产碎粒板，二是蔗渣打包出售。1988 年 10 月建成年产 3500 立方米的蔗渣碎粒板车间，投资约 300 万元。经过两次技改，年产量 7000 立方米以上。1999 年，扩建一条年产 10000 立方米的蔗渣碎粒板生产线。1989—1993 年，碎粒板车间作为调丰糖厂的一个生产车间，车间负责生产产品，供应、销售、财务由总厂负责。

1993—2000 年，碎粒板厂采取集体承包制。1989—2000 年累计生产碎粒板 43880.2 立方米。2001 年 11 月，对碎粒板厂进行股份制改造，成立碎粒板股份有限公司。2004 年，碎粒板股份有限公司承包给私人经营，糖厂蔗渣开始出售。1996/1997—2016/2017 年榨季，糖厂累计产出蔗渣 3496485 吨，其中蔗渣打包量 632168.95 吨。

（三）滤泥和炉灰利用

糖厂滤泥和沉灰池的炉灰供给复肥厂用作有机肥原料，年可产有机肥 5 万吨。1996/1997—2016/2017 年榨季，糖厂累计产出滤泥 542619.19 吨。

（四）输出外电

1996/1997—2016/2017 年榨季，糖厂累计发电 59741.4 万千瓦时，其中输出外电 14253 万千瓦时。糖厂每年输送外电 400 多万千瓦时以上。

（五）其他

1990 年建成年产 500 吨的冰片糖车间。1992 年建成年产 200 万个的塑料编织袋厂。

五、荣誉成果

1989 年，调丰糖厂因 1988 年度创利税 598.8 万元，荣获农业部农垦局授予的国家贡献奖状。

1993 年，荣获农业部清产核资领导小组办公室授予的"先进单位"称号。

1995 年，荣获农业部农垦局授予的"1994 年度全国农垦工业利税百强企业"称号；荣获广东省统计局授予的"1994 年度广东省大中型工业企业综合经济效益排名中进入 200 强行列"称号。

1997 年，荣获广东省轻纺工业厅授予的"'八五'广东省轻纺工业重教企业"称号。

2002 年，荣获中国方圆标志认证委员会颁发的 GB/T 19001—2000 IDT ISO90001：2000 标准质量管理体系认证证书，白砂糖、绵白糖、食用酒精荣获中国方圆标志认证委员会颁发的"质量管理体系认证证书"。

2008 年，荣获广东省经济贸易委员会、广东省科学技术厅授予的"广东省清洁生产企业"称号。

2010 年，荣获广东省人民政府授予的"广东省节能先进单位"称号。

调丰糖厂生产的"蜂泉"牌一级白砂糖，荣获荣誉有以下几项。

（1）1995—1997 年连续三年荣获中国轻工总会甘蔗糖业质量监督检测中心授予的"产品质量优良"奖；从 1997 年起连续两届获准使用"中国绿色食品"标志。

（2）1998—2003 年荣获中国轻工总会甘蔗糖业质量监督检测中心授予的"产品质量

优秀奖"，2003年荣获该中心授予的"'蜂泉'牌一级白砂糖连续三年质量名列前茅"奖。

（3）2002年7月荣获中国质量检验协会授予的"全国质量稳定合格产品"称号，在国家质量监督检验检疫总局产品质量国家监督抽查中被认定为"国家监督抽查合格产品"，同年荣获湛江市技监局授予的"连续八年抽检合格产品"称号，并被湛江市消费者委员会评为"质量信得过产品"。

（4）2004年9月"蜂泉"牌一级白砂糖获得"广东省名牌产品"称号；10月获得"国家免检产品"称号。

（5）2007年9月"蜂泉"牌一级白砂糖获得"中国名牌产品"称号。

（6）2010年在全国亚法一级白砂糖质量评比中排名第八，荣获优秀奖。

六、管理

2016年8月1日起，根据湛江农垦集团公司工作部署，对调丰制糖工业分公司实行"双重"管理，以广东广垦糖业集团有限公司管理为主，丰收公司管理为辅，过渡期为一年。2017年9月18日，调丰制糖工业分公司正式更名为广东广垦调丰糖业有限公司，注册资本为1800万元，成建制划拨给广东广垦糖业集团有限公司管理。

第二节　合作经营

一、徐闻县恒丰糖业有限公司

（一）合资经营

2003年5月8日，丰收公司与民营企业主刘锋、蔡力冲签订《合资经营下桥糖厂协议书》，合资10800万元（含税费）收购徐闻下桥糖厂，丰收公司占股45%出资4860万元、刘锋占股35%出资3780万元、蔡力冲占股20%出资2160万元。2003年5月19日，三方合资注册成立徐闻县恒丰糖业有限公司，注册资本为3800万元，其中丰收公司出资1710万元占股45%、刘锋出资1330万元占股35%、蔡力冲出资760万元占股20%。2016年1月5日，自然人蔡力冲将20%股权转让给自然人谭妃培。

收购资产主要有：日榨蔗量为3000吨的制糖车间、设备；日产25吨的酒精车间、设备；二条年产1万立方米的碎粒板生产线；生产区土地10.33万平方米。

（二）委派管理

徐闻县恒丰糖业有限公司董事长由丰收公司委派，总经理、法定代表人由刘锋担任。经股东会决定，糖厂由刘锋注册成立的徐闻县恒福糖业发展有限公司承租经营。

2003—2020 年，丰收公司党委先后委派邝国波出任恒丰糖业有限公司经理，林胜任财务部部长，余德泉任生产部副部长（2009 年调任三和酒精厂），陈兆鲤、林伟清为进驻代表，方强任生产办副主任（2016 年 4 月起任）到恒丰糖业参与管理和监督。

（三）经营情况

2003 年 6 月 1 日至 2006 年 5 月 31 日，由徐闻县恒福糖业发展有限公司承租经营 3 年，年租金 1200 万元（含税价），租金合计 3600 万元，丰收公司按股权比例获取收益 1620 万元。

2006 年 6 月 1 日至 2011 年 5 月 31 日，由徐闻县恒福糖业发展有限公司承租经营 5 年，年租金 1250 万元（含税价），租金合计 6250 万元，丰收公司按股权比例获取收益 2812.5 万元。

2011 年 6 月 1 日至 2016 年 5 月 31 日，由徐闻县恒福糖业发展有限公司承租经营 5 年，年租金 800 万元（含税价），租金合计 4000 万元，丰收公司按股权比例获取收益 1800 万元。

2016 年 6 月 1 日至 2019 年 5 月 31 日，由徐闻县恒福糖业发展有限公司承租经营 3 年，年租金 600 万元（含税价），租金合计 1800 万元，丰收公司按股权比例获取收益 810 万元。

2019 年 6 月 1 日至 2020 年 5 月 31 日，由徐闻县恒福糖业发展有限公司承租经营 1 年，年租金 600 万元（含税价），丰收公司按股权比例获取收益 270 万元。

2020 年 6 月 1 日至 2021 年 5 月 31 日，由徐闻县恒福糖业发展有限公司承租经营 1 年，年租金 600 万元（含税价），丰收公司按股权比例获取收益 270 万元。

二、湛江市金丰糖业发展有限公司

（一）合资经营

2003 年 6 月，丰收公司与民营企业湛江市金岭糖业有限公司合资收购遂溪县城月糖厂，收购价总额为 11620 万元，其中丰收公司投资金额为 8134 万元占股 70％。收购后注册成立湛江市金丰糖业发展有限公司，注册资金为 3800 万元人民币，其中丰收公司出资 2660 万元占股 70％；湛江市金岭糖业有限公司出资 1140 万元占股 30％。

收购资产主要有：日榨蔗量为 5000 吨的制糖车间、设备；年产 5000 立方米的碎粒板生产车间及设备；生产区土地 73594 平方米。

（二）股权变更

2006 年 2 月，湛江市金岭糖业有限公司转让持有湛江市金丰糖业发展有限公司的

30％股权，由湛江农垦局下属的湛江肯富置业有限公司收购，丰收公司占股70％不变。

2011年3月23日，丰收公司将持有的湛江市金丰糖业发展有限公司的70％股权转让给广东广垦糖业集团有限公司。湛江市金丰糖业发展有限公司退还丰收公司原投入的注册资金2660万元。

（三）委派管理

设立董事会，董事会由7名董事组成，丰收公司委派董事4名；湛江市金岭糖业有限公司委派董事3名。董事长兼执行总经理、法人代表由丰收公司委派，总经理由湛江市金岭糖业有限公司委派，以丰收公司为主共同组织糖厂的生产经营。

2003年9月，联营双方派出人员进驻工厂开始各项工作。

2003年11月17日，丰收公司委派赖艳为湛江市金丰糖业发展有限公司董事长兼执行总经理（法人代表）；湛江市金岭糖业发展有限公司林水栖任总经理。

2003年11月21日，湛江农垦局《关于丰收公司控股湛江市金丰糖业有限公司有关管理问题的批复》文件批复同意湛江市金丰糖业有限公司为丰收公司二级控股企业，必须按公司章程的规定进行运作。根据批复，2004年开始，丰收公司委派担任湛江市金丰糖业有限公司的正职领导人或负责人，按丰收公司副处级单位领导人员管理。

2006年1月25日，股东会选举黄国强、陈剑豪、陈忠明、赖艳、黄伟镇、郑平、陈光义等七人为董事会成员，黄国强担任董事长、法定代表人。

（四）经营情况

2003—2012年，湛江市金丰糖业发展有限公司历经9个榨季共榨蔗407.43万吨，平均日榨量5200多吨，产糖总量41.58万吨，平均产糖率达10.2％，创造工业总产值179305万元，上缴利税11599万元，利润1638万元。按股权比例获取收益为674.1万元。

三、广东半岛糖业有限公司

（一）合资经营

2003年11月27日，丰收公司与民企业主黄尧、徐智生、刘锋、陈明庆合资收购遂溪洋青糖厂，收购总额为14100万元（含税费），丰收公司占股30％、黄尧占股25％、徐智生占股20％、刘锋占股15％、陈明庆占股10％，注册成立广东半岛糖业有限公司，注册资金为人民币1080万元。

收购资产主要有：日榨蔗量为6000吨的制糖车间、设备；日产25吨的酒精车间、设备；碎粒板、家具、复合肥三个车间厂房共10356平方米（这些厂已无生产能力）；生产区土地23万平方米。

（二）股权变更

2004年7月初刘锋退股，各股东股权变更为：丰收公司 35.294%、黄尧 29.412%、徐智生 23.529%、陈明庆 11.765%。

2007年8月，各股东股权变更为：丰收公司出资额为 99442800 元，占股 72.06%；徐智生出资 23564880 元，占股 17.076%；黄尧出资 6425280 元，占股 4.656%；黄日春出资 4283520 元，占股 3.104%；梁建国出资 4283520 元，占股 3.104%。

2014年2月28日，丰收公司将持有广东半岛糖业有限公司的 72.06% 股权转让给广东广垦糖业集团有限公司，转让股权价款为 9944.28 万元。

（三）委派管理

根据股东会决定，广东半岛糖业有限公司由徐智生担任董事长、法定代表人，由丰收公司委派人员担任副董事长和财务总监。

2004年8月，丰收公司党委聘任陈国华为广东半岛糖业有限公司国有资产部部长、蔡文枫为广东半岛糖业有限公司财务部副部长。

2007年9月13日，湛江农垦局党组批复同意丰收公司黄国强（董事长）、陈剑豪、郑伟基、陈忠明、陈国华出任广东半岛糖业有限公司董事会成员，黄国强为董事长，郭小林、黄国强（审计部长）出任广东半岛糖业有限公司监事会成员。

2008年5月，丰收公司党委聘任赖英为广东半岛糖业有限公司财务部副部长。

（四）经营情况

收购后，糖厂由刘锋另成立一家公司承租经营，年租金 2000 万元，承租方刘锋因 2003/2004 年榨季经营亏损退股，转由徐智生承租经营，年租金 1900 万元，另需承担广东半岛糖业公司的所有应付税费，承租期 5 年。

2012年8月1日至2017年6月30日，广东半岛糖业有限公司由湛江粤华糖业有限公司承租经营，各方约定的租金收益为每年净租金（不含广东半岛糖业有限公司已出租的蔗渣碎粒板生产场地租金）为 3581.04 万元（按总资产评估值 2.58 亿元×13.88% 收益率），5 年总租金 17905.2 万元，丰收公司占股 72.06% 每年应得净租金收入 2580.49 万元，5 年收益合计 12902.45 万元。

2007年10月1日至2012年9月30日，广东半岛糖业有限公司碎粒板车间、场地由湛江中澳木业有限公司承租经营，年租金为 20 万元，5 年租金合计 100 万元；2012年10月1日至2017年6月30日，由湛江中澳木业有限公司续租，年租金为 30 万元，5 年租金合计 150 万元。

2003—2013 年，丰收公司从广东半岛糖业有限公司收取租金合计 17593.54 万元。

第三章 罐头制造工业

广东省国营收获罐头厂始建于 20 世纪 80 年代，从最初的家庭作坊式工厂经过多次扩建和技改，已具备年产糖水菠萝罐头 20000 吨、菠萝浓缩汁 10000 吨的能力，为广东垦区规模最大、设备较为先进的水果加工厂，也是全国最大的菠萝罐头生产和出口基地，产品远销欧美、日韩、中东、澳大利亚等 40 多个国家和地区。主要设备从德国、意大利、瑞士等地区引进，工艺先进，生产加工能力强，所有产品的理化和卫生指标均符合国家或行业标准，处于同行业的领先水平。罐头厂生产的"三叶"牌菠萝罐头以果肉鲜脆、成熟度一致、色泽金黄、酸甜适中、具有浓郁的菠萝芳香著称，2005 年、2006 年荣获"广东省名牌产品""中国名牌产品"称号，受到客户的青睐。

1984—2017 年，罐头厂累计生产菠萝罐头 230310.8 吨，创造工业总产值 100751.67 万元，累计出口创汇 3168.67 万美元，上缴利税 6570.6 万元。

第一节 收获罐头厂

广东省国营收获罐头厂前身是国营收获农场于 1980 年创办的收获食品厂，位于收获农场场部西边，主要是生产酱料及汽水，有十多个工人。1980 年 7 月，经粤西农垦局批准，国营收获农场自筹资金 58500 元购置卧式快装 2 吨蒸气锅炉和手板封罐机各 1 台，其余设备自行研制，利用一个闲置旧伙房筹备建设罐头厂，属于家庭作坊式的工厂。任命张树炽为厂长、邱光标为支部书记，调配工人 7 名。1980 年试产规格为 530 克玻璃瓶装菠萝罐头 2.2 吨取得成功。

1981 年正式定名为"收获罐头厂"，主产 530 克玻璃瓶装糖水菠萝罐头，兼以生产果酒、汽水、粉丝等饮料和副食品，于当年 11 月注册"三叶"牌商标。1981 年，收获罐头厂动力机械总功率 157 千瓦，从业人员增至 18 人，全年生产罐头 96.46 吨、果酒 29.52 吨、汽水 13.55 吨，产品开始投放市场。

1983 年 3 月，联合国难民署为救济安置在国营收获农场的越南难侨，捐赠 20 万美元（时折人民币 39 万元）用以扩大菠萝种植和加工工业。国营收获农场利用联合国难民署捐赠的 20 万美元及农场自筹的 24 万元迁址筹建新的罐头厂，厂址位于收获场部站堰公路以北约 1 公里处，规划土地 4.6 万平方米。成立建厂领导小组，由收获农场党委成员、副场长黄持久和有关科室负责人共 7 人组成，负责指挥筹建。同时成立了以黄持久为首的技术攻关领导小组，参与设备的安装及部分设备的改造。新厂安装了菠萝加工、综合加工生产线各 1 条，1984 年 6 月投产。1984 年全年生产菠萝罐头 731.41 吨、果酒 1.14 吨、汽水 17.34 吨，菠萝酶素、菠萝糖片、浓缩汁等共 17 吨，税利总值 242754 元。

罐头厂筹建实行"边生产边扩大改进"的方针。至 1985 年，罐头厂主体工程基本竣工，设计年生产菠萝罐头能力为 5000 吨，主体建筑有实罐（包括杀菌）车间 2155 平方米、空罐车间 640 平方米、综合车间 206 平方米、果棚 540 平方米、锅炉 120 平方米、初检库 247 平方米、产品库 525 平方米、罐头玻璃瓶堆放场 756 平方米以及围墙 800 余米、水塔 150 立方米等，总投资 159 万元。整个工厂设计新颖美观，布局合理实用，厂房内外整洁明亮，厂区园林绿化，车间设有防蝇防尘和消毒装置，符合国家食品卫生法和规定的环保要求。主产品品种已从单一的内销玻璃罐头发展到有外销全圆片、圆片、旋圆片、扇片等听装罐头供出口创汇，副产品有汽水、果汁饮料、菠萝蜜饯、菠萝糖片、菠萝蛋白酶素等系列产品。至 1985 年底，工厂拥有管理人员 7 人、技术人员 1 人、工人 243 名，分成 18 个作业班组。

1986—1987 年，收获农场自筹资金 172.8 万元继续扩建配套厂房和引进先进设备，厂房面积增至 6643 平方米、仓库 7071 平方米、食堂及住宅等 1471 平方米，各种机械设备 165 台（套），动力机械总功率 699.1 千瓦。1987 年，罐头厂拥有职工 436 人，其中：管理人员 13 人、技术人员 2 人、工人 421 人，分设 4 个车间 23 个班组。至此，罐头厂具备了年产 10000 吨菠萝罐头的生产能力。

1987 年，收获罐头厂被轻工部食品工业局、中国粮油食品进出口总公司、国家进口商品检验局正式批准为出口罐头厂，出口代号为 R24。

1993 年 5 月，收获罐头厂正式更名为"广东省国营收获罐头厂"。

1996 年 1 月，广东省国营收获罐头厂在丰收公司内改称"收获罐头食品工业分公司"。

2003 年 9 月，注册成立"广东收获罐头食品有限公司"，注册资金 1000 万元，丰收公司出资 510 万元占股 51%，职工集资 490 万元入股占 49%。

历经多次扩建和技改，收获罐头厂占地面积达到了 210 亩，厂房面积达 33000 平方米，厂房内设实罐、空罐、综合、果酒（果汁）四大车间和产品储存仓库等，具有年产糖水菠萝罐头 20000 吨、菠萝浓缩汁 10000 吨的能力，为全国最大的菠萝罐头加工厂，累计投资 6000 多万元。先后对菠萝罐头的罐型、外包装和等级做了一系列的改进，开发出

227 长块、305 小圆片、230 带叉盖优级品等新型罐头，研发出 250 毫升菠萝泥和菠萝浆新产品。

第二节　技　改

一、第一次技改

1981—1987 年，罐头厂技术攻关领导小组对部分设备进行改造，自制机械设备种类 20 多种共 89 台，自制机械器具近千件，价值 30 万元。自制的机械器具有更好的适应性，性能稳定，其中菠萝通蕊器快捷准确，鲜果分级机、塑瓶饮料封口机等自动化水平较高，年生产菠萝罐头能力 5000 吨以上，七年累计生产菠萝罐头 9413.32 吨，其他系列产品近 200 吨，实现税利 210.6 万元。

二、第二次技改

1987 年底，由收获农场工业科牵头，由湛江农垦局、广东省食品进出口公司、中国食油食品进出口公司筹集 72 万美元（时折人民币 210 多万元），引进一条当时最先进的瑞士飞尔公司生产的高频焊空罐生产线，1988 年 7 月高频焊空罐生产线安装调试完毕，生产能力为 200 罐/分钟，收获罐头厂以内销玻璃瓶罐头为主转向出口铁罐罐头为主，这是一个从内销转向出口的一个飞跃，为收获罐头厂做大做强奠定了基础。

至 1988 年 12 月，收获罐头厂已累计投资约 800 万元（含联合国难民署捐赠的 20 万美元），厂房面积增至 6643 平方米，具备年产万吨罐头的生产能力，为垦区规模最大、较现代化的水果加工厂。

三、第三次技改

1990 年 3 月，收获罐头厂与台湾佳美食品有限公司以补偿贸易的性质进行合作，台湾佳美食品有限公司提供价值 18 万美元的浓缩生产设备，生产出来的菠萝浓缩汁由佳美公司包销，收获罐头厂提取加工费和其他包装费用，双方于 1990 年 3 月份签订合同，合同期为 5 年。当年 9 月设备安装调试完毕，10 月正式投产，当年即生产菠萝浓缩汁 261 吨，总产值 1956.9 万元，税利 197.5 万元。1991 年总产值 2667.3 万元，税利 259.2 万元，创历史新高。

1999 年 1 月，湛江农垦局批复同意收获罐头厂更新锅炉项目立项，项目建设内容包括购置 1 台 10 吨的燃煤锅炉和配套设施，总投资控制在 160 万元以下，资金自筹解决。

四、第四次技改

2003 年 11 月，丰收公司投资 29958540.95 万元新建一间天然浓缩果汁厂（2007 年 11 月注册成立广东省丰收糖业发展有限公司果汁工业分公司），厂房占地面积 60 多亩，厂内设备大部分从德国、意大利等国家引进，设计能力为日产 200 吨，年生产能力 10000 吨，是以菠萝浓缩汁等产品为主的大型加工厂。2005 年 4 月 27 日，新建的菠萝浓缩果汁厂正式投产，当年即生产菠萝浓缩汁总量 680 吨。

2005 年 12 月 23 日，新产品开发领导小组在佛山南海维尔乐饮品有限公司试产 250 毫升菠萝粒饮料成功。

五、第五次技改

2006 年，投资约 120 万元新增 2 台菠萝鲜果自动分级机、2 台全自动通除斩头尾一体化设备、2 台 3064 克封罐机、1 台 454 克封罐机、2 台注胶机、2 台数控冲床、3 个电容柜，加装排气箱、连续杀菌器保温材料、4 套水管电磁流量计等，实现节能降耗，提高了生产效率，每年可节约成本约 236 万元。

2008 年，收获罐头厂利用农垦农产品质量追溯建设项目资金 80 万元建立和完善了质量追溯系统，主要包括农业、工业信息收集和流通系统、制度管理体系等，实现产品从农田到餐桌的全程追溯与监控。

第三节　经营管理

一、发展历程

（一）1989 年蘑菇事件

1988 年底，收获罐头厂通过市场调查和论证后，投入约 10 万元新上蘑菇罐头生产线，蘑菇原料从广西合浦、灵山等地收购。至 1989 年 6 月，共生产蘑菇罐头 90 多吨，80％产品已销售。1989 年 7 月，美国从中国进口的蘑菇罐头中检出致病菌肠毒素，出口到美国的蘑菇罐头全部被封杀，很多企业遭索赔，致使很多生产蘑菇罐头的生产厂家破产。收获罐头厂所受的损失不大，但从此以后不再生产蘑菇罐头，后来试验生产竹笋、荞头和玉米罐头，但因原料短缺、生产成本过高而停产。

（二）合资经营

1992 年 7 月，收获罐头厂以厂房、菠萝加工设备、供电设施等做抵押出资，以合资经营形式与香港瑞安洋行合作，成立收获凤梨（湛江）有限公司，投资总额为100万美元，收获罐头厂出资60万美元占60％股份，香港瑞安洋行出资40万美元占40％股份，合作期限12年，经营范围主要是生产和经销菠萝罐头和浓缩菠萝汁制品。1993年4月，收获罐头厂又以同样的形式与香港喜利是有限公司合资成立"湛江喜利是有限公司"，合资金额为212万美元，收获罐头厂出资138万美元占65％股份，香港喜利是有限公司出资74万美元占35％股份。通过合资，引进先进技术和管理理念，使收获罐头厂渡过难关。

（三）投资矿泉水

1992年收获罐头厂投资188万元建造饮料车间，购置了325万元饮料及矿泉水设备，打了一口200多米深的水井用作生产水源，但由于矿泉水水质差，设备落后（购置矿泉水设备40多万元，其他企业矿泉水设备都在400万～800万元），产品缺乏市场竞争力，饮料项目也因为包装落后（塑料瓶包装）无法推销而停产。

（四）改革

从1992年开始，出口企业由原来的计划经济向市场经济转变。1994年，收获农场党委对收获罐头厂进行改革，采取利润包干的形式进行经营，当年即盈利40多万元，渡过难关。1997年亚洲金融危机，致使东南亚很多国家经济受到很大冲击。收获罐头厂抓住菠萝罐头市场需求缺口，提高菠萝罐头产量，产量由1996年的4662吨增到1997年的7696吨，1998年又增到9640吨，利税也由1996年的166万元增到1998年的671万元。

二、股份改制与经营

2003年9月12日，经广东省湛江农垦集团有限公司《关于广东省国营收获罐头厂改制问题的批复》批复同意以湛江市中正会计师事务所评估的净资产额为依据，向职工转让部分股份，比例不超过净资产额的49％。

2007年12月14日，广东收获罐头食品有限公司以注册资金1000万元作为总资产进行股份变更。职工股东以490万元转让49％的股份，其中：25％的股权转让给湛江市凯信房地产开发有限公司，24％的股权转让给湛江市伟雄贸易有限公司。

2011年9月8日，湛江市凯信房地产开发有限公司、湛江市伟雄贸易有限公司将所持有的股份共49％的股份转让给自然人肖爱能。

2011年10月1日—2012年2月29日，广东收获罐头食品有限公司租赁给湛江市康达食品有限公司经营，租金为250万元。

2012年3月1日—2018年2月28日，广东收获罐头食品有限公司租赁给湛江市康达食品有限公司经营，租金首年为50万元，第二年起在前一年的基础上每年递增3％。另每年应交固定资产折旧费 170 万元；果汁厂租赁给湛江市康达食品有限公司经营，租金按湛江市康达食品有限公司生产的果汁产量收取，年产量不足 600 吨的按 18 万元/年收取保底租金，超 600 吨以上的部分按 300 元/吨计租金。

2015 年 4 月 17 日，终止履行湛江市康达食品有限公司与广东收获罐头食品有限公司于 2012 年 4 月 24 日签署的《广东收获罐头食品有限公司租赁经营合同》，由第三方进行债务清理、资产评估。在此过渡期间，双方股东同意将收获罐头公司租赁给丰收公司经营，从 2015 年 5 月 18 日起至 2015 年 8 月 17 日止。

2015 年 8 月 17 日以后，由广东收获罐头食品有限公司自主经营。

2016 年 1 月，肖爱能将所持广东收获罐头食品有限公司 49% 股权中的 29% 股权部分作价 950 万元转让给自然人郑英豪（因肖爱能股权被法院查封未能转让成功），并签订三方协议，郑英豪将 950 万元汇入丰收公司账户，用作肖爱能偿还丰收公司的部分债务。

2018 年 6 月，根据《关于将丰收公司东风队等单位划归湛江农垦现代农业发展有限公司管理的通知》（湛垦字〔2018〕95 号）的通知精神，丰收公司将广东收获罐头食品有限公司划归湛江农垦现代农业发展有限公司下属单位雷州湛垦农业发展有限公司管理。

第四节　生产销售

一、产品生产

1984—1988 年，收获罐头厂累计生产菠萝罐头 11617 吨，创造工业总产值 2446 万元，占收获农场全场同期工农业总产值的 33%，创利润 314 万元，上缴国家利税 527.5 万元，占收获农场全场同期上缴利税总数的 34.7%，产品累计出口创汇 367.7 万美元，成为广东省出口量最大的菠萝罐头加工厂。

1989—2017 年，29 年累计生产菠萝罐头 218693.8 吨，其中出口总量 45422.1 吨，生产浓缩菠萝汁 9736.5 吨，实现自营出口创汇 2800.97 万美元，总产值 98305.67 万元，利税 6043.1 万元。

二、产品销售

"三叶"牌菠萝罐头产品 70% 出口，远销欧美、日韩、中东、澳大利亚等 40 多个国家和地区，30% 的罐头产品和果酒销往国内高端市场，收获罐头厂成为国内外知名企业上海百胜、必胜客、肯德基、喜之郎、徐福记、中粮集团、海航集团等公司的指定供应商。收获罐头厂在广州市、上海市、北京市均设有销售点，国内销售网络已辐射东北、华东、华北、华南、华中和西南地区。2004 年，在产品销售过程中，实行销售渠道"三结合"（自营出口、委托外贸公司出口、内销），运输方式"二结合"（出货口岸：深圳、湛江）。2004 年的 1 月份出货量 2162 吨，全年销售菠萝罐头 14524 吨，比 2003 年同期多 4521 吨，平均日销量 1320 吨，比 2003 年平均日销量多 237 吨，自营出口额达 362 万美元，与 2003 年同比增加 99 万美元。2008 年 1 月 9 日，广东收获罐头食品有限公司销售部迁至湛江城市广场 B 幢 701、702 室。

收获罐头厂在 2001—2011 年自营期间累计出口创汇 2684.77 万美元。租赁经营 2012—2014 年期间出口创汇 115 万美元。

第五节　产量产品

1984—1988 年，收获罐头厂累计生产菠萝罐头 11617 吨。

1989—2017 年，29 年累计生产菠萝罐头 218693.8 吨，其中出口总量 45422.1 吨，生产浓缩菠萝汁 9736.5 吨，其中：2011 年 10 月至 2015 年 4 月肖爱能租赁经营期间共生产菠萝罐头 10669 吨。

第六节　荣　誉

1990 年、1999 年，收获罐头厂被评为"广东省省级先进企业"。

1991 年，收获罐头厂被评为"广东省出口创汇优秀企业"。

2007 年 8 月，收获罐头厂通过 ISO 90001：2000、ISO 14004：2004、HACCP 三合一体系认证；10 月通过犹太洁食认证。

2008 年，农业部授予收获罐头厂"农业部农垦产品追溯创建单位"称号。

收获罐头厂生产的"三叶牌"菠萝罐头产品荣获了以下荣誉。

1983 年，荣获"农牧渔业部优质产品"称号。

1988 年，荣获"广东省优质产品""农业部优质产品""同行业优质产品"称号。

1991 年，荣获第二届北京国际博览会银奖。

1995 年，荣获第二届中国农博会金质奖。

1997 年，荣获"第三届中国农博会名牌产品"称号。

1999 年、2001 年荣获"中国国际农业博览会名牌产品"称号。

2003 年，荣获"全国质量信得过产品"称号。

2004 年 1 月，荣获中国绿色食品发证中心颁发的"中国绿色食品"证书。

2004 年 12 月，荣获中华人民共和国质检总局颁发的"食品质量安全"证书。

2005 年 9 月，荣获"国家质量免检产品"和"广东省名牌产品"称号。

2006 年 9 月，荣获国家质量监督检验检疫总局颁发的"中国名牌产品"证书。

2007 年，荣获"全国罐头十大优秀品牌产品"称号。

2010 年，荣获"湛江市场最受欢迎品牌产品"称号。

第四章　肥料加工业

为实现糖厂滤泥、糖蜜酒精废水综合利用，调丰糖厂1995年配套建设了复肥厂，主要生产销售有机无机复混肥料，年生产复合肥10000吨以上。2004年，经省农垦总局和湛江农垦局批复同意，与民企合资组建丰收公司复肥厂（搬迁新址），先后投资4740万元，引进加拿大新远东公司先进发酵技术和德国BACKHUS公司的发酵设备，建成年产30000吨以上的粉剂和颗粒两条生产线，主要以糖厂散蔗渣、炉灰、滤泥及菠萝皮、果渣等作为原料。复肥厂建有三级质量化验室，检验水准达到了专业水平。后经扩建和技改，复肥厂年产能力达到50000吨以上。生产的"肥农"牌生物有机肥于2011年获得"广东省名牌产品"称号，产品主要在广东地区销售。复肥厂将工厂的废物转化为有机资源，达到变废为宝的目的，促进企业内部循环经济的发展。

第一节　复合肥厂筹建

一、初建

1995年1月5日，经省农垦总局批复同意，采用华南环境科学研究所开发的糖蜜酒精废水浓缩处理配制复合肥新工艺建设复合肥厂，设计生产能力为年产肥料5万吨，主要生产销售有机无机复混肥料，项目总投资为1718万元，其中：设备及安装1263万元、土建220万元、其他费用235万元。资金来源为向银行申请贷款1200万元、自筹518万元。

1996年5月31日，在雷州市工商行政管理局注册成立丰收公司复肥厂，注册资金为800万元，厂址位于国营收获农场胶厂旧址。1996年生产复合肥近10000吨，获利27.7万元。

二、迁址重建

2004年9月13日，丰收公司与湛江市伟雄贸易有限公司（法人代表徐伟雄）协议以共同出实物或出资的合作方式重新组建丰收公司复肥厂，设计生产能力为年产微生物肥料50000吨，合作期限自2004年10月1日至2029年9月30日止。厂址位于丰收公司原南田小学校址，占地面积 106 亩，土地租金每年按 100 元/亩计算缴纳给丰收公司。复肥厂于 2004 年 11 月建成投产。

三、资金来源

双方共同投资 800 万元建复肥厂，其中丰收公司出资 408 万元，占股 51%；湛江市伟雄贸易有限公司出资 392 万元，占股 49%。双方以固定资产投入 800 万元为基数，若超支，双方按占股比例相应增加超支金额，双方占股比例份额维持不变。丰收公司以土地、设备及现金作为流动资金，总计 6328000 元，其中土地使用权 3783102.9 元、翻堆机 2188126.55 元、现金 356770.55 元。湛江市伟雄贸易有限公司以现金 608 万元为流动资金。

四、工厂规模

总投资 4740 万元，建成发酵厂棚 10690 平方米、成品仓库 4944 平方米、生产车间 4540 平方米，占地面积 11 万平方米，拥有粉剂和颗粒两条生产线，年生产能力达 3 万吨以上，经技改后年产能力达 5 万吨以上。主要设备有：2005 年引进功率 273 马力[①]的德国大型翻土机（工作效率为 3000 立方米/小时），先进的原子吸收分光光度、微生物检测、可见光分光度、定氮仪等仪器设备，配备 1 台 FD450 型国产先进翻堆机；2006 年，改建新的生产线，通过电脑自动配料系统及自动称量系统，实现了自动化生产，生产工艺居国内领先水平，生产能力从原来的 12 吨/小时提高到 18 吨/小时以上，日产量达 250 吨以上；购进铲车 3 台、叉车 5 台、工程作业车 6 台。

五、原料来源

主要是利用糖厂滤泥、罐头厂果皮、畜粪作为原料，通过生物发酵技术生产复合微生物肥。调丰糖厂每年生产剩余的全部废弃物如散蔗渣、炉灰及滤泥供应肥厂作原料，原料出厂价格分别按蔗渣 33 元/吨，炉灰每榨季按 30000 元计，滤泥按榨蔗 0.3 元/吨甘蔗计收，装车费由肥厂负责。

六、人员及固定资产

复肥厂有职工 44 人，其中干部 13 人、工人 31 人。截至 2019 年 3 月 31 日，复肥厂总

---

① 马力为非法定计量单位，1 马力≈735 瓦。——编者注

资产 4096.7 万元，固定资产净值 1230 万元。

七、利润分配

①复肥厂分配当年税后利润时，应当提取利润的 10％～15％列入肥厂法定公积金，并提取利润的 5％列入肥厂法定公益金。复肥厂法定公积金累计超过了复肥厂注册资本的 50％后，可不再提取。②复肥厂法定公积金不足以弥补上一年度肥厂亏损的，在依照前款规定提取法定公积金和法定公益金之前，应当先用当年利润弥补亏损。③复肥厂在从税后利润中提取法定公积金和法定公益金后所剩利润，按照股东的出资比例分配。④复肥厂的公积金用于弥补复肥厂的亏损，扩大复肥厂生产经营或转为增加复肥厂资本。

八、管理方式

实行董事会领导下的厂长负责制，董事会决定重大事宜。董事会由 5 名董事组成，其中丰收公司 2 名、湛江市伟雄贸易有限公司 3 名，董事长、副董事长由董事会会议选举产生。复肥厂设厂长 1 名、副厂长 2 名，由董事会聘任，任期 3 年。

第二节　生产销售

设立了复肥厂销售部，负责肥料的销售。

专用生物有机肥品种包括：甘蔗有机生物肥、菠萝有机生物肥、橡胶有机生物肥、香蕉有机生物肥、蔬菜有机生物肥、花卉有机生物肥等。

复肥厂于 2008 年通过了 ISO 质量管理体系认证，生产的"肥农"牌生物有机肥 2011 年获得广东省名牌产品称号，产品主要在广东地区销售。

复肥厂建成后首年即 2005 年生产复合肥 17396 吨，投产第三年产量突破 3 万吨，为 31436 吨，第四年达到 47479 吨，为历史最高产量纪录，当年销量 66471 吨，亦为历史最好销量纪录。2010 年，复肥厂利润从 2005 年亏损 97.6 万元升至 266.8 万元，创下复肥厂经济效益最好水平。

据统计，2005—2018，复肥厂累计生产复合肥 343825 吨，销售 345373.5 吨（包括原复肥厂生产的留存的肥料），利润净亏 60.8 万元，纳税 298.7 万元（未统计 2018 年数据）。

2005—2010 年股改前经营情况为：累计生产复合肥 173190 吨，销售 175004.5 吨，利润 353.3 万元，纳税 97.6 万元。

2011—2018 年，总生产肥料 170635 吨（其中：生产肥料 89671 吨、堆沤肥 80964

吨），肥料年平均产量（不含堆沤肥）11208 吨；总销售肥料 170366.6 吨（其中：销售肥料 89404.02 吨、堆沤肥 80962.58 吨），肥料年平均销售量（不含堆沤肥）11175 吨；总利润额－414.1 万元，净利润－493.1 万元，其中 2011—2013 年、2016 年总利润额 338.2 万元，净利润 266 万元，2012 年盈利最多，净利润达 132.9 万元，2014 年、2015 年、2017 年、2018 年四年共亏损 759.1 万元，2015 年亏损最大，亏损额达 294.3 万元。

具体经营效益情况详见下表 3-4-1。

表 3-4-1　2005—2018 年丰收复肥厂产量及经营效益表

年　份	产量（吨）	销售量（吨）	利润（万元）	纳税（万元）
2005	17396	1814	－97.6	0
2006	10956	9493.5	－30.8	0
2007	31436	34159	95	0
2008	47179	66471	40.9	10.2
2009	39826	42496	79	19.8
2010	26397	20571	266.8	67.6
2011	12865	18052	52	13
2012	44483	36566	132.9	39.2
2013	40913	41818	84.8	22.4
2014	36157	41564	－51.5	6.8
2015	5761	4822	－294.3	60.192
2016	18723	18476	68.5	29.25
2017	6996	6661	－189.1	30.26
2018	4737	2410	－217.4	

第三节　改　　制

2011 年 5 月 4 日，湛江农垦局决定对复肥厂实行股份制改制，股东增至 12 个，复肥厂改制后按广东广垦糖业集团有限公司的二级企业进行管理。

复肥厂股份注册资金为 800 万元，改制后入股单位及占股、注册资金情况如下。

广东广垦糖业集团有限公司占股 35％，注册资金 280 万元；自然人徐伟雄占股 30％，注册资金 240 万元；丰收公司占股 8％，注册资金 64 万元；华海公司占股 5％，注册资金 40 万元；金星农场、幸福农场、火炬农场、东方红农场、五一农场、南华农场各占股 3％，注册资金各占 24 万元；红星农场、友好农场各占股 2％，注册资金各占 16 万元。

改制后，退还丰收公司投资额 304.39 万元。

第五章 酒精加工业

为实现综合利用，调丰糖厂建厂初期配套建设了一间酒精车间，利用废蜜生产酒精。酒精车间日产能力起初仅为 12000 升/日，到 1993 年已提高到了 50000 升/日。

2004 年，根据省农垦总局及湛江农垦局的批复，丰收公司与民营企业合资组建广东徐闻三和发展有限公司，建设年产 30000 吨的酒精生产线，以生产食用、医用酒精为主。2006 年底即可投入生产，生产原料来自垦区内部的调丰糖厂、华丰糖厂、广丰糖厂、金丰糖厂等 4 家糖厂。经多次扩建和技改，年产酒精能力达到了 60000 吨以上。股权转让前（2011 年 6 月前），广东徐闻三和发展有限公司累计生产酒精 91468 吨，创造工业总产值 46389.39 万元。划归广垦糖业集团公司管理后，五年累计生产酒精 120645 吨。后因环保问题等原因停产。

第一节 酒精车间

一、资金筹措

1985 年 7 月，广东省粤西农垦局批复同意调丰糖厂建造日产能 12000 升的酒精车间，总投资 120 万元，其中 100 万元已在糖厂总投资中下达，20 万元从局拨改贷解决。要求在建设中要坚持精打细算的原则，充分利用糖厂建设的库存材料，节省资金，不得突破投资计划。

二、建造与试生产

1986 年 2 月 8 日，日产 12000 升的酒精车间建成。在 1985/1986 年榨季中成功生产酒精 560 吨，产值 60 万元，盈利 10 万元。通过建造废蜜储存罐等技改措施，提高酒精生产能力，投产后的第二个榨季，酒精产量提高到 1790 吨。1989 年酒精质量达到国家二级标准，获得省质量评比第六名。2002 年 3 月，食用酒精荣获中国方圆标志认证委员会颁发的"质量管理体系认证证书"。

三、技术改造

1993 年 7 月，调丰糖厂对酒精车间进行扩建，生产能力提高到日产酒精 5 万升（即日产酒精 40 吨）。项目扩建总投资 344 万元，其中糖厂自筹 69 万元，申请农行贷款 275 万元。扩建的酒精车间当年即投入使用。1993/1994 年榨季生产酒精 4240 吨，较前榨季酒精产量提高 163.77%。

四、酒精产量

1985—2004 年，累计生产酒精 52974.4 吨。

第二节　酒　精　厂

一、筹建

（一）资金筹措

广东徐闻三和发展有限公司原为民营企业，始建于 2000 年。2005 年 10 月，丰收公司与三和发展有限公司合资组建广东徐闻三和发展有限公司，以生产食用、医用酒精为主，注册资金 1000 万元人民币，丰收公司占股 51%，三和发展有限公司占股 49%。丰收公司与广东徐闻三和发展有限公司共同投资 3000 万元，扩建三和公司酒精厂，出资比例如下：丰收公司以提供部分原有设备及出资现金折款 1530 万元（含收购乙方资产 439.46 万元）入股，占出资比例的 51%；广东徐闻三和发展有限公司以提供原有土地、厂房、设备及无形资产折款 1470 万元人民币入股（以实际核定投入金额为基数），占出资比例的 49%。双方以固定资产投入 3000 万元为基数，若超支，双方按占股比例相应增加超支金额，占股比例维持不变。

（二）厂址

广东徐闻三和发展有限公司位于徐闻县下桥镇勇士农场 12 队原三和公司厂址，土地总面积 286663.8 平方米，其中工业用地面积 104553 平方米。原调丰糖厂酒精车间的部分人员及设备迁往新厂。

（三）项目筹建小组

2005 年 8 月，成立酒精合作项目筹建小组，陈剑豪担任组长，余冠锋、郑伟基、刘后根担任副组长，陈忠明、陈黄飞、雷耀隆、谢国辉、曾胜为组员。下设基建组、工艺技术组、设备安装组等三个小组，曾胜负责基建组，刘后根负责设备安装组，陈黄飞负责工艺技术组。

（四）建成试产

筹建广东徐闻三和发展有限公司后，关闭调丰糖厂、华丰糖厂、广丰糖厂、金丰糖厂等4家糖厂的酒精车间，将设备拆迁至广东徐闻三和发展有限公司安装，各糖厂的桔水也统一集中到三和酒精公司加工生产酒精。2006年2月15日，开机试产，酒度达到95.59％，氧化时间27分钟，各项生产指标都达到国家标准。从2006年12月22日开机生产至2007年10月17日停机期间，共生产酒精（包括药用酒精）16750吨，首批医用酒精于2007年3月正式投向市场。全面投产后，三和酒精厂的年生产能力达到30000吨。

（五）管理方式

广东徐闻三和发展有限公司设董事会，由5名董事组成，其中董事长1人、副董事长1人，董事由股东委派，分配名额为丰收公司3名、广东省徐闻县三和发展有限公司2名。实行由董事会领导下的总经理负责制。

（六）岗位设置

设管理岗位10名、生产岗位96名，合计106名。

二、技改

2006年6月，投资2553.58万元（含基本预备费115.64万元）建成30000吨酒精生产线。

2006年，与四川东方锅炉集团旗下的专业设计院合作，研发和改造广东徐闻三和发展有限公司原有的耗能过高的煤粉锅炉，将其改造为国家极力推荐的循环流化床锅炉。2006年生产酒精4292吨，产值1684.5万元。

2006年，通过技改取得《药品生产许可证》并成功申请乙醇（酒精）的药用辅料注册，所生产的酒精达到药用级标准。为延长产业链，投资500万元在内部筹建医药用酒精（消毒剂）灌装生产线，生产75％消毒用酒精，包装规格为500毫升，250毫升，100毫升，年生产规模为1.2万吨。

2007年，投资1423万元，从调丰糖厂拆迁一座3000千瓦的汽轮发电机组到三和公司安装，新建25T锅炉，配套一座50米的烟囱，新建桔水罐3座，每座容量10000立方米，新建2000立方米酒精罐1座。吨酒精煤耗从2006年的1.24吨降到2007年的1吨。

2007年，与广东省甘蔗科技研究所合作，淘汰广东徐闻三和发展有限公司原来的游离酵母发酵工艺，使用高效率的固定化载体发酵工艺，降低生产成本。该年度年产酒精16731吨，同比增长12439吨，增长289％；总产值6271.1万元，同比增长4586.6万元，增长272％。

2008年，与广西必佳生物有限公司合作，投资1300万元引进TLP快速高效厌氧发酵技术对酒精废液进行环保处理，该系统所产生的沼气送回锅炉燃烧，降低了燃煤的消耗量。

2009年，与广东省轻纺设计院合作，广东徐闻三和发展有限公司淘汰落后的常压蒸馏生产线，新上一条能耗低的差压蒸馏生产线，日生产能力为200吨。广东徐闻三和发展有限公司共有5个糖蜜罐，合计可储存糖蜜约5.5万吨。农垦下属其他单位总储存糖蜜能力为3.7万吨，总储存能力为10.2万吨。

三、股权变更

2005年10月12日，签订《广东徐闻三和发展有限公司股权转让合同》，余仲良将所持有广东徐闻三和发展有限公司51%的股份转让给丰收公司，余冠锋将所持有广东徐闻三和发展有限公司49%的股份转让一部分给徐伟雄，转让后徐伟雄持股26%。

2006年2月7日，余冠锋将所持有广东徐闻三和发展有限公司23%的股份转让给徐伟雄。至此，丰收公司持股51%，自然人徐伟雄持股49%。

2011年5月，经省农垦总局和湛江农垦局批复同意将丰收公司持有广东徐闻三和发展有限公司51%的股份转让给广东广垦糖业集团有限公司。

广东徐闻三和发展有限公司退还丰收公司股份投资款1004.3万元。

四、产量与产值

广东徐闻三和发展有限公司生产设备先进，生产工艺成熟，产品质量保证，各项指标都达到国家标准。大部分销往湛江地区及珠江三角洲。

2005年4月—2011年6月，累计生产酒精91468吨，工业总产值46389.39万元，丰收公司收取租金1386万元。

2012—2016年（股份改制后），累计生产酒精120645吨。

第六章 制鞋工业

第一节 南光鞋厂

南光鞋厂位于雷州市南兴镇国营南光农场场部，由南光农场1988年筹划建设，于年内建成并投入生产，鞋厂占地面积110亩，厂房面积2469.56平方米，主要生产出口布面胶鞋、解放鞋、球鞋。

兴办南光鞋厂初衷主要是解决职工子弟就业问题。工厂建成后招收了150名职工，后因生产经营不善、产品滞销，造成连年亏损。1997年起实行承包经营。

第二节 生产经营情况

鞋厂第一年生产了布面胶鞋2276双，亏损了152606.71元；1989年生产了16029双；1990年生产了252592双。1991年全年制解放鞋764205双，盈利283063.25元。1992年全厂职工达到300人，产量也创下了新高，制鞋772789双，但由于经营不善，当年亏损89600元。1993—1996年每年生产鞋的数量在40万～60万双，但连年亏损。

实行承包经营后，为了改进技术，提高产品质量，增强市场竞争力，先后购进了台湾产的打鞋眼机2台、三色花边机1台，还新建了1座面积122.13平方米的厂房，生产的出口鞋质量大大提高，花色品种从原来的3～4种提高到36种，还利用三色花边机生产了大批的内销球鞋。

2000年，鞋厂改为来料加工服装，最终由于生产效益没有好转，于2000年12月停产关闭。

中国农垦农场志丛

第四编

第三产业

中国农垦农场志丛

第一章　组织机构

为更好地管理第三产业，丰收公司于 2006 年成立第三产业管理领导小组，组长由丰收公司董事长担任，副组长由 3 名丰收公司副总经理担任，成员由各分公司负责人及机关财务部、企业管理部、人事政工部、行政办公室、审计部、纪检监察部等部门负责人组成。

办公室设在企业管理部，办公室主任由一名副总经理兼任，人员为企管部、生产部、财务部、行政办公室、人事政工部室工作人员，主要负责第三产业具体业务办理、数据统计、人员调配等管理工作。

第二章 产品销售

第三产业产品销售主要是畜牧公司、碎粒板股份公司产品。

畜牧公司生猪销售：由畜牧公司及财务部负责销售，根据生猪的出栏时间及市场的行情，提前制订生猪销售请示报告，报丰收公司第三产业管理领导小组审核同意，由畜牧公司联系销售，所收货款必须及时交丰收公司财务部，不得截留。

碎粒板股份公司碎粒板销售：由碎粒板车间及财务部共同负责销售，碎粒板股份公司根据市场的价格及客户的需要，由股份公司产品销售领导小组随时提交产品销售请示报告，报丰收公司第三产业管理领导小组审核同意，由碎粒板车间按计划直接销售，所收货款必须当天交到财务部，不得截留。

表 4-2-1 1995—2002 年畜牧公司生猪饲养量、产肉量、产值表

年份	饲养量（头）	出栏量（头）	年末存栏量（头）	猪肉产量（吨）	总产值（万元）	利润（万元）	纳税（万元）
1995	15005	9224	5781	756	881		
1996	13752	8844	4908	749	967.1	34.6	
1997	17440	11251	6189	935	1075.3	49	
1998	22070	13360	8710	1136	1306.4	32.9	
1999	21957	13562	8395	1153	1038	—49.3	
2000	21628	14266	7362	1198	958	35.3	
2001	19209	12091	7118	1043	764.7		
2002	9907	9907	0	848	619	—77.3	

表 4-2-2 1996—2000 年碎粒板产品产量、销售、效益情况表

年份	产量（立方米）	销售量（立方米）	效益（万元）	产品种类
1996	3832	4519	124.2	5—22 毫米×1220 毫米×2447 毫米碎粒板
1997	5126	5112	157.8	5—22 毫米×1220 毫米×2448 毫米碎粒板
1998	7739.2	7959.29	74.9	5—22 毫米×1220 毫米×2449 毫米碎粒板
1999	7055.17	7030.67	39.8	5—22 毫米×1220 毫米×2450 毫米碎粒板
2000	7355.86	7332.47	50.8	5—22 毫米×1220 毫米×2451 毫米碎粒板

第三章 服 务 业

第一节 发展状况

第三产业主要集中在商贸、运输、畜牧、建筑、生活服务、饮食、电讯、住宿等领域，根据企业发展的需要，丰收公司先后成立商贸公司、运输公司、畜牧公司、建安公司、邮电代办所、物业公司、南园旅店等二级单位。同时，利用丰收公司非农业用地经营租赁业务。1996年6月20日，商贸公司、畜牧公司、运输公司、建安公司、生活服务公司、湛江丰业公司等单位的经理和供电所所长、邮电代办所所长签订《广东省丰收糖业发展有限公司二级（子）公司经营责任合同书》。2002年，丰收公司按照"自我发展，自我约束，自主经营，自负盈亏"的指导思想，抓好各子公司的经营、改革和转制，重点抓扭亏工作。首先对碎粒板厂、水电站实行转制，采取公司出资和职工参股的方式，组建丰收碎粒板股份有限公司、丰收水电站股份有限公司。南园旅社、生活服务部、邮电所、复合肥厂等生产经营较正常，大部分子公司有盈利。畜牧公司则因猪价下跌，生产成本过高等出现亏损，丰收公司曾派出由企管、财务、审计等有关部门组成的专项工作组到该子公司，分析查找亏损原因，提出整改措施。供电所则按上级指示移交给地方，供电所职工得到了妥善分流和安置。

第二节 主要企业

一、南园旅店

南园旅店是南光农场农工商贸易公司于1987年5月1日创办。该旅店位于湛江市霞山民治路121号（农垦翠园饭店斜对面）。1996年10月8日，南光农场并入丰收公司，南光农工商贸易公司南园旅店更名为广东省丰收糖业发展有限公司南园旅店。

1996年12月30日，丰收公司与南园旅店承包人谭国荣（职工）签订《南园旅店承包经营合同》，规定每年上交丰收公司租金30万元（按每月25000元分期上交）。1999年1月1日，与南园旅店承包人谭国荣（职工）签订《南园旅店承包经营合同》。1999年，年收租 15 万元。2000 年，年收租 20 万元。2000 年 4 月 19 日，丰收公司决定撤销湛江市南光农工商贸易公司（子公司），保留其分支机构南园旅店，并更名为丰收糖业发展有限公司南园旅店，属非法人性质二级公司。2001 年 12 月 31 日，与南园旅店承包人谭国荣签订《南园旅店租赁经营合同》，租赁期为五年（从 2001 年 1 月 1 日至 2005 年 12 月 31 日），每年上交租金 16.4 万元，共 82 万元。2006 年 3 月 28 日，丰收公司物业湛江南园旅店房产和设备拍卖会开拍，竞买人共 3 人，徐伟雄以 60.3 万元应价成交（拍卖底价为 60 万元起）。

二、收获酒楼

1996 年 1 月 25 日，成立丰收公司生活服务公司（二级子公司）。同年的 6 月 21 日，生活服务公司经理刘广华与丰收公司签订《广东省丰收糖业发展有限公司二级（子）公司经营责任合同书》，明确收获酒楼由生活服务公司管理和经营。

1997 年 1 月，丰收公司将生活服务公司管理和经营的收获酒楼回收改为丰收公司租赁。1997 年 1 月，职工李斌中标成为收获酒楼承包人，从 1997 年 1 月起至 2003 年 6 月止自费经营，每年上交丰收公司 1.8 万元。

2003 年 7 月 3 日，丰收公司召开收获酒楼承包招标会，参加投标 3 人，职工杨顺武以每年上交 4.1 万元承包金给丰收公司而成为中标者。实际操作由中标者转给职工黄家双经营至 2004 年 4 月。2004 年 5 月，职工韦海中标成为收获酒楼承包人，年上交丰收公司租赁金 2.8 万元。实际操作仍由中标者转给职工黄家双经营至 2007 年。2008 年关闭丰收公司酒楼。

三、修配厂

丰收公司修配厂前身为国营收获农场修配厂，建厂于 1960 年 3 月，利用下马的场办庆丰小型糖厂的制炼车间为厂房，将庆丰糖厂的铁工组和电工组共 7 人列为修配厂职工。该厂从事场内小农具制作、维修和火力发电。1962 年，发展到有电工、锻工、电焊工、车工、板工、钳工、木工等多项功能修配厂。"文化大革命"时期，修配厂正常生产停止，全厂有各工种技工 20 人。1968 年 8 月，收获修配厂恢复正常生产。1987 年 5 月 20 日，收获修配厂成功研制 3 台 SXJ-50 滚筒碎叶机，交付 3 个农业分场（一、二、三分场）各一台，每亩成本 4.83 元，比人力作业降低 88％，既能降低成本、减少劳力，又能解决青料回田，提高土地肥力，达到甘蔗与菠萝轮作，深受职工家庭农场的欢迎，并获得湛江市科技进步三等奖。1987 年末，收获修配厂全厂有管理人员 3 人，各种技工 35 人，厂房

722平方米，职工住宅及其他用房1681平方米，有金属切削机床、钻床、刨床等各种机器30台，机械总动力234.3千瓦，能承接汽车、拖拉机的大、中、小修理和挂车自卸改装及中小农具、器械等设备的修造。1991年起，收获农场实行联产计酬承包经营，修配厂实行集体承包制。

丰收公司成立后的1995年，国营收获农场修配厂更名为丰收公司修配厂。同年，丰收公司修配厂从旧厂（小岛）搬迁到收获加油站（现为兴发加油站）旁，位于丰收公司收获新建小区对面。1998年12月，丰收公司修配厂从集体承包转为个人承包，当年的12月30日，丰收公司修配厂承租人陈永隆和赵伟荣与丰收公司签订《丰收公司修配厂租赁合同》，租赁期限两年（1999年1月1日起至2000年12月31日止），承租方每年向丰收公司上交租赁金4万元。2001年12月30日，丰收公司修配厂承包人陈永隆与丰收公司签订《丰收公司修配厂租赁合同》，租期从2001年1月1日起至2003年12月30日止，承包方每年上交3万元给丰收公司。2004年至2012年，丰收公司修配厂承包改为承包人（赵伟荣等3人）每年每人交三费（养老保险费、医疗福利费、企业管理费）给丰收公司。2013年8月，丰收公司修配厂承包人肖德任与丰收公司签订《丰收公司修配厂租赁合同》，租期从2013年8月至2016年7月，承包方每年向丰收公司上交租金5000元。2016年8月，修配厂承包人肖德任与丰收公司签订《丰收公司修配厂租赁合同》，租期从2016年8月至2019年7月，承包方每年上交租金6877元给丰收公司。

四、第二修配厂

丰收公司第二修配厂前身为国营南光农场修配厂，建厂于1961年，厂址位于南光8队旁边。该厂有电工、钳工、车工、锻工、电焊工，担负全场车辆、大小型铁轮拖拉机、胶轮拖拉机等修理和配件，制作适用于农场农业生产农具等。1974年，全国四省农垦系统橡胶林管机械化现场会议在南光农场召开，南光农场做专题经验介绍，南光农场修配厂革新研制的橡胶挖穴机、苗头除草机、自动施水肥机、自动装卸肥机等获大会表彰嘉奖。1979年，南光农场修配厂成功研制的胶树苗松土除草机荣获广东省科技表彰大会荣誉奖。

南光农场并入丰收公司后的1997年，国营南光农场修配厂更名为广东省丰收糖业发展有限公司第二修配厂。1999年2月3日，撤销丰收公司第二修配厂，该厂物资由供电所（南光片）接管，退休人员列入南光农业分公司机关后勤管理，在职员工分流处理。

五、五金、副食品门市部

丰收公司五金门市部的前身为国营收获农场五金门市部。收获农场五金门市部早期称为合作商店（合作社），成立于 1953 年，隶属海康垦殖所合作社。收获合作社由职工自愿入股，每股股金 5 元，按股分红，那时只经营生活用品。1954 年末，合作商店随垦殖所的撤销而清退股份，改为收获农场场办商店，人员由场调配与管理，资金及业务统属海康县贸易公司。1955 年，收获农场场办商店设在安罗村，配售货员 3 人。1958 年 11 月，商店随场部乔迁站堰桥头旁。1970 年迁址公路以北（现中学旧大门口旁），业务归海康县商业系统管理。1984 年 1 月，海康县商业局将收获商店固定资产、流动资金转让给收获农场经营。这时，收获商店已迁到场部商业区（现收获市场）。1987 年，收获商店撤销生产资料门市部，设五金门市部和副食品门市部。1989 年，收获五金门市部、副食品门市部实行集体承包至 1995 年。

丰收公司成立后的 1996 年，收获五金门市部改为丰收公司五金门市部。收获副食品门市部改为丰收公司门市部。同年实行承包，职工陈光强于 1996 年为丰收公司五金门市部经营承包人，年上交租赁金 1.5 万元，从 1997 年至 2020 年，每年上交租赁金 1.7 万元。职工张燕从 1996 年 1 月至 2006 年 6 月为丰收公司副食品门市部承包人，每年上交租赁金 1.92 万元。2006 年 7 月至 2020 年，退休职工温爱莲为丰收公司副食品承包人（转由其妹夫陈玉娟经营），年上交租赁金 1.92 万元。

六、煤气供应分公司

丰收公司煤气供应分公司的前身为国营收获农场商贸生活服务公司（二级子公司）收获煤气供应站。1996 年，收获煤气供应站由丰收公司生活服务公司管理。收获煤气供应站负责收获生活区、罐头厂、医院、中小学等职工生活家用煤气供应，由职工个人购置煤气配件，供应站集中气瓶到龙门镇煤气供应站加气，按不同时期煤气价收费。2000 年年末前，生活服务公司不经营煤气供应。2001 年由个人接管自费经营至今。2020 年年末，收获生活区已有 4 个个人自费经营煤气供应点。

七、加油站

丰收公司加油站前身为国营收获农场油库（加油站）。丰收公司成立后的 1996 年更名为丰收公司加油站。1998 年 8 月 20 日，丰收公司加油站承包人李善政（职工）与丰收公司签订《加油站租赁合同书》，租赁期限为 3 年（1998 年 9 月起至 2001 年 9 月 14 日止），承包方每年向丰收公司上交租金 3.6 万元。加油站承包人李善政在承包期中转给职工肖德发经营。2014 年，职工陈卫兴个人出资 30 万元一次性买断丰收公司加油站，产权与经营属陈卫兴个人。从此，丰收公司加油站更名为兴发加油站。2016 年，陈卫兴个人出资 78

万元，一次性买断加油站前后左右范围共 5 亩土地，土地使用权属陈卫兴。

八、湛江市丰业实业发展有限公司

1996 年 2 月 25 日，丰收公司在湛江市霞山区文明东路创办二级（子）公司，注册名称为湛江市丰业实业发展有限公司。卢建辉任董事长，陈土荣、彭镇山任董事，制定了《湛江市丰业实业发展有限公司章程》。

九、雷州市丰收商贸有限公司

2001 年 4 月 19 日，经公司董事会研究，决定撤销雷州市丰收商贸有限公司，对该子公司下属的五金、百货、粮油、针织和第一、第二副食门市部同时撤销。

十、运输公司

1996 年 1 月，丰收公司成立二级（子）公司运输公司（将原收获农场汽车队的 22 辆车和调丰糖厂汽车队的 19 辆车并入运输公司管理）。同年 1 月 25 日，丰收公司党委下文聘任运输公司经理和党支部书记。同年 6 月 21 日，在丰收公司首届职代会上，丰收公司首任董事长黄国涛与运输公司经理陈建龙签订《广东省丰收糖业发展有限公司二级（子）公司经营责任合同书》。

运输公司经营实施办法除上缴管理费和福利费指标与其他子公司不同之外，其他（核算形式、职工身份、超额分成等）同其他子公司相似，拥有生产经营权、投资决策权、人事劳力管理权、产品（劳务）营销权、资金筹措权、工资分配权。

1996 年，丰收公司下达运输公司年度经济指标为：实现利润 50 万元，上缴利润 20 万元，上缴福利费 16.5％。1997 年，运输公司经济指标为：实现利润 45 万元，上缴利润 16 万元，上缴福利费 17.5％。之后逐年提高上缴利润和福利费的比例。运输公司经营管理的汽车队负责丰收公司内各种运输（白砂糖、蔗渣、酒精、碎粒板、糖泡水、滤泥、菠萝、甘蔗、菠萝罐头等运输），运输费每吨 0.4 元/公里。

2000 年 10 月，丰收公司决定撤销运输公司，将运输公司下属的收获汽车队和糖厂汽车队车辆进行部分报废、部分折价拍卖过户给个人。

十一、建安公司

1996 年 1 月，成立丰收公司下属二级（子）公司建安公司。将原收获农场建安公司原班人员和办公设备转入丰收公司建安公司。同年 1 月 25 日，丰收公司党委下文聘任陈新祥为建安公司经理，同年 6 月 21 日，在丰收公司首届职代会上，丰收公司首任董事长黄国涛与建安公司经理陈新祥签订《广东省丰收糖业发展有限公司二级（子）公司经营责任合同书》。

建安公司实施办法除年度上缴管理费、福利费的经济指标与其他二级（子）公司年度的经济指标不同之外，其他承包经营形式、承包主要责任经营者和员工的性质、分配形式、承包范围权限等与其他二级（子）公司相同。1996 年，建安公司年度经济指标：实现利润 23 万元，上缴利润 17 万元，上缴福利费 16.5％。1997 年，经济指标：实现利润 25 万元，上缴管理费 20 万元，福利费 17.5％。之后逐年提高上缴利润和福利费的比例。

建安公司负责管理工程，丰收公司各项基建工程由建安公司工程队承建。旧料回收 80％归丰收公司，20％归工程队。建安公司负责管理收获修路队和南光修路队，修建和维护各农业生产队（收获修路队负责收获农业分公司 24 个生产队，南光修路队负责南光分公司 19 个生产队）直通农业分公司总部道路、运蔗运菠萝等道路。

2005 年 12 月，丰收公司决定撤销建安公司。设立基建办，并入企管部办公，企管部副部长负责基建办各项工作。

2012 年 8 月，设立建设办（负责建安各项工作），由丰收公司社区管理。

十二、畜牧公司

1996 年 1 月 25 日，丰收公司成立下属子公司畜牧公司。同日，丰收公司党委聘任黄海为畜牧公司经理。

畜牧公司实行单独核算、自负盈亏、自我约束、自我发展的承包经营。畜牧公司以法定代表人（经理）为承包主要责任经营者，实行全体员工抵押承包责任制（后期取消抵押金）。原有的生产资料、固定资产属丰收公司所有，畜牧公司负责保值和增值，承包后不改变职工的原来身份，实行全员劳动合同制。

畜牧公司必须保证完成或超额完成丰收公司年度下达的各项经济指标，1996 年计划指标为：实现利润 10 万元，上缴利润 3 万元，上缴福利费 16.5％；1997 年实现利润 22.4 万元，上缴管理费 6 万元，上缴福利费 17.5％。之后逐年提高上缴管理费和福利费的比例。

畜牧公司有生产经营权、投资决策权、添置固定资产权（8000 元以上的生产性固定资产、非生产性 1000 元以上需上报丰收公司批复方可执行）、人事劳力管理权、产品（劳务）营销权、资金筹措权（丰收公司拨给畜牧公司的流动资金，利率按年息 13％计，不足资金可向银行等贷款）、工资分配权（在完成上缴年度管理费、福利费的前提下，有权决定单位员工分配，但分配水平不得高于效益增长）。

超额完成的利润实行三七分成，即丰收公司得 30%，畜牧公司得 70%，其中用作公积金 30%，公益金 10%，经营正职者 20%，其他 40%。奖金分配为完成上级（丰收公司）下达年度经济指标，其法定承包人收入是职工平均数的 200%，副职是正职的 80%，一般管理技术人员是 70%。

1996 年 3 月 6 日，经湛江农垦局人事政工处推荐并报湛江市委组织部批复同意，丰收公司二级单位畜牧公司经理黄海为挂职锻炼干部，挂雷州市副市长职务（挂职时间为 1年）。1996 年 3 月 30 日，丰收公司党委聘任赖荣光为畜牧公司经理。2001 年 7 月，丰收公司党委聘任赖荣光为收获农业分公司经理。2001 年 8 月，丰收公司党委聘任杨顺武为畜牧公司经理。

由于市场猪肉价格波动大，且逐年下跌，加上饲养成本高，人工费用逐年提高，畜牧公司经营连年亏损。因此，丰收公司董事会拟决定对畜牧公司进行改制。2002 年 10 月 18日，丰收公司向湛江农垦集团公司递交《关于畜牧公司改制的请示》，主要内容是：丰收公司下属二级（子）公司畜牧公司，现有正式员工 37 名，辖管 3 个猪场（收获滨河猪场、南光 8 队和 17 队猪场），猪场房屋建筑总面积 12923 平方米，总资产 557.6 万元（其中流动资金 289.23 万元，固定资产净值 268.4 万元），现年产肉猪可达 10000 头以上。但近两年来，由于肉猪市场不景气，猪价逐年下跌，造成经营连年亏损，拟对畜牧公司进行改制。一是建议丰收公司属下的畜牧公司并入湛江农垦畜牧集团公司，由畜牧集团公司统一经营管理。二是若不并入畜牧集团公司，丰收公司则对属下畜牧公司的三个猪场实行个人内部租赁承包，租赁期暂定 6~10 年。

2002 年 12 月 1 日，丰收公司根据广东省农垦集团公司 2002 年经济工作会议有关精神，对连年经营亏损的畜牧公司制定了《畜牧公司转制工作方案》，决定改制思路为"生猪转让、租赁猪场、分流人员"。改制步骤为：清理畜牧公司的资产、债权及债务；为确保制糖生产用水卫生及减少住宅区的环境污染，关闭收获滨河猪场；对猪场存栏生猪，参照市场价格折价出售给湛江农垦畜牧公司；将南光 8 队、17 队猪场租赁给湛江畜牧公司，签订租赁合同；对富余人员分流，采取待岗、内退、到农业生产队、自谋职业、岗位留用、终止劳动合同等进行安置或解除。同时，丰收公司下文撤销畜牧公司。

十三、邮政通信

1998 年 12 月 31 日，为便利当地人民群众的邮政通信，雷州市邮政局委托丰收公司在收获、南光分公司设立邮政代办所。雷州市邮政局负责人陈康乃与丰收公司董事长黄国涛签订《代办邮政业务合同书》。收获、南光分公司邮政代办所增设代办储蓄业务。丰收公司下属子公司服务公司负责管理邮政代办所，雷州市邮政局每年返回一定的储蓄业务利息，服务公司与丰收公司三七分成。2007 年，雷州市邮政局撤销收获邮政代办所。南光邮政代办所原所有业务不变。

2012 年，由丰收公司出资配人设立收获邮政代办所（工作人员 4 人）。2013 年增设快递等业务。2020 年 10 月，撤销收获邮政代办所。2020 年 11 月后，外地有邮政快递到达调风邮政局，由调风邮政局转交收获市场中通快递点。目前公司员工的通信主要有电信、移动、联通等，电信公司在收获、南光机关区分别设置机站 1 个，园林队、南光六队分别设置机站 1 个，移动基站 2 个，联通基站 1 个。收获现有电信网络用户约 1400 户，广播电视约 650 户，电信、移动、联通业务均由电信、移动、联通公司负责，广播电视公司代为管理。

十四、雷州市丰收物业服务有限公司

2013 年 2 月，成立了丰收公司物业公司，职能为社区物业管理与服务，市场管理与物价监督，居民生活用水用电，电信业务和闭路电视的管理与服务，水电站、供水站及农田水利管理，道路养护与管理，绿化清洁工作和卫生监督等，员工共 113 人。2016 年更名为社区服务管理办公室，有员工共 100 人。物业公司 2013 年收入不到 25 万元，核定费用支出将近 49 万元，丰收公司要拨付差额将近 25 万元。2018 年 7 月，注册成立雷州市丰收物业服务有限公司，注册资本为 10 万元，主要从事物业服务、清洁服务、房屋和道路维修、园林养护、水电设备维护、电视电话网络线路维护等。

场办第三产业和成立丰收公司之后开发第三产业多数为内部服务性质，除了方便职工生活、业余文化需求之外，还解决了部分职工就业问题。从整体而言，创办经营的服务性机构和二级单位多数亏损，有产值无利润。据统计，1997 年，丰收公司第三产业产值 1770 万元，占农场社会总产值比例为 4.20%，占农场国内生产总值比例为 8.24%。

第五编

小城镇建设

中国农垦农场志

第一章　建设规划

丰收公司成立时总人口为 11070 人，最高峰时为 2007 年 13066 人，2017 年总人口为 7502 人。丰收公司工、农业单位聚集，人口稠密，依托特色产业，不断加大力度推进小城镇建设，各分公司总部生活区面貌不断改变，小城镇功能逐渐提升，小城镇建设稳步推进。

丰收公司地形起伏，高低错落，一般海拔高程 53.9～151.4 米。公司规划控制面积 5608.05 亩，其中建成区面积 1453.65 亩，林地、荒地、园地面积约 4454.4 亩。

丰收公司小城镇以组团式的结构形态发展，形成了"一心、一轴、一河两湖、一公园、四片区"的城镇空间结构。

"一心"即丰收行政中心和功能综合区，位于丰收总部规划区的东南部，现状为社区综合服务中心、老年人活动中心、舞厅、招待所、廉政文化广场、篮球场健身器材点及收获市场，在分公司生活区中部有公寓式住宅、宿舍、私人住宅，除了少量建筑质量较高以外，其他的质量都较低。现状居住用地面积为 613.35 亩，占规划总用地的 10.94%。随着公司总部的逐步开发，公司总部的公共配套设施相应建设，公共设施用地面积为 279.45 亩，占规划总用地的 4.98%。

"一轴"即龙云路（现称丰收大道）作为交通、绿化轴贯穿公司总部各区，沿着云龙公路两边有商店、饭店、银行、邮政及旧菜市场，位于云龙公路北边为丰收公司医院和收获学校，主要承担公司员工及家属的医疗服务及职工子女的九年义务教育。

"一河两湖"即站堰河和东西两湖，三者共同组成了丰收的生命水系，河水主要用作糖厂生产用水及农业灌溉，在东风水库建有东风水电站，该水电站具有发电和防洪功能。

"一公园"即人工湿地公园，位于收获农业分公司原旧农科所（老人居住区）东面，是将收获生活区职工楼至旧农科所（老人居住区）主道左边菜地改造为小人工湖和右边水塘改造为大人工湖，各个人工湖沿湖边建立石栏杆和 2 米宽人行道，新建污水处理站，安装太阳能路灯，种植桃花心木，是职工舒适休闲的活动场所。

"四片区"包括两个工业片区，即位于龙云路以北的东部工业区和西部工业区，以及生态农业旅游观光区和改造片区。现状工业用地主要是调丰制糖工业分公司和罐头食品工业分公司，调丰制糖工业分公司建在东部工业区，包括厂区和生活区；场地罐头食品工业分公司建在西部工业区，包括厂区和生活区。有分散的体育运动球场，供职工体育活动。公司区域现状工业用地面积为355.8亩，占规划总用地的6.34%。公司区域现状大部分用地为园地、荒地，面积为4154.4亩，占规划总用地的74.08%。

第二章 建设状况

第一节 房屋建筑

一、居民点建设

居民点建设总投入 10155.01 万元，其中公共投入 8648.45 万元，私人投入 1506.56 万元。1996 年居民点 13 个，1998 年增加到 18 个，此后居民点建设数量持续减少，2014 年只有 2 个新建居民点，累计新建居民点 133 个。居民户在 1996 年为 308 户，1997 年增加到 482 户，2010 年减少到 50 户，平均户住面积 1996 年为 63.49 平方米，2007 年为 18.46 平方米，为历史最低，2010 年增加到 115.8 平方米。水库移民危房改造共有 23 户，面积 2423 平方米，总投入 180.8 万元。安居工程 458 套，面积 18.86 万平方米，工程造价 1.45 亿元。

二、职工住房改造

（一）水库移民危房改造

丰收公司从 2009 年起，认真贯彻省财务厅、省水利厅、省农垦总局《广东省农垦原水库移民危房改造实施办法》和《广东省农垦原水库移民危房改造资金管理办法》文件精神，把水库移民危房改造与公司小城镇建设、职工安居工程有机结合起来，实行"三位一体"，做到合理利用省财务厅移民专项资金和垦区配套资金及移民的自筹资金解决移民住房中的危房问题。实行"公开、公平、公正"的原则，移民人口的确认及危房鉴定实行公开，接受群众监督，补助对象和补助标准金额在公司公开栏公示，做到三榜定案。丰收公司计划水库移民危房改造 23 户，改造工程于 2010 年 12 月全部竣工，总建筑面积 2453 平方米。累计完成危房改造总投入资金 220.6 万元，其中：中央补贴资金 18 万元，公司投入资金 21.8 万元，个人自筹资金 180.8 万元。水库移民后期扶持资金直补到 117 户共 292 人，每人每年 600 元，从 2006 年下半年起补贴 20 年，补贴资金由湛江农垦局财务处直接打入个人存折。

（二）归难侨危房改造

丰收公司下属收获、南光农业分公司在 20 世纪 50—70 年代陆续安置了几批来自马来西亚、印度尼西亚、缅甸、越南等国的归难侨。2008 年末，全公司有归难侨 575 人，280

户。2009 年，根据上级有关归难侨危房改造政策确定归难侨危房改造计划为 72 户，改造工程于 2010 年 12 月全部竣工，总建筑面积 6407 平方米。其中：新建 59 户，占总计划的 81.9%，建筑面积 5944 平方米；改建 13 户，占总计划的 18.1%，建筑面积 463 平方米。累计完成危房改造总投入资金 520.4 万元，其中：中央补贴资金每户 1.5 万元，共 108 万元，公司投入资金 69.2 万元，个人自筹资金 343.2 万元。入围的归难侨住户全部入住，其中有 45 户集中在公司新建小区建房。

（三）职工危房改造

2009 年，湛江农垦局下达丰收公司职工危房改造计划共 2000 户。公司制定了改建单间、改建双间、新建单层、新建二层及公寓楼等五种不同类型建房指导价，与公司危房改造政策结合一起，利用中央危房改造政策，大力开展危房改造工程，建设了丰收、南光 2 个新的职工住宅小区，别墅式住房 293 户；在各分公司总部生活区建设 24 幢职工公寓楼 438 户，43 个生产队都进行了危房改造，完成公司职工危房改造 2000 户，总建筑面积 114220 平方米。2012 年 12 月已全部竣工，总建筑面积 105360 平方米。危房改造计划中新建 684 户，占总计划的 34.2%，建筑面积 68263 平方米。改建 1316 户，占总计划的 65.8%，建筑面积 37097 平方米。公司私建公助建房政策：中央补贴 6500 元，公司补助 13500 元，合计为 20000 元；廉租房改建政策：中央补贴 6500 元，公司补助单间 2000 元/间、两室 4000 元/间。累计完成危房改造总投入资金 8321.9 万元，其中：中央补贴资金每户 6500 元共 1300 万元，公司投入资金 1903.6 万元，个人自筹资金 5118.3 万元。危房改造后，职工居住条件得到改善。

（四）"十区千户"示范队（区）重点工程

公司规划在收获、南光农业分公司、调丰制糖工业分公司、罐头工业分公司四个职工生活中心区和收获、南光新建小区、收获旧农科所小区、北河队、南光十一队、十七队等实施"十区千户"建设项目。公司成立后建收获旧农科所小区 96 户。2009 年，共建职工公寓楼 9 幢 196 户。2010 年以后，共建职工公寓楼 15 幢 242 户。收获小区 109 户、南光小区 42 户，加上收获、南光农业分公司、调丰制糖工业分公司、罐头工业分公司四个职工生活中心区原建房的职工住户，总数远超千户。

三、公共建设

（一）办公楼

办公用地主要布置在东南部，总部位于调丰糖厂内，办公楼为一幢四层的框架结构楼房，建于 1986 年，建筑面积 1569.76 平方米；配套建设科技中心楼为一栋二层的框架结构楼房，建于 1987 年，建筑面积 326 平方米；配套建设砖混结构小车房，为一层平房，建筑面积 656 平方米。

制糖工业分公司办公楼为一幢三层的框架结构楼房，建于 1984 年，建筑面积 975 平方米；会议室为一幢两层框架结构的楼房，建于 1986 年，建筑面积 864 平方米；饭堂为一层的框架结构的楼房，建于 1986 年，建筑面积 580 平方米；经警办公室为一幢两层的框架结构楼房，建于 1987 年，建筑面积 120 平方米；复肥厂办公楼为一幢两层的构架结构楼房，建于 1996 年，建筑面积 363 平方米。

收获农业分公司办公楼为一幢三层的砖混结构楼房，建于 1981 年，建筑面积 1334.24 平方米；收获幼儿园为一幢两层的砖混结构楼房，建于 1985 年，建筑面积 690 平方米；位于收获农业分公司总部北方向的运输公司车队办公室为一幢两层的砖混结构楼房，建于 1994 年，建筑面积 112 平方米；修配厂办公室为砖混结构楼房，建于 1994 年，建筑面积 16 平方米。

南光农业分公司办公楼为一幢三层的砖混结构楼房，建于 1985 年，建筑面积 1560 平方米；南光鞋厂办公楼为一幢两层的砖混结构楼房，建于 1988 年，建筑面积 430 平方米；南光修配厂办公楼为一层的砖混结构楼房，建于 1988 年，建筑面积 125 平方米；南光供电所办公楼为一层的砖混结构楼房，建于 1988 年，建筑面积 173 平方米；工程队办公楼为一幢两层的砖混结构楼房，建于 1998 年，建筑面积 348 平方米；南光胶厂离心大楼为一幢四层的砖混结构楼房，建于 1978 年，建筑面积 100 平方米；南光胶厂办公楼为砖混结构楼房，建于 1988 年，建筑面积 228 平方米。

罐头工业分公司办公楼为一幢两层的构架结构楼房，建于 2001 年，建筑面积为 840 平方米。

（二）学校

1997 年 9 月 28 日，原收获一小、二小和南光小学校名分别更名为"广东省丰收糖业发展有限公司第一小学""广东省丰收糖业发展有限公司第二小学""广东省丰收糖业发展有限公司第三小学"。原收获中学、南光中学合并，校名为"广东省丰收糖业发展有限公司中学"。

教职工情况（含三小）：2014 年度，编内人数 80 人，编外人数 17 人；2015 年度，编内人数 79 人，编外人数 12 人；2016 年度，编内人数 77 人，编外人数 11 人；2017 年度，编内人数 75 人，编外人数 10 人。

学生及班级情况：一至九年级共 24 个教学班级，有学生 1112 人，其中小学 832 人，中学 280 人。

校舍建设情况：丰收公司第一小学 24870 平方米，中学 45000 平方米，占地面积合计

69870 平方米，校舍建筑面积 15357 平方米。丰收公司第三小学占地面积 20930 平方米，校舍建筑面积 4068 平方米。丰收公司成立以来，对学校投入建设情况如下。

1996 年 9 月，建造丰收公司中学的一幢四层学生宿舍大楼，砖混结构，建筑面积 2000 平方米，造价 126 万元。1998 年，丰收公司投资 100 万元建造中学 400 米环跑道体育运动场（符合国家建造标准）。1999 年，丰收公司投资 236.58 万元，建造丰收中学教师宿舍楼一幢，面积 2620.58 平方米；投资 135.3 万元，建造丰收小学学生宿舍楼一幢，面积 1789.02 平方米。2000 年，丰收公司投资 28 万元给中学建造一间电脑室，并购置 27 台电脑供教学使用。2014 年，丰收公司投入 233 万元建设收获中学科学楼，投入 130 万元新建中学食堂；2014 年，开展示范性学校建设，投入 76.85 万元新建 250 米六道跑道运动场，面积 9000 平方米；投入 34.29 万元新建两个标准篮球场；投入约 50 万元新建中学大门及周边绿化。

（三）医院

1. **丰收医院** 广东省丰收糖业发展有限公司医院（简称丰收医院），地处雷州市调风镇。丰收医院全身为收获农场医院，始建于 1954 年 4 月，占地面积 28.2 亩，建筑 6284 平方米，医疗业务用房 3018 平方米，是具有一定规模的，集医疗、预防、康复为一体的一级甲等综合性医院，设有临床科室 14 个（预防保健科、内科、外科、妇产科、妇女保健科、儿科、儿童保健科、传染科、急诊医学科、麻醉科、医学检验科、医学影像科、中医科、口腔科）。丰收医院定编人数 100 人，现有职工 61 人（在编 60 人、编外 1 人），专业技术人员 56 人，其中：高级职称 1 人、中级职称 8 人、初级职称 41 人、未评职称 6 人。医务人员中，医生 19 人、护士 21 人。编制床位 100 张，开放床位 80 张。医院领导班子 3 人，其中院长 1 人、书记 1 人、副院长 1 人。

2. **南光医院** 南光医院前身为南光农场医院，始建于 1957 年 6 月。南光农场现有职工 41 人，其中行政 4 人、医务人员 34 人、工勤人 3 人。中级职称 2 人、初级职称 32 人、卫技人员大专以上学历 30 人。床位定编 50 张，实有床位 80 张。全院占地面积 43750 平方米，建筑面积 4513 平方米，其中业务用房面积 3502 平方米，门诊建筑面积 1503 平方米，住院建筑面积 1889 平方米，其他业务用 110 平方米。医院集医疗、防保于一体，设备较为先进、功能较为齐全，是综合性一级甲等医院，是雷州市城乡居民医保的定点单位。南光医院设有临床科室：内科、儿科、外科、妇产科、公共卫生科、防疫科、急救室等，还设有药剂科、检验科、放射科、B 超室、心电图室等辅助职能科室。医院能够正常开展常见病、多发病及一些危疑难杂病的诊断和治疗，对腰腿痛疾病及儿科有独特丰富临床经验，外科能够对一些小手术以及外伤的处理和治疗，妇产科对陈旧性三度会阴撕裂修补术等手术以及妇科高危难疾病诊断及治疗，技术力量比较强。担负企业职工和社区群众的防病、治病功能和社会传染病突发事件的抢救功能和预防工作功能。南光医院每年诊疗1.2万人次以上，出入院2100人次以上。医院距离207国道约20公里，地理位置优势明显，医疗业务范围覆盖周边3个乡镇20个自然村，覆盖人口3万人以上。

丰收公司对丰收医院和南光医院实行独立核算、自主经营、费用包干、节约归己、超支自负的经营模式。丰收公司按每位职工每年120元的标准核发职工门诊经费给医院包干使用，职工在医院门诊就诊费用（自付20％、医院负责80％）。住院费用报销90％以上。

（四）派出所

雷州市公安局收获派出所于1981年11月25日，由收获农场保卫科改制而建立。收获派出所办公楼为一幢两层，为砖混结构楼房，建于1984年，建筑面积326平方米；收获派出所看守所为一层，砖混结构，建于1999年，建筑面积185平方米；南光派出所于1981年11月25日，由南光农场保卫科改制而建立。南光派出所办公楼为一幢两层，为砖混结构楼房，建于1989年，建筑面积800平方米。2003年4月4日，雷州市公安局决定撤销南光派出所，改派雷龙派出所驻南光。丰收公司向雷州市公安局接收收获派出所和雷龙派出所移交的收获、南光派出所资产。从此，丰收公司不再有自己的派出所。

（五）招待所

1984年，相继建成收获招待所，客房3间，值班室、伙房各1间，餐厅2层，共计993平方米；1986年，建成一幢3层的南光招待所，面积1371平方米；建成招待所饭堂1间，面积246平方米。

2011年11月，建成招待所A栋别墅和B栋别墅，每栋建筑面积231.6平方米，层高3.6米，工程造价合计1288647.06元。

根据湛垦涵字〔2012〕540号批复，2023年开始筹备扩建丰收公司招待所饭堂1幢，楼高3层，框架结构，建筑面积1788平方米，总计投入4647662.43元（含装饰、水电、防雷、消防安装等工程），于2014年12月竣工验收，2015年投入使用。

（六）娱乐场所

收获职工活动中心为一座砖混结构楼房，建于1981后，建筑面积458平方米；南光文化宫一座，为砖混结构，建于1982年，建筑面积1758平方米；南光卡拉OK、乒乓球室一幢两层，均为砖混结构，建于1983年，建筑面积590平方米；南光广播室一幢两层，亦属砖混结构楼房，建于1984年，建筑面积478平方米。

（七）菜市场

1988—2000年，建成收获杂货行、蔬菜行、猪肉行、鱼行、大排档市场棚，面积903

平方米；建成买卖杂货、服装、电器、仓库的商铺四间，其中两间属一层楼房结构，两间属两层楼房结构，建筑面积共计1543平方米。1983年，建成南光商贸针织门市部一间，建筑面积231平方米；1983年，建成南光商贸店铺为一幢两层的砖混结构楼房，建筑面积652平方米。

四、美丽乡村建设

根据湛江农垦集团公司（农垦局）有关做好垦区美丽乡村建设的文件精神，丰收公司从2006年起至2019年对各大生活区和重点队进行职工住房新建和道路建设。在收获农业分公司、南光农业分公司、制糖工业和罐头工业分公司生活区新建公寓楼共31幢，入住786户，建筑总面积92260平方米，总投资7649万元。在11队、17队等11个重点队新建职工安居楼56幢，建筑总面积8400平方米，总投资616万元。道路建设87.45公里，总投资1731万元。2015年，利用示范性农场建设项目资金40万元和美丽乡村建设项目资金100万元及公司自筹资金164万元，三项共计304万元投入改造和建设收获农业分公司北河队及南光农业分公司11队，作为湛江垦区美丽生产队。

第二节　生活设施

一、供水工程设施

丰收公司建立职工生活饮用水深水井共6口，水井深度均为200米。分别坐落于收获农业分公司生活区2口，其中1口始建于20世纪80年代后期，方位在原罐头厂集体食堂路口；另1口建立于2011年，利用中央财政资金186.25万元（含水处理仪器和供水管道等），方位在兴发加油站对面新建收获小区西边。南光农业分公司生活区2口，其中1口始建于20世纪90年代初期，方位在广场左侧面；另1口建立于2013年，利用中央财政资金127.25万元（含供水管道等），方位在13队旁边。调丰制糖工业分公司生活住宅区1口（始建于20世纪80年代中期，位于住宅区南面）。罐头工业分公司生活住宅区1口（建立于2014年，位于收获学校右侧围墙外）。收获、罐头生活区供水用户1300多户，每天用水量约750立方米；南光生活区供水用户600多户，每天用水量约350立方米；糖厂供水用户450多户，每天用水量约250立方米。不同时期在基层单位建立深浅不等的职工生活饮用水水井共40口（其中收获23口，南光17口）。在收获、南光农业分公司生活区建立职工生活饮用水深水井的同时，建立深水井水塔6座，均为高度30米，蓄水量200立方米。在基层单位不同时期建立水塔40座，除14队蓄水量70立方外均为高度10米，蓄水量30立方米。

1996 年，投资 5.79 万元为基层 14 个单位改造和新建 14 幢配套住房职工生活饮用水输送管道。1997 年，投资 90.12 万元为 30 个基层单位改造安装 30 幢配套住房职工生活饮用水输送管道，新建 14 队蓄水量 70 立方米水井 1 口。1998 年，投资 7.53 万元为 18 个基层单位改造安装 18 幢小伙房职工生活饮用水输送管道，收获和南光生活区职工楼新安装生活饮用水输送管道。1999 年，投资 35.92 万元为收获农业分公司住宅区新建 6 幢配套住房和 27 个基层单位新建及改造职工配套住房安装生活饮用水输送管道。2000 年，投资 14.39 万元为 21 个基层单位 21 幢小伙房安装生活饮用水输送管道。2001 年，投资 4.94 万元为南光农业分公司 6 个基层单位改造安装 6 幢小伙房职工生活饮用水输送管道。2001 年在东风水库建立供水站一个（现已暂停使用）。2002 年，投资 23.11 万元安装收获生活区 2 幢职工楼、基层单位 68 幢配套住房和单独小伙房生活饮用水输送管道。2003 年，投资 8.42 万元为 10 个基层单位安装 21 幢改造房生活饮用水输送管道。2005 年，投资 4.82 万元为 3 个单位安装 8 幢改建房生活饮用水输送管道。2009 年，投资 9.27 万元为南光生活区 1 幢职工楼、3 个生产队新建安居房、改建房安装生活饮用水输送管道。2010 年，为收获生活区 1 幢职工楼、15 个生产队（安居房、配套房、民工房）64 幢安装生活饮用水输送管道。2011 年，为南光生活区 1 幢职工楼、10 个单位（配套房、改造房）64 幢安装生活饮用水输送管道。2012 年，利用中央财政资金 573.25 万元（2012 年丰收公司人畜饮水工程建设项目），建立泵站及供水厂（选点东风水库）各 1 座、并铺设主管道 1.11 万米，收获生活区 1 幢职工楼、中学教职员工、15 个生产队（安居房、配套房、民工房）64 幢安装生活饮用水输送管道。2013 年，利用中央财政资金 257.3 万元和自筹资金 172.81 万元，新建和改造 37 个生产队和各分公司生活区职工楼的饮用水管和水井。2014 年，投资 587 万元，为生产队打新水井 11 口，新建水塔 5 座，改建 27 个生产队生活饮用水供水管道 19000 米。2016 年，安装南光生活区职工楼 1 幢、19 队职工 2 幢职工配套房生活饮用水输送管道；2017 年，安装英央队职工 2 幢职工配套房生活饮用水输送管道。2018 年，为 17 队 1 幢职工改建房安装生活饮用水输送管道。2019 年，为南光农业分公司生活区部分职工楼和个别平房更换生活饮用水输送管道。

丰收公司在做好职工生活用水供应工作的同时，组织收获、南光二个生活污水排放调查组，对居民生活区生活污水排放情况进行全面调查。

调查结果基本情况：南光、收获、居民生活区，每天生活用水近 1000 吨，南光居民生活污水没有进行处理，直接排入河道，收获居民生活区生活污水有一部分已进行处理（学校、医院、市场没有进行处理、直接排入河道）。特别是南光居民生活区，由于地方政府把南光河水引入迈生水库、生活污水没有经过处理直接排入水库，地方政府多次协商要求，生活污水要进行处理，否则不予排放。为建设宜居丰收社区，经丰收公司董事会研究，计划利用中央财政资金进行生活污水处理。

二、电力设施

（一）发电设施

火力发电设施。1960 年 8 月，收获农场购置进口的 254 千瓦柴油发电机 2 组，架设低压输电线路 0.9 公里。1962 年，增置东方红-54 柴油发电机 1 组，发电能力累加至 115 千瓦，低压输电线路增至 3 公里。1984 年 7 月 2 日，投资 27 万元架设的金星—收获 35 千伏特高压输电线竣工，从此接通了国家电网。1989 年，收获农场全场共有国产柴油机 21 台，98.56 千瓦汽油机 7 台，14.1 千瓦发电机 8 台。南光农场于 1997 年投资 40 万元购置 1 台 350 千瓦国产柴油机。调丰糖厂于 1984 年 8 月，驳接架设 10 千伏线路，安装输电变压器一台，容量 320 千伏安，利用国家电网火力电。1991 年 1 月 29 日，调丰糖厂实行热电联产，新增 65 吨/小时锅炉 1 台，6000 千瓦背压式汽轮发电机组 1 台，总投资 2986.52 万元。丰收公司成立后的 2008 年，调丰制糖工业分公司新上 75 吨锅炉，新增设 1 台 6000 千瓦背压式汽轮发电机组。调丰制糖工业分公司火力发电，除满足糖厂工业生产用电和解决厂区职工生活用电之外，每年向国家电网（南方电网）输出外电，最多的年份是 2012/2013 年榨季输出外电量共 890.65 万千瓦时，最少的年份为 2014/2015 年榨季输出外电量共 308.85 万千瓦时。

水力发电设施。1977 年 10 月 2 日，收获农场砖厂水电站建成，并开始发电，装机（水轮机）容量 120 千瓦。1988 年 1 月 1 日，装机（水轮机）容量为 500 千瓦（2 组，每组 250 千瓦）的东风水电站建成，并开始发电。1987 年 9 月 15 日，月岭水电站由海康县水利电力局、调风镇人民政府、收获农场三家合资建设，总投资 345 万元，土建工程 111905 立方米，电机组装容量 1200 万千瓦，年发电 600 万千瓦时，为海康县最大的水力发电站。南光农场于 1976 年建立胜利水电站，后期称为南光水电站。丰收公司成立后的 2009 年，南光水电站更新组装 2 台各 125 千瓦容量水轮机。丰收公司东风水电站和胜利（南光）水电站每年发电均输出国家电网（南方电网），每年输出电量为 200 万千瓦时以上，2020 年因受干旱影响，东风水电站和胜利水量减少，全年发电输出国家电网（南方电网）只达 110 万千瓦时，是输出电量最少年份。

（二）输变电设施

丰收公司下属单位调丰制糖工业分公司输电设施有 2 台 6000 千瓦背压式汽轮发电机组（其中 1 台组装于 1991 年 1 月 29 日，另 1 台组装于 2008 年）。通过 65 吨、75 吨锅炉产生高温高压蒸汽推动 6000 千瓦汽轮发电机发电，再通过 6300 千伏安变电器将电输出国家电网（南方电网）。调丰制糖工业分公司变电设施有 250 千伏安变电器 1 个，1991 年置立于制炼车间。315千伏安变电器1个，1991年置立于压榨车间。6300千伏安变电器1个，2008年更新置立于动力车间。调丰制糖工业分公司生活区内设有2个各630千伏安变电器，由供电局1998年置立，并全权负责。收获东风水电站输电线路7公里，南光胜利水电站输电线路10公里。收获东风水电站2个变电器（其中1个200千伏安、1个400千伏安），10千伏安1个（单独用于照明），均设置于1988年。南光胜利水电站1个315千伏安变电器，设置于1976年。收获、罐头、调丰分公司生活区另有用电变压器台区10个，用电户约1750户。南光另有用电变压器台区9个，用电户约600户。

三、照明设施

丰收公司成立后，对收获、南光农业分公司和调丰制糖、罐头工业分公司生活区及各农业生产队原有的有线照明路灯分期分批进行更新。由于有线照明路灯常受台风、风吹雨打、停电等导致路灯照明不正常的情况，从2017年起，把有线照明路灯分期分批更换为太阳能照明路灯。

表 5-2-1　丰收公司 2017—2020 年安装太阳能路灯情况表

年份	安装地点	太阳能路灯（盏）	造价（万元）	有线照明路灯	备注
2017	收获生活区	24	11.6	26	—
	南光生活区	20	10	—	—
	北河队	10	6.3	—	—
2018	收获生活区	70	35	—	—
	南光生活区	42	21	—	—
	南田队	7		—	—
	海滨队	9		—	—
	滨河队	9		—	—
	红忠队	7		—	—
	东山队	7		—	—
	新桥队	6		—	—
	英央队	8	161	—	—
	英岭队	5		1	—
	九江队	10		—	—
	东湖队	12		—	—
	西湖队	10		—	—
	新湖队	6		—	—
	新村队	6		4	—
	园林队	6		—	—

（续）

年份	安装地点	太阳能路灯（盏）	造价（万元）	有线照明路灯	备注
2018	东江队	8	161	—	—
	调风队	8		—	—
	东海队	5		—	—
	农田队	10		—	—
	东风队	6		—	—
	南峰队	6		—	—
	1队	8		—	—
	2队	8		—	—
	3队	8		—	—
	4队	10		—	—
	5队	12		—	—
	6队	11		—	—
	7队	7		—	—
	8队	15		—	—
	9队	15		—	—
	10队	7		—	—
	11队	9		—	—
	12队	6		—	—
	13队	7		—	—
	14队	8		—	—
	15队	8		—	—
	16队	10		—	—
	17队	10		—	—
	18队	4		—	—
	19队	8		—	—
2019	收获生活区	10	4.6	—	—
	小计	10	4.6	0	—
2020	收获生活区	250	402.7	—	含人工湖、湿地公园、站堰河边
	南光生活区	70		—	
合计		818	652.2	31	

四、健身器材

丰收公司成立以来，注重开展群众性体育活动，投入资金分期分批购置健身器材，在各分公司生活区文化广场安装。做到逐年更新，确保各分公司生活区文化广场有完好的健身器材。健身器材有双杠、扭腰器、健骑机、腰背按摩器、蹬力器、压腿器、太空漫步机、双位蹬力器、太空推手器、上肢牵引器、立式旋转器等。文化广场安装健身器材，得到广大职工及青少年的喜爱，可以在不同时间利用健身器材锻炼身体。

2004年，调丰制糖工业分公司投资1万元由机修车间仿制健身器材共11件，安装在文化广场；2005年，丰收公司工会投资4.6万元，购置健身器材24件，分别安装在收获农业分公司、南光农业分公司和罐头分公司生活区文化广场（各8件）；2007年，丰收公司工会投资0.97万元，购置健身器材5件，安装在调丰制糖工业分公司生活区文化广场；2014年，利用水库移民后扶资金5万元，购置健身器材20件，安装在收获农业分公司生活区文化广场；2015年，利用广东省体育设施建设项目资金50万元，购置56件健身器材和露天乒乓球台20张，分别安装在各分公司文化广场，南光农业分公司（健身器材28件、露天乒乓球台10张）、收获农业分公司（露天乒乓球台4张）、调丰制糖工业分公司（健身器材16件，露天乒乓球台6张）、罐头食品工业分公司（健身器材16件）；2020年，利用中央小城镇建设项目资金4万元，购置健身器材21件，安装在收获生活区文化广场。

2017—2020年，丰收公司投资64.57万元，购置健身器材共137件、露天乒乓球台20张，分期分批安装在各大生活区文化广场，让广大职工、青少年通过各种健身器材锻炼，增加了体育锻炼的趣味性，改善了体质，进而充满自信、有益身心。

第三节　园林绿化

一、园林工程设施

2014—2018年，投资679万元建设31个小花园，其中在收获生活区建立14个（生活区楼房空间地段11个，小招2个，廉政广场、活动中心各1个），在南光生活区建设7个（文化广场、文化宫、桥头、建安路、建新路、幼教路、文化路各1个）。在罐头厂生活区建设4个（生活区3个、厂区内1个），在调丰制糖工业分公司生活区建设7个（生活区5个，办公楼前、招待所对面各1个）。

二、广场设施

1997年，投资装修南光农业分公司、调丰制糖工业分公司职工舞厅，增置收获、南光、糖业分公司职工舞厅音响设施。

1998年，在调丰制糖工业分公司建立文化广场舞台（文艺演出、放电影专用）。

1999年，投资修建收获农业分公司群众休闲活动广场，将原旱冰场旧栏杆全部拆除，扩大广场面积，在广场内设永久性圆台圆凳，给群众提供了一个良好的娱乐（打扑克、下象棋等）场所。

2015 年，投资 85 万元建设南光农业分公司生活区文化广场。

2017 年，投资 30.74 万元在丰收第一小学教学楼前建设广场，方便师生课间操和其他活动。

2019 年，投资建设 3600 平方米的丰收公司廉政广场。设党风廉政建设等公示牌。

三、绿化工程设施

1996 年起，分期分批在各分公司生活区、职工居住公寓楼和职工居住平顶房前后左右种植各种风景树木。

2010 年，投资 7.26 万元在收获农业分公司总部和加油站至罐头厂路口种植风景树。

2014 年，投资 78.1 万元在收获农业分公司生活区、丰收公司招待所种植风景树。

2016 年，投资 29.8 万元在罐头厂路口至兴发加油站路段建设绿化带花池并种植花木。

2017 年，投资 11.13 万元修建丰收客运站至丰收小区绿化带花池并补植花木。

2019 年，投资 12 万元在丰收公司湿地公园、站堰河岸种植 300 株桃花心树和 21 株柳树。

第四节　环境卫生

一、环境卫生公共设施

国营收获农场、国营南光农场于 20 世纪 80 年代期间，职工住房均无配建自用厕所。场部住宅区建公共厕所 3 间。到 90 年代，随着房改和新建平顶房及公寓楼均配建自用厕所，各分公司公共场所保留 2 间公共厕所。

1996 年起，丰收公司分期分批将部分生产队瓦顶旧公共厕所改建或新建为钢筋混凝土平顶公共厕所。2018 年末，全公司有公共厕所 59 间，其中收获生活区 2 间、南光生活区 3 间、医院 2 间、学校 2 间、罐头厂生活区 2 间、糖业生活区 5 间、农业生产队 43 间。2020 年末，全公司有钢筋混凝土平顶公共厕所 45 间，其中收获生活区 2 间，南光生活区 3 间，南光 19 个生产队各 1 间，收获 21 个生产队各 1 间。各生活区、生产队公共厕所均配建封盖三级化粪池。每个农业生产队保持 1 间公共厕所，主要是解决榨季期间外来农民工上厕所问题。

二、环境卫生工程设施

1996—2018年，在丰收公司辖区设立3个大垃圾点（收获、南光、糖业生活区各1个），投放220个垃圾桶。2019—2020年，设2个大垃圾点（南光、收获生活区各1个），投放160个垃圾桶（收获生活区设100个，南光生活区设60个）。2017年之前，收获生活区每月集中7吨垃圾拉到华建队华建山山沟垃圾堆放场，定时烧毁。从2018年起，收获生活区垃圾集中拉到农田队竹园山山沟垃圾堆放场，定时烧毁。南光生活区每日集中垃圾3吨，拉到6队石头洞垃圾堆放场，定时烧毁。

1996年，在丰收公司总部办公楼围墙内设立公用小汽车冲洗站（台），方便公用小汽车、机关上班员工私家车和摩托车冲洗。

三、环境卫生整治

丰收社区委员会在收获、南光生活区建立丰收社区居民公约。实施公司上下环境卫生整治，是提升丰收公司形象和顺民心需要，也是加快发展的客观要求。

（一）建立健全环境卫生整治领导机构

1996年7月8日，成立丰收公司爱国卫生运动委员会。主任委员由董事长担任，副主任委员由工会主席担任，委员7人。委员会下设办公室，医院院长担任办公室主任。

1998年8月5日，成立丰收公司环境卫生管理委员会。总经理担任主任委员，工会主席、党委副书记、行政办公室主任担任副主任委员，委员共8人。同时，印发《丰收公司环境卫生管理条例》。

1996—2008年，环境绿化、卫生清洁整治工作由生活服务公司（二级子公司）负责。2012年，丰收公司社区成立，环境卫生整治工作由社区事业办负责，除做好社区所属管辖单位的环境卫生整治工作之外，还监督物业服务有限公司绿化清洁工作。2013年2月，成立丰收公司下属物业公司（二级子公司），负责绿化清洁和卫生监督工作。2016年，丰收公司下属物业公司更名为丰收公司社区服务管理办公室，绿化清洁工作是此办公室职责之一。2018年7月，社区服务管理办公室注册成立雷州市丰收物业服务有限公司，其中绿化清洁工作为从事项目。公司环卫绿化日常工作由物业公司负责组织落实，统一管理。收获居民生活区现有环卫员工14人，南光居民生活区17人，收获环卫垃圾车1辆、环卫车1辆，收获环卫岗位分区8个，南光环卫垃圾车1辆、环卫车1辆，环卫岗位分区11个。

（二）做好环境卫生整治宣传工作

利用宣传工具（广播站、宣传栏、黑板报、丰收公司简报等），宣传环境卫生整治目的、意义、要求，使广大职工提高对环境卫生整治好处的认识。从而自觉遵守《丰收公司卫生管理条例》。1997年9月，宣传和印发《湛江农垦医疗卫生管理实施条例》。自丰收公司成立以来，从未间断环境卫生整治宣传工作。

（三）全员参与环境卫生整治

丰收公司环境卫生整治由突击清理向日常规范转变，由以卫生集中治理为主向以日常维护为主转变。丰收物业服务公司负责丰收公司总部周围、各生活区主干道卫生清洁工作，指定人员分段包干，一日一扫，全天保洁。各农业生产队利用职工集资指定人员负责宅区内主干道和公共场所卫生清洁。各生活区、生产队住宅区房前屋后实行"三包"（即包卫生、包绿化、包秩序）。公司总部、各分公司机关，坚持每星期五下午利用1个小时时间清洁环境卫生。

2008年，开展丰收公司八个"十佳"评选活动。"十佳卫生之家"为八个"十佳"其中内容之一。2009年3月，南光农业分公司机关赵杰彬家庭被湛江农垦精神文明建设委员会表彰为"湛江垦区十大卫生家庭"。5月15日，丰收公司举行荣获"湛江垦区十大卫生家庭"表彰仪式，给荣获"湛江垦区十大卫生家庭"称号的赵杰彬家庭发奖状、奖金及奖品。2010年5月1日，丰收公司表彰农永才等10个家庭为"十佳卫生之家"。

2020年4月起，丰收公司社区在各生活区建立评比"文明楼"和"红哨子"楼长制度，发挥楼长在环境卫生方面的积极作用，逐渐形成以"社区为主导、楼长为纽带、居民为参与主体"的环境卫生整治管理方式。

（四）健全环境卫生整治考评制度

每逢重大节日，丰收公司均组织卫生大检查。2003年"非典"时期和2020年新冠疫情非常时期，公司坚持每月组织一次卫生清洁工作大检查，对工作落实到位的单位通报表彰，对表现较差的单位进行限期整改通报。

在基层单位开展创建卫生村（队）活动，按照省市县创建卫生村（队）考核标准进行自查自检。2009年10月，收获农业分公司南茂队、南光农业分公司17队被评为"湛江市卫生村（队）"。2010年12月，南光农业分公司4队、5队、11队荣获"湛江市卫生村"称号，其中南光5队还荣获了"广东省卫生村"称号。2012年3月，收获农业分公司华建队荣获"广东省卫生村"称号。2012年11月，收获农业分公司东湖队、南光农业分公司8队被评为"湛江市卫生村（队）"。2017年12月，南光农业分公司8队荣获"广东省卫生村"称号。2020年11月，根据省市县人居环境整治要求和按照"三清三拆三整治"（清路障、清淤泥、清垃圾；拆危房和残破建筑、拆违章建筑、拆旱厕；整治垃圾、整治污水、整治畜禽污染）环境卫生整治目标，在属地政府的指导下，联合收获派出所，组织有关部门，对289省道丰收公司辖区路段违规搭建建筑进行全面拆除整治。

第五节　公共建设

一、道路

合并成立丰收公司之前的收获农场和南光农场大多数场与队、队与队道路均是红土道路。每到天气好时，红土路灰尘滚滚。每到天下雨时，红土路变成红泥路，人行时红泥沾鞋，行走吃力。自行车骑不多远就沾泥，时不时需要停下来用木条之类的挑车轮泥，或者推着走。车辆运行打滑停行，无可奈何只好调铁轮拖拉机或胶轮拖拉机来拉……职工群众讽刺红泥路为"雷州半岛一大怪"。总之，红泥路坑坑洼洼，致使职工出入不便，车辆运行困难。丰收公司成立后，注重抓好公司辖区道路连接省道（S289路线）、分公司至队部道路、队与队道路等建设。公司辖区道路建设，是直接服务于基层，造福于广大职工的基础设施，能为广大职工的生活、工作提供方便。丰收公司利用中央财政小城镇建设资金和自筹资金，分期分批建设辖区道路，把红土路建为水泥路。1996年，丰收公司成立下属子公司建安公司，道路建设和管理由建安公司负责，建安公司内设两个修路队，其中收获修路队15人、南光修路队17人，修路队主要工作任务是分别进行各条道路两边排水沟杂草杂树清理，修补路面等。另一任务是铺建修护大田甘蔗、菠萝工地道路，保障生产队承包户农作物产品车辆运行畅通。2015年，解散修路队，道路建设和管理工作由丰收公司社区建设办直接负责。

表5-2-2　丰收公司辖区主要道路建设情况

起终点	长度（公里）	建设年份	道路规格	公里造价（万元）	总造价（万元）
新小区水塔至糖厂西门对面路口	2.5	2003	4米宽水泥路	65	162.5
丰收公司总部至兴发加油站	2.5	2007	8米宽水泥路	110	275
7队至10队	2.5	2007	4米宽水泥路	65	162.5
东风队至南峰队	2.1	2008	4米宽水泥路	65	136.5
农田队至东风队	4.25	2009	6米宽水泥路	95	403.75
4队至17队	4.7	2009	4米宽水泥路	65	305.5
南光分公司至7队报警点	7.3	2010	6米宽水泥路	95	693.5
南茂队路口至南茂队部	1	2011	4米宽水泥路	65	65

（续）

起终点	长度（公里）	建设年份	道路规格	公里造价（万元）	总造价（万元）
罐头厂至东江队	3.5	2011	4米宽水泥路	65	227.5
8队至2队	5.5	2012	4米宽水泥路	65	357.5
北河队至丰收队	3.5	2012	4米宽水泥路	65	227.5
1队路口至19队	2	2013	4米宽水泥路	65	130
谢前线路口至英岭队	2.2	2013	4米宽水泥路	65	143
英岭队路口至英岭队	2.1	2013	4米宽水泥路	65	136.5
滨河队至红忠队	1.7	2013	4米宽水泥路	65	110.5
红忠队至红心楼水库	1.4	2013	4米宽水泥路	65	91
红心楼水库至东风水电站	1.5	2013	4米宽水泥路	65	97.5
东风水电站至农田队	1.6	2013	4米宽水泥路	65	104
11队路口至11队队部	1.2	2013	4米宽水泥路	65	78
运蔗路口至万寿堂	1.5	2014	4米宽水泥路	65	97.5
16队路口至16队队部	0.8	2014	4米宽水泥路	65	52
滨河队至农田队	6.2	2014	4米宽水泥路	65	403
东山路口至肥厂	1	2015	4米宽水泥路	65	65
肥厂至东山队队部	1.4	2015	4米宽水泥路	65	91
新村队路口至东风队	1	2015	4米宽水泥路	65	65
九江队路口至九江队队部	1	2015	4米宽水泥路	65	65
南光分公司至13队	1.4	2015	4米宽水泥路	65	91
12队至13队	1.6	2015	4米宽水泥路	65	104
17队路口至17队队部	0.5	2015	4米宽水泥路	65	32.5
新湖队路口至新湖队队部	1.2	2016	4米宽水泥路	65	78
调风队至九江队	2.2	2016	4米宽水泥路	65	143
东江队至东海队	3.5	2016	4米宽水泥路	65	227.5
6队路口至6队队部	0.8	2016	4米宽水泥路	65	52
3队至15队	3.5	2016	4米宽水泥路	65	227.5
华建队中口至华建队队部	0.8	2016	4米宽水泥路	65	52
南光分公司总部至289道路	8	2016	6米宽水泥路	95	760
收获分公司总部至罐头厂	0.5	2016	6米宽水泥路	95	47.5

二、桥梁

桥梁的发展与职工群众的生活息息相关。丰收公司辖区内有大小桥梁10座，其中坐落在收获地段的有7座（站堰桥、拉蔗桥、那插桥、连村桥、农田桥、南茂桥、南峰桥），坐落在南光分公司的有3座（南光桥、南光医院新桥、南光医院旧桥）。

1. 站堰桥　站堰桥位于省道（S289）站堰河、丰收公司总部西面方向。此桥是丰收公司辖区内10座桥梁中最大最长的桥梁。在不同年代进行了3次建造、改造、新建。建造时期为 20 世纪 60 年代初期，由海康县公路工区承建，桥梁结构为混凝土桥墩木架式。1983 年，由海康县公路工区改造为与公路同宽的混凝土双拱桥。2019 年 3 月，由雷州市公路局承担站堰桥重建工程，将原来双拱站堰桥全拆新建成钢筋混凝土 4 个圆形桥墩装配式钢筋混凝土桥面结构并适应现代交通要求的桥梁，桥面长度 53.5 米，宽度 15 米（含桥面左右人行道）。

2. **那插桥** 那插桥位于县道（X689）那插河、丰收公司收获地段南田队东南方向。此桥建造于 20 世纪 60 年代初期，由海康县公路工区承建，桥梁结构为混凝土桥墩木料桥面。1977 年，由海康县公路工区改造为混凝土双拱桥，全长 27.8 米，宽 9.6 米（含桥面左右人行道）。

3. **连村桥** 连村桥位于县道（X689）连村小河、丰收公司地段新桥队的西面方向。连村桥建造时期为 20 世纪 60 年代初期，由海康县公路工区建造的混凝土桥墩木料桥面结构桥。1967 年，由海康县公路工区改建为混凝土双拱桥。桥面长 24.5 米，宽 9.6 米（含桥面左右人行道）。

4. **农田桥** 农田桥位于收获地段红忠队南面、调风镇红心楼水库西北方向，建造于 1956 年，为混凝土双拱桥，桥面全长 10.8 米，宽 5.5 米。

5. **南茂桥** 南茂桥位于收获地段南茂队东面方向。建造于 1970 年，为混凝土双拱桥，桥面全长 25 米，宽 6.8 米。

6. **南峰桥** 南峰桥于收获地段南峰队队部西北方向。1966 年建造，为混凝土双拱桥，桥面全长 18 米，宽 7 米。

7. **拉蔗桥** 拉蔗桥位于丰收公司社区（收获地段、原收获农科所，现为老人住宅区）西南方向。此桥于 1984 年建造，由调丰糖厂投资、湛江农垦建筑公司承建，2003 年，由丰收公司投资、湛江农垦建筑公司承担改建，桥梁结构为三个钢筋混凝土桥墩装配式，桥面全长 50 米，宽 8 米（含桥面左右人行道）。

8. **南光桥** 南光桥位于南光分公司总部东面方向。建造时间为 1957 年。桥梁结构为混凝土双拱桥。桥面总长 50 米，宽 9.2 米（含桥面左右人行道）。

9. **南光医院小桥（旧桥）** 此桥位于南光医院总部西面方向，建造时间为 1959 年，桥梁结构为木料。1972 年，改建为混凝土小拱桥。桥面全长 15.5 米，宽 2 米。

10. **南光医院新建桥** 此桥位于南光医院小桥（旧桥）旁边。2019 年 5 月建造，结构为二个钢筋混凝土桥墩装配式桥面。桥面全长 21 米，宽 5.7 米。

三、公共交通设施

1985 年 12 月 11 日，丰收公司成立前，国营收获农场成立开发公司（1986 年 3 月改为商业公司）加入湛江市（农垦）粤光旅游公司，开设收获至湛江公交班车线路，每天发车一班次，后因经营不善等原因于 1986 年 6 月停业。1987 年，海康县汽车总站开设公交班车海康—收获线路，开始每天发车一班次，后增至多班次。1984 年 1 月，国营南光农场工会与海康县交通局商定建立南光至湛江线路班车运行事宜。事后农场投资购置一辆中型客车并于 1984 年 4 月正式通车，当年到 1995 年由场工会管理运行，1995 年转由个体承包，每天发一班车（从 2017 年起每天发两班车）。

丰收公司成立后的 1997 年，公司投资购置一辆大型客车，除负责接送调丰制糖工业分公司小学生到第一小学上课之外，还安全完成公司组织外出参观学习用车任务。2010年，利用中央财政资金 70.89 万元，在收获农业分公司新建小区东面（收获幼儿园后面）建立一个 5000 平方米可停放 10 辆大型客车的收获客运站（内设客车司机过夜套间房），在北河队、南田人、新桥队、11 队、16 队等路口建立 22 个候车亭。收获客运站建成由雷州市利用，每日发车时间从早上 6：30 至下午 6：30，从 1994 年的每小时一班车增加到2017 年的每半小时一班车，大大方便职工群众出行办事。

随着改革开放不断深入，职工生活水平不断提高，私家小汽车逐渐增多，雷州→收获、收获→雷州公交班车乘坐人数逐渐减少，班车班次也逐渐减少，有时，半天才一班车。到 2020 年，雷州市汽车总站决定撤销雷州至收获公交班车。职工出入只好乘坐调风至雷州班车和乘坐新寮至湛江过路车以及租乘私家车等。

四、水利设施

丰收公司的发展需要水利，水利促进丰收公司经济发展。丰收公司自成立以来，始终把水利建设与管理作为丰收公司的重要职能。水利建设具体工作由有关部门负责（1996年至 2000 年由子公司的建安公司负责；2001 年至 2011 年由企管部基建科负责；2012年至 2020 年由丰收公司社区建设办负责）。水库具体管理工作由生产技术科水库安全责任人安全员负责。

（一）水库设施

1. 丰收公司小型水库设施情况　丰收公司区域范围内有小（1）型、小（2）型水库 2座，其中一座为东风水库，另一座为农田水库。

（1）东风水库。东风水库属小（1）型水库。位于雷州半岛中部，经纬度为北纬20.58°，东经 115.22°，在雷州市调风镇西南面 11 公里处，距离雷州市区 50 公里，距离丰收公司总部 8 公里。位于东风队的西面方向、新村队的东南方向。水库始建于 1971 年 5月（生产建设兵团时期），1972 年 10 月竣工。水库总库容 1512 万立方米，设计洪水位

127.16 米，相应库容 1256 万立方米，正常水位 125.5 米，相应库容 10264 万立方米，坝顶高程为 28 米。最大坝高 24.5 米，坝顶长 750 米。溢洪道一处，为平板钢闸门控制，跳流式消能；堰顶高程 122.8 米，设 5 孔，每孔净宽 3.5 米，高 5 米，最大排洪量 416.3 立方米/秒。输水干渠一条长 7 公里，支渠共长 13 公里，自流或提水灌溉水田、坡地共 5 万亩。利用干渠道引水发电，现装电机两台，共 650 千瓦，年发电量 100 万～140 万千瓦时，是一座以防洪、灌溉、发电、淡养等综合利用的小（1）型水库。东风水库注册登记，编号为 44088240004-A4。

（2）农田水库。农田水库属小型（2）水库。位于雷州半岛中部，经纬度为北纬 20.57°，东经 110.24°，在雷州市调风镇南面 15.2 公里处，距离丰收公司总部 7.6 公里，在农田队的南面方向 1 公里。始建与竣工于 2004 年。水库土坝高 7 米、上下游头差小于 10 米，大坝长 105 米，坝面宽 5 米，坝址以上河流长 1.35 公里，平均坡降 0.0052，控制集雨面积 0.97 平方公里。是一座蓄水位 102 米，蓄水量 20 万立方米，以灌溉为主（该水库担负着公司农田队、东风队 6000 多亩耕地的灌溉用水任务），结合防洪、养殖等综合利用的小（2）型水库。农田水库注册登记编号为 44088250088-E4。

2. 水库管理

（1）基础管理。两座小型水库均属于广东省丰收糖业发展有限公司管理，产权明确、职责清晰。成立广东省丰收糖业发展有限公司水库河长制工作委员会，根据《水库大坝安全管理条例》《安全生产法》等法律、法规，制定了《丰收公司小型水库安全管理办法》《丰收公司河长制实施方案》《丰收公司小型水库汛期调度规程》《丰收公司水库水污染防治办法》和《一河一策方案》以及《雷州市东风水库防汛抢险应急预案》等规章制度，按公司管理规定，认真落实了河长制度、公司负责制度、巡视制度、维护保养制度等制度工作。两座小型水库入口处设立安全警示牌，东风、农田水库河长制公示牌等标识标牌内容准确、清晰、简洁。丰收公司两座小型水库各项运行管理制度完善，制度落实到位。

（2）运行管理。在运行管理中，认真落实 7 项工作：一是对水库坝顶、迎水面坝坡、背水面坝坡溢洪道、泄洪闸等 10 多项内容进行日常巡视，并做好巡视记录工作；二是每季度对水库坝坡草皮、杂木进行一次清理，对溢洪道加强清理障碍物，及时发现缺陷进行修补和加固；三是按照"兴利服从防洪、电调服从水调、汛期非汛期并重"原则编制了《丰收公司小型水库调度规程》，并上报上级主管单位；四是每年汛期前夕与雷州市防汛防旱防风总指挥部签订《广东省水利工程防汛安全责任书》，防汛责任人认真落实六项职责；五是执行《广东省水利厅关于水利工程白蚁防治的管理办法》，加强白蚁蚁害检查工作；六是加强水污染防治工作，执行《中华人民共和国环境保护法》《中华人民共和国水污染防治法》《广东农垦水库水污染防治办法》和《丰收公司水库水污染防治办法》；七是指定专人收集水库建设各项相关资料、安全管理、除险加固及运行管理各项制度和记录的收集，并整理汇编，分类装订入档。

（3）安全管理。完善安全责任制度，水库大坝安全管理落实"三级责任人"，同时落实防汛"三个责任人"，建立河长制管理制度，签订安全生产责任书，设立专职水库安全管理员和指定巡查人员，确保各项制度落实到位。2007年，丰收公司投资188.62万元对东风水库大坝首次除险加固。2012年6月，农业部农垦局、农业部管理学院培训部、北京寇凯恒安咨询公司联合组成安全生产检查组到丰收公司检查指导东风水库大坝除险加固工作，结果认定丰收公司此项工作落实到位。2015年对农田水库大坝除险加固一次，投入中央财政资金90万元；2016年对东风水库大坝除险加固一次，投入中央财政资金100万元，2018年对东风水库大坝面道路进行了硬化，投入中央财政资金65万元。2018年建立水库河长工作，每年企业自筹资金约2.5万元；对2座水库迎水面和背水面坝坡进行杂草清除，尤其是对东风水库泄洪闸进行除锈油漆，并对闸门升降机螺杆上黄油。东风水库总库容为1512万立方米，达到中型水库的库容量，是广东农垦57座水库中最大的一座。每到汛期前夕或安全月期间，农业农村部都到东风水库开展防汛安全检查。根据上级主管部门要求及相关文件管理规定，制定《雷州市东风水库防汛抢险应急预案》《丰收公司农田水库应急抢险预案》，并落实预案相关工作。利用科学调控水库汛限水位，合理储备防汛物资，定期检查物资情况，及时补充、更换。严格落实报告制度。

（4）信息化管理。加快推进水利信息化与标准化的融合，积极主动加入广东农垦集团水库动态监管平台系统，与省级平台无缝对接，共同做好水库管理工作。

（二）农田水利设施

农田水利建设对促进丰收公司主产业（甘蔗、菠萝、橡胶等农作物）发展、减少自然灾害、改善农业生态环境、充分利用土地资源与社会经济发展起着重要性作用。

国营收获农场、国营南光农场均于1956年起进行小型农田水利建设，主要是挖林段水井，其次挖建林段肥池。国营收获农场1956年累计掘土井165口，1957年新挖96口，达到261口。均为人施工，每口造价83.85元。井身直径1.5米，平均深度12米，初为植胶提供水源，后为甘蔗抗旱。1957年，对出水较充足的101口土井，进行砌筑井口以加固，投资13052元，平均每口造价129.23元。20世纪60年代以后，随着胶园的减少和"四化"水平的提高，林段水井渐渐失去了其使用价值，大多数成为枯井被填平。在挖林段水井的同时，挖建林段肥池。20世纪50年代的肥池，与橡胶种植同步，通常取长方形，呈斗状，深度1.5米以上，容积10～15立方米；池内靠边设台阶；表面拍打三合土。

还要求配搭阴棚减少蒸发。实践证明,其弊在于台阶狭窄,汲水(肥)时人体臀部易触池壁而跌落池中,或碰坏水桶。1960年起,多将台阶设于池端居中,并将深度减至1.2米左右,容积增至30立方米左右;之后逐渐发现搭阴棚意义不大而摒弃。1967年9月,成立广东省国营收获农场水利办公室。同月,东江队队部的那插河下游拦河大坝(长70米、高4米,面宽4米,混凝土石砖结构)水利工程动工兴建。随后,建立东江抽水站。第一水轮泵站(简称北站)建于东江队部对岸。拦河坝全长93米、高4.3米、底宽7.25米、面宽5.8米,全长198米导水至田间,可灌溉水浇地500亩。第二水轮泵站(简称南站)位于东江队以东约600米的河段南岸,配筑如北站相同的渡槽260.4米,可灌溉浇地300亩。1970年12月12日,在20连(华建队)挪黄山建立蓄水池(长方形,规格为40米×25米×1.5米,容积1500立方米),砌石砖筑成,灌溉干渠4660米,总土方34106立方米,主要解决橡胶中小苗抗旱用水。1970年至1974年兵团期间,始改三合土为水泥砂浆抹面,防渗功能优于三合土。1975年恢复农垦体制后,开始了永久性肥池建设,采用水泥砂浆砌石砖构筑,池的一端全设台阶。1971年,建立西湖水浇地灌溉水渠。东风水库至西湖水浇地(水稻)灌溉渠建成,全长4886米,渠道底宽1.2米,设涵管30米,渡槽2段共96米,砌筑涵洞4座共16米。灌溉西湖水浇地156亩。1982年2月16日建成红忠茶园喷灌。红忠队茶场位于东风水电站,利用东风电站引水渠优势,建设喷灌设施。

1984年12月14日,为解决调丰糖厂用水的需要和满足农村灌溉农田的要求,国营调丰糖厂与调风区坑尾乡、九江村、安罗村签订《关于调丰糖厂和坑尾乡政府共同修筑水坝协议书》。双方同意废除站堰桥下游(收获医院前面)的旧水坝,利用浆砌长56米、坝底宽5.3米、坝面宽4米、坝高2.3米的一座新拦水坝。1985年1月16日,根据广东省设计院的要求,调丰糖厂利用站堰河水制糖不符合国家卫生标准,只能引用收获农场东风水库的水制糖,而引水管道必须通过调风区红心楼水库的溢洪道桥墩。经报告海康县人民政府,批复同意引水。调丰糖厂与调风区公所签订《引水协议书》。8月25日因调丰糖厂制糖生产需要,引用国营收获农场东风水电站水源,为了确保双方各项工作顺利进行,本着发电、引水两不误的原则,双方签订《广东省国营收获农场、广东省国营调丰糖厂供用水协议》。1994年12月18日,调丰糖厂与雷州市红心楼水库管理所签订《供用水协议书》。达成协议:管理所从1994年12月至1995年6月,根据糖厂总榨量50万吨的用水要求供水,榨季结束,糖厂一次性付给管理所5万元。管理所若无水供应造成糖厂损失,或糖厂违背本协议,罚款4万元。

成立丰收公司的1996年7月3日,起草《广东省丰收糖业发展有限公司10000亩甘蔗基地蔗渣废水灌溉工程项目可行性研究报告》。1999年3月4日,湛江农垦局批复,同意丰收公司在收获分公司建猪粪水利用灌溉工程，新建 500 立方米水池，灌溉面积 4100 亩，工程投资 73 万元；同意南光分公司实施制胶废水、猪粪水利用灌溉工程，可灌溉面积 5200 亩，需投资 94 万元。以上资金全部自筹解决。12 月 19 日，丰收公司中低产田改造工程招标会在雷州市建设交易中心召开，雷州市工程交易中心负责人主持会议。投标单位共 5 个公司，招标底价为 1183 万元，雷州市水利水电建筑工程公司中标，中标价 1176.49 万元。2001 年 10 月 26 日，投资 200 万元建发酵池，通管道，将畜牧公司 2 万头猪尿水直接输送到田间进行灌溉。2001 年，在南光农业分公司 4 个生产队新建大田橡胶树地肥池 27 个，总投资 46.26 万元，其中 4 队 7 个、9 队 6 个、11 队 3 个、16 队 11 个。2005 年 1 月，引进以色列地埋式滴灌技术，建设甘蔗精准滴灌基地。2006 年建成总面积近 6000 亩的滴灌基地并投入使用。2007 年全面推广该技术。2008 年建成海滨（2005 年始建）、红忠（2007 年始建）和南光 8 队（2007 年始建）3 个滴灌基地共 7200 亩。2011 年完成 830 亩甘蔗地埋式滴灌节水改造项目。2012 年安装滴灌总面积近 1 万亩，其中滴灌甘蔗节水高效生产示范基地面积 200 亩。节水滴灌技术的应用提高了亩产量，平均亩产可达 7 吨以上，比常规生产 5 吨/亩增产 2 吨。

2008 年 1 月 11 日，丰收公司 2006/2007 年度农业综合开发土地治理项目开标会议在雷州市工程交易中心举行。永川市（今永川区）水利水电建设公司中标。该项目 2006 年土地治理共 11 个队，面积 2200 亩，总投资 1256 万元，其中中央财政资金 600 万元。2007 年安排 8 个队，面积 1.84 万亩，总投资 1422 万元，其中中央财政资金 700 万元。

2014 年 1 月 17 日，湛江农垦局小型农田水利工程项目检查验收组到丰收公司进行 2013 年度小型农田水利工程项目验收，认定整体合格。

2017 年小型农田水利重点建设工程：①地下输水管道 Φ110PPR 管道 2900 米，Φ90PPR 管道 1300 米，Φ75PPR 管道 130 米；②新建水塔工程（200 吨，20 米）1 座；③滴灌示范工程 16 迷宫式滴灌带 160000 米，Φ63 软水管 3600 米；④河床清淤 1730 米（清淤量 30863.6 立方米）；⑤河堤加固采用浆砌石护坡、草皮护坡 2153 米；人行桥 60 米。五项总投资共计 825.65 万元，其中使用中央财政资金 800 万元，企业自筹资金 25.65 万元。

2018 年农田水利设施工程建设项目：①建水陂 1 座，上游铺盖长 10 米、厚 0.5 米 C20 砼；下游建厚 0.7 米、长 10.5 米 C20 砼消力池和厚 0.8 米、长 12 米干砌石海漫，两岸建 C20 砼＋15％块石重力式挡土墙 61 米，建长度 60 米排水涵；②加固山塘 2 座，各坝体加高培厚至坝高 5.1 米、顶宽 4 米、底宽 24.46 米，迎水坡浇筑厚 0.12 米混凝土护坡共 787 平方米，背水坡铺植草皮护坡共 1222 平方米，建宽 4 米坝顶泥结石路面共 488.8

米，新建宽 3 米、长 40.55 米溢洪道和内径 0.6 米、长 31.85 米输水涵各 1 套，库区清淤扩容共 3 万立方米；③建 12 平方米电灌站 6 座，配套安装离心泵 6 台、10 千伏高压线路 1000 米、低压线路 600 米、50 千伏安变压器 4 台；④建高 20 米容积 200 立方米水塔 4 座，铺设 Φ110U-PVC 分干管 6560 米、Φ90U-PVC 支管 15715 米、Φ63U-PVC 竖管 427 米，安装出水栓及保护装置 305 座。建成低压管灌面积 4000 亩。四项总投资 860.69 万元（财政资金 850 万元，自筹 10.69 万元），资金使用进度为 97.57%。

2018—2019 年农业综合开发高标准农田建设项目：①新打深水机井 3 眼，新建泵房 3 座，新建 200 立方米、高 20 米的水塔 5 座；②安装 S11-50 千伏安变压器 4 台，架设高压供电线路 3012 米，低压供电线路 3042 米；③新建低压管灌 10500 亩；④铺设 90U-PVC 分干管 27.72 公里；⑤北河队、丰收队、11 队等 16 个生产队的土壤改良 18004 亩，增施有机肥 5401 吨；⑥修建田间机耕路 19.6 公里，其中，3.5 米宽道路 13.75 公里，2.5 米宽道路 5.85 公里；⑦建设生态防护网 2500 米（28 亩）；建设甘蔗良种科技示范田 500 亩。七项总投资金额为 2413.84 万元，其中财政资金 1870 万元，自筹资金 543.84 万元。

2019 年高标准农田建设项目：①新建北河队、南田队、新桥队、英岭队、英央队共 5 个生产队 7003 亩高标准农田；整修田间道 6.26 千米；推土平整、深耕改良土地 7003 亩，共施有机肥 1961 吨，其中：平整土地 599 亩，包含清理田间石头 550 亩及推土平整 49 亩；②引进甘蔗良种 452.49 吨，主要引进桂糖 08-120 号、桂糖 49 号、台糖 0070。二项总投资金额为 823.51 万元，其中财政资金 790 万元，自筹资金 33.51 万元。

2020 年高标准农田暨小型农田水利建设项目：①灌溉与排水工程，主要建设内容为新建 1000 立方米水池 1 座，新建山塘 1 座，更换电站供水管道 PVC 管 520 米，维修 PVCΦ160 长 1000 米，维修 PVCΦ200 长 4300 米，安装滴灌带 500 亩；②田间道路工程，主要建设内容为新建田间道路，宽 4 米，厚 18 厘米，长 2770 米；③输配电工程，新建输配电工程，长 1.39 千米；④土壤改良，主要建设内容为土壤改良与机耕 6000 亩，增施有机无机复混肥 1680 吨；⑤良种繁育与推广，主要建设内容为引进良种 945 吨；⑥新建标志牌 1 座。六项总投资金额为 826.6 万元，其中高标财政 412 万元，小水财政 200 万元，自筹资金 144.6 万元。

2010 年 4 月 12 日，农业部农垦局局长李伟国在广东省农垦总局局长赖诗仁等陪同下考察丰收公司现代农业综合开发水利项目。12 月 28 日，参加中央农口财务监管工作会议的农业部、水利部、林业局、国务院南水北调委员会办公室、国务院三峡工程建设委员会办公室、国务院扶贫办、省农垦总局有关领导等一行 14 人到丰收公司考察丰收公司现代农业综合开发水利项目。2011 年 2 月 15 日，广东省发改委处长崔健、水利厅处长张伟民到丰收公司考察丰收公司现代农业综合开发水利项目。

（三）防洪除涝设施

国营收获农场于 1980 年在东风水库大坝北端建筑钢筋混凝土溢洪道，长 160 米，宽 23 米。开 5 个排洪孔，每孔过水净宽 3.5 米，各安装 3 米×4.3 米钢闸门 1 个，电动机启闭。排洪道总过水净面宽 65 米，最高（深）过水面 1.37 米，总排流量 130 立方米/秒。2006 年 3 月 20 日，广东省丰收糖业发展有限公司与广东省防汛防旱防风指挥部签订《广东省水利工程（东风水库）防汛安全责任书》。同日，丰收公司东风水库放水涵及土坝灌浆工程施工招标会在丰收公司召开。湛江农垦局招标领导小组主持会议。有三家公司投标，雷州市水利水电建筑工程公司中标（中标价为 86.114 万元），比原预算低 3.2 万元。2007 年 4 月 19 日，丰收公司东风水库除险加固工程招标会在雷州市建设局召开。雷州市工程交易中心负责人主持会议。投标单位共 5 个，标底价 192.1 万元。广西越海建设工程有限公司中标（中标价 188.6 万元）。2000 年 3 月 8 日，上报《东风水库水电站维修项目建议书》（东风水电站维修费预算 122 万元）。2009 年，东风水库除险加固第五期工程，总投资 90.54 万元。2010 年，东风水库除险加固第六期溢洪道改建工程，总投资 93.29 万元；东风水库除险加固第六期管理房工程，总投资 30.3 万元；东风水电站压力管改造工程，总投资 82.5 万元。南光 10 队小型农田水利建设工程，总投资 61.17 万元；南光 7 队小型农田水利建设工程，总投资 63.13 万元；东风水库除险加固（防汛道路）工程，总投资 40.05 万元；东风水库除险加固（土坝灌浆）工程，总投资 72.77 万元。2011 年小型农田水利建设工程，总投资 87.12 万元。2012 年小型农田水利建设工程，总投资 93.07 万元（以上投资均为财政资金）。2011 年 9 月 29 日，强台风"纳纱"在海南文昌登陆，最大风力 14 级，阵风 11 级，总雨量 141.9 毫米。当天，丰收公司防汛工作领导小组成员和民兵防汛突击队火速到达东风水库大坝，当观察到水库水量猛涨超过危险水标线时，立即打开溢洪道所有排洪闸门，水库大坝脱离了危险。

2012 年 6 月 17 日，农业部农垦局副局长叶长江、调研员黎光华、农业部管理干部学院培训部副主任冯明惠、北京寇凯恒安咨询公司安全专家袁博涛等组成的安全生产检查组到丰收公司检查指导东风水库大坝溢洪道、防洪设备等安全生产工作。2013 年 6 月 20 日，农业部安全生产检查组到丰收公司检查指导安全生产工作，现场观看东风水库堤坝加固除险、防洪设备等操作。

五、露天球场

1995 年 11 月，国营收获农场全场共有露天篮球场 35 个，分布于收获中学 4 个，收获第一小学和收获第二小学各 2 个，场部 2 个，罐头厂 1 个，24 个生产队各 1 个。收获中学有露天足球场 1 个。

国营南光农场全场有露天篮球场 25 个，分布在场部 2 个，中学和小学各 2 个，1 至 19 队各 1 个，其中有灯光篮球场 20 个（南光农场部 2 个，南光中学 1 个，1 至 17 队各 1 个）。南光中学有露天足球场 1 个。

调丰糖厂露天篮球场 2 个（均有灯光），露天足球场 1 个。

1995 年 12 月 28 日，丰收公司正式成立（挂牌）。逐年更新各分公司、中小学露天篮球场。2016 年，重新建设收获学校 400 米跑道，建设标准露天足球场。随着农业生产队承包人员的减少和中青年员工减少，球场少有利用，一些球架年久失修荒废，一些球场变为职工的晒物场。据统计截至 2020 年年末，丰收公司有露天篮球场共 30 个。南光农业分公司 15 个，其中分公司总部 2 个灯光球场，1 队、2 队、3 队、4 队、5 队、6 队、7 队、8 队、9 队、11 队、13 队、14 队、16 队各 1 个。收获片（2019 年 4 月撤并收获农业分公司）15 个，其中九江、红忠、北河、英岭、英央、南田、调风、东海、东江、东湖、新湖、农田、新村队各 1 个，收获文化广场内 2 个灯光球场。

第六节　通信　邮政　银行

一、通信

1996 年 6 月 21 日，丰收公司董事长黄国涛与生活服务公司（子公司）经理刘广华签订《广东省丰收糖业发展有限公司经营责任合同书》。合同明确通讯、邮政工作由生产服务公司管理。收获电话总机配备工作人员 4 人（含内外线人员），南光电话总机配备工作人员 2 人（含内外线人员）。

1996 年 7 月，国营收获农场的三台程控交换电话总机，重新调整了线路。

1996 年 10 月 8 日，南光农场的三台程控交换电话总机等设备同时转为丰收公司固定资产。

1998 年末，丰收公司收获程控电话总机共装电话单机达 800 部（含收获农业分公司办公楼、生活区、市场、农业生产队、中小学、调丰制糖工业分公司、罐头食品工业分公司办公楼、生活区及厂区等）。南光程控电话总机共装电话单机 400 部。全公司共有电话单机 1200 部。

1999 年 1 月，根据雷州市电信局有关文件精神，丰收公司将通信设备全套移交雷州市电信局管理。由原程控电话更新为光纤线路电话。随着手机的普及，截至 2020 年末，全公司办公、家庭电话单机有130部（其中办公电话单机80部，家庭电话单机50部）。

丰收公司成立后，更新和加强调丰制糖工业分公司厂区对讲机设备。由多用单工型对讲机更新为多用双工型对讲机，调丰制糖工业分公司领导、总调度员、调度员、车间主任、生产科主任、农务科主任各配一部双工型对讲机。利用双工型对讲机通信设备相互了解生产进程，及时处理生产过程出现的问题等。

2000年起，丰收公司分期在公司行政办公室、财务部（科）、工会、收获分公司、南光分公司、糖业分公司、罐头分公司各配备一台文字传真机，及时收发文件。截至2020年末，保留公司机关行政办公室、财务科各一台文字传真机。行政办公室的文字传真机，每天定时对湛江广垦糖业集团公司办公室开机，承担对广垦集团公司办公室的收发业务。

二、邮政

1998年12月31日，雷州市邮政局委托丰收公司在收获、南光分公司设立邮政代办所。雷州市邮政局负责人与丰收公司董事长黄国涛签订《代办所邮政业务合同书》。邮政代办所的设立，方便了广大职工群众征订报刊和汇款业务。就收获邮政代办所而言，每年收订报纸120种/1000份，杂志350种/1200份，受理汇款日最高额达10000元以上。

2003年6月，雷州市邮政局撤销收获邮政代办所报刊征订和储蓄业务，只办理收寄包裹业务，并由丰收公司出资配人管理，保留管理南光邮政代办所（各种业务不变）。2013年，收获邮政代办所增设邮政快递业务。2020年10月1日，雷州市邮政局撤销收获邮政代办所。

三、银行

海康县农业银行于20世纪70年代在收获农场设立海康县农业银行收获营业所。1994年4月26日，海康县更名为雷州市，海康县农业银行收获营业所更名为雷州市农业银行收获营业所。1988年4月1日，海康县农业银行收获营业所在调丰糖厂设立调丰储蓄代办所，目的是为发展城县镇储蓄业务，组织更多资金支援"四化"建设。丰收公司成立后，雷州市农业银行收获营业所撤销调丰糖厂储蓄代办所。

2009年10月，雷州市农业银行撤销雷州市农业银行收获营业所。同年，雷州市农村信用社官昌分社在收获市场设立营业所。后期更名为雷州市农村商业银行调风支行。

第七节　物业管理

2013 年 2 月 28 日，广东省丰收糖业发展有限公司丰收物业公司成立。物业公司为丰收公司下属子公司。2018 年 6 月 4 日，注册成立雷州市丰收物业服务有限公司，注册资金 10 万元人民币，法定代表人为蔡志杰。2019 年 1 月 1 日，开始设置独立财务账核算公司业务。丰收物业公司主要职能是社区物业管理与服务、市场管理与物价监督、农田水利与管理、道路养护管理，绿化清洁和卫生监督、居民生活用水用电用气和闭路电视及电信管理与服务。物业公司自从成立以来，坚持"以人为本、用户至上"的原则，明确"用心做事、追求完美"的服务宗旨，贯彻和执行上级公司下达的各项服务性工作任务，为上级公司及居民住户提供服务。

物业公司是丰收公司内部后勤服务单位，员工工资由丰收公司支付，物业公司每月收取职工住户、居民户的水费、垃圾清运费、抽水电费等。没有经营性利润，只是通过合理设置岗位人员，节约非生产用工，减少人工成本。物业公司员工由原收获分公司、南光分公司环卫队、修路队、供水组、水利维修组、商贸、电信、邮政、广播电视员工组成，共有员工 114 人。通过退休不增员和精减人员，员工从 114 人减少到 2020 年 9 月 30 日在职员工 46 人（其中管理干部 3 人，会统员 1 人，出纳 1 人，收获环卫 9 人，南光环卫 19 人，收获供水 6 人，南光供水 4 人，收获维修 1 人，病号 2 人）。另聘请劳务人员 4 人。

物业公司环境卫生清洁范围有丰收公司总部，收获、南光分公司公共活动场所，营区主要路道。设立两个大垃圾点（收获、南光），投放 160 个垃圾桶（收获 100 个，南光 60 个），每日拉垃圾 2 车次，垃圾达 10 吨（收获 7 吨，南光 3 吨）。针对收获、南光 2000 户供水用户原有供水管道残旧及水管布置不合理的实际情况，在社区建设办的指导下，进行了水管改造，确保收获生活区和南光生活区居民正常用水。根据实际情况，对损坏的路肩、路面进行修补，路肩路沟除草，疏通排水等工作，确保各生活区居民出入安全。

2019 年，丰收物业公司营业总收入 176.89 万元，总成本 357.02 万元（其中主营业务成本 108.03 万元，管理费用 248.91 万元）。2020 第三季度末公司总资产 5.8 万元，其中存货 2.93 万元，固定资产 2.87 万元；负债 311.69 万元，主要是其他应付款 290.19 万元（丰收公司往来款），应付职工薪酬 19.61 万元（计提 2019 年奖金），应交税费 1.89 万元。

中国农垦农场志

第六编

科技　教育
医疗

中国农垦农场志

第一章　科　　技

第一节　农　科　所

1996 年 1 月 25 日，广东省国营收获农场农科所改名为广东省丰收糖业发展有限公司收获农科所。1997 年 1 月，广东省国营南光农场农科所改名为广东省丰收糖业发展有限公司南光农科所。1998 年 2 月 1 日，收获农科所定员定编总人数 10 人，其中管理人员 4 人，技术工人 2 人，其他工人 4 人。南光农科所定员定编总人数 9 人，其中管理人员 4 人，工人 5 人。2004 年 10 月 8 日，撤销南光农科所，将南光农科所与南光农业分公司 8 队合并。2006 年 1 月撤销收获农科所。

2008 年 10 月 14 日，为适应农业产业化国家重点龙头企业和现代农业规范要求，根据上级有关精神，成立广东省丰收糖业发展有限公司农科所。丰收公司农科所主要工作职能为管理农业生产科技，促进农业发展，为农业增产增收和职工增收服务。丰收公司农科所成立后，2001 年建立的丰收公司蜂站列入农科所。管理蜂站是农科所的重点工作。

丰收公司主产业为甘蔗。每年甘蔗面积在 7 万亩上下，大面积甘蔗产量的主要影响因素是虫害。因此，丰收公司投资建立蜂站，利用赤眼蜂防治甘蔗虫害。通过 19 年的实践，证明繁殖和人工释放赤眼蜂，既可提高赤眼蜂在甘蔗田间寄生率，又能减少甘蔗虫蛀率和枯心率，实现甘蔗稳产高产，不污染环境，不破坏生态平衡，还可以保护自然界多种害虫天敌，节省农药，避免害虫产生抗药性。从成本、环境、生态平衡及绿色食品等角度而言，繁殖和人工释放赤眼蜂对防治甘蔗螟虫效果明显、前景广阔，更加符合现代农业的发展要求。

据农科所统计，2011 年全年甘蔗田间人工放蜂 5 次，共 97800 亩；2012 年放蜂 2 次，共 28600 亩；2013 年放蜂 5 次，共 20461 亩；2014 年放蜂 5 次，共 96800 亩；2015 年放蜂 4 次，共 86945 亩；2016 年放蜂 4 次，共 97620 亩；2017 年放蜂 4 次，共 80000 亩；2018 年放蜂 4 次，共 40120 亩；2019 年放蜂 4 次，共 41165 亩；2020 年放蜂 4 次，共 40637 亩。

农科所蜂站繁殖和人工释放赤眼蜂防治甘蔗虫害效果是降低了甘蔗虫节率。2017 年

12月7日，农科所调查放蜂区南光农业分公司16队调查甘蔗品种桂柳05-136共10株，收获农业分公司新桥队甘蔗品种桂柳05-136共10株及东湖队甘蔗品种新台糖79-29共10株，调查总株数30株，调查总节数839节，虫蛀节数152节，虫节率18.1%；对照区（无放蜂），调查株数共30株，调查总节数768节，虫蛀节数182节，虫节率23.7%。放蜂区虫节率比对照区虫节率下降5.6个百分点。放蜂区与对照区甘蔗品种桂柳05-136、新台糖79-29对比，虫节率分别下降6.1个百分点、2.8个百分点。证明释放赤眼蜂防治甘蔗螟虫有良好效果。

农科所蜂站繁殖和人工释放赤眼蜂防治甘蔗虫害，成本低，效益高。据农科所多年分析总结，一亩甘蔗地放蜂卡一张（8000～10000头蜂），每亩人工成本2元/次，一年每亩放蜂4次，人工和蜂卡成本每亩一年16元，成本比使用农药降低70%，用工成本比使用农药减少50%以上。放赤眼蜂区比未放赤眼蜂区虫节率降低5.6个百分点，每一个百分点虫节率可降低糖分0.05%计，减少5.6个百分点虫节率相当于增加糖分0.28%，亩产甘蔗按5吨计，出糖率按78%计，每亩可增糖10.92公斤，按每吨白砂糖6000元计，每亩可增加糖产值65.52元；减少枯心苗和出节率，可保甘蔗正常生长，每亩甘蔗可增100公斤以上，按每吨甘蔗430元计，每亩可增加产值43元。两项合计每亩甘蔗可增加产值108.52元，减去每亩赤眼蜂防治虫害成本16元，每亩仍可增加产值92.52元。

丰收公司农科所推行繁殖和释放赤眼蜂防治甘蔗虫害，是成功可行的科技项目。先后有农业部农机化司、广东省农业厅、广东省农垦总局、新疆生产建设兵团农垦总局、黑龙江农垦总局、广西农垦总局等领导来丰收公司农科所蜂站调研，对释放赤眼蜂防治甘蔗虫害成果给予肯定和好评。2002年8月1日，湛江农垦局表彰丰收公司《释放赤眼蜂防治甘蔗螟虫》项目为"优秀科技项目奖"。2006年7月16日，由中国糖业协会主办，广东省糖业协会、湛江农垦局、广州甘蔗糖业研究所承办的全国糖料工作会议暨湛江农垦糖料生产现场经验交流会在湛江海滨宾馆召开。会上，丰收公司做《甘蔗螟虫赤眼蜂生物防治》专题发言。会议期间，与会全体代表到丰收公司农科所蜂站参观考察。2006年8月2日，湛江农垦科技成果认定小组对丰收公司《螟虫赤眼蜂的繁殖和技术应用》项目评审认定为达国内先进水平的科技成果。2008年9月18日，广东省湛江农垦局表彰丰收公司《螟虫赤眼蜂繁殖与防治甘蔗螟虫技术的应用推广》项目为优秀科技成果二等奖。2010年3月19日，《中国经济周刊》广州站记者到丰收公司农科所蜂站现场采访。2010年12月，丰收公司《通过性诱剂干扰螟虫交配，实现虫害有效防控》项目获农业部颁发的"全国农牧渔业丰收奖"三等奖。

第二节　农业科研

丰收公司获省部级以上科研成果奖励和科技推广奖励项目见表 6-1-1 和表 6-1-2。

表 6-1-1　丰收公司获省部级以上科研成果奖励项目表

序号	获奖项目名称	主要措施及先进性	主要承担单位	获奖时间	获奖等级	授奖单位
1	甘蔗宿根矮化病菌快速检测及高效去除技术研究与应用	快速检测甘蔗宿根矮化病菌，采用脱毒技术高效去除病菌	广州甘蔗糖业研究所、广东省丰收糖业发展有限公司、广东省湛江农垦科学研究所	2010.3.18	中国轻工业联合会科学技术进步奖三等奖（第2完成单位）	中国轻工业联合会
2	甘蔗健康种苗体现研究及其产业化应用	推广应用甘蔗健康种苗，减少宿根矮化病为害，提高甘蔗宿根性	广州甘蔗糖业研究所、广东省丰收糖业发展有限公司等	2013.2	广东省科学技术奖三等奖	省政府
3	甘蔗高毒农药替代产品研发及推广应用	推广应用高毒农药替代产品，保护生态环境	广州甘蔗糖业研究所、广东省丰收糖业发展有限公司等	2013.11.8	中华农业科技奖三等奖（第4完成单位）	农业部
4	甘蔗螟虫绿色防控技术集成与推广	推广甘蔗螟虫生物防治技术	广州甘蔗糖业研究所、广东省丰收糖业发展有限公司等	2015.9.18	中华农业科技奖三等奖（第2完成单位）	农业部
5	低成本和低功耗的大棚综合信息系统研究与推广应用	低成本、低功耗	广东省丰收糖业发展有限公司等	2016.12	2014—2016年度全国农牧渔业丰收奖三等奖	农业部

表 6-1-2　丰收公司获省部级以上科技推广奖励项目表

序号	获奖项目名称	主要措施及先进性	主要承担单位	获奖时间	获奖等级	授奖单位
1	瘦肉型猪配套增产技术推广	以杜大长、皮大长、皮杜大长为主的瘦肉型猪配套增产技术推广	广东省丰收糖业发展有限公司	1997.11	全国农牧渔业丰收奖三等奖	农业部
2	甘蔗良种及综合栽培技术		广东省丰收糖业发展有限公司	1999.1	甘蔗良种及综合栽培技术推广三等奖	广东省农业技术推广奖评审委员会
3	防护林优良树种刚果12号桉的推广		广东省丰收糖业发展有限公司	2000.3	广东省农业技术推广奖三等奖	省农业厅
4	性诱剂为核心的甘蔗螟虫系统控制	通过性诱剂干扰螟虫交配，实现虫害有效防控。	广州甘蔗糖业研究所、广东省丰收糖业发展有限公司	2010.12	全国农牧渔业丰收奖三等奖（排名3）	农业部
5	能源甘蔗品种改良及产业化关键技术研究与示范	筛选和推广优良能源甘蔗品种，应用先进技术，实现产业化发展。	广州甘蔗糖业研究所、广东省丰收糖业发展有限公司等	2012.8	广东省农业技术推广奖三等奖	省农业厅
6	高产高糖高效益甘蔗系列新品种引进示范与推广应用	高产高糖高效益甘蔗系列新品种引进示范与推广应用	广东省湛江农垦科学研究所、广东省丰收糖业发展有限公司等	2020.12	广东省农业技术推广奖二等奖	广东省农业技术推广奖评审委员会

第二章 教　　育

第一节　教育体制

丰收公司办学体制为公办学校（企业办社会职能）。1996—2017 年，中小学实行校长负责制。中小学教育机构设置教导处、总务处、各科教研组，其中丰收公司中学设语文、数学、英语、理化生、图音体、政历地教研组；丰收公司第一小学、第三小学设语文、数学、英语教研组。

国营收获农场、国营南光农场办学体制均为公办学校。1966—1977 年，中小学领导体制均为革命委员会管制，1978—1985 为党支部领导下的校长分工负责制。1986—1995 年为校长负责制。

国营收获农场场办中小学沿革。1959 年 9 月，收获农场第一所职工子弟小学正式开学，校址在西湖队，有教师 2 人，入学学生 34 名，教室为茅草房。1960 年 9 月 1 日，国营收获农场小学正式成立，校址在华侨队（现中学），将西湖小学 4 个班并入，教师 8 人，全校学生 180 人，教室为茅草房。1961 年 12 月，收获小学搬迁到"三八"养猪场（现滨河队）。1965 年 3 月，小学从"三八"养猪场搬迁到堰河队（华侨队），有教职工 23 人，在校学生 550 人。1965 年 7 月，分别在华建、丰收、海滨、东江、英央、园林、西湖、农田等 8 个队开办小学分校，教室全部为茅草房，各设 1—4 年级复式班。场部小学改为"中心小学"。1968 年 10 月 4 日，收获农场中学正式创办开学，校址在东江队，首届初中生 82 人，学制两年，教材由湛江市统编，学生宿舍和教室均为茅草房。1969 年 2 月 8 日，收获中学从东江队搬迁到南田队对面原调丰糖厂旧厂，教师 3 人。1969 年 9 月，收获中学从两个教学班增加到 5 个教学班，学生从 82 人增加到 216 人，教师 3 人增加到 7 人。1970 年 2 月 18 日，收获中学从南田队对面调丰糖厂旧址搬迁到华侨新村（现中学校址）。1970—1971 年学年，收获中学有 5 个初中教学班，1 个高中教学班，任课教师 13 人。1971 年 9 月（兵团时期），在三营营部（15 连、现新村队）办起中学分校，学生 46 人，教师 2 人。1973 年 7 月，撤销三营营部中学分校并回主校。当年初中学制两年改为三年制，采用广东省统编教材，恢复考试留升级制度。1975 年 2 月（兵团于 1974 年撤销），在南田队对面调丰糖厂旧址建立收获二中，两所中学教学班18个，教师51人，在校学生820人。1982年2月撤销收获二中，并入一中。校址为收获第二小学。1992年9月，湛江垦区徐海片各农场中学高中合并到东方红农场中学实行联办，收获中学职业高中停办，学校改名为"广东省湛江农垦收获农场初级中学"。据统计，收获中学从1968年9月至1995年7月培养初中班毕业生共25届，毕业生3137人，考上重点高中93人，普通高中1880人，中专或中师83人，技校30人。

国营南光农场并入丰收公司前场办中小学沿革。1959年5月，南光农场第一所小学正式开学（校址在旧场部办公楼对面），入学学生25人。1960年8月，场部小学搬迁到文化宫前面。1963年7月搬迁至原淀粉厂（现旧地磅）。1968年7月，建立南光农场第一所中学，校址在文化宫前面（茅草房教室）。1969年7月（兵团时期），团部小学搬迁到8连养猪场，同年8月，团中学（七师四团）从文化宫对面搬迁到现第三小学校址。1970年7月，团部小学从8连养猪场搬迁到现第三小学校址。1973年7月，团部小学搬迁到武装连（现13队）。1981年末，全场有中学一所，小学6所。1984年7月，场部小学从武装连搬迁到场部旧招待所（现13队职工居住楼）。1988年12月，南光农场接受联合国难民署援助金6万元美金（折合人民币22.27万元），加上海康县教育局拨款和场自筹资金，新建一幢四层1578平方米中小学教学楼。1995年末，南光农场中小学各1所，在校学生751人，毕业生144人，教师38人。

丰收公司办社会职能情况变迁。丰收公司成立后的1997年8月26日，撤销南光中学，并入收获中学，原校改为南光小学。1997年9月28日，收获中学校名更改为"广东省丰收糖业发展有限公司中学"，收获第一小学校名更改为"广东省丰收糖业发展有限公司第一小学"，收获第二小学校名更改为"广东省丰收糖业发展有限公司第二小学"，南光小学校名更改为"广东省丰收糖业发展有限公司第三小学"。丰收中学占地面积45000平方米，校舍建筑面积15357平方米（内含第一小学）。1996年9月，公司投资126万元新建中学一幢四层砖混结构楼房，建筑面积2000平方米的学生宿舍大楼。1998年，丰收公司投资100万元建造中学400米符合国家建造标准的环形跑道体育运动场。1998年，丰收公司中学被雷州市教育局评定为一级学校。1999年，丰收公司投资236.58万元建造一幢2620.58平方米的中学教师宿舍楼。2000年，丰收公司投资28万元建造中学电脑室，并购置了27台电脑供教学使用。2007年撤销丰收公司第二小学，并入第一小学。2012年年末，丰收公司社区管理委员会办社会职能基本情况统计，本区有学校3所（中学、第一小学、第三小学）。2014年，公司投资233万元新建丰收公司中学科学楼，投入130万元新建中学食堂；同年开展示范性学校建设，投资76.85万元新建250米的六道跑道运动场，总面积 9000 平方米；投入 34.29 万元新建 2 个标准篮球场；投入 50 万元新建中学大门及周边绿化。

据统计，1996 年，中学教职工 45 人，在校学生 533 人；2001 年，教职工 40 人，在校学生 513 人；2006 年，教职工 31 人，在校学生 522 人；2011 年，教职工 35 人，在校学生 387 人；2016 年，教职工 34 人，学生 309 人；2018 年，教职工 27 人，在校学生 288 人。丰收公司从 1995 年至 2018 年，累计培养学生 10548 人。

2018 年 8 月 31 日，为贯彻落实《湛江农垦 51 所基础教育中小学校整体移交属地政府统一管理实施方案》精神，丰收公司与雷州市人民政府签订《垦区基础教育学校移交协议》。10 月 12 日，根据中共中央、国务院和广东省委、广东省人民政府文件精神，湛江农垦局、雷州市教育局派员到丰收公司进行基础教育工作人员档案移交工作。共移交中小学在职人员档案 73 份，离退休人员档案 108 份。2019 年 2 月 19 日，公司向湛江农垦局递交《关于广东省丰收糖业发展有限公司基础教育学校资产无偿移交属地政府等事项的报告》。明确 2018 年前完成整体移交工作和教育学校资产无偿移交属地政府等事项，共处置资产总额 2358.05 万元。丰收公司从 2019 年起结束办中小学校社会职能工作。

2016—2020 年，丰收公司办社会职能基础教育改革资金情况：2016 年利用中央财政拨款 1101.58 万元；2017 年利用中央财政拨款 1216 万元；2018 年利用中央财政拨款 987.1 万元，自筹资金 96 万元；2019 年利用中央财政拨款 995.6 万元，自筹资金 109 万元。

第二节　学前教育

1996 年 1 月，根据广东省人民政府将丰收公司列为省企业教育综合改革试点单位的具体要求，制定《广东省丰收糖业发展有限公司教育综合改革试验方案》。教育综合改革的主要任务之一就是继续办好中小学和幼儿园。办好幼儿园是学前教育的主要任务。

成立丰收公司后，有 3 所企业公办幼儿园，分别是收获幼儿园、南光幼儿园和糖业幼儿园。这 3 所幼儿园，具有社会公益事业的性质。各幼儿园贯彻执行《幼儿园管理条例》和《幼儿园工作规定》。1999 年，南光幼儿园定员 17 人，收获幼儿园定员 12 人，糖业幼儿园定员 11 人（开榨时期 5 个月增加 1 人，正常 10 人）。各幼儿园定员岗位为园长、幼师、勤杂人员。

丰收公司企业公办幼儿园宗旨是"一切为了孩子，为了孩子的一切，让每一个入园孩子快乐成长每一天"。各园每年招生一次。每年都协助医院防疫站做好入园儿童的免费体检工作和建立儿童健康卡档案及其他防疫站工作。每年举行六一儿童节文艺联欢会和开展亲子教育活动。

2016年3月，丰收公司将糖业幼儿园并入收获幼儿园。对收获、南光两所幼儿园加强管理。2019年6月起，教学采用广州出版社的"小灯泡"幼儿园多元智能探索课程。分大、中、小班教材。收获幼儿园有移动音响器材一套，小型多功能音响5台，电钢琴一台，电子琴4台。南光幼儿园有移动音响一套，多功能小音响3台，电子琴3台。收获幼儿园和南光幼儿园园内均设有大型玩具滑梯。此外，收获幼儿园园内还设有一座沙池。

2020年末，收获幼儿园有教职工9人，其中幼师5人，保育员2人，保安员1人，厨房专职人员1人。入园儿童113人，设一个35人的小班，一个30人的中班和两个各24人的大班。南光幼儿园有教职工8人，其中幼师4人，保育员3人，厨房专职人员1人。入园儿童101人，设一个34人的小班，一个33人的中班和一个34人的大班。其中住宿的幼儿38人。

第三节　基础教育

（一）幼儿教育

国营收获农场、国营南光农场20世纪50年代创办了全托制幼儿园，设大、中、小班，以启蒙性识字、数数、体操、音乐、舞蹈为课程。到了60年代，各生产队办托儿站，婴儿、幼儿混合一起，学习活动主要是做游戏、玩玩具、唱儿歌。20世纪70年代末至80年代初期，各小学附设1～2个学前班，教学内容与幼儿园基本相同。

丰收公司成立后，加强对收获幼儿园、南光幼儿园、糖业幼儿园的管理，配备具备幼师资格教师，增置高档教具和玩具，购置新式学前教材。为满足职工幼儿入园教育，2008年公司规定幼儿园不接收非职工幼儿入园。受此影响，南光幼儿园从原7个班逐渐下降到4个班，同时南光生活区新建了2个私立幼儿园（后期因幼儿减少而停办）。收获幼儿园仍设4个班。收获新建小区新建了3个私立幼儿园，糖业西门前新建了1个私立幼儿园（后期停办）。2018年秋季起，各幼儿园可接收非职工幼儿入园。

（二）中小学教育

国营收获农场、国营南光农场在20世纪50年代后期创办职工子弟小学。开设语文、算术（含珠算）、历史、地理、体育、音乐、美术（美工）等7科课程，统一用普通话教学。1983年，收获农场有小学5所，27个教学班，教师35人，在校生800人，南光农场有小学3所。当年，经广东省教育厅确认场办小学达二类地区普及小学教育标准，并颁发

《普及小学教育证书》。

1968 年，收获农场、南光农场创办了中学，教材从早期采用湛江市统编教材和改用广东省统编教材，到后期发展采用全国通用教材，教学逐渐规范化。1996 年以来，中小学实行《九年义务教育全日制小学、初级中学课程方案（试行）》，丰收公司第一、第三小学毕业生免试升入丰收公司中学学习；各学年度，丰收公司中学初中毕业生经过雷州市教育局组织的统考，成绩合格的升入高中阶段学习。1996 年 7 月，为发展丰收公司教育事业，加强学校育人建设，鼓励多出英才，激励学者发奋成才，提高素质，报效祖国，制定了《丰收公司教育基金会章程》，2004 年 1 月，为激励教育履行职责，提高教学质量，树立良好的校风、学风，制定了《丰收公司学校教学质量奖励方案》。2004 年 6 月，2003—2004 学年度丰收公司中学初中三年级毕业生报考高中 51 人，考试得分 500 分以上有 24 人，占考生比例的 47%。数学等四科的平均分和及格率均为湛江垦区第一名。2008 年 12 月，丰收公司中学被湛江市教育局评为"湛江市义务教育规范化学校"。在办好义务教育的同时，做好扶持困难职工家庭子女在义务教育阶段安心学习工作。自丰收公司成立以来，坚持落实湛江农垦各学年度困难职工家庭子女义务教育阶段生活费补助 25 人，其中中学生 8 人，每人补助 750 元，小学生 17 人，每人补助 500 元。

（三）职工业余文化教育

国营收获农场、国营南光农场于 20 世纪 50 年代中期，成立职工教育委员会，开展对青、壮年职工文化、技术"补课"。1956 年 2 月南光农场设职工业余文化夜校 13 个点，每个点（分校）设 3 个班，参加学习的青、壮年职工学员共 902 人。1956 年 7 月，收获农场办职工业余文化夜校，全场机关、作业区、生产队（厂）设 50 个班级共 1400 人，分别参加各班学习。1973 年 9 月，兵团七师四团（南光农场）开办职工业余文化教育，参加学习的青、壮年职工学员共 1280 人（其中高中班 160 人，中级班 247 人，初级班 451 人，扫盲班 422 人）。1982 年，收获农场开办青、壮年职工初中文化补习班，对"文革"期间初、高中毕业的青、壮年职工进行初中文化"补课"。补习到 1984 年底，有 1020 人参加考试，其中 756 人语文、数学两科及格，领取了《初中文化补课合格证书》。

第四节　成人教育

成人教育主要是与相关院校合作，通过函授学习与自学考试的方式提升学历。1996年，与广东省委党校合作开展大专学历提升班，81 名职工参加；2000 年，6 名职工参加湛江农垦局与华南热带农业大学、广东农工商中等专业学校联合举办的脱产学历提升班；

2005 年、2010 年，9 名职工分别参加湛江农垦局与华南热带农业大学、海南大学合办的农业推广硕士班；2014—2016 年，65 名职工分别参加了广西大学、广西中医药大学、广东石油化工学院举办的制糖、医学、护理、会计、农业经济管理、人力资源管理等大专、本科成人教育学历提升班。

第三章 医　　疗

第一节　丰收公司医院

丰收公司医院是由收获农场医院沿革而来。1954 年 4 月,西湖(收获)垦殖场卫生中心在西湖村建立。1956 年 6 月,成立国营收获垦殖场卫生所。1965 年 3 月,收获卫生所(现收获派出所前面)搬迁到原收获农场小学(现滨河队)。1967 年 11 月,收获卫生所从滨河队搬迁到原中学食堂地址。1969 年 4 月,收获卫生所扩编为"七团卫生队"(兵团时期),设连队卫生室 20 间。1970 年 12 月,收获卫生所搬迁到团部(场部)旧招待所(站堰河桥旁右侧)。1975 年 8 月,改为"国营收获农场医院"。1977 年 7 月,搬迁到现在丰收公司医院地址。收获农场医院院长、主治医生郑焕州有数十年的医术经验和临床实践,为不少患病者解决病痛,是一个农场职工和附近农村农民喜爱的好医生。郑焕州于 1971—1987 年为患者施行大、中手术,累计 312 例,其中:胃大部分切除 218 例,脾切除 2 例,胆总管切开取结石 14 例,甲状腺切除 74 例,乳腺癌根治 2 例,直肠癌根治 2 例。各例手术成功率达 100%,为农场节省了开支,为患者解除了痛苦,深受领导和职工群众的赞扬。1994 年末,收获医院医务人员 71 人,设病房床位 80 张。

1995 年 12 月(丰收公司成立),收获医院改为丰收公司职工医院。同年年末,湛江农垦基本公共卫生服务项目绩效考核评估小组到丰收公司职工医院检查,最终的评定成绩名列垦区前茅。1998 年 2 月,"广东省丰收糖业发展有限公司职工医院"更名为"广东省丰收糖业发展有限公司医院"(简称丰收公司医院)。同月,中华人民共和国卫生部认定广东省丰收糖业发展有限公司医院为"一级甲等医院"。2014 年被广东省卫生厅评为"广东省文明守法优秀单位"。2015 年年末,丰收公司医院医务人员 67 人,其中高级职称 1 人,中级职称 9 人,初级职称 44 人,执业医师 4 人,执业助理 11 人,注册护士 24 人。设病房床位 103 张,拥有 DR 放射、彩色 B 超、血液综合检验、全自动生物分析等 30 台(件)现代先进医疗仪器设备。1995—2015 年,丰收公司医院门诊初诊人数为 343078 人次,住院人数为 26482 人次,出院人数为 29046 人次。实现总业务收入 523 万元,利润 180 万元。2015 年 12 月 9 日，中国 CDC 疾病预防控制中心麻风病控制中心主任严良斌、广东省疾病防控中心皮肤科主任黎明到丰收公司医院调研，认为丰收公司医院在疾病预、防、控各项工作均达标。2017 年末，丰收公司医院占地面积 22 亩，建筑面积 8572 平方米，病房床位编制 99 张，床位利用率 74.45%，门诊量 23007 人次，全年总收入 800 万元，人均年收入 5.5 万元。

2018 年 1 月 30 日，根据上级文件精神，丰收公司与湛垦医疗健康有限公司签订《丰收公司综合组固定资产移交湛垦医疗健康有限公司明细表》，将丰收公司医院病房 2939 平方米、各种医疗仪器共 58 项固定资产无偿移交湛垦医疗健康有限公司。2018 年 2 月 27 日，丰收公司将丰收医院和南光医院清查出来的账面价值 376.93 万元的资产，按国有资产管理规定无偿移交湛垦医疗健康有限公司。从此，丰收公司医院与广东省丰收糖业发展有限公司脱离。

第二节　南光医院

南光医院早期为国营南光农场医院。1956 年，国营南光垦殖场卫生所成立。1969 年，南光卫生所编制为七师四团卫生队。同年，卫生队从场文化宫左侧后方搬迁到现南光医院地址。兵团撤销后的 1975 年改为国营南光农场医院。1996 年年末，南光农场医院有医务人员 31 人，其中卫生员 11 人，医院设病房床位 25 张。

1996 年 10 月 8 日，国营南光农场并入丰收公司。1998 年 2 月，将原南光农场医院更名为"广东省丰收糖业发展有限公司职工医院南光分院"。2014 年 9 月，将"广东省丰收糖业发展有限公司职工医院南光分院"更名为"广东省丰收糖业发展有限公司南光医院"。2014 年末，南光医院有医务人员 41 人，其中中级职称 2 人，初级职称 31 人，设病房床位 80 张。南光医院自并入丰收公司后，截至 2015 年，合计门诊初诊人数达 242400 人次，住院人数达 19738 人次，出院人数为 19919 人次。2015 年实现总营业收入 396 万元，支出 365 万元。2017 年末，南光医院在职医务人员 34 人，其中主治医师 1 人，其他 33 人。占地面积 13.83 亩，建筑面积 4672 平方米，设病房床位 80 张，全年门诊量达 11855 人次，总收入 653.19 万元，人均收入 7.71 万元。

2018 年 1 月 30 日，根据上级文件精神，丰收公司将南光医院病房 286.62 平方米和各种医疗仪器等 13 项固定资产按国有资产管理规定无偿移交给湛垦医疗健康有限公司。从此，南光医院脱离丰收公司。

第三节　卫生防疫

1996—2016 年，丰收公司医院和南光医院相继成立卫生防疫站。2017 年，各院的卫生防疫站改为基本卫生服务科。2017 年末，各院基本卫生服务科配备专职工作人员 4 人。卫生防疫站成立以来，认真实施《公共卫生管理条例》《学校卫生工作条例》等卫生法规，落实好计免、食品卫生监督、健康教育等工作。

2011 年，丰收公司医院为调丰糖业分公司 542 人、收获罐头厂 255 人、三和酒精厂 108 人、收获市场个体饮食户 60 人，办理从业人员健康证。同时做好儿童计划免疫工作，对医院辖区收获、糖业、罐头分公司 779 名 0～6 岁的儿童实行登记造册，建卡率 100％。每日开展基础免疫接种，每月增设 16、17、18 日早上免疫接种。按省卫生厅的要求，对 513 名 15 岁以下儿童查漏补种乙肝疫苗。对辖区 31 口水井定期投放消毒粉。对收获、调丰糖业住宅区 3 个深水井储水水塔定期清洗。辖区户厕 1158 间和 54 间公厕均有三级化粪池。

2013 年，丰收公司医院建立 5829 人的居民健康档案。印发健康教育 12 类资料 3000 份。904 人参加健康教育讲座及接受健康教育咨询。辖区应预防接种疫苗 4374 人，实际接种 4263 人，接种率 97.46％，儿童健康管理率达 100％，产后访视率达 100％。813 名 65 岁以上老人健康管理率 100％。284 名高血压患者纳入规范管理率 100％。30 名精神疾病患者纳入规范管理率 100％。协助开展职业卫生监督检查 4 次。

2015 年，丰收医院建立辖区 5969 人的居民健康档案，其中动态记录档案 1008 人。在做好慢病基本公共卫生服务工作中重点抓好慢病健康教育活动。22 个宣传栏出宣传资料共 32 期，印发 12 种资料共 3800 份，音像资料播放 9 种类 47 次，观众 2243 人，讲座、咨询 43 次 1775 人次。对 65 岁以上老年人健康管理涉及 623 人，已免费体检、免费测血糖、保健指导各有 426 人。

2014—2016 年，丰收医院乙肝疫苗预防接种共 406 剂次；流行性脑膜炎 A＋C 结合疫苗 373 剂次；甲肝灭活疫苗 68 剂次；B 型流感嗜血杆菌疫苗 538 剂次；水痘疫苗 283 剂次；流感疫苗 440 剂次；23 价肺炎疫苗 152 剂次；狂犬病毒疫苗 134 剂次；轮状病毒疫苗 134 剂次；脊髓灰质炎（灭活）206 剂次。

2014—2016 年，南光医院乙肝疫苗预防接种共 384 剂次；流行性脑膜炎 A＋C 结合疫苗 288 剂次；甲肝灭活疫苗 297 剂次；B 型流感嗜血杆菌疫苗 450 剂次；水痘疫苗 237 剂次；流感疫苗 315 剂次；23 价肺炎疫苗 187 剂次；狂犬病毒疫苗 548 剂次；轮状病毒疫苗

89 剂次；脊髓灰质炎（灭活）230 剂次。

2016—2020 年，丰收公司办社会职能（医疗机构）改革资金情况：2016 年，利用中央财政拨款 593 万元，地方财政拨款 36.61 万元，自筹资金 6 万元；2017 年，利用中央财政拨款 217 万元，地方财政拨款 35.11 万元，自筹资金 7.72 万元；2018 年，利用中央财政拨款 259 万元，自筹资金 17.44 万元；2019 年，利用中央财政拨款 268.77 万元，自筹资金 5 万元；2020 年，利用中央财政拨款 298.2 万元。

中国农垦农场志

第七编

管理体制

中国农垦农场农场志

丰收公司属于农垦系统内的一家国有独资企业，按"龙头企业＋基地"经营模式合并组建成的产业化集团化公司，执行上级下达的计划指标任务，内部实行公司—分公司（或子公司、事业单位）—生产队（生产车间）—家庭农场、承包户（班组）三级或四级管理模式。

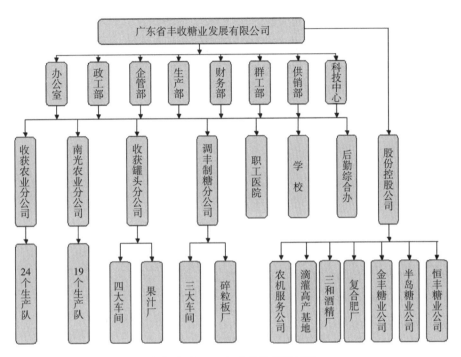

丰收公司2006年度机构设置情况

按照农工商一体化、产供销一条龙、人财物统一管理的运行机制统一管理，对属下各单位采取不同的管理形式，即：收获、南光农业分公司实行定任务、定上缴、定产品结算单价、核定费用、定考核办法的管理形式；糖业、罐头分公司采取定任务、定指标、定成本的管理形式；各子公司（厂、所）采取单独核算、自主经营、核定上缴、超利分成、自负盈亏的管理形式或实行租赁承包的管理形式；事业单位则采取单位核算、经费包干、创收分成（或全留）、节约自留、超支扣罚的管理形式；机关总部实行指标考核、费用包干的管理办法，2018年后机关与上级考核领导班子的各项指标挂钩、与企业利润考核指标挂钩。

建立企业法人治理结构，设立董事会，由7名董事组成（2017年后改为5名），每届董事任期三年，任期届满，可以连派（连选）连任；设董事长一名（兼任法人代表），副董事长1～2名，董事长、副董事长由出资人从董事会成员中指定；设总经理1人、副总经理若干人，可以兼任；总经理、副总经理由上级领导机关任免或者推荐、由董事长聘任，总经理对董事会负责，副总经理协助总经理工作，总经理、副总经理任期三年，可连任；设立监事会，监事会3名，其中员工代表1人，其余2人从原调丰、收获、南光、审计、监察部门选出，在监事会成员中，设 1 名执行监事，可列席董事会议，董事、高级管理人员及财务负责人不得兼任监事。

1995—2020 年，广东省丰收糖业发展有限公司按照垦区集团化、农场企业化的改革发展要求，对管理体制、产权制度、经营机制、机构设置不断改革，逐步建立适应社会主义市场经济的经营管理体制；从以家庭农场为主到构建起"大农场套小农场"的双层经营体制；从农工商一体的集团化、产业化经营转向农业机械化、专业化路子。同时对财务管理、人力资源和劳动保障管理、土地管理、场办社会职能等方面进行了配套改革。

第一章　机构设置

第一节　机构沿革

一、公司机关总部职能部门设置

1997 年 1 月，丰收公司机关总部（设在调丰制糖工业分公司内）内设五部二室，分别为财务部（定员 12 人）、企管部（定员 9 人）、供销部（定员 9 人）、政工部（定员 8 人）、群工部（定员 12 人）、行政办公室（定员 10 人）、社区管理办公室（下设武装部、派出所、综合办、国土司法、医疗保健等，定员 20 人）。

2014 年 11 月，丰收公司机关总部内设九室四办，分别为行政办公室（定员 4 人）、企业管理科（含供销、追债办，追债办于 2017 年撤销）、财务科（定员 7 人）、审计科（定员 2 人）、国土管理科（定员 3 人）、生产技术科（定员 4 人）、人事科（定员 3 人）、纪检监察科（定员 2 人）、工会（定员 2 人）、社区综合办（定员 4 人）、社区建设办（定员 4 人）、综治信访办（定员 4 人）、社会事业管理办（定员 4 人），部门设置沿用至 2020 年。

二、分公司机关职能部门设置

糖厂机关设置经理办（定员 1 人）、书记办（定员 1 人）、副经理办（定员 2 人）、党群办（定员 4 人）、生产办（定员 10 人）、全质办（定员 2 人）、计量环保办（定员 4 人）、安全办（定员 2 人）、农务办（定员 4 人）、结算办（定员 2 人）。

罐头机关设置经理办（定员 1 人）、书记办（定员 1 人）、副经理办（定员 1 人）、党群办（定员 3 人）、农务办（定员 3 人）、安全办（定员 1 人）、财务部（定员 4 人）、质检部（定员 3 人）、生产部（定员 3 人）、供销部（定员 1 人）、销售部（定员 9 人）。

三和酒精厂机关设置经理办（定员 1 人）、书记办（定员 1 人）、副经理办（定员 1 人）、财务室（定员 2 人）、档案室（定员 1 人）、化验室（定员 2 人）。

肥厂机关设置经理办（定员 1 人）、书记办（定员 1 人）、副经理办（定员 2 人）、财务部（定员 2 人）、科技服务部（定员 2 人）、化验室（定员 2 人）、供销部（定员 1 人）、仓管部（定员 1 人）。

收获、南光农业分公司机关设置经理办（定员1人）、书记办（定员1人）、党群办（定员4人）、生产办（定员10人）、国土办（内设司法办，定员4人）、财务办（定员5人）。

三、生产队（车间）岗位设置

糖厂设置三大车间及化验室，分别为压榨车间、制炼车间、动力车间，每个车间设主任1名、支部书记1名、会计1名、其他管理人员若干（一般为4名）。化验室设主任1名。

罐头设置三大车间，分别为实罐车间、空罐车间、综合车间，每个车间设主任1名、支部书记1名。

生产队设队长1名、队支部书记1名、副队长（副书记）1～2名（2018年，两个队设1个党支部，配备支书、队长各1名或者副书记、副队长各1名）、会统员1名（从2019年12月起撤销队会统员，改为队资料员，每个资料员负责4～5个队资料，如榨季承包户蔗单等等资料收集报财务科）、卫生员1名（2012年起逐步将队卫生员调至医院工作，生产队不再设卫生员岗位）。

第二节　机构调整与改革

1995—2020年，公司机关总部内设机构的变化可分为六个时期。

2001年7月，根据《湛江农垦企业精简机构及管理人员的意见》精神，实行定岗定编，机关总部设六部一室，即：政工部（定员7人）、企管部（定员7人）、财务部（定员10人）、群工部（定员6人）、供销部（定员6人）、生产部（定员4人）、办公室（定员8人），人员定编合计48人；收获农业分公司机关定编18人、生产队40人、会计电算中心6人，合计64人；南光农业分公司机关定编18人、生产队28人、会计电算中心5人，合计51人；调丰制糖工业分公司干部定编45人；收获罐头工业分公司干部定编17人；子公司干部定编35人；公安干警、治安队定编22人；幼师定编9人；糖业、罐头、子公司会计电算中心定编6人。精简后全公司企业管理干部共297人，实际减员123人。

2004年1月，公司内设机构及人员为机关部门7个（精减1个），工作人员64人（精减28人），生产队43个，区（含二级）6个，干部226人（增加5人）。是年3月，成立内部结算中心，下设收获、南光分公司分支机构，负责职工工资、产品款结算、发放、托管内外会计结算业务工作。

2012年9月，公司机关部室更名：办公室更名为行政办公室；企管部更名为企业管理科（撤销供销部，归属企业管理科）；财务部更名为财务科；审计部更名为审计科；生产科技部更名为生产技术科（撤销安全部，归属生产技术科）；政工部更名为人事政工科；纪检监察部更名为纪检监察科；工会名称不变；增设国土管理科（撤销政法部，归属国土管理科和综治办）；成立丰收公司社区管理委员会，下设综合建设办、综合办、社会事业服务管理办、综治信访办（撤销退管办和计生武装部，退管和计生归属社会事业服务管理办，武装归属综治信访办）。

社区机构岗位及人员配置如下：机关社区管委会班子 4 人（主任 1 人、副主任 3 人）；省级 3 个 12 人（主任 3 人、副主任 4 人、科员以下 5 人）；分公司社区管理办公室，省级 4 个 20 人（主任 4 人、副主任 4 人、科员以下 12 人）；社区居民管理委员会，省级 13 个 65 人（主任 13 人、副主任 13 人）。总合计人员为 101 人。

2014 年 11 月，公司机关总部内设经管会和社区管委会，经管会设 9 个科办，即行政办公室（定员 4 人）、企业管理科（含供销、追债办，2017 年撤销追债办）、财务科（定员 7 人）、审计科（定员 2 人）、国土管理科（定员 3 人）、生产技术科（定员 4 人）、人事科（定员 3 人）、纪检监察科（定员 2 人）、工会（定员 2 人）；社区管委会设 4 个办，即社区综合办（定员 4 人）、社区建设办（定员 4 人）、综治信访办（定员 4 人）、社会事业管理办（定员 4 人）。

2018 年 1 月，成立甘蔗基地分公司，内设经理、副经理、生产办、财务办、农机办等部门，下设置 5 个站点，管理人员 18 人；2019 年设站点 9 个，专职人员 21 人，兼职 4 人；2020 年将原站点整合为 6 个，核定人数 32 人。

2019 年 5 月，公司机关总部设立财务结算中心（科员级，隶属财务科管理），收获农业分公司财务办及财务电算中心、南光农业分公司财务办及财务电算中心并入财务结算中心；成立追债办（副科级），隶属企业管理科管理；撤销收获农业分公司，原分公司机关各办（生产办、财务办、国土司法办、党群办）职能全部划归公司机关各科室（办）管理。

第三节　办社会职能改革

一、公安派出所

1981 年 11 月 25 日，广东省国营收获农场保卫科改制为海康县公安局收获派出所，伍文华任所长，配民警 4 人。同日，设立海康县公安局南光派出所。

1994 年 9 月 30 日，经上级公安部门批复，撤销海康县公安局收获、南光农场派出所，设立雷州市公安局收获、南光派出所。

2003 年 4 月 4 日，丰收公司向雷州市公安局移交收获派出所和南光派出所资产。雷州市公安局撤销南光派出所，改派雷龙派出所进驻南光农业分公司。根据湛江农垦局相关文件，丰收公司每年按 3.8 万元/人的标准核定给派出所公安人员，作为驻地公安人员的办事经费。

二、社区管理

公司远离城市和乡镇，因此自行建设居民点及各项基础设施、自行解决就业、自行组织生产生活，担负起社区管理的全部职能，形成统一管理、和谐共处、相对独立、具有农垦特色的自治社区组织。根据省农垦总局《广东农垦国有农场内部分离社会职能、成立社区管理委员会工作实施方案》（粤垦函字〔2011〕531 号）及湛江农垦局《关于做好垦区内部分离社会职能、成立社区管理委员会工作的通知》（湛垦函字〔2012〕222 号）精神，于 2012 年 8 月挂牌成立社区管理委员会，下设 4 个职能部门（定员 23 人），分别是社区综合办、社区建设办、综治信访办、社会事业管理办，分别在调丰制糖工业分公司、收获农业分公司、南光农业分公司、罐头工业分公司的机关设置社区居民管理委员会（定员 20 人），在 43 个生产队中成立 13 个社区居民管理委员会（定员 65 人）。社区管委会负责履行社会行政事业服务性职能，公司履行企业生产经营性管理职能，对于一些交叉的职能，以公司为主要责任机构，社区管委会为协助机构。2016 年，公司被列为广东农垦创新社区管理社区内部分离首批试点单位，并于 2017 年将原收获农业分公司机关办公楼改造为社区综合服务中心，投入财政资金 98 万元。2018 年 2 月，与广东省北斗星社会工作服务中心签订委托社区服务与项目研究合同，合同的签订标志着广东农垦社区服务创新改革试点正式启动。2019—2020 年，改为与湛江市新时代社会工作服务中心合作，购买社会工作服务。

根据《中共中央、国务院关于进一步推进农垦改革发展的意见》和《中共广东省委、广东省人民政府关于进一步推进广东农垦深化改革加快发展的实施意见》精神，2018 年 12 月，经雷州市人民政府批准，成立丰收公司社区居委会，获准雷州市民政局颁发的基层群众性自治组织特别法人统一社会信用代码证书，社区管理逐步纳入地方管理。2020 年，社区居委会成员 9 人，居务监督委员会成员 3 人，社区居委会下设 12 个居民小组和 47 个居民点。社区管理委员会设立主任 1 名、副主任 2 名、职能部门 4 个，管理人员合计 20 人，居民小组工作人员总数为 45 人。

三、中小学校

根据省农垦总局《关于印发广东农垦办社会职能改革实施方案的通知》及湛江农垦局

《湛江农垦51所基础教育中小学校整体移交属地政府统一管理实施方案》精神，丰收公司于2018年8月31日与雷州市人民政府签订《垦区基础教育学校移交协议》，正式将丰收公司基础教育中小学校行政管理权移交雷州市教育局管理，当年共移交中小学在职人员档案73份，离退休人员档案108份，无偿移交包括中学科学楼等26项和第一小学教学楼及第三小学教学仪器在内的基础教育学校资产共计2358.05万元。

四、医院

根据湛江农垦局《关于印发〈农场（公司）医院资产划拨方案〉的通知》，从2018年1月9日起，丰收公司将丰收公司医院及南光医院成建制划拨给湛垦医疗健康有限公司管理，移交丰收医院干部档案52份、工人档案6份、40名退休职工人事（党组织关系）和南光医院干部档案35份、工人档案3份、24名退休职工人事（党组织关系）。

丰收公司无偿移交的医院资产包括收获医院病房2939平方米及各种医疗仪器等58项固定资产和南光医院病房286.62平方米及各种医疗仪器等13项固定资产，对将收获医院和南光医院清查出来的账面价值376.93万元的资产，按国有资产管理规定办理无偿移交手续和按现行会计制度处理好财务工作。

第二章　经营机制

第一节　企业化改革

丰收公司推行工农并行，通过扩大产能、收购兼并和股份合作的方式，逐步发展成工农一体化的农业产业化国家重点龙头企业。根据垦区集团化、农场企业化改革发展需要，湛江农垦局从 2011 年起逐步对丰收公司旗下企业进行资源优化整合。

2011 年，经湛江农垦局批复，丰收公司旗下股份制企业复肥厂、三和酒精厂分别于当年 4 月、6 月完成股改，其中：复肥厂股东增至 12 个，丰收公司原持有的 51％股份调整为 8％股份，退还丰收公司投资额 304.39 万元，股改后的复肥厂划归广东广垦糖业集团有限公司按二级企业进行管理；丰收公司将持有的三和酒精厂 51％股份转让给广东广垦糖业集团有限公司，退还丰收公司股份投资款 1004.3 万元。

2011 年 3 月，丰收公司将持有的湛江市金丰糖业发展有限公司 70％股权转让给广东广垦糖业集团有限公司。湛江市金丰糖业发展有限公司退还丰收公司原投入的注册金 2660 万元。

2014 年 2 月，丰收公司将持有的广东半岛糖业有限公司 72.06％股权转让给广东广垦糖业集团有限公司，转让股权价款为 9944.28 万元。

2018 年 6 月，丰收公司将持有的广东收获罐头食品有限公司 51％股份及东风队、南茂队、华健队土地面积合计 14724.82 亩无偿划归湛江农垦现代农业发展有限公司下属单位雷州湛垦农业发展有限公司管理。

2018 年 7 月，丰收公司成建制并入广东广垦糖业集团有限公司，按广东广垦糖业集团有限公司一级单位进行管理，定位为蔗糖加工厂原料蔗种植基地，全力保障调丰糖厂的原料供给。

第二节　经营方式

按照所有权与经营权分离的原则，丰收公司旗下农业单位从 1983 年起改变先前国有国营单一经营模式，采取兴办家庭农场、承包、租赁、配额土地发展职工自营经济、大农场经营等多层次多形式经营方式，工厂则采取自营及股份合作等方式进行经营，激发了企业发展活力。

一、职工家庭农场

职工家庭农场是在国有农场的领导下，以职工家庭为单位进行生产经营，实行定额上交、自负盈亏的经济实体。1983年，广东省国营收获农场、广东省国营南光农场开始试办职工家庭农场，国有农场与职工家庭农场间建立起了承包租赁经营关系。

广东省国营收获农场于1983年在24个生产队同时试办职工家庭农场，当年即实现总收入780万元，比上年增长7％；职工人均收入860元，比上年增长50％以上。截至1984年底，全场兴办职工家庭农场1109个，职工参加人数2143人，占农业工人总数的90％。当年实现工农业总产值1079.09万元，同比增加130.96万元；职工人均收入3146元，同比增加605元。兴办职工家庭农场1989年时达最高峰，为1225个。

广东省国营南光农场于1983年率先在16队试行职工家庭农场，于1985年全面推行职工家庭农场，截至1986年底全场兴办家庭农场数达698个，1987年增至1010个，其中正式职工家庭农场746个、外雇工家庭农场264个，全部实行"三自经营"，即自主经营、自费经营、自负盈亏，有985个家庭农场增收，占总户数97.5％，人均收入1860元。1989年，职工家庭农场发展至978个。

1996年以后，丰收公司对土地的承包实行两费自理，对甘蔗、菠萝、干胶等指令性产品统一收购。职工家庭农场的收入来源于土地承包收益，经营资金来源于产品收入，对经营指令性产品资金不足部分实行公司贷款垫支，贷款利率按公司结算中心利率结算，年终产品结算余额归承包者。丰收公司鼓励和扶持职工家庭农场，但垫支经营容易造成挂账，截至2011年，两个农业分公司职工家庭农场已造成死账1100多万元。2011年，丰收公司开始推行"两费自理"，即不再垫支生产资料和预借生活费等费用给职工，当年实现11个生产队"两费自理"，2012年在43个生产队全面推行"两费自理"，全自费经营100％，参与职工家庭农场个数912个。随着甘蔗全程机械化的推广，农业岗位定额承包从最初的25亩/岗位提高到2019年的55亩/岗位，2019年大农场经营、职工家庭农场甘蔗种植面积各占50％，"大农场套小农场"双层经营体制进一步完善。2020年，职工家庭农场为405个，一线农业工人616人，个数与人数都呈减少的趋势。

二、承包

承包经营是丰收公司的基本经营方式，主要分两个基本层次。一是职工个人、家庭、集体承包经营，即由公司将国有土地和部分资产，根据不同情况，发包给职工个人、家庭或集体承包经营，公司向承包户收取土地承包费项目统一规范为四项：职工自身受益的费用、土地和资产经营费、农场管理费、社政公共费。农业承包经营的基本方法是：定任务（岗位承包）、定上缴，剩余归己。

岗位定额承包标准及土地使用费标准基本情况如下：1995—2002年职工家庭农场岗位承包定额标准为每个岗位承包甘蔗或菠萝25亩，土地占用费标准为甘蔗25亩内每年按1.5吨/亩上缴、超25亩部分每年按1.3吨/亩上缴，菠萝25亩内每年按一级果410公斤/亩上缴，超25亩部分每年按370公斤/亩上缴；2003—2012年每个岗位定额承包种植甘蔗、菠萝30亩，甘蔗与菠萝面积搭配比例为4：1（2012年以后菠萝种植纳入职工轮作地管理，不列入岗位定额承包），土地承包费（2004—2009年土地占用费改称土地承包费，2006年曾称为土地使用费，2010年后改称土地使用费）标准为甘蔗30亩内每年按1.4～1.44吨/亩、超30亩部分每年按1.2～1.34吨/亩分级上缴，菠萝30亩内每年按一级果410公斤/亩、超30亩部分每年按370公斤/亩上缴（2007—2012年每年按260元/亩计）；2013—2015年每个岗位定额承包种植甘蔗40亩，实行分类分物定租，一类地、二类地、三类地的土地使用费分别按每年1.44吨/亩、1.35吨/亩、1.25吨/亩执行；2016—2018年每个岗位定额承包种植甘蔗50亩，实行分类分物定租，一类地、二类地、三类地的土地使用费分别按每年1.4吨/亩、1.3吨/亩、1.25吨/亩执行；2019—2020年每个岗位定额承包种植甘蔗55亩，一类地、二类地、三类地的土地使用费调整为每年1.45吨/亩、1.35吨/亩、1.3吨/亩。

土地对外承包收费标准规定：2011—2012年无水利设施地块每年不低于800元/亩，有水利设施地块每年不低于1000元/亩，种植林木每年不低于220元/亩；2013—2015年无水利设施地块每年不低于1000元/亩，有水利设施地块每年不低于1200元/亩，种植林木每年不低于260元/亩；2016—2017年有无水利设施一律每年不低于1200元/亩，种植林木每年不低于600元/亩；2018年按土地类型收费，即一类地每年不低于1200元/亩、二类地每年不低于1000元/亩、三类地每年不低于800元/亩、种植林木每年按300元/亩；2019—2020年一、二、三类地收费标准在2018年基础上每年增加100元/亩。根据省农垦总局要求，从2018年起凡农业用地对外合作经营必须通过广东农垦国有资源电子交易平台完成竞价、招标工作，最大限度地提升土地收益，规范土地管理。

二是对所属独立核算的二级单位实行经济责任制办法。对糖业分公司、罐头分公司实行经济责任制。对糖业分公司承包经营基本做法是定任务、定指标、定工厂成本，下达生产指标包括榨蔗量、产糖量、辅助材料用量、输出外电量、煤耗、安全生产、产品质量、检修质量等，采取工效挂钩办法计提含量工资和奖金，核定工厂成本，对节约部分给予奖励。对罐头分公司承包经营基本做法是指标考核、联产计酬、成本否决，下达生产指标包括菠萝罐头量、物耗量（吨罐头耗果、吨罐头耗白砂糖、吨罐头耗镀锡钢板、吨罐头耗煤、吨罐头耗电）、产品质量、安全生产等，采取计件工资办法，享受公司福利待遇如夜餐、水电补助、探亲假、清凉饮料、计生费、因工负伤、产假、计划生育假、婚丧假等，股改后实行股份合作经营。

三是对二级子公司（车间、厂）及各站、所、队、班、园实行承包经营，基本做法是统筹管理、核定岗位、核定费用、单独考核、超支自负、节约奖励。二级子公司（车间、厂）主要有复合肥厂、机修车间、邮电所、畜牧公司、建安公司、胶厂、生活服务部（1997—2005 年）、农科所、民兵班。2009 年公司成立综合办，统一对各站、所、队、班、园等单位进行管理，主要单位有植保所、水电站、电话管理站、收胶站、修路队、卫生清洁班、幼儿园。

三、租赁

20 世纪 80 年代中后期，垦区放开了对农场、工厂的商店、作坊、招待所、饭店等小型第二、第三产业的管理，推行租赁经营。丰收公司对属下的碎粒板厂、编织袋厂、收获修配厂、南光修配厂及木地板厂、收获加油站、收获机队、南光机队、南园饭店、糖厂食堂、收获小招食堂（2005 年公司收回经营）、南光招待所（2008 年公司收回经营）、房屋及收获市场和南光市场的商铺、摊、物业管理等进行租赁经营，采取"单独核算、自主经营、核定上缴、自负盈亏"的租赁经营办法。具体租赁经营如下（以部分单位 2007 年为例）。

1. **碎粒板厂** 实行租赁承包一条年产碎粒板 5000 立方米的设备生产线，用于生产碎粒板；原则上安排 40 名公司员工就业，实行计件工资，停工期按照公司的有关规定发放生活费用，社会养老保险企业部分由公司支付；每年核定上缴社保福利费为 23.8 万元，其他经营一切费用自负。

2. **编织袋厂** 实行租赁承包厂房及设备，生产编织袋产品，供应公司白砂糖、生物有机肥的包装用袋，售价按湛江农垦局统一招标价格；每年核定上缴社保福利费为 7 万元；原则上安排 12 名公司员工就业，实行计件工资，停工期按照公司的有关规定发放生活费用，社会养老保险企业部分由公司支付。

3. **南光修配厂及木地板厂** 实行厂房租赁，其用途用于生产木地板、家具板材等；每年核定上缴社保福利费为 3 万元，一切生产经营费用自负。

4. **南光招待所**　主要任务是做好公司在南光分公司的客餐及工作餐供应、接待住宿等；每年核定上缴社保福利费为 1 万元；原则上安排 5 名公司员工就业，社会养老保险企业部分由公司支付。

5. **收获市场管理办**　主要负责收获市场的管理、清洁和维护工作，每年核定上缴社保福利费为 13.4 万元，其中：核定上缴市场管理费 3.7 元，收取铺位及厂房租金上缴 9.7 万元；原则上安排 11 名公司员工就业，社会养老保险企业部分由公司支付。

四、股份制和股份合作制

2000 年以后，丰收公司加快了"内引外联"横向经济联合改革发展步伐。联合方式有：对丰收公司二级企业广东省国营收获罐头厂试行企业内部职工持股的股份制及与自然人、民营企业股东之间联营；对外增资收购糖厂、酒精厂与民营企业之间联营。2003 年 9 月，丰收公司在广东省国营收获罐头厂试行内部职工持股的股份制，职工比例不超过净资产额的 49%；2007 年 12 月，职工股东将所持 49% 股份作价 490 万元转让给两个民营企业，前期实行合作经营，2011 年后改由自然人股东租赁经营。2003 年是丰收公司糖业的扩张之年，年内相继与民营企业合资收购了下桥糖厂、遂溪县城月糖厂、洋青糖厂；组建徐闻县恒丰糖业有限公司（丰收公司占股 45%）、湛江市金丰糖业发展有限公司（丰收公司占股 70%）、湛江市半岛糖业有限公司（丰收公司占股 30%）。至此，丰收公司自营糖厂与持股糖厂甘蔗日榨量规模 1.9 万吨。2004 年、2005 年，丰收公司相继与民营企业合资新建丰收公司生物有机肥厂（丰收公司占股 49%）、广东徐闻三和发展有限公司（丰收公司占股 51%），丰收公司产业链得到进一步延伸，逐步形成绿色环保的循环经济发展模式。

农业方面推行模拟股份制改革，2011 年 11 月，根据湛江农垦局提出建立农业生产模拟股份制试点的要求，丰收公司选定南光农业分公司 18 队作为模拟股份制试点单位。按"务农职工股、管理人员股、公司股"来设置股份，南光分公司 18 队股份体共设 1088 股，每股股金标准设定为 1100 元，务农职工股每名职工认购 30 股，13 名职工共计入 390 股，股金共 42.9 万元；管理人员股正职队干部认购 60 股，副职及会统员认购 45 股，共计入 150 股，股金共 16.5 万元；丰收公司股 542 股，股金共 60.28 万元，总股金为 119.68 万元。按照"公司持股，职工参股，统一管理，利益共享，风险共担"的原则进行，土地费按甘蔗 1.27 吨/亩上缴，职工按劳计酬，经营利润按股份分红分担亏损。南光农业分公司 18 队模拟股份制试点于 2011 年 11 月 30 日正式运行，土地面积 1328.37 亩，务农职工股股东 13 人，管理干部股股东 4 人，共计 17 人。2012—2013 年因管理不善及自然灾害（台风）原因合计亏损 77.17 万元，扣除生产队自用蔗种 15.76 万元，装载机 2.7 万元，实际亏损额为 58.7 万元。根据试点方案规定股权比例，其中职工及生产队管理人员承担金额为 29.47 万元，丰收公司承担金额为 29.2 万元。模拟股份制试点工作设定期限两年，至 2013 年底期满。从两个榨季模拟股份制经营成果来看，没有达到预期目标，主要表现在：甘蔗单产比原来职工岗位承包有所下降；农业经营成本大幅上升，亏损额逐年增加，且该队职工自营经济发展普遍滞后，收入减少；模拟股份体效率较低，后期职工队伍不稳定，原有经营模式难以为继。2016 年 4 月，为减少亏损，经湛江农垦局批准，同意终止模拟股份制经营。

五、职工自营经济

职工自营经济是以职工家庭农场为单位，以市场为导向，自定项目、自筹资金、自主经营、自负盈亏，在主业生产之余从事的生产经营活动。2011 年，丰收公司正式制定优惠政策，鼓励和支持职工发展自营经济，以提高职工收入，达到稳定职工队伍的目的。按照"自营经济地实行定额控制、规划科学、逐级上报审批"的基本原则配备给职工自营经济地，配备方式：2011 年实行"30＋3"管理模式，即承包满岗 30 亩以上，可配备 3 亩自营经济地，土地使用费按甘蔗实物 1.44 吨/亩/年的标准计收；2013 年实行"40＋3"管理模式，即承包满岗 40 亩以上，可配备 3 亩自营经济地；2016 年规定凡承包满岗 50 亩以上，按照甘蔗种植面积 15％的比例配置，申请对象范围扩至队管理人员、大包户，种植一年生短期作物及菠萝、香蕉、蚕桑的土地使用费每年按 800 元/亩标准计收；2017 年新增规定生产队自营经济地总面积未超过本队甘蔗种植面积 10％的，可按照甘蔗种植面积 10％的比例配置，超过本队甘蔗种植面积 10％的，一律不再配置自营经济地；2018 年提高自营经济地土地使用费标准，除蚕桑的土地使用费按原标准计收外，其他如一年生短期作物、菠萝作物的土地使用费每年按 1000 元/亩标准计收，香蕉的土地使用费每年按 1200 元/亩标准计收。

在经验和技术缺乏的情况下，丰收公司工会通过组织职工到垦区学习、邀请湛江市农科院专家到公司讲座、开展内部经验交流、印发自营经济技术指导手册等方式，动员和引导职工发展自营经济，主要引导职工种植菠萝、香蕉、辣椒、火龙果等作物，鼓励种桑养蚕、养奶牛和兔子。2013 年，丰收公司在南田队开展养牛试点工作，试点两年多，因购进的奶牛水土不服，项目失败。雷州半岛属于热带季风气候，适合种植热带水果菠萝、香蕉，2015 年职工自营经济种植菠萝面积 9955 亩，是自营经济项目中发展最快的，其次是香蕉，种植面积 596 亩。因种桑养蚕投入成本低、收益快、效益好，也是职工重点发展的自营经济项目之一，2016 年已有 89 户职工家庭农场种桑养蚕，种植蚕桑面积 728 亩，每户职工每年养蚕收入 3 万～4 万元。2020 年职工自营经济种植面积已突破 1.6 万亩。随着技术和经验的积累不断成熟，自营经济成为职工收入的重要来源，职工发展自营经济的积极性被调动起来，职工自营经济成为公司经济的重要组成部分。

六、大农场经营

全面推行甘蔗种、管、收全程机械化是甘蔗种植业发展的方向，2018 年，丰收公司在发展职工家庭农场的基础上，由公司全资投入以大农场经营方式建立甘蔗基地，并成立甘蔗分公司采取全程机械化标准化经营。2018 年设立站点 5 个，配备专职人员 18 名，甘蔗基地面积 4.42 万亩，砍收原料蔗 2.15 万亩共 9.29 万吨，平均亩产 4.32 吨；2019 年增设站点达 9 个，配备专职人员 32 名，甘蔗种植面积达 4.42 万亩，砍收原料蔗 4.09 万亩共 19.22 万吨，平均亩产 4.71 吨；2020 年整合调整为 6 个站点，配备专职人员 32 人，甘蔗种植面积 3.02 万亩，砍收原料蔗 2.81 万亩共 11.12 万吨，平均亩产 3.95 吨。

2019 年大力推行大农场经营方式，甘蔗基地与职工家庭农场经营面积比例基本持平，各占 50%，平均单产相较 2018 年提高 0.39 吨/亩，效果较为显著，特别是甘蔗基地南光管理区面积 1.58 万亩，人均管理 1750 亩，平均亩产 5.6 吨，盈利 200 多万元，获得中国糖业协会颁发"全国糖业先进班组"奖。由于人均管理面积过大，部分地块管理不到位，2020 年，在总结分析前两年经验的基础上，适当缩减基地规模，但由于受上半年干旱影响，甘蔗减产严重，原料蔗平均单产为 3.95 吨/亩，较 2019 年减幅达 16%。

大农场经营的甘蔗基地机械作业采取购买广垦农机公司服务的方式进行，机械化种植、管理已基本全覆盖，但机械化砍收率较低，2018/2019 年榨季机收比率为 42.86%，2019/2020 年榨季机收比率为 25.9%，2020/2021 年榨季机收比率为 38.3%。

第三章　经营管理

第一节　计划管理

一、计划管理体制

实行"统一计划""分级管理"。丰收公司计划管理职能部门为企管部，基层的分场、生产队配有专职统计员，生产班（组）设工人记录员，建有统计原始记录、统计台账和统计报表等。

20世纪80年代以前，企业的发展方向、产业结构、分配政策，以及科学试验等各种计划，皆由上级主管部门决定，农场、工厂只能按照上级下达的计划指标编制具体实施方案，实行的是高度集中统一的计划体制。

20世纪80年代以后，农垦企业实行了财务大包干，计划管理逐步进行了改革。1984年开始，管理局下达的计划分为指令性和指导性两部分。国营收获农场、国营南光农场执行的指令性计划包括橡胶、茶叶、水稻产量以及造林面积，其余为指导性计划。1985年，执行的指令性计划增加蔗糖、机制糖、基本建设投入项目，其余均列为指导性计划。1988年，指令性计划已只限于橡胶种植面积、干胶产量、食糖产量以及固定资产投资额。以往所有基建项目都要经管理局审批。20世纪80年代开始，2万元、5万元以下的零星基建工程逐渐由农场、工厂自行决定。

丰收公司成立以后，主要产业为橡胶和蔗糖，均列入指令性计划内，由管理局下达计划指标，丰收公司按照下达的计划指标编制具体实施方案，职工家庭农场所生产的产品均由公司统管统购。1997年，农业生产项目、三产经营性项目总投资在100万元以上的，工业生产所有新建项目和总投资在100万元以上的技改项目，非生产性（非经营性）项目总投资在30万元以上的，必须上报管理局审批或转上级机关审批。

2016年，所有新上的工业项目、总投资在25万元以上的经营性项目和非经营性项目、申请上级资金或财政资金的项目必须上报管理局审批或转上级机关审批。上述限额以下的可由建设单位审批，其中20万元以上的经营性项目、10万元以上的非经营性项目须向管理局报备。

二、计划编制与执行

（一）计划内容

20 世纪 50 年代，经营结构单一，主要是种植橡胶，所以农场计划着重在橡胶生产方面。20 世纪 50 年代末、60 年代初，实行"一业为主，多种经营，全面发展"的经营模式，作物产品逐渐增多，也相应扩大了计划内容，增加了产品加工和销售等计划项目。到 20 世纪 70 年代，逐渐形成一个"小社会"体系，因而农场的计划也随之包括有社会发展计划，文教、医疗卫生事业均列入计划中。丰收公司成立后，年度计划主要有生产计划、基建计划、财务计划、供销计划、劳资计划、安全计划、人员培训管理等。

（二）计划编制

1954 年，农场开展编制年度、季度计划，生产队订月度计划，以后曾发展到班（组）作每旬、周的作业计划。编制计划的程序是根据管理局下达的计划指标逐级分解下达，然后由下而上编制具体实施方案逐级上报审批。兴办家庭农场后，农场对生产队和家庭农场的计划是与承包方案结合下达的。年度计划由农场、工厂在前一年 8 月份编制建议指标上报管理局审批，再由管理局根据上级批准的计划下达到农场、工厂，农场、工厂据以编制正式年度生产、基建、财务、物资等计划，并交本单位职工代表大会讨论通过，然后组织实施并上报管理局备案。大型基建项目，还要按国家规定的基建程序逐项办理报批手续。

家庭农场计划管理，从 2018 年起全部实行经济合同管理，由丰收公司与家庭农场签订经济合同，指导家庭农场按照生产建设、物资消耗、采购、产品销售和财务收支等项目内容编制好长期计划和年度计划，做好家庭农场培训工作，传授计划统计知识，指导家庭农场建立好台账，做好统计工作。

丰收公司内部由各部门、各分公司以及子公司根据各自工作业务范围，组织有关人员编制年度计划，制订的计划应包括项目内容、数量、费用、进度、负责人。年度计划原则上应在上年 12 月至当年 1 月底前编制好，并上报公司领导和有关人员审核后由企管部汇总综合。

（三）计划的执行和检查

确定的计划，层层贯彻，严格执行。农场每季、分场每月、生产队每旬分别组织检查计划的执行情况，发现问题及时解决，年底要对执行计划情况自我评价，上报公司。年度计划经批准下达后，少做修改，如遇较大的自然灾害等需调减时，必须逐级上报，经批准后才能进行部分调整。

第二节　统计管理

一、统计指标

丰收公司执行上级规定的统计报表制度，有综合统计和专业统计两类。综合统计报表反映丰收公司各方面的基本情况，由计划统计部门企管部负责编制，有土地面积、土地开垦、橡胶和防护林与植物种植、橡胶育苗、老胶园生产、劳动工资等多个统计年报表。专业统计报表是综合统计报表的补充，为各职能部门业务管理工作服务，由各对口专业部门负责统计填报。工业、基建、机务、物资、产品、经贸、人事、劳动工资、教育、卫生、计划生育等方面的定期统计报表，由专业部门负责编制。

除定期统计报表外，还执行快速统计报告制度，农场将主要项目的生产进度用旬报的方式报告管理局，管理局则将干胶、甘蔗等主产品生产进度汇总发送领导及基层单位。

随着农垦经济体制的改革，统计工作实现了三个转变，即由全民所有制经济统计转变为多种经济成分统计；由基本上是农业统计转变为农、工、商、运、建、服等多行业统计；由生产型统计转变为生产经营型统计，特别是增加了职工家庭农场统计，完善统计制度和统计指标体系。1993年以后，根据管理局的统计要求，逐步建立和完善反映公司实情实力和总量的综合指标（包括农垦社会总产量、国内生产总值、国民收入、自营经济等）、反映长期资金投入固定资产活动指标、反映非农业的统计指标，并运用不变价、可比价、现行价等开展统计分析。1997年，根据国家新的国民经济行业分类划分标准，按国有经济和非国有经济进行统计，一直延续至2020年。

二、统计方法

1. **公有经济统计**　橡胶、甘蔗产业等农业统计采用账代表形式，由生产队从承包户收集资料汇总上报到分场或分公司，再由分场或分公司汇总后上报丰收公司。大农场经营的甘蔗按实际生产数量统计。工业的统计方法一般由车间（或班组）收集汇总，逐级上报到丰收公司，再由丰收公司上报管理局。第三产业如批零贸易、餐饮业等则直接从财务部门获取资料上报。

2. **非公有经济统计**　非公有制经济的第一、第二、第三产业多采用抽样调查的统计方法，特别是职工家庭副业生产、职工或非职工经营的工、商、餐饮、服务业等，多采用重点调查或典型调查的结果来推算总体的方法。

3. **自营经济统计**　职工自营经济统计主要采用全面调查与抽样调查相结合的方法，

公司组织调查后，一般由职工上报到生产队，再由生产队统计后逐级上报到公司。

三、统计手段

20 世纪 80 年代初，丰收公司成立前的收获、南光农场的统计工作以手工汇报。1993 年起，省农垦总局为湛江垦区下属各单位计划统计部门分期分批配备了专用计算机，丰收公司的统计工作也开始使用计算机统计，月报、季报、年度报表由纸质报表和计算机数据双重保存。2000 年，月报、季报、年度报表实行计算机汇总，统计资料由纸质报表和计算机数据库并存，实现统计手段现代化。2001 年，省农垦总局推行"超强报表"统计工作软件，是广东垦区普遍使用的统计工具，一直延续使用至 2016 年。2016 年底，根据统计报表工作的需要，省农垦总局发展计划处和信息中心在"超强报表"的基础上，推行"久其"统计报表软件。

第三节　财务管理

一、管理体制

1979 年以前，基本执行的是统收统支，盈利全部上交，一切开支由上级拨款，亏损全由国家补贴。1980—1995 年，实行"财务大包干，一定五年不变"的体制。根据国家税制改革要求，1996—2008 年丰收公司的企业所得税在省农垦总局内缴纳（广东垦区以省农垦总局为垦区企业所得税统一纳税人），从 2009 年起取消汇总缴纳，丰收公司企业所得税改为在属地缴纳。

二、管理机构

丰收公司财务对上受湛江农垦局管理（2018 年 7 月后受广垦糖业管理），农业分公司实行农场—分场—生产队三级，农场—生产队两级核算，1984 年兴办职工家庭农场后，实行农场—生产队—职工家庭农场三级核算；工业分公司实行工厂—车间—班组三级管理，工厂—车间两级核算。

丰收公司总部设有财务部（2012 年 9 月改称财务科），分公司设财务办（调丰糖厂设结算办），生产队、车间设有会统员。总部的财务管理兼有农场事业费预结算、筹资、资产运营监督、成本、利润、工程项目、预算、财政专项资金、会计档案管理等行政事业职能和企业管理职能。

三、管理制度

丰收公司成立前的收获、南光农场财务管理制度实行"集中统一""收支两条线""以收抵支、财务大包干"、一定多年"财务大包干"的管理制度。

（一）集中统一的财务管理制度（1952—1955年）

实行事业管理，一切开支由上级按预算拨款。农场内实行三级（场、分场、生产队）管理，以场为结算单位。1953年建立基建财务会计制度，采用借贷记账法。基建投资由银行监督拨款。1955年开始按照企业化管理要求，拟定"国营垦殖场财务管理办法""财务计划表格""财产目录""清产估价暂行办法""会计制度""会计报表""成本计算规程"等财务制度（草案），并加以实施。

（二）收支两条线的财务管理制度（1956—1965年）

1956年，实行流动资金、基建投资、事业费、利润、折旧的计划交拨办法和计提企业奖励基金制度。统一规定固定资产折旧率和大修理折旧率。并根据生产、开荒营林特点，对基本建设投资和流动资金采取"来源分开、使用合并、决算归口"的办法。记账根据收付传票制改为记账凭单制。1957年，将两阶段核算改为按作物或作物组核算成本。1958年，取消固定资产提存大修理基金。1959年，农场的计划、财务、物资供应逐级上级省审批，由农垦部批准。1960年起，农场资金改由中国农业银行监督拨款。1961年，前银行贷款全部转为流动资金。1962年起，土地开荒和营造防护林不增加固定资产，改为应核基本建设支出，恢复提取固定资产大修理基金。1964年试行"定收定支、以收抵支，收差上交、支差拨补、超收留成、超支不补、一年一定"的办法。并规定，利用农闲搞基建所支出的工资不做基本建设投资，而列入营林外开支；所用材料、设备列入基本建设计划。属简易土木建设工程，不必履行基本建设审批手续，不增加固定资产，不提折旧。农场自繁的幼畜，由农垦部拨"幼畜饲养费"解决，不再由基本建设拨款开支。1965年，贯彻执行中央批准的《关于改革国营农场经营管理制度的规定（草案）》，在财务管理上主要有以下几条。①农场为核算单位。②生产队为基层财务单位。③大型工厂建设、大型建筑、安装工程及设备购置，凡单项价值1万元以上者，按基本建设审批手续办理。④橡胶、造林、土地开荒等支出，在平时可与其他生产资金合并使用，年终决算归口。⑤农场在完成国家计划和不突破总投资前提下，对各个工程项目之间的节余或不足的资金，可互相调剂。调剂后，总投资仍有节余，需用来扩大生产性建设时，须上报批准。⑥农场在保证橡胶和重点工程按计划完成，不突破总投资的前提下，可根据生产建设需要和本场具体情况，对国家下达的基建计划提出调整意见，上报批准后执行。但不能将生产性投资调作非生产生产性建设。⑦不准用农闲工的工资购买基建材料，凡属生产队需要，而没列入国家计划的建设项目，可用农场的折旧留成基金、三项费用和农场资金来解决。⑧凡当年见效的小型简易建设工程，如简易积肥池、简易晒场、简易水井、小型渠道和田间道路维修等，可列入生产费用支出。⑨农场交给生产队承办的建设项目，按定额投资包干给队，超支不补，节余归队。

（三）"以收抵支、财务大包干"（1966—1978年）

1966年起，实行财务大包干，财务制度中由"借贷记账法"改为"钱物为主、收付记账法"。生产队试行定收定支和基层核算。1970年4月，按《广州军区生产建设兵团后勤财务管理制度（草案）》，实行集中统一的财务管理制度，并采用一部分军队管理的办法。1978年，开始按财政部、国家农垦总局的决定，将财务收支纳入预算管理，当年按收支平衡安排，上交款抵拨支出。

（四）一定多年"财务大包干"（1979—1995年）

省农垦总局从1979年起彻底改革"统收统支"财务管理办法，实行财务包干制。1980年，根据省农垦总局《国营农场经济核算试行办法》《国营农场财务会计制度》及湛江农垦制定下发的"固定资产、材料物资管理、产品管理、现金和往来结算、成本利润管理"的办法，制定实施了利润包干、超收分成、定收定支等制度。1984年，兴办家庭农场后，农场对生产队核算逐步过渡到对家庭农场（承包户）承包结算。1986年，农场会计科目增设"应收家庭农场款""应付家庭农场款""待转家庭农场上缴款"等科目。农场逐步建立起便于家庭农场（承包户）进行经营活动的内部信贷制度和结算业务：由农场统收统支变为分户自负盈亏；由农场筹集和管理资金变为由家庭农场分别筹集和管理；由农场核算产品成本变为家庭农场的分户核算。1995年后不再实行财务包干制。

（五）实行财务集中管理（1996—2020年）

丰收公司组建后，摊子更大，公司积极推行股份制和承包经营责任制，通过财务部门下达并落实成本、费用、利润及家庭农场和承包（或租赁）经营单位上交各项费用等考核指标，定期检查财务预算的执行情况，由公司总部财务部门制定财务管理办法，并须经职工代表大会审议通过后执行。公司财务按照国家会计法、企业会计准则、会计基础工作规范、企业会计制度、财政专项资金管理规则进行财务核算，编制公司财务报表，处理公司日常财务，组织指导基层单位进行财务管理和经济核算，按授权范围统一调度资金，统一处理财会工作中出现的问题。

1993—2006年，农场执行《农业企业会计制度》，内容包括：农业企业会计工作的任务和准则（会计科目及其使用说明，会计凭证的种类、格式，填制、传递、审核整理的方法和程序，账簿的种类格式以及记账方法、记账程序和记账规则），成本计算规程，财产清查方法，会计报表的种类、格式以及编制、报送的方法和程序，会计档案的保管办法和会计人员的职责权限等；工业单位执行《工业企业会计制度》，该制度主要目的是规范工业企业的会计核算。

2007—2020年，执行《企业会计准则》，企业会计准则体系包括基本准则、具体准则和应用指南。会计机构设置、会计人员配备、会计基础工作、会计档案管理、内部控制等按照《中华人民共和国会计法》《会计基础工作规范》《会计档案管理办法》《行政事业单位内部控制规范（试行）》等规定执行。从2010年起，根据《湛江农垦集团公司资金集中管理以及财务收支预算管理暂行办法》要求，全面实行资金集中管理以及财务收支预算管理暂行办法，实行收入支出两条线、资金统筹管理，集中支付等财务管理办法进行资金结算，强化资金监管，加速资金周转，提高资金利用效率，确保量入为出，保证资金的良好运作，做到全面预算管理、资金集中调控、风险全面监控等工作，实现财务信息的全面实时反映，为公司发展提供决策支持。从2011年起，实施会计电算化，使财务人员在日常工作中由事务型向管理型转变。根据省农垦集团公司《垦区企业全面预算管理试行方案》《关于做好2013年试点单位预算编制工作的通知》要求，丰收公司从2013年起实行全面财务预算，先由各部门和单位预算并逐级上报，由财务部门汇总并报管理局审批后执行。2019年修订完善《丰收公司财务管理规定》《丰收公司全面预算管理办法》《丰收公司财务审核审批制度》等制度。

四、财政预算资金投入

财政预算资金投入分为基本支出和项目支出。基本支出主要用于中小学及事业单位在职人员经费、离退休人员经费、住房公积金、购房补贴以及日常公用经费。项目支出主要用于农垦社会公益性事务支出（含农田水利建设、危房改造、人畜饮水工程、社区管理、税费改革五统筹支出、义务教育经费保障增加经费）、农业资源保护修复与利用、执法监管（主要是土地确权登记）、贫困农场扶贫开发、土地治理、医院建设、职业教育等。经统计，丰收公司2010—2020年合计收到财政拨款37700.83万元，各年度收入情况如下。

①2010年收到财政拨款4673.25万元，其中：基本收入935.25万元，项目资金收入3738万元；②2011年收到财政拨款2898.03万元，其中：基本收入696.05万元，项目资金收入2201.98万元；③2012年收到财政拨款2998.15万元，其中：基本收入738.69万元，项目资金收入2259.46万元；④2013年收到财政拨款2562.29万元，其中：基本收入771.08万元，项目资金收入1791.21万元；⑤2014年收到财政拨款2724万元，其中：基

本收入 778 万元，项目资金收入 1946 万元；⑥2015 年收到财政拨款 2544.75 万元，其中：基本收入 877.68 万元，项目资金收入 1667.07 万元；⑦2016 年收到财政拨款 3345.88 万元，其中：基本收入 1006.88 万元，项目资金收入 2339 万元；⑧2017 年收到财政拨款 3708 万元，其中：基本收入 1042 万元，项目资金收入 2666 万元；⑨2018 年收到财政拨款 4576.08 万元，其中：基本收入 1126.08 万元，项目资金收入 3450 万元；⑩2019 年收到财政拨款 4977.97 万元，其中：基本收入 1096.97 万元，项目资金收入 3881 万元；⑪2020 年收到财政拨款 2692.43 万元，其中：基本收入 1100.93 万元，项目资金收入 1591.5 万元。

项目支持主要有以下内容。

（1）垦区公检法司法经费补助。主要用于公司政法系统基础设施建设，改善执法条件包括装备、设备、车辆，支付公安干警办理特重大案件的办案经费。

（2）农垦执法监管专项工作经费。主要用于公司土地确权和维权，培训及推广土地资源管理信息系统农场子系统。

（3）直属垦区国有农场税改补助。主要用于农场的义务教育、民兵训练、计划生育、道路建设和优抚费等"五项统筹"的费用开支。

（4）直属垦区国有农场一事一议财政奖补资金。利用"一事一议"资金，在农田水利设施建设、生产生活道路修建、公共环卫项目建设、公共环境绿化美化建设、生活生产用水等方面进行完善。

（5）农业技术推广经费。一是甘蔗健康种苗种植示范与推广通过实施本项目，引进甘蔗良种健康苗 60 万株袋苗，建立一、二级健康种苗苗圃 650 亩，推广健康种苗大田种植 1 万亩；探索出健康种苗配套先进种植技术；袋苗成活率提高到 90%，一级种苗每亩产 1.5～2 吨，二级种苗亩产 3 吨，大田原料蔗亩产 6 吨以上。增强示范和辐射范围，提高示范效果，进一步加大健康种苗种植、示范及推广力度，优化品种结构，促进甘蔗产业高效发展；二是生物专用有机肥应用与示范通过项目的实施，推广生物有机肥（专用配方肥）和配套技术。培训人员 400 人次，提高科技管理人员和职工的科技应用水平；三是甘蔗病虫害综合防治技术推广控制甘蔗螟虫为害虫节率达 15% 以下，有效控制线虫，提高甘蔗产量与糖分；四是开割胶园高产示范推广通过开割树胶园高产示范推广实施，示范区内单株产量比常规管理方法高 0.3 公斤以上，并推广应用新技术 500 亩。

（6）新型农机具购置补贴。购置各类清粪机（车）108 台，降低劳动强度提高公司生产物资和甘蔗运输的机械化水平，提高生产效益。

（7）农业高产创建资金。主要用于建设 2 个万亩示范片并分别建设一个千亩核心示范区，通过实施甘蔗良种、甘蔗健康种苗、测土配方施肥、全程机械化生产、节水灌溉、生物防治虫害等关键技术措施，按照统一整地播种、统一肥水管理、统一技术培训、统一病虫防治、统一机械收获的"五统一"的技术路线，大力推广粤糖 93-158、粤糖 93-159、台糖 89-1626、新品系 1 号和良糖 2 号等甘蔗新品种及健康种苗，加大良种良法高产栽培技术推广力度，普及测土配方施肥，着力开展病虫害统防统治，推进全程机械化生产，扶植发展甘蔗规模，实现"高产、优质、高效、生态、安全"的目标。

（8）农业技术试验示范专项经费。一是甘蔗新品种引进试种及示范。二是甘蔗螟虫优良天敌赤眼蜂繁育新技术研究与应用完善赤眼蜂配套繁养技术，解决赤眼蜂制种与初繁殖的技术问题，探索赤眼蜂原种的选育、复壮及扩繁技术。通过释放赤眼蜂防治甘蔗螟虫，虫节率有明显的下降。

（9）人畜饮水工程建设项目。实施公司东风水库集中供水工程的第二期工程，主要的建设内容为：新建 200 立方水塔 1 座；续建场部管道 2000 米，连队管道 3000 米；续修建水厂围墙；配套管理用房。

（10）农业部直属垦区中小学危房改造补助。主要用于新建伙房，建筑面积 745 平方米。

（11）小型农田水利建设。建设 1500 亩废液综合利用示范基地，高标准建设现代农业示范区，提高农场抗旱生产能力，综合利用沼气废液，实现水肥一体化灌溉功能，促进甘蔗高产高糖。通过实施本项目，甘蔗每亩增产 1～2 吨，1500 亩将增加 1500～3000 吨原料蔗，年增加收益达 60 万～120 万元，经济社会效益显著。

（12）农业部直属垦区义务教育经费保障增加经费。确保垦区义务教育学校正常运转，确保包括困难学生在内的全体农场职工子女全面享受义务教育各项政策，充实学校教学仪器，巩固提高农场普及九年义务教育成果，促进垦区的和谐稳定。由于弥补了财政预算中"公共支出"项目经费缺口，能按时足额发放国家规定的教师基本工资和绩效工资。

五、工作检查

财务工作检查主要是外部检查和内部检查。外部检查主要有农业部（现农业农村部）、审计署、财政部驻广州财政监察专员办事处、省农垦总局主导的各项检查，如财务督导检查、会计信息质量检查、小金库专项治理检查、扶贫资金项目专项检查、中央国有资本经营预算执行情况检查、年终工作检查，及湛江农垦对下属单位的财政资金督导检查、全面预算执行检查等。内部检查主要由公司财务部门每年定期或不定期对属下各单位进行一次以上的财务大检查，对会计资料的真实性，经济业务的合法性，单位财产的安全和完整性及公司下达的各项经济指标是否按规定的范围和标准执行，对于被检查出的违法、违纪、违规款项必须回收。财会人员每年经财务检查被评为优秀者，公司将给予表彰。

六、财务人员培训

财务培训主要有省农垦总局组织的业务培训及湛江农垦局组织针对下属单位开展的各项培训。省农垦总局不定期组织财务软件系统培训（金碟 EAS 系统各类模块培训）、事业单位会计制度培训、政府采购计划管理系统软件操作培训和国库管理及国库集中支付软件操作应用培训等。湛江农垦每年定期开展一次财务决算培训（主要对企业财务报表及事业单位财务报表的相关业务内容进行讲解，并穿插一些日常工作中发生的业务共性问题指导），以及财务人员继续教育培训。湛江农垦还针对垦区的财务和税务问题不定期地开展业务培训班。

第四节　审计管理

一、机构设置

丰收公司总部设立审计部门（2012 年 9 月改称审计科），按上级要求配备人员 2 名，履行内部审计职责。

二、工作职责

内部审计部门通过运用系统、规范的方法，独立监督和评价本单位及下属单位财政收支、财务收支、经济活动及内部控制的适当性、合法性和有效性。内部审计部门按照本单位权力机构或主要负责人的要求，履行下列职责：①本单位及下属单位（含控股地位或者主导地位的单位，下同）的财政收支、财务收支及其有关的经济活动进行审计；②对本单位及下属单位预算内、预算外资金的管理和使用情况进行审计；③对本单位内设机构及下属单位领导人员的任期经济责任进行审计；④对本单位及下属单位固定资产投资项目进行审计；⑤对本单位及下属单位内部控制制度的健全性和有效性以及风险管理进行评审；⑥对本单位及下属单位经济管理和效益情况进行审计；⑦对法律、法规规定和本单位权力机构或者主要负责人要求办理的其他审计事项。

三、工作权限

公司内部审计部门在审计管辖范围内履行职责享有以下权限。

①有权要求被审计对象及时提供会议记录、财政财务收支计划、预算执行情况、决算、财务会计报告、工作计划、工作总结、业务档案及其他有关资料（包括电子数据，下同）和必要的电子计算机技术文档。②有权参加或者列席本单位及下属单位召开的重大投资、资产处置、财政财务收支预算、决算及其他与经济活动有关的会议等。③现场勘察检查资金和财产，检查财务、会计及经济活动的资料、文件和与审计有关的计算机管理信息系统及相关电子数据。④对被审计对象的业务活动进行现场观察、调查和记录。⑤对审计事项中的有关问题，向有关单位和个人开展调查和询问，取得相关证明材料。⑥对审计发现的违反国家规定或者单位内部规定的行为予以制止，提出处理违法违规行为的意见和改善管理、完善治理的建议。⑦单位权力机构或者主要负责人在其管理权限范围内，可以授予内部审计机构封存有关资料资产、对违反国家规定或者单位内部规定的行为进行处理、通报审计结果等权限。⑧内部审计机构和内部审计人员对审计中发现的下属单位负责人存在的严重违法违规问题、本单位未予以处理的严重违法违规问题，以及国家有关政策、规定需要完善的问题，有权向上级审计机关和纪检监察等有关部门反映，并移送有关问题线索。

四、工作程序

内部审计工作主要程序如下。

①确定审计项目审计计划。根据上级部署和本单位的具体情况拟订审计项目计划，征求有关部门意见，经本单位权力机构或者主要负责人批准后实施。②审计通知书的编制与送达。审计机构负责人根据年度审计计划或项目审计计划的要求，在实施审计前编制审计通知书，并通知被审计单位或个人接受审计。③审计工作实施方案的编制。审计小组组长（或项目审计负责人）接到审计工作计划任务（审计通知书）后，根据审计通知书要求及被审计单位的基本情况编制完成合理的审计工作实施方案，突出审计重点，并经内部审计机构负责人批准。在方案执行过程中，若有必要，应按规定的程序对方案进行修改和补充。④审计证据的获取与处理。审计证据是内部审计人员在从事审计活动中，通过实施审计程序所获取的，用以证实审计事项，做出审计结论和建议的依据。内部审计人员应对引用该证据的可靠性负责，应将获取审计证据的名称、来源、内容、时间等重要信息清晰、完整地记录在工作底稿中。⑤审计工作底稿的编制。内部审计人员必须依据所取得的审计证据和在审计过程中形成的工作记录，编制成审计工作底稿。⑥编制审计报告的依据及原则。编制审计报告的依据：内部审计人员在审计实施结束后，以经过核实的审计工作底稿为依据，形成审计结论与建议，就被审计单位经营活动和内部控制的适当性、合法性和有

效性出具的审计报告。编制审计报告的基本原则：审计报告应当客观、完整、清晰、及时、具有建设性，并体现重要性原则。审计报告应针对被审计单位经营活动和内部控制的缺陷提出可行的改进建议，促进组织目标的实现。⑦审计文件的装订存档。审计项目完成后，项目负责人应当及时地将审计报告、工作底稿、附件等有关文件资料归入审计档案装订，妥善保管。审计档案按审计项目归档装订，每个审计项目装订一本。

五、历年主要工作（2011—2020 年）

（一）开展财务收支审计

2011 年，审计学校、医院等单位 2010 年财务收支结余情况。经审计，中小学校财务收支结余平衡，收获医院财务收支结余调减数为 14.2 万元，南光医院财务收支结余调减数为 13.6 万元。

2012 年，审计医院、招待所和中小学校等五个单位 2011 年财务收支情况。经审计，收获医院结余 36.7 万元，南光医院结余 21.7 万元，收获招待所结余 1.9 万元，南光招待所结余 1.3 万元，中小学校超支 15.7 万元。

2013 年，审计医院、招待所等四个单位 2012 年财务收支情况。经审计，收获医院结余 108.9 万元，南光医院结余 41.5 万元，收获招待所结余 1.4 万元，南光招待所结余 0.4 万元。

2014 年，审计医院、招待所等四个单位 2013 年财务收支情况。经审计，收获医院结余 166.4 万元，南光医院结余 80.1 万元，收获招待所结余 2 万元，南光招待所结余 0.5 万元。

2015 年，审计医院、招待所等四个单位 2014 年财务收支情况。经审计，收获医院结余 324.81 万元，南光医院结余 159.03 万元，收获招待所结余 2.08 万元，南光招待所亏损 0.06 万元。

2016 年，审计医院、招待所等四个单位 2015 年财务收支情况。经审计，收获医院结余 397.16 万元，南光医院结余 90.09 万元，收获招待所 2015 年度和 2016 年 1～4 月财务收支结余 1.24 万元，南光招待所 2015 年度亏损 0.25 万元。

2017—2020 年，每年接受审计的单位有收获医院、南光医院、丰收公司中小学、公司工会、收获招待所、南光招待所、南光幼儿园、收获幼儿园。医院、学校于 2018 年移交出去后不再对其审计。

（二）开展承包经营责任审计

2011 年，审计二级公司电话管理站、东风和南光水电站 2010 年承包经营情况。经审计，电话管理站实际效益奖为 0.95 万元，东风和南光水电站实际效益奖为 7.24 万元。

2012 年，审计二级公司电话管理站、东风和南光水电站等 2011 年承包经营情况。经审计，电话管理站实际效益奖为 1.2 万元，东风和南光水电站实际效益奖为 7.1 万元，甘蔗健康种苗基地实际用电费比公司核定计划数超支 0.6 万元。

2013 年，审计二级公司电话管理站、东风和南光水电站、糖厂、农科所承包经营情况。经审计，电话管理站经营亏损为 0.9 万元，东风和南光水电站实际效益奖为 4.2 万元。

2014 年，审计东风和南光水电站 2013 年效益奖。经审计，东风和南光水电站效益奖为 14 万元。

2019 年，审计对丰收水电站、物业公司 2018 年经营效益情况。

2020 年，审计丰收水电站、物业公司、甘蔗基地 2019 年经营效益情况。

（三） 开展经营指标审计

2011 年，考核农科所甘蔗虫节率为 28.5%，大于考核合格指标 25%，考核为不合格；2012 年甘蔗虫节率为 22.28%，大于考核合格指标 15%，考核为不合格。连续两年考核不合格。

2015—2016 年，每年主要对物业办下设物业管理组、水电工程组、环卫绿化组、道路养护组四大类上年度经营指标情况进行审计，没有突破计划指标。

2011—2017 年，每年对调丰糖厂上年度的经营指标完成情况进行审计，并按方案给予核定年度效益奖。

（四） 开展经济责任和离任审计

2011 年，对收获罐头食品公司 2010 年度资产经营经济责任及 14 个基层单位主要领导干部离任进行经济责任审计。

2012 年，对南光分公司经理和 7 个基层单位主要领导干部离任进行了经济责任审计。

2013 年，对公司属下南光分公司 16 队队长黄洋等 4 人的离任进行了经济责任审计。

2015 年，对收获和南光 2 个基层生产队队长离任进行了经济责任审计。

2016 年，对收获 3 个基层生产队长离任进行经济责任审计。

2017 年，对物业公司、罐头食品公司 2016 年经济责任审计，对南光 4 个基层生产队长离任进行经济责任审计。

2018 年，对物业公司、罐头食品公司 2017 年经济责任审计，对收获幼儿园园长、丰收水电站经理及生产队队长共计 8 人离任进行经济责任审计。

2019 年，对收获农业分公司原经理纪宏南及 7 个生产队队长离任进行经济责任审计。

2020 年，对 6 个生产队队长离任进行经济责任审计。

（五）开展专项审计

2011年，对2010年两个农业分公司43个生产队进行专项审计，主要是针对制造费用、不合理成本挂账、坏账等方面的审计。①南光农业分公司19个生产队制造费用全部节余金额为178845.49元；收获分公司新桥队等18个生产队制造费用共节余金额为53910.47元；收获分公司园林队等6个生产队制造费用共超支金额为42716.64元，制造费用超支的原因是公用水电管理不到位，没有定期对公用水电进行抽表检查和维护，公用水电浪费极大。②两个农业分公司2010年度不合理成本挂账464.8万元、坏账210.5万元，其中：收获农业分公司园林队等不合理成本挂账424.1万元，华建队等坏账197.3万元；南光农业分公司15队等不合理成本挂账40.7万元，15队等坏账13.2万元。③根据公司经营管理方案相关规定，对发生不合理成本的挂账按15％扣罚，制造费用超支、坏账的单位从年终超收分成中100％冲减。

2012年，对2011年两个农业分公司43个生产队进行专项审计，主要是针对制造费用、不合理成本挂账、坏账等方面的审计。①南光农业分公司19个生产队制造费用全部节余，节余金额为20.8万元；收获分公司新桥队等16个生产队制造费用共节余金额5.3万元；收获分公司园林队等8个生产队制造费用共超支金额1.5元，制造费用超支的原因是公用水电管理不到位，存在公用水电浪费现象。②由于公司2011年推行两费自理，不合理挂账款大幅度减少，2011年两个农业分公司不合理挂账额71.6万元（其中：收获58.6万元、南光13万元），比2010年464.8万元减少393.2万元，减幅84.6％，按不合理成本挂账额扣15％坏账准备金。

2016年，对2015年收获、南光两个农业分公司43个生产队进行专项审计，主要是针对制造费用、甘蔗管理费、蔗场管理费、坏账等方面的审计。①2015年南光农业分公司19个生产队制造费用、甘蔗管理费、蔗场管理费共节余23.45万元；②2015年收获农业分公司24个生产队制造费用、甘蔗管理费、蔗场管理费总体共节余25.84万元，但发现收获农业分公司有1个生产队制造费用等超支289.12元，根据经营方案规定，生产队包干超支部分的费用从当年队管理人员效益工资中扣回。

2017年，完成专项审计43项，二级单位包干经费超支6564元、生产队制造费用包干超支7.33万元，蔗办经费发放法定节假日、双休日加班、夜餐费（以上三项控制在管理费用总额30％以内）超支2.4万元，增加效益106.34万元（核减收获医院2015年效益奖106.34万元）。

2018年，完成专项审计43项，二级单位包干经费超支5750元、生产队制造费用包干超支4999元，蔗办经费发放法定节假日、双休日加班、夜餐费（以上三项控制在管理费用总额 35％以内）超支 323 元，增加效益 18.32 万元（核减收获、南光两个医院 2017年绩效奖 18.32 万元）。

2019 年，完成专项审计 40 项，主要对收获 21 个生产队、南光 19 个生产队 2018 年核定的管理费用、蔗场、甘蔗管理费用包干使用和分公司 2018/2019 年榨季蔗办经费包干使用进行审计，审出并追回收获、南光幼儿园违规占用银行存款利息 7442 元，下达审计整改通知书 6 份，提出建议 22 条。

2020 年，完成专项审计 40 项，主要对收获 21 个生产队、南光 19 个生产队 2019 年核定的管理费用、蔗场、甘蔗管理费用包干使用和分公司 2019/2020 年榨季蔗办经费包干使用进行审计，核查出固定资产折旧费由公司承担调整为属下二级单位承担折旧金额 2.79万元，提出建议 24 条。

（六）开展基建项目审计

2011 年，审计完成基建项目 160 多个。

2012 年，审计完成基建项目 163 个。

2013 年，审计完成基建项目 126 个。

2014 年，审计完成基建项目 141 个。

2015 年，审计完成基建项目 87 个。

2016 年，审计完成基建项目 93 个。

第四章　人力资源管理

第一节　人事管理

丰收公司人事管理主要分为干部管理和工人管理，组织人事部门（政工部、人事政工科、人事科）负责干部人事管理。2012年10月前，工人人事管理职责属企管部，2012年10月至2016年4月属组织人事部门（政工部、人事政工科、人事科），2016年5月至2017年3月属社会事业管理办，2017年4月起属企业管理科。

一、劳动工资管理

丰收公司成立后，干部劳动工资管理由政工部主管、企管部协助。1999年11月4日，丰收公司首届四次职代会审议通过《丰收公司各项管理规定》，其中《劳动工资管理规定》为之一。2020年9月23日，丰收公司行政办公室将重新修订的《丰收公司各项管理规定》印发。丰收公司《劳动工资管理规定》是根据有关法律、法规和《中华人民共和国劳动法》，以及上级（湛江农垦集团公司、广垦糖业集团公司）的有关规定而制定。

丰收公司机关科室干部的职责：按时完成上级主管部门和公司领导、科室安排的工作任务，协助科室领导履行职能科室职责，提升业务管理水平，优质高效地做好业务工作，做好对基层单位业务工作的指导，在规定的工作日内解决或答复基层单位提出需要解决的问题；分公司正职领导的职责：遵守公司各项管理规定，完成公司领导、机关各科室布置的工作任务，加强对分公司干部的管理，积极地为生产队、为职工解决生产上的困难，抓好党建工作、精神文明（社区）建设、计生、安全生产和综治维稳工作等，落实环境卫生、绿化清洁工程长效机制；分公司各办干部的职责：带头遵守公司各项管理规定，完成公司各科室安排的工作任务，协助分公司领导加强对生产队的管理，主动深入生产一线开展工作，积极地为基层、为职工服务，协助生产队抓好党建工作、精神文明（社区）建设、计生、安全生产和维稳综治工作等，落实环境卫生、绿化清洁工程长效机制；生产队干部的职责：自觉遵守公司各项管理规定，完成公司下达的甘蔗目标产量、上缴土地使用费、甘蔗种植面积等考核指标和土地管理工作任务，按时按质按量完成公司各科室和分公司各办安排的工作，认真抓好本单位的党建工作、精神文明（社区）建设、计划生育、安全生产和维稳综治工作等，落实环境卫生、绿化清洁工程长效机制。

1998 年 7 月 15 日，丰收公司首届职代会代表组长联席会议审议和通过《公司员工实行岗位工资方案》。实行岗位工资是工资改革形式，根据管理人员不同岗位制定等级不同岗位工资，管理人员岗位工资分为 13 个级差。1998 年 7 月起执行岗位工资，加工龄补贴（每年工龄 2 元）和职称补贴（高级每月 55 元，中级每月 35 元，助级每月 20 元，员级每月 10 元）。1999 年 11 月 4 日，丰收公司首届四次职代会审议和通过《关于公司职工效益工资考评升级实施方案》，决定按湛江农垦集团公司批复，丰收公司 2000 年效益工资升级面为 60%，按列入升级范围职工人数 2911 人计，升级人数为 1747 人，干部的考评升级工作由政工部负责。2001 年 10 月 25 日，丰收公司第二届第二次职工代表大会审议和通过《2000 年职工效益工资考评升级方案》。2006 年 12 月 8 日，对公司内退干部调整提高工资。2012 年 8 月 3 日，丰收公司第三届第六次职代会联席会议讨论和通过《丰收公司职工岗位工资调整实施方案》，管理人员岗位工资上调幅度为 7%～10%，工龄工资从原每年 5 元提高到 10 元，执行时间从 2012 年 1 月 1 日起。2012 年 11 月 12 日，丰收公司第四届第一次职工代表大会审议和通过《工资集体协商协议书》。到 2020 年年末，丰收公司干部工资由岗位工资、工龄工资、职务工资（含职称、学历补贴）组成，工龄工资按每年 20 元计发，职称工资分为：副高级职称每人每月 800 元，中级职称每人每月 600 元，助级职称每人每月 350 元，员级职称每人每月 250 元。学历工资分为：普高本科学历每人每月 700 元，大专学历每人每月 300 元；成人学历（在职学历）本科每人每月 350 元，大专每人每月 150 元，中专每人每月 80 元。

二、专业技术、政工人员管理

1999 年 12 月 6 日，成立丰收公司专业技术人员和政工人员考核领导小组。下设办公室于政工部。每年根据广东农垦集团公司和湛江农垦局（集团公司）及广垦糖业集团公司关于评审职称通知精神，认真做好专业技术人员职称评审工作，严格开展职称评审工作的规定程序（个人填表、审核公示、材料送审、评后公示、核准发证）和要求（所有材料必须真实、准确、规范；职评部门要认真验核材料；写好申报人业绩综合评价意见；纪检部门加廉政审核意见），切实履行好把关责任，严格按照规定做好人员界定、推荐、公示等工作。

1999 年 8 月 8 日，据丰收公司政工部统计，全公司有农科教卫生专业技术人员 205 人，具有中级职称的有 24 人（机械化工各 1 人，食品加工、畜牧各一人，农业、医疗各 2

人），具有初级职称的有 175 人。引进吸收各类专业技术人员 43 人。2002 年 12 月 28 日，据政工部统计，公司专业管理人员技术人员总数为 503 人，其中女性 174 人；本科学历 39 人、专科学历 142 人、中专学历 189 人、高中学历 111 人、初中以下学历 22 人；工程技术人员 18 人、农业技术人员 22 人、卫生技术人员 82 人、教学人员 92 人、经济人员 64 人、会计人员 63 人、政工人员 85 人、其他人员 77 人。2006 年 8 月 30 日，政工部统计并上报湛江农垦局人事政工处，丰收公司企业单位离退休高级专业技术职务人员 13 人，在职高级专业技术人员 4 人，中级专技人员 93 人。2014 年 2 月 27 日，据人事部门统计：丰收公司事业单位在职专业技术人员为：副高级 2 人，中级 68 人，助理 10 人，普通职员 2 人。

1996 年至 1999 年，丰收公司共选送职称评聘公需课培训 188 人（本科 39 人、大专 80 人、中专高中 69 人）。2012 年 6 月 10 至 11 日，举办丰收公司 2012 年职称评聘公需课培训班，170 名干部职工参培并考试。2013 年 7 月 12 日，湛江农垦 2013 年专业技术人员专业课培训班在丰收公司举办，邀请湛江师范商学院副院长、博士、副教授夏青老师授课，垦区雷州、徐闻片共 170 名学员参加培训。2014 年 5 月 20—21 日，举办丰收公司 2014 年专业技术人员公需课培训班，共 229 人参培，邀请湛江市司法局副处调研员叶君保老师授课。

三、工资福利与离退休管理

（一）工资福利

1996 年 6 月 30 日，成立丰收公司职工生活福利委员会。丰收公司管理人员工资福利主要是：基本月薪（岗位工资）、阶段性劳动竞赛奖金、年终综合奖金、医疗保险、养老保险、工伤保险、失业保险、生育保险、每周双休日、年休假、探亲假、法定节假日、病假待遇、住房公积金、各种补贴等。

（1）基本月薪（岗位工资）、阶段性劳动竞赛奖金、年终奖金。每月按时发放管理人员岗位工资，执行公司职代会通过的各项生产劳动方案呈现奖金，年度根据企业经济效益按基数比例计发各级管理人员年度综合奖金。

（2）医疗保险、养老保险、工伤保险、失业保险、生育保险。由公司出资给员工（含管理人员）投保。

（3）年休假。累计工作已满 1 年不满 10 年的，年休假 5 天；已满 10 年不满 20 年的，年休假 10 天；已满 20 年的，年休假 15 天。国家法定休假日、休息日不计入年休假的假期。年休假原则上安排在非榨季期间（每年停榨后至 10 月），在本年度内可以集中安排，也可以分段安排，一般不跨年度安排。各单位应根据生产、工作的具体情况，并考虑职工本人意愿，在不影响正常工作的情况下，统筹安排职工轮休年休假。工作已满1年以上的职工，若当年度工作时间不足一年，按照在本单位剩余日历天数折算确定，折算方法为：（当年度在本单位剩余日历天数÷365天）×职工本人全年应当享受的年休假天数。

（4）病假待遇。管理人员病假期间待遇分为治疗期和病休期。治疗期的当月（应出勤天数，以下同）累计请病假5天以内的，按本人月工资（含各项工资和津贴、补贴，下同）全额发放；当月累计请病假5天以上至10天（含10天）的，按本人月工资95％发放；当月累计请病假10天以上至15天（含15天）的，按本人月工资按90％发放；当月累计请病假超过15天不足1个月的，按本人月工资85％发放；连续请病假1个月以上至3个月的，按本人月工资80％发放；连续请病假3个月以上至6个月的，按本人月工资75％发放；连续请病假超过6个月的，按本人月工资70％发放。如当月工资金额低于湛江市当地最低工资标准的80％，则按湛江市当地最低工资标准的80％计发。病休期间月工资按企管科办理病休人员的待遇标准执行。每年度统一发放清凉饮料费（从六月至十月），每人每月20元（2019年取消此项补贴）。

（5）住房公积金。为充分发挥住房公积金制度的政策性保障作用，稳定员工（含管理人员）队伍，增强企业的凝聚力，根据湛江市住房公积金管理中心有关文件、会议精神，结合丰收公司实际，制定《广东省丰收糖业发展有限公司年度住房公积金缴存基数调整方案》。年度住房公积金缴存基数调整原则从每年7月起执行。在缴存年度内，按核定后的月缴存额缴存住房公积金，原则上是一年一定。在丰收公司已建立住房公积金账户的职工、新入职员工以对照职务级别标准、岗位标准执行。

（6）各种补贴。①在职管理人员电话费补账。科级260元/月，副科级160元/月，科员130元/月，办事员90元/月（队长、党支部书记），副队长、副党支部书记70元/月，会统资料员50元/月。②书报费补账。按湛江文件：研究生以上学历或高级职称150元/年，本科学历或中级职称120元/年，大专、中专学历或初级职称60元/年。③每年6—10月发放清凉饮料费，每人每月20元（2019年取消此项补账）。④水电费补账。每人每月30元（2018年取消此项补账）。

（二）离退休管理

1996年1月，成立丰收公司退休职工管理委员会。南光农场并入丰收公司后的1997年8月18日，调整退休职工管理委员会成员。董事长为主任，总经理和工会主席为副主任，委员由12人组成。退管会下设退管办公室。离退休干部整体工作由政工部（人事科）主管，退管办协助。1997年年末，政工部统计：全公司离休干部共有37人（其中收获农业分公司 21 人，南光农业分公司 12 人，调丰制糖工业分公司 4 人）。人事部门和退管办每年重大节日和重阳节组织慰问离退休人员，召开座谈会，举行老人健美操比赛、保健知识讲座等活动，建立健全离退休人员健康信息资料，每年组织离退休人员免费体检。2006年 12 月 28 日，湛江农垦局退管会组织检查组对丰收公司 2007 年退管工作进行全面检查，认为丰收公司退管工作管理到位，被评为"湛江垦区 2007 年度退管工作先进单位"。2008年 3 月 27 日，湛江农垦局退管会表彰丰收公司为"2008 年度湛江农垦退管工作先进单位"。丰收公司成立后至 2012 年离退休干部整体工作由政工部（人事科）主管，退管办协助。2013 年至 2020 年，退休人员（离休干部仍由政工部或人事科主管）整体工作由社区事业办负责管理。政工部（人事科）每年认真落实离休老干"两个待遇"（生活待遇、政治待遇）。2015 年 3 月 18 日，丰收公司四届三次职代会联席会审计通过了《丰收公司企业退休人员临时生活补贴发放暂行办法》。本办法从通过的当月开始执行，丰收公司每月给企业退休人员发放临时生活补贴标准为：副处级（1999 年 10 月后任职的）和享受副处待遇干部 200 元，正科级 150 元，副科级 100 元，一般干部 70 元，工人 30 元；并按湛江农垦局的文件规定，在基层工龄 20 年或 25 年，执行企业工资并聘任为对口专业岗位退休的，高级职称增发生活补贴 60 元/月，中级职称 40 元/月。2015 年 7 月 15 日，根据上级要求，人事科完成中共湛江市委老干部局印制的离休干部个人基本资料信息表填报工作，并按时上报湛江农垦局人事处。报表涉及人员共 18 人，其中已去世 4 人。2020 年年末，丰收公司离休干部只有 7 人，退休人员 2824 人。

四、退役军官安置管理

1997 年，丰收公司共有退役军官 11 人（其中 9 人离退休，在职 2 人）。2020 年丰收公司仍有退役军官 3 人（其中 1 人最高龄 92 岁，1 人 91 岁，1 人 72 岁）。

五、军队转业干部管理

1997 年，丰收公司有军队转业干部 19 人。2020 年，丰收公司有军队转业干部 3 人（其中离休 2 人、退休 1 人）。政工部（人事科）自 2004 年起，认真贯彻和落实中央人事部、组织部、民政部、财政部、劳动和社会保障部、国资部、总政治关于军队转业干部待遇。军队转业干部待遇从每月 150 元/人，提高 300 元/人、400 元/人。2020 年提高到每月 2449 元/人（企业军转干部职务补助标准）。

六、人才流动开发管理

建立健全丰收公司人才流动制度：一是聘任制，二是招聘制，三是合同制，四是辞职、退职制。1999年8月8日，政工部统计：丰收公司成立后的1996年至1999年，从各大专院校招聘人才共136人。丰收公司在引进、稳定、培养人才工作中成绩显著，1998年9月，被湛江农垦局人事政工处评为"湛江垦区人才工作先进单位"。2001年7月30日，根据湛垦人字〔2001〕23号文的精神，为规范和加强干部学历、学位、职称管理，防止出现假学历、假学位、假职称，保证干部学历、学位、职称材料真实性和准确性，经公司研究决定：对公司部分干部学历、学位、职称等情况进行一次全面的清理审核。2002年1月31日，经湛江农垦局"一五一二"工程优秀人才评审委员会评议，同意丰收公司董事长何时盛继续纳入2002/2004年湛江农垦"一五一二"工程优秀人才管理（为优秀企业经营者）。2003年8月9日，副总经理韩广勇前往澳大利亚参加农业部举办的"农垦高级管理人才培训班"学习，历时为90天。2009年11月2日，湛江农垦"乡土人才"创业经验交流报告会在丰收公司举行，与会人员共230人，听取了报告团七位"乡土人才"作创业经验介绍。11月5日，政工部统计并上报湛江农垦局人事政工处人才信息库备案：丰收公司1965年1月1日以后出生，具有大专以上学历，现任副科以上职务的中层干部有彭达皓、梁妙玲、黄秀明等37人。2010年11月20日，政工部统计并上报湛江农垦局人事政工处人才信息库备案：丰收公司管理人员496人，其中行政管理人才296人、党群管理人才72人、本科55人、大专246人、中专84人、高中111人、高级职称2人、中级职称99人、初级职称323人、工程专业34人、农业专业32人、经济专业57人、卫生专业72人、教育专业93人、政工专业66人、其他专业70人。"十一五"期间（2006—2010年），公司从各高等院校招收引进人才共138人。12月18日，印发《广东省丰收糖业发展有限公司"十二五"人才发展规划》。2014年2月27日，据人事部门统计，丰收公司事业单位在职专业技术人员为：副高级2人，中级68人，助理10人，员级2人。11月6日，公司团委召开丰收公司青年人才学习交流会。共40名大中专生参加。2012年9月26日，召开丰收公司2012年大中专生迎中秋暨"理想点亮人生"座谈会。共32人参加会议（丰收公司坚持每年春节前或中秋佳节召开招聘大中专生座谈会）。

2015年1月14日，人事科统计并上报湛江农垦局人事处人才信息库案，丰收公司公有经济企业专业技术人才增加与减少情况为：2013年末共346人；2014年经营管理人才增加10人、专业技术人才减少20人，2014年年末336人，当中女性56人，中共党员258人，研究生3人，大学本科46人，大学专科143人，中专57人，高中以下76人。公有经济企业特殊专业技术人才（享受国务院政府特殊津贴人员）1人。本公司公有经济企业经营管理人才、专业技术人才参加种类培训情况为：管理人员参培共586人次，其中适应性短期培训49人次，学历、学位教育培训93人次，党校培训2人，其他培训589人次。专业技术人员继续教育培训 11 人次，学历、学位教育培训 1 人，其他培训 12 人次。

七、机构编制管理

1996 年 1 月 10 日，成立丰收公司政工部和群工部。政工部负责干部人事、离休干部等事宜。群工部内设退休管理工作办公室（简称为退管办），退管办负责退休员工等事宜。2012 年 9 月 13 日，成立丰收公司社区管理委员会，下设社会事业服务管理办（负责退管整体工作）。

八、人力资源专项制度改革

丰收公司人力资源专项制度改革重点抓好三方面。一是干部人事制度改革，目的促使管理人员能上能下；二是劳动用工制度改革，实现员工能进能出；三是收入分配制度改革，达到收入能增能减。

在干部人事制度改革中，实行聘（任）用制。严格按照中共中央颁布的《党政领导干部选拔任用工作条例》选拔和任用干部。必须坚持把政治标准放在首位，树立注重理论和实践的导向，大力选拔敢于负责、勇于担当、善于作为、实绩突出的干部。需报广垦糖业集团公司人力资源部备案的，上报并得到批复后，方可任用。聘用干部的条件：政治素质好，遵守国家法律、法规，没有违反一票否决制，没有拖欠公司土地使用费及其他款项，具有良好的职业道德，作风正派，身体健康。基层单位新聘用的干部原则上须具有大专以上学历或专业技术特长，对工作能力突出，经验丰富，成绩显著者可适当放宽，但也必须具备中专以上文化程度；分公司机关新聘用的干部须具有全日制普通高校大专以上学历；公司机关新聘用的干部须具有全日制普通高校本科学历（学历须经广东省学历认证中心验证）。提拔为公司副科级以上的干部，必须具有大专以上学历。中层（科级）干部的任用：严格按照《广东广垦糖业集团有限公司中层干部选拔任用规程》执行。正科级干部的任职资格，除具备干部的基本任职条件外，从副科级干部提拔为正科级干部的，应具有副科级干部岗位工作 2 年以上的任职经历。党政干部的聘（任）用可通过民主推荐、竞争上岗、公开招聘等形式，也可由公司党委委派。凡工作岗位、专业技术职务等调整，涉及待遇随职务变动增加或减少的，均从变动的下月起执行。同时，加强领导班子后备干部和一般后备干部管理工作。

在劳动用工制度改革中，劳动力的招收由公司在符合定编、定岗、定员和实际岗位需要的基础上招收。因工作需要调出公司外单位（垦区内）工作的，必须还清所欠原单位挂账款、借款或其他有关财物（财务部门签核），并持有解除劳动关系（合同）手续、退房证明（配偶为非职工的）、婚育证明、广东广垦糖业集团有限公司人力资源部调动函和入职通知等方可办理调动手续。外单位要求调入本公司工作的人员原则上按劳动力招收程序办理，必须具备中专以上文化程度，且专业对口，并持书面申请、有效的身份证、户口簿、毕业证、公司计生办查验过的婚育证明（或未婚证）、体检合格体检表、无犯罪记录证明、广东广垦糖业集团有限公司人力资源部调动函和入职通知等，经公司领导审核，量才而用方可办理调动手续。调出垦区工作的人员，必须经广东广垦糖业集团有限公司人力资源部下达调动通知书，公司办理调出行政工资介绍、解除劳动关系（合同）手续、退房证明（配偶为非职工的）、婚育证明、无欠账证明等相关手续后，方可到接收单位工作。

在收入分配制度改革中，公司分别制定各种分配方案，各级管理人员以阶段性劳动竞赛奖金、年终综合奖金挂钩（每年变更公司总部、分公司机关科室挂钩队），阶段性劳动竞赛效益高，提成奖金多则分配多，效益低分配少，不完成任务的反扣。农业单位农工实行全自费承包制。下属各二级（子）公司自主经营、自负盈亏。

九、岗位职责与薪酬改革

丰收公司制定各级机关部门职责和岗位职责及领月薪工厂员工的岗位职责。根据每个工作岗位的职责、内容、劳动强度、岗位的重要性、劳动条件，以及对岗位的知识要求、能力要求而确定的工资水平（薪酬），建立多档多级的薪酬等级。

十、绩效与奖惩管理

丰收公司人事科负责对各单位干部履行职责情况，实行年度考核，考核包括：德、能、勤、绩、廉五个方面（重点考核工作实绩），年度考核内容：经济建设、党的建设、精神文明（社区）建设、干部作风建设、意识形态工作和年度专项工作等。考核档次分为：优秀、称职、基本称职、不称职。经考核为优秀的可作为今后晋升的依据之一；称职的可继续留任原职；基本称职的经调查核实，确认不能胜任原职的，要降职使用或调换工作岗位，并进行谈话提醒；不称职的则降职或解聘。干部在执行公司生产技术措施中，工作不到位而被公司亮"黄牌"警告，当年累计超过三次的，就地免职处理。实行分公司经理和党总支书记，分公司各办干部与生产队干部完成各项工作实绩的考核相挂钩，并在年度绩效工资计算中体现同奖同罚。实行机关各科室干部与农业分公司若干生产队干部在经济建设、党的建设、精神文明（社区）建设和年度专项工作的考核相挂钩，并根据完成工作实绩，在年度绩效工资计算中体现同奖同罚。

第二节　社会保障管理

1991 年 7 月起，收获农场、南光农场开始实行职工个人缴纳养老保险费 2 元/月，养老保险费逐年提高；至 2000 年 8 月农场退休工人退休金一直由农场或公司结算中心代发养老金，农场、公司在职职工与退休职工人数比例基本为 2：1，农场企业负担较大，职工退休金按退休前工资级别计算，退休金比较低。

2000 年 9 月起，湛江农垦退休工人养老金实行社会化发放，丰收公司退休工人退休金纳入湛江农垦基本养老保险统筹，退休工人养老金转为由专户银行发放。

2003 年 7 月至 2007 年 6 月，农垦基本养老保险资金由省财政、省农垦总局、省级养老保险调剂金三家解决，公司退休人员退休金有了较大提高且发放稳定。2007 年 7 月起，丰收公司退休人员基本养老金纳入全省统一政策和标准实施，由雷州市社会保障局统一发放，退休人员基本养老金逐年提高。公司职工退休由湛江农垦局办理转为由雷州市社会保障局办理。

2003 年，丰收公司实行职工基本医疗保险制度，按每名职工 130 元标准向湛江农垦局缴纳医疗保险费，职工按相应比例报销住院费；公司按每名职工 20 元费用拨给公司医院承包，医院负担职工看病门诊费 70％。

2005 年，丰收公司全面实施职工参加太平洋医疗保险，在此基础上再实施大病救助制度，职工患大病医疗费医保报销后公司再救助报销，使职工总的医疗费报销达 85％。同时，丰收公司医院建立职工合作医疗制度，职工每人每月交合作医疗费 5 元，公司每人每年补贴 50 元给公司医院包干使用，职工在公司医院住院免费治疗。

2007 年，丰收公司停止参加太平洋医疗保险，改为与中国人民财产保险公司合作，实施新的医疗保险措施，新医疗保险包括了基本医疗保险和大病医疗救助保险；职工每年缴纳 222 元的保费，可享受最高赔付 92380 元的保障。

2008 年 7 月起至 2017 年，丰收公司实施城乡居民基本医疗保险制度，公司为所有职工（含离退休职工）缴纳城乡医保费，年缴费 30 元/人，城乡医保费逐年提高。2017 年，城乡医保缴费 150 元/人，丰收公司为在职职工 2101 人、退休工人 2925 人缴纳城乡医保费 171.9 万元。

2009 年，丰收公司在职工参加城乡居民基本医疗保险制度的基础上，还参加农垦二院医疗保险，由公司按每人每年 190 元缴纳，并参加大病救助医疗保险，年交费 72 元，其中职工个人负担 36 元，公司负担 36 元/人，提高职工医疗费报销比例。

2011 年，丰收公司实行《丰收公司建立职工合作医疗统筹基金实施方案》，继续执行职工合作医疗制度，职工在公司医院住院基本全免费。

2018 年，丰收公司全面实施城镇职工医疗保险制度，纳入广东省城镇职工医疗保险及大病救助，公司负担职工医疗保险费大大增加。2018 年，丰收公司为在职职工 1250人、退休工人 2913 人缴纳职工医疗保险费共 2034.4 万元；2019 年缴纳医保费 2327.3 万元。公司相应停止职工城乡居民基本医疗保险、职工合作医疗统筹基金、职工合作医疗等医疗方案。

第三节　社会保障机制管理

1999 年，丰收公司开始实施最低生活保障制度，工会负责此项工作，最低生活保障条件为家庭月人均收入低于 130 元，不区分农业户和非农户，最低生活保障标准每人每月补助 50 元，其中雷州市民政部门补助每人每月 30 元，丰收公司补助每人每月 20 元，丰收公司分别在收获、南光、罐头厂开展调查摸底，按照低保条件做到应保尽保。2000 年至 2002 年上半年办理最低生活保障金 45 户 109 人，2002 年下半年 57 户 143 人，发放最低生活保障金 22.86 万元。最低生活保障实施后，丰收公司残疾人家庭、患大病家庭等困难户生活得到保障。2004 年至 2010 年，雷州市民政局核定丰收公司最低生活保障指标132 人，2011 年，丰收公司增加低保指标 62 人，低保指标共达到 194 人。最低生活保障标准从 2007 年起逐年提高，2007 年低保标准民政部门补助每人每月 40 元，2008 年低保标准每人每月 55 元，2009 年至 2013 年低保标准每人每月 65 元，2014 年至 2015 低保标准每人每月 90 元。2016 年，湛江地区最低生活保障全部重新申报，低保条件为家庭月人均收入低于 490 元，实行差额补助。当年，低保工作移交社会事业服务办管理，丰收公司按规定要求，规范低保工作，严格审核把关，对原来低保户重新调查，不符低保条件取消低保，符合低保条件申报有 10 户 12 人，多为残疾或大病无劳动能力人员，低保标准每人每月 490 元，平均补差 418 元。2017 年，丰收公司低保人员达 14 户 18 人，低保标准提升到 580 元，平均补差 457 元。2018 年低保标准提升到 638 元，平均补差 503 元。2019 年，丰收公司低保人员达 17 户 21 人，低保标准提升到 703 元，平均补差 554 元。2020 年，丰收公司申报享受低保人员达 18 户 22 人，低保标准为每人每月 772 元，平均补差 609 元。

2004 年，为了保障广大职工身体健康，使不幸患上特种重大疾病能及时得到有效的医疗，丰收公司组织职工参加广东省职工保障互助会，参与女职工安康保险和职工互助保险。女职工安康保险保费每份 50 元，对女职工妇科大病保障 3 年，保险金额每份 15000

元；职工互助保险保费每份 100 元，对职工各类癌症、肿瘤、尿毒症等 6 类大病保障 3 年，保险金额每份 3 万元。当年，丰收公司参加女职工安康互助保险 640 人 697 份，投保金额 34850 元；参加职工互助保险 39 人，投保金额 3900 元。2005 年，职工互助保险改为投保每份 80 元，保险金额每份 1 万元，丰收公司参加职工互助保险 192 人 216 份，投保金额 17280 元；参加女职工安康保险 647 人，参加职工互助保险人数 231 人。2007 年，丰收公司参加女职工安康保险 934 人，参加职工互助保险人数 266 人。2005 年至 2007 年，4 人患病获安康保险赔付 6 万元。2008 年，丰收公司参加女职工安康保险 1011 人，参加职工互助保险人数 299 人。2010 年，丰收公司参加女职工安康保险 1329 人，参加职工互助保险人数 266 人，在职女职工 100％参加安康保险。2008 年至 2010 年，2 人患病获安康保险赔付 3 万元，2 人患病获职工互助保险赔付 2 万元。2013 年，丰收公司参加女职工安康互助保险 1242 人，参加职工医疗互助保险 609 人；2011 年至 2013 年，2 人申请广东省职工医疗互助保险，获赔付金 2 万元。2015 年，丰收公司参加女职工安康互助保险 1024 人，职工医疗互助保险 653 人；2 人申请广东省职工医疗互助保险，获赔付金 2 万元。随着丰收公司深化改革，原属丰收公司的糖厂、罐头厂、复肥厂、学校、医院相继分离，职工逐年到龄退休，在职职工人数减少，至 2020 年，丰收公司参加女职工安康保险 294 人，参加职工互助保险 409 人。2016 年至 2020 年，3 人患病获安康保险赔付 4.5 万元，2 人患病获职工互助保险赔付 2 万元。

第五章　安全生产管理

第一节　安全教育

在安全教育方面，重点组织开展好"安全生产周""安全生产月"活动。1995—2001年，每年定于五月份开展一次"安全生产周"活动，活动主要内容有：广泛开展安全生产宣传教育活动，普及安全生产法规和安全生产知识；开展安全生产大检查。2002—2020年，全国第一个"安全生产月"活动从2002年开始，此后每年定于六月份为"安全生产月"，主要活动内容有：广泛宣传安全生产知识；举办安全生产知识和岗位技能培训班，培训内容包括《安全生产法》《国务院关于进一步加强安全生产工作的决定》《特种设备安全监察条例》《中华人民共和国消防法》《中华人民共和国食品安全法》及生产安全事故警示教育，组织全员参与安全生产知识考试或竞赛；开展各种灾害的应急处置、逃生自救等演练；开展安全生产专项大检查。

安全教育还包括：学习贯彻上级有关安全生产及劳动保护的政策、法令和有关规定；开展特殊工种培训，确保特殊工种作业人员持证上岗；开展上岗前三级安全教育，特别是工业单位新招收的员工、季节工、临时工，上岗前必须进行厂级、车间级、班组级三级安全教育，考核合格后方可上岗，车间每月要制作一期安全教育板报；农业单位则重点开展防火、防电、防雷、防煤气和交通、食品安全教育。

第二节　安全管理

一、机构设置

丰收公司安全管理在上级有关部门的领导下开展工作，并受所在地人民政府监督和管理。丰收公司设立安全生产委员会，负责全公司安全生产工作，法人代表任安委会主任，为公司安全生产第一责任人，分管安全生产领导任副主任，成员为各部门负责人、分公司经理及安全管理人员。

安委会下设办公室在企管部（2009年改设在安全生产部），负责安委会日常工作，由所在部门负责人任办公室主任。

各分公司及生产队（车间），子公司、医院、学校等自行设立本单位安全生产领导小组，负责本单位的安全生产管理工作，由本单位主管行政领导担任安全小组长。

二、安全管理

（一）安全生产责任制

每年年初，公司安委会将安全生产目标分解至分公司，再由分公司分解到车间、班组、生产队，层层分解，一级抓一级，每一级均与上一级签订安全生产责任书，坚持"谁主管谁负责"的原则，实行重大安全生产事故一票否决制。

（二）安全生产制度

制订了《安全生产管理暂行规定》《丰收公司安全生产管理制度》《丰收公司安全生产事故应急预案》《重特大安全事故应急预案》《消防应急预案》《东风水库防洪工作预案》《危险化学品事故应急救援预案》《车间、班组安全生产应急救援预案》《安全操作规程》《岗位操作》等制度。

（三）安全生产防范

主要措施有：定期对特种设备、避雷针检测和维护；工厂、办公场所、医院、学校、幼儿园、居民楼等均安装消防设施或配备消防器材；为职工配发劳动保护用品；每季度开展安全生产专项检查两次以上（工业单位每月一次），限期整改隐患。

（四）重大安全生产事故

1999年、2000年发生安全生产事故13起，是丰收公司历年安全生产事故最多的两年。2000年以后每年的安全生产率达97％以上，甚至实现连续多年零事故。经统计，历年发生的重大安全生产事故主要有：1996年12月9日南光农业分公司发生一起因违规操作拆除旧水塔致一人被压重伤、多人受伤事故；1999年3月13日政法保卫部门一名职工值勤中因摩托车大梁断裂造成重伤；1999年6月25日制糖工业分公司压榨车间一名职工不慎跌入施工池里造成重伤；1999年10月25日收获供电所一名职工修理南田队高压线杆时因操作不当触电致重伤；2000年3月16日生活服务公司一名职工不慎掉入动力车间煤灰池溺亡；2000年6月12日南光农业分公司机队一名职工在没有监护人的情况下进入水箱补漏窒息死亡；2008年12月18日调丰制糖工业分公司发生一起违章操作造成的人员伤亡事故（一死一重伤）；2013年2月19日调丰制糖工业分公司一名蔗场工在卸蔗作业时被运输车撞倒掉进蔗槽致重伤。

第三节 安全监察

安全监察主要有几种上管理形式。

（1）在中央、省、市及集团公司安监管理部门的统一部署下，开展安全生产检查或专项整治活动，公司安全生产第一责任人及直接责任人对考核内容及各自相关职责进行自评考核，并定期报告。

（2）公司内部分厂级、车间级（生产队）、班组安全监察，由安全生产部门组织开展厂级安全督查及监管，分公司负责组织车间、生产队及班组开展例行安全检查工作，班组则负责各岗位的日常巡回检查。

（3）对风险点、危险源进行安全评估、防范和整改。榨季期间重点抓好交通安全管理，如维修道路和车辆、安装警示牌等。重点对工厂、学校、医院、在建工程等重点场所、部位进行安全防范和监管。实行常态化安全隐患排查治理，建立台账管理，列出隐患清单，实行闭环管理。

（4）建立事故预警报告制度。事故发生后，事故现场有关人员应当立即向单位负责人报告；单位负责人应当按规定时间向雷州市安全生产监督管理部门和负有安全生产监督管理职责的有关部门报告；情况紧急时，事故现场有关人员可能直接向雷州市安全生产监督管理部门和负有安全生产监督管理职责的有关部门报告；负有安全生产管理职责的有关部门在向上级主管部门报告事故的同时，应当向本级政府报告；不得瞒报、谎报或者迟报。

第六章　土地管理

第一节　土地利用与管理

1. **土地利用状况**　丰收公司原有土地总面积 211065.03 亩，2018 年 6 月已移交现代农业公司土地面积 14724.25 亩（南茂队、华建队、东风队土地面积总和），实际有土地总面积 196340.78 亩，其中：农业可耕种面积 125679.61 亩、建设用地 6556.68 亩、水域 3422.24 亩、不可利用地 4289.02 亩、公路与田间道路面积 16661.47 亩、职工内占土地 3998.97 亩、外占地 35732.79 亩。丰收公司土地与雷州市、徐闻县的 6 个镇 18 个村委会 85 个自然村土地相邻，复杂交错。

2. **土地经营状况**　2020 年，丰收公司土地作物总体分布情况为：甘蔗作物面积 78475.87 亩、其他自营经济作物 28048.79 亩、对外发包经营面积 8377.42 亩（含光伏项目用地 955 亩、畜牧养殖 2481.63 亩、蔬菜或水果基地 4455.18 亩、其他项目基地 485.61 亩）。其中：农场自营面积 39908.71 亩（含橡胶 6969.25 亩、甘蔗 30195.33 亩、林带地 1682.14 亩、蔬菜或水果基地 1061.99 亩）；承包经营收费土地（含水面）面积 114619.84 亩（其中：对内承包 106524.66 亩，对外承包 8095.18 亩），合同签订率 100%。

3. **土地类型固化管理**　2020 年，丰收公司实行土地类型固化管理，农业用地土地等级划分情况如下：农用地共计 123553.46 亩，已划分等级分类面积 114902.08 亩，其中一类地面积 34108.19 亩，占分类面积 27.6%；二类地面积 39021.95 亩，占分类面积 31.6%；三类地面积 26855.41 亩，占分类面积 21.7%；林地面积 8651.38 亩，占分类面积 7%；特殊地面积 14916.53 亩，占分类面积 12.1%。

4. **土地全面清理**　从 2005 年起，丰收公司针对生产队土地利用、对外发包、土地收租率、土地使用者、土地分类等各类土地使用信息数据变更问题，每年度组织开展地籍数据变更核查工作，及时变更土地使用信息。至 2010 年以后，每 2～3 年组织开展一次土地全面清理工作，清理范围包括农业分公司红线版图内的职工岗位地、外包地、建设用地、无法利用地、外占地及其他土地，堵住土地管理漏洞，提高土地透明度和土地利用率。2019 年的土地全面清理，对界限内的土地进行了重新规划、重新编号、重新核算面积，由原本的13211块土地通过整合后，最新图斑土地共计7506块，合并减少土地块数5705块，土地管理基础数据图、表、实地100％相一致。土地清理核查后的基础数据如总面积、可耕面积、岗位、外包、外占、不可利用、道路面积等全部实行固化管理。

第二节　土地权属管理

1. **土地确权**　丰收公司应确权土地总面积214377.97亩，截至2020年12月底，已确权面积197462.94亩（其中：土地证181264.74亩、单独林权证16198.2亩），土地确权发证率92.11％，剩余未确权发证面积16915.03亩，其中：水土保持地14515.03亩（农村侵占耕种）、迈生水库库容已发证2400亩（权属争议）。

2. **土地回收**　截至2020年12月，丰收公司历史被占土地总面积为36682.18亩、不规范经营土地面积4352.42亩（含水面）。丰收公司将历史被占土地和不规范土地逐步纳入合同管理，制定年度回收目标，由分公司国土部门负责实地调查登记不规范外包土地及历史被占地的详细种植人员名单和土地耕种作物现状，土地回收工作小组根据分公司调查登记的人员名单逐块地落实约谈相关耕种人员，及时登记掌握该类人员的承包意愿和要求，按先易后难的原则对该类土地分三步进行回收：第一步对现有的空地（即已收获农作物的空地）进行监控和守护；第二步分公司国土、治安队协助驻场派出所查扣该地（有农作物的土地）无牌无证农用机械和交通运输工具；第三步对不肯承包和作物还未到达收获季节的种植户，分公司国土办要安排人员做好通知送达、土地作物现场张贴通知拍照、建立个人档案存档等工作，以作为法律诉讼依据。

第三节　土地管理创新

1. **分级分类目标管理**　国土部门负责对全公司土地权属的管理。企管部负责对全公司农业用地资源的调配、处置及监控管理；负责对全公司建设用地的规划建设管理。分公司负责协助企管部搞好本分公司居民点及生产队居民点的营区规划建设，负责分公司居民点、生产队居民区建设用地的监察工作；协调所管辖生产队土地经营耕种的落实，监察各生产队自主经营的生产用地是否丢荒，协调生产队组织力量及时种植经营；协助国土部门回收历年被占土地。生产队负责搞好生产队居民点的营区规划建设、监察居民点的建设用地情况；负责组织土地耕种，不能丢荒，负责人不能擅自对外承包土地；队负责人作为本队土地监管第一责任人，负责本队的监管工作，协助相关部门回收土地。实行目标管理责任制，丰收公司每年与农业分公司签订《土地管理目标责任书》，再由农业分公司与生产队签订《土地管理目标责任书》，明确土地管理目标，层层落实责任，要求队级定期组织本队职工召开季度专题会议，围绕土地目标责任制的各项内容进行讨论，研究制定对策有效堵塞管理漏洞。

2. **地籍档案信息化管理**　根据广东省农垦总局、湛江农垦局要求，使用"农场子系统软件"建立土地管理信息化数据库，每年对生产队土地利用、对外发包、土地收租率、土地使用者、土地分类等各类土地使用信息进行数据变更，公正公开每一块土地使用情况，增加土地使用透明度，并接受职工监督，防止因土地漏管、失管、无租而造成土地外流和被占等问题。

3. **土地经营管理**　根据《湛江农垦农业用地对外合作经营招标竞价实施方案》（湛垦函字〔2017〕366号）精神，丰收公司作为湛江农垦首批六个试点单位之一，从2016年7月1日至2017年6月30日止，开展农业用地对外合作经营招标试点工作，凡农业用地对外合作经营必须通过"广东农垦国有资源电子交易平台"（nk.gdebiddng.com）完成竞价、招标，实行市场化阳光运作。试点期间，招标面积占符合招标条件的农业用地对外合作经营面积的比例为67.62%。从2017年下半年开始，农用土地对外合作经营竞价招租、招标工作全面推开，中标后新签订对外的农用地合作经营合同或对内的农用地承包租赁合同，必须在"广东农垦国有土地承包租赁、合作经营合同网签备案系统"（http://113.108.163.165：8080/bpm/login）录入备案，签署由系统生成带水印的合同方为有效合同。

4. **土地监控管理**　第一，建立土地监管网络平台，有效提高土地执法工作效率。利用微信实时、快捷的通信优势，建立"微信执法"管理平台，建有土地监察信息管理总群、政法国土综治群、国土工作联络群。第二，坚持每日一报制度。平台每日由各级土地监管责任人按时反馈土地情况，一旦出现土地事件，要立即以现场照片加文字的形式上报"执法群"，由专职人员进行汇总备案，国土部门、治安队、驻场派出所根据情况，组织人员第一时间赶去现场及时处理，基本做到及时发现及时回收。第三，加强考核。年终将根据土地流失情况、土地案件报备情况、土地案件处理情况考核各级土地监管责任人。

第七章 政务管理

丰收公司设置行政办公室部门，主要负责"办文""办会""办事"业务，处于承上启下的地位，是联结领导和基层的桥梁，协调各有关部门关系的纽带，保持公司各项工作正常运转的中枢，在日常工作中具有十分重要的地位和作用。

第一节 文秘工作

一、收文管理

文件接收主要通过湛江市公文交换系统（旧OA系统）来实现，兼具使用传真机、邮件、电子邮箱等工具。2019年6月以后推广使用广垦OA系统，具备文件接收、传阅、批转及文件上传等功能，逐步实现无纸化办公。收文处理流程如下：集团公司通过OA系统下发公文给行政秘书（OA系统会第一时间发送短信提醒）→行政秘书签收、登记、打印公文并转呈公司领导阅批→行政秘书根据公司领导批示转交相关业务部门落实具体工作，并作收文办结归档处理。2016年以前每年接收和处理上级公文约250份，2016年以后随着农垦改革的推进及各项管理的规范，每年上级下发公文350份以上，接收和处理量增加约40%。

二、发文管理

公司所有收发文均执行"同一个窗口进同一个窗口出"规定，行政办公室作为单位的"窗口"，不仅负责文件接收管理，同时要把好发文的政策关、文字关和格式关。发文流程如下：机关各部门草拟→部门审核→行政办公室复核→分管领导会签→主要领导签发→行政办公室编号及用印→行政办公室分发及存档。所有上行文要通过新OA系统上报集团公司，部分明确要求不得经过OA系统流转的公文如党委、纪委密件除外。2019年1月前，丰收公司行政发文字号为：丰收字〔年份〕××号（上行文或下行文）、丰收函〔年份〕××号（平行文）；党委发文字号为：丰收党字〔年份〕××号（上行文或下行文）；纪委发文字号为：丰收纪字〔年份〕××号（上行文或下行文）、丰收纪函〔年份〕××号

（平行文）；工会发文字号为：丰收工字〔年份〕××号（上行文或下行文）、丰收工函〔年份〕××号（平行文）；各部门发文字号均带"字"字，为下行文。2019年1月后，对公司公文发文字号进行了规范，丰收公司行政发文字号为：丰收〔年份〕××号（上行文）、丰收函〔年份〕××号（平行文或下行文）；党委发文字号为：丰收党〔年份〕××号（上行文）、丰收党发〔年份〕××号（平行文或下行文）；纪委发文字号为：丰收纪〔年份〕××号（上行文）、丰收纪函〔年份〕××号（平行文或下行文）；工会发文字号为：丰收工〔年份〕××号（上行文）、丰收工函〔年份〕××号（平行文或下行文）；各部门发文字号均不带"字"或"函"字，为下行文。

据统计，丰收公司年发文量110份以上，但公司内部发文逐渐减少，请示文及对外函文则相对地逐渐增多，说明了上级集团公司政策收紧，下放的管理权限减少。

三、会议管理

丰收公司总部各类型会议由行政办公室统一安排和协调。内部会议主要有党委会、董事会会议、职工代表大会、党代会、先代会、工代会、团代会、科技表彰会、行政办公会、党委中心组学习会、干部会议、工作例会、榨季生产会议、部门会议、业务培训、研讨会、座谈会等。年初则需做好全年会议计划，每年召开的会议和举办的重要活动200场以上，其中以公司名义召开的会议和举办的重要活动，由业务归口部门统筹安排时间、规模，报分管领导、主要领导审批，办公室配合做好会务安排。坚持从简办会的原则，每年的会议费用开支均控制在5万元以内。

公司内部"三重一大"事项（即重大决策、重要人事任免、重大项目安排、大额度资金使用）议事坚持民主集中制原则，坚持"先党内后提交"程序，党委召开会议讨论研究后提出意见建议，再按程序交董事会、经营班子决策。党委会、董事会会议一般每月召开2～3次，由行政秘书负责议题的收集、报送审阅，做好会议记录、纪要或决议，并督促相关业务部门落实会议决议。

第二节　接待工作

丰收公司拥有招待所2间，即收获招待所、南光招待所，内设客房和餐厅，接待因公务来往公司的人员，均由行政办公室管理，不实行独立核算，不负盈亏责任。收获招待所原建有客房（平房）7间、小楼餐厅（3层）4间，2010年建成并投入使用两幢别墅式客房（2层）共12间、客厅2间。2015年建成并投入使用招待所食堂一幢（三层框架结构），建筑面积 1788 平方米，内设一楼职工餐厅 1 间、二楼餐厅 7 间、三楼客房 10 间。南光招待所内设职工餐厅 1 间、小餐厅 3 间、客房（三层楼房）共 29 间。

行政办公室是公务接待归口管理部门，业务部门接待上级领导或宾客需填写公务接待呈批表→分管领导审批→行政办主任审批（10 人以下）/公司主要领导审批（10 人以上）。接待对象在 10 人以内的，陪餐人数不得超过 3 人；超过 10 人的，不得超过接待对象人数的三分之一。

2015 年之前，对公务接待费用管理采取部门或分公司经费包干的形式。2015 年之后取消，由行政办公室统筹安排使用，对分公司核定经费，不得超支。为贯彻落实中央八项规定精神，2013 年以后每年的公务接待费在上年实际开支的基础上下调 20％以上，2015 年下调幅度 42％以上，为历年最大，2017 年以后公务接待经费指标基本核定在 20 万元以内。2017 年已压减到 19.52 万元，至 2020 年已降至 11.74 万元。

第三节　公务用车管理

一、车辆配备

2017 年 5 月公务用车制度改革前，丰收公司拥有小型普通客车 16 辆、中型普通客车 2 辆、大型普通客车 1 辆、轻型厢式货车 4 辆、特种作业车 3 辆（医院救护车 2 辆、环卫车 1 辆），公务用车及特种作业车合计 26 辆，配备专职司机 20 名。2017 年 5 月公务用车制度改革后，取消公司配备公务用车，车改减编公务用车 6 辆，所有公务用车一律喷涂“湛江农垦”统一标识，2019 年 9 月后统一标识改为“广垦糖业”。车辆经拍卖、报废更新及转让给分立单位后，截至 2020 年，丰收公司拥有小型普通客车 6 辆、中型普通客车 1 辆、轻型货车 3 辆、环卫车 1 辆，合计 11 辆，配备专职司机 10 名。

二、车辆使用

2015 年前，公务用车使用由行政办公室统一调派，机关部门用车需经部门负责人批准，分公司则由分公司党政主要领导批准后由党群办调派。车辆使用费用采取部门或分公司经费包干的形式，按年度结算，超支不予报销，节余可按节余数的 30％给予奖励。

2015 年后，取消包干经费的管理规定，由行政办公室根据上级下达经费指标统筹使用，部门用车需按“填写用车申请表→部门负责人审批→行政办主任审批→分管领导审批→行政办调派、备案”程序办理手续。2017 年 5 月公务用车制度改革后，公司领导改由领取公务交通补贴的方式保障出行。

车辆运行费用开支方面，根据上级下达的"三公经费"指标，从 2014 年开始，每年各项包干经费在上年的基础上整体下调 20％以上。公车运行费从 2013 年的实际支出 94 万元减至 2020 年的 19.35 万元。

三、车辆管理

车辆维修或保养、加油原则上采取定点修理厂、加油站的方式进行管理。车辆需维修或保养的，由司机按"填写修理审批表→现场鉴定→定点修理厂报价→领导审批"程序办理手续，因出车在外出现须维修的必须先请示行政办主任及分管领导批准后方可维修。车辆定点加油站 2 个，车辆加油由行政办负责监督，核定车辆百公里油耗量，凡实际油耗低于核定数的，奖励节约部分的 30％，超出则扣罚（2015 年后取消）。

设立行车安全奖、司机劳动竞赛奖、出车补助等方式，鼓励司机爱护车辆，确保行车安全。2020 年后，仅设行车安全奖，每月不发生交通事故的奖励 80 元/月。2020 年 12 月安全奖额度提高到 200 元/月。

双休日及法定节假日实行封车管理，双休日用车必须经主要领导批准，法定节假日用车必须经广垦糖业集团公司批准。

第四节　档案管理

丰收公司设一名档案专职人员，负责公司档案的收集、整理、归档、借阅、保管等工作，干部人事档案则由人事部门单独保存与管理。各部门或单位的文件材料等档案要在次年三月底前收集齐全，六月底前整理归档，归档资料包括凡属公司具有查考利用价值的文件材料、图纸、表格、声像、实物、电子等各种门类、各种载体的文件材料。档案整理按照分全宗、分类、立卷、卷内文件整理、案卷封面编目、案卷装订、案卷排列、案卷目录编制等要求，分门类进行整理归档。档案室已保存文件资料 549 卷、人事档案（工人）2700 袋，以及大量其他有利用价值的文件资料。对档案管理，均按《丰收公司档案管理制度》《丰收公司档案保密制度》执行。

档案室专职人员兼管公司所有印章，从 2015 年起公司所有印章实行统一管理，各部门、分公司将新、旧印章统一交由行政办公室档案室管理。公司内部印章包括：行政公章、法人代表章、财务印鉴章和分公司（含各办）、机关各部门及医院、学校专用章。行政公章及法人代表章的使用需经行政办公室主任、分管领导、董事长批准方可使用。

第五节　工商管理

　　丰收公司于 1995 年 11 月 23 日在雷州市工商行政管理局注册成立，注册号 4408821000916，住所：雷州市调风镇，法人代表：黄国涛，注册资本：7891.6 万元（由原广东省国营调丰糖厂、收获农场和南光农场的全部实收资本组成），企业类型：有限责任公司（国有独资），经营范围：制糖业及糖加工业，甘蔗、菠萝、林木种子、树苗的种植、销售，动物饲料、放牧，食用酒精、碎粒板的加工、销售，农副产品收购，公路运输，日用百货、针织品、五金、其他副食品的批发、零售，化肥、农药的零售，加工销售石油液化气、石油制品、建筑材料、钢材，机械修配，饮食服务。

　　2003 年 4 月 28 日，法人代表更正为何时盛，注册资本更正为 3612.1 万元；2006 年 8 月 3 日，法人代表更正为黄国强，注册资本出资者更正为广东广垦糖业集团有限公司，以货币出资 3612.1 万元，占股 100%；2009 年 7 月 23 日，法人代表更正为卢东绪，注册号更正为 440882000017902；2011 年 5 月 12 日，法人代表更正为万发；2014 年 11 月 26 日，法人代表更正为陈植基；2016 年 9 月 2 日，三证合一后统一社会信用代码变更为 914408821948304663；2017 年 3 月 30 日，法人代表更正为黄付；2019 年 4 月 3 日，法人代表更正为杨荣；2019 年 7 月 10 日，经营范围增加：耕地储备指标交易。

　　2017 年 7 月，党组织设立加入公司章程中，在公司发挥领导核心和政治核心作用。公司建立党的工作机构，配备一定数量的专职党务工作人员，党组织机构设置、人员编制纳入公司管理机构和编制，党组织工作经费纳入公司预算，从公司管理费中列支。

　　1995—2020 年，丰收公司在工商行政管理局登记注册二级单位或子公司 22 个（未含控股公司），到 2020 年已注销 18 个单位，仅保留仍经营的 4 个单位。

第八章 应急管理

丰收公司应急管理是指丰收公司在上级有关部门的指导下对各类突发事件的预防与应急准备、监测与预警、应急处置与救援、事后恢复与重建等活动的全过程管理。应急管理工作同时受雷州市人民政府有关部门的监督管理。丰收公司成立应急管理领导小组，统一领导公司的应急管理工作，研究决策应急管理重大问题和突发事件应对办法。应急管理领导小组由董事长任组长，由分管安全生产工作的副总经理任副组长，负责领导小组的日常工作，成员为机关各部门负责人及分公司和子公司负责人。应急管理领导小组下设应急管理办公室在生产部（后改生产技术科），负责组织开展应急管理日常工作。

应急处置突发事件主要包括自然灾害、事故灾难、公共卫生事件和社会安全事件。丰收公司从2002年以来已编制完善的各类应急预案有：灭火应急预案、安全生产事故应急预案、突发公共卫生事件应急预案、信访维稳应急预案、东风水库防洪应急预案、防台风应急预案、护地应急预案。应急管理办公室每年都组织职工开展安全生产知识培训、消防演练、逃生疏散演练，及开展安全生产宣传和检查活动。

多年来，面对突发事件，丰收公司迅速启动应急管理预案，成功处置了多起重大事件，如2007年8月11日，东风水库因特大暴雨而排洪闸门无法打开发生重大险情，丰收公司立即启动应急救援预案，争分夺秒疏散住在下游低洼的职工群众，强拆铁板闸门泄洪，保护了群众生命和大坝安全；每逢台风来临前迅速启动应急管理预案，成立以基干民兵为主体的抢险救灾小组，发布台风讯息，帮助孤寡病残人员加固门窗，转移危房住户到安全地方，2014年遭遇17级超强台风，由于处置得当未发生险情，灾后及时组织职工开展抢险救灾和复产复工；2020年发生全国性新冠肺炎疫情，丰收公司迅速布控防范，开展疫情监测和排查，采取消毒、配发口罩等防范措施，严控虚假疫情信息传播，避免引起恐慌，确保了公司范围内无疫情发生。

第八编

党团组织与民政政法

中国农垦农场志丛

第一章　中国共产党基层党组织

第一节　农场中国共产党代表大会

1995年丰收公司成立之前，广东省国营收获农场、广东省国营南光农场、广东省国营调丰糖厂分别设基层党委。1996年成立丰收公司后，广东省丰收糖业发展有限公司设基层党委，组织关系隶属雷州市委，党的委员会、纪律检查委员会由党员代表大会选举产生，下属分公司、生产队（直属单位）分别设党总支、党支部。公司的党务工作以湛江农垦局党组管理为主，雷州市委给予指导。公司党委书记由湛江农垦局党组批准任命，报雷州市委备案。2019年6月丰收公司党委组织关系由属地管理转变为行业系统管理，转隶广东广垦糖业集团有限公司党委。

一、概况

（一）组织情况

1997年5月，经中共湛江农垦局委员会批复成立中共广东省丰收糖业发展有限公司机关总支部委员会、中共广东省丰收糖业发展有限公司收获农业分公司总支部委员会、中共广东省丰收糖业发展有限公司南光农业分公司总支部委员会、中共广东省丰收糖业发展有限公司调丰制糖工业分公司总支部委员会、中共广东省丰收糖业发展有限公司罐头食品工业分公司总支部委员会，共计5个党总支部，党总支部下设88个党支部。

2017年6月，丰收公司党委对基层党组织进行调整设置（不含调丰分公司党总支），将党支部数精简为47个。9月，调丰分公司党总支整建制转移至广东广垦糖业集团有限公司党委。

2018年5月，丰收公司医院党支部和南光医院党支部整建制转移至广垦（湛江）医疗健康有限公司党委。

2019年3月，罐头机关党支部、实罐车间党支部、综合车间党支部和收获基层第十党支部（南茂、华建、东风队）整建制转到湛江农垦现代农业发展有限公司党总支，同时撤销罐头分公司党总支；丰收中心校党支部和丰收三小党支部整建制转到雷州市调风镇党委。4月，收获派出所党支部整建制转至雷州市调风镇党委，雷龙派出所整建制转至雷州市雷高镇党委。5月，因机构改革，撤销收获农业分公司，收获分公司党总支和收获机关党支部同步撤销，收获分公司党总支下辖基层党支部直属公司党委。9月，撤销机关党总支，机关党总支下辖党支部直属公司党委；基层党支部再次进行精简调整，调整后共有党支部21个。10月，成立甘蔗基地收获管理区党支部和甘蔗基地南光管理区党支部。2019—2020年，保留南光农业分公司党总支。

表 8-1-1　丰收公司 2016—2020 年党组织、党员情况表

年度	党委数量	党总支数量	党支部数量	党员总数
2016	1	5	68	1275
2017	1	4	47	1061
2018	1	4	42	1009
2019	1	1	22	852
2020	1	1	28	834

注：各年度党组织、党员情况。

（二）发展党员工作

丰收公司发展党员主要分为两个阶段。公司成立至 2011 年，为发展党员高峰期，每年发展党员数量为 20 人以上，最高为 2011 年为 38 人；2012 年起，按照控制总量、优化结构、提高质量、发挥作用的总要求，严格控制每年发展党员数量，着重发展年轻、高学历、生产一线的优秀职工成为党员。

二、中国共产党代表大会

中国共产党广东省丰收糖业发展有限公司代表大会主要职责：审议上一届党委、纪委工作报告，党委、纪委换届选举，规划未来五年发展方向等。代表大会一般每 5 年召开一次，两次代表大会之间若有需要，可召开代表会议。因受重大人事变动、新冠肺炎疫情等不可抗因素影响，第三、四、五次代表大会均延期 1 年召开。

（一）党员代表的产生

党员代表由公司领导、机关干部、基层干部、一线工人、先进模范人物及离退休党员按一定比例构成，且代表中要含有一定数量的妇女代表。由支部党员大会根据代表分配名额采取差额（20％）选举办法，以无记名投票方式进行选举。

（二）代表大会的召开

1997 年 6 月 27 日，中共广东省丰收糖业发展有限公司第一次代表大会在调丰制糖工

业分公司大会议室召开。出席大会正式代表 206 人，因公事、病假缺席代表 17 人，列席代表 6 人。党委书记黄国涛做题为《发挥企业党组织的政治核心作用，推动丰收公司"两个文明"建设向前发展》的党委工作报告。纪委书记马德成作纪委工作报告。大会选举产生中共广东省丰收糖业发展有限公司第一届委员会、纪律检查委员会。7 月 8 日，丰收公司党委向中共湛江农垦局委员会呈送《关于中共广东省丰收糖业发展有限公司第一次代表大会和第一届委员会、纪律检查委员会第一次全体会议选举结果的报告》。7 月 21 日，湛垦党函字〔1997〕28 号文《关于中共丰收糖业发展有限公司第一次代表大会和第一届委员会第一次全体会议选举结果的批复》，同意：黄国涛、蔡泽祺、马德成、赖碧辉、李贺荣、张安华、邱荣其、黄开孜、伍祥武、陈永光、冯垂绅等 11 人为中共广东省丰收糖业发展有限公司第一届委员会委员，黄国涛为委员会书记，蔡泽祺、马德成同志为委员会副书记。马德成、赖元才、冯垂绅、何伟燊、冯家友、江文才、孙永生、林开武、欧常青等 9 人为中共广东省丰收糖业发展有限公司第一届纪律检查委员会委员，马德成为纪委书记，赖元才为副书记。

2002 年 7 月 9 日，中共广东省丰收糖业发展有限公司第二次代表大会召开。出席大会正式代表 173 人，因公事、病假缺席代表 27 人，列席代表 22 人。党委书记何时盛做题为《以"三个代表"重要思想为指导，加快丰收公司两个文明建设发展步伐》的党委工作报告；马金来做纪委工作报告；大会选举产生第二届党委委员、纪委委员。7 月 12 日，中共湛江农垦局委员会批复，同意何时盛、邱荣其、马金来、赖碧辉、陈剑豪、李贺荣、刘培林、孙永生、孙丽雄等 9 人为中共广东省丰收糖业发展有限公司第二届委员会委员；何时盛为书记，邱荣其、马金来为副书记。同意马金来、陈伟忠、何伟燊、张金海、冯家友、孙永生、黄国强（审计）等 7 人为中共广东省丰收糖业发展有限公司第二届纪律检查委员会委员，马金来为书记，陈伟忠为副书记。

2008 年 11 月 20 日，中共广东省丰收糖业发展有限公司第三次代表大会在调丰制糖工业分公司大会议室召开。出席大会代表 249 名。公司党委书记马金来做题为《坚持科学发展，构建和谐丰收》的党委工作报告。蔡国明作纪委工作报告。大会选举产生新一届党委委员、纪委委员。黄国强（董事长）、马金来、卢东绪、蔡国明、郭小林、韩广勇、郑伟基、黄大功、孙丽雄、孙永生、何伟燊等 11 人当选为中共广东省丰收糖业发展有限公司第三届委员会委员；马金来任党委书记，卢东绪、蔡国明任党委副书记。蔡国明、黄开孜、黄超、何伟燊、冯家友、陈凯、周德芳等 7 人当选为中共丰收糖业发展有限公司第三届纪律检查委员会委员，蔡国明任纪委书记，冯家友任纪委副书记。

2014 年 8 月 14 日，中共广东省丰收糖业发展有限公司第四次代表大会在调丰制糖工业分公司大会议室召开。出席大会代表 210 人，因公事、病假缺席代表 17 人。会议听取和审议中共广东省丰收糖业发展有限公司第三届委员会的工作报告（党委书记吴登孟做题为《众志成城，迎难而上，全力推进丰收公司经济社会稳步发展》的党委工作报告）。听取和审议纪委书记蔡国明作的纪委工作报告。大会选举和产生了新一届党委委员、纪委委员。吴登孟、万发、蔡国明、郭小林、何宏胜、罗成武、陈东荣等 7 人当选为中共广东省丰收糖业发展有限公司第四届委员会委员；吴登孟任党委书记，万发、蔡国明任党委副书记。蔡国明、冯家友、彭达皓、孙丽雄、李国新、陈步琼、陈恩成等 7 人当选为中共广东省丰收糖业发展有限公司第四届纪律检查委员会委员。蔡国明任纪委书记，冯家友任纪委副书记。

2020 年 4 月 21 日，中共广东省丰收糖业发展有限公司第五次代表大会在丰收公司办公楼一楼会议室召开。出席大会正式代表 98 人，因公事、病假缺席代表 7 人。党委书记杨荣做题为《不忘初心、牢记使命，奋力谱写丰收改革发展事业新篇章》的党委工作报告。彭达皓作纪委工作报告，大会选举产生第五届党委委员、纪委委员。杨荣、全由章、彭达皓、郭小林、林春松、麦永强等 6 人当选为中共广东省丰收糖业发展有限公司第五届委员会委员；杨荣为党委书记，全由章为党委副书记。彭达皓、陈凯、陈恩成、陈子杰、黄东波等 5 人当选为中共广东省丰收糖业发展有限公司第五届纪律检查委员会委员，彭达皓任纪委书记。

第二节　农场中国共产党组织机构

一、领导机构

丰收公司党的委员会第一届至第三届由 9～11 人组成，第四届至第五届由 5～7 人组成。设书记 1 名，副书记 1～2 名，公司行政班子成员于第四届至第五届党委会均为党委委员。1996—2008 年党委书记与公司董事长为同一人担任，2008—2018 年党委负责人与企业负责人分别由两人各自担任，2018 年 4 月起恢复党委书记与公司董事长"一肩挑"制度，总经理任党委副书记。

二、党委机构

丰收公司党委下设组织科与宣传科两个工作机构。组织科主要职责为：组织召开党委会议和党员代表大会、下级党组织管理、党员日常教育管理、发展党员工作、党费收缴和使用管理和其他日常党务工作。宣传科主要职责为：宣传思想工作、意识形态工作、精神文明建设、企业文化建设和企业重大活动的宣传报道。1996—2015 年，组织科、宣传科与人事科（人事政工部）合署办公；2015—2017 年组织科、宣传科与社区综合办合署办公；2017 年 4 月起，组织科与人事科合署办公，宣传科与社区综合办合署办公。

第三节　农场党务

一、组织工作

（一）干部工作

坚持党管干部原则，坚持任人唯贤，坚持以"好干部"标准选拔任用的依据，严格遵循干部选拔基本流程：动议—民主推荐—考察—党委讨论决定—任职。每年结合党员教育、工会职工培训等，一并开展干部培训工作；每 2 至 3 年为干部提供免费体检 1 次；每年根据上级文件精神及时做好离退休老干部、军转干部等的待遇审核，并在重大节日开展慰问走访活动。

（二）人才工作

建立三级后备干部管理体系（场处级、科级、生产队级），结合工作性质，通过外派学习、交流挂职等形式，培养干部综合能力素质；保障大学生生活，建设大学生单身公寓一幢，落实大学生待遇，执行全日制大学生最低工资标准，大专不低于 3000 元/月、本科不低于 4000 元/月、研究生不低于 5500 元/月。2017 年 7 月，出台《广东省丰收糖业发展有限公司招聘基层后备干部方案》，在公司职工子弟及在职职工范围内，通过自愿报名，建立基层后备干部人才库，每年根据岗位需求，经资格审查、培训教育、考试、领导小组推荐等程序选拔合适人选到基层任职，8 月，首批选拔 5 人到基层生产队任副队长、支部副书记等职，后因编制问题，完成首批招聘后暂停。

（三）基层组织工作

2017 年以前，基层组织工作主要以党员日常管理为主，自 2017 年开始，大力开展党支部阵地建设，完善党建阵地设施，至 2020 年底，完成 15 个在职党支部阵地建设内容，其中包含支部标识、党建宣传栏、党员活动室等；实施加强党的基层组织建设三年行动计划（2018—2020 年），2018 年以"规范化建设"为主题，重点加强各领域基层党组织规范化制度建设，优化基层党组织设置，加强党员评星定级管理和规范化管理，着力解决基层党组织设置不规范、党员教育管理不规范、基层党建标准不规范等突出问题；2019年以"组织力提升"为主题，重点构建党组织对各类基层组织全面领导的体制机制，健全抓基层党建工作机制，着力解决基层党组织领导体制不健全、党组织带头人队伍建设滞后等突出问题；2020年以"基层党建全面进步全面过硬"为主题，全面完成软弱涣散基层党组织整顿工作，认真开展基层党组织达标创优评定，完善各级党组织书记抓基层党建述职评议考核工作，总结推广先进典型经验，树立基层党建品牌，着力解决先进典型示范作用不明显、党建质量整体不高等突出问题。

表8-1-2　2020年丰收公司党支部设置情况表

序号	党支部名称	支部活动室地点	覆盖范围	支部干部配备	党员人数（843）	生产队干部配置
1	机关第一党支部	机关办公楼四楼	纪检监察科、审计科、人事科、工会、办公室	书记：陈恩成，副书记：李振华	21	
2	机关第二党支部	机关办公楼小楼一楼	生产科、国土科、企管科、财务科	书记：陈子杰，副书记：陈海深	39	
3	机关第三党支部	社区二楼	综合办、建设办、综治办、事业办	书记：林文敏，副书记：李武	22	
4	农科所党支部	农科所党员活动室	农科所	书记：司徒国汉	5	
5	物业公司党支部	物业党员活动室	物业公司	书记：蔡志杰	14	
6	南光农业分公司机关党支部	南光办公楼三楼	南光分公司机关、治安队、幼儿园	书记：叶勇，副书记：欧伟兴	21	
7	北河党支部	北河队	北河队	书记：林良浩（北河队）副书记：余海萍（红忠队）、潘耀焕（丰收队）	32（在职：20；退休：12）	书记：林良浩，队长：郭日庆
			丰收队			队长：郭日庆（兼），副书记、副队长：潘耀焕
			海滨队			队长：梅荣扬
			滨河队			队长：王彬、谢伟明（见习副队长）
			红忠队			队长：纪正武，副书记：余海萍
			农田队			队长：吴赵义
8	九江党支部	九江队	九江队	书记：司徒广厚（九江队）副书记：廖钲辉（东海队）、黄志华（调风队）	18（在职：14；退休：4）	书记：司徒广厚，队长：王宏礼，副队长：文戈
			东江队			队长：郑晓龙，副队长：梁行深
			东海队			副书记、副书记：廖钲辉（负责全面）
			调风队			队长：冯铁军，副书记：黄志华

（续）

序号	党支部名称	支部活动室地点	覆盖范围	支部干部配备	党员人数（843）	生产队干部配置
9	东湖党支部	东湖队	东湖队	书记：张敢（东湖队）副书记：黄色科（西湖队）、龚顺奔（园林队）	27（在职：19；退休：8）	书记：张敢，队长：卓养
			西湖队			副书记、队长：黄色科，副队长：李海涛
			新湖队			队长：揭育忠
			新村队			队长：梅耀宁
			园林队			队长：陈文学，副书记：龚顺奔
			南峰队			队长：王文秀，副队长：陈为国
10	南田党支部	南田队	南田队	书记：王政权（南田队）副书记：周良（新桥队）、陈江贵（东山队）	14（在职：13；退休：1）	书记：王政权，队长：黄炳
			东山队			队长：曾华法，副书记、副队长：陈江贵
			新桥队			副书记、队长：周良，副队长：梅妃杏
			英岭队			队长：陈荣茂
			英央队			队长：颜灶成、副队长：梅耀智
11	南光基层第一党支部	17队	1队	书记：冯浩华（17队）副书记：冯永春（9队）林传（15队）	17	副队长：吴寿卫，陈廷富（见习副队长，享受队长待遇）
			3队			队长：蔡方才
			9队			队长：杨国清，副书记：冯永春，副队长：刘国林
			15队			队长：朱景，副书记、副队长：林传
			17队			书记：冯浩华，队长：蔡永兴
			19队			队长：陈永明，副队长：苏欣健
12	南光基层第二党支部	8队	2队	书记：谢倩（8队）副书记：李小玲（4队）梁先彬（12队）	16	队长：陈聪雄
			4队			副书记：李小玲，队长：陈剑辉
			8队			书记：何兆栋，队长：谢倩
			12队			副书记：梁先彬，队长：黄李程
			13队			队长：颜维胜
			14队			队长：韦文海，副队长：陈洪飞

（续）

序号	党支部名称	支部活动室地点	覆盖范围	支部干部配备	党员人数（843）	生产队干部配置
13	南光基层第三党支部	11队	5队			队长：李惠超，副队长：邓伟
			6队			队长：杨海夫，副书记：黄秀文
			7队	书记：邓彪（11队）副书记：黄秀文（6队）陈玉辉（16队）	20	队长：林伟忠，副队长：何伟
			10队			队长：肖继承，副队长：陈为超
			11队			书记：邓彪，队长：蔡文伟
			16队			队长：黄洋，副书记：陈玉辉
			18队			队长：陈扬广
14	甘蔗基地收获管理区党支部		收获六个管理站	书记：凌钦龙	14	
15	甘蔗基地南光管理区党支部		南光三个管理站	书记：朱景	8	
16	收获退休第一党支部	收获退休活动室		书记：陈桥明	44	场内：43人，场外1人
17	收获退休第二党支部	收获退休活动室		书记：曾建平	32	场内：12人，场外20人
18	收获退休第三党支部	收获退休活动室		书记：曾堪有	43	场内：30人，场外13人
19	收获退休第四党支部	收获退休活动室		书记：陆雄峰	43	场内：30人，场外13人
20	收获退休第五党支部	收获退休活动室		书记：黄天送	49	场内：1人，场外48人
21	收获退休第六党支部	收获退休活动室		书记：揭育南	49	场内：1人，场外48人
22	南光直属退休第一党支部	南光退休活动室		书记：杨国明	46	场内：46人，场外0人
23	南光直属退休第二党支部	南光退休活动室		书记：李惠超	47	场内：0人，场外47人
24	南光基层退休第一党支部	南光退休活动室		书记：林传	35	场内：20人，场外15人
25	南光基层退休第二党支部	南光退休活动室		书记：梁先彬	42	场内：26人，场外16人
26	南光基层退休第三党支部	南光退休活动室		书记：黄秀文	41	场内：26人，场外15人
27	收获流动党支部	收获退休活动室		书记：梁行深	50	
28	南光流动党支部	南光退休活动室		书记：刘国林	34	

注：党员总人数：843人；在职党员：263人；退休党员：496人；流动党员：84人。

二、党员教育

1999—2000年，"三讲"（讲学习、讲政治、讲正气）教育活动，以整风精神进行的"三讲"教育，切实解决领导干部队伍党性党风方面突出问题。

2005—2006年，保持共产党员先进性教育活动，以"增强党员素质、加强基层组织、服务人民群众、促进各项工作"为目标，重点在于解决实际问题，特别是解决群众反映强烈的突出问题，以群众是否满意作为衡量标准。通过先进性教育活动，党员和党组织存在的突出问题得到解决，涉及改革发展稳定和群众切身利益的实际问题得到解决，取得了实践成果、制度成果和理论成果；基层党组织的创造力、凝聚力、战斗力进一步增强；党群关系更加密切。

2008—2009 年，深入学习实践科学发展观活动，这次活动紧紧围绕"党员干部受教育，科学发展上水平，人民群众得实惠"的总要求，以场处级以上领导班子和党员领导干部为重点、全体党员参加，自上而下分三批进行。这次实践活动牢牢把握坚持解放思想、突出实践特色、贯彻群众路线、正面教育为主的原则，基本实现了提高思想认识、解决突出问题、创新体制机制、促进科学发展、加强基层组织的目标。

2010—2012 年，创先争优活动，这是深入学习实践科学发展观活动的继续。开展这次活动，是推动科学发展、促进社会和谐的需要，是加强基层党组织建设的需要，是进一步调动和激发广大党员积极性创造性的需要。活动的主要形式是，创建先进基层党组织、争做优秀共产党员。活动的主要做法是，紧紧围绕中心工作，服务科学发展大局；贴近基层单位实际，确定具体争创主题；坚持分类指导，设计活动载体；加强舆论宣传；广泛吸引群众参与。

2013—2014 年，党的群众路线教育实践活动，这次活动，以"为民、务实、清廉"为主要内容，以贯彻落实中央八项规定为切入点，以场处级以上领导班子和领导干部为重点，突出作风建设，坚决反对形式主义、官僚主义、享乐主义和奢靡之风，教育引导党员干部牢固树立宗旨意识和马克思主义群众观点。

2015 年，"三严三实"专题教育，"三严三实"是指严以修身、严以用权、严以律己；谋事要实、创业要实、做人要实。这次专题教育作为党的群众路线教育实践活动的延展深化，把学习教育放在首位，组织专题党课、专题学习研讨、专题民主生活会和组织生活会，着力解决"不严不实"的突出问题，强化整改落实和立规执纪，以解决问题的成果检验专题教育的成效。

2016 年以来，"两学一做"学习教育，即"学党章党规、学系列讲话，做合格党员"学习教育。推动党内教育从"关键少数"向广大党员拓展、从集中性教育向经常性教育延伸的重要举措。对于进一步增强广大党员政治意识、大局意识、核心意识、看齐意识，坚定正确政治方向；进一步树立清风正气，严守政治纪律政治规矩；进一步强化宗旨观念，勇于担当作为，在生产、工作、学习和社会生活中起先锋模范作用，具有重要的意义。

2019 年，"不忘初心、牢记使命"主题教育，从 6 月开始，以场处级领导干部为重点，分两批开展主题教育，以"守初心、担使命，找差距、抓落实"为总要求，以理论学习有收获、思想政治受洗礼、干事创业敢担当、为民服务解难题、清正廉洁做表率为具体目标。

三、纪检工作

（一）丰收公司成立之前的监察委工作

丰收公司成立的 1995 年前，两个合并单位（广东省国营收获农场、广东省国营南光农场）于 1963 年成立监察委员会（中国共产党广东省国营收获农场监察委员会、中国共产党广东省国营南光农场监察委员会）。监察委员会每年举办监察委员会成员和党支部监察委员培训班，提高监察能力；举办党员培训班，促进遵纪守法。配合党委组织开展各个时期政治运动。1966 年底"文化大革命"开始，"造反派"的打、砸、抢和乱批乱斗代替一切，党的监察工作被迫停止。生产建设兵团撤销后的 1975 年，收获农场、南光农场相继成立纪律检查委员会。

（二）丰收公司成立后纪检工作

1997 年 6 月 27 日，召开中国共产党广东省丰收糖业发展有限公司第一次代表大会。大会选举产生中共广东省丰收糖业发展有限公司第一届纪律检查委员会。与监察合署办公。

丰收公司成立以来，纪委、监察每年度制定《丰收公司纪检工作意见》和《丰收公司监察工作意见》。2015 年之后制定《丰收公司干部因受到违规违纪处理扣发年度绩效奖金的实施办法》《丰收公司关于鼓励干部干事创业构建容错纠错机制的实施办法》，《丰收公司开展述责述廉工作的实施办法》。

始终坚持"标本兼治，综合治理、惩防并举、注重预防"的战略方针，每年湛江农垦局党组与丰收公司党委，丰收公司党委与各分公司党总支签订了《党风廉政建设责任书》，使党风廉政建设工作层层落实到各个责任主体。同时还与机关各科室负责人及各分公司正职领导签订《廉洁风险防控承诺责任书》，从源头上狠抓预防腐败的发生。全面开展党的群众路线教育实践活动。践行领导干部下基层与职工同劳动、同谈心活动。查摆"四风"问题。全面落实中央八项规定精神，狠抓"舌尖、车轮、作风上的腐败"。2013 年，开展"节约型党支部"创建评比活动，节约招待费、差旅费、办公费、队管杂费等共 24.6 万元。2014 年，机关各科室包干经费同 2013 年相比下降 21%。2015 年的三公经费实际开支 106.3 万元降为 2019 年的 28.5 万元。开展以"精神状态好、能力素质好、发展业绩好、团结协作好、廉洁从业好"为主要内容的"五好"领导班子创建活动。从 2008 年至

2013 年每年获湛江农垦局考评为良好，2012、2013 年被评为"优秀"。从 1997 年起，每年对公司土地利用、职工危房改造资金使用、外发包土地使用、社保基金、医保资金、教育资金、税改资金、公路建设资金、水库移民资金、"一事一议"资金、中央财政资金、基建工程等进行效能监察并检查。2000 户职工危房改造从 2009 年开始，利用中央财政资金 1300 万元、企业投入 1903 万元、职工自筹 5118 万元，累计总投资 8322 万元，新建、改建职工住房面积 10.5 万平方米。这项工作投资大、范围广、历时长，但公司最终按时按质按量完成且没有一起违法违纪的案件发生。2011 年起，协助追债小组和追债办做好追收历史挂账工作。2008—2014 年追收历史挂账金额共 3061.4 万元。完善和规范司务公开及领导干部民主评议工作。公司下属各单位设纪检监督员和公开工作监督员，所有财务报表、物资采购、土地分包等重大事项都必须经纪检监督员和公开工作监督员签名并张榜公开，坚持定期公开和日常公示相结合，每季度更新公开栏一次，平常工作中涉及的重大事项和涉及职工切身利益的要及时公示，做到半年一检查，年终综合检查考核评比，对公开不到位和公开工作质量差的单位责令定期整改。每年召开职工代表大会民主评议公司领导班子成员；公司副科以上干部、生产队正职干部每年在单位职工大会述职述廉，接受干部职工的民主评议。严格按照"立足教育，着眼防范，关口前移"的工作思路，每季度开展一次领导干部及党委中心组思想政治理论学习，每年召开一至二次公司领导干部民主生活会，各支部每年召开一次民主生活会，每年组织开展纪律教育学习月活动，每年组织 3 次以上党员干部学习培训接受警示教育；每年重大节假日下发关于节假日期间加强党员领导干部廉洁自律工作的通知。2008—2020 年，正确处理群众来信来访 95 次，公司纪监部门对所有来信来访进行了认真细致的核查，并对相关违法违纪人员做出处理，其中党纪处分 23 人；行政降职 11 人；撤销行政职务 6 人。查处并追收违纪违规金额 75.46 万元。另外，在 2012 年经雷州市检察院立案侦查收获分公司财务办会计陈华奋贪污肥料案件，涉案金额 247 万元，经审理判处其有期徒刑 13 年。落实对新任职的、新提拔以及人财物较集中的关键岗位党员干部廉政谈话制度，2014 年以来，开展个别、集中廉政谈话和廉政教育共 680 多人次。开展对公司基层单位巡察工作和配合湛江农垦局对公司开展巡察工作。

第二章　人民团体

第一节　工　会

一、职工代表大会

1996 年 6 月 20 至 21 日，召开丰收公司首届职工代表大会。出席代表 234 人，因公出差缺席正式代表 10 人，列席代表 10 人，特邀代表 9 人。工会主席赖碧辉致开幕词，总经理陈剑峰做题为《统一思想，鼓足干劲，自我加压，为丰收公司获丰收而努力拼搏》的工作报告，副总经理李润和做承包方案的说明。公司领导班子成员分别做述职报告并接受大会民主测评。大会审议通过《1996 年经营管理实施方案》《干部管理条例》《财务管理办法》《1996 年劳动竞赛方案》《劳动管理条例》《物资管理条例》《产品管理条例》《生活福利管理条例》《计划生育管理实施细则》《制糖工业分公司检修方案》《见义勇为基金奖励办法》。董事长黄国涛与罐头食品工业分公司、第三产业各子公司经理签约。

1996 年 11 月 21 日，召开丰收公司首届二次职代会，出席代表 226 人。因公事缺席正式代表 8 人，列席代表 6 人。董事长黄国涛做题为《团结一致，抓住机遇，加快发展，为实现"九五"目标而努力奋斗》的工作报告。大会审议通过《制糖工业分公司 1996/1997 榨季、1997 年经济责任制方案》《农业分公司经营管理实施方案》《公司二级单位经营实施方案》《生产队经营承包试点方案》。董事长黄国涛分别与华建队队长杨荣校、东风队队长李玉胜、英岭队队长方玉青签订《生产队经营承包合同书》，分别与制糖工业分公司经理邱荣其、机修车间主任梁德松、碎粒板厂（车间）经理邝国波、复合肥厂厂长苏锦和、罐头食品工业分公司经理黄开孜、收获农业分公司经理谭云佳、南光农业分公司经理陈永光等签订《经营责任合同书》。公司领导班子成员分别做述职报告并接受大会民主评议。

1997 年 11 月 17 日，召开广东省丰收糖业发展有限公司第一届第三次职工代表大会。总经理蔡泽祺做题为《以党的十五大精神为指针，齐心协力，振奋精神，将公司各项工作推上新台阶》的工作报告。公司领导班子成员分别做述职报告并接受大会民主评议。大会审议和通过《制糖工业分公司 1997/1998 年榨季经济责任方案》《农业分公司 1998 年经营实施方案》《丰收公司医疗实施细则》《1998 年合作医疗实施细则》《丰收公司托幼管理办法》《丰收公司生活用水用电管理办法》《丰收公司员工住房有关规定》《丰收公司干部管理条例》等。

1998年7月15日，召开丰收糖业发展有限公司首届职代会代表组长联席会议。总经理蔡泽祺做工作报告；财务部部长郭小林作《财务工作报告》；企管部部长陈忠明作《关于公司员工实行岗位工资的说明》。会议审议和通过《制糖工业分公司1998年检修方案》《公司员工实行岗位工资方案》《部分管理制度》等。

1999年11月4日，召开丰收公司首届四次职代会，出席代表220人，总经理蔡泽祺做题为《正视困难，坚定信心，抓住机遇，加快发展，为实现丰收公司20世纪的宏伟目标而努力拼搏》的工作报告。公司领导班子成员分别做述职报告并接受大会民主评议。大会审议和通过《制糖工业分公司1999/2000年榨季经济责任制方案》《农业分公司2000年经营实施方案》《关于公司职工效益工资考评升级实施方案》《丰收公司管理规定》。

2000年10月25至26日，召开丰收公司第二届第一次职工代表大会，出席代表218人。总经理邱荣其作公司工作报告。公司领导班子成员分别做述职报告并接受大会民主评议。大会审议通过《农业分公司2001年经营管理方案》《糖业分公司2000/2001年榨季方案》等。

2001年10月25至26日，召开丰收公司第二届第二次职工代表大会。出席大会正式代表346人，因公事因病缺席正式代表12人，列席代表48人。总经理邱荣其做题为《以党的十五届六中全会精神为指导，为全面完成今年的各项目标任务而努力奋斗》的工作报告。大会审议和通过《糖业2001/2002年榨季、2002年检修技改期责任制》《2002年农业经营管理方案》《2000年职工效益工资考评升级方案》《幼儿园、托儿站收费意见》。《2002年度劳动竞赛方案》。公司领导（8人）做述职报告，民主测评领导干部，测评结果：何时盛、邱荣其为优秀；马金来、李贺荣、赖碧辉、陈剑豪、刘培林、黄海均为称职。

2002年10月25日，召开丰收公司第二届第三次职工代表大会。出席大会正式代表352人（缺席18人），列席代表45人。总经理邱荣其做工作报告。大会审议通过《2003年经营管理方案》《丰收公司职工代表大会民主评议领导干部实施细则》。公司领导做述职报告，大会民主测评公司领导干部（党委书记董事长何时盛，总经理邱荣其，党委副书记、纪委书记马金来，工会主席赖碧辉，副总经理李贺荣、陈剑豪、黄海、刘培林）。

2003年11月4日，召开丰收公司第二届第四次职工代表大会，出席代表350人。董事长何时盛作公司工作报告。大会全票通过各项决议，审议通过《2004年经营管理方案》《丰收公司职工基本医疗保险制度改革实施办法》，民主评议7名公司领导干部。

2004 年 11 月 10 日，召开丰收公司第二届第五次职工代表大会。出席代表 360 人。董事长黄国强做题为《求真务实、创新思维、吹响二度创业的号角》工作报告，大会审议通过《丰收公司 2005 年经营实施方案》《丰收公司 2005 年劳动竞赛方案》。民主评议 7 名公司领导干部。

2005 年 11 月 23 日，召开丰收公司第三届第一次职工代表大会。出席正式代表 233 人（缺席 5 人）、列席代表 28 人。党委书记、董事长黄国强做公司工作报告。大会审议和通过《丰收公司 2006 年经营实施方案》《丰收公司 2006 年度劳动竞赛方案》《丰收公司土地管理规定》。公司领导做述职报告，民主测评公司领导；签订集体合同。

2006 年 11 月 14 日，召开丰收公司第三届第二次职工代表大会。出席代表 231 人（缺席 7 人）、列席代表 25 人。党委书记、董事长黄国强做题为《落实科学发展观，推进产业化经营，促进公司经济社会协调发展》的工作报告；工会主席陈永利作《2007 年劳动竞赛草案说明》；企管部部长陈忠明做《2007 年经营方案修改草案说明》；财务部部长郭小林作《财务工作报告》；公司领导班子成员分别做述职报告；民主测评公司领导；大会审议和通过《2007 年经营管理方案》《2007 年劳动竞赛方案》《丰收公司加快社会主义新农场建设的实施方案》。

2007 年 11 月 23 日，召开丰收公司第三届三次职工代表大会（本次大会正式代表 245 人，其中补选 15 人），出席大会正式代表 239 人，因公事因病缺席正式代表 6 人，列席代表 28 人。党委书记、董事长黄国强做题为《落实科学发展观，坚持以人为本，建设富裕文明和谐新丰收》的工作报告；大会审议和通过《丰收公司 2008 年经营管理方案》和《丰收公司 2008 年劳动竞赛方案》；公司领导班子成员分别做述职报告，民主测评公司领导。

2008 年 11 月 27 日，召开丰收公司第三届第四次职工代表大会。出席大会正式代表 238 人。党委书记、董事长黄国强做公司工作报告。大会审议和通过《丰收公司 2009 年经营管理方案》《丰收公司 2009 年度劳动竞赛方案》。民意测评 9 名公司领导干部。

2009 年 11 月 18 日，召开丰收公司第三届第五次职工代表大会。出席大会正式代表 226 人（缺席 12 人）、列席代表 87 人。总经理卢东绪做公司工作报告；大会审议和通过《丰收公司 2010 年经营管理方案》《丰收公司 2010 年度劳动竞赛方案》。8 位公司领导进行述职报告并接受民意测评。

2010 年 11 月 25 日，召开丰收公司第三届第六次职工代表大会。出席大会正式代表 213 人（外调、辞职、因公事因病等缺席 32 人），列席代表 32 人。董事长卢东绪做题为《转变经济发展方式，力促企业职工增收》的工作报告；副总经理郑伟基做《2011 年经营管理方案》草案说明；工会主席郭小林做《集体合同》和《女职工权益保护专项集体合同》说明；财务部部长李莲芳做《财务工作报告》；政工部部长何伟舜做《各行业年度突出贡献奖励方案》草案说明；大会审议通过《丰收公司 2011 年经营管理方案》《丰收公司"十五"发展规划》《丰收公司各行业年度突出贡献奖励方案》；签订集体合同；公司领导班子成员分别做述职报告，民主测评公司领导。

2011 年 11 月 23 日，召开丰收公司第三届第七次职工代表大会。出席代表 215 人。董事长、总经理万发做公司工作报告。大会审议通过《2012 年经营管理方案》，8 名公司领导干部做述职报告并接受大会民主评议。

2012 年 11 月 12 日，召开丰收公司第四届第一次职工代表大会。出席代表 231 人。列席代表 40 人，公司董事长、总经理万发做工作报告。大会审议和通过《丰收公司 2013 年经营管理方案》等，民主测评 8 名公司级正副职领导，董事长万发代表公司与工会续签《集体合同》《女职工权益保护专项集体合同》《工资集体协商协议书》。

2013 年 11 月 8 日，召开丰收公司第四届第二次职工代表大会出席大会。代表 226 人，列席代表 51 人，董事长万发做工作报告，大会审议和通过《丰收公司 2014 年经营管理方案》。公司领导分别做述职报告，并接受大会民主测评。

2014 年 12 月 8 日，召开丰收公司第四届第三次职工代表大会。出席大会正式代表 217 人，列席代表 46 人。董事长陈植基做公司工作报告，大会审议和通过《丰收公司 2015 年经营管理方案》，大会对公司领导班子成员进行民意测评。

2015 年 3 月 18 日，召开丰收公司四届三次职代会联席会议。出席会议有职代会小组长等 89 名代表，列席代表 3 名。大会审计通过《丰收公司企业退休人员临时生活补贴发放暂行办法》（公司退休人员共 2877 人，全年补贴费用 122 万元）。

2015 年 12 月 7 日是，召开丰收公司第四届第四次职工代表大会。出席代表 216 人。党委书记、董事长陈植基做题为《解放思想，与时俱进，为坚决完成 2016 年各项工作目标而不懈奋斗》的工作报告。审议通过《2016 年经营管理方案》。公司领导干部做述职报告并接受大会民主测评。

2017 年 3 月 9 日，召开丰收公司第四届第五次职工代表大会。出席代表 199 人。董事长黄付做题为《乘势而上，奋发有为，全面开创经济新常态下发展新局面》的工作报告。大会审议通过《2017 年经营管理方案》。公司领导干部做述职报告并接受大会民主测评。

2017 年 12 月 20 日，召开丰收公司第五届第一次职工代表大会。董事长黄付做题为《以企业改革为抓手 推进公司持续健康发展》的报告。出席大会代表 191 人。大会审议通过《2018 年经营管理方案》。黄付（董事长、总经理、党委副书记）、林国坚（党委书记、副董事长）、彭达皓（工会主席、纪委书记）、杨锐锋、罗成武、郭小林、蔡泽华（副总经理）等分别做述职报告并接受大会民主测评。民主测评结果为：林国坚优秀，其他均为称职。

2019年2月26日，召开丰收公司第五届第二次职工代表大会。出席大会代表190人。党委书记、董事长杨荣做题为《砥砺奋进，狠抓落实，持续深化改革谱写丰收公司发展新篇章》的工作报告。大会代表审议通过《2019年经营管理方案》，杨荣（党委书记、董事长）、全由章（党委副书记、总经理）、彭达皓（工会主席、纪委书记）、林春松（副总经理）、麦永强（副总经理）等分别做述职报告并接受大会民主测评。民主测评结果为：杨荣、林春松为优秀，全由章、彭达皓、麦永强为称职。

2020年1月18日，召开丰收公司第五届第三次职工代表大会。出席大会代表116人。党委书记、董事长杨荣做题为《稳中求进谋发展 有所作为求突破 努力实现丰收公司2020年扭亏增盈目标》的工作报告。大会审议通过《2020年经营管理方案》。杨荣（党委书记、董事长）、全由章（党委副书记、总经理）、彭达皓（工会主席、纪委书记）、林春松（副总经理）、麦永强（副总经理）等分别做述职报告并接受大会民主测评。民主测评结果为：杨荣、林春松为优秀，全由章、彭达皓、麦永强为称职。

二、工会组织机构

1995年12月11日，经中共湛江农垦局委员会研究决定：赖碧辉为丰收公司监事、党委委员、工会主席。

1996年6月21日，召开丰收公司首次工会会员代表大会，出席会员正式代表234人，选举产生第一届广东省丰收糖业发展有限公司工会委员会委员13人和工会经费审查委员会委员5人，赖碧辉当选为工会主席、李惠生当选为工会副主席，郭小林当选为工会经费审查委员会主任。工会财务设置独立账户。同月，成立广东省丰收糖业发展有限公司民主管理工作委员会、生活福利委员会、劳动争议调解委员会、劳动保护委员会、女职工工作委员会。10月，国营南光农场并入广东省丰收糖业发展有限公司，至此丰收公司建立工会委员会1个，工会专职干部4人。下设收获、南光、调丰、罐头4个分公司二级单位工会，基层工会分会96个，工会小组388个，会员4524人。

2000年10月26日，召开丰收公司第二次工会会员代表大会，出席会员正式代表271人，大会审议通过了工会主席赖碧辉代表公司首届工委会做的工作报告和陈凯代表工会做的财务工作报告，并选举产生第二届丰收公司工会委员会委员17名和工会经费审查委员会委员5名，赖碧辉选为工会主席，李惠生为工会副主席，郭小林为工会经费审查委员会主任。2000 年年末，丰收公司工会委员会 1 个，工会专职工会干部 5 人，下设分公司二级单位工会 4 个，基层工会分会 77 个，工会小组 380 个，会员 3348 人。2001 年 6 月，丰收公司党委聘任何伟粦为工会副主席，黄秀明同志竞聘为工会女工副主任（因多种原因，第三届工委会没召开第三次工会会员代表大会）。

2012 年 10 月 26 日，召开丰收公司第四次工会会员代表大会，出席会员正式代表 219 人，大会审议通过了工会主席郭小林代表公司第三届工委会做的工作报告、陈凯同志代表工会作的财务工作报告和经审主任李莲芳做的经费审查工作报告，大会选举产生第四届丰收公司工会委员会委员 17 名和工会经费审查委员会委员 5 名，郭小林当选为工会主席、陈凯当选为工会副主席、曾建平当选为工会经费审查委员会主任。2012 年年末，丰收公司工会委员会 1 个，下设分公司二级单位工会 4 个，工会专职工会干部 5 人，基层工会分会 68 个，会员 3212 人。2016 年，工会专职工会干部 4 人，基层工会分会 68 个，会员 2150 人。

随着丰收公司深化改革，原属丰收公司的糖厂、罐头厂、复肥厂、学校、医院相继分离，职工逐年到龄退休，在职会员人数减少。至 2020 年年末，丰收公司工会委员会 1 个，工会专职工会干部 2 人，基层工会分会 50 个，会员 860 人。

丰收公司成立后，历任工会主席是：赖碧辉（1995 年 12 月至 2003 年 1 月）、陈永利（2003 年 1 月至 2007 年 8 月）、郭小林（2007 年 11 月至 2015 年 7 月）、彭达皓（2016 年 1 月至 2021 年 5 月）。

1999 年，广东省丰收糖业发展有限公司工会委员会赖碧辉、陈永利、郭小林任期内由湛江市总工会颁发社会团体法人资格证，彭达皓任期由广东省总工会颁发社会团体法人资格证。

三、工会工作

（一）司务公开

1999 年，根据上级关于推行厂务公开制度的文件和省农垦局、湛江农垦局召开推行厂务公开会议精神，丰收公司成立推行司务公开制度领导小组，司务公开日常管理办公室设在工会。分公司、生产队等基层单位相应成立司（队）务公开工作组织机构。形成工会牵头，纪检监督，各单位部门具体承办，全员参与的工作机制，全面推行司务公开工作。公司司务公开工作第一责任人董事长分别与公司各部门、各分公司、基层各单位公开工作第一责任人签订公开工作责任书，明确公开工作任务和主要职责，规定奖罚条件。丰收公司在公司机关总部、收获、南光、糖业、罐头 4 个分公司、生产队、车间、学校、医院等基层单位分别制作公开栏，公开内容涉及公司各方面，包括：公司重大决策及执行情况、公司生产经营管理情况、职工切身利益保障情况、干部队伍建设和党风廉政建设情况；基层单位公开内容包括：年度两个文明建设计划、职工承包岗位、职工产品入厂、职工领取物资、职工产品结算、职工住房分配、评选和调资工作、集体资金收支等情况。公司每半年进行一次公开工作检查，年终考核年度公开工作，组织职工代表民主测评对本单位公开工作满意程度，进行评比和表彰先进，落实公开工作责任制和司务公开工作考核制度。

2000年3月，广东省厂务分开协调小组评定丰收公司为"广东省厂务公开工作先进单位"。

2001年，检查考核司务公开工作61个单位，达标单位共37个、合格单位21个、不达标单位3个。同年，丰收公司司务公开机构改为司务公开工作领导小组，并增设司务公开监督领导小组，各基层单位设立公开监督员，每月补贴20元，加强司（队）务公开工作的监督。2001年，丰收公司被评为"广东省厂务公开先进单位"。

2002年，广东省出台《广东省厂务公开条例》，丰收公司按《条例》规定，进一步完善和规范司务公开工作。

2004年4月，广东农垦总局厂务公开协调小组表彰丰收公司为"广东农垦厂务公开工作先进单位"。

2006年9月，广东农垦总局、湛江农垦局厂务公开协调小组推荐丰收公司为"全国厂务公开工作先进单位申报单位"。

2008年，丰收公司制定《司务公开工作实施细则》列入公司各项规定中，司务公开实行全心全意依靠职工，让职工知情、参政、监督的管理方针，加强民主管理和民主监督，达到职工满意率95%的目标，调动和发挥广大职工积极性，促进公司的改革、发展和稳定，司务公开工作进一步制度化、规范化管理。当年，检查考核2008年度司务公开工作，对53个被考核单位进行检查考核，评定为达标单位共有30个，合格单位有23个，无不合格单位。

2010年，丰收公司获得"广东省厂务公开民主管理工作贯标认证证书"。

2013年，丰收公司制定司务公开工作流程，实行程序化管理。

2017年，丰收公司对上级司务公开工作检查中存在问题进行整改，完善基层生产队公开资料建档，规范公开审批程序和公开记录。

2020年，丰收公司重新修订《司务公开工作管理规定》，列明公司10个方面、基层单位5个方面公开内容，明确公开工作责任主体和监督主体，进一步完善司务公开工作管理。

（二）维护职工合法权益

1997年起，丰收公司坚持每年职代会上公司工会代表全体职工与丰收公司签订集体合同，认真执行实施集体合同，并在职代会作实施集体合同情况的报告，切实维护职工合法权益。

丰收公司工会利用职代会载体，从源头决策上维护职工权益。2002年，由于糖价下跌，职工收入减少，丰收公司工会向公司党政反映、协商，经职代会通过，公司经营方案个别条款修改，甘蔗管理费由原16％下调为11％，蔗价实行140元/吨的保护价，凡低于保护价，免收管理费用，仅此项公司为职工让利700多万元，维护了职工利益。

2003年，职工反映在公司成立前（即1995年）原收获汽车队和机耕队职工运费未解决，工会积极主动向丰收公司董事会提出，并与有关部门单位调查研究、制定方案，公司董事会同意工会的处理意见，为100名职工解决了8年历史遗留问题，兑现合同各项资金共92629.84元。

2001年至2003年，丰收公司认真执行《广东省劳动法律条例》，落实安全生产责任制和劳动保护措施，改善职工劳动和生产条件，维护职工的合法权益。工会配合行政，按照劳动保护监督检查"三个条例"要求，建立和健全了三级劳动保护网络，开展"安康杯"竞赛活动，确保安全生产，生产安全。三年来投入工厂改造2500万元，改善职工劳动条件和生产环境，如罐头厂车间全部实施空调车间生产，糖业分公司压榨车间实施安装进口液压马达，保证生产安全。丰收公司从2003年至2007年连续五次被评为"全国'安康杯'竞赛广东赛区优胜单位"。

丰收公司工会成立后的1996年6月30日，成立劳动争议调解委员会，由工会、企管、司法、生产等部门人员组成，及时调解职工劳动纠纷，把矛盾解决在基层，保障职工的合法权益，维护公司的发展和稳定。2008年，收获水电站人员提出结算效益奖只兑现70％，未能按方案要求100％兑现的问题，劳动争议调解委员会及时协调，与有关部门协商，妥善给予解决。同年，丰收公司严格执行新修订《劳动合同法》，完善劳动合同制度，公司与全体在职职工全部签订劳动合同，为全体在职职工购置社会养老保险。

2011年，收获罐头厂股权转让和租赁经营转制，涉及职工切身利益问题。工会代表职工与企业、股东租赁方三方达成协议，在罐头厂职工身份不变、岗位不变的基础上，提高劳动报酬，改善职工生产环境，召开罐头厂全体职工大会，向职工讲清股权转让、租赁经营后职工的劳动报酬、劳动权利、福利待遇，职工顺利接受，维护了职工权益。

2012年，糖业分公司职工100多人到公司上访，反映职工工资调整不合理的问题。

工会、企管及糖业分公司等有关部门及时协调调查，重新制定工资调整方案，广泛征求职工意见，妥善给予解决。同年，收获罐头厂职工反映罐头厂职工生产加工期短、停工期生活费补贴少、职工收入低的问题，职工生活难维持，出现职工群体上访的苗头；工会及时向公司领导汇报，并与厂方联系、协调，组织罐头厂职工代表座谈会，建议厂承租方适当提高职工生活费补贴，延长加工期，提高职工收入，维护职合法权益。

2014 年，丰收公司基层干部反映公司机关干部享受公积金，基层干部没有享受问题，工会与公司董事会协商，妥善给予解决。2017 年，丰收公司后勤职工也纳入享受公积金待遇。

2018 年，根据职工反映参加职工医保意见，经湛江农垦局批准，丰收公司全体职工由原来参加城乡居民医疗保险改为参加职工医保共 4613 人。

（三）促进职工自营经济发展

2011 年，为提高职工收入，丰收公司开始重视职工自营经济发展，在公司经营方案中出台职工配置 3 亩菠萝自营经济地政策，但因菠萝也属公司统购产品，收购价格未与市场价接轨，职工种植菠萝积极性不高。2013 年，丰收公司放开菠萝价格由职工自由销售。2014 年，丰收公司为满岗职工配置占岗位地 15％相当 6 亩菠萝自营经济地政策。2017 年后，自营经济地调整为配置职工岗位地 10％相当 5 亩，促进职工以种植菠萝发展自营经济。职工种植菠萝面积小、亩投入成本高，市场价格波动大，多数职工配置的自营经济地统一转包给老板赚取地租差价，职工种植菠萝增收效益低。

2013 年，丰收公司在收获分公司南田队开展养牛试点工作，利用一事一议资金在南田队建设统一牛栏，建设混凝结构牛栏 24 间，以押金形式分配给职工养牛，优惠地租及利用五边地种橡草，为养牛提供青料；公司组织人员两次到阳江红五月奶牛场联系为职工购回奶牛犊 16 头，5 户职工领养；后来因奶牛犊在本地环境养殖不适应，且养牛早期投入成本大，养牛收益时间长、效益低最终失败。

2014 年，丰收公司组织职工到南华、友好等农场参观学习职工自营经济种桑养蚕经验，出台种桑地租 600 元/亩优惠政策，分别在南光农业分公司 4 队新建和改造蚕房 560 平方米、6 队改造蚕房 285 平方米、收获农业分公司西湖队改造蚕房 810 平方米，编制印发《种桑养蚕技术与管理》读本，引导职工种桑养蚕增收。种桑养蚕投入成本低、效益高、收益快，一般每亩桑地养蚕年可收入 4000 元，很快在丰收公司得到推广。2014 年，丰收公司职工种桑面积 197 亩，养蚕户 56 户；2015 年，种桑面积 686 亩，20 个生产队养蚕户 106 户，蚕房面积 2420 平方米。2016 年至 2018 年，蚕茧价格较好，职工养蚕增加了收入；2020 年，蚕茧市场价格偏低，职工种桑养蚕逐渐减少，多利用五边地种桑养蚕。

2014 年，丰收公司职工自营经济面积 8435 亩，其中：菠萝 6849 亩、香蕉 1148 亩、桑树 197 亩、橡草 62 亩、其他作物 179 亩。

2015 年，丰收公司职工自营经济面积 17328 亩，其中：菠萝 15042 亩、桑树 686 亩、香蕉 1585 亩、辣椒 15 亩。

2019 年，丰收公司职工自营经济面积 11576 亩，其中：菠萝 10016 亩、木瓜 263 亩、香蕉 835 亩、蚕桑 318 亩、火龙果 72 亩。

2020 年，丰收公司职工自营经济面积 17037 亩，其中：菠萝 15936 亩、木瓜 450 亩、香蕉 547 亩、蚕桑 142 亩、火龙果 72 亩、木薯 25 亩。

（四）开展经济技术创新

1997 至 1998 年，丰收公司以"学邯钢、降成本"为内容开展劳动竞赛，糖业分公司修机费用降低 300 万元，1998 年修机费用再降低 100 万元；吨糖生产成本由公司合并之初的 2700 元下降到 1998 年的 2015 元。罐头分公司的镀锡钢板耗量、果耗量、纸箱价格等都大幅度减小，1997 年节约成本 100 多万元，1998 年节约成本 200 万元；公司机关也逐年压缩包干经费，将公费购买的手机、BP 机、家庭程控电话、摩托车等通讯交通工具全部拍卖给个人，接待就餐实行工作餐制，鼓励节约，反对铺张浪费，1997 年机关管理费用节支 18 万元，1998 年节支 75 万元。农业开展推广甘蔗良种，抓甘蔗种植管理竞赛；橡胶产业开展田管竞赛、割胶技术比武，菠萝产业开展的种植、田管、催花竞赛。

1999 年，丰收公司深入开展"一化三技"活动，发挥职工技术协会作用，发动和组织职工提合理化建议，开展技术改造、技术革新、技术攻关，推动企业技术进步和提高企业经济效益。糖业分公司压榨车间对回送带的技术改造，节约每榨季锅炉开炉需要烧煤、柴油、木柴等 170 多万元。压榨车间对蔗刀烧碳化钨改造，提高甘蔗 10％破碎度，相应提高压榨收回率 0.2％。制炼车间提出增加一台糖浆震筛建议，糖浆全部经过震筛滤网，蔗糖积垢全部被滤出，1999 年跨 2000 年榨季第三个串罐产出一级糖，比上榨季早一个串罐，提高了产品质量。碎粒板厂开展技术攻关，调整煮胶配方，在保证板质量同时，每方板降低成本 80 元，节约成本 56 万元。

2001 年，丰收公司为实现"企业增效，职工增收"，发动和组织职工开展群众性经济技术创新活动。糖业分公司对 65 吨锅炉改造、真空吸滤机改造、可控硅直流调速设备综合改造、采取防止酵母受杀菌感染技术措施，为公司增产增收达 150 万元。农业上引进和推广甘蔗新品种，在原推广新台糖 16 号、22 号的基础上又引进 93/159 高糖早熟品种；甘蔗种植新技术，做到"五统一"：同地段、统一品种、种植时间、种植措施、施肥管理，推行机械深耕、化学除草、机械破垄、机械施肥培土。当年实现甘蔗总产 43 万吨，亩产由5.8吨提高到6.3吨，甘蔗糖分提高0.1‰度。2000年跨2001年榨季蔗源不足，仍取得榨蔗66.93万吨，产糖6.96万吨；2001年跨2002年榨季榨蔗量突破86万吨，产糖超9万吨，创建厂历史最高水平。2002年，丰收公司获湛江农垦"经济技术创新优胜单位"和"广东农垦'夺高产、创高效'劳动竞赛先进单位"称号。

2003年，丰收公司南光分公司举行割胶比武，54名选手参加角逐，8队卢厚春获一等奖，8队卢海、13队黄诗振、7队吴国才3人获二等奖。

2004年，丰收公司开展评选行业标兵活动，评选公司行业标兵16名，分别是：队长标兵蔡兴、党支书标兵莫汉福、机手行业标兵吴仲元、会计行业标兵钟锦珍、公仆标兵黄国强、罐头行业标兵范奕文、制糖行业标兵李敬才、司机行业标兵蓝志强、幼教师行业标兵林丽君、护士行业标兵刘娟媛、保安行业标兵陈大就、割胶辅导员标兵钟亚三、甘蔗行业标兵林善寿、菠萝行业标兵余大先、胶工行业标兵卢厚春、离退休人员标兵黄添。召开2002至2003年度先代会暨科技表彰大会，表彰先进单位6个、行业标兵16名、先进个人28名，表彰压榨车间《均衡进蔗计量及自动控制系统》等25个科技先进项目和糖业刘广青等58名科技先进个人，推动了科技兴垦战略发展。刘广青被评为广东省"职工创新能手"。

2005年，丰收公司开展"创建学习型组织、争当知识型职工"活动，分别举办公司管理人员和业务人员培训班、使用生物有机肥专题课、职工代表学习班、职工职业道德规范学习、运用生物有机肥种植甘蔗高产高效典型介绍；糖业分公司举办制炼煮糖、澄清、蒸发技术和压榨提汁技术及电工技术培训班，聘请广西大学教授讲课，提高职工技能和安全生产知识；罐头分公司果汁厂在投产前，全员培训职工；农业分公司组织举办甘蔗、菠萝栽培、管理培训班，全面提高职工整体素质。

2007年，丰收公司开展评选工、农业"十佳"主人和"十佳"公仆活动，农业"十佳"主人有甘蔗标兵5名：7队夏建友、19队曾日、南峰队郑福二、东江队吴善、园林队彭森；菠萝标兵3名：6队郑春庆、新村队韦廷超、东湖队陈聂；橡胶标兵2名：6队吴武文、4队柯生；工业"十佳"主人：糖业分公司吴华光、邓小君、温才兴、张敬军、黄仙，罐头分公司陈桂兰、练红光、刘赛梅，三和公司黄泰荣、复肥厂李建声；"十佳"公仆：黄国强、何伟舜、黄超、郑伟基、李进学、李木清、蔡兴、杨荣校、农永才、李秉忠。召开2006年度先代会暨科技表彰大会，表彰科技工作先进单位9个、三个"十佳"主人30名、科技工作先进个人35名。同年，在丰收公司南光分公司举行的湛江农垦割胶技术比武中，丰收公司南光八队胶工卢厚春获一等奖。

2008年，丰收公司南光分公司八队胶工卢厚春，参加湛江局割胶技术选拔赛获得第二名，代表湛江垦区参加在茂名垦区红峰农场举行的全国割胶技能大赛广东农垦优秀选手选拔赛获得第三名，并获得代表广东农垦参加在海南举行的全国割胶技能大赛资格。

2010年，丰收公司开展八个"十佳"评选活动，评选十佳种甘蔗能手、十佳菠萝能手、十佳割胶能手、十佳职工操作能手、十佳管理者，树立典型，宣传先进经验和做法，提高职工素质。制糖分公司和罐头分公司分别举办了新员工上岗培训、安全生产培训；开展管理干部普法学习教育；受教育人数达1378多人次。丰收公司南光8队胶工卢厚春代表广东农垦参加全国第二届割胶技能大赛，荣获第六名，授予"全国割胶技术能手"称号。

2011年，丰收公司开展"争当岗位技术能手"活动，组织职工在甘蔗、菠萝、割胶以及工业不同技能岗位上开展争当岗位技术能手，引导职工自主创新，建功立业，增强广大职工岗位技能，提升企业自主创新能力。树立了卢厚海、卢厚春等割胶能手，蔡妃二、凌亚安等种蔗能手和吴华光等工业操作岗位能手，获湛江农垦岗位技术能手称号；卢厚海推荐为广东农垦总局割胶岗位技术能手。

2012年，丰收公司开展五个"十佳"和先进部室评选活动。评出甘蔗种植能手、菠萝种植能手、优秀胶工、操作能手及优秀管理者等五个"十佳"技术能手47名、先进部室6个。同年，湛江农垦组织在南华农场举行的割胶技术比武，丰收公司南光分公司5队黄树源获得胶工组一等奖、14队卢厚海获得辅导员组一等奖、13队李坚新获得胶工组二等奖、6队卢厚春获得辅导员组二等奖、13队黄永广获得胶工组三等奖。

2013年，丰收公司参加湛江农垦组织的割胶工技能比赛暨广东农垦第三届割胶工技能大赛选拔赛，南光分公司6队卢厚春获得辅导员组一等奖、5队黄树源、13队李坚新分别获得胶工组二等奖、13队黄永广获得胶工组三等奖，17队钟国初获得辅导员组三等奖。在广东农垦第三届割胶工技能大赛暨全国第四届割胶工技能大赛广东赛区选拔赛中，丰收公司南光分公司13队黄永广获综合奖第二名、单项奖第一名，5队黄树源获得综合奖第六名、胶刀单项奖第六名，2人获得代表广东农垦参加全国第四届割胶技能大赛资格。

2015年，丰收公司举办职工种桑养蚕技术课，湛江市农科院专家陈振兴授课，收获、南光分公司农业职工220人参加学习。

2016年，丰收公司收获分公司黄志文被评为湛江农垦"先进生产者"称号。同年，丰收公司生产科程宏彪、糖业分公司制炼车间古伟胤2人被评为第七届"湛江农垦十大杰出青年"。

2020年，丰收公司黄秀明、林文敏、蔡志杰、凌钦龙等20人被广垦糖业集团公司评为"新冠肺炎疫情防控和企业复工复产工作先进个人"。

（五）开展"送温暖"活动

丰收公司工会成立后，重视关心困难职工户，对职工家庭成员遇到事故不幸或家庭成员患重病等原因造成特殊困难的，工会及时给予补助，1997—1999年补助629人，金额81075元。对一些需资金较多的困难户，发动职工捐款帮助。

丰收公司开展"一帮一"帮扶活动，对新来农业工人或生产落后职工，生产队干部、骨干从思想上、资金上、种苗上、劳力上、技术上给予帮助，促其脱贫致富；1997—1999年，帮扶160人，使64人脱贫致富。

2000年，丰收公司建立健全特困职工档案，扎实做好职工保障工作，为特困职工户申请最低生活保障。2000—2002年上半年办理最低生活保障金45户109人，2002年下半年57户143人，发放最低生活保障金22.86万元。

2004年，丰收公司建立职工解困基金会，49个基层分会全部建立起职工解困基金会，共筹集资金17万多元，当年为200名职工解难事200件次。组织职工为患罕见脑瘤病的收获分公司机关干部戴明星捐款，共有2118人参捐，捐款金额2.49万元。同年，丰收公司建立职工大病补助机制，在患大病职工医疗费基础上补助30%，当年公司72人获医疗补助55.2万元。

丰收公司坚持每年春节前对困难职工进行一次走访调查，掌握困难职工户家庭情况、致困原因，建立困难职工档案，对困难户、孤寡老人、80岁以上老人、省劳动模范送上慰问金。2004年，丰收公司对困难户等164人发放慰问金2.58万元。

2005年，丰收公司全面实施职工参加太平洋医疗保险，在此基础上再实施大病救助制度，职工患大病医疗费医保报销后公司再救助报销，使职工总的医疗费报销85%。同时，丰收公司医院建立职工合作医疗制度，职工每人每月交合作医疗费5元，公司每人每年补贴50元给公司医院包干使用，职工在公司医院住院免费治疗。

2006年，丰收公司开展"关爱农民工"活动，各单位干部职工538人捐衣物3916件，617名职工为各农民工捐款10724元；2005年跨2006年榨季，全公司有1149名职工为3400多名农民工送鸡1306只、鸭1500只、猪肉6998斤、青菜19068斤；有822名职工为2171名农民工送柴火2663把。各生产队派专人组织车辆接送农民工来队509次，花费10万多元，欢送农民工318次，花费8万多元。

2007年，丰收公司春节期间为困难户、孤寡老人、80岁以上老人、省劳动模范等239人发放慰问金3.83万元。为工会会员3285人发放高压煲等纪念品。

2008年，丰收公司为四川汶川地震捐款、上交特殊党费、特殊会费21.5万元。动员广大职工1748人向公司复肥厂患重病的莫大祥同志捐款35710元。

2009 年，丰收公司对患白内障退休职工调查摸底，74 人申请白内障免费手术，23 人符合条件免费进行手术治疗。动员全体职工向遭遇抢劫受枪伤的红忠队职工石仙兰同志捐款 41727.5 元。

2010 年，丰收公司为工会会员 3127 人发放电水壶、冷暖被等纪念品。

2013 年，丰收公司闭路电视整转为有线数字电视，纳入雷州市电视台有线数字电视管理，可收看 73 套数字电视节目和 6 套广播节目。

2015 年，丰收公司组织广大职工 542 人开展"6.30"扶贫捐款 17175 元；动员职工 680 人为"彩虹"台风赈灾捐款 58816.5 元。

2017 至 2018 年，丰收公司开展精准扶贫工作，精准扶贫户 4 户 13 人，分别是收获分公司滨河队韦秀丽职工户、红忠队黄正兰职工户、南光分公司 4 队廖玉梅退休职工户、罐头分公司潘美林退休职工户；按扶贫户家庭具体情况采取不同措施扶贫，扶持肥料、机械费等 21688 元，小孩读书教育帮扶 4550 元，生活保障慰问帮扶 2029 元；2018 年 4 户扶贫户已全部脱贫。2019 年至 2020 年，丰收公司继续对已脱贫的扶贫户进行跟踪巩固，对他们的子女读书进行教育帮扶 8750 元。

1996 年至 2001 年，丰收公司工会被湛江农垦工会评为"先进职工之家"；2002 年度被评为"广东农垦先进职工之家"和"十佳基层工会"；2003 年度被评为"广东省先进职工之家"；2004 年被评为"广东省模范职工之家"；2005 年，被中华全国总工会授予"模范职工之家"称号。2006 年至 2011 年，丰收公司工会被湛江农垦工会评为"先进职工之家"。

第二节　共青团

丰收公司成立后的 1996 年至 2001 年，共青团工作由政工部负责。多年来，共青团健全团组织机构，认真贯彻落实上级共青团委员会文件精神及各项工作，充分发挥好党的助手和后备军作用，发挥好协助企业管理好青年员工事务作用，发挥好公司党政联系青年群众的桥梁和纽带作用。1996—1997 年荣获"湛江垦区先进基层团委"称号。1998 年荣获"湛江垦区基层团组织建设先进单位"称号。2000 年荣获"湛江垦区先进团委"称号。

2002 年 10 月，共青团湛江农垦局委员会批复同意共青团丰收公司第一届委员会成员。2003 年 5 月，丰收公司团委与湛江市团委、湛江市扶贫开发办、湛江农垦团委联合实施"希望家园"项目："农村青年技能培训就业行动；万家学子帮扶十万农民学信息行动；关爱农村留守少年儿童；青年文明号结对帮扶；百团联百村；健康直通车；青春绿万村"。丰收公司团委被评为"2003 年垦区红旗团委"。

2006 年 4 月 13 日，召开共青团广东省丰收糖业发展有限公司第二次代表大会，出席大会代表 80 人。会议选举产生第二届团委委员。本届团委被评为"2007/2008 年湛江市五四红旗基层团委"。

2010 年 4 月，共青团湛江农垦局委员会批复同意共青团丰收公司第三届委员会成员。到 2017 年，建立了 2 个团总支（中学、机关各一个），11 个团支部（中学 8 个，其他 3 个），团干 13 人，团员 110 个。成立了有 85 人参加的志愿者服务队。协助各小学开展好少先队工作。2017 年至 2018 年，第一小学每年均为少先队大队一个，中队 13 个，小队 52 个。2017 年拥有少先队队员 902 名，2018 年拥有少先队队员 965 名；2017 年拥有少先队队员 213 名，2018 年拥有少先队队员 224 名。

2019 年，共青团工作由社区综合办负责。全公司一个团总支，3 个团支部，团员 18 人。

第三节　妇　　联

一、妇女代表大会

1997 年 9 月，召开丰收公司首届女职工代表大会。出席大会正式代表 143 人，选举产生丰收公司第一届女职工委员会委员 15 名，李玉群选为女职工委员会主任；大会号召广大女工解放思想、加快步伐，在各条战线上艰苦创业，积极投身"双增双节""劳动竞赛""文明家庭"等活动，为公司两个文明建设做出贡献。

二、妇女组织机构

1997 年，丰收公司建立第一届女职工委员会，李玉群为女工主任，工会专职女工干部 1 人，下设收获、南光、调丰、罐头 4 个分公司工会女工干事各 1 人，基层女工小组 84 个，在职女工 2025 人。

2001 年，丰收公司机构改革，建立第二届女职工委员会，黄秀明竞聘为工会女工副主任，工会专职女工干部 1 人，分公司工会女工干事 4 人，基层女工小组 78 个，在职女工 2136 人。

2006 年，丰收公司建立女职工委员会 1 个，工会专职女工干部 2 人，分公司工会女工干事 4 人，基层女工小组 74 个，在职女工 2078 人。

2010 年，丰收公司女职工委员会 1 个，工会专职女工干部 2 人，分公司工会女工干事 4 人，基层女工小组 72 个，在职女工 1623 人。2013 年，丰收公司收获、南光、调丰、罐头 4 个分公司工会女工干事提拔为各党群办副主任。

随着丰收公司深化改革，原属丰收公司的糖厂、罐头厂、复肥厂、学校、医院相继分离，职工逐年到龄退休，在职女工人数减少。至 2020 年，丰收公司女职工委员会 1 个，工会专职女工干部 2 人，分公司工会女工干事 1 人，基层女工小组 13 个，在职女工 249 人。

三、妇女组织活动

（一）女职工事业开发

丰收公司开展以"女职工建功立业"为主题活动，鼓励广大女职工建功立业，实现女职工自身价值，充分调动女职工的积极性和创造性，积极投身公司两个文明建设。每年"三八"妇女节期间，丰收公司以分公司为单位开展各种形式的岗位竞赛和技术比武活动，使大批的女职工成为企业生产的多面手和经济能人；收获、南光农业分公司开展砍甘蔗、种甘蔗、选蔗种、割胶技术等比赛，糖业分公司开展"节能、降耗、高产、优质"竞赛活动，罐头分公司开展削菠萝、修整技能比武。组织开展"女职工素质提升工程""创建学习型女职工组织，争当知识型女职工"等活动，引导和鼓励女职工树立终身学习的意识，做复合型的现代女性，组织女职工参加工业制糖、罐头厂岗位技术操作培训，参加安全法及安全生产依法管理学习班，学习党纪知识，学习会计基本知识，割胶技术培训，举办女工知识讲座，广大女职工学会学习，学会适应，学会竞争，不断提升素质，实现自我价值，使女职工真正成为一名"专一门、会二门、学三门"的新女性。丰收公司女职工委员会每年在"三八"妇女节期间评选表彰"巾帼建功标兵""五好女工""好妈妈、好媳妇、好婆婆""和谐家庭"等典型，带动全公司女职工学先进、争先进，创一流业绩多做贡献。

（二）维护女职工合法权益

1997 年，丰收公司女职工委员会依照《劳动法》《妇女权益保障法》和《女职工劳动保护规定》等相关规定，维护符合计划生育农业承包女工 3 个月基本工资待遇。2003 年，丰收公司女职工委员会按公司经营实施方案规定，维护 32 名托幼人员奖金利益；为 5 名女工解决产假奖金问题。2006 年起，丰收公司工会与公司签订女职工权益保护专项集体合同。丰收公司关爱女职工身体健康，每年为全公司女工进行妇科普查。1997 年，丰收公司女工 1880 人妇科普查，普查率 89.9%；2007 年，丰收公司投资在医院购买红外线乳腺检查诊断仪器，增加乳腺专项检查项目，全公司 2055 名女职工进行妇科普查，280 名育龄妇女进行健康检查；2012 年，公司 1557 名女职工进行妇科专项检查，检查率达到 95%，建立女职工健康治疗档案。2018 年，丰收公司 1500 多人进行妇科疾病、乳腺疾病项目普查，每人检查费用 68 元，开支检查费用 10.83 万元。丰收公司举办关爱女职工健康知识讲座，帮助女职工提高自我保护意识和能力，先后邀请中山医院、湛江附属医院三十多名中西医专家、教授为女职工义诊。2004 年起，丰收公司组织女职工参加安康互助保险，最高时参加女工达 1300 多人，参保率达 100%，得到保险赔偿累计达 20 人次。丰收公司开展帮扶活动，组织和发动职工给患重病者捐款，解决医药费问题，每年组织女职工为困难职工户捐款，平均每年捐款人数 525 人次，捐款金额达 2.6 万元；每年"三八"妇女节前夕，开展送温暖慰问活动，慰问公司特困女工，送上慰问金。

（三）托幼

1996 年丰收公司成立后，保持有收获、南光和糖业 3 间幼儿园，托幼站 35 间，入托小孩将近 900 人，教职员工 93 人，其中幼师 16 人、保育员 77 人。丰收公司工会对幼儿园、托儿站进行管理，幼儿园、托儿站收支经费纳入工会财务管理，工会每年坚持对托幼工作人员量化考核评比，年终效益奖等级与考核挂钩，有效激发广大托幼人员的工作积极性。2006 年，糖业幼儿园因糖业职工入园幼儿少停办，至 2008 年，生产队托儿站因达不到办托人数全部停办。2010 年，收获、南光幼儿园为防范暴力事件各配备保安人员 1 人，制定幼儿园保安工作制度和防范暴力事件应急预案；调整幼儿园收费标准。2020 年，丰收公司设有收获、南光幼儿园 2 间，入园小孩 217 人，教职工人员 15 人，其中幼师 8 人、保育员 7 人。

1997 年，丰收公司女职工委员会被广东农垦工会评为"广东农垦女职工'四个一'活动先进集体"、被雷州市评为"先进女职工委员会"。

1999 年，丰收公司商贸女工张燕家庭被全国农林工会评为"文明家庭"。

2001 年，丰收公司女职工委员会被湛江农垦工会评为"先进女职工委员会"。

2003 年，丰收公司南光分公司 6 队杨二妹被雷州市妇联特授予"巾帼科技兴农带头人""三八红旗手"荣誉称号。

2003 年，丰收公司女职工委员会被湛江市总工会评为"先进女职工集体"。

2004 年，丰收公司女职工委员会分别被全国农林水利工会、湛江农垦工会、湛江市妇联、雷州市妇联评为"先进女职工集体"。

2005 年，丰收公司女职工委员会被雷州市妇联评为"巾帼建功先进集体"，被湛江市总工会评为"先进女职工集体"。

2006 年，丰收公司女工委被广东省工会评为"2006 年度工会女职工工作先进集体"。被湛江农垦工会评为"女工工作先进单位"。

2007，丰收公司女工委被评为"广东省女职工工作先进集体""湛江市女职工工作先进集体"。

2008，丰收公司女工委被评为"2008年度广东省工会女职工组织实施女职工'两项工程'工作先进集体"。

2010年，丰收公司女工委被雷州市评为"'爱心工程'活动先进集体"。

2011年2月，丰收公司南茂队女工黄利芬被中华全国总工会授予"全国五一巾帼标兵"称号。

2011年，丰收公司工会女职工委员会被评为"湛江市先进女职工集体""雷州市妇联系统先进集体"。收获农业分公司南茂队职工黄利芬荣获中华全国总工会授予的"全国五一巾帼标兵"称号。

2013年，丰收公司收获滨河队张爱花、南光6队董敏霞被湛江农垦评为"巾帼致富能手"。

2015年，丰收公司工会女职工委员会被湛江农垦工会评为"广东省工会女职工工作先进集体"。

第三章　民政管理

第一节　侨务管理

一、侨务机构

丰收公司成立后的 1997 年 1 月，设立"广东省丰收糖业发展有限公司华侨事务办公室"（简称侨办）。侨办设在行政办公室，负责华侨事务日常工作。公司指定一名党委常委副总经理级领导分管侨办工作。1997 年 8 月 10 日，"广东省丰收糖业发展有限公司归国华侨联合委员会"成立。侨联配合侨办做好侨务工作。2012 年 8 月 22 日，"广东省丰收糖业发展有限公司社区管理委员会"正式成立，侨办设在社区综合办，进一步完善组织领导、健全制度、完善网络、形成社区侨务工作体系。

二、归侨和侨眷

（一）马来西亚归国华侨

丰收公司成立之前，国营收获农场安置马来西亚归国华侨较多，国营南光农场较少。两个农场的马来西亚归侨是 20 世纪 50 年代初期归国的。

1952 年 9 月，收获农场建场初期，五个垦殖场合计有马来西亚归侨职工 60 人，他们曾在海外从事过橡胶生产，有较丰富的种橡胶、橡胶树苗的芽接、割胶实践经验。来场后是农场发展橡胶事业的技术骨干，场首批橡胶苗圃、橡胶树苗芽接、大田橡胶种植、胶园的岗位责任人都由他们担任，并按他们的技术水平，评定一至三等，每人每月享受 6～8元技术津贴的特殊待遇。1964 年，橡胶开割投产后，他们又是首批胶工、割胶辅导员、收胶员。各队每日收集鲜胶乳，都由他们骑自行车从队送到场部胶乳厂（因为那个年代，他们从马来西亚归国时带回自行车，非归侨职工是没有自行车的）。后期，不少马来西亚归侨陆陆续续来到收获农场工作。到 1988 年年末，全场有 146 名马来西亚归国华侨。他们其中有 20 人担任各级干部、教师 18 人，卫生员 5 人；有 11 名中共党员、38 名共青团员，成为农场生产、文化等建设骨干。马来西亚归侨、工会副主席、侨联主席何伟粦于 2004 年 6 月 21 日荣获广东省归国华侨联合委员会颁发的"侨联事业贡献奖"；6 月 22 日至 23 日出席广东省第八次归侨侨眷代表大会并当选广东省归国华侨联合委员会委员（任期为 2004 年 6 月至 2009 年 6 月）；7 月 20 日至 23 日，出席在北京召开的第七次全国归侨侨眷代表大会并当选中国侨联第七届归国华侨联合委员会委员（任期为 2004 年 7 月至 2009 年 7 月）。2020 年年末，丰收公司有马来西亚归侨 17 人，占全公司归侨总人数的 3.5%。国营南光农场并入丰收公司之前的 1958 年，全场有马来西亚归国华侨 13 人，后期逐年减少。

（二）印度尼西亚归国华侨

1960 年 4 月、7 月，收获农场先后分两批安置印度尼西亚归侨 511 人，全部居住在华侨队（地址为现收获中学）。1961 年，对有劳动能力的 211 人根据他们的特长分别安排到农业、工业、教育、卫生、服务等各行业工作；对 203 名适龄少年儿童安排就学，对 28 名孤寡老人实行"五保"。其他生活福利待遇与新老职工相同外，农业劳动者从 1961—1963 年享受七折劳动定额（即完成作业定额的 70% 可领 100% 工资）优待。家庭收入，按每人每月 14 元（成年/人）、7 元（未成年人）为生活保护线。一律住瓦房并免交房租（那时非归侨职工每月扣房租）。物资困难时期（1960—1961 年）优先供应粮、油、肉、蛋、糖等，农场只给印尼归侨发放优惠券（他们凭场发给的优惠券到场部商店可买到糖果、饼干之类副食品，其他国籍归侨和非归侨职工没有优惠券，到了场部商店想买副食品是买不到的）。1965 年 3 月，撤销华侨队，将部分印尼归侨分别充实到 10 个农业生产队。在 20 世纪 70 年代后，不少印度尼西亚归侨在各行各业发挥了积极作用。调风队印度尼西亚归侨郑丽珠 1979 年荣获"广东农垦总局劳动模范称号"。收获中学教师郑莲花 1985 年荣获"全国农垦系统先进教师称号"。胶厂职工、印度尼西亚归侨赵仕安自费创办家庭农场，成效显著，1985 年荣获"广东省职工劳动模范称号"。1987 年末，全场有印度尼西亚归国华侨 97 户 242 人，其中职工 114 人。职工当中任各级干部 17 人，教师 18 人，卫生员 5 人。中共党员 9 名，共青团员 34 人。成为农场各行各业骨干。印度尼西亚归侨陈瑞发曾在生产队任政治指导员、农场党的基本路线教育运动队员、农场行政办公室秘书后，提升为农场党委副书记，后外调任深圳市宝安区观澜镇镇长。1989 年 12 月，收获中学印度尼西亚归侨教师陈瑞福荣获广东省归国华侨联合委员会授予的"归侨优秀教师"称号。收获中学印度尼西亚归侨教师洪秀花 1991 年 12 月 25 日荣获广东省归国华侨联合委员会授予的"归侨优秀教师"称号和 1995 年 9 月 25 日荣获中华全国归国华侨联合委员会授予的"全国优秀归侨、侨眷教师"称号。2004 年 6 月 21 日，收获医院印度尼西亚归侨、场侨联委员妇科医生余秋香荣获省侨联颁发的"侨联事业贡献奖"。2020 年末，丰收公司有印度尼西亚归国华侨 71 人，占归国华侨总人数的 14.8%。印度尼西亚归国华侨在业余文化活动中较为活跃，20 世纪 60 年代时期，他们大多数是农场文体活动积极分子和骨干。

（三）越南归国华侨

1978 年 5 月 30 日，广东省革命委员会办公厅分配省农垦总局所属农场接待安置越南难侨，国营收获农场分配计划为 800 人，国营南光农场分配计划为 700 人。实际上于同年的 7 月，收获农场接待安置越南难侨 305 人，其中劳动力 118 人。分别分配到新桥队、海滨队、丰收队等 12 个生产队。南光农场接待安置越南难侨 410 人，其中劳动力 186 人，分别分配到 4 队、6 队、11 队、14 队、15 队、17 队、19 队（17 队和 19 队为最多）等单位。收获、南光两个农场投资专门为越南难侨盖配套砖瓦房（一房一厅，有天井、小伙房），有劳动能力安排就业为固定职工（按月发工资），另生活费按每人每月职工 20 元、家属 14 元予以保证。收获、南光农场各级领导和老职工对难侨在生产上传帮带，对他们进行爱国主义、遵纪守法等教育，使他们安心在农场工作生活。在丰收公司成立前后，越南难侨经历了联产计酬、兴办家庭农场，两费自理，自营经济生产劳动，使他们从不习惯、不安心、缺乏生产经验到习惯又安心，勤劳致富。14 队越南难侨林善寿从 1994 年至 2003 年连续 10 年承包甘蔗 118 亩、橡胶开割树位 3 个。甘蔗亩产由 4.66 吨提高到 8.9 吨。10 年来向企业缴纳土地使用费 64.3 万元，本人累计纯收入 93 万元，年均纯收入 9.3 万元，成为勤劳致富先进典型。他先后借出 3.65 万元扶持生活和生产困难的职工，捐出 1.1 万元维修工地道路。1992 年起坚持每年拿出资金 1200 元（累计 1.4 万元）用于购买油料，用自己的车辆接送本队职工子女上学，还先后为公益事业捐款 8800 元。南光分公司有 85 户难侨职工家庭农场在林善寿的引导下，都取得了年人均纯收入 2 万元以上的好成果。林善寿于 2001 年荣获湛江农垦"十佳种蔗能手""经济技术示范岗""经济技术示范岗""先进职工家庭农场"称号。2001 年荣获广东农垦"经济技术示范"奖励，2003 年获广东省人民政府授予"省劳动模范"称号。2004 年被国务院侨办、中华全国归国华侨联合委员会表彰为"全国归侨侨眷先进个人"。2015 年年末，丰收公司有越南难侨 405 人，占归难侨总人数的 78.3%。2020 年末，越南难侨 391 人，占归难侨总人数的 81.6%。2013 年，丰收公司有侨眷 983 人。

三、归侨安置经费

1983 年 3 月 4 日，联合国难民署捐赠 20 万美元（折人民币 39.27 万元），兴建广东省收获菠萝罐头厂。1984 年 6 月建成投产。1990 年 5 月统计，收获菠萝罐头厂从 1984 年投产到 1990 年，共安排越南难侨 101 人、印度尼西亚归侨 10 人、马来西亚归侨 8 人、侨眷 36 人在厂工作。

1984 年 9 月 20 日，南光农场侨办起草《为安置印支难民向联合国难民署提出援助申请书》，申请援助建造一幢 650 平方米的中学教学楼，设施配套资金需 4.5 万～7 万美元。1985 年 6 月 6 日，南光农场侨办再次起草《为安置印支难民向联合国难民署提出援助申请书》，申请援助南光农场建造一幢 960 平方米中学教学楼，设施配套资金需 7.5 万美。1988 年 12 月，南光农场中学楼建设项目获得联合国难民署援助金 6 万美元（当时折人民币 22.33 万元），1989 年末，中学教学楼全部工程完工并交付使用。2018 年 4 月 18 日，广东省华侨事务办侨政处派员到丰收公司开展联合国难民署 20 世纪 80 年代无偿援助项目资金移交情况调研核查（丰收公司有两个项目，一是 1983 时期援助建造收获菠萝罐头厂，二是 1988 年时期援助建造南光中学教学楼），情况属实，手续完备，资料齐全。

丰收公司成立后的 1996—2011 年，侨办规范使用湛江农垦局侨办下拨的侨务事宜经费（每年 4 万元上下不等），用于特困归侨补助、重大节日困难归侨慰问和 80 周岁以上老归侨慰问（临时补贴）、困难归侨子女就读大中专助学金以及因自然灾害、突发性事件，家庭成员患重病或其他特殊情况造成家庭生活困难的归侨临时补助等。做到侨办严格实行，侨联监督到位。2012—2020 年，每年规范和加强上级拨发的贫困归侨扶贫救助补助资金的分配和管理。2012 年，丰收公司侨办发放扶持贫困归侨专项资金 43700 元，受益贫困归侨 31 人；2013 年发放扶持贫困归侨专项资金 38000 元，受益贫困归侨 35 人；2014 年，有 78 人贫困归侨获得扶贫求助补助金共 5 万元，其中 6 人因家庭状况特别困难的各获得救助金 1500 元，1 人获得困难归侨子女助学金 1100 元；2015 年，四次发放贫困归侨扶贫救助专项资金共 10.63 万元，其中特困 14 人共 21900 元，临时救助金 134 人共 76300 元，困难归侨子女助学金 2 人共 2100 元；2016 年，贫困归侨扶贫救助专项资金 74500 元，实际救助贫困归侨 69 人，其中特困归侨 3 人，临时补助 63 人，困难归侨 71 人，困难归侨子女助学 2 人；2018 年，83 人获得扶贫救助专项资金 10.66 万元；2019 年，归侨 88 人获得扶持贫困救助专项资金共 10.65 万元；2020 年，归侨 93 人获得扶持贫困归侨专项资金 10.65 万元。

四、归国华侨联合委员会

1985 年 12 月 27 日，国营收获农场成立"广东省国营收获农场归国华侨联合委员会"。侨联主席陈瑞发（印度尼西亚归侨）；副主席林清水（马来西亚归侨）、余秋香（女、印度尼西亚归侨）；委员古世斌（越南难侨）、王来福（印度尼西亚归侨）、郑莲花（女、印度尼西亚归侨）、侯家源（侨眷）。

1997 年 8 月 10 日，召开广东省丰收糖业有限公司首次归侨侨眷代表大会。出席代表 44 人，其中归侨代表 12 人，难侨代表 30 名，侨眷代表、列席代表各 1 人。丰收公司党委书记、董事长黄国涛代表公司党委、公司向大会致祝贺词，侨办主任蔡国明做工作报告。大会审议和通过《广东省丰收糖业发展有限公司归国华侨联合会章程》。大会选举产生丰收公司首届侨联委员会，马来西亚归侨何伟舜当选为侨联主席，马来西亚归侨杨广任当选为副主席兼秘书长，余秋香（女、印度尼西亚归侨）、叶竹珍（女、印度尼西亚归侨）、刘太友、钟六、凌钦强（越南难侨）当选为委员。

2002 年 8 月 2 日，召开丰收公司第二次归侨侨眷代表大会。侨办主任蔡国明主持会议；总经理邱荣其致开幕词；侨联主席何伟舜作上届侨联工作报告；越南难侨林善寿做个人经验介绍；大会通过《广东省丰收糖业发展有限公司归国华侨联合会章程》；选举产生丰收公司侨联第二届委员会委员。何伟舜为主席；黄树林（越南难侨）为副主席；杨广任为秘书长；刘太友、钟六（越南难侨）、叶竹珍（女）、何孟真（印度尼西亚归侨）为委员。

2008 年 9 月 8 日，召开丰收公司第三次归侨侨眷代表大会。出席大会代表 63 人。公司办公室副主任兼侨办主任李武主持会议，公司总经理、党委副书记卢东绪致开幕词；公司政工部部长、第七届全国侨联委员、第八届省侨联委员、公司第二届侨联主席何伟舜做工作报告；大会审议通过《丰收公司归国华侨联合会章程》；选举产生丰收公司侨联第三届委员会委员：何伟舜（马来西亚归侨）当选为侨联主席；南光农业分公司 15 队队长、越南难侨凌钦龙当选为副主席兼秘书长；南光农业分公司 17 队保管出纳越南难侨刘太友、7 队职工越南难侨钟六、收获农业分公司保安队员越南难侨严厚伟、罐头厂职工印度尼西亚归侨陈齐顺等当选为侨联委员。

2013 年 5 月 24 日，召开丰收公司第四次归侨侨眷代表大会。出席大会正式代表 60 人（代表全公司 2500 名归侨侨眷），特邀代表 10 人，列席代表 9 人。丰收公司侨联委员会主席何伟舜做第三届侨联工作报告，大会审议通过了丰收侨联第三届委员会工作报告和《执行〈中国侨联章程〉实施细则》；选举产生公司侨联第四届委员会，凌钦龙当选为第四届侨联主席；严厚伟为副主席；刘道成（南光医院医生、越南难侨）为秘书长；钟六、吴福康（罐头厂保安员侨眷）、黄肖英（女、中学教师侨眷）、李群兰（收获医院护士侨眷）等为委员。大会通过聘任何伟舜为第四届侨联名誉主席。公司纪委书记、侨务主管领导蔡国明做大会总结讲话。

丰收公司归国华侨委员会主要职责是：宣传党的侨务政策，保护归侨合法权益；协助侨办做好侨务事宜；动员、组织归侨为改革开放献计献策，积极参加现代化建设，为建设和谐新丰收贡献力量。

第二节　水库移民管理

一、管理机构

2006 年起至 2010 年，水库移民后期扶持项目工作由行政办公室负责管理。2011 年起至 2020 年由工会全面管理。财务部（科）设立水库移民后期扶持项目资金专门账户，做到专款专用。建立由工会、纪检监察和财务等部门指定专人组成的监督小组。实行公示制度，公开、公示每年每项工作的开展和资金情况。

二、水库移民

水库移民后期扶持分为三批。2006 年，核定已入网水库移民后期扶持共 140 户 358 人。另符合政策查遗补漏移民 57 户 163 人，跨省移民 28 户 93 人（上级未批复）。2006 至 2011 年，每年均为 140 户 358 人。2012 年 225 户共 614 人。2013 年 216 户 587 人。2014 年 221 户 608 人。2015 年 223 户 608 人。2016 年 223 户 614 人。2017 年 225 户 614 人。2018 年 218 户 573 人。2019 年 217 户 569 人。2020 年 212 户 561 人。

三、水库移民安置经费

省财务厅、省水利厅、省农垦总局有关水库移民后期扶持资金文件规定，水库移民后期扶持资金每人每年 600 元，从 2006 年下半年起补贴 20 年，补贴资金由湛江农垦局直接打入水库移民个人存折。丰收公司每年上报年度核实户数人数，由湛江局批复。2006 至 2011 年，每年各发放 21.48 万元。2012 年 36.84 万元。2013 年 35.22 万元。2014 年 36.48 万元。2015 年 36.48 万元。2016 年 36.84 万元。2017 年 36.84 万元。2018 年 34.38 万元。2019 年 21.48 万元。2020 年 33.66 万元。

第四章 政　　法

第一节　兵　　役

丰收公司成立后的1996年，公司武装部（对外）列入群工部办公，1997年列入社区管理办公室办公，2014年列入社区综合办办公。自1996年至2019年，丰收公司武装部配合雷州市武装部做好青年应征服兵役工作。23年来，丰收公司青年应征服兵役共52人，其中陆军36人，海军1人，空军3人，武警12人。

第二节　民　　兵

成立丰收公司前，收获农场和南光农场相继于1966年成立基干民兵连。各农场民兵在做好本职工作中，担负战备勤务、保卫边疆、突击抢险、维护社会治安、土地维权、产品保护职责。兵团时期的1970年，七师七团（收获农场）、七师四团（南光农场）建立武装连（民兵加强连）。1970年10月17日，第13号台风严重威胁着七团（收获农场）位于18连（红忠队）南面方向属调风公社的"红心楼水库"的安全。该水库最大容量200万立方米，将遭到大于容量三倍洪水的冲击。七团政委刘殿喜率领19个连共1100名干部战士（大多数是民兵），调集6台拖拉机，奔赴现场与1000多名农村社员连续作战两天两夜，战胜了阵风10级、350毫米暴雨带来每小时上涨1米的洪水。保住了水库大坝和下游人民生命财产及万亩良田的安全。1985年9月18日，收获农场武装部接海康县人民武装部紧急抢险命令，抽调50名民兵参加堵海围堤抢险任务，连续奋战60个小时，战胜海潮，受到中共海康县委员会、海康县人民武装部嘉奖，并授予"英勇拼搏、战胜海潮"锦旗一面。南光农场武装部接到海康县人民武装部紧急抢险命令后，也抽调民兵参加堵海围堤抢险任务。丰收公司成立后的2000年10月15日，雷州市东里镇调南海堤遭受10级东北风和大海潮正面袭击，导致坑后葛段五公里严重受损，堤坝崩毁随时发生。丰收公司武装部接到雷州市人民武装部抢险命令后，立即组织37名民兵骨干抢险队出色完成抢险任务。2013年7月，为加强民兵工作，公司党委任命4名民兵专干人员和56名民兵执勤人员。到 2020 年末，丰收公司民兵共 46 人（其中收获民兵队 24 人，南光民兵队 22 人），其中中共党员民兵 5 人，退伍军人民兵 7 人。

第三节　退伍军人

2020 年末，丰收公司在册退伍军人 250 人（其中抗美援朝出国作战退役军人 1 人，对越自卫反击战 31 人），军转 3 人。公司根据国家关于退伍军人相关政策规定，分期分批安排退伍军人工作共 206 人（其中已自谋职业 11 人，辞职 4 人，不接受安排 29 人）。

第四节　综合治理

在全国开展第二次严厉打击刑事犯罪斗争的 1996 年 1 月，丰收公司成立了社会治安综合治理领导小组，配合收获派出所、雷龙派出所全方位开展好社会治安综合治理工作。2005 年至 2007 年，丰收公司连续三年被评为"湛江垦区维护稳定及社会治安综合治理工作先进单位"。2000 年至 2001 年，全国开展第三次"严打斗争"，丰收公司加大力度，确实抓好社会治安综合治理各项工作。2010 年，贯彻执行上级有关开展全国第四次严厉打击刑事犯罪斗争文件精神，落实各项工作。2013 年被评为"雷州市社会治安综合治理工作优秀单位"。

第五节　维　稳

丰收公司成立后，各级把信访维稳工作当作重要性工作来抓。认真贯彻执行《湛江农垦局关于加强信访维稳工作有关规定》，主管信访维稳公司领导与各单位主要领导签订《丰收公司信访维稳责任书》，落实好接待职工群众来信和来访工作及对越级上访者问题进行稳控工作。1996 年至 2020 年，公司信访工作部门正确处理好职工群众来信来访共 288 人次，为建设和谐丰收公司打下良好基础。

中国农垦农场志

第九编

企业文化

中国农垦农场志

第一章 文艺活动

收获农场和南光农场从20世纪60年代起就重视开展职工文艺活动。1965年1月，收获农场组织了18名队员参加半脱产的"收获农场毛泽东思想宣传队"，自编自演具有农场特色、激励建场奋进的小品、双簧、相声、舞蹈、表演唱等节目，在场内各生产队巡回演出，丰富了职工业余文艺活动。场文艺宣传队还到徐闻、海康垦区各单位演出，多次参加海康县文艺汇演，其中不少节目获得第一名。当时，文艺宣传队每到生产队，晚上都是借着汽灯的光亮演出。该文艺宣传队1967年因"文革"解散。1968年，"收获农场革命委员会"成立，"收获农场大联合总部"组织一支15人、以中学生为主体的"毛泽东思想文艺宣传队"，巡回各生产队演出后解散。1969年2月（组建兵团时期），七师七团（收获农场）重新组建了一支20人的以广州知识青年为主体的"七师七团毛泽东思想文艺宣传队"，文艺宣传队在乐器、音响方面得到了加强和更新。宣传队每到连队演出都是牛车接送，下队演出有电灯照明。该队每年不同时期编排的文艺节目能围绕场的中心任务宣传党的方针政策，宣扬场内先进人物事迹和好人好事，用短小精悍、生动活泼、形式多样的文化艺术反映农场的现实生活，很受群众欢迎。1978年3月起，场文艺宣传队以职工子弟为主体，成队时间不固定，都是临时成立。那时的文艺宣传队，接到上级文艺汇演通知后，才抽调文艺爱好者组成场文艺宣传队，会演结束后就解散。收获农场中学成立了"收获中学毛泽东思想文艺宣传队"。南光农场在兵团组建前后相继组织"南光农场毛泽东思想文艺宣传队"，丰富了职工业余文艺活动，深受职工群众好评。20世纪80年代，是收获、南光农场开展职工业余文艺活动最活跃时期，那时的青年职工多，参与活动的人数和次数多。收获农场1984年场工会举行集体舞比赛，全场有35个单位共515名青年职工参赛。南光农场从1979年至1980年，为丰富职工业余文化活动，场分期分批购置28台电视机发给19个生产队和9个直属单位。另采取分期付款，一年还清的办法（行政先垫支50万元，工会垫支15万元），由职工选购100台14英寸电视机，10台17英寸电视机，34台收录机和10把小提琴，深受职工好评。1981年，收获农场24个生产队和南光农场19个生产队都建立了文化室。1984年3月，收获农场和南光农场职工集体舞表演队并列获得由湛江市文化局、湛江市总工会、海康县文化局、海康县总工会联合举行的集体舞比赛第一名。20 世纪 80 年代至 90 年代初，收获农场、南光农场分别成立了美术、书法、摄影、集邮协会。1980 年，南光农场举办美术、书法和摄影比赛，参赛作品 106 幅，其中展出作品 83 幅。1985 年起至 1989 年，每年举行一次由五个农场（收获、南光、火炬、幸福、东方红）参加的摄影作品比赛，收获和南光入选的作品和获奖作品均名列前茅。1982 年至 1990 年，收获农场组织四次集邮比赛，首次有五人参赛，集邮 4258 枚。之后增加到了 17 人参赛，集邮 20717 枚。粤西农垦宣传处为此还专门派员前来采访和拍摄收获农场职工集邮比赛录像并在全垦区播放宣传。20 世纪 80 年代后期，收获农场、南光农场、调丰糖厂相继建立职工舞厅，职工唱歌、跳舞有了固定场所。

丰收公司自 1995 年成立以来，历届党委、工会重视职工业余文化生活工作的开展。1997 年，先后投资装修南光农业分公司和调丰制糖工业分公司职工舞厅，增置南光、收获、调丰三个舞厅的音响设备。丰收公司逢年过节开展形式多样的职工文艺活动，出色完成上级安排的文艺汇演任务，并数次获奖。1999 年 9 月，丰收公司文艺表演队在湛江农垦雷州片举行的庆祝中华人民共和国成立 50 周年文艺汇演中，参演的舞蹈《丰收，我可爱的家乡》获得一等奖（《丰收，我可爱的家乡》是南光分公司吴洪光、陆成元作曲，梁永佳作词）。2002 年 5 月 1 日，南光分公司的高玉凤在雷州市总工会举行的"庆祝五一"国资杯工人之声歌唱比赛中获得一等奖。2002 年 9 月 28 日，丰收公司在职职工健美操表演队在湛江农垦雷州片举行的国庆节"热爱祖国、热爱农垦"文艺汇演中，获得一等奖，丰收工会获得优秀组织奖。2003 年 9 月 29 日，丰收公司文艺表演队在中共雷州市委宣传部、共青团雷州市委员会举行的"雷州人精神大讨论"大型歌舞晚会上，自编自导演出的歌舞《丰收之歌》获得一等奖（《丰收之歌》歌曲是南光分公司吴洪光作曲，梁永佳作词）。2004 年 10 月 15 日，在南光分公司文化宫举行丰收公司庆祝中华人民共和国成立 55 周年暨调丰糖厂建厂 20 周年的"情为职工、安居乐业"文艺晚会。文艺晚会之前，以分公司为专场演出了五个晚上，参演人员 263 人，演出节目共 46 个，这是丰收公司成立以来最大规模的群众性文艺活动。2005 年 9 月 15 日，为庆祝中华人民共和国成立 56 周年和丰收公司成立 10 周年，举行丰收公司职工健美操比赛，有 5 个代表队共 150 人参赛。2006 年 4 月 25 日，雷州垦区在丰收公司举行"同唱一首歌，共建新农垦"庆祝建垦 55 周年文艺汇演，丰收公司文艺表演队演出的大合唱《丰收之春》、女声小组唱《丰收，我可爱的家乡》、艺术舞蹈《丰收之歌》均获得一等奖（《丰收之春》由吴洪光作曲，梁永佳作词）。10 月 28 日，丰收公司老年人健身操表演队在湛江农垦"重阳同乐"雷州片文艺汇演中获得健身操一等奖。2006 年 6 月 30 日，举行丰收公司庆祝建党 85 周年文艺晚会，共表演了 13 个节目。2006 年，公司组织业余文艺演出队到金丰公司、北和镇、徐闻县兄弟农场等地进行联欢演出 13 场。2007 年 4 月，湛江农垦雷州片在金星农场举行"工人有为"歌咏晚会，丰收公司文艺表演队演出的大合唱获合唱类一等奖。2008 年 5 月 1 日，丰收公司文艺表演队自编自导的舞蹈《蔗园甜歌》获得雷州市"庆祝五一"文艺晚会最佳节目奖。2009 年 1 月，丰收公司南光分公司由吴洪光作曲、梁永佳作词的《丰收，我可爱的家乡》《丰收的歌》《丰收之春》三首歌曲在广东农垦优秀企业歌曲评选活动中均获得优秀奖。2009 年 9 月，丰收公司退休人员舞蹈在湛江垦区雷州片庆祝中华人民共和国成立 60 周年"歌唱祖国、热爱农垦"文艺汇演获得一等奖。2009 年 5 月 4 日，举行丰收公司第二届青年歌唱比赛。2010 年 9 月 25 日，丰收公司文艺表演队在湛江农垦庆祝中华人民共和国 61 周年文艺汇演演出的大合唱《在希望的田野上》获得二等奖。2011 年，丰收公司文艺表演队舞蹈《情怀》入选参加湛江农垦创建 60 周年庆典大会演出。2012 年 4 月 26 日，举行丰收公司"庆五一、迎五四、展风采"交谊舞比赛，收获、南光、糖业、罐头四个分公司及机关共 5 个表演队参赛，比赛舞类有慢三、伦巴、恰恰 3 类，糖业分公司获得第一名。4 月 28 日，丰收公司文艺表演队的大合唱《丰收，我可爱的家乡》《丰收的歌》在湛江农垦华海篇庆祝五一爱国爱农垦歌曲大家唱激情广场歌咏比赛中获得二等奖。2013 年 9 月 26 日，由丰收公司退休人员参演的广场舞和在职员工参演的大合唱《南泥湾》在湛江农垦雷州片"祖国颂歌"庆国庆巡回文艺汇演中分别获得一、二等奖。2014 年 4 月 23 日，丰收公司文艺表演队的舞蹈《喜鹊报丰收》在幸福农场举行的湛江农垦庆祝"五一""五四"暨庆祝中国关工委成立 24 周年文艺晚会获得一等奖。2015 年 9 月 25 日，湛江农垦雷州片庆祝抗日战争胜利 70 周年暨"祖国在我心中"文艺汇演在丰收公司举行，丰收公司文艺表演队大合唱《保卫黄河》获得一等奖。2017 年 9 月，丰收公司文艺表演队在湛江农垦雷州片庆祝中华人民共和国 68 周年文艺表演中，演出的舞蹈《丰收韵律》获得一等奖。2018 年，湛江垦区庆祝改革开放 40 周年"湛垦女子声音"十佳歌手大赛中，丰收公司高玉凤获得二等奖。2019 年，丰收公司主办、调丰糖厂协办的举行庆祝中华人民共和国 70 周年"我和我的祖国"文艺晚会，表演节目共 18 个。

第二章　体育活动

收获农场、南光农场的职工体育活动从建场初期的 20 世纪 50 年代起活跃开展。建场初期，生活艰苦，垦荒职工每日辛勤劳动奋战在橡胶园里，业余时间自发组织打篮球、乒乓球，同时农场组织小型体育比赛，丰富职工业余生活。

国营收获农场 1953 年，由场工会给各生产队提供球篮（圈），各队木工自制球架，建立起自然坪地的简易篮球场。1956 年成立收获农场体育协会，组织一支由 12 名男性和 7 名女性组成的收获职工业余篮球队。当年 4 月，女篮队员李金莲被选入华南垦殖女篮代表队，赴北京参加全国垦区篮球选拔赛，并得到了周恩来总理的亲切接见。1958 年 2 月，收获农场男子乒乓球代表队参加海康县工人体育运动会，获得男子团体和单打两项冠军。1969 年，广州知青来到收获农场参加农垦建设，接受贫下中农再教育，他们给农场文体活动带来了新的生机和活力。之后，农场各项体育活动活跃开展。1970 年 8 月（兵团时期），七师七团（收获农场）印度尼西亚归侨林志平代表兵团七师参加中国人民解放军广州军区生产建设兵团游泳运动会，获得男子 200 米、100 米蛙泳第一和第二名，从此闻名垦区。1971 年 9 月，林志平在全军运动会以 1 分 17 秒的成绩获得男子 100 米蛙泳第二名，达到国家一级运动员水平。1972 年，归侨子弟陈志伟被选入中国人民解放军军区生产建设兵团专业男篮队。1976 年（恢复农场体制第二年）起，每年接到上级组织各项体育项目比赛通知，农场则组织各体育项目代表队参赛。1977 年至 1980 年，3 次组队参加海康县中学生游泳比赛，团体总分获"三连冠"。1982 年，职工子女向小春被选入广东农垦总局女篮队，赴上海市参加全国五垦区篮球比赛。1983 年，在场部建成 2250 平方米旱溜冰场，给职工体育活动增加了新项目。1985 年 10 月，职工子弟陈景平、吴文权代表湛江垦区参加湛江市职工田径运动会，在男子 1500 米跑步比赛中，分别以 4 分 39 秒和 4 分 40 秒的成绩夺得全市第一名和第二名。吴文权在男子 5000 米跑步比赛中以 16 分 17 秒的成绩获得第一名，陈景平以 18 分 36 秒的成绩获得第二名。同年 11 月，吴文权、陈景平代表收获农场民兵参加海康县民兵体育运动会，在男子 6000 米跑步比赛中，吴文权以 19 分 34 秒的成绩创最高纪录，名列榜首，陈景平名列第二。是年底，吴文权代表广东农垦系统参加广东省第二届工人体育运动会，在男子 5000 米和 10000 米跑步两项比赛中，分别以 16 分 30 秒和 34 分 46 秒的成绩获得第七名和第四名。1987 年，全场共有篮球场 30 个，其中有灯光的 14 个。1995 年前，收获农场每逢过节组织举行以分场为代表队的男女篮球、乒乓球、羽毛球比赛。

南光农场在 20 世纪 60—70 年代，先后组织半脱产或全脱产男女篮球队。80 年代后期，大多数时期是临时抽调人员组成男女篮球队、乒乓球队、羽毛球队参加上级组织的比赛。逢年过节举行场内各类球赛和其他体育活动。就 1982 年而言，南光农场举行全场性篮球、乒乓球、羽毛球、拔河赛共 13 次，内部篮球友谊赛 11 次，场外篮球友谊赛 2 次，参加湛江垦区乒乓球赛男子单打第一名，海康县篮球赛女子第二名。由于南光农场多年来开展群众性文化工作成绩显著，广东省农垦工会于 1982 年 7 月在南光农场召开广东农垦群众性文化工作现场会，南光农场作积极开展群众性文化工作经验介绍。1983 年 10 月，南光农场工会荣获中华全国总工会授予的"职工之家"称号。1986 年 8 月，南光农场职工子弟郑康生在韩国汉城（今首尔）第十届亚运会上作为我国划艇队员获得金牌 1 枚（郑康生 1978 年毕业于南光农场中学，被选入广东省划艇运动队后多次参加日本、荷兰等国际比赛，先后获得金牌 2 枚、银牌 2 枚。1985 年入选国家划艇运动队）。1988 年 5 月，南光农场工会荣获中华全国总工会授予的"模范职工之家"称号。

每逢重大节日，丰收公司工会组织形式多样的体育项目活动，做到能随时组织各体育项目临时代表队参加上级举行的比赛，并取得好成绩。2004 年 10 月，丰收公司女子乒乓球代表队获广东农垦职工第三届乒乓球锦标赛农业组女子团体亚军。同年 12 月 10 日，举行丰收公司中小学第二届田径运动会。本届运动会有 800 名中小学生运动员分别参加跳高、跳远、长跑、短跑、跳绳、呼啦圈等体育项目比赛。2005 年 9 月 23 日，在丰收中学举行丰收公司首届职工运动会，开幕式进行 150 人职工健身操队和 150 人中学生广播操队表演，本届运动会设男、女 6 个团体项目赛和 20 项个人赛。2006 年 8 月 24 日，丰收公司职工乒乓球代表队在湛江农垦雷州片纪念农垦创建 55 周年职工乒乓球比赛获得混合团体比赛冠军、女子单打冠军。2007 年 7 月，丰收公司代表队荣获湛江农垦雷州片"迎奥运、庆国庆"羽毛球团体赛冠军。2008 年 4 月，丰收公司代表队荣获湛江农垦雷州片"庆五一、迎奥运"职工女子篮球赛冠军，获职工男子篮球赛季军。2009 年 4 月 28 日，丰收公司职工乒乓球代表队在湛江农垦雷州片"庆五一"职工乒乓球赛获得混合团体赛冠军。2013 年 4 月 23 日，丰收公司乒乓球代表队在幸福农场举行的湛江农垦雷州片"庆五一"职工乒乓球赛获得混合团体赛亚军。同年 5 月 20 日至 24 日，举行丰收公司职工乒乓球赛。2016 年获湛江农垦雷州片羽毛球赛混合团体冠军。2017 年获湛江垦区雷州片男子篮球赛亚军、乒乓球赛女子团体冠军、乒乓球赛男子团体亚军。2018年，成立丰收公司职工乒乓球协会，会员38人。2020年9月22日至24日，举行丰收公司"迎中秋、庆国庆"职工乒乓球赛，24名选手参赛，设团体、男女单打赛。

第三章 宣 传

企业宣传是丰收公司思想政治工作的一部分，是对公司员工进行理想、道德教育的具体活动。把宣传党的路线、方针、政策，宣传公司中心工作、工作重点、工作举措、公司重大经营决策、发展大计、新规定、新政策、新产品、先进事迹、好人好事等作为企业宣传主要内容。企业宣传的目的是加深员工对企业的了解，及时得到公司的各种信息，丰富员工的生活，提升公司的凝聚力、向心力，进一步完善公司企业文化。

一、企业报刊

2002年7月15日，创办《丰收报》。规格为8开双面纸，由丰收公司政工部主办。

2004年8月15日出版的第7期（总第26期），刊登了《丰收报》改版内容，其具体版面为：第一版要闻版，公司日常事务、宾客来访、重要会议、通知通报等；第二版农业生产，此版专为农业分公司提供宣传空间。涉及农业生产、防害、机械化、示范基地建设等；第三版工业生产，此版专为工业分公司及其他工业生产部门开设。涉及工业生产、技改、出口创汇、市场开拓等。以及厂务公开，来自各车间的通讯；第四版生活版，不定期为文艺、生产服务。医疗社保等副刊，为广大职工提供生产常识、医疗防护等方面知识以及刊登文学作品、摄影作品，并可提供1/4版作为广告版面，对各子公司分期进行宣传。

2007年1月20日，《丰收报》改为《丰收糖业报》（正规报纸规格），准印证为雷印准字第0604号。版面设主页、综合新闻、理论·感悟、时政·要闻、重大节日、理论·经验、副刊·专题、综合信息、维稳、会议、文艺、政文、群言录、心得体会等。《丰收糖业报》在《湛江日报》社印刷，每月印发1500份，发至公司、分公司各科室、直属各单位、43个农业生产队各职工家庭农场、上级宣传部门、垦区农场等。《丰收糖业报》办至2011年12月第12期（总94期）为止。

2012年2月1日（总95期），《丰收糖业报》改为《丰收糖业简报》，报纸规格为8开双版面。主页为公司要闻等，反面为各农业单位冬春甘蔗种植完成情况公布表、跨年度榨季甘蔗单产排名榜。并统一由丰收公司印发。

丰收公司政工部（人事科）主办《丰收报》《丰收糖业报》《丰收糖业简报》共142期。

2014年11月26日，《丰收糖业简报》（总第143期）开始由丰收公司社区综合办主办。丰收公司社区综合办主办《丰收糖业简报》到2020年12月24日止共102期（总245期）。

二、宣传阵地建设

1996年，在丰收公司总部办公楼正门前建立2个各长8米、宽1.2米规格和6个各长2.4米、宽1.2米规格及1个长5米、宽1.2米的不锈钢主体固定宣传栏。

1997年，在丰收公司总部办公楼左侧建立5个连体各长2.4米、宽1.2米规格的不锈钢主体固定宣传栏。

利用固定宣传栏及时宣传党的路线、方针、政策，宣传公司文化建设、企业道德、企业精神、企业理念，宣传丰收公司的发展目标、经济战略、龙头企业跨越式发展事项等。

2003年，公司总部办公楼正门前2个大宣传栏重新改装，更新整体设计，加厚加固整个栏体，使其更为醒目耐用。同时，在公司办公楼正门入门内走廊各建立一个长4米、宽1.5米规格的不锈钢主体固定公开栏。其中左侧方建立广东省丰收糖业发展有限公司公开栏（内设司务公开机构、年度经济发展目标、公司基本情况、重大决策及落实情况、干部管理情况、"三公"经费使用情况、涉及职工切身利益情况、土地管理情况、国资处置与产品物资购销情况、其他公开内容）。右侧方建立中共广东省丰收糖业发展有限公司委员会党务公开栏（内设党务公开制度、党务工作职责、党务公开领导小组、党务分开监督小组、党委班子成员分工情况、中央和上级党组织要求公开的事项、领导班子民主生活会和党风廉政建设情况、党组织自身建设、党员发展、党费收缴使用、干部人才队伍建设和选拔任用情况、民主评议党员和党内奖惩情况、精神文明建设和宣传思想文化情况、其他需要公开事项等）。

1996—2012年，丰收公司政工部将公司总部办公楼正门前的6个小固定宣传栏分交各分公司、中学、三和酒精厂。每逢重大节日，各单位出一期以本单位为主要内容的特色宣传。由公司评比小组评出一、二、三等奖。

三、黑板报

黑板报是个小窗口，丰收公司广大职工通过这个小窗口，及时了解党的路线、方针、政策，了解丰收公司发展的各种信息，学到知识。丰收公司自成立以后，在各单位（重点43个农业生产队）均建立起一块固定的黑板报亭。坚持每年进行四次（春节、五一劳动节、七一建党节、十一国庆节）固定黑板报检查评比。2004年1月22日春节起，增设活动式黑板报（规格为长2.44米、宽1.22米）评比，评出一、二、三等奖。每年春节大年初一在收获农业分公司、南光农业分公司各设一个展出点。2017年1月28日春节（年初一），展出54块以"迎新春"为主题的活动式黑板报。2018年2月16日春节，展出47个"迎新春"和党的十九大精神为主题的活动式黑板报。2019年2月5日春节展出40个单位出版的以"迎新春"和学习"习近平总书记在庆祝改革开放40周年大会上的重要讲话精神"为主题的活动式黑板报。2020年1月25日春节展出40个单位出版的以"迎新春"和宣传党建促生产、促安全生产、促扫黑除恶、促环境卫生等内容的活动式黑板报。

四、广播站

1996年1月，原广东省国营调丰糖厂广播站全套设备（主体设备50瓦调频发射机）转为丰收公司广播站使用，设广播员1人。广播时间为：6时30分至8时，14时至14时30分，17时30分至18时30分。广播内容为宣传党的路线、方针、政策，丰收公司中心工作，好人好事，并设学习专题、生活小知识等。上午、中午、下午上下班时间统一播放军号，公司内凡装有全控电话的单位，都安装了扩音喇叭，形成有线广播网络。

2002年，丰收公司投资购置43套调频接收机分别安装于收获农业分公司24个农业生产队和南光分公司19个农业生产队，各队通过扩音机输出到高音喇叭，每天能收听到丰收公司广播站的广播，形成覆盖全公司各单位无线广播网络。2006年后，因调频接收机工厂停产，各生产队随之停止调频广播。广播站广播范围只在收获农业分公司、调丰制糖工业分公司、罐头食品工业分公司生活区内。

2012年9月13日，丰收公司社区成立。随之丰收公司广播站工作由丰收公司社区综合办负责。2017年8月，丰收公司广播站从调丰制糖工业分公司搬迁到丰收公司社区办公楼（原收获农业分公司办公楼）。1996年至2020年止，丰收公司广播站广播员共3人。

1996年10月8日，南光农场广播站转为丰收公司南光农业分公司广播站，配备一名专职广播员。南光农业分公司广播站从1996年10月至2020年12月，广播员共6人。

五、宣传队伍建设

宣传队伍建设抓实抓好，才能保证办好丰收公司报刊，办好宣传栏，办好司务公开栏，办好黑板报，办好广播站。抓好宣传队伍建设，重点做好"三落实"工作：

一是落实健全丰收公司通信报道队伍，加强对丰收公司内外宣传报道力度。2004年9月1日，成立《丰收报》采编队伍。顾问由党委书记、董事长黄国强，常务副总经理陈剑豪，党委副书记马金来，副总经理黄大功等担任。政工部长孙丽雄任总编。团委副书记彭达皓、行政办公室秘书林小松任责任编辑。工会副主席陈凯等14人为特约记者。收获保安队员陈桥明等 5 人为特约通讯员。2005 年 11 月 26 日，举办《丰收报》兼职记者培训班，共有 21 名新记者参加培训，邀请湛江农垦局人事政工处科长、湛江农垦《榨季简讯》编辑张弘鹏授课。2006 年 4 月 14 日，丰收公司团委组织《丰收报》记者、团委骨干共 40 人，前往廉江市生态文明村参观学习。2014 年 10 月 27 日，举办丰收公司 2014 年度通讯员培训班，共有 60 名通讯员参加培训。

二是落实稿件稿酬工作。广播站稿酬从 1996 年最初的 2 元/篇提高到 2000 年度的 5 元/篇，2001 年至 2016 年又提高到 8 元/篇。2004 年 9 月 1 日，《丰收报》用稿稿酬标准为：短讯 6 元/篇，简讯、消息 10 元/篇，新闻图片 15 元/篇，通讯评论 15 元/篇。2017 年 4 月 24 日，丰收党字〔2017〕18 号文《关于进一步强化宣传工作的通知》规定稿酬标准为：在国家级报纸、杂志（如《中国农垦》）上发表的，一类稿件 300 元，三类稿件 200 元，三类稿件 100 元；在省部级报纸、杂志（如《广东农垦》）发表的，一类稿件 200 元，二类稿件 100 元，三类稿件 50 元；在市级报纸、杂志（如《湛垦信息》）上发表的，一类稿件 100 元，二类稿件 50 元，三类稿件 30 元；在国家级网站发表的，每篇 50 元；在省级网站发表的，每篇 15 元；在市级网站发表的，每篇 10 元；在丰收公司专刊、网站上采用的一类稿件 50 元，二类稿件 15～30 元，三类稿件 10～20 元；在丰收公司广播站采用的稿件，每篇 10 元；被重复使用的稿件，按最高标准奖励；稿件作者多于一人的，只按第一人给予奖励。2014 年，广播站采用稿件共 278 篇，2015 年共 330 篇，2016 年共 268 篇，2017 年至 2018 年 272 篇。2017 年度《丰收糖业简报》采用稿件共 140 篇，2018 年 210 篇，2019 年 180 篇，2020 年 250 篇。

三是落实考评制度。1998 年 3 月 6 日，经各分公司推荐和主管部门考评，公司党委决定表彰彭达皓等 67 通讯员为"1997 年度先进通讯员"。2006 年 4 月 7 日，召开丰收公司通讯员表彰大会，会议表彰 33 名积极向《丰收报》、广播站投稿的优秀通讯员。2017 年 4 月 24 日的丰收党字〔2017〕18 号文《关于进一步强化宣传工作的通知》规定：每年根据采用稿件的数量、质量等，评选出年度"优秀通讯员"，并给予奖励和在全公司范围通报表彰。2019 年，丰收公司党委表彰李尚鸿等 6 人为优秀通讯员。2020 年，丰收公司党委表彰陈智贤等 7 人为优秀通讯员。丰收公司通讯员还积极对外投稿，宣传丰收公司各行各业先进典型事迹、龙头企业深化改革成果等，多名通讯员获得上级宣传部门表彰和奖励。2001 年 2 月 23 日，湛江农垦局办公室表彰丰收公司为"2000 年度《湛垦信息》来稿先进单位"。丰收公司行政办公室秘书喻天宏被评为"《湛垦信息》优秀通讯员"。2006 年 9 月 8 日，湛江农垦局表彰 2005 年度《湛江农垦》和《湛垦信息》优秀通讯员，丰收公司彭达皓获得优秀通讯员一等奖，孙丽雄、林小松获得优秀通讯员二等奖，邓光仙获得优秀通讯员三等奖。2009 年 11 月 1 日，湛江农垦局人事政工处表彰丰收公司丁孝林、彭达皓为《湛江农垦》2008—2009 年度优秀通讯员（丁孝林获一等奖，彭达皓获二等奖）。2015 年 4 月 12 日，湛江农垦局表彰韦福林为湛江农垦 2014—2015 年度宣传工作优秀通讯员。

第四章 电影下乡

在电视机还没普及的20世纪60年代中期至70年代，看电影是职工最为喜爱的日常生活中不可缺少的娱乐形式。那个时期，农场场部职工看电影，都是由龙门农垦电影站来农场场部放映的。农场组建生产建设兵团后的1972年4月前，七师师部电影站（龙门农垦电影站）还负责下各团部（农场场部）放映电影。1972年5月3日，七师七团（原收获农场）建立了电影队，当年只有一台16毫米放映机，设放映员2名，李惠生任队长。同年，七师四团（原南光农场）也成立了电影队，只有一台16毫米放映机，潘桂岭任队长。到了后期，收获电影队增加一台16毫米、一台8.75毫米、一台35毫米（双机头）放映机，放映员增加到10名。南光农场电影队发展到四台放映机，放映员增加到8名。

1980年10月，收获农场投资5万元兴建了2045平方米共有1656个观众座位的露天放映场，从此结束了场部放电影、演大戏、文艺演出到处"打游击"的历史。1982年，投资30万元，总面积1638平方米，拥有1400个座位的南光农场职工文化宫落成，成为职工文体活动中心。

收获农场、南光农场电影队除不定期在场部放映外，大部分时间分组下生产队放映电影。前期，放映员打着背包下生产队，由生产队派牛车接送，后期派手扶机接送，每月每个生产队职工能看到1～2场电影。据统计，收获农场电影队从成立的1972年至1979年共放映电影4792场，完成放映工作日3175个，观众218.72万人次，放映幻灯宣传71套840张共2264场。每到一个生产队就了解近期的好人好事，并在电影放映之前宣传。收获电影队于1972年5月起至1973年还兼七师六团团部（原国营金星农场场部）放映工作。由于该队成绩显著，1978年被评为湛江地区电影系统先进放映队。南光农场电影队在1987年12月的"全国农村科教电影会演月"中成绩显著，荣获农林渔业部、林业部、广播电影电视部、文化部、国家科委技术委员会、中国科学技术协会联合颁发的表彰证书。

随着20世纪80年代后期电视机的普及，收获农场和南光农场电影队放映场数下降，电影队随后实行承包，有段时间下生产队改放录像。1992年，收获农场、南光农场电影队相继解散。

第十编

社会主义精神
文明建设

中国农垦农场志丛

第一章　精神文明创建

第一节　创建文明单位

丰收公司自成立以来，坚持把创建文明单位贯穿于各项工作始终。在创建中寻创新，在创新中求发展，突出抓好班子建设、思想建设、道德建设、法治建设、文化建设、环境建设等重点。切实做好健全组织机构，组织领导到位。明确创建目标，规划安排到位。加强宣传教育，全员参与到位。力求实事求是，监督考核到位。

一、健全组织机构

1996 年 11 月，成立丰收公司社会主义精神文明建设领导小组。党委书记担任主任委员，总经理、党委副书记担任副主任委员，组员由工会主席及有关部门负责人共 11 人组成。下设办公室，成员 12 人。精神文明建设领导小组负责起草和印发各年度丰收公司精神文明建设总目标，其中创建文明单位为主要内容之一。负责日常处理工作，做好各阶段工作督促检查，审评创建文明单位，做到组织领导到位。

二、明确创建目标

制定和印发各年度《丰收公司精神文明建设总目标》（简称《总目标》）。制定《总目标》最早的年份是丰收公司成立的第二年。1996 年 7 月 8 日，《丰收公司 1996 年精神文明建设总目标》定稿印发。《总目标》为：根据党的十四届五中全会精神和湛江农垦集团公司提出的"二个根本性转变"及"讲政治，两手抓，两手都要硬"的要求，结合丰收公司的实际情况，大力加强领导班子和职工队伍建设，充分调动各方面的积极性，确保丰收公司 1996 年各项计划和经济指标的实现，甘蔗面积 37500 亩，总产 20 万吨；菠萝总面积 10000 亩，其中新植 3381 亩，产菠萝鲜果 1.1 万吨，产菠萝罐头 6500 吨，菠萝浓缩汁 550 吨；产复合肥 1.2 万吨；碎粒板 5000 立方米，社会总产值 4 亿元，利润 4200 万元，人均收入 10000 元。

在各年度创建文明单位中，突出抓好七个建设。

（1）班子建设。重点抓好"政治素质好、经营业绩好、团结协作好、作风形象好"的"四好"班子建设。落实党委理论学习中心组制度。各年度每季度组织党委进行一次理论学习；落实民主生活会制度，每年至少召开一次党委民主生活会，个别年度增开一次；落实党风廉政建设制度，领导班子成员根据工作分工，履行"一岗双责"，对职责范围内的党风廉政建设负主要领导责任。

（2）队伍建设。举办多种形式的政治思想教育和职工技能培训，提高职工队伍整体政治素质和技能水平。引导职工学习和践行《丰收公司职工职业道德规范》。

（3）思想建设。以宣传及培训等多种形式，用共产主义理想、信念、道德教育广大职工，树立社会主义、集体主义、爱国主义思想和企业主人翁思想，调动各行各业职工积极性。

（4）道德建设。坚持以为人民服务为核心，以集体主义为原则，以爱祖国、爱人民、爱劳动、爱科学、爱社会主义为基本要求，以社会公德、职业道德、家庭美德、个人品德为着力点。利用各种宣传工具，大力宣传各行各业的先进模范事迹。2004 年，在争创"三有一好"争当时代先锋保持共产党员先进性教育活动中，宣传和印发务实型党员农田队队长彭达良、好书记好队长 11 队蔡兴、全国五一劳动奖章获得者 14 队党员职工林善寿、多包快富党员示范岗东风队大包户吕纯禄等五位优秀党员先进事迹，号召全公司的共产党向他们学习。2005 年 1 月 4 日，宣传和印发《广东省职工创新能手刘广青先进事迹材料》。调丰制糖工业分公司"挖潜高手"刘广青，针对锅炉与汽轮发电机组不配套问题，将原 1 号 1000 千瓦汽轮机组更换为 3000 千瓦机组，每年多产发电效益 100 万以上。2005 年 2 月 24 日，宣传和印发湛江垦区优秀共产党先进事迹报告团成员、丰收公司南光农业分公司 14 队党员职工、广东省劳动模范林善寿和收获农业分公司农田队队长彭达良先进事迹。2012 年 9 月 23 日，宣传和印发湛江农垦"富民兴垦"先进事迹巡回报告团成员、荣获全国总工会授予的"全国巾帼建功标兵"称号的丰收公司收获农业分公司南茂队女职工黄利芬先进事迹。先进引路，学有榜样。

利用广播、墙报、黑板报等宣传工具宣传 20 字公民基本道德规范，在醒目路段建立 20 字公民基本道德规范内容固定宣传牌。

（5）企业文化建设。丰收公司"蜂泉牌"一级白砂糖连续多年经全国甘蔗质量监督检验评分质量名列前茅，荣获中国轻工总会甘蔗糖业质量监督检测中心颁发的"产品质量优质奖"证书。被国家质量监督检验检疫总局评为"国家监督抽查合格产品"和"产品质量免检"。被中国名牌战略推进委员会评为"中国名牌产品"。2007 年，丰收公司"三叶牌"菠萝罐头，荣获国家质量监督检验检疫总局颁发的"产品质量国家免检证书"。2008 年 7

月，丰收公司43个农业生产队的菠萝均荣获中华人民共和国产品质量安全委员会颁发的"无公害产品证书"。2011年10月，丰收公司"三叶牌"菠萝罐头作为中国农垦质量追溯产品典型代表应邀在广西南宁举行的第七届中国—东盟国际博览会上参展。

注重技能培训，提高业务素质。2005年，成立丰收公司职工技能培训领导小组。组织各类型技能培训工作。2005年组织举办甘蔗农艺工技能培训班，培训内容有甘蔗品种鉴别、病虫害鉴别、选种浸种、种植管理、防虫收获、田管植管等技能知识。2006年7月21日，在调丰制糖工业分公司举行机修技能比武。制炼、压榨、动力三大车间选派92名技能骨干参加比武。通过机修技能比武，提高员工规范机修，确保机修安全，保质保量完成机修任务。2006年7月25日，在南光农业分公司举行割胶技能比武，共有52名割胶能手参赛。2019年1月29日，南光农业分公司8队胶工卢厚海、卢厚春在广东省农垦"全国第二届割胶工技能大赛"选拔赛中分别获得第一名和第三名，并作为广东农垦代表于2010年3月参加在云南省西双版纳州举办的"全国第二届割胶工技能大赛"总决赛，在总决赛中，卢厚春获得第六名。2010年4月14日，广东省第二届割胶工技能大赛选拔赛在南华农场举行，丰收公司选派南光农业分公司7名胶工参赛，其中黄树源、钟国初、卢厚春分别获得第一、二、三名。2010年9月14日，举行丰收公司2010年割胶工技能大赛，51名胶工选手参赛，8队胶工卢厚春以178.2的最高分获得第一名。2011年8月19日，举行丰收公司2011年割胶工技能比赛，53名胶工选手参赛，16队胶工廖德增获得第一名。2012年8月22日，湛江垦区2012年割胶工技能比武在南华农场举行，丰收公司选派南光农业分公司5名胶工选手参赛。5队黄树源获得胶工组第一名，14队卢厚海获得辅导员组第一名。2013年10月25日，13队胶工黄永广参加"广东农垦第三届割胶工技能大赛"暨"全国第四届割胶工技能大赛广东赛区选拔赛"，获得综合奖二等奖。并于2014年3月17日，代表广东农垦参加在海南省举行的全国第四届割胶工技能大赛总决赛，获得第三名。

（6）法治建设。丰收公司自成立以来，坚持开好每年度的职工代表大会，民主审议通过各项决策。健全和完善司务公开制度。宣传和学习、贯彻《全面推进依法行政实施纲要》。

（7）环境建设。环境建设是丰收公司经济运行、社会发展的基础。1998年8月15日，成立丰收公司环境保护及环境卫生管理委员会。2001年12月18日，广东省环境保护局评审丰收公司为"广东省生态示范场"。2003年10月23日，雷州市人民政府表彰丰收公司为"2003年环境保护宣传月活动先进单位"。2004年12月30日，经广东省环境保护促进会批准，丰收公司为"广东省环境保护促进会会员单位"，特发会员证书。2005年

2 月，广东省环境保护信息教育中心审评丰收公司为"广东省环境法治论坛会员单位"。2006 年 1 月 15 日，广东省雷州市环境保护局审评丰收公司为"2005 年度环境保护先进单位"。2006 年 12 月 8 日，由湛江市经贸局、湛江市科学技术局、湛江市环境保护局、特邀专家广东省环境科学委员会高工、暨南大学环境工程研究所教授、广东省节能中心高工等组成的清洁生产审议验收小组对丰收公司调丰制糖工业分公司清洁生产进行审核验收，各项指标均达标。通过审核验收，成为湛江市首批通过清洁生产审核验收的制糖企业之一。2008 年 1 月，广东省雷州市环境保护局审评丰收公司为"2007 年度环境保护工作先进单位"。2010 年 12 月，广东省环境保护宣传中心审评丰收公司为《环境》理事单位。

1996 年 2 月，广东省农垦总局授予丰收公司"广东农垦文明单位"称号。1996 年度，丰收公司荣获中共广东省委员会、广东省人民政府授予的"文明单位"称号。1997 年度，丰收公司荣获中共广东省委员会、广东省人民政府授予的"广东省文明单位"称号。1998 年，中共广东省湛江农垦局委员会表彰丰收公司为"1998 年度社会主义精神文明建设先进单位"。1999 年，丰收公司荣获中共广东省湛江农垦局委员会授予的"湛江农垦文明单位标兵"称号。2001 年，丰收公司荣获中共广东省委员会、广东省人民政府授予的"文明单位"称号；荣获中共广东省农垦总局委员会授予的"广东农垦文明单位"称号。2003 年 10 月，荣获中共广东省农垦总局委员会授予的"广东省农垦 2001/2003 年度文明单位"称号。2003 年度，广东省湛江农垦局社会主义精神文明建设委员会表彰丰收公司为"湛江农垦文明单位标兵"。2003 年度，荣获中共广东省委员会、广东省人民政府授予的"文明单位"称号。2004、2005、2006、2007 年度丰收公司分别被湛江农垦局党组、湛江农垦局评为"湛江农垦精神文明建设先进单位"。2008 年度，丰收公司荣获中共湛江市委员会、湛江市人民政府授予的"文明单位标兵"称号。

第二节　创建文明行业

开展"崇尚行业精神，提倡道德规范"的活动，贯彻落实《公民道德建设实施纲要》和《丰收公司职工职业道德规范》。

2003 年 8 月 15 日，丰收公司第二届第三次职工代表大会审议通过《丰收公司职工职业道德规范》，在公司上下开展各行业创文明行业活动。

2004 年 6 月 29 日，按照《丰收公司职工职业道德规范》规定，自下而上审评出丰收公司行业标兵（文明行业），其中公司总部机关黄国强（董事长）为公仆行业标兵；南光农业分公司 11 队队长蔡兴为队长行业标兵；南光农业分公司 1 队钟锦珍为会计行业标兵；

南光农业分公司 10 队余大先为菠萝行业标兵；南光农业分公司 14 队林善寿为甘蔗行业标兵；南光农业分公司 8 队卢厚春为胶工行业标兵；南光农业分公司 4 队钟亚三为割胶辅导员行业标兵；南光农业分公司机队吴钟元为机手行业标兵；南光幼儿园林丽君为幼师行业标兵；调丰制糖分公司动力车间李敬才为制糖行业标兵；罐头工业分公司实罐车间范奕文为罐头行业标兵；收获农业分公司保安队陈大就为保安行业标兵；丰收医院刘娟媛为护士行业标兵；公司总部机关小车班蓝志强为司机行业标兵；收获农业分公司退休支部黄添为离退休人员标兵。

2004 年 4 月 28 日，湛江市职工职业道德建设指导协调小组表彰丰收公司为"湛江市职工职业道德建设先进单位"。2004 年 7 月，广东省总工会、广东省职工职业道德建设领导小组审评丰收公司为"第八届广东省职工职业道德建设先进单位"。2004 年 12 月 18 日，丰收公司党委印发《关于开展向彭达良同志学习活动的通知》，号召全公司各级党员领导干部学习收获农业分公司农田队队长彭达良的敬业精神。2006 年 12 月，丰收公司工会主席陈永利荣获"湛江市第八届职工职业道德建设十大标兵"称号。

2008 年 10 月 20 日，经过行业技能培训后，有 30 名甘蔗行业员工和 12 名割胶行业员工通过湛江农垦局的第一期农艺工职业技能鉴定，取得了由农业部颁发的《技能资格证书》。

2009 年 9 月 24 日至 25 日，丰收公司举办"甘蔗农艺工职业技能鉴定第二期培训班"，共有 35 名甘蔗行业员工参加培训。9 月 27 至 28 日，在南光农业分公司举办"国家橡胶割胶工职业技能鉴定第二期培训班"，共有 20 名需技能鉴定的胶工行业员工参加培训。

2011 年 11 月 25 日，丰收公司第三届第六次职工代表大会审议通过了《丰收公司各行业年度突出贡献奖励方案》。

2013 年 11 月 8 日，丰收公司阳光工程培训班在南光农业分公司开班，培训分别在收获农业分公司、调丰制糖工业分公司、罐头工业分公司进行，共培训 450 名各行业员工，重点培训甘蔗行业种管，橡胶行业栽培与管理及割技，制罐工艺，制糖工艺等。

2019 年 4 月，丰收公司与湛江市金磊职业技术学校联合举办乡村振兴垦区职工创业就业技能培训班。共有 6 个班 383 人参加，其中女职工美容班 223 人，培训内容有化妆、美容专业知识。男职工电工班 160 人，培训内容有电工安全知识、用电细节、电工操作、各类电器工作原理、家电维修等知识，并在课堂上进行如何辨别三项发动机正负极、安装双联开关、安装灯泡以及焊接电路板现场操作。参加培训考试通过的学员于 10 月份向省总工会"求学圆梦行动"提升技能申请补贴，审核通过人员 135 人，每人 500 元，合计67500 元。

2020 年初，为鼓励广大职工学习业务知识、提升职工职业道德、技能水平和文化素质，丰收工会制定了《职工业务知识学习方案》，成立由公司领导、各部门负责人组成的职工业务知识学习领导小组。2020 年 7 月，丰收公司举办管理人员农业经营管理培训班和农业员工农艺工专业培训班。学习方式采用线上远程（微课）培训进行，学习内容有农业经营管理、农业技术等。共有 384 名干部、职工进行了培训，其中 196 名干部在《中国职业培训在线平台》学习企业管理专业，188 名农业员工在《中鸿学训测线平台》在线学习农艺工专业。各类培训学习为各行各业创建文明行业打下了良好基础。

第三节　创建文明家庭

1996 年 11 月，丰收公司工会组织开展创建文明家庭活动。创建文明家庭的主要内容为：热爱祖国、文明守法、热心公益、男女平等、尊老爱幼、邻里融合、友爱互助。同时，把创建文明家庭与创建文明家庭农场有机结合起来。

1997 年 1 月，湛江农垦精神文明建设委员会表彰丰收公司收获农业分公司滨河队杨海家庭农场为"1996 年度垦区文明家庭农场"。1997 年 1 月 21 日，丰收公司通报表彰张金海等 627 户职工为"守法文明和睦家庭"。1997 年 3 月，丰收公司收获农业分公司滨河队杨海家庭农场被广东省农垦精神文明建设委员会表彰为"1996 年度广东垦区文明家庭农场"。

1999 年 9 月 9 日，丰收公司首次科技表彰大会暨第二次先进集体、个人代表大会表彰杨海等 79 户先进家庭农场。

2001 年 8 月 3 日，丰收公司第二次科技表彰大会暨第三次先进集体、个人代表大会表彰陈则等 98 户先进家庭农场。

2009 年，开展丰收公司八个"十佳"评选活动，"十佳文明家庭"为其中内容之一。2009 年 3 月 2 日，湛江农垦精神文明建设委员会表彰丰收公司罐头食品工业分公司吴绍奇家庭农场为"湛江农垦十大和谐家庭"。

2010 年 5 月 1 日，丰收公司党委、丰收公司工会联合通报表彰 2009 年度八个"十佳"，其中表彰李国新等 10 个家庭为"十佳文明家庭"。

丰收公司工会女职工委员会从 1997 年起至 2019 年，坚持每年组织开展和评选创建"文明和睦家庭""文明和谐家庭"活动。每年召开纪念"三八"国际妇女节暨表彰大会通报表彰 10 个（户）"文明和睦家庭"或"文明和谐家庭"。

2020 年 7 月 21 日，广东省雷州市妇女联合会举办的在雷州市常态化寻找"最美家庭"评选活动中，丰收公司社区林文敏家庭、南光农业分公司2队李妃尼家庭分别荣获雷州市2020年第一批"最美家庭"称号证书。

2020年10月，中共广东省委宣传部、广东省精神文明建设委员会办公室、广东省妇女联合会举办的寻找广东"最美家庭"评选活动，丰收公司南光农业分公司后勤王全芳家庭荣获2020年广东百户"最美家庭"荣誉证书。

第二章 精神文明共建

第一节 组织机构

成立丰收公司社会治安综合治理和安全文明小区领导小组，董事长、党委书记任组长，公司领导班子成员任副组长，机关各部门负责人，收获农业分公司、南光农业分公司、调丰制糖工业分公司、罐头工业分公司、学校、医院、农科所、水电站等单位的党政负责人为成员。办公室设在收获派出所，行政办负责人兼任办公室主任，政法部负责人兼任办公室副主任。同时建立健全综治领导小组、安全文明小区领导小组、治保会、禁毒领导小组、帮教领导小组、调解小组、协调小组、平安建设领导小组，人数 290 人，拥有专职治安（民兵）队员 80 名，治安信息员 116 人，护厂队、护校队、护院队等人数 870 人，放哨人员 116 人。

第二节 创建目标及措施

一、创建目标

丰收公司党委提出创建安全文明小区"十无"单位目标，即：无刑事案件；无治安案件；无治安灾害事故；无职工集体上访；无吸毒人员；无生产安全事故；无黄赌毒现象；无私彩活动；无邪教组织人员；无脏乱差死角。建立维护稳定及社会治安责任制，同经济责任、领导任期责任结合起来，将维稳及综治工作与责任人的政治荣誉、绩效考核和职级提升挂钩到责任人，使社会治安目标管理制和责任制得到进一步落实。

二、人防、物防、技防措施

建立大区和小区相结合的治安联防网络，形成了兄弟单位—公司（场部、厂部）—基层安全文明小区相结合的三级治安联防网络。丰收公司以收获、雷龙派出所为中心，建起了北与雷高、调风派出所，南与勇士、海鸥、南华派出所，东与调风镇官昌村委会相连的治安防控网络，各基层小区为治安小区，在全辖区内形成了一个大区与小区相结合的治安防范。同时，丰收公司累计投入 800 多万元，为基层单位全部建好围墙，并在重点区域和公共场所安装监控设备 150 台。

三、实施"绿化清洁工程"

为改善公司环境，构建路净灯亮，草青树绿、空气清新、和谐美丽的新丰收，党委领导班子按照"科学规划，持续发展，宜草则草，宜林则林"的原则进行营区建设，并进行新建、改建园林式、花园式景点。加强生活区和道路两边的绿化，栽种各类名贵树木，种植草坪，清理房前屋后垃圾、卫生死角，清理沟渠池塘溪河淤泥、垃圾，拆除危旧房、废弃猪牛栏及露天厕所茅房，拆除乱搭乱建、违法建筑，拆除非法违规商业广告、招牌，整治垃圾、整治污水，整治畜禽污染，设立环卫警示牌。定期在全公司范围内开展灭蚊、灭蝇、灭鼠行动，各单位环境卫生状况得到彻底整治，杀灭蚊蝇鼠效果明显，极大减少了疾病的传播途径。该 58 个小区中已有 36 个达到花园式安全文明小区标准。

第三节　精神文明示范点

一、创建海滨队、丰收队、英央队、英岭队精神文明示范点

1996 年，海滨队创建项目为：改建 2 幢职工住房。丰收队创建项目为：改建职工住房 1 幢、改建职工住房 12 间。英央队创建项目为：改建 2 幢职工伙房。英岭队创建项目为：改建职工住房。总投入 55.58 万元。

二、创建新桥队、九江队、6 队、9 队精神文明示范点

1997 年，新桥队创建项目为新建伙房六间。九江队创建项目为：新建配套伙房。6 队创建项目为：改建职工住房及伙房、新建 2 幢职工住房配套伙房。9 队创建项目为：改建职工住房，新建 1 幢伙房。总投入 48.72 万元。

三、创建新村队、2 队、13 队精神文明示范点

1998 年，新村队创建项目为：新建职工住房及伙房。2 队创建项目为：新建平顶配套伙房 2 幢。13 队创建项目为：改建职工住房及新建伙房 2 幢、新建平顶配套伙房 1 间。总投入 49.07 万元。

四、创建华建队、东风队、7 队、13 队精神文明示范点

2002 年，丰收公司开始创建收获农业分公司华建队、东风队及南光农业分公司 7 队、13 队四个精神文明示范点。从 2001—2002 年共改造危房 2.4 万平方米，新建职工楼房 9828 平方米，铺设运蔗路、沥青路达 52500 平方米，培植草皮 9562 平方米，种植大王椰等风景树 15718 株，有效地绿化美化了营区，基层单位住房平顶化率达 90％。

五、创建红忠队、农田队、3 队、9 队精神文明示范点

2003 年，丰收公司创建收获红忠队、农田队、南光 3 队、9 队精神文明示范点，红忠队项目为：改建 9 间职工伙房、新建 9 间职工伙房和新建 9 间职工住房、新建砍蔗工房、新建凉亭、门楼和宣传栏。农田队项目为：新建凉亭、门楼、围墙、23 套职工住房及伙房，维修 3 幢民工房、办公室，开展绿化建设。3 队项目为：新建凉亭、门楼、围墙、8 套职工住宅、1 幢职工住房、2 幢民工房及营区道路、排水沟，改建办公室、1 幢职工住宅及伙房，开展清洁绿化活动。9 队项目为：新建门楼、26 间职工配套伙房、民工伙房，改建厕所、华侨房及伙房、零星工程等。总投入 376.2 万元。

六、创建园林队、东湖队、6 队、11 队精神文明示范点

2005 年，园林队主要工程为：粉刷围墙、仓库、厕所墙、职工住房及门窗，维修办公室。东湖队主要工程为：粉刷围墙、门卫室、水塔、民工房墙面及门窗。6 队主要工程为办公室改建及墙面、门窗粉刷，职工住房改建及墙面、门窗粉刷。11 队主要工程为：维修职工住房及门窗、办公室门窗，粉刷围墙、仓库、地磅墙面及门窗、职工住房墙面及门窗等。总投入 8.24 万元。

七、创建西湖队、北河队、九江队、5 队、11 队精神文明示范点

2011 年，南光 5 队、西湖队被评为"广东省卫生村"；南光 4 队、11 队、北河队、九江队被评为"湛江市卫生村"。

八、创建 11 队美丽生产队

2014 年先后投入 60 多万元，建设硬化队内道路，绿化美化队内环境，重新粉刷修补职工住房。利用文化信息资源共享工程资金配备了 4 台办公电脑、桌椅若干，在会议室安置一台 52 英寸电视，向职工传播文化信息资源。

九、创建美丽社区示范点

2014 年，投入 300 多万元用于收获农场部及罐头分公司宿舍区绿化及配套工程；拆除原来南光幼儿园教学楼和食堂，改建为绿化用地；完善了收获公寓楼小区硬底化和绿化，收获中心区广场进一步完善，职工文体活动进一步拓展；投入约 50 万元维修收获分公司机关职工活动中心；投入约 23.8 万元将南光分公司机关文化宫改造为职工活动中心。

十、创建北河队美丽生产队示范点

2016 年利用美丽乡村试点补助、示范性农场补助、一事一议项目等资金投入 163.06 万元开展北河队美丽乡村建设。

十一、创建 17 队美丽生产队示范点

2017 年南光 17 队示范点进行美化绿化和营区道路建设。

第三章　精神文明教育

第一节　"三爱"教育

"三爱"教育即是爱学习、爱劳动、爱祖国教育。2013 年 5 月 29 日，习近平总书记在北京少年宫参加"快乐童年放飞希望"主题队日活动时，提出：少年儿童从小就要立志向，有理想，爱学习，爱劳动，爱祖国，德智体美全面发展，长大后做对祖国建设有用的人才。2013 年 9 月，教育部发布了《关于在全国各级各类学校深入开展"爱学习、爱劳动、爱祖国"教育的意见》。丰收公司中学、丰收公司第一小学、丰收公司第三小学根据雷州市教育局《关于在全市各类学校开展"爱学习、爱劳动、爱祖国"教育的意见》和湛江农垦局教育处以及丰收公司教育委员会《关于在中小学开展"爱学习、爱劳动、爱祖国"教育意见》的要求，结合实际，在各学年度认真扎实开展"爱学习、爱劳动、爱祖国"教育活动。让学生充分认识到：爱学习是实现理想的基础，把爱学习内化为自身本领；爱劳动是创造幸福的途径，把爱劳动内化为综合素质；爱祖国是成长进步的引擎，把爱祖国内化为实际行动。

丰收公司中学、丰收公司第一小学、丰收公司第三小学建立、健全开展"爱学习、爱劳动、爱祖国"教育活动领导工作小组。由校长负全责，德育副校长抓具体，政教处抓落实，班主任队伍全员参与。坚持把"爱学习、爱劳动、爱祖国"教育同校园文化建设紧密结合起来。校园文化建设按照"寻找亮点，打造精品"的原则，因地制宜，因校制宜，突出文化特点，注重发挥师生的主体作用，强调实效性和针对性，全力搞好主题突出，简洁明快的校园文化建设和班级文化建设，构建"全员育人、全程育人、全面育人"的德智管理和校园文化建设。把中学教学楼、第一小学教学楼、学生宿舍、集体食堂、广场草坪、校园围墙、各功能室等变为文化建设阵地。中学教学楼一楼以"国学养德"为主要内容，二楼以"求知益智"为主要内容，三楼以"理想前途""实现中国梦"为主要内容。

各学校每学年，抓住机会积极开展"爱学习、爱劳动、爱祖国"教育和德育实践活动，实现"三爱"教育和德育生活化。利用法定节日、传统节日、重大历史事件纪念日、开学第一课、少先队入队仪式、共青团入团仪式等有特殊意义的重要日子，集中开展"三爱"和德育实践活动。让全校学生在实践中体验，在体验中感悟，在感悟中自我发展，在发展中自我完善。通过开展突出主题的"三爱"教育活动，促使学生们养成良好的学习习惯，在学习中不旷课、不迟到、不早退，上课用心听讲，勤于思考，按时完成各科作业，树立崇学尚学精神。在爱劳动中，认真做好值日生，积极打扫本班级教室卫生，爱护校园环境，共建美丽校园。在家帮助父母或爷爷、奶奶做家务，养成从小热爱劳动的习惯。在爱祖国当中拥护共产党的领导，树立民族自信心，远离邪教，不进网吧，为中华之崛起而勤奋读书，长大做祖国建设有用的人才，报效祖国。实践活动促进学校学风、教风、校风建设。

丰收公司各学校每学年，坚持把"三爱"教育同学习雷锋活动相结合。每年的三月份为开展学习雷锋做好事活动月。利用国旗下讲话、黑板报、红领巾广播站、班会、队会、团会等形式大力宣传雷锋的英雄事迹，弘扬雷锋精神。通过讲雷锋动人的故事，播放学习雷锋歌曲，宣传学雷锋的好人好事，营造学习氛围。各班级以"雷锋精神在我身边"为主题，开好每一次班会、队会、团会，每个班级悬挂学习雷锋好人好事登记册。在纪念毛泽东主席"向雷锋同志学习"题词的3月5日，丰收公司中学、第一小学组织师生走出校园，到收获农业分公司生活区、广场、市场等公共场所清洁环境卫生。让广大师生感到雷锋在我身边，我与雷锋同行。

建立健全德育制度，实现德育工作常态化。丰收公司中小学坚持每学年聘请"法制副校长"（丰收公司收获农业分公司司法办干部）上好法制教育课。促使师生遵纪守法，执行规章制度，自觉遵守和执行《学生日常行为规范》《校园文明规则》《日常安全制度》《住宿生管理制度》《手机管理制度》《升降国旗制度》。学校安全工作制度化、规范化、程序化，教师全员参与，在学生活动区域，全天候有值日教师，到岗到位，监督和指导学生的课余活动，随时处理学生之间的突发矛盾，让德育教育随时可见。2014年6月27日，丰收公司教委、安委组织630名中学、第一小学的师生进行灾情应急疏散演练。制定《文明星中队评比制度》《红领巾监督岗制度》《少先队干部民主选举、轮换制》《高年级与低年级手拉手活动制》《学生会》《班级公约》《班主任考评制度》《教师绩效考核制度》等。开展红花少年、先进少先队员、先进教师、诚信班级、礼仪班级、和谐班级评选活动。丰收公司教委于每年的教师节召开纪念教师节暨表彰大会，表彰各学年度先进教育工作者、先进班主任。每年"六一"国际儿童节，表彰"三好"学生、优秀班干、红花少年、先进少先队员、先进少先队中队、小队。表彰进步奖、卫生小卫士获得者。表彰诚信班级、礼仪班级、和谐班级。

在开展"三爱"教育活动中，丰收公司中小学开展以"美丽的中国，我的中国梦"为主题的读书系列活动。召开"宪法在我心中""珍爱生命、远离毒品""消防安全我要知""文明餐桌、勤俭节约、反对浪费"为主题的班级会。举办中华人民共和国国歌、中国共产主义少先队队歌合唱比赛。"社会主义核心价值观""中小学守则"背诵比赛，以此促进中小学生"三爱"在于行动。开展"爱护鸟类""清洁垃圾""除杂草"等系列爱我家乡为主题教育活动。2007年6月30日，丰收公司教委、关工委邀请雷州市环保局领导为中小学1500名学生讲授《环境保护人人有责》环保知识专题讲座。

丰收公司中学、丰收公司第一小学、丰收公司第三小学在"三爱"教育中，注重学科教育渗透到"三爱"、德育的教育中去。晨会课上重视对学生行为习惯的养成训练；语文课上引导学生读好作品；数学课上以爱岗敬业、无私奉献科学家的事迹激励学生坚忍不拔、勇攀高峰；体育课上以为国争光的奥运健儿勉励学生团结协作，勇于拼搏；社会课上让学生了解国家发展历史，激励学生热爱祖国，立下为国争光的远大志向；思想品德课上采用学生喜闻乐见、生动活泼的方式进行教育，把传授知识同陶冶情操、养成良好行为习惯结合起来。

第二节　"三德"教育

丰收公司成立以来，注重"三德"（社会公德、职业道德、家庭美德）教育。1996年11月20日，成立丰收公司社会主义精神文明建设领导小组。

一、社会公德实践活动

在中小学生中，开展以"做文明礼貌好学生"为主题内容的实践活动；在职工当中开展以"说文明话，行文明事，做文明人"为主题的社会公德实践活动。2017年8月，丰收公司工会、团委、女工委联合举办丰收公司职工礼仪培训班共200名职工参加培训。邀请了湛江雷州市师范学院的邓逢光来公司授课。荣获"广东省劳动模范"称号的收获农业分公司滨河队职工杨海，见本队新来公司合同工朱某缺菠萝种苗，于是赠送了3万株菠萝种苗给朱某。

保护环境是丰收公司践行社会公德之一。1996年，丰收公司成立调丰制糖工业分公司环境保护办。1998年8月15日成立丰收公司房管及环境卫生管理委员会，出台《丰收公司环境卫生管理条例》。把环境保护同环境卫生紧密结合起来。丰收公司中小学开展以"保护环境、环境卫生从我做起"为主题实践活动。培养中小学生从小爱护树木花草的意识。机关干部积极参加植树造林，爱护生活区、小区树木花草。2005—2020年，种植的桃花心、黄花风铃等风景树就达到了 13.01 万株。丰收公司分期分批投资，在工业单位建立污水处理项目（分别在调丰制糖工业分公司、罐头食品工业分公司建立污水处理池）。认真落实好保护环境各项工作。2001 年 12 月 18 日，广东省环境保护局评审丰收公司为"广东省生态示范场"。2003 年 10 月 23 日，雷州市人民政府表彰丰收公司为"2003 年环境保护宣传月活动先进单位"。2004 年 12 月 30 日，广东省环境保护促进会批准丰收公司为"广东省环境保护促进会会员单位"。2005 年 1 月 15 日，广东省雷州市环境保护局审评丰收公司为"2004 年度环境保护先进单位"。2005 年 2 月，广东省环境保护信息教育中心审评丰收公司为"广东省环境法治论坛会员单位"。2006 年 6 月 4 日，在宣传纪念"六五"世界环境日活动中，丰收公司团委组织 40 名青年向职工派发环境宣传资料 1000 份。2007 年 1 月 15 日，广东省雷州市环境保护局表彰丰收公司为"2006 年度环保先进单位"。2007 年 6 月 30 日，丰收公司教委、关工委邀请雷州市环保局干部为 1500 名中小学生讲授《环境保护人人有责》环境保护知识教育主题课。2008 年 1 月 15 日，广东省雷州市环保局表彰丰收公司为"2007 年度环保工作先进单位"。2010 年 12 月，广东省环保宣传教育中心审评丰收公司为"《环境》理事单位"。

遵纪守法是丰收公司开展社会公德实践活动其中内容之一。1996 年 11 月，丰收公司组织开展评选丰收公司"守法文明和睦家庭""守法文明标兵户"活动。1997 年 1 月 21 日，丰收公司通报表彰李进学等 78 户家庭为 1996 年度"守法文明标兵户"；张金海等 627 户家庭为 1996 年度"守法文明和睦家庭"。2012 年 3 月 6 日，丰收公司在"机关作风整治年"活动中成立"明察暗访"组，深入基层对干部进行纪律检查，督促干部履行职责，遵纪守法。2013 年 4 月，广东省司法厅、广东省普法办公室审评丰收公司为"广东省诚信守法示范企业"。

二、职业道德实践活动

丰收公司开展职业道德实践活动。2003 年 7 月，广东省总工会、广东省职业道德领导小组审评丰收公司为"第八届广东省职工职业道德建设先进单位"。2003 年 8 月 15 日，《丰收公司职工职业道德规范》出台。制定和完善丰收公司职工职业道德规范，目的在于使丰收公司各行业从业人员增强职业道德、履行职业责任、加强职业纪律和提高职业技能。在丰收公司范围内，各行业从业人员，除遵守本行业职业道德规范之外，还应遵循共同行为准则、职业道德规范。共同职业道德规范是："爱岗敬业、诚实守信、办事公道、服务群众、奉献社会"。

丰收公司各行业职工职业道德规范如下。

①各级管理人员的职业道德规范：履行职责，服务职工；开拓进取，讲求实效；谦虚谨慎，以身作则；廉洁自律，艰苦奋斗。

②工业单位职工的职业道德规范：爱厂爱岗，精通业务；遵守纪律，勤奋工作；质量第一，安全第一；增产节约，低耗高效。

③农业单位职工的职业道德规范：立足本职，积极贡献；依靠科技，高产高效；团结协作，互帮互助；勤劳守法，科学致富。

④教育行业教师的职业道德规范：热爱本职，忠于教育；教书育人，诲人不倦；以身作则，为人师表；勤奋学习，提高水平。

⑤丰收公司卫生行业医务人员的职业道德规范：救死扶伤，为民服务；钻研技术，精益求精；尊重患者，文明礼貌；廉洁服务，奉献爱心。

⑥丰收公司服务行业的职业道德规范：文明经商，合法经营；货真价实，公平交易；态度和蔼，服务周到；仪表整洁，语言文明。

2004年4月28日，湛江市职工职业道德建设指导协调小组、湛江市总工会在湛江市庆祝"五一"国际劳动节表彰大会暨创建"学习型组织，争做知识型职工"动员大会上表彰丰收公司为"湛江市职工职业道德建设先进单位"。

2004年6月29日，根据《丰收公司职工职业道德规范》规定，由丰收公司工会组织评选丰收公司行业标兵。评出11队蔡兴为队长行业标兵；1队钟锦珍为会计行业标兵；10队余大先为菠萝行业标兵；14队林善寿为甘蔗行业标兵；8队卢厚春为胶工行业标兵；4队钟亚三为割胶辅导员行业标兵；南光机队吴仲元为机手行业标兵；南光幼师林丽君为幼师行业标兵；动力车间李敬才为制糖行业标兵；实罐车间范奕文为罐头行业标兵；收获保安队陈大就为保安行业标兵，收获医院刘娟媛为护士行业标兵；收获退休干部黄添为离退休人员标兵。

2006年12月，丰收公司工会主席陈永利荣获"湛江市第八届职工职业道德十大标兵"称号。

丰收公司坚持诚实守信办企业。2005年6月，丰收公司被广东省雷州市人民政府评为"连续5年重合同守信用企业"。2007年12月，广东省企业联合会、广东省企业家协会审评丰收公司为"广东省诚信示范企业"。2009年6月，丰收公司罐头食品工业分公司被广东省雷州市人民政府评为"连续11年重合同守信用企业"。2011年12月，湛江市市场协会审评丰收公司为"湛江市文明诚信和谐会员单位"。

丰收公司举办多种形式的职工技能培训班和坚持每年举行割胶技能比武，不断提高各行业职工技能水平。2004年7月23日，在南光农业分公司举行有18个生产队共54名割胶能手参加的割胶技能比武。2006 年 7 月，在调丰制糖工业分公司举行有 92 名技能骨干参加机修技能比武。2007 年 7 月 25 日，在南光农业分公司举行有 52 名割胶能手参加的割胶技能比武。2008 年 10 月 20 日，举办有 42 名甘蔗、割胶工参加的农艺工职业技能鉴定培训班。2010 年 5 月 1 日，丰收公司党委、工会联合表彰黄利芬等 10 人为 2009 年度"十佳甘蔗种植能手"，陈则等 10 人为"十佳菠萝种植能手"，李建声等 10 人为"十佳操作能手"，卢厚春等 10 人为"十佳优秀胶工"。2010 年 9 月 14 日，在南光分公司举行有 51 名割胶能手参加的割胶技能比武。2010 年 9 月 24 日，举办甘蔗农艺工职业技能鉴定第二期培训班。2010 年 9 月 27 日，举办胶工职业技能鉴定培训班。2011 年 8 月 19 日，在南光分公司举行有 53 名割胶能手参加的割胶技能比武。2011 年 11 月 8 日至 9 日，举办有 450 名职工参加的"阳光工程"培训班，分别在农业分公司进行甘蔗种管、橡胶栽培与管理、橡胶割技等内容培训。在工业分公司进行制糖工艺和制罐工艺等内容培训。

引导和发挥职工参与企业管理，坚持每年至少召开一次职工代表大会，审议通过年度经营管理方案和其他重大决策事项及民主评议公司级领导干部。通过司务公开和队务（厂务）分开及党务公开，接受职工群众的监督。

三、家庭美德实践活动

丰收公司工会制定评选"巾帼建功标兵条件""和睦家庭条件""五好女工条件""好妈妈、妈媳妇、好婆婆条件"。每年"三八"节表彰 10 个"和睦家庭"，以及"巾帼建功标兵""好妈妈、好媳妇、好婆婆"各 10 名，"五好女工"50 名。2009 年 3 月 2 日，湛江农垦精神文明建设委员会表彰丰收公司罐头食品工业分公司吴绍奇家庭为"湛江农垦十大和谐家庭"。2017 年，丰收公司引导广大女职工积极参加湛江市开展的"培育好家风，我爱我家"征文活动，共收集征文 135 篇，工会干事杨华英撰写的征文获得优秀奖。组织开展湛江农垦"培育好家风——女职工在行动"实践活动，引导广大女职工积极参与湛江垦区女职工"好家风随手拍、好家训顺手摘""微家风、传家书"评选活动。围绕"智慧女性、书香家庭"主题开展读书活动，让书香引领智慧女性，让阅读走进每个丰收家庭。2017 年 7 月，丰收公司工会女工干事陈宝、丰收公司第三小学教师黄爱明参加湛江农垦纪检组主办的"廉洁持家"主题演讲比赛，陈宝被选为"湛江农垦廉洁持家"演讲团成员，并在垦区各单位巡回演讲。2020 年 7 月 21 日，广东省雷州市妇女联合会举行的在雷州市常态化寻找"最美家庭"评选活动中，丰收公司社区林文敏家庭、南光农业分公司 2 队李妃尼家庭分别荣获雷州市 2020 年第一批"最美家庭"称号证书。2020 年 10 月，中共广东省委宣传部、广东省精神文明建设委员会办公室、广东省妇女联合会举办的在寻找广东"最美家庭"评选活动中，丰收公司南光农业分公司后勤王全芳家庭荣获 2020 年广东省百户"最美家庭"荣誉证书。

第三节　法治教育

丰收公司成立之前后，各单位都开展了普法宣传教育，学法用法、落实普法，其目的是提高企业员工的法律意识和法治观念，增强企业机关部门依法办事的自觉性，提高运用法律手段处理问题、解决矛盾的能力，提高员工维护自身合法权益的能力。

收获农场于 1986 年 5 月，成立国营收获农场"一五"普法工作领导小组。印发法制宣传资料 8996 份，办宣传专栏 84 期。1987 年 1 月，开展普法宣传工作，参加学习人员进行统考，共有 7852 人次参加统考，其中工人 3335 人占总工人数的 99.6%，干部 394 人占干部总人数的 100%。4 月 25 日，工会、团委、普法办公室、宣传科联合组织全场职工进行法律知识有奖测验活动。参加测验竞赛的有 4086 人，占全场职工人数的 107.8%，其中 292 名中学生。1991 年 2 月，收获农场被中共海康县委员会、海康县人民政府评为"第一个五年普法教育先进集体"。

国营调丰糖厂 1986 年 1 月 16 日，成立国营调丰糖厂"一五"普法领导小组。各车间等单位相继成立普法领导小组，由党支部书记及有关干部三人组成。1991 年 2 月，中共海康县委员会、海康县人民政府表彰调丰糖厂为"第一个五年普法教育先进集体"。

国营南光农场于 1963 年 12 月 28 日，场监察委员会向中共海康县监察委员会上送 1963 年监察工作书面总结。本年度举办支部监察委员培训班一期，提高监察能力。举办党员培训班三期，促进遵纪守法。1986 年 4 月，成立国营南光农场"一五"普法工作领导小组。1991 年 2 月，南光农场荣获中共海康县委员会、海康县人民政府授予的"第一个五年普法教育先进集体"称号。1996 年 2 月 5 日，场机构调整，将派出所与国土科司法办合并，设立政法部，负责"三五"普法宣传教育工作。

丰收公司 1996 年 10 月，成立了以党委书记（董事长）为组长，总经理、副总经理、党委副书记为副组长，工会、行政办公室、政工部、财务部、司法办负责人及各分公司党总支书记、经理等为成员的"三五"普法宣传教育工作领导小组，把普法教育和依法治理工作摆上党委的议事日程，建立了董事会、行政办公司、工会、政工部为主题，以分公司支部书记为骨干、基层干部为主体的学法、普法工作队伍，完善了法治教育网络。1996 年 11 月，工会组织开展评选丰收公司"守法文明和睦家庭"和"守法文明标兵户"活动。1997 年 1 月 21 日，丰收公司表彰李进学等 78 户为 1996 年度"守法文明标兵户"、张金海等 627 户为"守法文明和睦家庭"。在"三五"普法工作期间的 2000 年 12 月，湛江市委、湛江市人民政府表彰丰收公司为"法制宣传教育先进单位"。2005 年 8 月 20 日，在制糖工业分公司篮球场举办学习党纪法制知识竞赛晚会，以此加强纪律教育，提高广大党员干部廉洁自律，执政为民的意识。在"四五"普法工作期间的 2005 年 12 月，湛江市食品药品监督管理局、湛江市工商行政管理局、湛江市卫生局联合审评丰收公司为"湛江市诚信守法活动先进单位"。2006 年 12 月 7 日，为更好贯彻执行《劳动合同法》，构建和谐稳定的劳动关系，促进公司经济持续健康发展，举办《劳动合同法》学习班。2007 年 6 月 11 日，湛江农垦新型农工科技培训丰收公司（分校）培训点正式开班。主课《劳动法》《生产与安全》《劳动合同》。2008 年 1 月 15 日，雷州市普法办公室组织丰收公司 300 名干部进行"五五"普法考试。考试内容为《宪法》《劳动合同法》等法律法规。2010 年 12 月 20 日，中共湛江市委、湛江市人民政府表彰丰收糖业发展有限公司为"2009/2010 年度法制宣传教育先进单位"。在"六五"普法工作期间的 2011 年 2 月，为把"六五"普法工作做到家喻户晓，人人参与，在总公司门口及各基层单位建有固定板报栏、橱窗等宣传阵地，坚持不懈地宣传，同时充分发挥公司调频广播电台的网络、电视、板报等宣传阵地的作用，不遗余力地进行宣传。重点围绕《宪法》《民法通则》《行政处罚法》《国家赔偿法》《安全生产法》《劳动合同法》《土地管理法》《婚姻法》《广东省人口与计划生育条例》《工伤保障条例》《消防法》《信访条例》《工会法》《治安管理处罚法》《妇女权益保障法》《未成年人保护法》《预防未成年人犯罪法》等法律法规的宣传、学习，不断提高公司广大干部职工学法、守法、护法、依法办事和安分守法的自觉性。组织全体干部参加雷州市"六五"普法办在丰收公司举行的法律知识考试，参加考试率达到 100％。2011 年 3 月，湛江市遵纪守法重约守信模范法人课题组委会、湛江市普及法律常识办公室、湛江市民政局、湛江社会科学界联合会、湛江市社会经济文化发展研究中心、湛江市师范学院思政部、中共湛江市委党校政治教研室、中共湛江市委党校经济教研室联合审评丰收公司为"遵纪守法重约守信杰出单位"。4 月，中共雷州市委、雷州市人民政府表彰丰收公司为"雷州市 2010 年度依法纳税先进单位"。2012 年 3 月 6 日，为贯彻湛江市提出的在全市开展"机关作风整治年"活动精神，公司成立"明察暗访"组深入基层对干部进行纪律检查，督促干部履行职责，遵纪守法。2013 年 4 月，广东省司法厅、广东省普法办公室评定丰收公司为"广东省诚信守法示范企业"。2014 年 5 月 20 日，举办丰收公司 2014 年专业技术人员公需课培训班，共 229 人参培，邀请湛江市司法局副处调研员叶君保老师授课。2015 年 4 月 10 日，举办干部培训班。培训内容为"党纪、政纪、国法、企规"专题学习辅导。邀请中共湛江市委党校教研室主任、副教授翁泽贵授课。9 月 7 日，公司党委召开由公司、分公司领导、机关副科级以上干部共 47 人参加的"三严三实"第二专题学习会，专题辅导课为《严以律己，严守党的政治纪律和政治规矩》。10 月 10 日，公司组织有关人员到徐闻县检察院开展廉政教育活动。10 月 27 日，组织党员领导干部观看普法教育视频讲座。由暨南大学法学院黄志勇教授作《用法治思维，破解涉访涉诉难题》专题辅导。10 月 28 日，组织党员领导干部观看普法教育视频讲座。由暨南大学法学院黄志勇教授作《新时代农垦人知法、懂法、用法、依法维权》专题辅导。充分利用每年"6·25"土地日和"安全生产月"及七月份"纪律教育月"和"12·4"法治宣传等机会，开展法律宣传活动，利用广播、电视、普法画图、横幅标语、观看录像等大力宣传法律法规，如充分利用公司《丰收简报》开辟自办广播宣传有关法律法规，公司工会编印了《丰收公司职工学习法律法规选编》《丰收公司职工职业道德规范》向广大干部职工每家每户发放，并由各单位支部组织学习并组织干部职工法律知识竞赛及干部职工法律知识考试抽奖活动，营造普法宣传教育范围。在"六五"普法工作期间，举办各类法律知识培训班 12 次，法律知识有奖竞赛 10 次，参加人数 20786 人，考试合格率 100％。在"七五"普法工作期间的 2016 年 5 月 18 日，开展"学党章党规，学系列讲话，做合格党员"学习教育。2016 年 3 月 16 日，制定《丰收公司企事业单位干部因受到违规违纪处理扣发年度绩效奖金的实施办法》。

第四节　艰苦创业教育

1998 年，丰收公司开展以"爱岗敬业，无私奉献"为内容的争优创先活动，农业分公司立足岗位，艰苦创业；公司机关开展全心全意为人民服务，切实转变机关工作作风活动；医院开展医德、医风教育活动；学校开展争做合格的人民教师活动；政法战线开展从严治警、创一流警队。

2003 年，广东省委、省人民政府授予丰收公司南光农业分公司十四队职工林善寿为"广东省劳动模范"称号，丰收公司下文组织职工学习劳模林善寿规模经营、勤劳致富先进事迹，学习他以企为家、爱岗敬业、艰苦奋斗、开拓进取的精神。

2019 年，丰收公司滨河队职工金希望被省总工会授予"五一劳动奖章"获得者；2020 年，金希望被评为"广东省劳动模范"称号，丰收公司组织各基层党支部党员学习金希望扎根农场、立足岗位、勤劳致富先进事迹。

2020 年，丰收公司利用广播、黑板报、丰收简报、海报等方式教育引导职工培养勤俭节约习惯，营造浪费可耻、节约为荣的氛围。

第五节　社会主义核心价值观教育

根据中共中央办公厅 2013 年 12 月 23 日印发的《关于培育和践行社会主义核心价值观的意见》精神，丰收公司于 2014 年 3 月成立丰收公司开展践行社会主义核心价值观活动领导小组。同时，印发《关于开展践行社会主义核心价值观活动的意见》。让全公司员工认识到，"富强、民主、文明、和谐"是我国社会主义现代化国家的建设目标，"自由、平等、公正、法治"是对美好社会的生动表述，"爱国、敬业、诚信、友善"是公民基本道德规范。

2015 年 9 月 22 日，湛江农垦践行社会主义核心价值观巡回报告会在丰收公司举行。2016 年，在丰收公司廉政广场旁建立醒目的社会主义核心价值观 24 字宣传牌。丰收公司结合实际，把践行活动纳入党委中心组学习计划；把践行活动贯穿到日常形势宣传、成就宣传、主题宣传、典型宣传之中；把践行活动与"学习型党支部"创建活动、"三严三实"专题教育、"学党章党规，学系列讲话，做合格党员"学习教育、"不忘初心、牢记使命"主题教育工作、"勤政廉政"教育等相结合；用爱岗敬业的实际行动来践行社会主义核心价值观。在公司员工当中，通过用社会主义核心价值观体系引导职工，推进企业文化建设、经济建设和精神文明建设。在青少年当中，重点抓好中小学，用社会主义核心价值观体系引导中小学生，爱祖国、爱学习、爱劳动。2015 年 9 月 29 日，举行"丰收公司践行社会主义核心价值观演讲比赛"。共有 14 名选手参赛。2020 年 1 月，丰收社区居民委员会在收获、南光生活区建立社会主义核心价值观 24 字宣传牌。通过开展系列活动，践行社会主义核心价值观的要务基本完成。

第四章　倡导文明新风

第一节　崇尚科学

丰收公司开展社会主义精神文明建设倡导文明新风崇尚科学活动的主要内容为：关爱家庭、珍惜生命、反对邪教、相信科学、提高素质、促进和谐。以社会主义荣辱观教育为契机，广泛开展崇尚科学、消除愚昧的宣传教育活动，引导广大员工树立文明新风，抵制封建迷信，消除不良生活习惯，人人争做文明员工，形成"以崇尚科学为荣，以愚昧无知为耻"的良好氛围和"文明、健康、科学"的生活方式，促进全体员工的科学素质和文明素质的提高。

一、大力弘扬科学精神

2000年1月8日，为巩固提高农业分公司农业生产队的甘蔗、菠萝、橡胶生产科技水平，生产技术部门印发《甘蔗生产技术措施》《菠萝栽培管理措施》《橡胶生产技术管理措施》小丛书发至各职工家庭农场。

2001年3月29日，成立广东省丰收糖业发展有限公司科技中心，董事长担任主任，总经理担任副主任，副总经理等9人为成员。丰收公司科技中心负责研究和审议技术发展的具体方针规划，研究新产品、新技术在本公司的推广和应用，进行本公司重大科技项目的可行性研究和决策，筹备科技成果表彰大会，收集整理基层单位的技术革新项目加以总结、推广和应用，协助生产技术部门制定农业生产技术措施等。编写结合农业生产队生产实际并适合生产科学发展的丰收公司农业生产科学知识实用小册。

2001年9月13—16日，丰收公司董事长何时盛出席中国科学技术协会在吉林省长春市召开的2001年学术年会。并提交题为《实行原料价格与原料质量、制品价格双联动机制，建立科学合理的农业产业化利益分配机制》的论文。

2002年度，南光农业分公司围绕"企业增效，职工增收"，在橡胶生产中，积极推广"增胶宝"科学刺激割胶和四天一刀新割制，全年完成干胶638吨，同比增加171吨，干胶株产量由原来的2.8公斤，提高到4公斤，基本实现吨胶树位。

2005年1月，广东省科学技术厅审评丰收公司为"广东省科学技术产业带建设示范单位"。

丰收公司各年度坚持举办甘蔗、菠萝、橡胶生产科技知识培训班。

二、崇尚科学

崇尚科学反对邪教是丰收公司宣传教育的主题。丰收公司党委根据中共中央有关文件精神，在88个党支部共1408名党员中集中开展学习教育，牢固树立正确的世界观、人生观、价值观，坚定共产主义理想信念。丰收公司广播站设立"相信科学，反对迷信、崇尚科学，反对邪教"专题宣传广播。

三、开展文体活动

丰收公司工会逢年过节组织开展形式多样健康向上的群众性文体活动。举行篮球赛、乒乓球赛、羽毛球赛、在职职工健美操赛、退休人员健美操赛、拔河赛、歌咏赛、女工"家庭美德""关爱家庭、珍惜生命"五字谣朗诵赛等，丰富职工业余文化生活。在各生活区文化广场设立健身器材活动点。购置音响，指定人员每晚在广场播放广场舞音乐，爱好者每晚坚持跳广场舞。

四、开展社会主义荣辱观教育活动

2006年3月24日，丰收公司工会、丰收公司政工部联合印发《关于开展"八荣八耻"社会主义荣辱观教育活动的通知》。力求做到"八个相结合"，即：与坚持以人为本相结合；与落实科学发展观相结合；与开展爱国主义、集体主义、社会主义教育活动相结合；与学习贯彻社会公德、家庭美德相结合；与贯彻实施企业精神和丰收公司职工职业道德规范相结合；与建设社会主义新丰收相结合；与弘扬劳模精神、宣传先进典型事迹相结合；与饱满热情和昂扬斗志投身建设小康社会和构建社会主义和谐社会的伟大实践相结合。在团员青年中举办社会主义荣辱观演讲比赛，在职工中举行歌唱社会主义荣辱观文艺晚会。

第二节 厉行节约

丰收公司自成立以来，坚持厉行节约，反对浪费。

2002年，丰收公司开展"学邯钢降成本"活动。调丰制糖工业分公司把强化成本管理，力求节约，增加效益贯穿于工作方方面面，对职工进行节约成本宣传教育，增加职工的成本意识。制定《材料领用规定》，各车间指定专人负责领用生产材料，实行以旧换新、以坏换新的规定，生产材料配件200元以上的经车间主任审批方可领用。全分公司上下大力提倡"七个一节约工程"（节约一度电、节约一滴油、节约一滴水、节约一张纸、节约一粒粮、节约一克煤、节约一分钱）和开展修旧利废活动。在2001/2002年榨季，采取行之有效的层层分解承包，使每个人岗位有指标，每个人有计划成本费用。调丰制糖工业分公司、罐头食品工业分公司在学邯钢降成本的同时狠抓产品质量的提高。

2005年1月，建立精准节水滴灌工程。为应对雷州半岛春冬干旱严重以及甘蔗宿根期过短等问题，丰收公司引进了世界上先进的以色列地埋式滴灌技术，建设甘蔗精准滴灌基地。项目首期投入400万元，建成面积2000亩，6月初正式投入使用。该技术主要是引入测土配方施肥概念，对每块地的微量元素含量进行检测，然后根据检测结果进行施肥配方，由电脑自动调节控制，通过地埋的管道进行施肥。运用该技术，一是甘蔗灌溉用水量比传统的喷灌节约2～4倍。肥料利用率高达90%，是常规的3～4倍。二是该系统主管道和网管耐用，可使用多年，滴头具有抗堵塞和抗负压功能，大幅度减少田间劳动强度，一个劳力可管理几百亩甚至上千亩农作物；三是使用该技术，耕作表层土壤干燥，减少杂草生长和病菌感染及病虫害滋生，可使农作物产量提高50%～80%。甘蔗的宿根期可延长多年，亩产量从平均6吨，提高到8吨。糖度提高1.1%，甘蔗出汁率增加5%～8%；四是该系统还可以用处理过的有机废水进行农作物灌溉，如调丰制糖工业分公司的制糖废水，既节约了水资源，又减少了糖厂每年排污治理费（60万元以上/年）；五是该系统能将节水灌溉、精度及科学施肥、防止虫害"三位一体"同时进行。

在2004/2005年榨季，丰收公司投资引进了六台套瑞典赫格隆液压马达，改造了调丰制糖工业分公司传统的三联动机械传动设备。该技术改造直接使得压榨车间压榨抽出率比上一个榨季提高一个百分点，蔗渣含水量降低3个百分点。

2005/2006年榨季，调丰制糖工业分公司的2004/2005年榨季机修期对无布吸滤机、压榨机自动控制系统、煮糖真空泵等项目技改，使压榨抽出率比上榨季提高0.2个百分点，蔗渣水分下降1个百分点，蔗汁糖度减少0.28个百分点，干滤泥糖度下降1个百分点。2005/2006榨季节能降耗技改进行二大项目，一是新上快速沉降器，解决无布吸滤机的滤汁沉淀问题。使用后，经处理的滤汁可直接进入蒸发工序，不需要回流到沉淀池，对提高产品质量起促进作用。二是新上节能型玻璃纤维钢冷却塔，可将工业废水循环利用率提高到80%以上。2004/2005年榨季检修期，淘汰4台20吨旧锅炉，投资1620万元上马一台75吨中压锅炉和一台6千瓦汽轮发电机。一个榨季可节约蔗渣燃料超2万吨。可减少操作人员 30 人，蒸汽量充足且稳定，能满足汽轮机发电，每个榨季可多输送外电 250 万千瓦时以上。

罐头食品工业分公司在 2006 年节能降耗、技术改造中，重点进行洗罐房改造和糖水锅远程监控。洗罐房把原来需要 5 道工序的工作缩短为 2 道，工作人员由原来的 9 人减少至 4 人，按每个人每月平均 800 元的工资计 10 个月，就可以节约成本 4 万元以上。糖水锅远程监控，减轻了员工的劳动强度，地空罐的质量更有保障，减少碰撞现象造成的废品损失，提高产品合格率。罐头食品工业分公司新开发了 230、227 型菠萝罐头，丰富了产品和种类。投入 161 万元进行节能减排技改，先后增置了鲜果分级机、通除四道机、注胶机、数控冲床等新设备，提高了自动化程度和工作效率，节约生产用水，每年可降低成本 200 万元。

2007 年，丰收公司充分利用酒精废液，投资引进广西必佳生物工程公司的 TLP 高效厌氧发酵技术，建立酒精废液处理生产沼气系统，采用四塔差压蒸馏工艺改造，可将酒精生产煤漂洋消耗和二氧化硫排放量下降 35% 以上，污染物化学需氧量下降 20%。日处理酒精废液 650 立方米，日产沼气 13000 立方米，所产沼气全部用于回收锅炉燃烧，每年节约标准煤 3500 吨，直接经济效益超过 150 万元。

2009 年，丰收公司落实"五个零增长"。从"节约一度电、节约一滴水、节约一分钱、节约一张纸、节约一滴油"开始，牢固树立过"紧日子"的思想。年度包干经费同比下降超 10%，其中业务招待费用同比下降超 30%。

丰收公司从 2010 年 12 月起至 2011 年 2 月，在全体在职干部当中开展"我们的收入从哪里来"征文比赛活动，活动中共收到征文 342 篇（其中总公司机关 66 篇，收获农业分公司 58 篇，南光农业分公司 65 篇，制糖工业分公司 47 篇，罐头食品工业分公司 23 篇，复肥厂 8 篇，收获医院 37 篇，收获中学、一小 23 篇，三和酒精厂 7 篇，农科所 8 篇）。经征文比赛活动领导小组审评出 21 篇为获奖文章，其中一等奖 1 篇，二等奖 3 篇，三等奖 5 篇，优秀奖 12 篇。征文各自提出：我们的收入从转变经济发展方式，提高农作物产量中来；从种好每一根甘蔗、种好每一棵菠萝、收好每滴胶中来；从开源节流，节能减排中来；从技术改造，提高工效，降低成本中来；从人人从我做起，勤俭节约中来。

2013 年，丰收公司坚持以科学发展观为统领，紧紧围绕广东省农垦总局领导干部会议提出的"两个率先"（即率先实现农业现代化、率先全面建设小康垦区）和"三个加快"（即加快发展现代化农业、加快优势产业发展壮大、加快提高职工物质文化生活水平）的中心工作，开展增收节支活动，对公司各项费用开支严格把关，控制非生产性支出，实现年度包干经费比 2012 年周期减少 8.6 万元，降幅为 12.1%，其中办公费用降幅为

15.8％，小车费用降幅为5％，对内对外招待费降幅为4.3％，旅差费降幅为1.2％。2013年6月，丰收公司开展"节约型党支部"创建活动，以此活动促使全体党员进一步提高厉行节约，反对浪费的意识，明确节约是美德，节约是品质，节约更是责任，党员要带头作用。12月26日，组织检查组考核，43个生产队各项管理费共结余25万元。

2014年，丰收公司"三公"经费（业务招待费、公务用车费、会议费）同2013年相比减少33.65％，其中公务用车运行维护费支出98.4万元，同比减少57.11万元，减幅为36.72％。业务招待费支出95万元，同比减少42万元，减幅为30.9％。会议费支出70万元，同比减少11.5万元，减幅为14.1％。

2015年，面对经济运行严峻形势，丰收公司加大开源节流、降本增效力度，年度管理总费用预算6183.4万元，实际开支3459.2万元，节省开支2724.2万元。"三公"经费预算177.9万元，实际开支60.8万元，节省开支117.1万元。

2016年，丰收公司严控非生产开支，管理费用大幅度压减预算。全年管理费用支出4824.4万元，比预算5611.3万元降低786.9万元。特别在"三公"费用支出方面管控严格到位，全年实际开支82.3万元，比2015年减少开支18.3万元，比2014年减少开支97.7万元。另外，全年累计追收历史欠款及当年租赁金共计64万元。

2017年，丰收公司进一步优化和精减非生产性人员。对非生产性岗位超编问题，采取多种措施加以解决。一是重新定编定岗，对劳动力富余人员实行合理调岗式转岗；二是对年龄较轻、身体健康者实行分流一线生产岗位；三是工龄较短的劳动力解除劳动合同，计发补偿金；四是通过退休自然减超；五是对物业公司推行市场化运作。通过退休、转岗、辞职等途径有效减少非生产性人员共57人。2017年，丰收公司进行公务用车改革。根据广东省车改办和广东省农垦集团公司、湛江农垦集团公司要求，为规范公务用车使用，减少公务用车经费开支，从2017年5月1日起，取消公司党政主要领导的专用配备公务车，规范公司领导人和各部门人员公务出行的用车。封存6辆公务用车，保留6辆公务用车用于维持日常公务，妥当分流安置总公司杂勤人员5人。2017年度，公车使用费实际支出33.23万元，同2016年相比降低36.51％。

2018年，"三公"经费预算57.28万元，实际开支50.82万元，节约开支6.46万元。

2019年，丰收公司严控非生产性开支、加大应收账款和土地承包经营欠款追缴力度，全年管理费用支出4300.8万元，节支299.2万元。"三公"经费支出41.4万元，节支15.5万元。回收应收账款318.8万元。2018/2019年实际回收土地承包经营欠款692.59万元。

第三节　尊老爱幼

1996 年 7 月，成立丰收公司退休管理委员会，退管会下设退管办公室。1996 年 10 月，公司有职工 5024 人，离退休职工 2526 人。1997 年 8 月，调整丰收公司退休管理委员会成员，并成立各级退休管理机构 57 个，专职管理人员 3 人，兼职管理人员 174 人。相继成立丰收公司老人协会、老人体协、关心下一代委员会，明确职责，开展活动，发挥余热。丰收公司先后在各生活区建起老人活动中心 5 个，门球场 2 个，在基层生产队建起老人活动室 40 个。2000 年至 2002 年，丰收公司为解决生产队退休职工年老看病难、生活不方便问题，先后在收获医院、收获旧农科所统一规划土地，以平顶房方式建房，方便退休职工在收获生活区居住，采取"私建公助"方法，个人出资、公司每人补助 3000 元，建起三个退休人员居住点，有 112 户迁进退休居住点生活。2005 年，丰收公司投入 25 万元办起 3 个老人健身广场，3 个文化广场，为活动室、活动中心订报纸、杂志等共计 11 种刊物供老同志阅读，每个活动中心都添置一批麻将、天九、扑克、象棋等娱乐工具，供老人娱乐活动。2006 年，丰收公司规范管理退休人员档案，把 2803 个退休人员资料全部登记造册归档，1072 个外出居住人员也全部建立通讯录档案，录入财务电脑管理。每年春节，丰收公司为退休职工每人发放慰问金 100 元，80 岁以上退休职工或归侨老人发放慰问金 200 元。丰收公司坚持组织老人学健身舞、太极拳、门球、太极剑等健身活动，组织老人参加公司、湛江农垦举办的老人趣味运动会、门球赛、健身舞、大合唱等文体活动；2006 年丰收公司组织老人门球队参加湛江农垦门球比赛获得第一名；2009 年，丰收公司参加湛江农垦雷州片"歌唱祖国、热爱农垦"为主题庆祝中华人民共和国 60 周年文艺汇演退休职工舞蹈《响指牛仔》获得一等奖。2010 年，丰收公司开展"夕阳红"老有所为先进集体、先进个人、孝敬老人好儿女评选活动，表彰先进基层退管办 1 个，先进退管小组 7 个，退管工作积极分子 13 人，发挥余热、老有所为先进个人 30 人，孝敬老人好儿女 15 人。利用广播、丰收报办起"老人园地、老人风采"专刊，宣传中华民族尊老、敬老、养老、助老的传统美德，宣传农垦老一辈对革命和农垦建设的重大贡献，宣传老有所为，敬老、爱老、助老的典型人物和感人事迹，促进尊老敬老和学先进赶先进的良好氛围。2011 年，丰收公司投资 90 万元，在收获分公司建设一幢两层楼灵堂，在南光分公司扩建一栋平顶房灵堂，安放已故老人骨灰。丰收公司每年坚持举办老年知识课，内容涉及保健、养生、卫生、医疗保险、法规、防盗防骗等方面知识，聘请医院医生专家、派出所干警、社区工作人员等讲课，引导老年人科学生活、健康长寿。2015 年 3 月 18 日，丰收公司四届三次职代会联席会审计通过了《丰收公司企业退休人员临时生活补贴发放暂行办法》。《暂行办法》从通过执行月开始，丰收公司每月给企业退休人员发放临时生活补贴标准为：处级干部200元，科级150元，副科级100元，一般干部70元，工人30元；有中级职称的另加40元。

丰收公司加强学校教育管理，注重学校设施建设、制度建设、教师队伍建设、班主任管理等，学校教学质量逐年提高。2012年丰收公司投入233万余元建设收获中学科学楼，2013年投入130万余元新建学生饭堂，约706.3平方米；投入33万余元，建设学校公共厕所。2013年收获中学毕业班71名学生参加中考，总分平均分为593.5分，比去年提高了58.5分，居于雷州垦区中学第二；中考综合评价从湛江农垦的第12位跃入第4位，提高了8个档次；数学单科总分平均分为100.5分，居于雷州垦区中学第一；其中何晓娜同学以834分成绩被湛江一中录取；上雷州市重点中学13人，占考生人数18.3%；700分以上学生15人，占考生总数21%；600分以上学生29人，占考生总数40.8%。

第四节　团结互助

丰收公司在倡导文明新风团结互助活动中，把培养企业的团结互助精神作为首要工作来抓。一是营造良好的工作氛围，提高员工工作积极性；二是开展多种形式的集体活动和多类型学习培训，以增强团队整体能力素质；三是开展职业技能竞赛活动，形成企业上下你追我赶、力争上游的工作局面；四是开展先进典型事迹宣传，树立党员先锋岗，典型引路，学有榜样。

丰收公司团委每年的3月5日，开展"向雷锋同志学习"活动。组织中小学师生到生活区、公共场所、市场进行卫生清洁。医院团支部组织青年医务人员为职工义诊。工业单位团支部组织团员青年为职工修理家用电器。有的团支部组织学雷锋做好事义务理发小组为职工理发。不少团支部出一期以"向雷锋同志学习"为主题内容的黑板报，宣传雷锋为人民服务精神，表彰本单位好人好事等。2012年3月5日，丰收公司团委开展"向雷锋同志学习"活动，组织总公司、分公司机关青年到湛江农垦模拟股份制试点18队帮助承包户剥甘蔗种，2013年3月5日，丰收公司团委组织的"我与雷锋同行"主题活动再次在南光农业分公司18队举行，参加活动全体团员青年到田间地头帮助困难户剥甘蔗种。

丰收公司多年来，组织职工无偿献血。2000年4月，丰收公司荣获湛江市人民政府授予的"无偿献血先进单位"称号。2005年7月29日，雷州市采血站在丰收公司开展"无偿献血、奉献爱心"活动，丰收公司共有84名职工参加无偿献血，献血总量达16800

毫升。2005年10月，湛江市卫生局、湛江市红十字会评定丰收公司为"2001/2005年度无偿献血先进单位"。2008年10月，丰收公司被湛江卫生局、湛江市红十字会评为"2006/2007年度无偿献血先进单位"。2013年4月，丰收公司荣获湛江市卫生局、湛江市红十字会联合授予的"2012年度无偿献血先进单位"称号。2013年7月11日，雷州市血站中心分别在丰收公司收获农业公司、南光农业分公司设采血点，共有67名职工检验合格，无偿献血总量达13500毫升。2014年3月19日，丰收公司荣获湛江市卫生局、湛江市红十字会授予的"无偿献血先进单位"称号。

1997年6月17日，丰收公司工会发出《向收获农业分公司红忠队职工卢彬、梁元城小孩（烫伤）捐款倡议书》。从6月18日至7月2日，各单位职工积极响应"献爱心、送温暖"倡议，共有1883名职工参与捐款，捐款金额为20088元。2004年春节前的1月16日，丰收公司工会将职工捐款的24939元交给患脑瘤动手术的收获农业分公司机关人员戴明星。2005年12月29日开始至2006年1月13日止，丰收公司工会组织开展"关心民工，数九寒冬送温暖"活动，共收到各单位职工捐赠衣物3916件，工会及时分别送到各农业生产队外来砍蔗工手上。2006年9月12日，三和酒精厂职工吴美安不幸患脑卒中，该厂党支部开展向吴美安捐款献爱心活动，职工共捐款1800元。2006年12月30日，调丰制糖工业分公司党总支将本分公司420名职工捐款5222元交给患脑卒中后留下严重后遗症的职工吴有双。2008年1月25日，丰收公司遭遇22天低温阴雨天气，丰收公司工会组织开展"关爱民工，捐衣送温暖"活动，有726名职工捐献衣物3143件，解决外来砍蔗工缺衣问题。2009年8月14日至19日，在丰收公司工会的倡议下，全公司职工积极行动，向收获农业分公司红忠队被不法歹徒用火药枪击伤导致重伤的女职工石仙兰捐款41725.5元。2014年7月18日，登陆的十七级强台风"威马逊"为广东史上记录以来最强台风"威马逊"造成丰收公司7万亩甘蔗全部倒伏，13万株开割橡胶树和12万株橡胶中小苗严重受损，损断率90%以上，职工自营经济香蕉全部被台风摧毁，24496平方米房屋损坏，造成直接经济损失2.78亿元。7月29日，丰收公司工会开展向受灾农业职工捐款活动，共捐款46006.5元。2020年2月15日，在疫情突发口罩紧缺情况下，丰收公司职工子弟刘粤星自费急购达标口罩400个，一次性捐赠给口罩紧缺的职工。2020年5月29日，417名职工捐款的27656元给患乳腺癌和宫颈癌的收获甘蔗基地仓管员郑娇英。

1998年9月1日，丰收公司2779名职工向长江流域、松花江流域地区洪涝灾区人民捐款共47864.3元。2004年8月10日，公司开展"固本强基献爱心"活动，共有509名中共党员捐款19307元。2014年12月31日，公司组织开展"救助特困职工，捐款百万献爱心"活动，全公司2485名职工捐款42490.6元，企业捐款5万元，捐款总额92490.6

元。2006 年 8 月 9 日至 11 日，受热带风暴"帕布"影响，丰收公司遭遇了雷州半岛百年一遇的特大暴雨袭击，南光农业分公司降雨量 583.6 毫米（打破原南光农场建场以来最高历史纪录），丰收公司受灾直接经济损失 1600 万元。同时，积极响应上级号召，向韶关特大洪涝灾区捐款，共有 1964 名职工捐款 61777.5 元。2006 年 8 月 21 日，丰收公司党委、工会、团委联合发出"心系灾区，共创和谐"的倡议书，动员广大职工向雷州市受灾村的村民捐款，共有 1614 名职工参与了捐款，捐款金额 27955.8 元。2008 年 5 月 15 日，向四川汶川地震灾区捐款 12 万元。2010 年 1 月 17 日 21 时，湛江农垦机关和丰收公司员工及其他单位为火灾村民捐款 4 万元（其中丰收公司捐款 16994 元）。2010 年 4 月 23 日，丰收公司职工向青海玉树地震灾区捐款 48774.5 元。6 月 30 日，丰收公司开展"广东扶贫济困日"捐款活动，1000 名职工捐款 13168 元，加上以丰收公司名誉捐款 246832 元，合计 26 万元。11 月 15 日，丰收公司 800 名中共党员干部响应湛江农垦局发出的《向中国的保尔优秀党员王孟筠捐款的倡议书》，共捐款 16817 元。2010 年度，丰收公司获得中共雷州市委员会、雷州市人民政府特发的"广东扶贫济困日"活动捐助贡献奖荣誉证书。2011 年 6 月 20 日，丰收公司在"广东扶贫济困日"捐款中，957 名党员捐款 11144.5 元，加上以丰收公司名誉捐款 9 万元，合计 101144.5 元。2015 年 10 月 13 日，丰收公司组织强台风"彩虹"风灾捐款活动，共捐款 57256.5 元。其中单位捐款 4 万元，职工捐款 17256.5 元。2011 年至 2017 年，丰收公司被雷州市委员会、雷州市人民政府表彰为"广东省扶贫济困日募捐活动爱心乐捐单位"。2018 年，丰收公司在"6·30"广东省扶贫济困日活动中捐款 80000 元。其中单位捐款 58942 元，职工捐款 21058 元。2019 年，丰收公司在"6·30"广东省扶贫济困日活动中捐款 50000 元。其中单位捐款 34187 元，职工捐款 15813 元。2020 年，丰收公司组织开展"6·30"广东省扶贫济困日捐款活动，共捐款 40000 元。其中单位捐款 29715 元，职工捐款 10285 元。

第五节　扶贫济困

1997 年至 1999 年，共帮扶 160 人，使 64 人脱贫致富。1997 年至 1999 年共补助 629 人，金额共 81075 元。1997 年，发动近 2000 职工向红忠队烧重伤的职工小孩卢小弟捐献 20288 元；2000 年，向糖业病危职工陈康佗捐款 12000 多元。

丰收公司建立健全特困职工档案，扎实做好职工保障工作，为特困职工户申请最低生活保障。2000 年至 2002 年上半年办理最低生活保障金 45 户 109 人，2002 年下半年 57 户 143 人，发放最低生活保障金 228600 元。

2004 年，丰收公司建立职工解困基金会，49 个基层分会全部建立起职工解困基金会，共筹集资金 17 万多元；至 2010 年，全公司 43 个农业基层分会建立职工解困基金会，集资入会共有 1432 人，资金总额 153360 元，当年为 156 人次困难职工借出资金 57650 元次，为困难职工解决实际困难 162 件次。2004 年，组织职工为收获分公司机关患罕见脑瘤病的戴明星捐款，有 2118 人参捐，捐款金额 24939 元。

2009 年，组织职工向中心校患脑瘤的职工林宏利捐款 10700 多元；东山队干部黄彬华意外摔倒，晕迷不醒 10 多天，公司组织捐款 6540 元；罐头分公司干部尚鹏诊断患心脏病，职工捐款 6900 多元。

2016 年，丰收公司预防寒潮为孤寡老人、困难户、外省民工等 39 人上门送棉被。

2017 至 2018 年，丰收公司开展精准扶贫工作，精准扶贫户 4 户 13 人，分别是收获分公司滨河队韦秀丽职工户、红忠队黄正兰职工户、南光分公司四队廖玉梅退休职工户、罐头分公司潘美林退休职工户；生产经营扶持肥料、机械费等 21688 元，小孩读书教育帮扶 4550 元，生活保障慰问帮扶 2029 元；2018 年 4 户扶贫户已全部脱贫。2019 年至 2020 年，丰收公司继续对已脱贫的扶贫户进行跟踪巩固，对他们的子女读书进行教育帮扶 8750 元。

第六节　见义勇为

1996 年 6 月 21 日，丰收公司首届职工代表大会审议通过了《见义勇为基金奖励实施办法》，并从 1996 年 7 月 1 日起执行。

丰收公司《见义勇为基金奖励实施办法》规定如下。

第一条　举报他人违法犯罪，并提供线索协助公安机关破案的，奖励人民币 200 元（指情节轻微，未构成犯罪的）。

第二条　举报他人违法犯罪，并提供线索协助公安机关破案的，奖励人民币 300 元（指一般性治安案件）。

第三条　举报他人违法犯罪，并提供线索协助公安机关破案的，奖励人民币 400 元（指重大治安案件）。

第四条　举报他人违法犯罪，并提供线索协助公安机关破案的，奖励人民币 500 元（指一般刑事案件）。

第五条　举报他人违法犯罪，并提供线索协助公安机关破案的，奖励人民币 600 元（指重大、特大刑事案件），并可破格当选本年度先进生产（工作）者，或优秀共产党，或晋升工资一级。

第六条　当场抓获违法犯罪分子（指一般违法犯罪、情节轻微的），并能交给本单位或公安机关处理的，奖励人民币 700 元。

第七条　当场抓获违法犯罪分子（指一般治安案件），并能交给本单位或公安机关处理的，奖励人民币 800 元。

第八条　当场抓获违法犯罪分子（指重大治安案件），并能交给本单位或公安机关处理的，奖励人民币 900 元。

第九条　当场抓获违法犯罪分子（指一般刑事案件），并能交给本单位或公安机关处理的，奖励人民币 1000 元。

第十条　当场抓获违法犯罪分子（指重大、特大刑事案件），并能交给本单位或公安机关处理的，奖励人民币 1200 元。并可破格当选本年度先进生产（工作）者，或优秀共产党，或晋升工资一级，可优先解决其本人或家属的入户问题。

第十一条　面对歹徒行凶作恶，挺身而出与歹徒搏斗的，奖励人民币 2000 元；在搏斗中光荣负伤的，奖励人民币 3000 元，一切医疗费用由公司负担，住院期间工资奖金照发，并晋升工资一级，优先解决其本人或家属入户、住房问题。

第十二条　面对歹徒行凶作恶，挺身而出与歹徒搏斗光荣牺牲的，除奖励人民币 50000 元外，解决其家属入户和工作安排、住房问题，其小孩由丰收公司抚养至 18 周岁（成人为止）。

2008 年 1 月 20 日，丰收公司印发丰收〔2008〕4 号文《关于表彰曹展毓见义勇为的事迹决定》全文如下。

曹展毓，男，丰收公司职工子弟，退伍军人，2006 年复员，同年 1 月份安排到收获农业分公司英央队工作，任见习副队长。2007 年 5 月 25 日 14 时许，英央队退休女工林洁萍从菜地回到队门口时，发现有 13 个陌生年轻人在队居民区及周围探头探脑、东张西望，形迹十分可疑。林洁萍警惕地注意观察对方的动向。过一会，她发现其中 3 名陌生年轻人爬上队的菠萝蜜树摘果，她迅速向曹展毓报告。曹展毓接到报告后立即赶到现场，大声喝止对方。歹徒见他一人势单力薄，就粗口大骂并警告其别多管闲事。曹展毓却正气地说："我是队干部，就是要管这闲事。"歹徒仗着人多，抢起木棒和利刀追打曹展毓。曹奋起反击，将其中两名歹徒击倒在地，另一个歹徒见势不妙，随即打电话叫来 9 名同伙对曹进行围攻，导致曹头部、背部等多处负伤。曹展毓无所畏惧，边抵挡边大场斥责："你们给我住手！你们这样做要坐牢的！"此时，队另外两名干部得知情况后立即报警，随之与闻讯赶来的职工一起追赶歹徒。歹徒见势不妙，骑上藏在队外的摩托车仓皇逃窜。

鉴于曹展毓上述见义勇为的突出表现，丰收公司党委、董事会根据《见义勇为基金奖励实施办法》，一致通过三项决议：一是号召全公司职工向曹展毓学习；二是丰收公司承担曹展毓见义勇为负伤的所有医疗费用；三是根据丰收公司《见义勇为基金奖励实施办法》规定，给予曹展毓一次性奖励人民币 500 元。

第七节　拾金不昧

2020 年 2 月 26 日上午，郑文凤、施霞玲两人在一起上班的路上捡到一个钱包，她俩亲自将钱包交给收获派出所值班民警，希望派出所民警能帮助找到失主，归还其遗失的钱包。在收获派出所民警的帮助下，钱包失主洪光碧（湛江市麻章区湖光镇人）于当日下午前来收获派出所领取遗失的钱包。原来，2020 年 2 月 26 日早上，洪光碧开着大货车途经广垦调丰糖业公司路口的小卖铺购买物品时，不小心遗失了钱包。钱包里有现金、银行卡、信用卡等贵重物品。当他发现钱包不见时，已开车远离了小卖铺。正当他心急如火，不知道该怎么找回钱包时，当时下午，就接到收获派出所打来的电话，并前往对证取回遗失的钱包。他当时大为感动，特意写了感谢信张贴在丰收公司机关办公楼大门前，并提出要现金酬谢拾金不昧的郑文凤、施霞玲，但被她俩婉拒了。郑文凤、施霞玲这种拾金不昧的高尚品质值得丰收公司全体员工学习。

第八节　助人为乐

20 世纪 80 年代，收获农场、南光农场青年工人较多，农场团委机构健全，成立了缝衣、修理、理发等各种服务小组为职工群众服务。1981 年 3 月 5 日学雷锋纪念日，南光农场团委组织青年团员开展志愿服务活动，为职工群众缝衣、补鞋、修理电器、理发等义务服务，弘扬雷锋精神；全年做好人好事有 1200 多人（次），有的拾到手表、钱包主动交还失主，好人好事蔚然成风。丰收公司成立后，公司团委坚持每年开展学雷锋活动，义务为职工群众量血压、修理电器电脑、理发、清洁卫生等服务。

1999 年起，丰收公司每年配合雷州市无偿献血办公室开展 1 次无偿献血活动。2000 年，丰收公司参加无偿献血人数 34 人、血量 6800 毫升；1999 年至 2020 年，丰收公司参加无偿献血 850 人次，献血量 180450 毫升。2000 年，丰收公司荣获湛江市人民政府授予"无偿献血先进单位"称号。

2003 年 8 月，雷州半岛遭遇"科罗旺"12 级台风，丰收公司派调丰分公司 40 多人到东里镇帮助抗灾，挖沙装袋填泥加固海堤，连续奋战 10 多个小时。

2006 年，受 4 号台风"碧利斯"带来特大暴雨影响，湛江市大部分地区遭受严重的洪涝灾害，丰收公司按照上级《关于在全市范围内开展救灾捐赠活动的紧急通知》的文件精神，于 7 月 26 日召开向灾区人民捐款的动员会，组织公司全体干部职工 1964 人，共捐款 61777.5 元。

2007 年 3 月，丰收公司成立青年志愿者协会，坚持开展志愿服务活动，帮助困难一线农工选蔗种、种甘蔗、开展清洁卫生、慰问困难户等活动。2016 年 10 月，丰收公司青年志愿者协会改为丰收公司志愿者服务队，以弘扬"奉献、友爱、互助、进步"的志愿精神为目的，以志愿服务为原则。至 2017 年 4 月，已注册志愿者服务队队员 85 人，共服务 650 人次。2019 年，丰收公司志愿者服务队开展学雷锋为老人献爱心活动，在旧农科所退休老人聚居区帮助老人修补门窗；与丰收医院联合开展服务职工群众志愿活动；到收获市场开展小广告清除活动。

2020 年，丰收公司社区联合学校师生 400 多人在收获农场部开展一次规模较大的卫生清洁活动。

第九节　爱岗敬业

2003 年 8 月 15 日，丰收公司召开第二届第三次职工代表大会审议通过的《丰收公司职业道德规范》，倡导广大职工爱岗敬业、积极奉献。

2007 年，丰收公司开展"爱丰收，建设新丰收"活动。组织职工学习《丰收知识知多少》，树立和增强员工对企业的认同感和归属感，培养"艰苦奋斗，勇于开拓，工农携手，共建丰收"的企业文化。

爱岗敬业先进典型杨海事迹：杨海是丰收公司收获农业分公司滨河队职工，广西北流人，中共党员。1984 年来滨河队承包岗位。他自费兴办职工家庭农场，依靠科技，精心经营，勤劳致富。从 1984 至 1998 年承包种植面积从 17 亩总产值 4000 元，发展到 1995 年的 220 亩（其中甘蔗 180 亩，菠萝 40 亩）总产值 27.6 万元，纯收入 9.8 万元。截至 1998 年，累计产品产值 142.7 万元，纯收入 58.5 万元（不含副业收入），上缴土地使用费 40 万元。仅 1998 年就承包甘蔗 70 亩，总产 500 吨，产值 9 万元。承包菠萝 28 亩，其中 18 亩收果 70 吨，产值 3.36 万元。产品总产值 12.36 万元，纯收入 5.2 万元。他尽心尽责做好承包岗位工作，坚持执行好生产技术措施，甘蔗大面积亩产 6 吨以上。1997 年至 1998 年甘蔗亩产超过 7 吨，菠萝亩产均 3 吨以上（其中 1998 年菠萝亩产 3.9 吨）。他利用五边地搞多种经营，种竹、种果树近百亩，还养"三鸟"。每年庭园经济收入 10000 元。1998 年 5 月，他筹资 10 万元建立一个中型养猪场，当年入栏母猪 40 头、肉猪 91 头。10 月份就出栏了 91 头肉猪（平均每头 200 斤），产值 6.37 万元，纯收入 4000 元。1999 年春节前出栏 72 头肉猪，产值 11.41 万元，纯收入 8000 元。养猪既增加了收入，又增加肥料。杨海爱岗敬业，勤劳致富，始终遵守丰收公司产品管理规定。他热心帮扶困难承包户，1997 年得知刚到队承包岗位的朱恒志缺菠萝种苗。杨海主动免费送了 3 万株菠萝种苗给朱恒志。同时，在思想上、技术上指导朱恒志，使其第一年承包实现不挂账。从 1995 年至 1999 年，先后获得：广东省先进生产（工作）者、广东农垦先进青年、广东省农垦先进职工家庭农场、全国农垦青年管理能手、全国农垦系统职工自营经济先进个人、湛江农垦建垦 60 周年农垦功臣、丰收公司模范党员及党员示范岗。1997 年当选为广东省第九届人大代表。

　　爱岗敬业先进典型林善寿事迹：林善寿，中共党员，越南难侨，丰收公司南光农业分公司 14 队职工。他从 1994 年至 2003 年坚持承包甘蔗 118 亩、橡胶开割树位 3 个。他认真做好本职工作，从身边的事做起，成为爱岗敬业先进典型。他严格执行丰收公司生产技术措施，种管好大田甘蔗，管好割好每株开割橡胶，甘蔗亩产由 4.66 吨提高到 8.9 吨。10 年来，向企业缴纳土地使用费 64 万元，本人累计纯收入 93 万元。林善寿先后借出 3.65 万元扶持困难户生产和生活，捐出 1.1 万元为队维修运蔗道路。14 队职工在他的帮扶带动下，年劳动收入由 1998 年的 1.28 万元提高到 2003 年的 1.5 万元。其中有三户挂账户也脱困，年纯收入 2 万元。从 1992 起，他坚持每年拿出资金 1200 元，用于购买油料，用自己的车辆接送本队职工子女上学，为职工消除后顾之忧。他先后为公益事业捐款 8800 元。林善寿爱岗敬业、积极奉献，成绩显著。先后荣获：丰收公司行业标兵、湛江农垦"十佳种蔗能手"、湛江农垦先进职工家庭农场、广东农垦先进技术示范岗、广东省先进生产（工作）者。2005 年 2 月 24 日，被湛江农垦局选为"垦区优秀共产党"先进事迹报告团成员，并在全垦区各单位进行巡回报告。

　　爱岗敬业先进典型赵家凤事迹：丰收公司南光农业分公司 14 队职工赵家凤，从 1985 年开始在 100 亩边远荒地办起自费职工家庭农场。13 年来，向丰收公司提供工业蔗 5000 吨，成为湛江农垦种蔗能手、丰收公司十佳种蔗能手。1997 年，赵家凤家庭农场甘蔗总产 1380 吨，亩产超 6 吨，总产值 29.8 万元，纯收入超 10 万元。他爱岗敬业，勤劳致富，热心帮扶困难承包户，先后拿出 15068 元现金和 6.5 吨化肥借给 4 户新到队承包户。捐款 5000 元给队维修运蔗道路。他先后获得：广东农垦文明职工、广东农垦先进职工家庭农场、广东农垦先进自营经济家庭农场。

爱岗敬业先进典型卢厚春事迹：丰收公司南光农业分公司6队割胶辅导员卢厚春在平凡的岗位上做出不平凡的业绩。他从1999年至2003年创造了"长条皮"刀法割胶技术和"长凿口"磨胶刀法，节约胶树耗皮10.2厘米，可多割62刀皮面，延长胶树经济寿命超过1年。2012年，他精心管好承包的两个橡胶开割树位，年产干胶1.85吨，株产3.1公斤，纯收入超过3万元。为了多产胶，他坚持落实胶树田管技术措施，在胶树割面上安装防雨帽和防雨帘，保证下小雨仍能正常割胶，保持有效刀次。他割胶26年来累计回收杂胶7650公斤，为企业创收超过3万元。他耐心辅导6队胶工提高割技，经常帮助有事或患病的胶工割胶，胶工年均割胶收入超13000元。2008年，在全国第二届割胶工技能大赛中夺得第六名，被农业部评为"全国割胶技术能手"。2010年，被湛江市总工会授予"五一劳动奖章"。2011年，被广东省农垦总局授予"广东农垦岗位技术能手"称号。2012年，荣获"广东省技术能手称号"。

爱岗敬业先进典型金希望事迹：金希望，广东信宜人，丰收公司收获农业分公司滨河队职工。1993年，来滨河队承包40亩甘蔗。1996年，承包岗位甘蔗面积200亩。2015年至2018年坚持承包300亩甘蔗，单产超5吨，连续4年的年纯收入超20万元。他成为滨河队承包任务第一、甘蔗总产量第一、年纯收入第一的职工家庭农场。经过26年的辛勤耕耘，金希望住上了小别墅，开上了小汽车，圆了致富梦。2020年，他光荣地加入了中国共产党。他不但爱岗敬业，而且能热心帮扶新来的承包户。如滨河队新到队的承包户罗志明，在金希望资金、技术的帮扶下，2018年收入10万元。金希望爱岗敬业成绩显著，先后荣获两次"五一劳动奖章"，其中一次是2013年湛江市总工会授予的，另一次是2019年广东省总工会授予的。

爱岗敬业先进典型黄利芬事迹：黄利芬是丰收公司收获农业分公司南茂队女职工，广西大化人。她和丈夫韦德金于2000年来南茂队承包岗位，一直到2008年的8年时间里，夫妇俩依靠科技精耕细作，累计纯收入超40万元。2009年起，黄利芬一人承包甘蔗面积57.12亩，总产419.6吨。菠萝28.3亩，总产46.8吨，年纯收入9.4万元。2010年承包甘蔗面积71.64亩，虽然受到严重干旱影响，但由于投入足、管理到位，总产仍达到350吨。菠萝22.5亩，总产40吨，年纯收入7万元。黄利芬在爱岗敬业，勤劳致富的同时，言传身教，热心为本队18名女工传授和推广使用新品种、新技术，依靠科技发展生产，提高经济效益。在她的引导下，全队女职工年均纯收入超2.5万元。黄利芬带头实行生产技术措施；带头落实利用赤眼蜂生物防治甘蔗病虫害；带头甘蔗菠萝地轮作；带头积极参加丰收公司工会女工委组织的各项活动。她于2007年庆"三八"砍蔗技能竞赛中获得一等奖；2008年庆"三八"宿根甘蔗破垄技能竞赛获得一等奖；2009年庆"三八"甘蔗小锄低砍技能竞赛获得一等奖。她一个小时能砍 350 公斤甘蔗，日计 12 小时能砍 3.5 吨甘蔗。黄利芬连续多年被丰收公司工会女工委评为"先进女工小组长"。2010 年 5 月 1 日被评为"丰收公司十佳甘蔗种植能手"。2011 年 3 月，荣获全国总工会授予的"全国五一巾帼标兵"称号。

爱岗敬业"乡土人才"先进典型龚顺奔事迹：丰收公司收获农业分公司东湖队职工龚顺奔是广西武宣人。1996 年与妻子来东湖队承包岗位。一直到 2008 年共 13 年时间里，他爱岗敬业，学用技术，致富奔康。累计纯收入 35 万元，在广西老家建了一栋三层楼房，在东湖队的住房面积 100 平方米，家电齐全，有交通工具。2007 年，他向队申请多包土地，由原来 105 亩提高到 2008 年的 132.6 亩，其中甘蔗 110.6 亩，菠萝 22 亩，虽然早期受干旱和中后期遭遇百年一遇暴雨的影响，但由于落实生产技术到位，各项工作认真对待。105 亩甘蔗总产 348.8 吨，产值 9.4 万元，菠萝收果面积 9.1 亩，产鲜果 40.87 吨，产值 2.4 万元，纯收入 1.75 万元。2008 年承包面积 132.6 亩，其中甘蔗 112.6 亩，菠萝 20 亩，甘蔗亩产 6 吨，菠萝亩产 4.5 吨，总产值 23 万元，纯收入 3.5 万元。2009 年，龚顺奔承包土地面积 169 亩，其中甘蔗 139 亩，菠萝 30 亩，总产值超 24 万元，纯收入超 6 万元。龚顺奔先后获得丰收公司十大优秀青年、优秀共产党员、湛江农垦新型农工科技培训优秀学员。2009 年 10 月 26 日，被湛江农垦集团公司人事政工处、湛江农垦集团公司关心下一代工作委员会选为"湛江农垦'乡土人才'创业经验交流报告会"报告团成员，并于 10 月 28 日至 11 月 7 日在垦区各单位作巡回报告。

附　　录

广东省丰收糖业发展有限公司历届领导名录

丰收公司成立后历届领导名录见下表。

附表1　广东省丰收糖业发展有限公司历届领导名录

单位名称	时间	姓名	性别	籍贯	党派	职务	任职时间
丰收公司	1995	黄国涛	男	广东信宜	共产党	董事长、党委书记	12月11日起任
丰收公司	1995	陈剑峰	男	广东台山	共产党	副董事长、总经理、党委副书记	12月11日起任
丰收公司	1995	张安华	男	广东潮阳	共产党	董事、副总经理	12月11日起任
丰收公司	1995	李贺荣	男	广东化州	共产党	董事、副总经理	12月11日起任
丰收公司	1995	赖碧辉	男	广东电白	共产党	监事、工会主席	12月11日起任
丰收公司	1995	刘修连	男	江苏丰县	共产党	正处调研员	12月11日起任
丰收公司	1995	李润和	男	广东新会	共产党	副处调研员	12月11日起任
丰收公司	1995	黄持久	男	广东江门	共产党	副处调研员	12月11日起任
丰收公司	1996	黄国涛	男	广东信宜	共产党	董事长、党委书记	—
丰收公司	1996	蔡泽祺	男	广东遂溪	共产党	副董事长、总经理、党委副书记	11月起任
丰收公司	1996	张安华	男	广东潮阳	共产党	董事、副总经理	—
丰收公司	1996	李贺荣	男	广东化州	共产党	董事、副总经理	—
丰收公司	1996	赖碧辉	男	广东电白	共产党	工会主席	—
丰收公司	1996	刘修连	男	江苏丰县	共产党	正处调研员	—
丰收公司	1996	李润和	男	广东新会	共产党	副处调研员	11月退休
丰收公司	1996	黄持久	男	广东江门	共产党	副处调研员	
丰收公司	1996	陈能智	男	广西合浦	共产党	总工程师	11月20日起任
丰收公司	1996	陈剑峰	男	广东台山	共产党	副董事长、总经理、党委副书记	9月2日调去湛江农垦局
丰收公司	1997	黄国涛	男	广东信宜	共产党	董事长、党委书记	—
丰收公司	1997	蔡泽祺	男	广东遂溪	共产党	副董事长、总经理、党委副书记	—
丰收公司	1997	张安华	男	广东潮阳	共产党	董事、副总经理	—
丰收公司	1997	李贺荣	男	广东化州	共产党	董事、副总经理	—
丰收公司	1997	赖碧辉	男	广东电白	共产党	工会主席	—
丰收公司	1997	刘修连	男	江苏丰县	共产党	正处调研员	—

（续）

单位名称	时间	姓名	性别	籍贯	党派	职务	任职时间
丰收公司	1997	黄持久	男	广东江门	共产党	副处调研员	8月退休
丰收公司	1997	陈能智	男	广西合浦	共产党	总工程师	—
丰收公司	1998	黄国涛	男	广东信宜	共产党	董事长、党委书记	—
丰收公司	1998	蔡泽祺	男	广东遂溪	共产党	副董事长、总经理	—
丰收公司	1998	马德成	男	广东阳江	共产党	党委副书记	—
丰收公司	1998	赖碧辉	男	广东电白	共产党	工会主席	—
丰收公司	1998	李贺荣	男	广东化州	共产党	副董事长	—
丰收公司	1998	张安华	男	广东潮阳	共产党	副总经理	—
丰收公司	1998	邱荣其	男	广东信宜	共产党	副总经理	—
丰收公司	1998	刘修连	男	江苏丰县	共产党	正处调研员	—
丰收公司	1998	陈能智	男	广西合浦	共产党	总工程师	2月份退休
丰收公司	1998	陈剑豪	男	广东台山	共产党	董事、副总经理	6月8日起任
丰收公司	1998	黄海	男	广东阳春	共产党	董事、副总经理	6月8日起任
丰收公司	1998	陈永光	男	广东雷州	共产党	董事、副总经理	6月8日起任
丰收公司	1999	黄国涛	男	广东信宜	共产党	董事长、党委书记	—
丰收公司	1999	蔡泽祺	男	广东遂溪	共产党	副董事长、总经理	—
丰收公司	1999	马德成	男	广东阳江	共产党	党委副书记	—
丰收公司	1999	赖碧辉	男	广东电白	共产党	工会主席	—
丰收公司	1999	李贺荣	男	广东化州	共产党	董事、副董事长	—
丰收公司	1999	张安华	男	广东潮阳	共产党	董事、副总经理	—
丰收公司	1999	邱荣其	男	广东信宜	共产党	董事、副总经理	—
丰收公司	1999	陈永光	男	广东雷州	共产党	董事、副总经理	—
丰收公司	1999	刘修连	男	江苏丰县	共产党	正处调研员	12月退休
丰收公司	2000	何时盛	男	广东雷州	共产党	董事长、党委书记	10月10日起任
丰收公司	2000	黄国涛	男	广东信宜	共产党	董事长、党委书记	10月10日调去农垦局
丰收公司	2000	邱荣其	男	广东信宜	共产党	副董事长、总经理	3月22日起任
丰收公司	2000	赖碧辉	男	广东电白	共产党	工会主席	—
丰收公司	2000	李贺荣	男	广东化州	共产党	副总经理	—
丰收公司	2000	黄海	男	广东阳春	共产党	副总经理	—
丰收公司	2000	刘培林	男	广西陆川	共产党	副总经理	—
丰收公司	2000	陈剑豪	男	广东台山	共产党	副总经理	—
丰收公司	2001	何时盛	男	广东雷州	共产党	董事长、党委书记	—
丰收公司	2001	邱荣其	男	广东信宜	共产党	总经理	—
丰收公司	2001	马金来	男	山东泰安	共产党	党委副书记、纪委书记	7月11日起任
丰收公司	2001	赖碧辉	男	广东电白	共产党	工会主席	—
丰收公司	2001	李贺荣	男	广东化州	共产党	董事、副总经理	—
丰收公司	2001	马德成	男	广东阳江	共产党	党委副书记、纪委书记	7月11日起任
丰收公司	2001	黄海	男	广东阳春	共产党	董事、副总经理	—

（续）

单位名称	时间	姓名	性别	籍贯	党派	职务	任职时间
丰收公司	2001	刘培林	男	广西陆川	共产党	董事、副总经理	7月11日起任
丰收公司	2001	陈剑豪	男	广东台山	共产党	董事、副总经理	—
丰收公司	2001	陈永光	男	广东雷州	共产党	董事、副总经理	7月11日调友好农场
丰收公司	2002	何时盛	男	广东雷州	共产党	董事长、党委书记	—
丰收公司	2002	马金来	男	山东泰安	共产党	党委副书记、纪委书记	—
丰收公司	2002	邱荣其	男	广东信宜	共产党	总经理	—
丰收公司	2002	李贺荣	男	广东化州	共产党	副总经理	—
丰收公司	2002	黄海	男	广东阳春	共产党	副总经理	—
丰收公司	2002	刘培林	男	广西陆川	共产党	副总经理	—
丰收公司	2002	陈剑豪	男	广东台山	共产党	常务副总经理	—
丰收公司	2002	赖碧辉	男	广东电白	共产党	工会主席	—
丰收公司	2002	韩广勇	男	湖南汉寿	共产党	副总经理	—
丰收公司	2003	黄国强	男	广东信宜	共产党	董事长、党委书记	11月10日起任
丰收公司	2003	何时盛	男	广东雷州	共产党	董事长、党委书记	11月10日起不再担任
丰收公司	2003	邱荣其	男	广东信宜	共产党	总经理	1月调出
丰收公司	2003	陈剑豪	男	广东台山	共产党	党委副书记、常务副总经理	—
丰收公司	2003	马金来	男	山东泰安	共产党	党委副书记、纪委书记	—
丰收公司	2003	陈永利	男	广东雷州	共产党	工会主席	1月2日
丰收公司	2003	赖碧辉	男	广东电白	共产党	工会主席	1月21日退养
丰收公司	2003	李贺荣	男	广东化州	共产党	副总经理	—
丰收公司	2003	刘培林	男	广西陆川	共产党	副总经理	—
丰收公司	2003	韩广勇	男	湖南汉寿	共产党	副总经理	3月7日
丰收公司	2003	黄海	男	广东阳春	共产党	副总经理	1月调出
丰收公司	2004	黄国强	男	广东信宜	共产党	董事长、党委书记	—
丰收公司	2004	陈剑豪	男	广东台山	共产党	党委副书记、常务副总经理	—
丰收公司	2004	马金来	男	山东泰安	共产党	党委副书记、纪委书记	—
丰收公司	2004	陈永利	男	广东雷州	共产党	工会主席	—
丰收公司	2004	李贺荣	男	广东化州	共产党	副总经理	—
丰收公司	2004	刘培林	男	广西陆川	共产党	副总经理	—
丰收公司	2004	韩广勇	男	湖南汉寿	共产党	副总经理	—
丰收公司	2004	赖碧辉	男	广东电白	共产党	工会主席	3月8日退休
丰收公司	2005	黄国强	男	广东信宜	共产党	董事长、党委书记	—
丰收公司	2005	陈剑豪	男	广东台山	共产党	党委副书记、常务副总经理	—
丰收公司	2005	马金来	男	山东泰安	共产党	党委副书记、纪委书记	—
丰收公司	2005	陈永利	男	广东雷州	共产党	工会主席	—
丰收公司	2005	李贺荣	男	广东化州	共产党	副总经理	—
丰收公司	2005	刘培林	男	广西陆川	共产党	副总经理	—
丰收公司	2005	韩广勇	男	湖南汉寿	共产党	副总经理	—
丰收公司	2005	黄大功	男	广东徐闻	共产党	副总经理	9月20日

（续）

单位名称	时间	姓名	性别	籍贯	党派	职务	任职时间
丰收公司	2005	赖艳	男	广东信宜	共产党	副总经理	—
丰收公司	2006	黄国强	男	广东信宜	共产党	董事长、党委书记	—
丰收公司	2006	马金来	男	山东泰安	共产党	党委副书记、纪委书记	4月17日调火炬
丰收公司	2006	陈剑豪	男	广东台山	共产党	党委副书记、常务副总经理	—
丰收公司	2006	陈永利	男	广东雷州	共产党	工会主席	—
丰收公司	2006	刘培林	男	广西陆川	共产党	副总经理	11月13日调金星
丰收公司	2006	韩广勇	男	湖南汉寿	共产党	副总经理	—
丰收公司	2006	黄大功	男	广东徐闻	共产党	副总经理	—
丰收公司	2006	赖艳	男	广东信宜	共产党	副总经理	—
丰收公司	2007	黄国强	男	广东信宜	共产党	董事长、党委书记	8月16日到局任职
丰收公司	2007	陈剑豪	男	广东台山	共产党	党委副书记、常务副总经理	—
丰收公司	2007	陈永利	男	广东雷州	共产党	工会主席	7月5日退休，返聘至8月
丰收公司	2007	韩广勇	男	湖南汉寿	共产党	副总经理	—
丰收公司	2007	黄大功	男	广东徐闻	共产党	副总经理	—
丰收公司	2007	赖艳	男	广东信宜	共产党	副总经理	—
丰收公司	2007	郑伟基	男	广东吴川	共产党	副总经理	6月27日
丰收公司	2007	蔡国明	男	广东电白	共产党	纪委书记	6月27日
丰收公司	2007	郭小林	男	广东开平	共产党	工会主席	12月31日
丰收公司	2008	黄国强	男	广东信宜	共产党	董事长	5月22日
丰收公司	2008	马金来	男	山东泰安	共产党	副董事长、党委书记	5月22日
丰收公司	2008	卢东绪	男	广东高州	共产党	总经理、党委副书记	5月22日
丰收公司	2008	郭小林	男	广东开平	共产党	工会主席	—
丰收公司	2008	蔡国明	男	广东电白	共产党	纪委书记	
丰收公司	2008	陈剑豪	男	广东台山	共产党	党委副书记、常务副总经理	2008年5月调广垦
丰收公司	2008	韩广勇	男	湖南汉寿	共产党	副总经理	—
丰收公司	2008	黄大功	男	广东徐闻	共产党	副总经理	—
丰收公司	2008	赖艳	男	广东信宜	共产党	副总经理	
丰收公司	2008	郑伟基	男	广东吴川	共产党	副总经理	—
丰收公司	2009	黄国强	男	广东信宜	共产党	董事长	9月10日起不兼任董事长
丰收公司	2009	马金来	男	山东泰安	共产党	副董事长、党委书记	—
丰收公司	2009	卢东绪	男	广东高州	共产党	总经理、党委副书记	9月10日起任董事长
丰收公司	2009	郭小林	男	广东开平	共产党	工会主席	—
丰收公司	2009	蔡国明	男	广东电白	共产党	纪委书记	
丰收公司	2009	韩广勇	男	湖南汉寿	共产党	副总经理	
丰收公司	2009	黄大功	男	广东徐闻	共产党	副总经理	
丰收公司	2009	赖艳	男	广东信宜	共产党	副总经理	

单位名称	时间	姓名	性别	籍贯	党派	职务	任职时间
丰收公司	2009	郑伟基	男	广东吴川	共产党	副总经理	—
丰收公司	2010	卢东绪	男	广东高州	共产党	董事长、总经理、党委副书记	—
丰收公司	2010	马金来	男	山东泰安	共产党	党委书记、副董事长	—
丰收公司	2010	郭小林	男	广东开平	共产党	工会主席	—
丰收公司	2010	蔡国明	男	广东电白	共产党	纪委书记、党委副书记	—
丰收公司	2010	韩广勇	男	湖南汉寿	共产党	副总经理	11 月 10 日调广前
丰收公司	2010	黄大功	男	广东徐闻	共产党	副总经理	—
丰收公司	2010	赖艳	男	广东信宜	共产党	副总经理	5 月 20 日调金丰
丰收公司	2010	郑伟基	男	广东吴川	共产党	副总经理	—
丰收公司	2011	卢东绪	男	广东高州	共产党	董事长、总经理、党委副书记	4 月 29 日任正处级调研员，9 月 30 日退休
丰收公司	2011	马金来	男	山东泰安	共产党	党委书记、副董事长	—
丰收公司	2011	郭小林	男	广东开平	共产党	工会主席	—
丰收公司	2011	蔡国明	男	广东电白	共产党	纪委书记、党委副书记	—
丰收公司	2011	黄大功	男	广东徐闻	共产党	副总经理	4 月 29 日调出
丰收公司	2011	郑伟基	男	广东吴川	共产党	副总经理	11 月 28 日调一厂
丰收公司	2011	万发	男	广东廉江	共产党	董事长、总经理、党委副书记	4 月 29 日
丰收公司	2011	罗成武	男	广东雷州	共产党	副总经理	4 月 29 日
丰收公司	2011	何宏胜	男	广东雷州	共产党	副总经理	4 月 29 日
丰收公司	2011	林小松	男	福建龙海	共产党	副总经理	—
丰收公司	2012	万发	男	广东廉江	共产党	董事长、总经理、党委副书记	—
丰收公司	2012	马金来	男	山东泰安	共产党	党委书记、副董事长	10 月 25 日调局工会
丰收公司	2012	郭小林	男	广东开平	共产党	工会主席	—
丰收公司	2012	蔡国明	男	广东电白	共产党	纪委书记、党委副书记	—
丰收公司	2012	罗成武	男	广东雷州	共产党	副总经理	—
丰收公司	2012	何宏胜	男	广东雷州	共产党	副总经理	—
丰收公司	2012	林小松	男	福建龙海	共产党	副总经理	—
丰收公司	2012	吴登孟	男	广东雷州	共产党	党委书记、副董事长	10 月 15 日
丰收公司	2013	万发	男	广东廉江	共产党	董事长、总经理、党委副书记	—
丰收公司	2013	吴登孟	男	广东雷州	共产党	党委书记、副董事长	—
丰收公司	2013	郭小林	男	广东开平	共产党	工会主席	—
丰收公司	2013	蔡国明	男	广东电白	共产党	纪委书记、党委副书记	—
丰收公司	2013	罗成武	男	广东雷州	共产党	副总经理	—
丰收公司	2013	何宏胜	男	广东雷州	共产党	副总经理	—
丰收公司	2013	林小松	男	福建龙海	共产党	副总经理	9 月 1 日外派广垦橡胶（泰国）
丰收公司	2013	陈东荣	男	广西北流	共产党	副总经理	12 月 19 日
丰收公司	2014	万发	男	广东廉江	共产党	董事长、总经理、党委副书记	11 月 18 日调出
丰收公司	2014	吴登孟	男	广东雷州	共产党	党委书记、副董事长	—
丰收公司	2014	蔡国明	男	广东电白	共产党	纪委书记、党委副书记	

（续）

单位名称	时间	姓名	性别	籍贯	党派	职务	任职时间
丰收公司	2014	郭小林	男	广东开平	共产党	工会主席	—
丰收公司	2014	罗成武	男	广东雷州	共产党	副总经理	—
丰收公司	2014	何宏胜	男	广东雷州	共产党	副总经理	—
丰收公司	2014	陈东荣	男	广西北流	共产党	副总经理	—
丰收公司	2014	陈植基	男	广东信宜	共产党	董事长、总经理、党委副书记	11月18日
丰收公司	2015	陈植基	男	广东信宜	共产党	董事长、总经理、党委副书记	—
丰收公司	2015	吴登孟	男	广东雷州	共产党	党委书记、副董事长	
丰收公司	2015	蔡国明	男	广东电白	共产党	纪委书记、党委副书记	7月20日调广前
丰收公司	2015	郭小林	男	广东开平	共产党	工会主席	7月14日借调广垦米业
丰收公司	2015	罗成武	男	广东雷州	共产党	副总经理	—
丰收公司	2015	何宏胜	男	广东雷州	共产党	副总经理	—
丰收公司	2015	陈东荣	男	广西北流	共产党	副总经理	—
丰收公司	2016	陈植基	男	广东信宜	共产党	董事长、总经理、党委副书记	—
丰收公司	2016	吴登孟	男	广东雷州	共产党	党委书记、副董事长、社区管理委员会主任	12月20日调广前
丰收公司	2016	罗成武	男	广东雷州	共产党	董事、副总经理	—
丰收公司	2016	陈东荣	男	广西北流	共产党	董事、副总经理	7月1日调出
丰收公司	2016	何宏胜	男	广东雷州	共产党	董事、副总经理	4月15日调广前
丰收公司	2016	蔡泽华	男	广东遂溪	共产党	董事、副总经理	2016年1月
丰收公司	2016	彭达皓	男	广东廉江	共产党	工会主席	2016年1月
丰收公司	2016	郭小林	男	广东开平	共产党	董事、副总经理	4月15日调回
丰收公司	2016	陈冠	男	广东雷州	共产党	纪委书记	9月21日
丰收公司	2016	杨锐锋	男	广东信宜	共产党	董事、副总经理	11月8日
丰收公司	2016	林国坚	男	广东廉江	共产党	党委书记、副董事长、社区管理委员会主任	12月20日
丰收公司	2017	黄付	男	四川仁寿	共产党	董事长、总经理、党委副书记	2月22日
丰收公司	2017	林国坚	男	广东廉江	共产党	党委书记、副董事长、社区管理委员会主任	—
丰收公司	2017	杨锐锋	男	广东信宜	共产党	董事、副总经理	
丰收公司	2017	罗成武	男	广东雷州	共产党	董事、副总经理、社区管理委员会副主任	
丰收公司	2017	郭小林	男	广东开平	共产党	董事、副总经理	
丰收公司	2017	蔡泽华	男	广东遂溪	共产党	董事、副总经理	
丰收公司	2017	彭达皓	男	广东廉江	共产党	工会主席、纪委书记、社区管理委员会副主任	—
丰收公司	2017	陈冠	男	广东雷州	共产党	董事、副总经理	5月22日起任、11月10日调出
丰收公司	2018	黄付	男	四川仁寿	共产党	董事长、总经理、党委副书记	6月29日任广垦糖业集团党委副书记、副总经理

（续）

单位名称	时间	姓名	性别	籍贯	党派	职务	任职时间
丰收公司	2018	林国坚	男	广东廉江	共产党	党委书记、副董事长	6月29日任广垦糖业集团党委副书记、副总经理，10月退休
丰收公司	2018	杨锐锋	男	广东信宜	共产党	副总经理	—
丰收公司	2018	罗成武	男	广东雷州	共产党	副总经理	1月24日调湖光农场
丰收公司	2018	郭小林	男	广东开平	共产党	副总经理	—
丰收公司	2018	蔡泽华	男	广东遂溪	共产党	副总经理	1月24日调南华农场
丰收公司	2018	彭达皓	男	广东廉江	共产党	工会主席、纪委书记	—
丰收公司	2019	黄付	男	四川仁寿	共产党	董事长、总经理、党委副书记	广垦糖业集团党委副书记、副总经理
丰收公司	2019	杨荣	男	广东信宜	共产党	副总经理	3月15日任正职
丰收公司	2019	全由章	男	广东湛江	共产党	副总经理	—
丰收公司	2019	郭小林	男	广东开平	共产党	副总经理	—
丰收公司	2019	彭达皓	男	广东廉江	共产党	工会主席、纪委书记	—
丰收公司	2019	林春松	男	广东汕头	共产党	副总经理	7月31日起
丰收公司	2019	麦永强	男	广东雷州	共产党	副总经理	7月31日起
丰收公司	2020	杨荣	男	广东信宜	共产党	党委书记、董事长	—
丰收公司	2020	全由章	男	广东湛江	共产党	党委副书记、总经理	—
丰收公司	2020	郭小林	男	广东开平	共产党	副总经理	2021年1月31日退休
丰收公司	2020	彭达皓	男	广东廉	共产党	工会主席、纪委书记	—
丰收公司	2020	林春松	男	广东汕头	共产党	副总经理	—
丰收公司	2020	麦永强	男	广东雷州	共产党	副总经理	—

广东省人大代表名录

丰收公司省人大代表名录见下表。

附表2　丰收公司省人大代表名录

姓名	性别	单位	年度	大会名称
杨海	男	收获农业分公司滨河队	1998	广东省第九届人民代表大会
何时盛	男	广东省丰收糖业发展有限公司	2003	广东省第十届人民代表大会

全国先进人物名录

附表3 全国先进人物名录

姓名	性别	单位	荣誉称号	时间（年）	授奖单位
温定清	男	南光农场	林业劳模奖章	1953	林业部
宋海保	男	南光农场	林业劳模奖章	1953	林业部
胡根德	男	南光修配厂	全国农垦先进生产（工作）者	1979	农业部
胡根德	男	南光修配厂	全国农垦先进生产（工作）者	1980	农业部
郑乃儒	男	收获中学	全国农垦系统先进教师	1982	农牧渔业部
刘新	男	南光农场	全国优秀工会积极分子	1983	全国总工会
赵仕安	男	收获农场胶厂	全国边陲优秀儿女挂奖章（银质奖）	1985	祖国为边陲优秀儿女挂奖章评选指导委员会（《中国青年》《解放军生活》杂志会同边疆12家青年报刊联合发起）
郑莲花	女	收获中学	全国农垦系统先进教师	1985	农牧渔业部
杨海	男	收获滨河队	全国垦区青年经营管理能手	1991	中国共产主义青年团中央委员会
杨海	男	收获滨河队	全国农村青年星火带头人	1993	共青团中央委员会 中华人民共和国国家技术委员会
杨海	男	收获滨河队	全国优秀生产能手	1993	全国总工会
杨海	男	收获滨河队	五一劳动奖章	1993	全国总工会
洪秀花	女	收获中学	全国优秀归侨、侨眷教师	1995	中华全国归国华侨联合会
杨海	男	收获滨河队	全国农垦系统职工自营经济先进个人	1996	农业部农垦局 中共农林全国委员会
林善寿	男	南光十四队	五一劳动奖章	2004	全国总工会
黄利芬	女	收获南茂队	全国五一巾帼标兵	2011	全国总工会
凌钦龙	男	甘蔗基地	全国糖业农务工作先进个人	2020	中国糖业协会

省部级先进人物名录

附表4 省部级先进人物名录

姓名	性别	单位	荣誉称号	时间（年）	授奖单位
温定清	男	南光农场	华南垦殖局一等功臣模范	1953	广东省人民政府
宋海保	男	南光农场	华南垦殖局一等功臣模范	1953	广东省人民政府
陈武二	男	南光农场	农业方面社会主义建设先进生产者	1963	广东省人民政府
陈锦奎	男	南光十七队	农业方面社会主义建设先进生产者	1963	广东省人民政府
黄集尤	男	收获农场	农业方面社会主义建设先进生产者	1963	广东省人民政府
黄富清	男	收获农场	农业方面社会主义建设先进生产者	1963	广东省人民政府

（续）

姓名	性别	单位	荣誉称号	时间（年）	授奖单位
苏宗兰	女	南光七队	劳动模范	1976	广东农垦总局
胡根德	男	南光修配厂	工业学大庆劳动模范	1977	广东省人民政府
黄运芳	男	南光农场	广东省劳动模范	1979	广东省人民政府
谭玉兰	女	收获东山队	广东省劳动模范	1979	广东省人民政府
郑丽珠	女	收获调风队	广东省劳动模范	1979	广东省人民政府
陈玉田	男	收获南田队	广东省劳动模范	1979	广东省人民政府
赖东喜	男	收获调风队	劳动模范	1979	广东省人民政府
赵仕安	男	收获农场	劳动模范	1982	广东省人民政府
赵仕安	男	收获农场	新长征突击手	1985	团省委
梁崇年	男	收获农场	广东省科技先进工作者	1986	广东省人民政府
杨海	男	收获滨河队	青年星火带头人	1992	共青团广东省委员会 广东省科学技术委员会
杨海	男	收获滨河队	先进生产（工作）者	1994	中共广东省委员会 广东省人民政府
黄国涛	男	收获农场	广东省创建文明单位积极分子	1995	中共广东省委员会 广东省人民政府
林善寿	男	南光十四队	先进生产（工作）者	2003	广东省人民政府
金希望	男	金希望	五一劳动奖章	2019	广东省总工会

湛江市五一劳动奖章获得者名录

附表 5　丰收公司获市五一劳动奖章名录

姓名	性别	单位	荣誉称号	时间（年）	授奖单位
卢厚春	男	南光六队、八队	五一劳动奖章	2010	湛江市总工会
金希望	男	收获滨河队	五一劳动奖章	2013	湛江市总工会

国务院特殊津贴人员名录

附表 6　建场以来获国务院政府特殊津贴人员名录

姓名	单位	性别	授奖事由	执行时间	说明
陈能智	丰收公司	男	为发展国家农业技术事业做出突出贡献	1997 年 3 月 20 日	获政府特殊津贴

离休干部名录

附表7　建场以来离休干部名录

序号	原单位	姓名	性别	籍贯	出生年月	参加革命工作时间	离休时间	离休前职务
1	南光农场	廖敬忠	男	广西贵县	1930.10	1949.06	1986.08	副场长
2	南光农场	潘经国	男	广西贵县	1927.10	1949.08	1987.03	计划科科长
3	南光农场	劳裕章	男	广西灵山	1933.04	1949.07	1993.01	安全员
4	收获农场	韩代光	男	海南文昌	1930.02	1945.06	1985.10	直属分场党总支书记
5	收获农场	李文	男	广东高要	1932.11	1949.05	1993.01	副场长
6	收获农场	覃代明	男	广西宜山	1930.02	1949.09	1990.04	工会主席
7	收获农场	李立喜	男	江苏建明	1932.01	1949.02	1992.03	机关党总支书记
8	调丰糖厂	叶继新	男	广东梅县	1933.08	1949.06	1994.06	党委书记
9	南光农场	宋海保	男	山西长治	1927.11	1945.07	1984.12	副场长
10	南光农场	刘国荣	男	广东台山	1925.02	1949.05	1984.12	副书记
11	南光农场	许凤志	男	辽宁岫名	1929.08	1948.01	1986.08	纪委副书记
12	南光农场	唐汇谱	男	湖南湟临	1929.03	1949.09	1987.03	科长
13	南光农场	宋贵州	男	辽宁盖县（今盖州市）	1930.07	1946.05	1987.06	党委书记
14	南光农场	周立天	男	广西桂平	1933.12	1949.08	1988.04	派出所所长
15	南光农场	陈道荣	男	广东雷州	1930.05	1949.06	1988.04	行政办副科长
16	南光农场	黄志远	男	广东龙川	1932.01	1949.07	1988.04	中学教师
17	南光农场	吴敔	男	河南唐河	1928.08	1949.01	1984.04	文教干事
18	南光农场	刘忠富	男	湖北枣阳	1931.07	1948.08	1987.03	供电所下放干部
19	南光农场	阳玉德	男	广西灵川	1927.06	1949.05	1986.03	胶厂党支书副科级
20	南光农场	向武鹏	男	湖南	1927.05	1947.09	1988.01	行政办副科级
21	南光农场	高全成	男	湖北洪山	1930.02	1948.04	1987.03	木工厂党支书副科级
22	南光农场	潘严然	男	广西贵县	1930.09	1949.01	1988.04	医院党支书副科级
23	收获农场	张殿卿	男	河南郏县	1924.12	1948.05	1986.04	医院院长
24	收获农场	段宝洲	男	河北玉田	1928.02	1949.02	1986.01	中学党支部书记
25	收获农场	李源和	男	广东遂溪	1931.01	1949.09	1994.02	场长
26	收获农场	同运河	男	河南唐河	1922	1948.01	1983.10	农田队副队长
27	收获农场	杨昌彩	男	广东徐闻	1927.11	1949.02	1988.03	直属分场党总支书记
28	收获农场	庞适予	男	广东徐闻	1928.07	1949.07	1986.02	行政办副主任
29	收获农场	程远相	男	河南社旗	1926.02	1949.03	1983.02	中学副校长
30	收获农场	陆景鹏	男	广西全州	1932.02	1949.09	1986.04	农科所党支部书记
31	收获农场	左炳毛	男	河南桐柏	1932.02	1949.04	1986.04	南田队队长
32	收获农场	叶月英	女	广东惠阳	1927	1949.07	1990.06	邮电员

（续）

序号	原单位	姓名	性别	籍贯	出生年月	参加革命工作时间	离休时间	离休前职务
33	收获农场	陈继贤	男	广东雷州	1922.07	1949.09	1980.10	商店副主任
34	收获农场	刘良汉	男	广东海丰	1925.10	1944.03	1981.06	副场长
35	收获农场	王恩惠	男	山西平顺	1929.06	1947.02	1986.10	场长
36	收获农场	吴世显	男	湖北枣阳	1932.05	1949.04	1987.04	西湖队队长
37	收获农场	吴海生	男	河南卢氏	1924	1948.10	1988.03	供销采购员
38	收获农场	莫运	男	广东徐闻	1928.10	1947.02	1986.04	商店副主任
39	收获农场	何文举	男	河南临汝	1927.11	1948.02	1983.07	服务队副队长
40	收获农场	周家舜	男	广东雷州	1924.04	1949.06	1984.04	建安公司科员
41	调丰糖厂	王福元	男	河南	1929.06	1949.06	1989.06	工会副主席
42	调丰糖厂	何兰梅	女	广东五华	1933.11	1949.06	1989.10	科员
43	调丰糖厂	廖谷	男	广东紫金	1928.01	1949.07	1989.05	主治医师

林二师人员名录

附表8　林二师人员名表

序号	原单位	姓名	性别	籍贯	出生年月	参加革命工作时间	原职务	备注
1	收获农场	戚安新	男	广西宜山	1934	1951.01	丰收队党支部书记	—
2	收获农场	黄力学	男	广西藤县	1933.01	1951.03	收胶厂党支部书记	—
3	收获农场	覃代明	男	广西宜山	1937.02	1949.09	工会主席	离休
4	收获农场	李立喜	男	江苏建湖	1932.01	1949.02	机关总支书记	离休
5	南光农场	夏国时	男	湖南桃江	1926.11	1951.05	商业公司商业员	—
6	南光农场	刘忠耀	男	广东兴宁	1933.12	1950.12	基建科科长	—
7	南光农场	廖敬忠	男	广西贵县	1930.10	1949.06	副场长	离休
8	南光农场	潘经国	男	广西贵县	1927.10	1949.08	机关科长	离休
9	南光农场	劳裕章	男	广西灵山	1933.04	1949.07	安全员	离休
10	收获农场	郑焕洲	男	河南桐柏	1935.11	1950.12	医院院长	2018.1医院与公司分立，移交医院管理
11	南光农场	梁振球	男	广西容县	1933.10	1950.08	医院主治医师	2018.1医院与公司分立，移交医院管理
12	南光农场	李英哲	男	湖南安化	1936.03	1936.03	中学一级老师	2018.8学校移交地方属地管理
13	调丰糖厂	张泽乾	男	湖南宁乡	1930.09	1950.10	纪委副书记	2017.09调丰分公司与丰收公司分立，移交调丰公司管理
14	调丰糖厂	韦玉贵	男	广西灵山	1933.12	1950.12	审计科科长	2017.09调丰分公司与丰收公司分立，移交调丰公司管理
15	收获农场	樊保玉	男	广西上林	1933.05	1950.01	场长	1984年调茂名市
16	收获农场	田忠志	男	河南唐河	1927.07	1948.12	三分场场长	1976年调幸福场
17	收获农场	蔡金栓	男	河南南阳	1933.10	1947.07	三分场党总支书记	1975年调金星场

（续）

序号	原单位	姓名	性别	籍贯	出生年月	参加革命工作时间	原职务	备注
18	收获农场	黄成林	男	江西临川	1931.05	1949.10	医院副院长	—
19	收获农场	覃友仁	男	广西宜山	1927.02	1954.10	工人	—
20	收获农场	谢文仪	男	河南唐河	1932	1947.11	英岭队工人	—
21	收获农场	马进德	男	河南唐河	1928.02	1953.04	农田队工人	—
22	收获农场	彭庭财	男	—	1927.05	1958.04	工人	—
23	收获农场	谭玉松	男	广西贵县	1929.12	1950.11	教育科科长	—
24	收获农场	徐为汉	男	广西玉林	1934	1951.7	修配厂厂长	—
25	收获农场	阳瑞峰	男	广西灵川	1932.07	1950.10	医院党支部书记	—
26	收获农场	邱光标	男	广西宜山	1933.11	1951.02	商贸公司经理	—
27	收获农场	韦国勇	男	广西宜山	1933.10	1951.01	办公室主任	—
28	收获农场	蓝升平	男	广西宜山	1932.11	1951.02	计划科科长	—
29	收获农场	向益荣	男	广西桂林	1932.12	1950.09	宣传科副科长	—
30	收获农场	符开熙	男	海南定安	1932.01	1951.07	机运科副科长	—
31	收获农场	段宝洲	男	河北玉田	1928.02	1949.02	中学党支书	离休
32	收获农场	同运河	男	河南唐河	1922.01	1948.01	农田队副队长	离休
33	收获农场	左炳毛	男	河南桐柏	1932.02	1949.04	南田队队长	离休
34	收获农场	陆景鹏	男	广西全洲	1932.02	1949.09	农科所党支部书记	离休
35	收获农场	张殿卿	男	河南郏县	1924.12	1948.05	医院院长	离休
36	收获农场	程远相	男	河南社旗	1926.02	1949.03	中学副校长	离休
37	南光农场	玉燕怀	男	广西河池	1934.12	1951.01	工业公司经理	—
38	南光农场	潘灿荣	男	广西桂平	1931.11	1950.03	经管办主任	—
39	南光农场	王卓柱	男	广西桂平	1930.12	1951.02	供销科科长	—
40	南光农场	曾宗辉	男	广西玉林	1932.02	1950.12	工程队党支书	—
41	南光农场	唐若桂	男	—	1929	1951.01	工人	—
42	南光农场	莫维广	男	广西玉林	1931.01	1931.01	机关第五党支部书记	—
43	南光农场	甘志卓	男	广西玉林	1928.12	1950.12	汽车队工人	—
44	南光农场	刘子新	男	—	1922.05	1950.01	工人	—
45	南光农场	宋海保	男	山西长治	1927.11	1945.07	副场长	离休
46	南光农场	许凤志	男	辽宁岫名	1929.08	1948.01	纪委副书记	离休
47	南光农场	刘国荣	男	广东台山	1925.02	1949.05	党委副书记	离休
48	南光农场	宋贵洲	男	辽宁盖县	1930.07	1946.05	党委书记	离休
49	南光农场	周立天	男	广西桂平	1933.12	1949.08	派出所所长	离休
50	调丰糖厂	吴安奎	男	广西灵山	1929.01	1951.01	机修车间党支书	—
51	调丰糖厂	欧明珍	男	广西玉林	1930.11	1950.11	经营办	—
52	调丰糖厂	吴余庆	男	广东新会	1935.04	1951.07	糖仓保管员	—

（续）

序号	原单位	姓名	性别	籍贯	出生年月	参加革命工作时间	原职务	备注
53	调丰糖厂	王福元	男	河南	1929.06	1949.03	工会副主席	离休
54	调丰糖厂	廖谷	男	广东紫金	1928.01	1949.07	主治医师	离休

省部级先进单位名录

建场以来获省（部）级先进单位称号名录见下表。

附表9　获省（部）级先进单位称号名录

单位	荣誉称号	获奖年份	授奖单位
广东省国营调丰糖厂	国营调丰糖厂1988年度创利税598.8万元，为国家做出了贡献。特发此状	1989	中华人民共和国农业部农垦局
广东省国营南光农场	广东省纪检系统先进纪检组织	1990	中共广东省纪律检查委员会
广东省国营南光农场	"学雷锋、树新风"活动先进集体	1990	共青团广东省委员会
广东省国营调丰糖厂	在一九九三年农业部直属企业清产核资试点工作中，被评为先进单位，特发此状，以资鼓励	1993	农业部清产核资领导小组办公室
广东省国营调丰糖厂	1994年度广东省大中型工业企业综合经济效益排名中进入200强行列	1995	广东省统计局
广东省国营调丰糖厂	1994/1995榨季峰泉牌一级白砂糖经全国甘蔗质量监督检验，获《产品质量优良》	1995	中国轻工总会甘蔗糖业质量监督检测中心
广东省国营调丰糖厂	1994年度全国农垦工业利税百强企业	1995	农业部农垦局
广东省丰收糖业发展有限公司调丰制糖工业分公司	峰泉牌一级白砂糖经1995/1996榨季全国甘蔗糖质量监督检验，荣获《产品质量优良》	1996	中国轻工总会甘蔗糖业质量监督检测中心
广东省丰收糖业发展有限公司	广东省文明单位	1996	中共广东省委 广东省人民政府
广东省丰收糖业发展有限公司工会	五一劳动奖状	1997	广东省总工会
广东省丰收糖业发展有限公司	1994年至1996年度模范纳税户	1997	广东省税务局
广东省丰收糖业发展有限公司调丰制糖工业分公司	峰泉牌一级白砂糖经1996/1997榨季全国甘蔗糖质量监督检验，荣获《产品质量优良》	1997	中国轻工总会甘蔗糖业质量监督检测中心
广东省丰收糖业发展有限公司	广东省先进集体	1997	中共广东省委 广东省人民政府
广东省丰收糖业发展有限公司	广东省文明单位	1997	中共广东省委 广东省人民政府
广东省丰收糖业发展有限公司调丰制糖工业分公司	"八五"广东省轻纺工业重教企业	1997	广东省轻纺工业厅
广东省丰收糖业发展有限公司	1997年度模范纳税户	1998	广东省税务局

（续）

单位	荣誉称号	获奖年份	授奖单位
广东省丰收糖业发展有限公司调丰制糖工业分公司	"峰泉"牌一级白砂糖荣获产品质量优秀奖	1998	中国轻工总会甘蔗糖业质量监督检测中心
广东省丰收糖业发展有限公司	荣获：广东省丰收糖业发展有限公司为本行：一九九九年度，黄金客户	1999	中国农业银行广东省分行
广东省收获罐头食品有限公司	省级先进企业	1999	广东省加强企业管理领导小组
广东省丰收糖业发展有限公司	模范职工之家	2000	中华全国总工会
广东省丰收糖业发展有限公司	广东省龙头企业	2001	广东省人民政府
广东省丰收糖业发展有限公司	荣获：广东省丰收糖业发展有限公司为本行：二〇〇一年度，黄金客户	2001	中国农业银行广东省分行
广东省丰收糖业发展有限公司	全国农垦系统扭亏增盈先进单位	2001	中华人民共和国农业部
广东省丰收糖业发展有限公司	先进基层党组织	2001	中共广东省委
广东省丰收糖业发展有限公司	广东省文明单位称号	2001	中共广东省委中共广东省人民政府
广东省丰收糖业发展有限公司	广东省生态示范场	2001	广东省环境保护局
广东省丰收糖业发展有限公司	荣获：广东省丰收糖业发展有限公司为本行：二〇〇二年度，黄金客户	2002	中国农业银行广东省分行
广东省丰收糖业发展有限公司	广东省质量效益先进企业	2002	广东质量协会
广东省丰收糖业发展有限公司	南亚热带作物名优基地（菠萝）	2002	中华人民共和国农业部
广东省丰收糖业发展有限公司	广东省厂务公开工作：先进单位	2002	广东省厂务协调小组
广东省丰收糖业发展有限公司	农业产业化国家重点龙头企业（有效期：2002—2004）	2002	中华人民共和国农业部国家发展和改革委员会中华人民共和国财政部中华人民共和国商务部中国人民银行中华人民共和国国家税务总局中国证券监督管理委员会中华全国供销合作总社联合会
广东省丰收糖业发展有限公司	广东省质量效益型先进企业	2003	广东省质量协会
广东省丰收糖业发展有限公司	全国"安廉杯"竞赛广东赛区：优胜企业	2003	广东省总工会广东省安全生产监督管理局
广东省丰收糖业发展有限公司	第八届广东省职工职业道德建设先进单位	2003	广东省总工会广东省职业道德建设领导小组
广东省丰收糖业发展有限公司调丰制糖工业分公司	2002/2003年榨季生产的峰泉牌一级白砂糖，经全国甘蔗糖质量监督检验评分，荣获产品质量优秀奖	2003	国家轻工业甘蔗糖业质量监督检测中心
广东省丰收糖业发展有限公司调丰制糖工业分公司	"峰泉牌"一级白砂糖连续三年质量名列前茅	2003	国家轻工业甘蔗糖业质量监督检测中心
广东省丰收糖业发展有限公司	广东省质量效益型先进企业	2003	广东省质量协会
广东省丰收糖业发展有限公司	文明单位	2003	中共广东省委广东省人民政府
广东省丰收糖业发展有限公司	示范产品"菠萝"，15000公顷	2004	中华人民共和国农业部
广东省丰收糖业发展有限公司工会女工委员会	在工会女职工工作和三文明建设中做出显著成绩，被评为全国农林水利系统工会先进集体	2004	中国农林水利工会全国委员会

（续）

单位	荣誉称号	获奖年份	授奖单位
广东省丰收糖业发展有限公司	全国"安康杯"竞赛广东省优胜企业	2004	广东省总工会 广东省安全生产监督管理局
广东省丰收糖业发展有限公司	广东省优秀农业龙头企业	2004	广东省人民政府
广东省丰收糖业发展有限公司	无公害农产品示范基地农场（有效期：2004.11—2007.11）	2004	中华人民共和国农业部
广东省丰收糖业发展有限公司	广东省模范职工之家	2004	广东总工会
广东省丰收糖业发展有限公司	广东省星火技术产业带建设示范单位	2004	广东省科学技术厅
广东省丰收糖业发展有限公司	无公害产品产地认证书（有效期：2005.01—2008.01）	2005	广东省农业厅
广东省丰收糖业发展有限公司	农业产业化国家重点龙头企业（有效期：2005.01—2006.12）	2005	中华人民共和国农业部 国家发展和改革委员会 中华人民共和国财政部 中华人民共和国商务部 中国人民银行 中华人民共和国国家税务总局 中国证券监督管理委员会 中华全国供销合作总社联合会
广东省丰收糖业发展有限公司	第三届《全国诚信单位光荣榜》上榜单位	2005	人民日报社新闻信息中心 《全国诚信单位光荣榜》活动办公室
广东省丰收糖业发展有限公司	模范职工之家	2005	中华全国总工会
广东省丰收糖业发展有限公司	全国"安康杯"竞赛广东省优胜企业	2005	广东省总工会 广东省安全生产监督管理局
广东省丰收糖业发展有限公司	农产品加工企业技术创新机构	2005	中华人民共和国农业部
广东省丰收糖业发展有限公司	广东省模范职工小家	2006	广东省总工会
广东省丰收糖业发展有限公司	农业部南亚热带作物名优基地（菠萝生产基地）	2006	中华人民共和国农业部
广东省丰收糖业发展有限公司	广东省丰收糖业发展有限公司，在2005年度全国"安康杯"竞赛活动中荣获广东省优胜企业	2006	广东省总工会 广东省安全生产监督管理局
广东省丰收糖业发展有限公司	广东省农业产业化工作先进集体	2006	广东省人民政府
广东省丰收糖业发展有限公司	2006年度广东省工会女职工工作先进集体	2006	广东总工会女职工委员会
广东省丰收糖业发展有限公司	热区农业科技示范基地（甘蔗、菠萝）	2006	中国热带作物学会
广东省丰收糖业发展有限公司	审定为农业产业化国家重点龙头企业（有效期：2007—2008）	2007	中华人民共和国农业部 国家发展和改革委员会 中华人民共和国财政部 中华人民共和国商务部 中国人民银行 中华人民共和国国家税务总局 中国证券监督管理委员会 中华全国供销合作总社联合会

（续）

单位	荣誉称号	获奖年份	授奖单位
广东省丰收糖业发展有限公司	全国"安康杯"竞赛广东省优胜企业	2007	广东省总工会 广东省安全生产监督管理局
广东省丰收糖业发展有限公司	全国农垦现代农业示范区	2007	中华人民共和国农业部
广东省丰收糖业发展有限公司	广东省诚信示范企业	2007	广东省企业联合会 广东省企业家协会
广东省丰收糖业发展有限公司	广东省五一劳动奖状	2008	广东省总工会
广东省丰收糖业发展有限公司制糖分公司制炼车间	在2007年度全国"安康杯"竞赛活动中荣获优胜班组	2008	中华全国总工会 国家安全生产监督管理总局
广东省丰收糖业发展有限公司	2007年度广东省企业联合会、广东省企业家协会优秀会员企业称号	2008	广东省企业联合会 广东省企业家协会
广东省丰收糖业发展有限公司工会农田队分公会	全国模范职工小家称号	2008	中华全国总工会
广东省丰收糖业发展有限公司	诚信守约会员单位	2008	广东省企业联合会 广东省企业家协会
广东省丰收糖业发展有限公司	劳动奖状	2008	中国农林水利工会全国委员会
广东省丰收糖业发展有限公司	授予广东省丰收糖业发展有限公司，广东省"五一劳动奖状"	2008	广东省总工会
广东省丰收糖业发展有限公司	授予广东省丰收糖业发展有限公司，被授予全国农林水利户行业劳动奖励	2008	中国农林水利工会全国委员会
广东省丰收糖业发展有限公司	农业产业化国家重点龙头企业（有效期：2009.01—2009.12）	2008	中华人民共和国农业部 国家发展和改革委员会 中华人民共和国财政部 中华人民共和国商务部 中国人民银行 中华人民共和国国家税务总局 中国证券监督管理委员会 中华全国供销合作总社联合会
广东省丰收糖业发展有限公司	在2007年度全国"安康杯"竞赛活动中荣获优胜企业	2008	广东省总工会 广东省安全生产监督管理局
广东省丰收糖业发展有限公司	环保公益宣传奖	2008	广东省环保宣传教育中心
广东省丰收糖业发展有限公司	无公害农产品证书（收获24个队南光19个队的菠萝）（有效期2008—2011）	2008	农业部产品质量安全中心
广东省丰收糖业发展有限公司	归侨普查工作先进单位	2008	广东省人民政府侨务办公室
广东省丰收糖业发展有限公司工会女职工委员会	被评为2008年度广东省工会女职工组织推进女职工权益专项集体合同工作三等奖	2008	广东省工会女职工委员会
广东省丰收糖业发展有限公司工会女职工委员会	被评为2008年度广东省工会女职工组织实施女职工"两项工程"工作先进集体	2008	广东省工会女职工委员会
广东省收获罐头食品有限公司	农业部农垦产品追溯创建单位	2008	农业部
广东省丰收糖业发展有限公司调丰制糖工业分公司	广东省清洁生产企业	2008	广东省经济贸易委员会 广东省科学技术厅

（续）

单位	荣誉称号	获奖年份	授奖单位
广东省丰收糖业发展有限公司	广东省国有"四好"领导班子创建活动先进单位	2009	中共广东省委组织部 中共广东省人民政府国有资产监督管理委员会
广东省丰收糖业发展有限公司	2010－2012年度广东省直通车服务重点企业	2009	广东省人民政府
广东省丰收糖业发展有限公司	农业部热作标准化生产示范园	2010	中华人民共和国农业部
广东省丰收糖业发展有限公司	农业产业化国家重点龙头企业（有效期：2010.01—2012.06）	2010	中华人民共和国农业部 国家发展和改革委员会 中华人民共和国财政部 中华人民共和国商务部 中国人民银行 中华人民共和国国家税务总局 中国证券监督管理委员会 中华全国供销合作总社联合会
广东省丰收糖业发展有限公司	"广东农垦丰收菠萝标准化生产示范园"，被认定为农业部第一批热作标准化生产示范园	2010	中华人民共和国农业部办公厅
广东省丰收糖业发展有限公司调丰制糖工业分公司	广东省节能先进单位	2010	广东省人民政府
广东省丰收糖业发展有限公司	2010年度广东省诚信示范企业	2011	广东省企业联合会 广东省企业家协会
广东省丰收糖业发展有限公司	全国农业标准化示范县（农场）示范产品：菠萝	2011	中华人民共和国农业部
广东省丰收糖业发展有限公司	广东省诚信守法示范企业	2013	广东省司法厅 广东省普法办公室 中共广东省委宣传部 广东省地方税务局 广东省质量技术监督局 广东省税务局 广东省工商业联合会 广东省私营企业协会 广东省总工会
广东省丰收糖业发展有限公司	审定为农业产业化国家重点龙头企业（有效期：2013—2014）	2013	中华人民共和国农业部 国家发展和改革委员会 中华人民共和国财政部 中华人民共和国商务部 中国人民银行 中华人民共和国国家税务总局 中国证券监督管理委员会 中华全国供销合作总社联合会
广东省丰收糖业发展有限公司	审定为农业产业化国家重点龙头企业（有效期：2014—2016.12）	2014	中华人民共和国农业部 国家发展和改革委员会 中华人民共和国财政部 中华人民共和国商务部 中国人民银行 中华人民共和国国家税务总局 中国证券监督管理委员会 中华全国供销合作总社联合会

（续）

单位	荣誉称号	获奖年份	授奖单位
广东省丰收糖业发展有限公司	审定为农业产业化国家重点龙头企业（有效期：2016.12—2018.12）	2016	中华人民共和国农业部 国家发展和改革委员会 中华人民共和国财政部 中华人民共和国商务部 中国人民银行 中华人民共和国国家税务总局 中国证券监督管理委员会 中华全国供销合作总社联合会
广东省丰收糖业发展有限公司	广东省重点农业龙头企业	2019	广东省农业农村厅
广东省丰收糖业发展有限公司甘蔗基地南光管理区	全国糖业先进班组	2020	中国糖业协会

广东省国营收获农场概况

广东省国营收获农场，创建于 1952 年 5 月，由 0211 垦殖场、0219 垦殖场、0220 垦殖场、0221 垦殖场、0222 垦殖场组成。1954 年，5 个垦殖场合并调整为那插、西湖、站堰 3 个垦殖场。1955 年 3 月，西湖、站堰垦殖场并入那插垦殖场，7 月，经农林部批准，那插垦殖场命名为国营收获垦殖场，1956 年 7 月，农垦部将国营收获垦殖场更名为国营收获农场。

1969 年 4 月农场体制改变，组建中国人民解放军广州军区生产建设兵团，收获农场被编为兵团第七师第七团，1974 年 10 月撤销兵团，恢复农垦体制，这时国营农场下放到省管理，收获农场全称为"广东省国营收获农场"。1995 年 12 月 28 日，国营收获农场与国营调丰糖厂合并组建为广东省丰收糖业发展有限公司，撤销广东省国营收获农场，更名为广东省丰收糖业发展有限公司收获农业分公司。

收获农场位于湛江市雷州市东南部，雷州半岛南部偏东处，地处东经 110°10′19″—110°18′30″，北纬 20°11′19″—20°41′20″。场区土地范围东至调风镇官昌大队，南与勇士农场 20 队，西与金星农场 8 队，北与调风镇企树仔乡等接壤。全境东西极点相距 14 公里，南北极点间隔 16 公里。

场区土地地形缓坡平台，地势南高北低，最高处海拔 198 米，最低处海拔 40 米，坡度平均在 5 度左右，境内有那插、站堰两条小河，分别发源于徐闻、海康两县交界的石板、石卵二岭；分别从南入境，蜿蜒北上然后拐东出境入海。两河经农场之河段总长 30 公里，年平均流量分别为 0.54 米/秒和 1.93 米/秒。本场土壤八成以上系玄武岩厚有机质砖红壤，局部为同种赤泥壤。绝大部分土质黏重，土壤 pH 为 5.7，含有机质 3.26%、碱解氮 146ppm、全氮 0.13％、速效钾、磷分别为 42ppm、20ppm。建场初期，森林覆盖率不到 10％，曾划为小灌木草原地类型区。

境内冬季时而严寒，夏季时而酷暑，冬短夏长。年平均气温 22.8℃，极端最高气温 39.2℃，最低 −0.8℃。雨量充沛但欠均匀，年平均降雨量为 1659.3 毫米，每年 6 至 10 月总雨量占全年的 60％，常有春旱。每年在 2 月左右有 5～22 天、平均 13.9 天低温连阴雨过程，且偶有凝霜大寒潮。年平均蒸发量 1393.2 毫米，小于降雨量；年平均相对湿度 86.2％，室内较潮湿。夏秋常吹东南风，冬春多东北风，平均风速 2.1 米/秒；平均每年有 0.8 次 10 级以上台风过境和 73.8 个有雷日。按植胶条件划分，本场属于中寒重风生态类型区，适宜植树造林，发展甘蔗、菠萝、香茅等经济作物，本场自然条件可谓得天独厚。

农场场部设在场区中央稍偏东南的站堰河畔，是全场政治、经济、文化活动的中心。1956 年从安罗村迁址于此时，是一片丘陵，仅建有砖木结构平房舍 15 幢，办公室、商店、卫生所、饭堂各 1 幢，如今丘陵被削平，改、扩、新建楼房成群，绿树成荫，拥有为生产、建设、流通和职工生活服务等配套设施。1988 年，已获广东省政府批复，列为湛江市新开发 12 个重点工业卫星镇之一。1990 年 4 月，广东省邮电管理局批准海康县邮电局开办收获邮电代办所。10 月，安装共用天线电视系统。场与外地交通亦较便利，到海康县城经雷高区约 47 公里，经南渡大桥 61 公里；离湛江市区约 130 公里，往徐闻县城 45 公里，从过去的"晴雨公路"转变成四通八达的水泥公路。

1985 年 12 月 11 日，场开发公司（1986 年 3 月改为商业公司）加入湛江市（农垦）粤光旅游公司开设收获至湛江公交班车线路，每天一班次后（因经营不善等原因于 1986 年 6 月报停营业，亏损 7.22 万元）。之后，海康县汽车总站开设公交班车收获至海康线路，过去每天一班，1994 年，每小时一班；到 2017 年，每天每半小时一班，大大方便职工群众出行办事。随着改革开放不断深入，职工生活水平不断提高，私家小汽车逐渐增多，使雷州→收获、收获→雷州公交班车乘坐人数逐渐减少，班车班次也逐渐减少，有时，半天才一班。到 2020 年，雷州市汽车总站决定撤销雷州至收获公交班车。职工出入乘坐调风至雷州班车和乘坐新寮至湛江过路车。

截至 1995 年末，国营收获农场总人口 5038 人，在职职工 2196 人，离退休人员 1366 人，病退人员 27 人，土地总面积 11 万亩，土地利用 7 万亩。

建场最初几年，农场管理机构仅有统计、财供、政工、行政等几个组，1955 年开始改为若干个科、室。1974 年 10 月，下设三个农业分场和一个综合分场（习称直属分场）。一分场场部设在北河队，管辖滨河、北河、丰收、海滨、红忠、华建、南茂、九江等 8 个生产队；二分场场部设在南田队，管辖东海、东江、调风、南田、东山、新桥、英央、英岭等8个生产队；三分场场部设在新村队，管辖东湖、西湖、新湖、新村、园林、南峰、东风、农田等8个生产队；直属分场管辖胶厂、修配厂、砖厂、木工厂、粮油加工厂、汽车队、服务队、收获医院、科研所、第一中学、第二中学、第一小学、第二小学、幼儿园等14个企事业基层单位。1984年4月2日，在企业整顿当中，场机关党群行政科室由原来的18个减少到12个，新组建了7个公司（站），撤销了分场，各级行政干部由298人减为135个，减少54.7%。1988年共设22个科、室管理部门。1992年4月，场机构设置机关部门改为13个，机关管理人员由116人精简为88人（内含场领导），设岗71个。原全场管理人员273人减至248人，设岗121个。

一、橡胶

收获农场从建场初期的20世纪50年代到70年代，肩负着的主要任务是发展橡胶事业的使命。

收获农场从1952年开始种橡胶，经历了六个发展阶段。①1952—1954年为大发展阶段，定植橡胶42121亩、114.8万株。②1960—1961年为巩固发展阶段，种了6292亩、19.5万株。③1964—1967年为稳步发展阶段，定植19796亩、71.43万株。④1969—1972年为大力发展阶段，定植19441亩、58.55万株。⑤1980—1984年为调整、更新阶段，定植2146亩、9.09万株.至1984年底，累计定植橡胶88776亩、303.98万株。历次低温、台风等危害共损失减少56111亩、240.58万株，保留32665亩、63.4万株。经过产业结构调整到1987年末，实有保胶面积27048亩、48.08万株，是粤西垦区具有中等规模的橡胶场之一。

1952—1954年，收获农场橡胶种植面积4万多亩共115万株。1955年1月12日，一场罕见的寒流袭来（场区气温降至-0.8℃），改种甘蔗为主。办起了日榨量200吨的"庆丰糖厂"，发展畜牧业，搞粮、油、肉、菜自给，连续4年亏损直至1960年扭亏为盈。1962年，复以"橡胶为主、多种经营"为指导方针，出台《加强苗圃管理，巩固提高大田橡胶、大力造林、改造环境》方案，注意改良栽培技术，引进优良品种，建设"四化"（良种化、林网化、绿肥覆盖化、梯田化）橡胶园。

1964年6月，农场橡胶开始开割（1952年种植），全场有91亩橡胶共3000株橡胶实生树开割投产，全年总产干胶0.61吨，开始了收获农场割胶生产的历史。1967年12月份气温极值0.3℃，地表温度极值-1.2℃，造成全场冻死橡胶苗37万株，橡胶幼树4.4万株，损失24.3万元。1968年2月，气温降至3.2℃，全场共冻死橡胶苗圃幼苗168369

株、胡椒 125 亩，损失总金额为 118619 元。1969 年 4 月改制为生产建设兵团，生产上废弃香茅，大力发展橡胶。结果连续两年亏损 42 万元。

1970 年，全团大上橡胶，共定植了 14200 亩 42.6 万株，大田芽接树 PR107 改接国内品系 16 万株。1975 年 12 月，气温极值 −0.2℃，地表温度极值 −1℃，全场冻死橡胶幼树 4 万株、橡胶幼苗 9 万株。1977 年 5 月，橡胶开割采用"针刺割胶法"。并全场推广，针刺 40 万株，占当年开割树总数 88.9%。1979 年 4 月，全场橡胶恢复刀割。1980 年 7 月 22 日，第 7 号强台风夜间正面袭击收获农场，最大风力 12 级以上，橡胶断倒 60%，防护林断倒 30%。

1981 年，为调整生产结构和作物布局，淘汰了 3000 亩劣等橡胶，对保留橡胶实行"搬、并、补"，建立风寒保胶区；腾出土地发展甘蔗、香茅、菠萝共 3434 亩。

1987 年橡胶仅保留 2.7 万亩，经搬、并分布于避风寒之保胶小区内，林木保持 2.5 万亩，坚持砍伐多少复种多少。建场 42 年来，农场累计生产干胶 9485 吨。中共十一届三中全会以后，从实际出发，扬长避短，调整产业结构、作物布局，大面积淘汰了橡胶，调整为种植甘蔗和菠萝等作物。

1988—1994 年为逐年淘汰阶段，受多次台风影响，橡胶面积减少至 1994 年的 433.4 亩，1.5 万株，逐渐淘汰，腾出土地，种植菠萝和甘蔗，为收获菠萝罐头厂和调丰糠厂提供原料。1995 年，全部淘汰橡胶。

（一）橡胶育苗

1. 苗圃地的选择　要求土壤肥力中等以上；须低洼近水，以满足育苗供水之需；背风，以减轻常风（初为 3.3 米/秒）危害；位置与大田适中，便于运输。按此四点要求，1952 年秋，全场建立了西湖、九江、那插、站堰等 4 个大苗圃，面积 650 亩。1959 年以后，按任务的大小，以生产队为单位建立苗圃地。

2. 种子来源和运输　当初，本场所需橡胶种子，来自海南垦区老胶园，他们派人在胶树下日夜守候，等种子脱落一粒便拾起一粒。故垦区曾打一个口号："一粒橡胶种子犹如一两黄金；一棵橡胶幼苗是新中国一个儿童。"垦殖者们对种子十分珍惜，对幼苗格外疼爱，原那插场女工蔡梅珍，曾经一次暴雨中，舍身卧地，挡住洪水，保护胶苗免被冲走，在华南垦区传为佳话。种子在海南集中包装后，及时用飞机运来湛江，垦殖局统一派汽车运到各场，为了安全起见，运输车上派有战士武装押运，每辆车驾设两挺机枪保卫。种子运到农场后，经过技术人员分级，分发给育苗点，限期播下。特别是第一批种子，都是专人播种，专人培育。播种后，在苗圃周围及苗床行间搭设屏障以防风，也起防寒作用。

3. **育苗方法** 育苗主要为大田定植和补换植之需。1952 年秋,采用"篮播"和"地播"两种方法。篮播,是用由当地政府协助向农民征购用竹编织口径 15 厘米(底径稍小)、高 40 厘米的圆筒篮子盛满沃土和肥料,排列于苗圃苗床里,播种于篮中,覆盖 1 厘米土层进行培育。地播,是当竹篮供不应求时,把种子播在地畦上培育。地播播种后约 7 天即会发芽,继而抚育 7 天左右,幼芽开始现叶就可移植到芽床上培育。1952 年全场共播种子 17800 公斤,育成苗木 250 万株。1955 年大田橡胶遭受严重寒害,为巩固灾后复生的胶园,是年地播育苗 9.6 万株,供大田补换植之用。至此,累计播种 18000 多公斤育成苗木 259.6 万株,均系海南垦区老胶园提供的实生苗。

4. **苗圃芽接** 20 世纪 50 年代末,我国橡胶栽培史上出现了用芽接苗取代实生苗的飞跃。粤西农垦局指示,积极推广运用此一成果。1961 年春,本场培养了 13 名芽接技工,于当年 4 月赴海南西培农场,用该场的实生苗为砧木,就地引用 PR107、PB86 两个国外较优品系芽条,切其芽片进行芽接,得芽接苗桩 8 千株,运回本场建立增殖苗圃繁殖芽条。1962 年又从徐闻育种站引进 PRIM600、RR513、GT、CL、PB5/51、锦兴 10 号(今名海垦 1 号)等国内外几个高产抗逆品系。从 1964 年起,收获农场所种植的橡胶,均须经苗圃芽接后才上山定植,结束了用实生苗定植的历史。

经多年观察和比较,从 1970 年始,陆续淘汰了虽高产却不抗风耐寒的 RRIM600、RRIM513 和 CL 三个品系,新引进国内南华 1 号、深井 1 号、93-114、白南 28-32、南强 1-97 等 5 个品系;保留 PB86、PRI07 和海垦 1 号。根据各植胶林段的不同环境,有计划地选育优化苗木,或全苗、或苗桩乃至低切杆、高切杆。截至 1981 年,全场累计育成各品系橡胶芽接苗 658.63 万株,自给有余还支援兄弟农场。

(二) 橡胶定植

1. **宜林地选择** 1952 年开始大发展时,按华南垦殖局"先草原后森林"原则,选择并种上了 4 万多亩橡胶,1954 年橡胶遭受强台风袭击之后,上级提出"依山靠林"的植胶方针,即半岛的北部农场依山,南部的农场靠林。本场在转经济作物的同时,结合改造 1953 年、1954 两年已植的 3000 多亩大方格林带。营造较小方格的橡胶防护林(请参阅本章"林业"节)。为巩固发展橡胶创造条件。1964 年,初步形成林网的方格已有近万亩,其中已植胶 4000 余亩。此时选择植胶地的标准,除具有静风条件外,还要求坡向西南或东南,避免向北,以减少寒流侵袭。

2. **定植材料** 20 世纪 50 年代定植材料全部是篮播和地播的实生苗。从 60 年代开始,逐渐引进国外高产芽条自繁自育芽接苗。1960 年和 1961 年仍用实生苗定植,成活后从 1962 年始进行大田芽接。1964 年试行用全苗带母土定植。即选择第 3 蓬叶稳定后的芽接苗，剪去其 50％叶片，全苗带母土挖起，定于植穴，其成活与保存率均达 95％以上。但由于起苗、运输效率低，且其母土在定植后板结，影响生长，需破土追肥方能复壮，故未能推广。1965 年用低切杆芽接苗，即选择已木栓化的芽接苗，截留 40 厘米主杆起苗浆根后定植，成活亦高。唯长出的新芽高矮、方向不一，不易培育理想的主杆，故非不得已不取之。后以芽接苗桩为主作为定植材料，当其在苗圃萌芽 2～3 厘米即起苗浆根定植，成活率均在 92％～95％，且易于起苗、运输，能定向培育主杆，因之被广泛采用。1971 年，本场建立了高切杆苗圃，按 1.5 米×1.5 米的株行距密植芽接桩，培育 2～3 年或更长时间，使其长成幼树，然后截去大部分枝杈，移栽于大田。此种材料大多用于大田补换植。1980 年始，全用此种高切杆材料于大田定植，可提前 2～3 年投产开割。

3. **品系沿革**　收获农场 20 世纪 50 年代种下成龄的全为实生树。1961—1970 年，先后从海南西联农场、徐闻育种站等单位共引进 RR107、PB86、RRIIM600、GT、RRIM513 等 13 个品系，其中高产品系 5 个。1966 至 1967 年连续两年低温，橡胶受害较重。1969 年上级提出对口使用品系，本场首先淘汰了虽高产但抗性差的 RRIM600、RRIM513 和 CL 三个品系。兵团时期曾一度批判"崇洋媚外"，国外高产品系受到限制，种了一些国内低产品系。同时将一批 PR107、PB86 等即将开割的幼树也改接国内低产品系，1970 年改接 16 万株，1971 年改接 3 万株。因砧木树皮厚、芽片薄，大多不成活。1972 年始，不再使用国内低产品系，大比例保留和发展 GT、PR107、海垦 1、南华 1、南强 1-97 等 6 个品系。

4. **种植形式和密度**　收获农场是中寒重风植胶区。植胶形式和密度直接关系到风害程度和单位面积产量。20 世纪 50 年代是照搬国外的经验，认为"橡胶树是乔木，每亩只能种 25 株"。所以这个时期均按 5 米×5 米的株行距呈正方形每亩种 25 株。后发现其群体抗风力差，风害重，每亩保存正常树 16.7 株。1960 年改为 4.5×5 米呈长方形种植，每亩 30 株；1964 年进而复以正方形按 4.5×4.5 米株行距，加大密度，每亩种 33 株，同时据不同品系个体特征，有 6×3.5 米或 5×4 米等多种形式并用。80 年代以来，除顾及群体抗风作用外，还考虑植胶行间的充分利用。普遍采用宽行窄株的形式，亩植 40 株以上，本场 1980 年至 1987 年期间有 6 年共植胶 2178 亩、9.2 万株，平均每亩 42.24 株。

（三）抚育管理

1. **施肥**　中小幼树以液肥加氮（化肥）为主，每年 4～6 次，于除草后开环沟施入。为此从 1954 年起，每个植胶林段都建了肥池共 210 个，1962 年增至 600 个，1966 年增至 1623 个，胶园郁闭后及开割树以施堆厩肥混合氮磷钾化肥为主，并结合深翻改土、压青进行，每年 1～2 次，开沟或挖穴施入，依不同苗龄而为之。从 1955 年至 1986 年，累计对未开割树施有机肥 1215.67 万株，用肥 14352 吨，平均每年每株 30 公斤，其中 1964、1976 两年每株年施 50 公斤。化肥每株年施 0.5～1.25 公斤，依肥源和苗龄而定。

2. **水土保持**　1964 年全场推广北部农场建筑梯田和环山行的保水措施。当年完成 300 亩（含环山行），1967 年达到 3170 亩，1975 年增至 8500 亩，后经多次胶园调整，至 1986 年，保持 720 亩。发展覆盖植物。覆盖植物种类计有葛藤、无刺含羞草、热带苜蓿等，尤以葛藤最受职工欢迎，它不仅生长快，覆盖厚密，且可提供大量压青材料。1967 年发展到 11249 亩，此后随着胶园陆续郁闭，新植胶间种农作物逐年减少，1982 年以后几乎没有覆盖植物，一般采用干草覆盖，连年复加，既保水又增加有机养料。

3. **防风**　本场除按 1：1 等量建设防护林网，形成 10～25 亩一个个小方格胶园，取代 50 年代的 300 亩大方格的旧模式，增强抗风环境外，职工群众创造了风前打桩捆扎树干。风后快正植株等多种办法加以对幼树的防护。1960 年推行"矮化栽培"措施，从幼树长到 1.8～2 米时即摘除顶芽，使之矮化，减轻风害。1970 本场大面积推广胶树"修枝整型"以减轻风害。即把茂密的、偏重的树枝截除，减少阻力。1982 年 3 月，粤西农垦局专此在我场召开现场会，肯定了农田队朱恒贵树位在风前预伤整理的经验，本场进而制订了一套行之有效措施：据气象预报，台风到来之前，对南华、GT 等抗风稍差的品系，按"修高留低，去偏留正"原则，确定应截除的树杈，预先砍伤枝干围的五分之一至四分之一，刀口相对错开 5 厘米，风不来则枝干仍可生长，不大影响产量。

4. **防寒**　主要对幼树，60 年代曾试验过用烟熏、放炮来提高胶园气温，但这不易掌握时辰，成本高效果微。后来每冬对幼树进行苗头培土高 50 厘米呈馒头状，来春再扒开。对矮小的如芽接桩苗三蓬叶以下幼树，搭设干草"蒙古包"。对橡胶苗圃幼苗，搭干草或薄膜防霜蓬，寒冷期间夜盖日揭，这些措施行之有效，职工群众乐于接受易于掌握，沿袭采用。

5. **防病**　橡胶幼苗期以日烧病、环枯病常见。50 年代初在定植的同时于胶苗株周播种木豆，60 年代以后改播花生等作物，与胶苗同时生长，兼以插些树枝遮挡，以减少幼芽被日光直接照射。淋足定根水和及时抗旱也是一项重要措施，历来受到重视。2 年以上中小幼树乃至开割树，常有白粉病危害。多发生在春季抽芽转古铜和淡绿阶段的连阴雨天气时节，此时稍有疏忽即蔓延流行。对此，收获农场 20 世纪 60 年代，每当冬春之交气温回升时喷以石硫合剂预防。70 年代建立了专门机构，培训植保人员 28 人，每个生产队至少有 1 人，严密注视此病的发生。每年备硫黄粉 20 吨以上，检修好所有大小各型植保机

（器）械，一旦发现病状苗头即予消灭之，防患于未然。所以，建场 30 余载，该病年年有，但无一成灾。

（四）胶园整顿

1. 补缺换弱　本场从 1952 年植胶以来累计种植了 8 万多亩，300 多万株橡胶。1955 年一场大寒流后，由于经营方针改变而弃管以及畜害等原因，造成林相残缺，影响胶树生长和土地效益的发挥。本场从那时起，开始了橡胶大田补缺株、换弱株以求均衡生长，林相整齐的漫长历史。到 1979 年，累计补换植 52.69 万株。其中 70 年代（1970—1979 年）由于自然灾害和人为的盲目改接造成残缺而补换植计 25.17 万株。达到每亩 24 株的水平。

2. 调整布局　1980 年又一场强台风的袭击，使本场橡胶每亩下降到 20.7 株的保存量，尤其是已开割树，每亩平均只存 16.9 株，单位面积产量 21.5 公斤。农场党委做出了调整橡胶布局的决定，对原有胶园实行搬、并、补、换，保优汰劣；把当风坡的残留正常树搬并到背风坡胶园，将背风坡胶园中缺株补齐，劣株换优，压缩保胶面积。从 1981 年至 1985 年，共搬并、补换 12200 株，重新定植 83500 株，减少面积 7670 亩，先后建立起 25 个保胶小区。1987 年末，保胶面积 27048 亩，48.08 万株，其中已开割面积 24349 亩，30.21 万株，亩产干胶 36.3 公斤。

（五）割胶

1. 开割标准　统一按农垦部下达的规程，实生树离地 50 厘米处围径达 50 厘米，芽接树离地 100 厘米处围径达 50 厘米，方可开割，针刺采胶属试验性质，不受此限。1985 年芽接树围径除海垦 1 以外，一律改为 45 厘米即可开割。

2. 割胶技术　亦按农垦部统一规程，割胶深度，实生树 0.16～0.2 厘米，芽接树 0012～0.18 厘米；死皮率实生树不得超过 0.5%，芽接树不得超过 0.3%；树皮月消耗量不得超过 2 厘米；干胶含量低于 23% 者要休割。还有伤口率等均有规定。

3. 胶工培训　胶工割胶技术高低对产量影响较大，一等胶工同三等胶工相比，产量高 20%～40%。本场每年开割总要用 10～20 天时间培训胶工。1973 年以前由农垦局统一组织，派出胶工到南华等场培训，1974 年以后，本场自行培训，对老胶工要求精益求精，并以此作为技术晋级依据之一；对新胶工则提高其技术水平，经考核及格方可上树位。1974 年起，场生产部门配 1 名总辅导员，1978 年增加到两名，1981 年减为 1 名，生产队各配 1 名辅导员，负责割胶技术指导和监督检查。

4. 割制　从 1964 年开始割胶到 1986 年长期采用每个胶工割 250 株（大树位 500 株）1/2 树位隔日割的制度。1977 年在实生树和低产芽接树和卫 PR107 等树位，实行用乙烯利 2% 溶液刺激割面的制度。

1976—1978 连续 3 年，广东省农垦总局在本场进行"针刺采胶法"的试验。这在国内外尚属开发性的试验，只在部分胶园应用的一种新的割胶制度。1976 年首先在本场农科所做少量尝试。1977 年扩大到全场。针刺 40 万株，占当年割胶总数的 88.9％，1978 年针刺采胶减少到 22.81 万株，占全年割胶总数的 54％。其法是：涂擦乙烯利刺激开割树皮，埋放电石于树根部地下使之产生乙炔以刺激根部，用针锤击刺树皮使之排胶。树身贴油毡纸当胶乳流道；刺三天闲一天，周而复始。经实践观察，此法所得产量高于过去的常规割制，低于刺激刀割，干胶含量明显下降，又因乙烯利涂树皮实行针刺，其排胶影响面太小，且树皮容易受伤，实际拿不到更多的产量。埋放电石花工多，劳动强度大，胶工不欢迎；加之胶工长期习惯刀割，看到树皮受刺处生起疙疤，怕影响日后产量，故此不继续推广。1979 年又恢复了刀割，沿用 1/2 隔日割，使用刺激割制。1987 年本场小面积试验将稀土引入制胶生产，可使产量增加 10％～20％，1988 年计划较大面积推广。处理管、养、割的关系：管是基础，养是手段，割是目的。正常年景处理得好，可获得稳产高产。

5. **品系产量** 收获农场风寒交替胶树受害多，直接影响产胶水平，同一品系产量，历年均低于轻风轻寒的农场，其中 GT、PB86、海垦 1 在本场比其他品系产量高，但都低于中路各场，在中路此三品系一般单株年产 2.5～3 公斤，而收获农场平均不到 2 公斤，亩产比中路各场低 40％～50％。

（六）胶乳加工

1962 年，粤西农垦局下达收获农场建设烟胶房 30 平方米，制成烟胶片 1.7 吨的计划，并拨给手摇光、皱纹面压片机各 1 台，凝固槽等其他设备本场自制，烟胶房当年建成交付使用。位于北河队（今滨河队水塘东岸）；除烟房外，其余生产用房因陋就简利用旧房。由两名马来亚归侨职工，凭他们在海外的制胶实践经验，进行制胶作业。共收胶乳 2567 公斤，加工成烟胶片 746.5 公斤，完成局计划的 44.1％。1964 年 1 月，局分配给本场中专毕业生的制胶技术员 1 名，同时下达年产干胶 0.9 吨的计划。从此，收获农场的胶乳加工生产便不间断地年复一年地进行。

1964 年加工胶乳 1.94 吨，制成烟胶片 6146 公斤，制成率为 31％，超过计划 0.9 吨的 68.3％；加工成本 2381 元，超过局成本指标 8.1％，1964—1968 年，生产的烟胶片均为手工打包，通过叠包的办法靠其自然压缩然后出厂。1969 年添置一台压力为 30 吨的打包机，减轻了工人的劳动强度，规格质量提高。1970 年，农场于南茂队增设一个日加工理论干胶 30 公斤的压片加工点，负责南茂、农田两队胶乳的初加工，后送至滨河队烟制。1973 年，扩建烟胶房 15 平方米，1974 年再扩建 30 平方米。至此，烟胶房面积共达 75 平方米，厂房 120 平方米，从业工人 9 名；购置厚中薄光面和花纹"四合"压片机一台，撤销了南茂加工点，淘汰了手摇压片机，形成了收获农场"胶乳加工厂"。是年制成烟胶片47.1吨。

1977年5月，位于场部站堰桥东端公路北侧，新建的"浓缩胶乳厂"竣工投产。该厂占地面积33亩，厂房建筑面积1710平方米。分凝固、浓缩、绉片等车间，拥有进口、国产离心机各1台，容量为60吨的浓乳积聚罐8个，压片机2台，剪切造粒机1台，100吨液压打包机2台，绉片机3台，洗涤机1台等设备；技术人员2名，管理人员3名，操作工人22名；日生产能力为浓乳6吨、绉片0.5吨。是年产浓缩胶乳537.94吨，白绉片7.15吨、片17.7吨，胶清片83.5吨、烟胶片3.85吨，总折合干胶434.96吨，加工总成本130万多元，盈利129.8万多元。

1978年，在浓缩胶乳厂扩建颗粒胶（亦称标准胶）生产线1条，厂房建筑投资16333元，动力设备购置9937元，均为自筹资金，同时撤销了原设在滨河队的烟胶房，生产颗粒胶打包用之烟胶片从徐闻兄弟农场购入。当年生产浓缩胶乳687吨，标准胶8.44吨，绉片16.65吨、胶清片80.55吨、杂胶颗粒33.54吨，折合干胶总产量551.36吨，总成本137万多元，盈利196万多元。1979年，扩建颗粒胶厂厂房100平方米，投资1.6万多元，生产颗粒胶287吨，为上年的6.8倍。延续到1982年，中断了浓缩胶乳生产，全部制造颗粒（标准）胶，总产746吨。

至1987年末，收获农场胶厂保有厂房面积2356平方米，动力机械总能力222千瓦，管理人员2名、工人24名。具有日产标准胶5吨或浓乳胶8吨、烟胶片0.5吨的生产能力。

二、甘蔗

收获农场建场初期的1952年在大面积植胶失败后，改为大力营造防护林，同时发展木薯、香茅、花生等经济作物。1955年后以种植甘蔗为主，1962年后以种植橡胶为主，还发展香茅、甘蔗、菠萝、茶叶等经济作物，自合并为丰收公司之前，生产布局为"以甘蔗为主、菠萝为辅"。

1955年，国营收获垦殖场开始种植甘蔗。从徐闻县城和海康县英利两地购入"台糖134""爪哇2878"两个品种种苗种植60.3亩，当年总产甘蔗29.5吨，平均亩产0.49吨。1956年改进粗放作法，贯彻浸种催芽、增大播种密度，改起畦为深沟深种加施基肥浅覆土，中耕施追肥1至2次，剥叶疏气，改良砍蔗工具低斩收蔗等一系列措施。种植986亩，收获890亩，平均单产2.27吨。比上年提高了3.6倍。1960年12月，全场甘蔗面积15901亩，年产甘蔗14014吨，平均亩产0.9吨，成为本场的主要生产项目之一。据统计，1956 年至 1964 年，全场新植甘蔗面积 40689 亩，宿根甘蔗面积 28291 亩，收获面积 68814 亩，总产量 101917 吨，平均亩产 1.48 吨。

1980 年湛江农垦局确定了本垦区"南糖、北果、中路胶"的总方针，局在收获农场场部附近新造一座日榨 1000 吨的调丰糖厂。收获农场甘蔗种植业由此东山再起，当年种下 108 亩以繁殖种苗。1981 年，场调整生产结构和作物布局，淘汰了 3000 亩劣等橡胶，对保留橡胶实行"搬、并、补"，建立风寒保胶区；腾出土地发展甘蔗、香茅、菠萝共 3434 亩，此后甘蔗的发展较为迅速。1985 年，收获农场进一步调整产业结构，淘汰剑麻、橡胶等作物，发展甘蔗、菠萝、林木，当年新种植甘蔗 5991 亩，甘蔗面积 9724 亩，生产甘蔗 4.35 万吨。1986 年面积 10018 亩（其中集体、私人 300 亩），总产值 47382 吨（其中集体、私人 1517 吨）。1987 年有下降：收获面积 8157 亩（含集体、私人 150 亩），总产 36549 吨（含集体、个人 720 吨）。其品种在台糖 134 和爪哇 2878 的基础上，先后引进了"印度 997""桂糖 11""粤糖 63/237"和"粤侨引 1 号"等早、中熟优良品种。措施着重抓"旱"（三月份以前种完）、"密"（亩植 3060—3300 株）、"肥"（每亩施基肥、追肥、有机肥 3.5 吨。化肥 0.15 吨、呋喃丹 4 公斤）。据统计，1980 年至 1987 年，全场新植甘蔗面积 13592 亩，宿根甘蔗面积 24607 亩，收获面积 38059 亩，总产量 165275 吨，平均亩产 4.34 吨。

1989 年，场总结旱作甘蔗轮作技术高产示范田经验，在南茂队等 7 个农业生产队进行甘蔗、菠萝轮作面积 313.6 亩，效果为前作菠萝地的甘蔗平均亩产达 6.77 吨，比连作甘蔗 334.1 亩平均亩产 5.61 吨增产 1.16 吨，提高 20.6%。1986—1990 年，收获农场种植甘蔗面积和甘蔗产量最高的是 1989 年，当年种植甘蔗 15600 亩，甘蔗产量 7.69 万吨，创历史新高。1993 年，全场甘蔗面积 18800 亩，产蔗 12.5 万吨。1995 年，场印发《关于加强管理，保证投入，确保实现全场甘蔗总产 13 万吨的通知》。当年实现甘蔗总产量 137043 吨，突破计划 13 万吨，同比增 34656 吨。平均亩产 6.64 吨，同比增 0.73 吨。

三、菠萝种植及罐头厂

1. **菠萝种植** 1961 年，广东省国营收获农场开始试种菠萝，当年种植 15 亩，翌年收果 177 公斤。1962 年，农场经济结构调整为以发展橡胶为主，辅之发展香茅、甘蔗、菠萝、茶叶等经济作物，但菠萝种植规模较小。1963，种植菠萝 50 亩，收果 2519.5 公斤。由于效益低，从 1964 至 1969 年放弃菠萝生产，直到 1980 年，全场种植菠萝 392 亩，总产 3.8 吨，平均亩产 38 公斤，菠萝成为农场的主要经济作物之一。

1983 年，试行大包干责任制，对承包菠萝种植的工人，核定产量指标和直接生产费用后，下达利润指标，完成上缴利润后，其余收入全部归己，规定菠萝每人管 14 亩，每亩年交 171.2 元。以 1987 年为例，农场全年种植菠萝 2585 亩，面积 7982 亩，收果面积 4574 亩，总产鲜果 9709.6 吨，平均亩产 2.12 吨，为场 1961 年开始发展菠萝以来平均亩产最高的年份。

1990 年，全场种植菠萝 7000 亩，年末面积 10988 亩，收果面积 4462 亩，总产 11595 吨，亩产 2.6 吨。1991 年，新植菠萝 7952 亩，收菠萝鲜果 17800 吨。1993 年，当年的菠萝种植面积创历史性的新高，达到了 22000 亩，收果面积 6500 亩，收鲜果 2.1 万吨。从 1993 年到 1995 年，农场每年的菠萝面积均维持在 20000 亩以上，收鲜果 2.3 万吨左右。

2. **甘蔗与菠萝轮作** 收获农场于 1986 年在农业生产技术上实行了甘蔗与菠萝轮作试点。1989 年，场全面推行了"甘蔗、菠萝短周期、优质、高产、高效益"的轮作制度。

1987 年 5 月 20 日，场修配厂研制成功 3 台 SXJ-50 型滚筒碎叶机，交付 3 个农业分场各一台，经现场试机测定成本每亩 4.83 元，比人力作业降低 88％，既能降低成本、减少劳力，又能解决青料（菠萝茎叶）回田、提高土地肥力，深受职工家庭农场的欢迎。此革新科技项目获得湛江市科技进步三等奖。

1989 年 11 月 10 日，场总结旱作甘蔗轮作技术高产示范田经验，在南茂队等 7 个农业生产队进行甘蔗、菠萝轮作面积 313.6 亩，效果为轮作菠萝地的甘蔗平均亩产达 6.767 吨，比连作甘蔗 334.1 亩平均亩产 5.61 吨增产 1.157 吨，提高 20.6％。

1992 年 3 月，场修配厂在 1987 年研制的滚筒型碎叶机的基础上又研制成功新型菠萝茎叶粉碎还田机，该机与中型轮式拖拉机配套，整机由机架、传动、粉碎机构、调节器及地轮组成，每小时工效为 3～4 亩。为甘蔗、菠萝轮作大面积铺开起到了推动作用。

甘蔗与菠萝轮作通过多年的实践，得出的结论是：甘蔗与菠萝轮作是一条农业走"优质、高产、高效益"的有效途径。

一是有利于自然环境生态的良性循环。据测定每吨菠萝茎叶含氮 8 公斤，钙和钾各 2.5 公斤，每亩茎叶可达 6～11 吨，将茎叶粉碎回田，保肥保水，是一个天然的"小化肥厂"和"小水库"。同时，能明显改善土壤的通气性，加速养分的释放，提高土壤有机质含量，增加土壤微生物总量，增强土壤微生物整体活性，降低生产成本，提高作物产量和产值，有较好的经济效益。1988 年，全场菠萝地种甘蔗 3300 亩，亩产量比其他土地高出 1.5～2 吨。1988/1989 年榨季，全场甘蔗面积 19512 亩，总产 118141 吨，平均亩产 6.07 吨。职工家庭农场人均收入 2200 元，比 1987 的 1790 元增加 110 元，增长 23％，全场超万元收入的职工家庭农场有 36 个。

二是菠萝果大产量高。实行菠萝短周期种植，每亩产量 2～4.5 吨，90％以上为一级果，为场办的菠萝罐头厂加工高档次产品提供优质低耗的原料，既提高了工业经济效益，又增加了职工家庭农场的收入。1989年，菠萝罐头厂生产菠萝罐头4542吨，产值1271万元，利润102万元。职工家庭农场人均收入4500元。

三是实行短周期轮作，为作物的生长提供肥源，有利于机械化、化学化的普及，节省劳动力，扩大土地承包规模，农场经济不断增效，职工家庭农场逐年增收。场在推广甘蔗与菠萝轮作的同时，实行优惠政策，鼓励职工家庭农场多承包土地，推行适度规模经营，在原有管理定额上，凡多承包1亩土地者，免交土地费，多包两亩以上之部分，土地费减半，离退休职工承包土地一律减半征收土地费。这样，有效调动了广大职工在推行甘蔗与菠萝轮作的基础上多承包土地的积极性。1988年，农业岗位平均承包14亩，到1989年平均20亩，有个别队超过22亩。这样一个劳动力承包1.5个岗位，为企业减少负担，职工家庭农场得到更多优惠。仅从优惠让利每个职工可多得600多元。以甘蔗为例，每工承包20亩，平均应交1.44吨，而实际交1.4吨，每亩减收让利0.32吨，11000亩共让利3476吨，按每亩102元计算，总让利35.45万元，平均每个职工得让利208元。1991年，全场实现工农业总产值2764.5万元，比1990年增加200万元；产品销售收入3708万元，同比增加346.4万元；上缴国家利税410.8万元；全员人均生产率7973元，比1990年的7014元增长14%；人均收入3088元，比1990年的2814元增长10%。人均收入超4000元的生产队有15个，纯收入超1万元的有185户，其中杨海等5个家庭农场纯收入超2万元，全场没有挂账户。1993年，北河队在岗职工62人，56人承包土地，劳均承包34亩，全年实现总产值120万元，人均产值2.14万元，人均收入1.05万元，收入万元以上31户，2万元以上5户。滨河队杨海家庭农场承包土地150亩，其中甘蔗98亩，产蔗642吨，菠萝52亩，产果69吨，纯收入超3万元。1994年，劳均收入同1993年相比增长11.8%，24个农业生产队，纯收入超3万元的职工家庭农场有35个，人均收入万元以上的有13个队。1995年，全场完成自营经济总产值8521万元（按现行价计），比局计划8200万元增加321万元，完成局计划的104%，其中，农业单位全面实行自费经营，并完成农业总产值6919万元，比局计划6656万元增加263万元，完成局计划的103%，农业单位职工自营经济人均纯收入12230元，全场24个农业单位有9个达到人均收入1.5万元以上，占全场农业单位的37.5%，收入最高的单位是滨河队，人均收入18532元。

3. 罐头厂创建 1980年7月，收获农场自筹资金58500元创办了罐头厂。初创的罐头厂设备非常简易，仅购入锅炉、封罐机各一台、其余设备自制，利用原兵团时期武装连（21连）旧集体饭堂作为厂房，在职职工9人（干部2人、工人7人）。当年试产糖水菠萝罐头2.2吨取得成功。

1981年，场党委讨论决定正式定名为"收获罐头厂"，主产530克玻璃瓶装糖水菠萝罐头，是年11月注册商标为"三叶"牌，因农场以橡胶为主，橡胶叶由三片叶组成而得名。（1983年11月，轻工部批准广东省国营收获农场菠萝罐头厂"三叶"牌糖水菠萝罐头代号为"R24"）。

1983年3月，联合国难民署捐赠20万美元（时折人民币39万元），加上场自筹资金24万元，筹建广东省国营收获罐头厂厂房，于1984年6月建成投产。厂内设菠萝加工、综合加工生产线各1条，替代了原小型罐头厂，主体建筑有实罐（包括杀菌）车间2155平方米，空罐车间640平方米，综合车间206平方米，果棚540平方米，锅炉120平方米，初检库247平方米，产品库525平方米，罐头玻璃瓶堆放场756平方米，以及围墙800余米、水塔150立方米等，总投资159万元。是年即生产糖水菠萝罐头731.41吨，品种已从单一的内销玻璃罐头发展到有外销全圆片、圆片、旋圆片、扇片等听装罐头供出口创汇，副产品有汽水、果汁饮料、菠萝蜜饯、菠萝糖片、菠萝蛋白酶素等系列产品。

1985年底，工厂拥有管理人员7人、技术人员1人、工人243名，分成18个作业班组。1986—1987年，收获农场分别自筹了55.8万元、117万元资金，继续扩建配套厂房和引进先进设备，生产能力大幅度提升。收获罐头厂1987年度总产糖水菠萝罐头3750吨。畅销国内外市场，成为粤西垦区最大的一个食品罐头厂。1988年4月，收获罐头厂投资300万元引进高频焊缝自动空罐全套生产线，生产能力为200罐/分。截至1988年底，收获罐头厂累计投资约800万元（含联合国难民署捐赠的20万美元），厂房扩建面积增至6643平方米，具备年产万吨罐头的生产能力，为垦区规模最大、较现代化的水果加工厂。

1992年8月，收获罐头厂与香港瑞安洋行合资经营收获凤梨（湛江）有限公司，中方投资60万美元，外方投资40万美元，年产菠萝罐头5000吨、浓缩菠萝汁1000吨（全部出口）。同年10月，收获罐头厂通过技术改造、引进先进设备，开发生产粒粒菠萝原汁饮料，年产规模5000吨，项目固定资产投资1400万元。

1996年1月，收获罐头厂在丰收公司内改称"收获罐头食品工业分公司"，对外改称"广东收获罐头食品有限公司"。

1999年1月，收获罐头厂更新锅炉项目立项，项目建设内容包括购置10吨燃煤锅炉一台和配套设施，总投资控制在160万元以下，资金自筹解决。2005年4月27日，收获罐头厂新建的菠萝浓缩汁生产线正式投产，当年生产菠萝浓缩汁总量680吨。

建厂以来，自行设计和自行制作及自行改造自动化菠萝通芯器、鲜果分级机、塑瓶饮料封口机等机械共 20 多种合计 89 台，自制小件器具近千件。历经多次扩建和技改，收获罐头厂占地面积 210 亩，厂房扩建面积 33000 平方米，厂房内设实罐、空罐、综合、果酒（果汁）四大车间和产品储存仓库等，建成具有年产糖水菠萝罐头 20000 吨、菠萝浓缩汁 10000 吨的能力，为全国最大的菠萝罐头加工厂，累计投资 6000 多万元。同时，先后对菠萝罐头的罐型、外包装和等级做了一系列的改进，开发出 227 长块、305 小圆片、230 带叉盖优级品等新型罐头，研发出 250 毫升菠萝泥和菠萝浆新产品。自建厂以来，共安置越南难民 101 人，马来西亚、印度尼西亚归国华侨 16 人，侨眷 36 人。

1984—1988 年，收获罐头厂累计生产菠萝罐头 11617 吨，创造工业总产值 2446 万元，占收获农场全场同期工农业总产值的 33%，创利润 314 万元，上缴国家利税 527.5 万元，占收获农场全场同期上缴利税总数的 34.7%，产品累计出口创汇 367.7 万美元，成为广东省出口最大的菠萝罐头加工厂。

1989—2016 年，28 年共生产菠萝罐头 215502 吨，其中自营出口总量 45422.1 吨，生产浓缩菠萝汁 9736.5 吨，实现自营出口创汇 2800.97 万美元，总产值 96570.7 万元，利税 6043.1 万元。

"三叶"牌菠萝罐头产品 70% 出口，远销欧美、日韩、中东、澳大利亚等 40 多个国家和地区，30% 的罐头产品和果酒销往国内高端市场，收获罐头厂为国内外知名企业上海百胜、必胜客、肯德基、喜之郎、徐福记、中粮集团、海航集团等公司的指定供应商。收获罐头厂在广州市、上海市、北京市均设有销售"三叶"牌糖水菠萝罐头销售点，国内销售网络已辐射东北、华东、华北、华南、华中和西南地区。2004 年，在产品销售过程中，实行销售渠道"三结合"（自营出口、委托外贸公司出口、内销），运输方式"二结合"（出货口岸：深圳、湛江）。2004 年的 1 月份出货量 2162 吨，全年销售菠萝罐头总量 14524 吨，比 2003 年同期销售量多 4521 吨，平均日销量 1320 吨，比 2003 年平均日销量多 237 吨，自营出口额达 362 万美元，与 2003 年同比增加 99 万美元。为使产品销售更加适应市场要求，2008 年 1 月 9 日，广东收获罐头食品有限公司销售部搬迁至湛江城市广场 B 幢 701、702 室，新办公室正式挂牌运行工作。

收获罐头厂在 2001—2011 年自营期间累计出口创汇 2684.77 万美元。租赁经营 2012—2014 年期间出口创汇 115 万美元。

收获罐头厂先后荣获"1989 年度粤西垦区先进集体""安全生产工作先进单位""广东省第二届优秀创汇企业""农垦工业最佳经济效益企业""1990/1991 年度科技工作先进集体""连续重合同守信用企业""雷州市国税系统 1998 年度先进纳税户""省级先进企业""100 个全国农垦无公害农产品示范基地农场创建单位""广东省纳税等级评定 A 级纳

税人""管理优秀奖""和谐消费信誉单位""2009 年度依法纳税先进单位""湛江市场最受欢迎品牌单位""2011 年度湛江十佳品牌企业证书""湛江市农业龙头企业"等荣誉称号。

"三叶"牌糖水菠萝罐头于 1983 年 11 月荣获农牧渔业部颁发的"优质产品证书"。同年，轻工部批准广东省国营收获罐头厂"三叶"牌糖水菠萝罐头出口代号为"R24"。"三叶"牌菠萝罐头系列果肉鲜脆、成熟度一致、色泽金黄、酸甜适中、具有浓郁的菠萝芳香，凭借优良的品质赢得了欧美、亚洲等 40 多个国家和地区消费者的青睐，曾先后五次荣获部优、省优称号，荣获第二届、第三届中国农博会金质奖和名牌产品称号，为中国绿色食品、广东省名牌产品、中国名牌产品、湛江市场最受欢迎品牌。

四、职工家庭农场

1981 年 8 月 21 日，农垦部副部长孟宪德到收获农场视察并召开徐、海垦区各单位党政主要领导座谈会，肯定了收获农场农业管理试行"'三定'到户、综合承包、联产计酬"的生产责任制经验，并指示农场要进一步建立健全责任制，使农场尽快富起来。

1981 年 12 月 12 日，召开收获农场第六届第一次职工代表大会。审议通过《1982 年联产计酬，超收提成生产责任制实施方案》《关于职工家庭副业生产的规定》。

1982 年 12 月 4 日，召开收获农场第六届第二次职工代表大会。审议通过《1983 年联产计酬，生产责任制实施方案》。对农业生产队全面推行"三定到户、综合承包、联产计酬"的生产责任制，破"大锅"、换"小灶"。1981 年，全场 24 个农业生产队共 1377 户2156 人承包的干胶、香茅油、甘蔗、橡胶中小苗抚育、苗圃抚管等 27 项产品全面超产，减除工资、费用后，共得超额劳动报酬 68 万元，户均 492 元，人均 315 元。其他行业也据农场总收入评发综合奖，全场职工 3688 人，人均奖金或超额劳动报酬 297.43 元，比1980 年增长 2.3 倍。

1983 年 5 月 16 日，粤西农垦局政研室在收获农场召开徐海两县各场试行大包干责任制汇报会。印发了《关于徐闻、海康农场试行大包干责任制情况的调查报告》。1983 年 12月 8 日，农牧渔业部 21 人、省农垦总局 8 人、粤西农垦局 2 人等共 31 人组成的"企业整顿联合蹲点调查组"进驻收获农场，进行企业整顿，试办了职工家庭农场（1984 年 4 月 2日全部撤出，历时 4 个月）。

1983 年 12 月 25 日，企业整顿调查摸底中发现职工对办家庭农场普遍存在着"四不清楚""两个担心""三怕"。"四不清楚"是：什么是家庭农场，为什么要办家庭农场，怎样办家庭农场，家庭农场与联产承包到户有哪些区别和优越性；"两个担心"是：担心供销没保证，担心收入因灾害没有联产计酬时多；"三怕"是：怕党的政策多变，好景不长，怕超产多了，第二年会加码，多劳不能多拿，怕党委说话不算数，政策不兑现。广东农垦三级干部会议结束后，收获农场各级党组织认真做好农业职工的思想政治工作，在24个农业生产队全面实行经济包干责任制的基础上，试办了职工家庭农场。1983年实现总收入780万元，比上年增7%，职工人均收入从原来"吃大锅饭"时的570元提高到860元。

1984年末，全场兴办职工家庭农场共1109个，参加职工2143人，占农业工人总数的90%。兴办职工家庭农场，提高了经济效益，1984年实现工农业总产值1079.09万元，同比增加130.96万元；人均收入3146元，同比增加605元。

农场兴办职工家庭农场，给农场经济持续发展带来了生机，提高农业职工收入。1988年，全场超万元纯收入的职工家庭农场共有36户。1989年，全场职工家庭农场共1225户，年度实现人均收入3816元，户均收入5244元，人均收入1953元，1500元至2000元收入的有230人，2000元以上收入的有1209人。1990年，职工家庭农场共1038户，年度实现人均收入4174元，户均收入7176元，人均收入2316元，1500元至2000元收入的有70人，2000元至2500元收入的有120人，2500元以上收入的有1348人。

1991年，职工家庭农场年度实现人均收入4449元，户均收入6581元，人均收入2098元。1991年，全场超1万元纯收入的职工家庭农场共185户，其中杨海等5个家庭农场纯收入超2万元，实现全场无挂账户。1992年，职工家庭农场年度实现人均收入4745元，户均收入7176元，人均收入2316元。1994年，全场纯收入超3万元的职工家庭农场共35户。1995年，职工家庭农场自营经济收入最高的单位是滨河队，人均纯收入达18532元。

滨河队职工杨海从1986年起积极办好家庭农场，1987年被评为"垦区先进青年家庭农场小场长（好帮手）"，1992年，杨海家庭农场纯收入超2万元。杨海在办好自家家庭农场的同时，指导和帮助本队经营缺乏技术、经济困难的农户。1993年4月28日，杨海荣获中华全国总工会授予的"全国优秀生产能手"称号和"五一劳动奖章"，1994年5月荣获广东省委员会、广东省人民政府授予"先进生产（工作）者"称号。

五、农场党组织建设

建场初期的1952年，仅有林二师当中10名中共党员。1953年，从干部当中发展新党员，年末，党员数63名，设立党支部3个。1954年11月，中共海康县委员会正式批准成立"中共西湖垦殖场委员会"和"中共那插垦殖场委员会"。1955年党组织开始从工人当中培养和发展新党员。年末，党员数198名，全部是青壮年工人，建立起6个基层党支部。1956年年末，党支部15个，党员数408名（其中发展新党员220名，干部10名、技术和医务人员各一名、各工种工人208名）。1957年4月30日，中共湛江地委垦殖部印发《关于各国营农场党委启用新印章的通知》，"中国共产党广东省国营收获垦殖农场委员会"，铜质旧印章上缴作废。"中国共产党广东省国营收获农场委员会"木质圆形新印章从5月1日起启用。5月2日至6日，召开中共广东省国营收获农场第一次代表大会。出席大会正式代表24人，大会主要议题是"精兵简政、增产节约、进一步贯彻一业为主多种经营的方针"，大会选出新的委员会9人（其中候补委员2人）。年末，党员数330名，党支部13个。1961年，党支部24个，党员286名。1962年，党支部24个，党员284名。1963年1月，中共广东省国营收获农场第二次代表大会在场部召开。出席大会正式代表89人。选举产生新一届委员会7人。年末，党员数281名，党支部23个。1966年8月，中共广东省国营收获农场第三次代表大会在场部召开。出席大会正式代表114人，选举产生新一届委员会11人。年末，党员数452名，党支部22个。1967—1968年"文化大革命"期间，党组织被迫停止活动。1969年年末，党员数414名，党支部26个。1970年年末，党总支3个，党支部27个，党员数453名。1971年2月，中共七师七团第一次代表大会在团部召开（以场名称为第四次）。出席大会代表164人，大会选举产生新的委员会17人。年末，党总支3个，党支部30个，党员数513名。1972年年末，党总支3个，党支部33个，党员数510名。1974年11月，中共收获农场委员会召开第五次代表大会。大会选举产生新一届委员会13人。年末，党总支3个，党支部33个，党员数537名。1975年年末，党总支3个，党支部34个，党员数539名。1976年10月12日至16日，中共收获农场委员会召开第六次代表大会。大会选举产生新一届委员会15人。年末，党总支3个，党支部36个，党员数554名。1979年2月6日，中共收获农场委员会召开第七次代表大会。大会选举产生新一届委员会23人。年末，党总支8个，党支部40个，党员数754名。1980年年末，党总支8个，党支部41个，党员数780名。1981年12月11日，中共收获农场委员会召开第八次代表大会。大会选举产生新一届委员会9人。年末，党总支4个，党支部41个，党员数578名。1982年年末，党总支4个，党支部41个，党员数575名。1983年年末，党总支4个，党支部40个，党员数557名。1984年年末，党总支4个，党支部44个，党员数566名。1985年年末，党总支4个，党支部42个，党员数561名。1986年9月18日，中共收获农场委员会召开第九次代表大会。大会选举产生新一届委员会9人。年末，党总支4个，党支部46个，党员数589名。1987年年末，党总支5个，党支部46个，党员数619名。1988年年末，党总支5个，党支部46个，党员数600名。1989年11月23日，中共收获农场委员会召开第十次代表大会。大会选举产生新一届委员会9人。年末，党总支5个，党支部46个，党员数610名。1990年年末，党总支5个，党支部46个，党小组98个，党员数625名。1991年年末，党总支5个，党支部46个，党员数646名（其中女党员105人，少数民族党员3人，文化程度：大专以上25人、中专52人、高中87人、初中94人、小学388人）。1992年年末，党总支5个，党支部46个，党员数659名（其中女党员100人，少数民族党员8人，文化程度：大专以上26人、中专56人、高中96人、初中92人、小学385人）。1993年5月27日，中共收获农场委员会召开第十一次代表大会。年末，党支部46个，党员数620名。1995年年末，党支部45个，党员647人（其中女党员100人、少数民族党员10人、大专以上26人、中专36人、高中113人、初中126人、小学370人）。

六、民主管理

1959年1月，召开广东省国营收获农场第一届第一次职工代表大会。大会主题为讨论各行各业"放卫星"，提出开展"卫星日""卫星周""卫星月"等劳动竞赛提案。

1962年1月，广东省国营收获农场第二届第一次职工代表大会在场部召开。

大会主题为讨论"三包一奖"生产责任制。12月，召开广东省国营收获农场第三届第一次职工代表大会。贯彻中央提出的"调整、巩固、充实、提高"方针，会议讨论和通过了《加强苗圃管理，巩固提高大田橡胶、大力造林、改造环境》等提案。

1963年12月，广东省国营收获农场第四届第一次职工代表大会在场部召开。

1979年8月16日，召开广东省国营收获农场第五届第一次职工代表大会。出席会议代表227人，大会讨论通过《关于开展增产节约运动的决议》《关于职工家庭养猪、种菜等问题的决议》等。

1981年12月12日，召开收获农场第六届第一次职工代表大会。出席大会正式代表208人。大会讨论和通过《1982年"三定"到户联产计酬，超收提成生产责任制实施方案》《关于职工家庭副业生产的规定》。

1982年12月，召开广东省国营收获农场第六届第二次职工代表大会。出席大会正式代表190人。大会通过《1983联产计酬、生产责任制实施方案》《关于开展精神文明建设竞赛的决议》《关于社会治安、劳动管理及家庭副业生产管理的规定》《营区卫生管理暂行办法》《关于办职工疗养所的决定》。

1984年1月，召开国营收获农场第七届第一次职工代表大会。出席大会正式代表182人。大会讨论和通过《收获农场试办家庭农场方案》。

1985年1月，召开国营收获农场第七届第二次职工代表大会。出席大会正式代表216

人。大会讨论和通过《收获农场 1985 年农业生产承包方案》。

1986 年 1 月，召开国营收获农场第八届第一次职工代表大会。出席大会正式代表 220 人。大会讨论和通过《关于农业生产技术管理的若干规定》《关于干部的管理规定》。12 月 28 日，召开广东省国营收获农场第八届第二次职工代表大会。出席大会正式代表 206 人。讨论通过《职工住房自建公助方案》《职工住房制度改革方案》《1987 年农业承包方案》。

1988 年 1 月 27 日，召开广东省国营收获农场第九届第一次职工代表大会。讨论通过《1988 年农业承包方案》。

1989 年 1 月 12 日，召开广东省国营收获农场第九届第二次职工代表大会。大会审议通过《收获农场 1989 年经营管理方案》《收获农场 1989 年生产队经济责任制方案》。12 月 26 日，召开广东省国营收获农场第九届第三次职工代表大会。出席大会代表 236 人。大会表决通过《收获农场 1990 年经营管理方案》。

1991 年 1 月 30 至 31 日，召开广东省国营收获农场第十届第一次职工代表大会。出席大会代表 157 人。大会表决通过《1991 年经营管理方案》《财务管理办法》《临时工管理办法》《职工住房改革规定》《计划生育管理实施细则》《实行三级民主管理的规定》《精神文明建设意见》《干部管理暂行规定》。

1992 年 4 月 3 日至 4 日，召开广东省国营收获农场第十届第二次职工代表大会。出席大会正式代表 202 人。大会审议和通过《1992 年经营管理方案》《收获农场综合改革转换企业经营机制实施方案》等。

1993 年 1 月 18 日召开广东省国营收获农场第十届第三次职工代表大会。会议审议和通过《收获农场 1993 年经营管理方案》等。

1994 年 1 月 28 日至 29 日，召开广东省国营收获农场第十届第五次职工代表大会。出席大会正式代表 172 人。会议审议和通过《收获农场 1994 年经营管理方案》等。

1995 年 1 月 6 日，召开广东省国营收获农场第十届职工代表小组长联席会议。大会听取和审议通过《收获农场关于 1994/1995 年榨季护蔗的补充规定》。

七、荣誉

1982 年 12 月收获农场荣获广东省湛江农垦局颁发的"湛江农垦先进企业奖"锦旗，于当月被评为湛江垦区先进企业；1983 年收获农场工会荣获"湛江农垦工会群众生活先进单位"。1985 年，中共广东省粤西农垦局委员会表彰中共广东省收获农场委员会为"先进党委"，1986，收获团委被评为"年度湛江垦区先进团委"，1988 年，粤西农垦局分别表彰收获农场党委、纪委为"垦区先进党委""先进纪委";1989年12月,收获农场被广东省农垦总局评为企业经济发展二等奖,同月被粤西农垦局评为先进单位。1990年收获农场党委、纪委被湛江市委评为先进党委、先进纪委,同年,纪委被评为广东省农垦纪检工作先进单位。

1993年,6月中共收获农场委员会被中共海康县委员会评为"先进党委"。1994年;1月收获农场被评为"1993年度粤西垦区先进单位";6月中共雷州市委表彰收获农场党委为"先进基层党组织",7月,中共湛江农垦局党组表彰中共收获农场委员会为"先进党委"。

1995年6月,农场荣获广东省农垦总局颁发的"文明单位"荣誉证书;7月,湛江农垦局党委表彰收获农场党委为垦区先进党委;8月,中共国营收获农场委员会被中共雷州市委评为"先进党委";12月,农场荣获中共广东省委员会、广东省人民政府授予的"广东省文明单位"荣誉称号。

八、领导班子成员

附表 10 收获农场领导班子成员名录表

姓名	性别	籍贯	政治面貌	职务	任职期限	备注
冯占德	男	—	中共党员	场长	1954.11—1955.2	西湖垦殖场
蔡香萍	男	—	中共党员	党委副书记	1954.11—1955.3	那插垦殖场
肖湘	男	—	中共党员	党委书记	1957—1958.6	1958年7月调离
方凡	男	—	中共党员	党委副书记	1958.8—1959	主持党委全面工作
吴修善	男	—	中共党员	场长 党委书记	1960.11—1962.10	1961年11月不兼党委书记
杨天成	男	—	中共党员	党委书记	1962.11—1966.7	
姜静青	男	吉林延吉	中共党员	党委书记	1966.8—1971.1	—
刘殿喜	男	—	中共党员	政治委员	1969.10—1974.9	兵团七师七团政委
刘金德	男	—	中共党员	团长	1969.10—1974.9	兵团七师七团团长
王克	男	—	中共党员	党委书记	1974.11—1977.1	
陈兆藏	男	广东雷州	中共党员	党委书记	1977.1—1978.6	—
李源和	男	广东遂溪	中共党员	党委书记	1978.6—1987.11	1987年12月至1994年2月任场长,1994年3月离休
王振兴	男	—	中共党员	场长	1957—1958.4	—
柴金印	男	—	中共党员	场长	1958.5—1962.2	—
李常胜	男	—	中共党员	场长	1963—1965	
刘仁诚	男	—	中共党员	场长	1966—1969	
王恩惠	男	山西平顺	中共党员	场长	1974—1981.5	
樊保玉	男	广西上林	中共党员	场长	1981.6—1983	1984年1月调茂名市

（续）

姓名	性别	籍贯	政治面貌	职务	任职期限	备注
崔立干	男	广东罗定	中共党员	场长	1984—1986.7	1986年8月调任粤西农垦局副局长
陈连元	男	辽宁岫岩	中共党员	副场长	1963—1968	兼中共收获农场监察委员会书记
刘良汉	男	广东汕头	中共党员	副场长	1965—1982	1978年11月至1980年3月兼收获农场工会主席
黄传富	男	河南	中共党员	副场长	1974—1986	—
黄佛粦	男	广东惠阳	中共党员	副场长	1974—1981	调粤西农垦深圳六联公司
林贵禄	男	广东雷州	中共党员	副场长	1978—1992	—
吴宏恩	男	广东雷州	中共党员	副场长	1980—1982	1983年调任火炬农场场长
江友善	男	广东雷州	中共党员	副场长	1982—1986	—
陈瑞发	男	福建	中共党员	党委副书记	1989—1990	—
李文	男	广东高要	中共党员	副场长	1989—1993	1993年1月离休
黄国涛	男	广东信宜	中共党员	党委书记 场长	1987—1995	1994年兼任场长
黄持久	男	广东江门	中共党员	副场长	1989—1995	—
冯伟强	男	广东雷州	中共党员	副场长	1989—1992	—
胡乃盛	男	广东高州	中共党员	副场长	1991—1995	1995年12月调火炬
熊德贵	男	广东信宜	中共党员	副场长	1992—1994	1994年6月调火炬
覃代明	男	广西宜山	中共党员	工会主席	1989—1990	1990年10月离休
李贺荣	男	广东化州	中共党员	工会主席 党委副书记	1991—1995	1992年2月任党委副书记
梁秋月	男	广东开平	中共党员	工会主席	1992—1994	1994年11月调省总局开平公司
颜建湖	男	广东东莞	中共党员	纪委书记	1989—1995	1994年12月兼任工会主席

广东省国营南光农场概况

广东省国营南光农场，创建于1952年5月，是由0201（塘北）垦殖场、0202（后塘）垦殖场、0204（东锅）垦殖场组成。五个垦殖场担负着发展祖国橡胶事业的使命。1954年8月29日，雷州半岛百年罕见的强台风（12级以上）导致刚定植的932600株橡胶小苗全部被吹倒。当年，又遇上特大寒流（气温降至−2℃），胶苗全部冻死，损失惨重。1956年，根据华南垦殖局"依山靠林"的指示精神，农场提出"要种胶，先造林"的口号，当年大量营造防风林和经济林共26209亩，形成标准橡胶方块林，为后期发展橡胶生产打下良好的基础。1958年10月，根据省体制改编要求，加入人民公社并属海康县东风人民公社南光大队。1959年，正式改名为国营南光农场。1969年4月改变农场体制，组建中国人民解放军广州军区生产建设兵团，南光农场被编为兵团第七师第四团。1974年10月，生产建设兵团撤销，恢复农垦体制，国营农垦下放省管理，南光农场全称为"广东省国营南光农场"，隶属粤西农垦局。1996 年 10 月 8 日，南光农场正式并入广东省丰收糖业发展有限公司，撤销广东省国营南光农场，更名为广东省丰收糖业发展有限公司南光农业分公司。

一、自然社会状况

（一）地理及气候

南光农场位于湛江市雷州市的东南部，处于雷州半岛中部偏东，雷州市调风镇、雷高镇，地理坐标为北纬 20°37′31″—20°47′34″，东经 110°14′23″—111°07′42″，东至仕礼岭，东南与收获农场接壤，西南连金星农场，北接雷高糖厂，纵约 20 公里，横约 10 公里。场地势为连片的平台地，坡度 30 度以下，海拔高度 60 米，土壤是玄武岩后层黏质的红棕色土，土壤较肥沃，水源充足，场内有几条较大的小溪，分布在东部、中部及南部（由于数年的水土冲刷，溪边开荒种植农作物及造菜园等，小溪已变为小水沟）。气候高温多雨、四季分明、光照充足，每年平均温度 23.2℃，属于热带季风气候，降雨量 1600～2100 毫米，蒸发量 2578 毫米，是热带经济作物发展的重要基地。

（二）土地的开垦和利用

南光农场从 1952 年 5 月开始正式大规模土地垦荒，当年 11 月，为搞好场群关系，华南垦殖局高雷分局下发《关于垦荒地区动用农民土地处理颁发的指示》，年末，0201、0202、0204 三个垦殖场开荒利用土地共 18044 亩。1963 年，全场利用土地共 33678 亩。1970 年，全场利用土地共 66668 亩。1989 年，全场实有土地 101496 亩，已开垦利用总面积 81230 亩。1995 年，全场实有土地 102706 亩，已开垦利用总面积 88795 亩。

（三）人口与劳力

建场初期的 1952 年，人口只有林二师第四团部分军官和战士。1953 年末，0201（塘北）垦殖场全场总人口 405 人（其中部队官兵 33 人、正式职工 69 人、长工 303 人）。1954 年，0202（后塘）垦殖场全场总人口 701 人（其中干部 54 人、军工 72 人、正式职工 575 人），全场出生人口 18 人。

1958 年 10 月，根据省体制改编要求，场正式加入人民公社并属海康县东风人民公社南光大队，当时还并入调风乡 23 个自然村、3 间小学和 1 个牧场，人口 2850 人，田地 8818.1 亩，旱地 3169 亩，耕牛 418 头。由于各种原因，场当年加入人民公社当年退出。1962 年，全场总人口 2291 人；1970 年，全场总人口 3758 人（其中干部 151 人，职工 1940 人，家属 1580 人，当年出生人口 87 人）。

1979 年 1 月，根据海康县政府文件精神，调风公社六七大队东埇生产队、雷高公社迈生大队、龙郁生产队并入南光农场管辖。1980 年 1 月，雷高公社西安大队所属的后塘 1 队、后塘 2 队、北坛 1 队、北坛 2 队、三湖 4 队、西安直属队并入南光农场管辖。1982 年 1 月，所并入的农村各队退出南光农场。1982 年 12 月，场人口普查结果为全场人口 4969 人，比 1964 年增加 2678 人，增长率为 116.9％，每年平均递增 4.4％。1995 年年末，全场总人口 4123 人（其中固定工 876 人，合同制工人 326 人，临时工 506 人，家属及小孩 2415 人）。

建场初期，场部荆棘丛生，人烟稀少，野兽出没。1952 年 5 月，中国人民解放军林业工程第 2 师第四团的部分指战员，从广西长途行军来到建场初地，这批部队官兵成为建场元老和强劳力。随后，广西北流，广东廉江、高州、化州、吴川、电白、阳江、开平、东莞、惠阳、云浮、潮阳等地的工人和翻身农民以及大专院校的大学生、归国华侨陆续来场建设。1958 年，农场劳力紧缺，场在高州、化州及广西等地招收 300 名临时工充实劳力。1968 年 11 月，场安置广州上山下乡知识青年 353 人，后来，接收湛江知青 16 人、佛山知青 117 人、梅县知青 120 人、汕头知青 4 人、外省知青 5 人。1978 年 5 月接纳安居越南难侨 410 人。

本场从 1968 年起每年按劳力计划分配高中毕业生参加工作。1982 年至 1991 年间场职工人数均保持在 2500 人以上，1995 年末，全场离退休人员共 967 人。据统计，截至合并前，南光农场共有职工 1447 户，总人口 3915 人，离退休人口 691 人，病退 341 人，停薪留职 12 人，个体经济劳动者 82 人，无业人员 189 人，全年出生 32 人。

二、管理机构

1953 年，场成立 12 个生产作业队，均以数字命名。1954 年，场的各生产作业队改用文字命名，如第一作业队起名为龙郁队，第二作业队起名为东岭队，第三作业队起名为南强队，第四作业队起名为南明队，第五作业队起名为跃进队等。1958 年，场将 12 个文字生产队名恢复为数字生产队名。根据生产发展规模，后来发展到 19 个生产队，其中 13 队是由 5 队分出部分新建队，由 2 队独立组分出建立 14 队，由 3 队独立组分出建立 15 队（1961 年 3 队在现 15 队派出一独立组，1964 年独立组改建 15 队。）由 11 队独立组分出建立 16 队，由 10 队独立组分出建立 18 队（18 队现址是 10 队原址），17 队和 19 队由 1 队分期分出建立。

1962 年 6 月，场实行精兵简政，场机关设立 3 科 3 室、16 个生产队、3 个机耕队，汽车队、工程队、加工厂、修配厂、试验站、船队各 1 个。行政干部 74 人，占职工 1300 人的 5.7％。1995 年，全场共有 34 个单位，其中农业生产队 19 个，机耕队 3 个，二级独立核算单位 6 个，直属单位 6 个。

三、农业

（一）橡胶

1. 橡胶种植　橡胶是我国的重要战略物资之一，也是南光农场的支柱产业。建场几十年来，南光农场的橡胶产业发展迅速，并取得了显著的成绩。为发展祖国橡胶事业，1953 年初，场大规模的开荒植胶工作开始，全体干部职工顶风冒雨，风餐露宿，披荆斩棘。到 1954 年，全场种植橡胶 36431 亩共 932600 株，从此，橡胶生产进入一个新的历史发展时期。1956 年，场实行企业管理，从单一经营（橡胶）转为多种经营，种植稻谷、花生、木薯、香茅、甘蔗等经济作物。1957 年，场由原来的"橡胶场"变成"甘蔗场"，工人们忍痛砍了部分橡胶，当年全场橡胶仅存 273 亩共 9000 株，而当年发展甘蔗 6194 亩。

1961 年，场恢复以经营橡胶为主，同时经营多种经济作物的方针，本年末全场定植橡胶面积回升到 3269 亩，橡胶树 80200 株，这是南光农场橡胶生产的第二个高峰期。1962 年，建场初期定植的，几经周折而保留下来的部分橡胶实生树终于开割，全场开割橡胶树 300 亩共 4900 株。兴建了第一间简易的橡胶制品厂（厂址在现在 14 队队部），当年收鲜胶乳总量 2.09 吨，总产干胶 0.68 吨。1965 年，为加强橡胶管理，场印发《国营南光农场 1965 年橡胶抚育工作几项主要措施》。主要措施为：搞好大田橡胶管理、小苗修枝株芽、小苗防风、防止日灼及芽接苗残干处理、橡胶苗圃管理等。到 1970 年，橡胶种植面积 25347 亩，种植数量 88.6 万株，开割面积 650 亩 1.75 万株，生产干胶 19.5 吨。1974 年，全国四省农垦系统橡胶林管机械化现场会议在国营南光农场召开。本场革新的一批挖穴机、苗头除草机、自动施水肥机、自动装肥机等农机具受大会嘉奖，场长崔玉才在会上做专题经验介绍。1975 年，南光农场橡胶种植面积达 30000 亩，开割面积 8909 亩，开割株数 357000 株，为了搞好橡胶加工，场在 8 队北面新建了一座中型橡胶制品加工厂。当年总产干胶 251 吨，向国家上缴利润 89057 元。南光胶厂建立后坚持科学制胶产品，胶园标准橡胶加工工艺流程为：验收→人工除杂（分级）→浸泡→洗涤→压绉→泡片→脱水压绉→重磨造粒→装车→干燥→分级包装→标准橡胶→成品入库。胶乳标准橡胶加工工艺流程为：验收→粗滤和离心除杂→混合稀释→凝固→压薄→脱水压绉→垂磨造粒→装车→分级包装→标准橡胶→成品入库（2004 年，省农垦总局成立广东省广垦橡胶集团公司，湛江垦区原有的橡胶加工厂全部移交该公司，胶乳也全部由该公司集中加工，南光橡胶加工业业务从此结束）。

1979 年 8 月 30 日　召开广东省国营南光农场第六届第二次职工代表大会。大会审议和通过《经营管理奖罚制度》，进一步加强企业管理，提高经济效益，抓好主业橡胶生产，定出割胶超产奖，定树位、定株数（250株/树位）、定产量、定消耗。每超产1公斤胶乳，一等割技奖0.15元，二等奖0.09元，每月结一次，按季发奖。

1980年7月22日，南光农场遭受第七号强台风（风力十二级以上）袭击，橡胶损失惨重，橡胶受害一至三级44.9万株，占总苗58.1%，受害四、五、六级和倒伏30.32万株，断倒率达39.3%，开割树受害一至三级21.53万株，占开割树47.9%，受害四、五、六级和倒伏22.01万株，断倒率达48.9%，经全场职工的共同努力，当年全场干胶仍有475.65吨，超计划完成任务。10月14日，场立功竞赛委员会印发《关于表彰抗灾生产立功人员的通报》。在本年度第七号强台风袭击后橡胶生产抗灾复产中涌现出大批有功人员，经逐级评选，场立功竞赛委员会审查批准，给307人分别荣立一、二、三等功。

1984年，场以橡胶、甘蔗、林木为主产业。1980年至1996年17年间，全场共生产干胶14016.89吨，其中1989年首次突破千吨干胶大关，实现了全场职工为之奋斗多年力争干胶超千吨的愿望。1989年至1991年更是连续3年突破干胶超千吨。建场以来，年产干胶最多的年份是1991年1235.74吨。橡胶生产是场的主业，也是场经济收入的主要来源。1992年5月，开展橡胶、甘蔗"二培二改"争先创优竞赛活动正式启动（橡胶培养高产树4000亩，8万株，改造低产树4000亩，8万株。甘蔗培养亩产吨糖蔗园4000亩，改造低产落后蔗园4000亩）。改革开放以来，场每年安排打响橡胶生产的几个战役（压青、覆盖、施水肥等），使场橡胶田管理工作年年排列在垦区前茅。1991年6月22日，由副场长陈能智负责的专题《重风中寒区橡胶优良品种生产性开发试验》正式启动（此为广东省农垦重点科技项目计划）。1991年至1996年生产当中橡胶开割树最多的是1991年，全年开割橡胶面积24465亩共43.5万株，六年当中开割树亩产最高的年份是1991年，亩产干胶53.6公斤，株产干胶最高是1994年平均株产干胶5.3公斤，1996年，橡胶种植面积剩下16519亩，当年产干胶734.44吨。

2. 橡胶高产管理 南光农场历来重视胶工割技的培训学习，每年举办一次胶工和辅导员的割胶技能比武，以技能比武促进胶工割技的提高。同时，每月严格进行橡胶树位检查，划分一级、二级胶工，按不同等级胶工兑现干胶结算单价，促进胶工们自觉进行割胶技能的学习，刻苦钻研，不断提高割胶技能。

科学创新，加强橡胶管理。橡胶是通过割树皮产胶乳计算产量，胶工一直以来都是弯腰割1米以下的树皮，对橡胶生产带来一定的局限性。通过摸索，南光农场发明橡胶阴刀割法，反向由低到高割1米以上树皮，充分利用橡胶树皮割面，提高了橡胶产量。还创新推广橡胶"三天一刀"割法，保养橡胶树，也提高干胶产量。同时，注重橡胶肥料投入，特别是牛栏肥的投入，年施优质牛栏肥 30 公斤，并做好胶园覆盖，营造了良好生态环境，并组织对每个树位的胶园管理检查验收，确保肥料投入到位，提高了橡胶产量。

开展劳动竞赛，提高胶工生产积极性。每年，农场制定橡胶生产劳动竞赛，核定干胶总产目标，完成目标产量，按标准给予奖励，同时，对橡胶树位田管进行考核。如灭荒：对现有橡胶开割树进行灭荒，做到园内没有小灌木，无恶草，必须把橡胶园四周 2 米内的灌木、杂草清除干净，施肥沟要求条铲，保持没有杂草在施肥沟内。施肥：橡胶田管施肥分 2 个阶段进行，9 月底为第一个阶段，橡胶田管施肥需完成全队树位数的 80%，10 月份为第二阶段，100% 完成田管施肥；在橡胶行间每两株或单株橡胶之间挖长 1 米、宽 0.5 米、深 30 厘米的施肥穴。每株施牛栏肥 30 公斤、磷肥 0.5 公斤/株、钾肥 0.5 公斤/株，施肥穴须回土覆盖，完成管理的给予奖励。通过劳动竞赛，促进橡胶生产的发展。

（二）甘蔗

南光农场在 1952 年后开始逐步发展多种经济作物，并将生产布局调整为"一业为主，多种经营"的模式，甘蔗种植在其中占有重要位置，种植面积和产量都呈现上升的趋势，1957 年至 1962 年，场以种植甘蔗为主，其间甘蔗种植面积最多的是 1959 年，种植面积 8959 亩；种植面积最少的是 1962 年，种植面积 4473 亩，因受 8 月份 11 级台风影响，1962 年种植的甘蔗大部分被刮断，减产一半以上，因此，当年向海康县报送《按照广东省农业税灾歉减免办法给予国营南光农场减免农业税的申请》。

1981 年至 1985 年，甘蔗种植面积和产量最少的是 1982 年，甘蔗种植面积 1971 亩，产蔗 7686 吨；甘蔗种植面积和产量最多的是 1985 年，种植甘蔗面积 6226 亩，产蔗 25078 吨。1986 至 1990 年，种植甘蔗面积和产量最少的是 1986 年，甘蔗种植面积 7063 亩，产蔗 31500 吨；种植甘蔗面积和产量最多的是 1990 年，甘蔗种植面积 9215 亩，产蔗 62100 吨。1992 年，在旱坡地进行甘蔗大面积亩产吨糖试验。当年 12 月 11 日统计，旱坡地甘蔗大面积亩产吨糖试验研究效果为：吨糖试验面积 4500 亩，总产完成 35640 吨，平均单产 7.92 吨（常规 6.2 吨），蔗糖分平均 13.3%（常规 12.2%），亩产蔗糖 1.053 吨（常规 0.744 吨），总产蔗糖量 4738.5 吨。措施：①全面深松深耕；②全面冬种地膜覆盖；③全面推广良种；④全面化学机械除草；⑤全面增施氮、磷、钾肥；⑥全面使用植物生产激素和根外追肥。1991—1995 年，甘蔗种植面积和产量最少的是 1991 年，种植面积 11320 亩，产蔗 6.4 万吨，种植甘蔗面积和产量最多的是 1995 年，种植面积 20654 亩，总产量 137043 吨，亩产 6.64 吨。

（三）防护林

防护林的建设对于南光农场的可持续发展起到了重要作用，正是防护林抵挡住一次又一次狂风暴雨等极端恶劣天气灾害的袭击，才有了南光农场后来的蓬勃发展。

1952 年，在大量种植橡胶树失败后，场大力营造防护林，同时发展多种经济作物。1975 年以后，南光农场开始逐步发展经济作物，生产布置调整为"一业为主，多种经营"。1955 年，《粤西垦殖分局国营南光垦殖场第一个五年生产计划》出炉，计划只列前 3 年，计划用 3 年时间种植防护林 1000 亩，其中 1955 年种植 500 亩，1956 至 1957 年种植 500 亩。1956 年，庄玉明在挖穴造林中，创造了"三锄""五锄"挖表土法，庞观发、胡志明、邓金泉等改良"四铧犁起畦耙""切干锯""十齿除草耙""割草刀"等多种农具，提高了生产效率，有力地推动了生产发展，受到了粤西垦殖分局的嘉奖。1964 年 7 月，南光农场遭受 11 级第 3 号台风袭击，全场多数林木被刮断或连根拔起，损失较为惨重。1974 年，根据上级指示精神，南光农场结合自身实际，共造林 500 亩，林木种植面积达 1585 亩。

1975—1982 年是林业种植发展较快的时期，到 1982 年，全场造林 37151 亩，因成绩突出，1983 年，南光农场被评为广东农垦"造林绿化先进单位"。1984 年，为使橡胶、甘蔗、林木三大产业生产能够更快地提高，开创南光农场生产结构改革的新局面，动员全场从事农业生产干部职工行动起来，投入"大战九月份国庆献厚礼"竞赛活动，场印发《大战九月创优岗劳动竞赛方案》，年末生产林木 94.35 立方米，被广东省评为"文明建设单位"。1986 年，为贯彻《森林法》和上级林业部门有关林木管理规定，依法治林，严格管理好场林业资源，保证场林木的正常生产，制定《广东省国营南光农场关于林木的管理规定》，1986 年至 1990 年五年间共计造林面积 6153 亩，种植防护林面积最多的年份是 1987 年，种植面积 1377 亩，种植最少的年份是 1988 年种植面积 1052 亩。1991 年至 1996 年，林木种植面积最多的年份是 1993 年，当年共种植面积 1346 亩，种植最少的年份是 1992 年，当年种植面积 706 亩。

四、工业

建场初期，场致力于发展种植业，工业发展较慢。1957 年，场提出"以工养农"的设想，自筹资金创办 1 间日榨甘蔗量 150 吨的糖厂，1 间加工量 20 吨的淀粉厂。1958 年，建立 1 座日加工量 9 吨的香茅厂，产香茅油 1.4 吨，建立 1 间日产 0.6 吨 65 度白酒的酒厂，建立 1 间年产碾米 2.5 吨的粮食加工厂。1959 年，办起 1 间日产量 10 吨的造纸厂和 1 间日产量 6 吨的酒精厂。1960 年建立 1 间年产 8 吨的油料加工厂。1960 年和 1961 年，全场建立 7 座香茅厂，日处理香茅叶 49 吨。1962 年 6 月办起修配厂（地址于 8 队旁）。1962 年，场兴建了第一间简易的橡胶制品厂（厂址 14 队部）。1972 年，建立南光农场橡胶烟片厂，日加工量为1吨。

1975年，全场橡胶面积达到了30000亩，开割面积达8908亩，开割树株数357000株，为了搞好橡胶加工，在8队北面新建一座中型橡胶制品加工厂，当年总产干胶251吨，向国家上缴利润89057元。南光农场摘掉了亏损的帽子（1964年为场财务经济上开始扭亏为盈的年份）。1975年，建立砖厂（当年产砖70万块）。1984年12月27日，与深圳市总工会合作兴建深圳工会大厦，投资143.59万元。1985年12月13日，与纪家区先锋乡副业大队联营在8队（原服务组旁）建小型糖厂（主制红糖片）。1986年，建立塑料厂，年产人造革鞋8万双。由于市场的变化，香茅面积减少，1988年只有1座香茅厂。

1992年，与深圳市宝安区观澜镇新园村租用建厂用地一万平方米，投资800万元；1994年，与深圳市龙岗镇贸易公司联营蜂巢夹层复合材料厂，投资100万元。1988年6月，场与吴川联营办年产胶鞋50万双的鞋厂。场办工厂给场带来一定的经济收入补足，但因各种原因，场办工厂陆续关闭。南光鞋厂由于市场竞争和管理不善，建厂以来，亏损总金额达1000万元。并入丰收糖业发展有限公司后，南光鞋厂于2000年12月16日关闭。

五、第三产业

1986年，在湛江市下山区东风市场对面设立湛江市南园酒家（总投资29.5万元）。

1995年职工人均纯收入达6880元，比1989年人均纯收入的2350元增长293%。职工生活由"求温饱"转向"求富、求知、求乐、求善"。

建场44年（1952—1996年），南光农场历尽沧桑，从一个荆棘丛生乱石遍地，杂草杂树高过人的荒山野岭变成葱茏翠绿的胶园，兴建起林立的高楼，一幢幢平顶套房，公路四通八达，通信畅通。本场从1980年起至1991年连续11年实现利润超100万元，其中1983年和1984年超200万元，1989年和1990超300万元，1993年、1994年由于遭受自然灾害，场财务经济收入滑坡，两年利润总计793万元。1995年，实现利润320万元，1996年实现利润418.9万元。场从1984年起至1995年，每年上缴国家利润均超100万元，部分年份超150万元。

六、科学化管理

南光农场的蓬勃发展得益于科学的管理。1956年，场实行计划关联、成本核算、定额管理、劳动管理和劳力分配等制度。1962年4月实行"三包一奖"办法（包工、包产、包成本、一奖励）。1982年实行经济承包责任制。1984年，全场职工家庭农场只有4个。

1985 年 10 月兴办职工家庭农场，全场职工家庭农场 755 个。1987 年，全场家庭农场达 1010 户全部实现"三自经营"，有 985 户家庭农场增收，占总户数 97.5％，人均纯收入达 1860 元。1989 年全场职工家庭农场人均纯收入 3028 元。

场从 1973 年起，注重橡胶林带机械化的发展，革新"挖穴机""苗头除草机""自动施水肥机""自动装肥机"，获得农业部奖（其中自行研制的 33-06 自动避壤转土除草机获得农垦部一等奖）。

七、交通通信

建场初期，辖区无一条小路，四处坑洼，一遇雨天，满地泥泞。1952 年，全场交通工具只有马车一辆，运粮要徒步走十几公里外的墟镇挑。1982 年止，全场已发展到有大小汽车 21 辆，中拖 28 台，手扶拖拉机 57 台，随着改革深化，场撤销汽车队，将大型汽车折价转为个体使用。为方便场职工到湛江办事（特别是看病），工会与海康县交通局商定建立南光至湛江线路班车运行，1984 年 4 月正式通车，当年至 1995 年由场工会管理运行，1995 年转由个体承包，过去每天一班车，到 2017 年，每天两班车，方便职工出入。

1955 年 2 月开通有线电话，1959 年 11 月建立南光邮政代办所，1969 年（兵团时期）建立有线广播。1979 年建立农业银行南光代办所和开办南光邮政代办所邮递、储蓄业务。1987 年安装闭路电视。1990 年 5 月安装程控电话，当年引入 BP 机通讯。1992 年后建立微波通信电话（半岛通讯）。1993 年进入使用手机（大哥大）无线通信时代，1995 年进入数字手机通信时代。并入丰收公司后接收调频广播，观看数字电视。

八、教育

场于 1959 年创办小学 1 所，当时只有一个班，在校学生 25 人。1969 年发展到小学 4 所，17 个班，在校学生 649 人。1979 年，中学 1 所，小学 4 所，在校学生 1764 人。1983 年中学 1 所，小学 4 所，幼儿园 1 间所，32 个班，在校学生 1262 人。1989 年，联合国难民署援助 6 万美金（折人民币 22.27 万元）建立的南光中学教学楼落成（共四层 1578 平方米，难民署资金可建 850 平方米，增建的 728 平方米 18 万元人民币经海康县人民政府同意从当地教育经费中解决）。

1995 年，中小学各 1 所，幼儿园 1 所，21 个班，在校学生 751 人。就中学而言，七一届至八七届共十六届，高中毕业生共 2417 人，升中专 107 人，升大学专科 56 人，升大学本科 29 人，升研究生 5 人。1994 年末，人口普查全场青壮年人口为 2124 人，文盲 57 人，占总人口的 2.7％。根据《广东省高标准扫除青壮年文盲单位考核验收的暂行办法》，经省教育厅与广东省农垦总局教育处联合验收小组验收，广东省南光农场非文盲人数均达到国家和教育规定标准。

九、卫生

1957年6月，建立南光农场卫生所（当时卫生员5人，病床8张）。1969年4月，南光农场卫生所改名为七师七团卫生队。1975年8月，南光农场卫生队改名为南光农场医院。职工享受医保医疗待遇，职工家属享受合作医疗待遇。1982年，场医院设有病床50张，医务人员38人，分别为1959年的6.3倍和7.6倍。深化改革的1996年份保持有医务人员31人，病床25张，生产队卫生员11人，建立合作医疗，参加太平洋医保、城乡医保、大病救助等，解决职工及家属看病难治病更难的实际问题。

十、农场党组织建设

1953年，全场中共党员只有15名（其中部队12名，场方3名），党支部1个，党小组3个。1954年，海康垦殖所转区委批示通知，为加强党在场的领导作用，决定成立后塘垦殖场党委会，从12月开始正式办公。1955年，中共党员45名（党员干部29名、工人党员16）。1956年全场共有党支部5个，党小组30个、中共党员193名。1957年，党支部11个，党小组42个，中共党员192名（女党员16名）。1962年，中共党员发展到206名，党群干部12人，党支部25个，党小组46个。1975年，共有中共党员390名，党支部26个，党小组48个。1987年，中共党员491名，党支部36个，党小组73个。1991年，中共党员555名（女党员106名），党总支2个，党支部42个，党小组106个。

十一、工会

1954年5月，工会基层委员会（简称工会）分别在0201（塘北）垦殖场、0202（后塘）垦殖场、0204（东垌）垦殖场建立。年末共有工会会员779人。1955年11月，南光垦殖场（三个垦殖场合并）工会基层委员会成立。1956年末，全场共有工会会员877人。1964年工会整组、换证，各生产队设分会。1967年"文化大革命"工会组织及其机构被迫解体。1978年11月，恢复南光农场工会。1982年7月，省农垦工会在南光农场召开广东农垦群众文化工作现场会。南光农场工会做积极开展群众文化工作经验介绍。1983年5月1日，南光农场工会荣获中华全国总工会授予的"先进基层工会"称号。7月16日，全国农林工会、广东省农垦工会、湛江农垦工会联合工作组到南光农场调查了解南光农场党委加强和改善对工会工作领导的情况，以三级工会联合组的名誉起草《南光农场党委加强对工会工作领导情况的调查》。10月，南光农场工会荣获中华全国总工会授予的"职工之家"称号。12月22日，中共广东省湛江农垦局党组印发《批转湛江农垦工会关于请示批转，〈南光农场党委加强对工会工作领导情况的调查〉报告的通知》。《通知》希望各党组织重视工会工作，进一步加强和改善对工会工作的领导，结合实际，学习南光党委充分发挥工会组织的作用的先进经验，使工会在两个文明建设中发挥应有作用。1984年5月，南光农场工会荣获广东省总工会授予的"先进基层工会"称号。1987年5月，南光农场工会被广东省总工会授予"模范职工之家"荣誉称号。1988年5月，南光农场工会荣获中华全国总工会授予的"模范职工之家"称号。10月，中华全国总工会授予南光农场工会为"模范职工之家"。

十二、共青团

1954年年末，后塘垦殖场共有共青团团员110人（其中干部团员17人，工人团员91人，其他团员2人）。1955年年末，共青团国营南光垦殖场委员会统计，全场有团总支1个，团支部4个，团小组14个，团员68人，青年720人。1956年年末，共青团国营南光垦殖场委员会统计，全场有团员219人。1957年年末，共青团国营南光农场委员会统计，全场有团员160人。1971年9月2日，召开共青团广州军区生产建设兵团七师四团第一次代表大会。大会主题为"高举毛泽东思想伟大红旗，把共青团组织建设成为毛泽东思想大学校"。年末，全场有团员32人。1972年年末，共青团七师四团委员会统计，全团有团员35人。9月9日至11日，召开共青团七师七团第二次代表大会。1973年年末，共青团七师四团委员会统计，全团有团员24人。1976年6月6日至10日，召开共青团广东省国营南光农场第三次代表大会。1978年12月14日至15日，召开共青团国营南光农场第四次代表大会。大会主题为"振奋革命精神，把青春献给建设社会主义现代化强国的壮丽事业"。1982年1月15日至16日，召开共青团广东省国营南光农场第五次代表大会。出席大会代表50人。1985年1月20日，共青团南光农场委员会被评为"1984年湛江垦区先进团委"，4队团支部为"垦区红旗团支部"。1月24日至25日，召开共青团广东省国营南光农场第六次代表大会。出席大会代表82人，大会主题为"适应改革，发挥先锋作用，积极投身四化建设"。7月5日，共青团南光农场委员会被评为"湛江垦区1984/1985年度学校团队工作先进单位"。12月10日，16队团支部被评为"粤西垦区红旗团支部"。1986年4月，共青团南光农场委员会荣获共青团广东省农垦委员会授予的"1985年度先进团委"称号。1988年5月27日，召开共青团广东省国营南光农场委员会第七次代表大会。大会主题为"积极实践，大胆探索，为全面振兴南光贡献青春"。1991年12月，共青团南光农场委员会荣获共青团广东省委员会授予的"学雷锋、树新风"活动先进集体称号。

十三、荣誉

自南光建场以来，涌现出一批又一批干部职工，他们充分发挥自己的力量和智慧，推动农场不断向前发展，为农场贡献力量的同时也为自身赢得了荣誉，南光农场集体及个人获得的荣誉摘要如下：

1978年，农场被评为"全国农垦系统先进集体"，修配厂胡根德荣获农业部授予的"全国先进生产（工作）者"称号。1979年，南光农场研制的胶树苗松土除草机荣获"省科技表彰大会荣誉奖"。黄运芳、胡根德、苏宗兰等荣获广东省人民政府授予的"广东省劳动模范"称号。

1983年，南光农场被广东省农垦总局评为"造林绿化先进单位"。1984年，南光农场被广东省评为"文明建设单位"。1989年4月，南光农场被广东省农垦总局劳动竞赛委员会评为"1988年度'双创一争'竞赛活动组织竞赛优秀单位"。1988年4月，中共广东省纪律检查委员会表彰中共南光农场纪委为"1987年度广东省纪检系统先进单位"。

1990年6月18日，中共南光农场纪律检查委员会被评为"广东省先进纪检组织"。黄光彬被评为"广东省先进纪检工作者"。

十四、领导班子成员

附表11 南光农场领导班子成员名录表

姓　名	性别	籍贯	政治面貌	职务	任职期限	备注
王成德	男	—	中共党员	场长	1953	0201垦殖场
王凤臣	男		中共党员	场长	1955	南光垦殖场
吴修善	男	—	中共党员	场长	1954—1959	1960年调任收获农场场长
朱克华	男		中共党员	场长	1960—1973	
崔玉才	男		中共党员	场长	1974—1981.5	1981年6月调任农垦中专学校副校长
卢午生	男		中共党员	场长	1981.6—1984	
汪恒	男	湖北武汉	中共党员	场长 党委副书记	1985—1993	1994年退休
刘振钦	男	广东潮州	中共党员	场长	1994—1995	1987年至1995年任党委书记
蔡泽祺	男	广东遂溪	中共党员	场长	1996—1997	1993年至1996年任党委副书记
姜静青	男	吉林延吉	中共党员	党委副书记	1954	—
周毅	男	—	中共党员	党委书记	1957—1961	

（续）

姓　名	性别	籍贯	政治面貌	职务	任职期限	备注
谈景文	男	—	中共党员	党委书记	1962—1963	—
宋贵洲	男	辽宁盖县	中共党员	党委书记	1974—1986	—
苏忠民	男	广东雷州	中共党员	党委书记	1996	—
孟先文	男	—	中共党员	党委副书记	1961—1963	1962 年兼工会主席
杨先美	男	—	中共党员	副场长	1962—1966	—
姜学政	男	—	中共党员	副场长	1962—1972	—
廖敬忠	男	广西贵县	中共党员	副场长	1961—1986.8	—
韦良贤	男	—	中共党员	党委副书记	1974—1980	—
丁存荣	男	—	中共党员	副场长	1974—1984	—
郭玉富	男	山西	中共党员	副场长	1974—1981	—
刘国荣	男	广东台山	中共党员	党委副书记	1974—1984	—
陈楚南	男	—	中共党员	副场长	1974—1977	—
宋海保	男	山西长治	中共党员	副场长	1979—1984	—
戴幸赐	男	广东阳江	中共党员	副场长	1980—1990	1990 年 9 月退休
陈文凡	男	—	中共党员	副场长	1984—1991	—
罗运强	男	—	中共党员	副场长	1984—1989	1989 年 8 月外调
李道宽	男	广西南宁	中共党员	副场长	1982—1989	1989 年 10 月退休
陈能智	男	广西合浦	中共党员	副场长	1988—1996	—
黄光彬	男	广东阳江	中共党员	纪委书记	1991—1993	1993 年 2 月退休
宋湖边	男	广东雷州	中共党员	副场长	1991—1996	—
黄运芳	男	广东开平	中共党员	工会主席	1980—1984	—
黄坤	男	广西容县	中共党员	工会主席	1985—1986	1987 年至 1989 年任党委副书记
张天民	男	广东开平	中共党员	工会主席	1987—1989	—
孙顺然	男	广东潮州	中共党员	工会主席	1990	1991 年至 1994 年任副场长
潘桂林	男	广西贵港	中共党员	工会主席	1991—1994.3	1994 年 4 月任副场长、12 月调局工会
伍祥武	男	广东雷州	中共党员	副场长 党委副书记 纪委书记 工会主席	1989—1996	1991 年 6 月任党委副书记、1993 年 2 月任纪委书记、1994 年 4 月兼任工会主席

广东省国营调丰糖厂概况

广东省国营调丰糖厂（简称调丰糖厂）位于雷州半岛东海岸。地理坐标为北纬 $20°11'19''$—$20°41'20''$，东经 $110°10'19''$—$110°18'30''$。厂区土地范围东南与收获农场北河队土地相连，西与收获农场滨河队相隔，北与收获农场海滨队土地连接。建筑总面积 31172 平方米（其中厂区建筑面积 24266 平方米，生活区建筑面积 6906 平方米）。

1959年3月调丰糖厂最早建立在收获农场南田队对面（原是湛江农垦技工学校、兵团时期为七师师部干部培训总部、收获中学、收获第二中学、收获第二小学旧址，现广东省丰收糖业发展有限公司复肥厂），生产规模为日榨甘蔗量350吨。1960年10月经湛江农垦局研究决定，将调丰糖厂划归广东省国营收获农场管辖。1962年因农场经营方针改变，种植业发展缓慢，糖厂缺乏原料，经湛江农垦局呈报省农垦总局批复，同意在本年度关闭调丰糖厂。

1983年6月，湛江农垦局决定重建调丰糖厂，至1985年4月新调丰糖厂基本建成，于同年12月开榨投产。截至1995年年末，全厂固定职工597人，社会总产值17793万元，利税2306.6万元，上缴税金1557万元。

1995年12月28日与收获农场合并为广东省丰收糖业发展有限公司。

一、筹建和主产业生产经营

（一）筹建

1983年6月4日，广东省湛江农垦局印发《重建调丰糖厂（日榨甘蔗1000吨）计划任务书》（简称《任务书》）。《任务书》指出：原调丰糖厂日榨甘蔗350吨，水源和蔗源不足。现选厂址水源足，交通方便。

1983年10月11日，广东省计划委员会印发《关于新建调丰糖厂的复函》。经研究，同意省农垦总局向农牧渔业部上报新建调丰糖厂日榨甘蔗1000吨计划任务书，糖厂建设所属的贷款及自筹指标，请农牧渔业部安排解决，并按中央项目纳入国家计划。

1983年11月28日，湛江农垦局研究决定，成立广东省国营调丰糖厂筹建小组。组长陈介三，副组长刘忠斌、李源和，组员由张德宣、彭汉云、马义勇、汤继荣、彭乐琛、吴长进等组成。筹建领导小组下设办公室，在局机关办公，由彭汉云主持日常工作。设立调丰糖厂筹建处（地址：收获农场），彭乐琛、王传富为临时负责人，具体主持调丰糖厂筹建工作。

1984年2月21日农牧渔业部批准新建广东省国营调丰糖厂为日榨甘蔗1000吨的糖厂，建厂总投资控制在3200万元以内，不得突破。当年2月24日委托广东省轻工业设计院设计。经湛江农垦局调丰糖厂筹建领导小组同意，调丰糖厂建设将组织11个工程队共1200人施工。3月，经湛江农垦局同意，调丰糖厂从徐闻、海康各农场抽调142人到广东省国营广丰糖厂实习（称学员），其中吊车学员5人，落蔗学员3人，电工6人，化验室学员10人，压榨11人，酒精12人，动力42人，制炼53人。（这批学员后来大多数成为厂、车间骨干）。4月26日，全厂设六科二室五个车间和一个汽车队，定员568人（不含酒精车间），其中技术人员 30 人，职员 55 人，服务人员 27 人，固定工 257 人，季节工 199 人，总概算 2267 万元。6 月 4 日，生活区破土动工（11 月完成生活区建筑工程）。6 月 11 日，向湛江农垦局工业处上送《调丰糖厂固定岗位定员情况报告》（简称《报告》）。《报告》主要内容为：根据广东省轻工业设计院的《广东省国营调丰糖厂（1000 吨/日亚硫酸法）初步设计说明书》的定员数，管理人员（含车间）技术员 30 人，固定工 296 人。8 月 1 日，调丰糖厂为解决建设期间用电，从收获农场部菜地驳接架设 10 千伏线路，安装受电变压器一台，容量 320 千伏安，高压收费由龙门供电所负责，低压收费由收获农场供电所负责。王传富代表调丰糖厂与收获农场副场长冯伟强签订《关于调丰糖厂接线用电协议书》。

8 月 5 日厂区工程正式动工，11 月 16 日，开始安装锅炉。12 月 14 日，为解决调丰糖厂用水的需要和满足农村灌溉农田的要求，调丰糖厂与调风区坑尾乡、九江村、安罗村签订《关于调丰糖厂和坑尾乡政府共同修筑水坝协议书》。双方同意废除堪堰桥下游（收获医院前面）的旧水坝，利用浆砌长 56 米，坝底宽 5.3 米，坝面宽 4 米，坝高 2.3 米的一座新拦水坝。12 月 28 日，广东省国营调丰糖厂与广东省国营收获农场签订《土地使用权转让协议书》。经双方协商同意调丰糖厂因建厂需要，占用收获农场北河队北面土地 424.22 亩土地内有橡胶树 80.4 亩，香茅 240 亩，防风林 102.82 亩，橡胶小苗 3 亩等，调丰糖厂补偿收获农场 12.7 万元。12 月 30 日，设备安装工作全面铺开。整体工作于 1985 年 3 月底基本竣工，4 月 10 日进行整体试机，4 月 13 日落蔗试榨，主体工程仅用 248 天时间全面完成厂房全部设备安装和试机试榨各项工作。1984 年末，全厂职工 264 人（全为固定职工）其中工程技术人员 6 人，管理人员 33 人，医务人员 2 人。新建厂初期总投资为 2339 万元（其中国家拨款 1500 万元，其余 839 万元通过贷款和拨改贷解决）。1985 年 1 月 16 日，根据广东省设计院的要求，调丰糖厂利用堪堰河水制糖不符合国家卫生标准，只能引用收获农场东风水库的水制糖，而引水管道必须通过调风区红心楼水库的溢洪道桥墩。经报告海康县人民政府，批复同意引水。调丰糖厂与调风区公所签订《引水协议书》。

（二）主产业经营

1985 年 12 月 3 日，调丰糖厂建厂后第一个榨季 1985/1986 年榨季工作正式启动。本榨季于 1986 年 4 月 3 日结束，历时 122 天，共压榨甘蔗 14.72 万吨（局下达总榨甘蔗计划任务为 15.6 万吨），完成计划 96%，平均日榨量 1349 吨，产糖 15963.25 吨（其中白砂糖 14078.25 吨，赤砂糖 1885 吨），产糖率 10.12%，甘蔗糖成品合格率 88.7%，总回收率 83.13%，安全生产率 93.68%，糖分 11.97%，每百吨甘蔗耗标准煤 6.9 吨，每百吨甘蔗耗电量 3144 度。产 96 度以上酒精 560 吨，全厂工业总产值 1360.2 万元，上缴税金 350

万元，利润 84 万元。1985 年和 1986 年每年向国家上缴税金均超过 300 万元。1986 年起厂获得享受省、市以税还贷优惠政策。

1994 年 9 月 1 日，为庆祝广东省国营调丰糖厂建厂 10 周年，厂长办公室起草《红土地上的奋进》，并上送《中国农垦》编辑部。本文分四部分：一、创业篇，二、发展篇，三、腾飞篇，四、成熟篇。10 年期间，厂生产规模从 1985 年日榨量 1000 吨到 1987、1988、1989 年"填平补齐"日榨量 2500 吨，1991 年扩大到日榨量 4000 吨，1994 年日榨能力达 5000 吨。厂综合利用水平不断提高，1985 年底建成日产 20 吨的食用酒精车间，1988 年建成年产 5000 立方米的蔗渣碎粒板车间，1990 年建成年产 500 吨的冰片糖车间，1992 年建成年产 200 万条的塑料编织袋厂，1993 年酒精车间的生产能力又扩建到日产 50吨，每榨季输出外电 300 万千瓦时以上。建厂 10 年，共收购处理徐海各农场甘蔗 304 万吨，产糖 29 万吨，产酒精 2.4 万吨，产碎粒板 10000 立方米，完成工业总产值 7.08 亿元，实现利税 1.04 亿元。9 月 28 日，举行庆祝广东省国营调丰糖厂建厂 10 周年大会。特邀参加庆祝大会正式代表有湛江农垦局、湛江市、雷州市、调风镇、本区域各糖厂、垦区徐海各单位领导和有关部门负责人，华南理工大学教授，广州市华侨糖厂领导等。

附表 12　广东省国营调丰糖厂建厂 10 年经济效益明细表

年份（榨季）	榨蔗总量（万吨）	平均日榨量（吨）	产糖总量（万吨）	酒精（吨）	碎粒板（立方米）	工业总产值（万元）	上缴税金（万元）	利润（万元）
1985/1986	14.72	1349	1.596	560	—	1640	350	84
1986/1987	25.58	2010	2.54	1790	—	2787	468	120
1987/1988	24.82	2209	2.38	1672	—	2577	712	342
1988/1989	31.89	2305	2.7	2600	—	2880	717.2	335.2
1989/1990	34.54	3056	3.017	2501	—	8151	953	369
1990/1991	44.49	2816	4.135	2206.4	1027	8511	573	—
1991/1992	55.04	3971	5.453	2589	1045	14969.7	1688.2	708.9
1992/1993	54.64	5012	5.367	4240	3391	17000	1500	2000
1993/1994	49.4	5519	4.752	1786	760	20000	2000	1000
合计	335.12	3138.56	31.94	19944.4	6223	78515.7	8961.4	4959.1

二、技改

调丰糖厂本着边生产边技改的原则。1986 年 2 月 16 日，厂起草《调丰糖厂技改扩建计划任务书》和《关于上报"调丰糖厂技改扩建计划任务书"的报告》。因为"七·五"期间，调丰糖厂蔗区规划发展甘蔗面积 7 万～8 万亩。1986 年 3 月 31 日，省农垦总局批复，同意粤西农垦局调丰糖厂通过技术改造、配套补齐，生产能力由日榨 1000 吨增加到2000 吨，所需投资为 747 万元，其中粤西农垦局和糖厂自筹 224 万元，向农业银行贷款

523 万元，项目的各项建设工作，务必在 1986/1987 年榨季前完成。此项技改，在 1986/1987 年榨季取得良好效果。据统计，1986/1987 年榨季期为 148 天，共压榨甘蔗 25.58 万吨，平均日榨量为 2010 吨，产糖 2.54 万吨，生产酒精 1790 吨，工业总产值 2760 万元，创税利 353 万元。生产安全率 97.04%，压榨收回率 95.67%，总收回率 82.65%。

1988 年 4 月 26 日，本厂经过 1986、1987 年填平补齐项目，生产能力为日处理甘蔗 2300 吨，经厂研究决定，再增加一个 30 平方米煮糖罐及相适应配套设备，提升生产规模为日榨甘蔗 2500 吨。6 月 1 日，粤西农垦局批复调丰糖厂挖潜平衡日榨 2500 吨报告，同意调丰糖厂在现有制炼车间的基础上，增加一个 30 平方米的煮糖罐以及相应的配套设备，挖潜平衡到日榨 2500 吨，投资 50 万元。此项技改，在 1988/1989 年榨季起得良好效果，平均日榨量达到 2305 吨。

1990 年 4 月 1 日，起草《广东省国营调丰糖厂日处理甘蔗由 2500 吨平衡到 4000 吨技改扩建工程项目建议书》。8 月 11 日，农业部批复，同意省农垦总局下属粤西农垦局管辖的广东省国营调丰糖厂进一步改造扩建，日榨甘蔗规模提高到 4000 吨/日，改扩建工程总投资暂按 2890 万元控制。11 月 9 日，广东省轻工业设计院、广东省湛江市糖纸工业设计室联合制定《广东省国营调丰糖厂由 2500 吨/日扩建至 4000 吨/日设计任务书》。12 月 18 日，成立筹建 4000 吨/日榨甘蔗办公室。

1991 年 1 月 29 日，农业部批复，同意省农垦总局调丰糖厂设计任务的各项意见，厂生产能力平衡扩建至日榨 4000 吨，动力车间实行热电联产，新增 65 吨/小时锅炉 1 台，6000 千瓦背压式汽轮发电机组 1 台，总投资控制在 2986.52 万元以内。另外，1991 年糖厂新增一列压榨机、3 个蒸发罐。经过一系列的技改，1991/1992 年榨季平均日榨量达到 3971 吨，极大提高了生产效率。

1992 年 9 月 14 日，湛江市政协经济委员会批复调丰糖厂优级糖生产技术改造项目建议书，同意调丰糖厂现用的亚硫酸法生产的白砂糖工艺，改造为糖浆上浮法生产工艺，年产优级白糖 1.5 万吨，产品采用 GB 317—1984 标准。要求白砂糖产品合格率及一级品率由技改前的 96.5%，提高为技改后的 100%，总投资 146 万元，其中土建面积 150 平方米。此项目列入省 1992 年技改计划后实施。10 月 29 日，粤西农垦局下发《关于下达调丰糖厂优级糖生产技改项目计划的通知》，指明调丰糖厂优级生产技改项目，市经委已予立项。技改项目总投资 146 万元，其中土建投资 4 万元，设备投资 142 万元。资金来源：企业自筹 50 万元，农业银行贷款 96 万元。

1993 年 4 月 28 日，为充分利用和处理废糖蜜，提高厂经济效益，厂制定《广东省国营调丰糖厂酒精车间技改、扩建项目建议书》，并上报湛江农垦局。7 月 9 日，湛江农垦局同意调丰糖厂对现酒精车间进行扩建，扩建完成后，生产能力提高到日产酒精5万升（即日产酒精40吨）。项目扩建总投资344万元，其中厂自筹69万元，申请农行贷款275万元，项目列入1993年技改计划。

1994年5月25日，厂决定在不增大生产能力的基础上对制炼车间蒸发煮糖系统进行技术改造，制定《广东省国营调丰糖厂制炼车间蒸发煮糖系统节能技改项目建议书》。6月9日，召开国营调丰糖厂第三届第七次职工代表大会。主题为：全力以赴、高质高量完成九四年度检修技改工作任务，大会审议通过《检修技改方案》。7月4日，湛江农垦局批复调丰糖厂《关于调丰糖厂蒸发煮糖系统节能技改项目计划的请示》，同意对制炼车间蒸发煮糖系统进行节能技改，以进一步降低能耗和减少跑糖，提高经济效益。节能技改计划总投资462.5万元。资金来源为申请银行贷款400万元，厂自有资金62.5万元。此项技改，在1994/1995年榨季起得良好效果。据统计，1994/1995年榨季煮炼收回率88%，同比提高11.48个百分点；总收回率83.46%，同比提高1.84个百分点。本年度全厂完成工业总产值2亿元，再次突破利税3000万元。

1995年1月18日，厂制定《1995年检修期促节能、降煤耗、合理化建议奖励方案》。

各项技术改造，使厂生产规模从1985年日榨量1000吨到1986、1987、1988、1989年"填平补齐"日榨量2500吨，1991年扩大到日榨量4000吨，1994年日榨能力达5000吨。榨季压榨甘蔗总量由建厂初期的第一个榨季1985/1986年榨季的14.72万吨上升至1991/1992年榨季的55.04万吨。产糖总量由1985/1986年榨季的1.596万吨上升至1991/1992年榨季的5.453万吨。

三、综合利用

为综合利用，提高经济效益，经厂领导班子研究决定建立酒精车间，特向湛江农垦工业处上送《调丰糖厂关于申请建造酒精车间的报告》。7月4日，广东省粤西农垦局批复，同意调丰糖厂建12000升/日酒精车间，总投资120万元，其中100万元已在糖厂总投资中下达，20万元从局拨改贷解决。1986年2月8日，日产12000升酒精车间建成。在1985/1986年榨季成功生产酒精560吨，产值60万元，盈利10万元（该厂于1985年9月1日动工，建期为160天）。1986/1987年榨季和1987/1988年榨季两个榨季生产酒精突破1700吨。1989/1990年榨季、1990/1991年榨季和1992/1993年榨季3个榨季生产酒精突破2500吨。最高年份是1994/1995年榨季生产酒精4240吨。从1985/1986年榨季至1995/1996年榨季10个榨季共生产95度以上酒精合计为24000吨。

1987年7月15日，经厂研究决定增建蔗渣碎粒板车间，特向湛江农垦局呈报《调丰糖厂关于增建蔗渣碎粒板车间的可行性报告》。10月12日，省农垦总局《关于调丰糖厂新建年产3500立方米蔗渣碎粒板车间设计任务书的批复》，同意调丰糖厂新建年产3500立方米蔗渣碎粒板车间一座，项目总投资300万元。10月13日，省农垦总局粤《关于粤西农垦局十一项工业项目的批复》，其中同意调丰糖厂综合利用建年产5000立方米蔗渣碎粒板车间，投资控制在300万以内，计划1988年底投产。

1988年6月3日，年生产规模由原定3500平方米后改为5000平方米碎粒板车间破土动工。（该车间于10月土建工程交付安装使用，1989年2月全部设备到位并安装完毕，3月份投产）。碎粒板车间从1989年至1995年共6年生产碎粒板10000立方米。

该厂确定厂址在距糖厂动力车间北面100米处，占地15亩，最初设计产量为年产3500米3全车间生产及管理人员110人（固定工40人），于1988年10月建成投产。

产品大部分在广东省、海南省两地销售，在1996年至2000年有部分产品销往西安、成都、甘肃等地。由于产量较小，市场份额较小，市场份额较难统计。

碎粒板厂生产线建立之初是由广东省甘蔗科学研究所设计，购买昆明人造板机器厂全套设备，该设备在当时属于国内先进水平。在1989年至2000年期间主要经过两次技改。第一次：1996年由丰收公司组织技术力量研制新型脲醛树脂胶并应用于生产。该技术提高了产品质量和生产效率，生产量由原来的年产不足4000立方米提高到年产5000立方米以上，降低了生产成本。第二次：1997年购买燃煤热油炉更换蒸汽炉。该技改节约燃料约50%，并提高了生产效率和产品质量，生产量由原来年产5000立方米以上提高到年产7000立方米以上，生产成本大幅度下降。

1989—1993年，碎粒板厂作为调丰糖厂的一个生产车间，车间负责生产产品，供应、销售、财务由总厂负责。

1990年建成年产500吨的冰片糖车间。

1992年建成年产200万条的塑料编织袋厂。

1993—2000年，碎粒板厂采取集体承包制，工资实行计件工资，经营管理上实行核定成本、独立核算、自负盈亏的形式，并实行产、供、销一条龙的形式。

四、党组织建设

1985年年末全厂有党支部6个，中共党员54人，其中女党员4人，少数民族党员2人。8月18日，召开中共广东省国营调丰糖厂第一次代表大会。大会选举产生中共调丰糖厂第一届党委、纪委委员。1989年11月14至15日，召开中共广东省国营调丰糖厂第二次代表大会。大会选举党委纪委委员。1990年年末，全厂有党支部8个，党小组15个，党员95人

（其中女 10 人），大专以上文化程度党员 5 人，中专 8 人，高中 51 人，初中 18 人，小学 13 人。1991 年年末，全厂建立党支部 8 个，党小组 15 个，党员 102 人（党员占职工总人数 620 人的 16.45％）。1992 年年末，全厂党支部、党小组个数和党员人与 1991 年相同。

1994 年 8 月 19 至 20 日，召开中共广东省国营调丰糖厂第三次代表大会。出席大会正式代表 57 人。大会选举产生中共调丰糖厂第三届委员会和中共调丰糖厂纪律检查委员会。

五、荣誉

广东省国营调丰糖厂主产品"蜂泉"牌一级白砂糖在产品质量国家监督抽查中历次合格，被中国食品工业协会审核评定为"国家监督抽查合格，全国质量信得过食品"，1994 年利税额在全国农垦大中型企业排序中列第八位，综合经济效益在广东省工业企业 200 强排序中列第 96 位，先后被评为雷州市十佳单位，湛江市工业企业经济 50 强企业，多年被评为雷州市、湛江市"重合同、守信用"企业，湛江市文明单位，广东农垦综合经济效益先进企业，广东农垦文明单位，全国农垦利税百强企业。

六、领导班子成员

附表 13　调丰糖厂历届领导名录

时间	姓名	性别	籍贯	党派	职务	任职时间
1984	叶继新	男	广东梅县	中共党员	筹备组长	6 月 2 日起
1985	叶继新	男	广东梅县	中共党员	党委书记	4 月 26 日
	刘修连	男	江苏丰县	中共党员	副厂长	—
	黄圣铁	男	—	中共党员	副厂长	—
	吴庆光	男	—	中共党员	副厂长	—
	王传富	男	河南	中共党员	享受副处巡视员	—
1986	叶继新	男	广东梅县	中共党员	党委书记	—
	刘修连	男	江苏丰县	中共党员	厂长	—
	黄圣铁	男	—	中共党员	副厂长	—
	吴庆光	男	—	中共党员	副厂长	—
	李润和	男	广东新会	中共党员	工会主席	—
	王传富	男	河南	中共党员	巡视员	—
1987	叶继新	男	广东梅县	中共党员	党委书记	—
	刘修连	男	江苏丰县	中共党员	厂长	—
	黄圣铁	男	—	中共党员	副厂长	—
	吴庆光	男	—	中共党员	副厂长	—
	李润和	男	广东新会	中共党员	工会主席	—
	王传富	男	河南	中共党员	巡视员	—

（续）

时间	姓名	性别	籍贯	党派	职务	任职时间
1988	叶继新	男	广东梅县	中共党员	党委书记	—
	刘修连	男	江苏丰县	中共党员	厂长	—
	黄圣铁	男	—	中共党员	副厂长	7月11日调广丰
	吴庆光	男	—	中共党员	副厂长	—
	李润和	男	广东新会	中共党员	副厂长	—
	李华	男	—	中共党员	工会主席	—
1989	叶继新	男	广东梅县	中共党员	党委书记	—
	刘修连	男	江苏丰县	中共党员	厂长	—
	吴庆光	男	—	中共党员	副厂长	—
	李华	男	—	中共党员	副厂长	—
	李润和	男	广东新会	中共党员	副厂长	—
	赖碧辉	男	广东电白	中共党员	工会主席	—
1990	叶继新	男	广东梅县	中共党员	党委书记	—
	刘修连	男	江苏丰县	中共党员	厂长	—
	吴庆光	男	—	中共党员	副厂长	—
	李华	男	—	中共党员	副厂长	—
	李润和	男	广东新会	中共党员	副厂长	—
	赖碧辉	男	广东电白	中共党员	工会主席	—
1991	叶继新	男	广东梅县	中共党员	党委书记	—
	刘修连	男	江苏丰县	中共党员	厂长	—
	吴庆光	男	—	中共党员	副厂长	—
	李华	男	—	中共党员	副厂长	—
	李润和	男	广东新会	中共党员	副厂长	—
	赖碧辉	男	广东电白	中共党员	工会主席	—
	陈剑峰	男	广东台山	中共党员	副厂长	12月29日
1992	叶继新	男	广东梅县	中共党员	党委书记	—
	刘修连	男	江苏丰县	中共党员	厂长	—
	吴庆光	男	—	中共党员	副厂长	—
	李华	男	—	中共党员	副厂长	—
	李润和	男	广东新会	中共党员	副厂长	—
	赖碧辉	男	广东电白	中共党员	工会主席	—
	陈剑峰	男	广东台山	中共党员	副厂长	—
	张安华	男	广东潮阳	中共党员	副厂长	12月8日
1993	杨汉进	男	广东潮阳	中共党员	党委书记	10月6日
	叶继新	男	广东梅县	中共党员	正处调研员	8月28日
	陈剑峰	男	广东台山	中共党员	代理厂长	7月29日
	赖碧辉	男	广东电白	中共党员	工会主席	—
	张安华	男	广东潮阳	中共党员	副厂长	—
	吴庆光	男	—	中共党员	副厂长	—
	李华	男	—	中共党员	副厂长	—
	李润和	男	广东新会	中共党员	副厂长	—

（续）

时间	姓名	性别	籍贯	党派	职务	任职时间
1994	杨汉进	男	广东潮阳	中共党员	党委书记	—
	陈剑峰	男	广东台山	中共党员	厂长、党委副书记	6月7日
	李润和	男	广东新会	中共党员	副厂长	—
	吴庆光	男	—	中共党员	副厂长	—
	张安华	男	广东潮阳	中共党员	副厂长	—
	赖碧辉	男	广东电白	中共党员	工会主席	—
	刘修连	男	江苏丰县	中共党员	正处调研员	6月7日
	叶继新	男	广东梅县	中共党员	正处调研员	6月7日离休
1995	杨汉进	男	广东潮阳	中共党员	党委书记	12月11日调华海糖厂
	陈剑峰	男	广东台山	中共党员	厂长、党委副书记	—
	李润和	男	广东新会	中共党员	副厂长	—
	张安华	男	广东潮阳	中共党员	副厂长	—
	吴庆光	男	—	中共党员	副厂长	3月22日退休
	赖碧辉	男	广东电白	中共党员	工会主席	—
	刘修连	男	江苏丰县	中共党员	正处调研员	—

广东丰收糖业发展
有限公司(农场)志

GUANGDONG FENGSHOU TANGYE FAZHAN
YOUXIAN GONGSI(NONGCHANG) ZHI

后记

《广东丰收糖业发展有限公司（农场）志》的编纂出版，得到了农业农村部农垦局、中国农垦经济研究会、中国农业出版社及广东省农垦集团公司、广东广垦糖业集团有限公司的大力支持。丰收公司党委根据农业农村部办公厅〔2020〕1号文和广东省农垦集团公司〔2020〕27号文精神及所属管理局广东广垦糖业集团有限公司的要求，于2020年8月抽调各部门精干人员及返聘退休人员组成了五人编写小组，设立编志办公室，由行政办公室副主任韦福林任主任，退休人员何伟燊任副主任，组员有南光农业分公司党总支书记陈凯、人事科科员李振华、追债办科员赖荣华。根据中国农垦农场志编纂委员会办公室的安排，2020年9月14—18日，选派韦福林、李振华到黑龙江省哈尔滨市北大荒农垦总局参加中国农垦农场志编纂培训班学习。9月20日，根据《中国农垦志编纂培训班技术手册》要求，制定《广东丰收糖业发展有限公司（农场）志》，篇目设置为10编44章135节，文字近75万字，并做了撰写分工，由韦福林主笔，要求10个月内完成初稿。

本志概述，第一编的第一章、第二章、第三章，第二编的第一章、第二章、第三章、第四章、第五章、第七章，第三编的第一章、第二章、第三章、第四章、第五章、

第六章，第四编的第一章、第二章、第三章第一节，第五编的第一章、第二章部分，第六编的第一章、第二章部分、第三章部分，第七编的第一章、第二章、第三章、第四章部分、第五章、第六章、第七章、第八章、第八编的第四章部分，第九编的第一章部分、第二章部分、第三章部分，第十编的第二章部分等撰稿人为韦福林。大事记，第二编的第二章第五节部分、第三章第五节部分、第六章，第四编第三章第二节、第五编第二章部分、第六编第二章部分、第三章部分、第八编的第三章、第四章，第八编的第三章第一节及第二节部分、第四章部分、第九编的第三章部分、第四章，第十编第二章部分、第三章部分、第四章部分撰稿人为何伟粦。第二编的第二章第五节部分、第三章第五节部分，第七编第四章第三节，第八编的第二章、第三章第二节部分，第九编的第一章部分、第二章部分，第十编的第一章、第三章第四节，第四章第三节、第五节、第八节撰稿人为陈凯。第八编第一章撰稿人为李振华。赖荣华则负责相关资料的收集与分类整理、信息录入等工作。附录中人物名录、先进单位称号名录由韦福林、何伟粦、李振华、赖荣华收集整理；收获农场概况、南光农场概况为老一辈农垦编者所著，本志仅为收录；调丰糖厂概况由原人事科陈智贤收集整理。本志于2020年7月完成初稿。由于编志人员多为兼职人员，后期编纂与修改均由韦福林负责。

《广东丰收糖业发展有限公司（农场）志》的时间上限为1952年（广东省国营收获农场、广东省国营南光农场合并成立丰收公司前建场初期年份），下限断至2020年。由于合并成立丰收公司之前，收获农场、南光农场、调丰糖厂过去资料积累不够完善，特别是收获农场、南光农场在"文化大革命"期间有些部门和个人所保存的资料被销毁，农场档案室一部分资料被冲击、取走、烧毁（由于"文化大革命"造成国营南光农场1967年和1968年没有收集和建立档案资料，档案资料缺存），给编纂过程带来很大困难。为此，编纂工作人员通过走访老干部、老工人，从他们的回忆和提供的史料中补充资料。丰收公司各部门、各单位热情地为《广东丰收糖业发展有限公司（农场）志》提供有关资料，填补了本志稿中的多处空白。因此，可以说这本近75万字的场志是众手所著，是全场职工共同努力的一项成果。

编纂《广东丰收糖业发展有限公司（农场）志》，对于我们才疏学浅的编志人员来说，也是生平首次尝试，加之许多资料散失，因而难免有谬误、疏漏，敬请大家批评指正。

广东丰收糖业发展有限公司志编纂委员会

2021 年 12 月